日本明治时期
社会思潮探析

许晓光 / 著

人民出版社

责任编辑：杨美艳

图书在版编目（CIP）数据

日本明治时期社会思潮探析/许晓光 著. —北京：人民出版社，2021.11
ISBN 978－7－01－023347－5

Ⅰ.①日…　Ⅱ.①许…　Ⅲ.①社会思潮-研究-日本-明治时代
　Ⅳ.①D731.36

中国版本图书馆 CIP 数据核字（2021）第 068539 号

日本明治时期社会思潮探析

RIBEN MINGZHI SHIQI SHEHUI SICHAO TANXI

许晓光　著

人民出版社 出版发行
（100706　北京市东城区隆福寺街 99 号）

中煤（北京）印务有限公司印刷　新华书店经销

2021 年 11 月第 1 版　2021 年 11 月北京第 1 次印刷
开本：710 毫米×1000 毫米 1/16　印张：29
字数：475 千字

ISBN 978－7－01－023347－5　定价：120.00 元

邮购地址 100706　北京市东城区隆福寺街 99 号
人民东方图书销售中心　电话（010）65250042　65289539

目　　录

序　论

一、问题的缘起

从 20 世纪 60 年代开始,各国开展了对日本"现代化"的专门研究。不少学者对非西欧地区唯一在"现代化(近代化)"上取得成功的日本进行了再评价,并开展了对发展中国家"现代化"路径相关课题的研究。从 20 世纪晚期起,中国史学界也兴起了对各国"现代化"研究的热潮。应当指出,现代化并非仅限于经济层面,而应包括人类社会文明发展过程中的各个领域。现代化社会必须有从经济基础到政治上层建筑和思想意识形态等各方面的协调发展,任何方面皆不可或缺。日本现代化的过程也是一个多层面的复杂过程:一方面社会受到传统制度的束缚而急需创新,从而提出了新的社会关系理念和新的社会制度构想,另一方面在创新过程中又不可能与传统观念彻底诀别,从而遗留了大量封建制因素;一方面受到列强压迫渴望民族独立,另一方面在民族主义旗帜下民族扩张主义乃至法西斯主义又在涌动。这一切造成了近代日本社会的多元性特征,既有当时亚洲最具近代性的宪法和保护资本主义发展的君主立宪制度,甚至出现了东亚早期社会主义思潮,又在宪法中神化天皇制度;既通过大力宣扬民权主义,从而在宪法、民法等法律体系中出现了若干保护国民私有权利的规范条文,同时又在政治上对国内居民的改革言行进行约束甚至镇压;在外交上既向西方要求修改不平等条约,争取日本的民族独立,又对亚洲各国大肆侵略扩张,给亚洲历史进程造成深远影响。这一切复杂的社会多元化演变,除了各不同利益诉求的社会集团的力量对峙和博弈之外,与各种不同的社会思潮在日本全社会流行,从而左右社会舆论,甚至影响统治决策集团的大政方针抉择密切相关。因此,对日本近代化进程的研究,不可忽略对近代尤其是明治时期观念形态领域的社会思潮演变,及其对社会多元化演变所产生的影响的研究。

所谓"思潮",据工具书解释,指"某一历史时期内反映一定阶级和阶层的利益和要求的一种思想倾向"。① 那么"社会思潮"就应当是社会流行的反映各不同利益集团的利益诉求的思想倾向。有专家将日本社会思潮定义为:某一时期内,在一个阶层或者跨阶层的相对多数的日本民众中,反映当时的社会、经济、政治状况特别是时代课题,并体现他们的利益及其社会诉求,从而产生广泛深刻的社会影响及强烈持久的心理共鸣的思想倾向。② 这一定义笔者基本赞同,但稍有一点感到值得商榷,即不一定是相对多数,有时候相对少数人的思想倾向,即所谓"非主流"的思想意识倾向,也会形成影响较大的社会思潮。笔者也赞同以下界定:"社会思潮是特定社会在特定时期内形成的有广泛影响的思想潮流,其根源于国际环境和国内社会形势的变化,反映特定人们的利益和要求,并对国家的内外政策和社会的未来走向产生重大影响。"③不少政治制度的建立,政府政策的制定和实施,都与不同社会思潮的推动有着密切联系。因此,所谓社会思潮,主要是指某个时期流行的政治思潮。

有西方学者认为:"一切历史都是思想史"④。此论点虽然有些夸张,但也说明历史上的任何人类社会活动实践,无论是经济发展、政治制度设计和运作、军事行动还是文化活动等,皆离不开人类思想的指导和促使。因此,思想在人类历史发展进程中有着不可或缺的巨大作用。许多在历史上原本相对先进的国家和社会,由于坚持将老祖宗传下来的传统思想观念视为"金科玉律",认为完全不能触动,从而没有及时更新自己的思想观念,而是墨守成规,故步自封,对原有的社会制度不做实质性改革。其结果是社会发展越来越落后,最终沦落到被动挨打,遭受他国肆意欺凌的地步。而有些原本相对落后的国家和民族,由于正视到自己的落后状况,虚心向更为先进的国家社会学习更加先进的思想观念,并将这些新思想观念在本国社会广泛传播,从而促进本国社会制度设计的改革。最终使自己的社会发展超过了自己原本学习的先进榜样。可见,思想在社会发展中的巨大作用和研究思想史的重要性是不言而喻的。

---

① 《辞海》,上海辞书出版社,1989年,第1890页。
② 纪廷许:《现代日本社会与社会思潮》,中国社会科学出版社,2007年,"前言"第1页。
③ 崔世广:《日本社会思潮变化的影响》,《现代国际关系》2003年10期。
④ 柯林伍德:《历史的观念》,尹锐等译,商务印书馆,1997年,第303页。

同样,各类思想在近代日本的作用也是十分显著的,造成了日本近代社会演变的复杂性和多样性。但到目前为止,国内对日本之所以能迈入近代化的原因所作的种种探索,主要集中于明治维新、经济转型、政治构建、军事扩张、殖民掠夺等方面,而对明治时期日本思想领域的研究大都集中于日本传统儒学、哲学思想、伦理道德以及思维特点等方面,对日本近代化过程中具有深刻影响的社会思潮的研究仍然显得十分薄弱。这在研究日本近代化这一重要领域,无疑是一重大缺失。因为它无法明确解释日本为何能在亚洲率先迈入世界近代化国家行列,为何能在亚洲首先建立保护资本主义工商业、近代军事工业迅速发展的政治体制,日本近代化进程为何会出现错综复杂的局面甚至扭曲的演变趋势。这一切是由什么样的思想动因促使?笔者认为,所有这一切皆与明治时期日本错综复杂的社会思潮的起伏、发展甚至退变的走向,有着不可分割的密切联系。因此,要回答上述日本现代化进程的一系列问题,对这一时期日本社会思潮的深入研究十分必要。本研究正是力图弥补上述缺失的深度探索。

二、相关研究综述

目前在国内学术界,由于种种原因的制约,对日本明治时期社会思潮的研究十分薄弱,专门而集中的研究较少见到。笔者所见到的与此有关的研究主要有以下这些:

综合性论著方面,20 世纪 60 年代,朱谦之著《日本哲学史》论述日本明治时期的哲学思想时,涉及了同一时期的政治思潮,如加藤弘之的天赋人权说、植木枝盛的民权思想等。20 世纪 80—90 年代,一批日本近代思想史成果问世。这些成果虽然皆非专门研究日本明治时期社会思潮,但其内容也不同程度地涉及有关这方面的问题。刘岳兵著《日本近代儒学研究》涉及了明治时期影响很大的思想家中江兆民的自由思想与传统儒学之间的内在联系,例如在强调自由的同时也强调道德。作者还介绍了中江兆民的天皇观,认为其与当时自由民权思想的普遍特征一样,在致力于恢复王权的同时拥护民权。[①] 刘岳兵另外一本著作《日本近现代思想史》是一部时间跨度较大的思想史专著。其中介绍了维新

---

① 刘岳兵:《日本近代儒学研究》,商务印书馆,2003 年。

前后的思想动态,重点如日本向西方学习,明治维新前夕的新国家构想,明六社的创立及明六社思想家们的思想论争等,同时还分析了自由民权思想的问题点,包括对启蒙思想的继承与超越、作为思想核心的民权论与国权论、理论与实践的关系、西洋近代思想与传统等问题。① 但由于时间跨度大,明治时期思想因篇幅所限,作者并未对这一时期社会思潮作全面梳理。张健、王金林主编的《日本两次跨世纪的变革》,简略提到了明治时期日本的民权思想、宪政思想和法制思想。② 吕理州著《明治维新(附福泽谕吉传)》是一部非学术性的专著,以生动笔调介绍和评价了维新和福泽谕吉的思想。③ 另外有一些成果虽然主要不是研究这一时期日本的思想史,但也有个别地方涉及明治时期社会思潮。如伊文成、马家骏主编《明治维新史》在第十二章简介了福泽谕吉、中村正直、加藤弘之和"明六社"对西方政治思想的传播,以及老一辈民主主义者向国家主义者的转化。④ 王承仁主编的《中日近代化比较研究》在比较两国思想时,简略提及了日本自由民权思想的内容和传播范围及社会影响。⑤ 刘天纯在《日本现代化研究》一书中,略提了福泽谕吉等思想家的反封建政治思想。⑥ 郑匡民《西学的中介:清末民初的中日文化交流》用极少量篇幅简介了福泽谕吉的文明观和中江兆民的自由观。⑦ 许晓光《思想转型与社会近代化——日本近代早期非传统政治思想研究》,主要梳理了明治前期日本社会出现的与传统儒学思想具有非连续性的近代化政治思想,包括日本对西方文化的引进,从启蒙思想、民权思想、自由主义思想、社会平等思想以至政治体制构想的内容和特点。⑧

专题研究的成果相对比较丰富。研究日本在中世纪晚期以来对西方文化吸收的代表作是郑彭年所著《日本西方文化摄取史》。该著作大量提及日本开国前后对西方科技文化的吸收和应用,少量介绍了日本这一时期对西方制度文明

---

① 刘岳兵:《日本近现代思想史》,世界知识出版社,2010年。
② 张健、王金林主编:《日本两次跨世纪的变革》,天津社会科学院出版社,2000年。
③ 吕理州:《明治维新(附福泽谕吉传)》,海南出版社,2007年。
④ 伊文成、马家骏主编:《明治维新史》,辽宁教育出版社,1987年。
⑤ 王承仁主编:《中日近代化比较研究》,河南人民出版社,1994年。
⑥ 刘天纯:《日本现代化研究》,东方出版社,1995年。
⑦ 郑匡民:《西学的中介:清末民初的中日文化交流》,四川人民出版社,2008年。
⑧ 许晓光:《思想转型与社会近代化——日本近代早期非传统政治思想研究》,高等教育出版社,2011年。

的吸收。其中在思想方面,也简略提到加藤弘之和福泽谕吉对西方政治制度的介绍,略提了福泽谕吉和中村正直对自由平等思想的宣传。① 郑彭年的另一部著作《日本崛起的历史考察》与前著比较,对于开国前后研究的内容大同小异,但增加了少量思想文化方面的内容,如社会思想中的社会主义、无政府主义、民主主义等与本选题相关内容。② 与该专题相关的论文也有一些发表③。

对于明治前期的启蒙思想、民权思想和自由平等思想,20 世纪 80 年代国内就有相当数量的成果问世。如崔世广著《近代启蒙思想与近代化》是以全面论述日本明治初期的启蒙思想为主,介绍和评论了启蒙思想家的"天赋人权"政治主张,分析了其国家观及其局限以及"愚民观"和政治渐进论。④ 由于史料运用受到局限,也没有针对明治时期社会思潮的状况展开论述。崔新京著《日本明治启蒙思想》在全面论述启蒙思想时,简要介绍了西周的政教分离思想和政党政治思想,福泽谕吉的天赋人权理论和平等观念,加藤弘之的立宪政体论和天赋人权说,并指出了其局限性。该书还对启蒙时代的日本政治思想作了简要的总结。⑤ 但该著作也未就社会思潮作全面阐述,在史料运用方面也受到局限而未能深入讨论。王家骅著《儒家思想与日本的现代化》在对一些日本近代思想史上的人物进行评价时,涉及了有关政治思想方面的问题。如福泽谕吉、西周、中村正直等人的天赋人权论、自然法思想和社会契约论,在政治上主张人权、自由、民权等思想,以及用儒学诠释西方近代自由主义观念。⑥ 但该著作侧重分析日本近代政治思想与儒学的关系,并未充分运用原始资料对社会思潮展开全面论述。叶渭渠主编的《日本文明》一书中略微提到了福泽谕吉、加藤弘之等思想家

① 郑彭年:《日本西方文化摄取史》,杭州大学出版社,1996 年。

② 郑彭年:《日本崛起的历史考察》,人民出版社,2008 年。

③ 如崔世广:《明治维新的思想历程刍论》,《日本学刊》1997 年 1 期;陈秀武:《"欧化"与日本明治时代的知识分子》,《东北师范大学学报》2001 年 2 期。许晓光的系列论文:《明治前夕日本近代化政治思想的萌芽》,《世界历史》2007 年 6 期;《维新政府成立前日本近代化国家观的发端》,《西南大学学报》2007 年 1 期;《论明治维新前后日本"洋学"兴盛的社会条件》,《四川师范大学学报》2008 年 2 期;《论明治维新前后日本对西方文化的大力吸收——尤其对社会制度改革思想的关注》,《四川师范大学学报》2009 年 2 期;《论明治日本对西方自由平等学说的吸收和宣扬》,《西南民族大学学报》2010 年 1 期。

④ 崔世广:《近代启蒙思想与近代化》,航空航天大学出版社,1989 年。

⑤ 崔新京:《日本明治启蒙思想》,辽宁大学出版社,1995 年。

⑥ 王家骅:《儒家思想与日本的现代化》,浙江人民出版社,1995 年。

对西方天赋人权思想的宣传和肯定。① 针对这类问题研究的相关论文,在 20 世纪 90 年代大多都是围绕人物思想进行研究②,也有专题论述启蒙思想、民权思想和自由平等思想的论文③。

有关日本政治体制构想的著作有肖传国著《近代西方文化与日本明治宪法》,作者围绕日本明治宪法的制定准备过程,研究了相关的立宪指导思想。其中简要介绍了自由平等和权利思想,并分析了自由民权时期民间人士的宪法思想。④ 由于作者主要论述的是立宪过程中的不同宪法主张,也未对社会思潮作全面论述。相关著作有武寅著《近代日本政治体制研究》,其中用很少的篇幅介绍了明治初期的启蒙思想的内容及其影响。作者认为启蒙思想家不仅影响了社会思潮和激进的资产阶级政治运动,而且影响了政府决策层。⑤ 淳于森冷《宪政制衡与日本的官僚制民主化》在论及日本政治体制构建时,也简略提及明治启蒙思想和

① 叶渭渠主编:《日本文明》,中国社会科学出版社,1999 年。

② 如杨孝臣:《试论福泽谕吉的启蒙思想》,《世界历史》编辑部编:《明治维新的再探讨》,中国社会科学出版社,1981 年;邱生:《福泽谕吉反封建主义政治思想初探》,《日本研究》1986 年 1 期。卞崇道:《加藤弘之早期启蒙哲学思想述评》,《外国问题研究》1986 年 1 期。区建英:《福泽谕吉政治思想剖析》,《世界历史》1986 年 7 期。杨孝臣:《论植木枝盛的改革思想》,《外国问题研究》1987 年 2 期。赵乃章:《论加藤弘之的政治思想和哲学思想》,《日本研究》1988 年 3 期。崔世广:《论明治初期的启蒙思想家和教育家森有礼》,《日本研究》1989 年 3 期;崔新京的系列论文:《论福泽谕吉的启蒙哲学思想》,《日本研究》1989 年 2 期;《穆勒和西周伦理思想的比较》,《日本问题》1989 年 5 期;《福泽谕吉"文明史观"的双重透析》,《日本研究》1990 年 3 期;《论津田真道的启蒙思想》,《日本研究》1994 年 3 期。许晓光:《明治初期日本近代化民权思想的形成——围绕加藤弘之早期几部政治学著作的思考》,《四川师范大学学报》2007 年 1 期。

③ 如沈才彬:《论日本自由民权运动的性质及其历史地位》,《世界历史》1982 年 3 期;崔新京的系列论文:《浅谈日本现代化的思想前奏》,《日本研究》1991 年 1 期;《论日本明治维新时期的启蒙道德思想》,《日本研究》1990 年 4 期;《论明治启蒙思想及其对日本现代化的深远历史影响》,《日本研究》1992 年 1 期;《明治启蒙思想的历史意义探论》,《日本研究》1995 年 2 期;《论日本明治启蒙思想与法国 18 世纪启蒙思想》,《日本学刊》1996 年 2 期;崔世广系列论文:《中日两国近代启蒙思想的比较》,《日本问题》1989 年 2 期;《论日本近代启蒙思想的特点》,《日本研究》1990 年 1 期;许晓光的系列论文:《论日本近代"私权"思想的形成》,《日本学刊》2006 年 5 期;《论明治前期日本的近代权利观》,《四川大学学报》2007 年 2 期;《浅析日本近代政治学说中的"人民参政权"思想》,《日本学刊》2007 年 6 期;《论日本近代早期政治学说中的"抵抗权"思想》,《四川师范大学学报》2010 年 3 期;《近代早期日本对等级制度和特权观念的否定》,《学海》2009 年 1 期;《日本近代早期的社会平等观》,《世界历史》2010 年 6 期;《明治前期日本对国与民关系的近代性阐释》,《四川师范大学学报》2011 年 1 期。王俊英:《近代中日两国启蒙之比较》,《常熟理工学院学报》2010 年 9 期。

④ 肖传国:《近代西方文化与明治宪法》,社会科学文献出版社,2007 年。

⑤ 武寅:《近代日本政治体制研究》,中国社会科学出版社,1997 年。

福泽谕吉的民主观。① 华夏等著《日本的法律继受与法律文化变迁》其中有少量内容涉及日本对德国法律继承的过程。② 魏晓阳著《制度突破与文化变迁：透视日本宪政的百年历程》简略提及明治前期民权运动对立宪政治的推动。③ 王振锁等著《日本政治民主化进程研究》的第一、二章涉及明治时期政治改革和自由民权运动。④ 对日本明治近代政治体制构想进行综合研究的论文也有少量刊登。⑤

由于中世纪以来日本一直在设法侵略中国，是近代以来对中国造成危害最深的帝国主义国家，所以有关明治时期日本民族主义思潮的研究相对较为丰富。涉及此问题的国内代表性著作有蒋立峰、汤重南著的《日本军国主义论》，从日本民族性格的塑造、尚武传统与武士道精神、神国观念与天皇崇拜思想等方面，探讨了日本军国主义思想产生的源流、形成过程和体制结构，剖析了日本军国主义对外侵略扩张的历史根源。⑥ 崔新京等著《日本法西斯思想探源》用一章探讨了日本法西斯思想的近代渊源，包括一些著名思想家如福泽谕吉、加藤弘之、西村茂树与民族扩张相关的思想。⑦ 林庆元、杨齐福合著的《"大东亚共荣圈"源流》论述了在武士道精神驱动下，日本近代的战略扩张主义理论。⑧ 王屏著的《近代日本的亚细亚主义》从政治思想的角度，将日本的亚细亚主义分为"思想、行为、外交战略"三个层面重新界定，并将其作为亚洲区域主义的一个典型事例在批判前提下剖析其理论结构。⑨

① 淳于森泠：《宪政制衡与日本的官僚制民主化》，商务印书馆，2007年。
② 华夏等：《日本的法律继受与法律文化变迁》，中国政法大学出版社，2005年。
③ 魏晓阳：《制度突破与文化变迁：透视日本宪政的百年历程》，北京大学出版社，2007年。
④ 王振锁等著：《日本政治民主化进程研究》，上海三联书店，2011年。
⑤ 如沈海涛：《日本明治前期关于政治体制构想的论争》，《学术研究丛刊》1987年5期；崔世广：《日本近代天皇制立宪主义成立的历史轨迹》，《日本问题研究》1995年4期；刘季富：《明治时代前期宪政思想论略》，《河南师范大学学报》2002年4期；肖传国的系列论文：《日本立宪思想对中国立宪制的影响》，《中国社会科学院研究生院学报》2004年6期；《近代日本启蒙思想的转向及其动因》，《日本问题研究》2005年3期；《日本对近代西方民权思想的吸收——近代日本制宪思想的嬗变》，《日语学习与研究》2008年S1期；《日本近代初期渐进政治论的成因》，《外国问题研究》2009年3期。陈秀武：《论日本明治时代的私拟宪法》，《日本学刊》2008年6期；许晓光的系列论文：《明治维新前后政治制度和权力起源学说的变迁》，《日本学刊》2009年5期；《明治前期日本"政党"观念的产生》，《日本学刊》2010年6期。
⑥ 蒋立峰、汤重南：《日本军国主义论》，河北人民出版社，2005年。
⑦ 崔新京等：《日本法西斯思想探源》，社会科学文献出版社，2006年。
⑧ 林庆元、杨齐福：《"大东亚共荣圈"源流》，社会科学文献出版社，2006年。
⑨ 王屏：《近代日本的亚细亚主义》，商务印书馆，2004年。

向卿著《日本近代民族主义》虽然也涉及当时日本的近代化社会思潮的点滴,但主要是研究日本对外关系中产生的民族主义思潮。作者用较为翔实的资料,比较系统地阐述了民族主义思潮的态势,尤其是对外扩张的种种表现。①

陈秀武著《近代日本国家意识的形成》也有少量内容涉及本课题的研究领域,如福泽谕吉、加藤弘之、中江兆民、植木枝盛的国家思想。② 但因这部著作主要是研究日本对外的民族意识的形成,故对国内的社会思潮阐述不多。陈秀武的另外一部新著《日本的"万国公法受容"与"霸权体系"构想》主要研究了西方传入的《万国公法》如何为日本近代构筑"霸权体系"提供了思想契机。③ 唐永亮著《中江兆民的国际政治思想——日本近代小国外交思想的源流》主要研究的是中江兆民的外交思想,但其中也涉及内政改革思想的内容。④ 戴宇著《志贺重昂国粹主义思想研究》分析了志贺重昂的国粹主义思想,从维护日本独立的积极的民族主义,转变为鼓吹侵略扩张的极端民族主义的历程及历史影响。⑤ 其中也涉及了皇权主义思想的一些表现。国内与民族主义思潮相关的论文不少,⑥这些论著一般都是以日本对外民族扩张思潮作为主要研究对象,但有关民

① 向卿:《日本近代民族主义》,社会科学文献出版社,2007 年。
② 陈秀武:《近代日本国家意识的形成》,商务印书馆,2008 年;《近代日本启蒙思想的转向及其动因》,《日本问题研究》2005 年 3 期。
③ 陈秀武:《日本的"万国公法受容"与"霸权体系"构想》,东北师范大学出版社,2014 年。
④ 唐永亮:《中江兆民的国际政治思想——日本近代小国外交思想的源流》,社会科学文献出版社,2010 年。
⑤ 戴宇:《志贺重昂国粹主义思想研究》,吉林教育出版社,2009 年。
⑥ 主要有贺新城:《论福泽谕吉对亚洲的两种扩张战略》,《世界历史》1989 年 3 期;冯玮:《外来压力:促使日本向近代社会转变的催化剂》,《日本学刊》1993 年 4 期;崔新京的系列论文:《略论日本法西斯思想的形成》,《日本研究》2001 年 4 期;《北一辉的法西斯思想》,《日本研究》2002 年 2 期;《日本法西斯思想的基本内容及其主要特点》,《日本研究》2003 年 3 期;高增杰:《福泽谕吉的国际政治思想浅析》,《日本研究》1997 年 3 期;崔世广《日本法西斯思想探讨》,《日本问题》1989 年 5 期;徐文泉:《日本近代启蒙思想与对外扩张》,《国际关系学院学报》2000 年 9 期;杨光:《甲午战争前日本近代东亚国际体系观的演变》,《济南大学学报》2001 年 1 期;陈树涵:《"民族优越论":日本对外侵略的重要思想源流》,《史学月刊》2002 年 12 期;史桂芳:《近代日本的亚洲观及其对中国的侵略》,《长白学刊》2002 年 5 期;陈秀武:《论近代日本国家意识的形成》,《东北师大学报》2005 年 4 期;唐永亮系列论文:《试析中江兆民前期国际政治思想》,《日本学刊》2007 年 2 期;《试析中江兆民中期国际政治思想》,《日本学刊》2008 年 6 期;黄真、曹绿:《近代日本侵略性文化的历史渊源及解析》,《日本问题研究》2009 年 3 期;汤重南:《日本军国主义思想是庞杂的精神糟粕》,《日本学刊》2005 年 4 期;赵阶琦:《日本军国主义对外扩张野心的形成与膨胀》,《日本学刊》2005 年 4 期;戴宇:《试析志贺重昂地理学中的殖民扩张论》,《东北亚论坛》2006 年 6 期;陈秀武:《〈万国公法〉在明

族主义思潮的其他方面,如民族独立思潮、民族平等思想等,并未展开研究。有关这两种民族主义思潮,笔者曾有探索。①

总之,国内对明治时期日本社会思潮这一重要问题的研究虽非空白,但却存在较大的缺失。一是由于种种原因,与对日本近代经济、哲学、文学、儒学和其他文化领域的研究相比,涉及社会思潮问题的论著尚不多见,尤其是没有一部相对全面地梳理明治时期日本社会思潮的综合性专著。这就无法更加圆满地解释近代日本为何能建立近代化的君主立宪政治制度,并在这种政治制度下高速推进社会近代化发展的动因。当然,这种缺失也给以后学术界留下了很大的研究空间。二是由于研究条件的限制,大多数论著很少运用明治时期的原始史料开展研究,这就局限了研究者对问题探讨的深度和系统化,使研究成果显得相对缺乏说服力。三是不少学者没有明确提出自己的观点,而是转引他人尤其是国外研究的观点代替自己的观点,立论显得不太鲜明。上述缺失使中国史学界无法全面正确地诠释在同样受到内部封建统治危机和外部列强压迫的双重挑战下,日本为何能率先单独迈入世界近代化国家行列的原因所在。本选题也就是力图弥补上述几方面的缺失。

本项目立项后,承担者在完成项目主体内容的过程中,围绕主题陆续发表了10余篇论文作为阶段性成果。这些论文同时也构成了本研究的部分内容②。但

治初期的日本》,《东北师范大学学报》2009 年 2 期;戴宇:《明治时期的条约改正问题与陆羯南的国民主义》,《史学集刊》2009 年 3 期;张卫娣:《浅析近代日本"尚力"对外战略理念的成因》,《日本研究》2013 年 1 期;韩东育:《日本对外战争的隐秘逻辑》,《中国社会科学》2013 年 4 期等;许晓光:《民族扩张理论与明治时期日本思想界》,《历史研究》2019 年 4 期等。

①　见拙稿《明治维新前后日本民族独立意识的产生》、《论日本明治时期的民族平等意识及其变异》(分别刊登于《吉林大学社会科学学报》2017 年 2 期、2019 年 1 期)。

②　笔者系列论文:《日本明治前期的政党政治构想》,《日本学刊》2011 年 6 期;《明治前期日本思想界的政治改革论争》,《史学集刊》2012 年 1 期;《日本近代早期的"自由权利"观》,《学海》2012 年 2 期;《明治前期日本对国体和政体的近代性认识》,《西南民族大学学报》2012 年 2 期;《明治前期日本对国家体制的认知与论争》,《史学理论研究》2012 年 3 期;《论日本幕末利益格局失衡下的社会矛盾》,《四川大学学报》2012 年 4 期;《日本明治前期议会主义思潮的勃兴》,《四川师范大学学报》2012 年 5 期;《日本近代社会转型时期立宪主义思潮的初兴》,《世界历史》2012 年 5 期;《浅论福泽谕吉的近代化民权观》,《史学月刊》2012 年 7 期;《日本近代早期围绕议会设立的思想论争》,《日本学刊》2014 年 1 期;《日本明治前期一场引人注目的思想交锋》,《四川师范大学学报》2014 年 2 期;《19 世纪后期日本关于议会职能的论争》,《日本学刊》2015 年 1 期;《日本明治前期的立宪主义思想争鸣》,《世界历史》2015 年 1 期;《论日本近代早期的非传统国家观》,《世界历史》2016 年 6 期。

上述研究仍然存在局限,即在时间范围上大都围绕明治前期展开,对于明治中后期涉及较少。同时,在内容上对近代化思想研究较多,对其他社会思潮,包括相对保守的思潮研究欠缺。因此,对于日本明治时期社会思潮作相对全面的梳理仍很必要。

日本史学界对这一重要问题的研究,笔者因研究条件所限,不可能全部了解。根据现有条件,通过努力搜寻,主要了解到下列研究成果。

综合性研究成果较早的有分量的专著是小野寿人的《明治维新前后政治思想的展开》。作者凭借丰富的史料,分析了明治维新后,由于受到西方民主主义思想的影响,在日本出现了自由主义思潮。宣扬自由主义的思想家们又大力鼓吹民本主义的思想。这种民本主义思想以后又转化为民主主义思想,主张人民参与政治,召开国会、定立宪法以限制君权。由于此书出版于二次大战中,所以留下了当时的一些思想痕迹。如混淆了中国古代专制主义与近代欧美民主主义的界限,也混淆了明治自由主义与国家主义的界限。甚至将明治自由主义与以前武士的忠君等同看待。最后认为,"天下乃一人之天下"是皇国日本赖以立足的国家原理。① 皇权主义政治思想较为突出。

宫川透著的《近代日本思想论争》②第一章介绍了明治前期的几大重要问题的思想论争,包括民选议院论争、主权论争、天赋人权论争等。坂根义久编《自由民权》是一部论文集,其中有山田昭次的《征韩论、自由民权论、文明开化论》、庄司吉之助的《变革时期农民思想问题》、江村荣一的《自由党的组建和政体构想》几篇论文涉及了本选题的研究内容。③ 植手通有著的《日本近代思想的形成》是将以前发表过的论文整理之后再出版的一部著作。它主要是以"明六社"为着眼点,与日本儒家思想的变化、解体过程相联系,研究了日本启蒙思想形成展开过程。作者指出,西洋观的转变和启蒙思想的形成,有待于克服传统思想而实现。但是,近代化的观念和思想,仍然是以以前流行的观念和思想为基础而展开的。反过来说,近代思想是寄生于儒教内部的变化过程中,而不久便否定了其母体。但是,启蒙思想家在否定了儒家思想以后,又将这种思想继续保留了下来。④

---

① [日]小野壽人:『明治維新前後における政治思想の展開』,至文堂,1944 年。
② [日]宫川透:『近代日本思想論争』,青木书店,1963 年。
③ [日]坂根義久编:『自由民権』,有精堂,1973 年。
④ [日]植手通有:『日本近代思想の形成』,岩波书店,1974 年。

此书强调了近代政治思想与传统的联系,而没有注意到其近代化性质占据了主要地位。上村希美雄著的《民权与国权的狭缝:明治草莽思想史记录》类似一部野史,记录了当时介于民权论与国权论之间的民间人士的政治思想。①

井田辉敏的《近代日本的思想构造》,从思想构造的角度对福泽谕吉、穗积八束和北一辉的政治思想作了分析,主要论述了福泽谕吉"政治均衡论"的主张,即认为福泽谕吉的许多政治观点,均是出于其"政治均衡论"。作者还论述了穗积八束的政治主张:国家的主权应归于天皇,制定宪法的权力只能归于天皇而不能由人民掌握。议会必须设立上下两院,以防止"多数人的专制"。分析了穗积八束的"国家全能主义"和"家制及国体论"。② 井田辉敏著的《近代日本的思想像——从启蒙主义到超国家主义》可以看成是他前一部著作的"姊妹篇"。其内容均为作者以前发表过的论文,包括"明六社"成员的启蒙政治思想简介,国民国家的构想,福泽谕吉的政治思想的特点及其在日本近代化中的地位,明治前期的"抵抗权"思想,小野梓的政治思想,植木枝盛的激进的抵抗权思想等。③

松冈八郎著的《近代日本的政治和法理论》,主要介绍了明治前期日本政治家和思想家接受西方政治思想的影响,所产生的近代性的政治思想和法学思想。包括大久保利通的政治意识、津田真道的启蒙政治思想和法学理论、西周的宪法理论和加藤弘之的政治思想及其转变等。作者认为,要评价启蒙政治思想,不能脱离当时的社会环境。即第一,要将当时的维新作为变革时代把握,对外由攘夷转变为开国和亲,对内把废除封建制、形成中央集权的统一国家作为目标,与这些对内对外的政治变革相联系。第二,这些政策皆为富国强兵和文明开化的政策,在这种场合,文明开化是富国强兵的手段,发扬国威或伸张国权受到尊重。为此要启发愚昧的人民,文明开化成为必要。松冈认为,尽管西周在宪法构想《议题草案》中采用了三权分立的基本原则,但在现实适用时却显示出其不彻底性,完全没有接触基本人权保障,而且依然承认大名的封建领有权。因此,《议题草案》虽包含近代因素,但并非明确近代宪法草案。松冈认为,在从幕末到明治初年的启蒙学者中,接受西洋政治思想和政治学,对新国家构想最耗费精力并加以最系统说明的,是加藤弘之。所以,他用了较大篇幅介绍了加藤弘之的政治

①　[日]上村希美雄:『民権と国権のはざま:明治草莽思想史覺書』,福岡:葦書房,1976 年。
②　[日]井田輝敏:『近代日本の思想構造』,木鐸社,1976 年。
③　[日]井田輝敏:『近代日本の思想像』,法律文化社,1991 年。

思想以及其思想的转变。①

　　岩崎允胤的《日本近代思想史序说》（明治前期）分上下两卷。此著作特点在于"序说"，即相对简要地介绍了明治前期的一些重要思想家的主要政治思想，包括西周、加藤弘之、福泽谕吉、中村正直、中江兆民、植木枝盛、马场辰猪等人的政治思想，也略微涉及津田真道、西村茂树和箕作麟祥的政治思想。尽管简要，但其中有一些值得注意的独特论点。作者敢于大胆批判近代思想家的政治思想的局限并指出其危害。在批判福泽谕吉的尊皇思想时，表现出作者反对侵略战争的鲜明立场。② 时间较近的相关著作是田村安兴著的《民族主义与自由民权》。该著作实际上是综合性论著，它介绍了明治前期的民权思想和国权思想以及两者的关系、各种宪法草案有关统治权归属的论争、皇国思想等。③

　　除了上述综合性研究之外，还有一些专题性研究，也在很大程度上触及明治时期的社会思潮。有关日本接受西方文化的著作，如松本三之介著的《明治思想中的传统与近代》，从幕末西方思想的传入和知识分子阶层的形成入手，从"洋学"的传统与近代思想的交融这一视角，分析了维新前后的一些有代表性的知识分子，在社会转型时期，大胆解放思想，勇于接受西方近代化政治思想，从而形成当时日本先进的学问和政治观念的情形。④ 大久保利谦著的《明治的思想和文化》是一部关于该专题的多方面研究，其中有个别地方触及了明治前期政治思想产生的文化背景。松泽弘阳著的《近代日本的形成和西洋经验》介绍了日本幕末时期的各种各样的西洋见闻，分析了明治前期启蒙思想形成过程中受西方思想文化影响的实状，其中对福泽谕吉思想形成的介绍较多。⑤ 大久保利谦著的《幕末维新的洋学》介绍了从德国人西博尔德到传播兰学日本开始，到幕末其他学人前往欧洲学习兰学、英学的历程。⑥ 原平三著的《幕末洋学史研究》探讨了兰学在日本的逐渐兴盛，日本向国外派遣留学生，以及幕府向西方学习造船技术后自己造船的实践活动等。⑦ 小川亚弥子著的《幕末期长州藩洋学史研

①　[日]松冈八郎：『近代日本の政治と法の理論』，骏河台出版社，1990年。
②　[日]岩崎允胤：『日本近代思想史序说』（明治期前篇）上，新日本出版社，2002年。
③　[日]田村安兴：『ナショナリズムと自由民権』，大阪：清文堂，2004年。
④　[日]松本三之介：『明治思想における伝统と近代』，東京大學出版会，1996年。
⑤　[日]松沢弘陽：『近代日本の形成と西洋経験』，岩波书店，1993年。
⑥　[日]大久保利谦：『幕末维新の洋学』，吉川弘文馆，1986年。
⑦　[日]原平三：『幕末洋学の研究』，新人物往来社，1992年。

究》主要介绍了幕末长州藩接受洋学的状况以及吸收洋学后的相应的实践活动。①

　　有关启蒙思想的著作有如松本三之介著的《近代日本的政治社会》,本书从思想史的角度,论述了明治时期启蒙思想、保守主义思想、民本主义思想的概况。② 西田毅主编的《近代日本政治思想史》是一部多人合著的论集。其中与启蒙思想直接有关的是荻原隆执笔的第二章"明治启蒙思想的构造"。荻原隆对启蒙的含义作了评论,认为启蒙思想可定为具有近代特征的思想,强烈地具有从儒教伦理中获得人类的学问或政治解放的倾向。作者分析了启蒙思想家中普遍存在的自然法思想,并指出这种思想与朱子学有着许多共通点。他将启蒙思想的政治观分为民权与国权两大类,从政治观的近代化出发,分析了其政治内容和目的、政治主体、政治方法。

　　与自由民权思想相关的研究是西田毅主编的《近代日本政治思想史》论集中米原谦执笔的第三章"自由民权的思想"。他阐释了自由民权运动中宣传的一些思想的概念。他认为"民权"概念来源于西方,其在日本普及的契机是加藤弘之与大井宪太郎有关民选议院的辩论。他指出自由民权论最初就融入了国权论,所谓民权论向国权论转化,其实是国家主义脱离民权论而在理论上独自展开。③ 安丸良夫著的《日本的近代化与民众思想》④考察了维新以前日本民众的精神状况,幕末民众斗争的思想等,但未涉及明治时期社会思潮。出原政雄著的《自由民权时期的政治思想》,主要研究了小野梓的人权思想和宪法思想,这一时期的地方自治思想,中江兆民、植木枝盛和小野梓的和平思想等。⑤ 松尾章一著的《增补·改订自由民权思想的研究》,探讨了自由民权思想的逻辑,自由民权运动时期的天皇论和改良思想,同时研究了肥冢龙、福井孝治的思想以及大坂事件在思想史上的地位。⑥ 江村荣一著的《自由民权革命的研究》,主要研究了这一时期的民众运动,其中有一章涉及自由民权运动关于主权问题的论争。⑦江村荣一、中村政则编写的《国权与民权之相剋》,作为《日本民众的历史》丛书之

---

① 〔日〕小川亚弥子:『幕末期長州藩洋学史の研究』,思文閣出版,1998 年。
② 〔日〕松本三之介:『近代日本の政治と人間』,創文社,1966 年。
③ 〔日〕西田毅編:『近代日本政治思想史』,ナカニシヤ出版,1998 年。
④ 〔日〕安丸良夫:『日本の近代化と民衆思想』,青木書店,1974 年。
⑤ 〔日〕出原政雄:『自由民権期の政治思想』,法律文化社,1995 年。
⑥ 〔日〕松尾章一:『増補·改訂自由民権思想の研究』,日本経済評論社,1990 年。
⑦ 〔日〕江村栄一:『自由民権革命の研究』,法政大学出版局,1984 年。

一,论述了整个明治时期的民众运动,其中也涉及了自由民权时期的民众思想。①

关于近代国家体制构想和思想论争的著作相当多。出版较早的一部是铃木安藏著的《明治初年的立宪思想》,该著作论述了从左院编纂国宪开始,到明治15年的立宪主义思想的表现和相互之间的差异②。中国国内学术界参考较多的著作是尾佐竹猛著的《日本宪政史大纲》上下卷。该著作虽然主要阐述日本近代立宪的演变历史,但其中也涉及宪政思想理论、议会制思想等问题。③ 比较有分量的专著有稻田正次的《明治宪法成立史》上下卷。该部著作不仅阐述了明治宪法的制定,日本社会各阶层的政治活动,而且运用当时的史料分析了伊藤博文等宪法制定者的立宪指导思想。④ 稻田的另一部著作《明治宪法成立史研究》就明治宪法制定过程中一些重点问题更加深入地进行了阐述,以弥补前部著作之不足。其中重点分析了各类宪法草案中体现出的民权思想和皇权思想,也分析了当时成立的各派政党对立宪主旨的差异。⑤ 宫泽俊义著的《日本宪政史研究》介绍了近代日本宪政的起源,重点阐述了有关民选议院的论争,贵族院和枢密院对宪政的限制等。⑥

另一部分量很重的专著是清水伸著的《明治宪法制定史》上中下三册。该著作研究的内容与稻田正次著作类似,但运用了原始史料《秘书类纂》和在宪法起草者之一伊东巳代治家里发现的大量当时的笔记,里面涉及不少当时各位政治人物的立宪思想,所以显得学术价值极高。⑦ 清水伸较早的另外一部相关著作《帝国宪法制定会议》虽然主要是研究宪法制定过程中的各次审定宪法条文的会议的内容,但其中也涉及审定者如伊藤博文等的宪法思想。⑧ 家永三郎《日本近代宪法思想史研究》在第一编里涉及明治宪法制定前日本的宪法构想。⑨ 野田良之、碧海纯一合著的《日本近代法思想史》主要论述的是日本近代的法律

---

① 〔日〕江村荣一、中村政则编:『国権と民権の相剋』,三省堂,1974年。
② 〔日〕铃木安藏:『明治初年の立憲思想』,育生社,1938年。
③ 〔日〕尾佐竹猛:『日本憲政史大綱』上下卷,宗高書房,1978年。
④ 〔日〕稻田正次:『明治憲法成立史』上下卷,有斐閣,1960年。
⑤ 〔日〕稻田正次:『明治憲法成立史の研究』,有斐閣,1979年。
⑥ 〔日〕宫泽俊義:『日本憲政史の研究』,岩波書店,1968年。
⑦ 〔日〕清水伸:『明治憲法制定史』上中下,原書房,1981年。
⑧ 〔日〕清水伸:『帝國憲法制定會議』,岩波書店,1940年。
⑨ 〔日〕家永三郎:『日本近代憲法思想史研究』,岩波書店,1967年。

思想,当然,由于法律与政治的密不可分,其中也涉及了明治维新前后的一些政治思想,如民权、自由概念和近代宪法思想等。① 小西四郎和远山茂树编的《明治国家的权力和思想》是一部论文集,里面有关于岩仓使节团对欧美的认识与天皇制、井上毅的思想、自由民权运动思想与共和制等与国家体制设计有关的内容。② 坂野润治著的《近代日本的国家构想》前半部分阐述了日本从维新到宪政构想,包括福泽谕吉的政党论、德富苏峰的议院内阁制论等③。松本三之介著《明治思想史——近代国家从创立到觉醒》。其中包括明治初期寻求新的国家构想,主要论述了统治阶层中的木户孝允、大久保利通等著名政治家对即将出现的新国家的比较笼统的设想。简要介绍了明治初期的知识分子特别是"明六社"的启蒙思想家们的政治思想。④ 山田央子著《明治政党论史》以自由党形成原则为例,论述了明治前半期由于西欧政党观的引进,日本社会政党观念的逐渐形成。作者重点介绍了福泽谕吉的政党内阁论,而同为"英国派"的大隈重信和小野梓在强调政党内阁的同时,仍承认君主的作用。井上毅对政党政治的认识与福泽谕吉相同,但主张只能仿效普鲁士实行君权至上的体制⑤。

　　有关民族主义思潮的著作非常多:安丸良夫著的《日本民族主义的前夜》围绕日本近代国体论、文明转型、民众思想展开论述,也探讨了民众与宗教的关系⑥;古屋哲夫主编的《近代日本的亚洲认识》是一部论文集,执笔者论述了日本近代以来,各政治集团、媒体对朝鲜、中国(包括台湾)的认识,以及由这些认识对外交政策的影响⑦;荣泽幸二著的《近代日本的民族主义》第一章论述了幕末到明治时期,统治集团、启蒙思想、自由民权论者的民族主义思想⑧;安川寿之辅著的《福泽谕吉的亚洲认识》一反日本史学界历来对福泽赞扬的观点,着重探索了福泽思想的保守一面,尤其是对亚洲各国的蔑视和侵略思想⑨。

①　[日]野田良之、碧海纯一:『日本近代法思想史』,有斐阁,1979年。
②　[日]小西四郎、遠山茂樹编:『明治国家の権力と思想』,吉川弘文館,1979年。
③　[日]坂野润治:『近代日本の国家構想』,岩波书店,1996年。
④　[日]松本三之介:『明治思想史』,新曜社,1996年。
⑤　[日]山田央子:『明治政党論史』,創文社,1999年。
⑥　[日]安丸良夫:『日本ナショナリズムの前夜』,朝日新闻社,1977年。
⑦　[日]古屋哲夫:『近代日本のアジア認識』,绿荫书房,1996年。
⑧　[日]栄沢幸二:『近代日本のナショナリズム』,相模原:青山社,2001年。
⑨　[日]安川寿之辅:『福沢諭吉のアジア認識』,高文研,2002年。

社会思潮总是发端于特定的人物——社会思想家,因此,在一些对思想界人物的研究和传记中,也在一定程度上涉及了明治时期的社会思潮。如丸山真男著、区建英汉译的《日本近代思想家福泽谕吉》,鹿野政直著、卞崇道译的《福泽谕吉》,远山茂树著、翟新汉译的《福泽谕吉》,小泉仰著的《西周与欧美思想的对话》,家永三郎著的《植木枝盛研究》,田畑忍著的《加藤弘之的国家思想》,吉田旷二著的《加藤弘之研究》,平野义太郎著的《马城大井宪太郎传》,高桥昌郎著的《中村敬宇》,荻原隆的《中村敬宇研究》,松永昌三著的《中江兆民的思想》,平尾道雄著的《无形板垣退助》,中村尚美著的《小野梓》,坂井雄吉主著的《井上毅和明治国家》,春亩公追颂会编的《伊藤博文传》,以及西人乔治·阿基塔著、荒井孝太郎和坂野润治日译的《明治立宪政与伊藤博文》,柳田泉执笔的《明治文明史中的大隈重信》,早稻田大学大学史编集所编的《大隈重信及其时代》,五百旗头薰的《大隈重信与政党政治》等。

总之,上述论著或多或少都涉及本选题的内容,日本学术界的研究不仅使本文作者较为深入地了解到与本选题相关的学术动态,而且对本选题研究启迪颇大。同时,为本选题的研究提供了资料线索。当然,也为本选题研究提供了较大的拓展空间,因为毕竟尚未见到相对全面的有关明治时期社会思潮的专著问世。

三、本书结构及力图突破之点

研究思想史的学者一般都知道,历来对思想史的研究大体分为两条线索:一是研究各种思想的构造,即探讨思想本身的组成结构、思维方式、与前代思想的联系与区别等。这第一类研究应当属于哲学、思维学或解释学的研究领域。二是探讨思想在人类历史发展的某一特定阶段针对社会现实所作的表述和价值判断,这些思想在某一社会空间演变的过程中发挥出了什么样的作用或产生了何种影响等。这第二类研究属于历史学研究领域。本书属于第二类研究。

日本著名哲学家户坂润(1900—1945年)曾有这样一种观点:"所谓思想,并非仅仅是存在于这个或那个思想家头脑中的观念。它作为一种社会势力,具有社会性和客观性存在,并且打算参加社会实际问题的解决时,所谓思想才开始成立。"①社会思潮也同样如此,它总是针对一定的社会政治现实,为了解决现实社会客观存在的种种政治矛盾而产生的。明治日本著名思想家中江兆民(1847—1901年)曾多次强调理论的意义在于指导实践:"苟不施展事业,无异于尚未获得事理。"②"事理"即思想理论,若不开展事业实践,这种理论等于尚未获得。他认为:"大凡天下之事莫不始于理论而终于实践。"③即思想理论的最终目的,仍然是为了指导社会实践,否则思想理论则将仅成为书斋中的摆设而变得毫无意义。因此,本书虽然也要涉及一些思想构造、思维方式等领域的研究,但仍然是从历史学角度探索日本明治时期表达各个社会集团利益诉求的、在社会上具有影响的社会思潮。

从上述研究任务出发,本书构思的大致结构如下:首先考察日本对西方社会思潮的文化认同,包括从葡萄牙的南学、荷兰的兰学,到欧美各国近代洋学都被引进日本,使日本明治维新前后出现洋学盛行及欧化风潮。然后具体梳理各种社会思潮在明治时期日本的演变、特点及影响。如民权思潮的兴衰:阐述在西方人权思潮影响下,日本明治时期天赋人权和民权思潮的兴起,对人类私权和公权的分类,对每一类权利具体内容的深入论证等。自由平等思潮的蔓延,包括当时对人类自由权产生,自由权的分类及其含义和特征的论证,对自由权具体内容的界定和阐释以及对争取自由权方式的理论探讨等。阐述当时对人类天生应当平等的宣扬,对人类的平等权利和平等关系的微观论证,主张人民应当具备平等精神等思潮。立宪主义思潮的起伏:包括对国家体制改革的论争,对宪政功能和作用的近代性阐释,鼓吹日本实行宪政之重要性和必要性,明治时期的宪政思想论争等。议会政治思潮和政党政治思潮的勃兴,考察对在日本建立代议政体必要性的舆论宣传,对议会权力与职能的不同阐释,围绕议会设立的思想论争,以及政党政治构想等。民族主义思潮的演变:列强压迫下日本民族意识的产生,民族

① ［日］户坂潤:『户坂潤全集』,第2卷,227頁。［日］松本三之介:『明治思想における伝統と近代』,東京大學出版会,1996年,134—135頁より引用。

② ［日］中江兆民:『『東洋自由新聞』2号社說』,［日］松永昌三編:『中江兆民全集』第14卷,岩波書店,1985年,4頁。

③ ［日］中江兆民:「我自由党诸君ニ告グ」,［日］松永昌三編:『中江兆民全集』第14卷,岩波書店,1985年,147頁。

独立思潮的崛起,民族平等思潮的出现,民族主义思潮的特殊表现——亚洲联合对抗欧美主张的提出。民族扩张主义的思想来源——对社会达尔文主义的"弱肉强食"理论的受容与宣传;民族扩张主义的几套理论:1.实力外交与国权至上;2.日本已具备双重国际地位;3.亚洲落后,日本应充当"救世主";4.明治时期日本民族主义思潮的历史影响思考等。最后是余论:对日本近代社会思潮的反思,论证其在日本近代化过程中的思想舆论影响。

基本思路:通过客观而深入地分析明治时期日本错综复杂的社会思潮及其对历史进程的不同影响,揭示日本近代化进程中多变而曲折的发展路径,探索其近代化进程被扭曲的思想舆论动因,从中得出有益的历史经验教训。

在研究方法上,本书将坚持"论从史出"的基本原则,主要依据日本明治时期留下的原始资料以及这些原始文本自身的含义所反映出的思想,对照当时社会历史的具体景况进行研究。在运用历史唯物主义基本理论的前提下,同时借鉴政治学、哲学、思维学等领域的理论和研究方法,尽可能对这一时期的社会思潮作深入解读,找出其与社会发展的联系,以及探索这些思潮对日本社会近代化造成的不可忽略的影响。

本书力图从下列方面有新的突破:一是将以前学术界尚未深入研究的明治时期社会思潮进行系统梳理,勾画出其主要轮廓。二是将明治社会思潮置于整个日本近代化的长河中进行考察,探索其与日本近代化进程的相互关系,避免孤立地考证思想家产生这些思想的个人原因。三是尽量运用日本近代早期即明治前期时的原始资料为依据进行论证,避免像以前许多研究那样空泛地发表议论。同时尽可能参考能够到手的日本学者的研究成果进行比较分析,弥补其在上述研究方面之不足。四是在大量分析明治前期的原始文献和考察近代日本社会思潮演变轨迹的基础上,提出自己对明治时期社会思潮在日本近代化曲折进程中发挥的历史作用的看法。

第一章　近代日本对欧美社会思想文化的吸纳

日本德川幕府统治晚期，由于经济的发展而导致社会发生巨大变动，长期以来的社会稳定局面被打破，传统的以朱子学为代表的儒学已不能继续作为幕府维持自己统治的有效工具。在这种情况下，寻求更为先进的外来思想文化，便成为日本社会面临的迫切需求。西方社会相对先进的思想文化正是在这样的背景下不失时机地向东传到了日本。日本的官方与民间各阶层人士，都自觉或不自觉地、程度不同地吸纳了西方社会的思想文化。这一切使日本出现了一次空前的思想大解放。

一、开国前后欧美社会思想文化传入日本

美国军舰于1854年迫使日本开国前后，由于与欧美等西方先进国家的接触迅速增多，导致欧美社会思想文化逐渐传入日本，对日本思想界产生了不可忽视的影响。日本吸收欧美传入的各种思想文化，是一个较为漫长的过程，最早可上溯到16世纪对来自葡萄牙和西班牙的天主教的接受。伴随着天主教一起传入日本的，还有西方的科学技术、风俗习惯和伦理道德等文化内容。站在传统的"华夷秩序观"的视角，日本人将这些文化称为"南蛮文化"。通过接受这种南蛮文化，日本人开始逐渐引进西方的医学、天文、地理等科学知识，以及枪炮制造技术、建筑技术、航海造船技术等，还潜移默化地吸纳了同期传入的科学实证思想。一些与日本传统封建伦理道德观念相抵牾的欧美社会思想也开始在日本社会流传。如基督教的人类平等博爱观念，反对剥削压迫奴隶的思想，反对封建等级关系的思想，主张妇女婚姻自主的理念等，逐渐渗透进当时的日本社会。

　　江户幕府时代实行的"锁国"政策,并未完全封锁西方先进思想的传入。在这相对封闭的时代,通过设在长崎的荷兰商馆,西方思想仍源源不断传进日本。即便在幕府实行"禁书令"期间,也有不少包含西方文化思想的书籍传到日本。先是通过汉文引进西方文化,后来又直接引进荷兰语书籍。但此时因引进书籍有限,而外文书籍一般日本人都无法读懂,加之传统的"华夷观"还在约束人们的思想,认为西方文化来自"夷狄",不能与传统中华儒家文化相提并论,故了解西方文化知识的人非常少。这一点当时的思想家本多利明(1743—1821年)也曾进行过分析。他指出日本人"丝毫无有关西洋各国之知识",其主要原因在于自古以来,日本人只阅读汉文写成的中国书。因为在古代日本,"中国书籍以外之书籍绝对不能流传"。这样一来,日本人获取外国之事大多来自汉文书籍。受中国文化影响,日本人"因此便将中国以外存在之文化先进国家认为全然乃野蛮国。得到'圣人之道不存在于那些国家,圣人之道以外无人道'之先入观念"。所以根本不管这些知识对自己是否有用,一概拒绝学习和接受。①

　　但随着商品经济的触角伸向社会各个角落,动摇了封建小农经济基础之上的等级秩序,社会关系发生剧烈变动,社会矛盾日益尖锐。② 在这种变幻无常的局势下,日本社会迫切感到有必要引进与传统封建文化不同的、更加实用的新型思想文化,来解决社会面临的各种问题。而当时通过与前来贸易的荷兰人的接触,日本知识界不少人认为,"红毛人不说不作非确实之事,不尊日说天,不信佛道,毫不接受怪异之事",③也就是不从事装神弄鬼、蛊惑人心的迷信活动。所以学者们都极力主张接受荷兰人传来的实用性文化。第八代将军德川吉宗(1684—1751年)于1720年奖励实学,下令放松以前颁布的禁书制度,这样,使更多的介绍西方文化的荷兰书籍被引进到日本。这些由荷兰人引进的书籍主要是用荷兰语写成,其所传播的西方文化被称为"兰学"。

　　据著名兰学家杉田玄白(1733—1817年)《兰学事始》的回忆,这一名称大

---

　　① ［日］本多利明:『西域物語』,［日］同全集刊行会编:『大日本思想全集』第11卷,吉田书店,1932年,133—134页。

　　② 这种由于商品经济而引起的社会关系的变动和社会矛盾尖锐的状况,参见拙稿《日本近世城市发展与社会关系的变化》,《四川大学学报》2010年1期;《论日本幕末利益格局失衡下的社会矛盾》,《四川大学学报》2012年4期。

　　③ 郑彭年:《日本西方文化摄取史》,杭州大学出版社,1996年,第88页。"红毛人"即荷兰人。

致于 18 世纪后期流行,"社内无论谁首倡所谓兰学之名,乃至我东方阖州,自然成为通称"①。兰学是在江户时代日本经济有了较大发展,思想也发生急剧变化时代传入的。这种兰学传播最有代表性的城市是长崎和江户。长崎是经常性引进,而江户则是定期引进。但在江户兰学的传播更为自由。② 以后兰学又扩展到大阪、京都等城市以及一些中小城市。许多兰学书籍被翻译为日语在社会流传。

兰学的内容基本上是比较实用的自然科学,特别是以天文学、医学和兵学为主。如大槻玄泽(1757—1827 年)谈自己为何走上学习荷兰医学之道时说:"我辈之立见解者,不得不根据历来之旧法,又未尽量扬弃。但人人虽有根据其汉土之方法,构成炼磨圆熟之业,但彼之医学以诊脉和见证为主,若至所究其本,可云甚疏漏。若按彼西洋实测之说所得知此事,学习之以补其所不足,相续古来诸术,内外相应之疗法,欲精上加精也。"③也就是说,如果学习西医,完全可以弥补传统中医检测手段之不足,使医学诊断变得更加精确。杉田玄白也有类似的看法。他曾评价传统中医道:"支那之书者有方无法也。非无法,所以为法者不明也。其法也,人人阿所好设说作论,立以为法也。故十书十说,未一定焉。"而他在谈论了荷兰医书上对人体解剖的科学性后肯定道:"校之荷兰书,则一毫无所失,质之物,而亦不违,则是不欺人也。"④即传统中医根据经验诊断病情,见仁见智,有很大局限。而荷兰根据人体构造科学诊病,应当学习。

由于兰学的这种实用性,所以它很快受到正在寻求解决现实的社会矛盾之方法的日本统治阶层和思想界的欢迎,使兰学迅速兴盛起来。杉田玄白形容当时兰学的兴盛状况时甚至惊叹道,兰学"就像将一滴油点在池水中而扩散到满池","经过近 50 年,此学普及海内,此处彼处四方流布"。⑤ 之所以日本人这一时期接受的兰学基本上是以自然科学为主,这主要是因为当时日本人比较注重与自己生活密切相关的科学技术方面的知识,利用其来发展本国经济,提高本国

①　[日]杉田玄白:「蘭学事始」,[日]松本三之介编:『現代日本思想大系 1 近代思想の萌芽』,筑摩書房,1966 年,153 頁。

②　[日]原平三:『幕末洋学史の研究』,新人物往來社,1992 年,12 頁。

③　大槻玄沢:「蘭訳梯航」,沼田次郎他校注:『日本思想大系』64『洋学』上,岩波書店,1976 年,374 頁。

④　杉田玄白:「狂医之言」,沼田次郎他校注:『日本思想大系』64『洋学』上,240—241 頁。

⑤　[日]原平三:『幕末洋学史の研究』,18 頁。

居民的健康水平,同时加强国防。然而兰学不仅传播了自然科学知识,也使一种当时西方社会才有的实证主义科学精神和唯物主义世界观逐渐渗透进了日本社会,这些都更加符合当时日本资本主义经济发展需要,对日本当时思想界影响巨大。如本多利明就主张,学习西方首先应从学习科学入手:"为了客观认识新世界,由穷理学进入乃方便也。所谓穷理学乃有关天地之学问。"①

另一方面就是幕府当局很注意防止有可能对自己统治造成威胁的西方自由思想的渗透,所以将朱子学之外的学问都定为"异学"而加以限制。同时由官方对兰学加以控制,使其变成了官学。这样一来,除了少量的宗教学、经济学、法律学、语言学、历史学外,兰学很少涉及社会科学尤其是制度文明方面的学问。

尽管如此,兰学还是在推进日本文明进步方面发挥了重大作用。日本近代最著名的思想家福泽谕吉 1883 年曾分析了兰学昌盛带来的社会变化。当 1853 年外国人强迫日本开国后,"天下志士固不喜悦。舆论喋喋,遂提出锁国攘夷之一大主义。无人不响应之"。尽管此时外国人宣扬其炮舰之实力,企图威胁日本人,但日本无人惧怕。外国人又宣传通商贸易之利益,企图利诱日本人,但日本无人倾听之。"然而,正当攘夷之论势达到顶峰时,突然一变,为何又转变为开国之主义耶?"福泽认为并非日本人民顿时恐惧外国之兵力而畏缩,也并非开始尝试贸易之利益。而是自身内部觉悟攘夷毫无道理,即知晓世界万国之形势。人们认识到外国并非夷狄,并非禽兽,反而能成为文明之好友。只有与之交往,与之并立,共同竞争开明之先锋,方可完成尽忠报国之大义。"人心之变化迅速,可云其成就美好,世界古今无先例也。"②

为什么人心变化如此迅速? 福泽谕吉认为"其所由来甚为深刻"。他分析了 150 年前享保年间,新井白石等一批兰学家,就有志于探索外国事情。130 年前,青木昆阳到长崎,开读荷兰文之端。随后着手讲读荷兰书,可称为西洋学问之开山鼻祖的,是前野良泽。他往来于长崎,1771 年与杉田玄白一起,兴起翻译兰学书籍之大业。由杉田玄白先生亲自翻译的《解体新书》,其版本今尚存于世。前后持续七八十年之久。虽然当时日本实行锁国政策,荷兰医学流派之学者,却陆续出世。不仅持续不断,而且"其社中往往还出现伟人。其活泼努力之

---

① [日]本多利明:『西域物語』,[日]同全集刊行会编:『大日本思想全集』第 11 卷,135 页。
② [日]福沢諭吉:「牛塲作造君朝鮮に行く」,[日]富田正文他编:『福沢諭吉選集』第 7 卷,岩波書店,1981 年,153—154 頁。

状况,简直出于今人想象之外"。以后兰学的传播内容逐渐超出医学范围,"在讲授医书、研究穷理书之外,讲读从天文地理之学问至政事兵法之书,也有翻译者"。到了18世纪中期,日本兰学之历史已过百年。国中兰学者,现在也已数以百计。①

也正如现代日本学者评论的那样,日本开国一实现,与欧美之间的文化接触达到正式化。对西洋学的接受也产生了很大变化,可说是由兰学到洋学的转变。由历来的以荷兰学为中心,一举扩大至英国、德国、法国、美国等欧美国家的学问。其学问领域也随之不仅限于医学、地理学、天文学、物理学、数学等自然科学,而且也开始进入法律、政治、经济、历史等人文社会科学的学习阶段。西周的"五科口诀记略"是他留学荷兰的记录,对于日本知识界来说,也是系统学习西洋社会科学的最初机会。②

二、维新前夕日本社会吸纳西方 思想文化的强烈主张

日本社会经济的发展,对西方社会各方面的思想文化都非常需要。然而西方自然科学、社会科学思想文化刚传进日本,由于其与日本传统的以朱子学为核心的儒学和封建等级观念明显对立,自然会受到不少人的怀疑与非议。甚至有些偏激的攘夷论者还对洋学家进行迫害。针对此种情形,一些爱国的有识之士便提出了正确认识和学习西方思想文化,以改革积弊甚深的日本社会的思想。如松代藩士佐久间象山(1811—1864年)是著名洋学家。他批评了受传统儒学熏陶而愚昧无知的人们否定洋学的观念,认为西方传来的科学技术是合理而实用的文化,可以用来弥补传统儒学之不足。所以极力主张学习西方的先进科技,并告诫天下之人,若不学习西方先进科技,将会像孩童一般见识,从而无所作为。他指出:宇宙间的自然规律是独一无二的。其规律所体现的真理,天地不能与其违背,鬼神不能改变它,自古以来的所谓圣人也不能否定它。近来由西洋传到日

---

① 〔日〕福沢諭吉:「牛場作造君朝鮮に行く」,〔日〕富田正文他編:『福沢諭吉選集』第7卷,154—155頁。

② 〔日〕山室信一:「西洋学の受容解題」,〔日〕松本三之介、山室信一校注『日本近代思想大系10・学問と知識人』,岩波書店,1988年,2頁。

本的科技发明,许多在学术上的要点皆为真理,可以弥补圣人创造的传统学问之不足。但是日本社会的儒学家门,都是些凡夫俗子,不懂得这些真理,反而将其视为异端;不进一步喜好这些学问,反而动辄将它们视为仇敌。他们的这种态度明显违背历史潮流。佐久间哀叹道:"彼之所知,莫知之;彼之所能,莫之能。蒙蔽深固,永守孩童之见。此辈惟可哀愍,不足以为商较。"①他认为作为大丈夫,就应当学习所有学问,以创立以前所没有的新理论和新事业。

佐久间认为再坚持长期以来实行的闭关锁国、故步自封的治国方针,已不能继续维持幕府的统治,也不能使日本摆脱由于列强压迫带来的社会危机。因此他坚决主张开眼看世界,学习西方先进国家的长处。他强调根据目前的形势,仅仅掌握中国、日本传统的学问,已经无法应对,"非必有总括五大洲之大经济不可"。他已经看到了欧美发达国家之所以领先于亚洲国家,主要是因为科学技术的发展对社会的推动:"全世界之形势,自哥伦布以穷理之力发现新世界、哥白尼发明地动说、牛顿阐明重力引力之实理之三大发明以来,万般学术皆得其根底,聊无虚诞之道,尽皆着实相成。由此,欧罗巴、美利坚诸洲逐渐改变面貌。"②这些具有实用价值的科学知识远远优于传统的"汉和之学"。所以主张应当向西方先进国家学习。

具体如何学习和利用欧美国家的长处来挽救目前的危局呢? 佐久间除了积极研究以炮术为核心的西方军事科学技术知识和其他科技知识外,另一方面又于 1854 年提出"东洋道德,西洋艺术,精粗不遗,表里兼该,因以泽民物、报国恩"③的主张。即如何在坚持"东洋道德"(传统儒学的伦理道德和封建政治观念)的前提下,来学习西方的先进科学技术,用这种先进"艺术"来弥补传统儒学的缺陷。也就是说,既要利用西方先进的科技使日本强大起来,也要部分改进社会制度,但又不完全否定旧有的统治秩序。由此可知,佐久间象山对西方文化的认识,仍然没有超出"实用技术"的范畴。即他仍然认为西方的先进并非因为制度的设计合理,而是因为欧美国家采用了先进的科学技术,克服了"道"的不足,才显示出其超越亚洲的发达。

---

① [日]佐久间象山:「赠小林炳文」,[日]佐藤昌介他校注:『日本思想大系』55,岩波書店,1975 年,421 頁。

② [日]佐久间象山:「梁川星巌宛」,[日]佐藤昌介他校注:『日本思想大系』55,377—378 頁。

③ [日]佐久间象山:「省諐録」,[日]佐藤昌介他校注:『日本思想大系』55,413 頁。

但佐久间象山并不认为西洋科学技术与东洋的"道德"是对立的,而是主张二者可以相互调和:"人谓泰西之学盛,孔子之教必衰。予谓泰西之学行,孔子之教滋得其资。夫泰西之学艺术也,孔子之教道德也。道德譬则食也,艺术譬则菜肉也。孰谓可以菜肉而损其味耶?"①他认为只有东西方制度和文化融合为一体,世界才会变得完美无缺。他在致朋友的信中便表达出这种东西文化调和的思想:"东洋道德西洋艺,匡廓相依完圈模,大地周围一万里,还须亏得半隅无。"他自己解释末句的含义,是想道德和技术相互补充,就好比是亚洲与欧洲合而为一,才构成地球。若欠缺一隅,则不成圆形。"如此,道德艺术若欠缺其一,便可为不完全者。"②但他又主张这种调和与结合并非完全平等的进行,而是有主次之区分。东洋道德为食,乃人之本性;而西洋艺术为菜肉,则是为了满足这种本性而提供的材料,是为"食"这个本性服务的。那么既要改变现状,又不能从根本上改革现存制度,这就使佐久间象山的思想陷入无法解脱的矛盾之中。这种思想的内在矛盾性,在佐久间象山1862年对幕府的上书中有明确表露。他认为在当前形势下,"不能再沿袭日本中国旧制,当然必须参考世界上之诸制度以推进政治。但此时可以采用何种制度,须细致研究。切望只采用不违背日本国体者"。③ 这种所谓国体,实际上就是指传统的封建制度下的尊卑等级制度。这就阻碍了他进一步改革的思路,即日本不能按照美国那样的西方近代化的政治模式,来对原有制度进行改革。因此佐久间象山最终并未能提出使日本能迈向近代化社会的切实可行的社会改革构想。

与此思想类似的有越前国福井藩士桥本左内(1834—1859年),他也主张改革现实政治,但同时又坚持有限接受洋学的观念,提出:"仁义之道、忠孝之教由吾开,器技之工、艺术之精由彼取。"④仍然认为儒家所宣扬的有利于维护封建秩序的传统伦理道德规范决不能放弃,向西方学习仅限于科学技术。

熊本藩士横井小楠(1809—1869年)肯定了西方科技、商业的先进性。他指

---

① ［日］佐久间象山:「题孔夫子画像」,［日］佐藤昌介他校注:『日本思想大系』55,421 页。
② ［日］佐久间象山:「小林又兵衛宛」,［日］佐藤昌介他校注:『日本思想大系』55,351 页。
③ ［日］佐久间象山:「時政に關する幕府宛上書稿」,［日］佐藤昌介他校注:『日本思想大系』55,308 页。
④ ［日］橋本左内:「村田氏壽宛」,山口宗之:『橋本左内』,吉川弘文館,1962 年,276 頁より引用。

出当今看到的西方洋人发明制造的蒸汽作为动力的轮船、车辆、通信器材甚至水车、木棉等，都是制作讲究、方便民生的器物。其研究精巧，达于极致。近来洋人又掘开红海海峡，创造便捷海路等，给世界带来莫大的便利。在此基础上与万国交通，推广国际贸易获取利润，所以西方"国富兵强，民用之利雄厚。至于租税等可得宽大也。其经纶之功业，可称得圣人之作用也"。① 因此他否定传统朱子学，强烈主张学习西方的先进文化。

横井小楠认为传到日本的以朱子学为代表的宋明理学主张"天人合一"的理论，混淆自然与社会。其理论专门阐述一些形而上的"性、命、道理之上"等玄而又玄的内容，对自然界和人类的现实从来不思考。宋明理学将上天称之为理，崇拜上天也就说成是保持"理"的心态，说什么存在之物就是道理，"总之专为理之上、心之上，与尧舜三代之工夫意味似自然有别"。甚至认为学习宋明理学论述治国之道，还不如听闻尧舜三代之经纶。为什么这样说呢？因为"近世西洋开航海之道，四海百货交通日至"。将这种状况与宋明理学的道理对照，两者没有丝毫相符。然而对照古时的尧舜和三代，史书已记载了许多与西方的这些事物相符合的史实。他指出："若尧舜生于当世，对西洋之炮舰、器械、百工之精、技术之功早已尽其功用，经纶当世、扩大天工，非西洋之可及。是似为尧舜三代之畏天经国与宋儒之性、命、道德，意味自有所别也。"②所以他认为西方的科学技术尽管与朱子学的理气之说不相吻合，但与尧舜和三代（即夏商周）经纶却十分符合。因此，即便尧舜在世也会向西方学习先进科技知识。这种理解虽有些牵强，但反映出一种主张向西方先进文化学习的迫切心态。

中村正直（1832—1891年）又名中村敬宇，是明治启蒙思想家，他也同样主张通过学习洋学的科学技术使本国强大。早在1853年他就抨击一些儒学者不了解外国便随意否定外国文化的做法："当今儒生多侮外藩，漫置度外，以是于彼之形势如隔雾。一旦遇读洋文者，攘臂而怒曰：彼乃慕外夷者也，殊不知通天地人三才谓之儒。"③而熟悉外国之事，审察外国情况，都是学者分内应当做的事。他还退一步主张，即便作为一名儒学家，也应当在学习传统思想文化之外，

---

① ［日］横井小楠：「沼山对话」，［日］佐藤昌介他校注：『日本思想大系』55，504页。
② ［日］横井小楠：「沼山闲话」，［日］佐藤昌介他校注：『日本思想大系』55，513页。
③ ［日］中村敬宇「振学政策」，［日］松本三之介：『明治思想における伝統と近代』，東京大学出版会，1996年，63页より引用。

加强对西方的了解："如此,若要正儒者之名义,云本邦之学、支那之学可相心得,可为理所当然之事。将又考察外国之政化风俗,学习其语言学术,岂可云有悖儒职哉? 愚以为此又不妨云为儒者分内之事。"①甚至认为即便儒学缔造者孔子若活到当时,也会对外来的西方先进文化持容纳态度。②

中村针对社会上认为所谓洋学不过是一种技艺的说法指出,难道技艺就不是应该学习的道理吗? 洋学虽然出自被称为"夷狄"的西洋诸国,但绝不可以将其比作"技艺之末"。中村认为,自己虽然不懂西洋语言,但也对西洋事物略有所闻。他指出了西洋事物的六大长处："曰天文、曰地理、曰算术、曰器械、曰航海、曰医术,是六者,精致工妙,出天出地,汉土之所不及也。"既然自古以来日本崇拜的中国都没有这些长处,那么现在洋人也是人,我们将他们的长处学而用之,有什么不可以的呢? "彼之长耳,彼之能耳,及既学而得之。我之长也,我之能也。"如果不去学习这些长处,而让洋人垄断这些长处和技能,而我们自己却反而处于无长处、无技能的境地,难道这样可以称为有智慧吗?③ 他认为西方的科学技术在社会生活中的实用水平,早已远远超过日本学习的传统的中国文化。若通过学习洋学,掌握西方先进国家的科技等长处,本国也可达到西方的发达水平。所以中村正直提出"作为人,习读西籍,谦虚其心,容受新见异说,努力汇集众人知识,不使以妄执一己之见而论断。"④强烈主张学习西方社会先进事物。

后来与中村一起成为"明六社"同人的阪谷素(1822—1881 年)也主张应大胆接受洋学。他认为接受外来新鲜事物不能失去自我传统,也不要受自己的偏见所制约。因为"我乃体也,物乃用也。海外诸国乃是物用之最大者。所以立我者,岂可忽略焉?"⑤强调了与外国文化接触,不沉溺其美,要构筑自主而公平学习真正有用的知识之心态。他还一贯主张在学习西洋思想文化时要采用取长

---

① [日]中村正直:「留學奉願侯存寄書付」,[日]大久保利謙編:『明治啓蒙思想集』,築摩書房,1967 年,279 頁。

② [日]中村正直:「自助論第九編自序」,[日]大久保利謙編:『明治啓蒙思想集』,285 頁。

③ [日]中村正直:「洋学論」,[日]松本三之介他校注:『日本近代思想大系 10 学問と知識人』,5—6 頁。

④ [日]高橋昌郎:『中村敬宇』,吉川弘文館,1988 年,73 頁。

⑤ [日]阪谷素:「送洋行諸君序」,[日]松本三之介:『明治思想における伝統と近代』,58 頁。

补短的方法。例如他在 1862 年论洋学的含义与功用时谈道:"夫洋学虽云穷理之学,此乃不知洋人理气之差别之译语也。"也就是说,今天大家所谓的洋学,实际上不是推究事物道理的学问,而是研究形而下的"气",即客观存在的事物的学问。这种学问只能"作为究气学,为理之辅助道具,乃由上御许,乃用于事君父之道具也"。① 认为洋学与推究天人合一的玄乎道理的传统学问不一样,有实际功用,可以利用来为君主统治的现实政治服务。

福泽谕吉也在 1868 年谈了自己对洋学深入学习后得出的认识:"抑洋学之所以为洋学,天然胚胎,格致物理,训诲人道,为营求身世之业。真实无妄,细大无不具备。"假若做人,洋学就是不可不学之要务,可称之为"天真之学"。自己虽然多年来学习洋学,但也仅可见其一斑。因为洋学广泛无涯,"百科浩瀚,常不免望洋兴叹"。所以只能说,洋学的学习实在是浩大的事业。② 洋学有如此多的长处,当然应当把学习洋学作为人生一大事业来重视。福泽谕吉自己通过多次到欧美各国考察和"探索",更加深刻地认识到向西方先进的思想文化学习的重要性和紧迫性。所以他后来的许多著作都公开显露出他受西方思想影响的痕迹。如他在明治初期发表的两部名著《劝学篇》和《文明论概略》,就是受到威兰特的《伦理学原理》、巴克尔的《英国文明史》、基佐的《欧洲文明史》的影响。他后来反复强调的"政治均衡论",在很大程度上是受到密尔的《代议制政府》和托克维尔的《论美国的民主》的影响。③

福泽谕吉后来进一步指出,文明具有相对性,一个国家要向前发展,决不能故步自封:"文明开化之词也亦成相对之物。若论现代世界之文明,以欧洲各国与美国为最上文明之国……稍知事物道理之人,愈深刻懂得其理,便愈明白本国之状况;愈明白此点,便愈觉悟不及西洋诸国。患此忧此,或学彼而仿效之,或自勉而欲与之对抗。在亚洲诸国,有识之士终身之忧,唯如在此一事。"④ 即

① [日]阪谷素:「家塾生ニ示ス心得書」,[日]松本三之介他校注:『日本近代思想大系 10 学問と知識人』,7 頁。
② [日]福沢諭吉:「芝新錢坐慶応義塾之記」,[日]松本三之介他校注:『日本近代思想大系 10 学問と知識人』,21 頁。
③ [日]丸山真男:《日本近代思想家福泽谕吉》,区建英译,世界知识出版社,1997 年,第 48、88 页。
④ 福沢諭吉:「文明論之概略」,富田正文他編:『福沢諭吉選集』第 4 巻,岩波書店,1981 年,20 頁。

落后的亚洲各国,只能选择向相对先进的欧美社会学习,要么模仿其制度而奋起直追,要么努力发展自身而与欧美对抗,这样才能自立于世界民族之林。

当然应当指出的是,在幕府统治晚期,日本社会一开始对洋学的认识和吸收,大多止于在相对先进而又实用的科技知识这一层面上。对欧美相对先进的政治法律制度的主动认识和学习,是以1861年幕府派遣留学生而正式公开出现的。

三、幕府官方对吸纳欧美社会文化的举措

随着欧美资本主义的兴起和急迫地对外扩张,国际局势迅速发生剧烈变化。因此在18世纪到19世纪初,日本强烈感受到俄国和英国军事力量的威胁。尤其是在1853年美国军舰强迫日本开国后,日本与外国接触机会陡增。为了应对急剧增加的外交事务,减轻民族危机的压力,同时也为了增强国力,幕府由限制和有选择地引进欧美的自然科学,转变为主动地学习包括欧美人文社会科学在内的先进思想文化。为此,幕府采取了一些相应的举措。

第一,在进行外交活动时,需要大量翻译外交文书。所以针对当时外交急需,必须建立一个翻译、学习和教授西方思想文化的综合性机构。当时翻译各国外交文书的主要是长崎的荷兰"通词"和附属于天文台的"蕃书和解"两种翻译人员,数量极为有限,不能满足急剧发展的外交事务的需要。于是幕府力图扩大后一种翻译人员的数量,任命山路弥左卫门和林健担任"异国书翰和解御用挂",又提拔了箕作阮甫、杉田成卿担任"翻译御用"。另一方面,在列强武力威胁面前,幕府从国防角度考虑,亟须大量充实由西洋引进的先进的军事装备,因而需要培养使用这些装备的人员。这样,就更加急需翻译和教授外语的人才。1853年7月,应幕府的询问,胜海舟(1823—1899年)在《海防意见书》里提出了合理化建议:"教练学校建于离江户三四里处,文库中集中了和汉兰之兵书、铳学书。其内若分科,被研究的有天文学、地理学、穷理学、兵学、铳学、建筑学、器械学等。"他认为应当从各藩招人,选拔为教授来教这些方面的知识。而且他还指出,当时翻译欧美书籍的工作滞后,所以社会上流传的欧美书籍,其本来含义被杜撰歪曲。所以政府应学派学士进行正规翻译工作,然后将正式翻译的著作

公之于世,以避免那些胡乱杜撰的事情继续发生。①

根据胜海舟的这一建议,1854 年幕府当局将原来的天文方扩大再编成洋学所。洋学所实际也是洋学校,同时统辖天文方下属的西洋事务调查局以及洋书翻译局,并且兼洋学统制机关。该机构 1855 年称洋学所,1856 年改称蕃书调所,后来又称洋书调所,1863 年改称开成所。② 后来在长崎、横滨、箱馆等城市,也建立了类似的学校机构。这类学校机构的建立,标志着日本学习西方思想文化的一个重要转变,即由兰学转变为"洋学",由被动、零星地接受西方社会思想文化,转变为主动、有系统地学习和引进。洋学既包括了荷兰文化,同时也包括英国、法国、德意志、俄国、美国传来的思想文化,简称为英学、法学、德学……吸收的内容也从原来的以自然科学为主很少涉及社会科学,转变为学习和研究一切西方的自然科学和社会科学文化思想。

福泽谕吉谈到当时这种主动学习和吸收外来文化的情势认为,自从美国军舰来到日本,日本被迫开始与欧美各国签订和亲贸易盟约。又因为这些条约都是按照英法俄等各国的喜好签订,使日本面临的国际局势剧烈变动。社会上的有识之士都明白深入了解这些先进国家国情的重要性,"因而百般学科顿时兴起。各首倡其学,教育学生。至此,始起洋学之名。是岂非文学之一大进步耶?"他指出要开辟大的事业并扭转国运,只能逐渐推进,"譬犹如上楼阁有阶梯"。当下的洋学盛行,"乃天保弘化之际兰学盛行,宝历明和诸哲由此初成阶梯。方今洋学繁盛,虽因与各国通好,但实为天保弘化之诸公渐成阶梯"。③ 即洋学是以原来的兰学为基础逐渐形成的。所以许多武士出身的知识分子,就是先作为兰学家,后来又成为洋学家。如福泽谕吉就在《自传》中详细谈到了自己先学习和翻译荷兰语,接着又学习和翻译英语的过程。④ 后来除了在幕府直接控制的中心城市外,洋学又向各藩蔓延。

---

① 〔日〕『幕末外交關係文書』1 卷 735 頁。〔日〕原平三:『幕末洋學史の研究』,新人物往來社,1992 年,32 頁より引用。

② 〔日〕大久保利謙:『幕末維新の洋学』,吉川弘文館,1986 年,72 頁。该机构即现在的东京大学。

③ 〔日〕福沢諭吉:「芝新錢坐慶応義塾之記」,〔日〕松本三之介他校注:『日本近代思想大系 10 学問と知識人』,21 頁。

④ 〔日〕福沢諭吉:「福翁自伝」,〔日〕富田正文他編:『福沢諭吉選集』第 10 卷,岩波書店,1981 年,81—87、98—104 頁。

幕府的第二个措施就是派遣留学生向西方学习。自从美国军舰强迫日本开国，让日本人大开眼界以后，日本社会各阶层人士想到西方先进国家学习的愿望日益强烈。众所周知，幕末著名藩士吉田松阴(1830—1859年)曾于1854年秘密登上美国军舰打算去外国考察。但因幕府此时还严厉禁止日本臣民直接与外国交往，吉田因而受到了惩处。1861年，由幕府以官方名义正式向荷兰派遣留学生9人。尽管如此，长州藩士井上馨、伊藤博文等5人还是于1863年5月，违犯幕府禁令，秘密留学英国。他们是最早留英的日本学生。此后两年又有森有礼等17名学生私下留学英国。实际上民间人士自己到欧洲留学已成不可阻挡之趋势。在这种大势驱使下，1866年，幕府正式向英国派遣留学生12名。① 同时幕府和长州、萨摩藩等还向法国、俄国等派出了留学生。当时迫于外国的军事压力和仰慕各国的科技发达，这些留学生大多是学习以军事技术为主的自然科学和工程。但应当值得注意的是，1861年派遣到荷兰的留学生中，津田真道(1829—1903年)和西周(又名西周助，1829—1897年)是专门学习社会科学的。

幕府统治晚期曾数次派遣留学生。主要的几次派遣包括：1861年到荷兰，1865年到俄国，1866年到英国，1867年到法国。另外有两次较大规模的派遣使团：1860年遣使到美国，1862年遣使到欧洲。各藩也让各地的医生、町人、豪农担任使团随员志愿参加。

上行下效，萨长藩也向欧美派遣使团和留学生。1863年长州藩让学生秘密留学英国，1865年、1866年，两次秘密派遣大规模的使团和留学生团到欧洲和美国。1866年，幕府取消对留学和出国的禁令，福冈、佐贺、金泽、熊本、德山、仙台等大小各藩先后竞相派出留学生。②

幕府第三方面的措施便是派员出国"探索"即考察。幕府让下级武士、豪农子弟等加入外交出访使团的目的，就是派他们对西方国家进行相对深入的实地考察。下级武士出身的著名学者福泽谕吉、西周、津田真道等都领受了这一特殊任务。③ 考察的对象是以军事工业为主，同时兼有"探索"各国政治法律制度的任务。1861年，松平康直等三位使节在给幕府老中安藤信正的信中，谈到了访欧的任务："此次作为前往英法等国之使节，不仅按使节之事去做，当然也要探

---

① ［日］原平三：『幕末洋學史の研究』，98、101頁。
② ［日］松沢弘陽：『近代日本の形成と西洋経験』，岩波書店，1993年，3—4頁。
③ ［日］松沢弘陽：『近代日本の形成と西洋経験』，7頁。

索外国之事情,以及可为我国共用之方式。"即考察目的是为了将国外先进经验将来应用于日本。探索对象也包括各国的"建国之法""政俗"等内容。出发前的 12 月 20 日,安藤信正还给使节当面布置了 120 项需要调查研究的项目。其中对"各国政事、学政、军制者,应特别关注"。蕃书调所也下达指令,要使团购买一些书籍,如"兵书、数书、政事书","经济、刑法、文武学校规则书","物产书"和"画学及音乐数类"等。①

作为幕臣的福田作太郎针对 1862 年探索欧洲各国写了一份报告书,其中谈到对英、荷、法、俄、葡、比各国探索的任务:如对英国、荷兰写得比较详细,包括政治体制、军制、大臣、士农商差别、医院、商税、土地所有权、物价、运输、政府借贷、贫民救助、地产商贷手续、外国人居留等各方面问题②。这些问题都是以后国家发展将会遇到的必须解决的现实问题。这说明幕府企图通过"探索",从西方取得相应经验,以维系自己摇摇欲坠的统治。

1862 年 1 月至 1863 年 1 月,幕府官员柴田刚中曾跟随幕府使节出访欧洲的法国、英国、荷兰、普鲁士。实际上他及下属都附有"探索"欧洲的秘密使命。他的日记,现在保存下来的有从 1849 年至 1873 年的内容。其中记载他阅读了大约 200 多种有关西洋海防、舰船、兵器等方面的书籍。日记半数以上内容都是记载海外情报、海防军备之类。日记里的不少地图中,有若干幅是用外语标注。日记的第七、八部分构成了《法英行》,描述了他们在欧洲的见闻。③

日本先是被迫接受西方先进思想文化,后又主动通过各种方式和渠道,大量引进这些思想文化,使日本思想界发生了巨大变化。与历来敌视外国"夷狄"、主张闭关自守的思想相比,学习西方先进思想文化的主张逐渐占据了上风。

四、幕末学习西方制度以改革
本国社会的思想之出现

前述学习西方的思想中,大多是学习相对先进的科学技术知识,对于政治、

---

① 〔日〕松沢弘陽:『近代日本の形成と西洋経験』,24—25 頁。
② 〔日〕松沢弘陽校注:「福田作太郎筆記 5・英国探索」,〔日〕沼田次郎他校注:『日本思想大系 66・西洋見聞集』,岩波書店,1974 年,478—544 頁。
③ 柴田刚中:「仏英行」,沼田次郎、松沢弘陽校注:『日本思想大系 66 西洋見聞集』,261—476 頁。

法律等与社会制度密切相关的知识,要么是关注很少,要么是认为还不如夏商周三代值得仿效。如横井小楠提出向西方学习的主张,但他是从传统儒家立场来理解和宣扬这些主张,从而其思想呈现出矛盾性。一方面,他赞扬了美、英等国政治制度的先进性。认为美国总统不能世袭权力,而是选举贤人担任。所以美国不存在君臣等级关系,而是以政治公共和平为目标,因此"理想政治得以实行"。而英国实行的政体是尊重民意的体制,政府的所有措施无论大小皆由人民选出的议会商议后决定。只有得到议会同意才能实施,如果议会反对则不能实行。这是非常美好的制度,比较符合夏商周三代的制度①。另一方面,他又认为"洋人之经纶仅有末而无本",②西洋人做学问,是为了创办事业,并非修炼身心道德。因此不论上下贵贱、君子小人,皆可从事兴办事业。事业虽逐渐开展,但因没有修炼心智道德,所以不明人情。③ 因此他提出:"治教应效法三代之教",如今君臣的才能和品德虽然不如古时夏商周三代,但假如治国和教育等能仿效夏商周三代,上下都不偏离社会发展应有的文治武略之道,君主充满慈爱恭俭、公明正大之心,就可以恢复到古时尧舜禹三代的美好状况。④ 否则只能盲目地模仿西洋。可见横井小楠是认为西方先进科技和制度"符合三代之道",所以才主张日本向西方学习。既要向西方更加先进的文化学习,目的又是回到古代,显然这是一种充满矛盾的构想。这种思维无疑不能真正学到欧美国家之所以领先亚洲的真谛。

但是,这种状况随着留学生的增加,学习目的的转向,逐渐有所改变。在幕府派遣的留学生中,西周和津田真道是专门学习西方社会科学的。为了改革日本现存的社会制度,他们满怀大志来到荷兰,而且一开始学习目标就非常明确。西周曾在《五科口诀纪略》中分析到,日本由于与欧美列强签订外交条约任务紧迫,所以在江户(东京)设立开成所,以便学习西洋语言、地理、数学、哲学、化学等学科。但"唯至西方政事一科,则未有传之者。讲明万国交际之通义,究察四

① 〔日〕横井小楠:「国是三論」,〔日〕佐藤昌介他校注:『日本思想大系』55,448—449 頁。
② 〔日〕横井小楠:「沼山対話」,〔日〕佐藤昌介他校注:『日本思想大系』55,505 頁。
③ 〔日〕横井小楠:「沼山閑話」,〔日〕佐藤昌介他校注:『日本思想大系』55,516 頁。
④ 〔日〕横井小楠:「国是三論」,〔日〕佐藤昌介他校注:『日本思想大系』55,464 頁。

洲政治之得失,今日所急"。① 说明西周这时已开始认识到,仅仅学习西方先进的科学技术等是不够的。要使日本能强大起来,能够与西方列强抗衡,必须关注西方政治法律制度所展现的优越性,找到日本国家制度存在的弊端。这是一个不可忽视而且十分紧迫的任务。

所以西周主张学习西方不能只模仿其外表,而应当理解其精髓,否则即便想学也无法真正掌握。这种精髓他认为就是西方社会的制度。他强调西方国家制度已经历了数百年。其中积累了许多学者的深思熟虑,所以才会达到如今的昌盛完善。之所以会达到如此状况;是因为学者们深入领会了其精髓。事物都有难以理解之要领,如果今天只是牵强地模仿其外表,不审察在实践中的方便与否,利害得失如何,从而没有掌握其关键之巅。这样,"虽无独缘木求鱼之讥,却也被认为画虎类犬"。② 即如果仅停留于模仿西方文化的外表而不深入学习其实质,最终只能是与学习西方的初衷相反,不能达到真正推进本国文明强盛的目的。

因此,西周到达荷兰后不久,立即给负责接待的精通日语的教师霍夫曼递交了一封在前往欧洲的航船上写的信,表明了自己此次到荷兰的学习目的。信中谈到,日本实行锁国政策后,长期以来,政府与欧洲各国之间,"唯一仅与荷兰东印度公司有关系"。但从 1854 年起,日本陆续"与欧洲若干国家订立修好条约。随着外交通商日益增加,日本政府也感到有必要将欧洲学术引进我国。设学校于江户,由诸藩选任教师担任其教师,让其教授各种学问"。然而,从实际情况考察,无论是学校设备,还是教学内容和方法,都存在诸多缺陷。例如"学问也处于仅阅读和理解物理学、数学、化学、植物学、地理学、历史学及荷、德、英、法之状态"。在向欧洲学习的内容中,还有改良内政所必须学习的学问,"以及统计学、法律学、经济学、政治外交等学问",目前日本都全然不知。"我们之目的,在于学习此等一切学问。"另外还想学习与理性的哲学思维完全不同的宗教学等。③ 二人表明,为了改良国内制度,必须尽快学习西方政治、法律、经济、外交、哲学等以前受到忽略的各门学科知识。

---

① ［日］西周:「五科學習關係文書」,［日］大久保利謙編:『西周全集』第 2 卷,宗高書房,1971年,138 頁。

② ［日］西周:「議題草案」,［日］大久保利謙編:『西周全集』第 2 卷,170 頁。

③ 此信見［日］大久保利謙編:『西周全集』,第 2 卷,701—702 頁。

根据他们的迫切要求,霍夫曼便为他们请了著名的自由主义思想家、荷兰莱顿大学的教授塞林格作为指导教师。塞林格为西周、津田真道制订了学习培养计划。首先学习自然法,这是几百部法律之基础。学习国际公法和各国法律,这是将自然法推广之后,"外以律万国之交际,内以准国家之法度者也"。然后又学习如何兴办产业的学问,"是教如何富国安民之道者也"。最后是学习如何根据政治状况,周密考察国情如何的方法。塞林格认为,根据自己的深入了解和思考,"若应津田真一郎、西周助两君之来志与其所望,以授治国学之原始为至当"。即从根本上如何治理国家的学问,才是最适合两人学习的课程。而治国学科大致可以分为五大科目,即"其一,天然之本分;其二,民人之本分;其三,邦国之法律;其四,经济学;其五,经国学"。① 从两人到西方留学的目的以及塞林格为两人设置的课程可以看出,这些课程是按照津田和西周两人所希望学习的领域安排的,全部都是社会科学类的法律、经济、政治等内容。

那么学习西方社会制度究竟是为了什么呢? 1862 年 6 月,留学期间的西周在给亲友松冈鏻次郎的信中说明了这一点。他在信中认为,日本当前与其说是外来压迫威胁最大,不如说是内部的动荡更可怕。甚至有重蹈中国清朝覆辙的危险。之所以会造成如此危局,一个是因为以天皇为首的国家的治国方针尚未确定,一个是因为实际掌权者根本不会知己知彼,胡乱唱颂神州皇国,妄自尊大,蔑视他国。他又谈到自己最近学习了一些西洋哲学、经济学,便十分惊叹这些学问真是"公平正大之论,感觉与历来所学汉说颇有异其端处"。他举例道,西方的哲学,"超过说性命之理之程朱"。而顺应社会需求,以经济建设为本的方针,也远远胜于传统的所谓王政。而且美国、英国等欧美强国的文物制度,感觉也大大超过中国古代的尧舜周召创立的制度。如果按照欧美的道路在日本实行新政,那么"国何不富,兵何不强,人民何不聊生,祺福何不可求,学术、百技何不尽精微也?"②

由此可见,这种学习西方政治法律制度的目的,就是要掌握明显优于东亚传统社会制度的西方先进的社会制度的精髓,并通过模仿这种先进体制在日本实行新政,以改变已日趋腐败的幕藩体制,达到富国强兵、人民幸福的目标。这是

---

① ［日］西周:「五科學習關係文書」,［日］大久保利謙編:『西周全集』,第 2 卷,142—143 頁。

② ［日］西周:「西洋哲学に对する關心を述べた松岡鏻次郎宛の書翰」,［日］大久保利謙編:『西周全集』,第 1 卷,8 頁。

近世以来"经世致用"思想在社会科学领域的最初具体体现。因此,他们两人留学荷兰,被认为是幕末日本人正式系统学习西洋社会科学之始:"西和津田成为留学荷兰的学生,是幕末洋学史上划时代的壮举。作为日本人,在开始正式学习西洋近代人文社会科学这一点上,不能不说他们的业绩跨出了明治新文化的第一步。"①这说明了一个十分重要的变化,日本社会尤其是知识界已开始注意到,社会政治制度的近代化,对一个国家发展的重要性并不亚于科学技术的进步,这是日本社会对洋学认识的一种飞跃。

学成归国后的西周、津田真道二人受到了幕府当局重用。1866 年 3 月,幕府任命留学归来的西周、津田真道二人为幕府直参、开成所教授。在任命书中说:二人"在莱顿学校学习刻苦,学术成熟无法形容。通览彼国之政体而归。此次按新规提拔,任命为教授……上述两人熟悉彼国学校之状况,今后可作为教授共同协商指挥学校,弥以共同建立盛业之基础,随而可贯彻教育人才之趣意"。②不过幕府统治者当时并未意识到,这种与东亚传统文化格格不入的西方社会制度文化的引进,不但无助于弥补其制度的缺陷,延缓幕藩制的寿命,反而只会加速自身的衰亡。

西周因留学西欧,深受西欧宪政思想的影响,回国后不久,就提出了他的近代化的政治改革主张。这种主张主要是在政治上实行"三权分立"的构想。他分析西洋的官制之含义,以三权分立为主。即"立法权不包括行法权和守法权,行法权不包括立法权和守法权,守法权也不包括立法和行法权。三权共皆独立不相倚,故私曲自难行。三权各尽其任,制度之大重点有之"。③ 这里西周说的行法权即行政权,守法权即司法权。他认为如果模仿西方采用三权分立的制度,可以在很大程度上限制传统的君主集大权为一身的专制独裁。这种思想与法国孟德斯鸠强调的三权分立思想一脉相承,孟德斯鸠认为"如果同一个人或是由重要人物、贵族或平民组成的同一个机关行使这三种权力,即制定法律权、执行公共决议权、裁判私人犯罪或争讼权,则一切便都完了"。④ 所以有这种政治构想的西周,表面上在替延缓幕府统治寿命出谋划策,实际上已经充当了幕藩体制

---

① [日]大久保利谦:『幕末維新の洋学』,吉川弘文館,1986 年,91 頁。
② [日]大久保利謙:『幕末維新の洋学』,153—154 頁。
③ [日]西周:「議題草案」,[日]大久保利謙編:『西周全集』第 2 卷,174 頁。
④ [法]孟德斯鸠:《论法的精神》上,张雁深译,商务印书馆,2005 年,第 155 页。

掘墓人的角色。

福泽谕吉作为遣欧使团的团员,对外是翻译,实际是以探索为主要任务。与他一起的随员松木弘安(1833—1893年,后来改名为寺岛宗则)和箕作秋坪(1826—1886年)负责探索医疗、教育的组织方法等,福泽负责探索国制、军制、税制等制度方面。[①] 1862年4月2日,他从欧洲发给朋友的信中谈到,自己能够参加这次欧洲考察,是难得的机会。除了进行学术研究之外,自己"也要用心探索欧洲各国其他风俗习惯"。通过在英法两国的知心朋友,已经陆续打探到西欧的国家制度、海陆军规则、贡税征收方式等。虽然不可能了解到它们的全貌,"但与此前在书上研究相比,可谓百闻不如一见,收益大得多"。[②] 这说明尽管各自的最终目的不完全一致,但有意识地关注和学习西方先进的社会制度文化,已经成为政府当局和民间许多知识分子的共同愿望。

根据到欧美各国的考察,福泽将各国政治体制分为三类:"曰立君,礼乐征伐由一君出;曰贵族合议,国内之贵族名门相集而施行国政;曰共和政治,不论门第贵贱,拥立有人望者为主长,与普通国民协议为政。"他认为英国是兼有三种体制的国家:"如此三样政治虽各异其趣,但有一国之政兼用之者,即如英国……故英国之政治为混合三样政治之一种无与类比之制度也。"同时他认为"纯粹之共和政治中,事实上由人民之代表会合商议国政,丝毫无私,以美国为最"。[③] 即主张英美政治体制应当成为日本效法之典范。这成为后来福泽对明治新国家体制设计的基本构想。

后来成为启蒙思想家的加藤弘之(1836—1916年)同样有这种认识。加藤尽管未去过欧美国家,但他通过阅读有关西方制度的论著,吸收了大量欧美近代化制度改革的思想。在1862年他撰写了名著《邻草》,专门探讨了如何学习西方政治制度的问题。在该书中,他表面上是在论述中国清朝应当如何改革政治体制,实际上指的是幕府统治下的日本。他将政体区别为四种:"若精细区别,世界万国之政体,构成君主握权、上下分权、豪族专权和万民同权四

①　[日]長尾正憲:『福沢屋諭吉の研究』,思文閣,1988年,142頁。
②　[日]福沢諭吉:「島津祐太郎宛書簡」,[日]慶應義塾編:『福沢諭吉全集』第17卷,岩波書店,1971年,7—8頁。
③　[日]福沢諭吉:「西洋事情」初編卷之一,[日]富田正文他編:『福沢諭吉選集』第1卷,岩波書店,1980年,102—103頁。

种政体。"①加藤认为实行万民同权（即共和制）的美国的政治体制最完备："万
事绝无如此国之完备者。"②但他认为最适合日本的是上下分权政体，"所谓上下
分权之政体，虽有君主在万民之上统御之，但设立确定之大律，又置公会以削弱
王权"③。也就是英国实行的君主立宪政治体制。他认为清朝（日本）如果要改
革政体，可采取君主立宪的政体："今后只有迅速改革为上下分权之政体，革除
旧来弊风，兴起善政，实可谓清朝之一大急务。"④而这种政体的长处在于，一是
制定了宪法而实行宪政，"在建立此政体之国，如上所说设立了确定之大律，万
政皆须以之为准则"；二是建立了议会制度实行民主政治，"另又至国家之大事
或异常之事等，必置公会谋议之再行其处置"。"大律"指宪法，"公会"即议会，
这种议会在各国虽名称不同，但"皆云代替万民君主谋议国政者"。⑤ 加藤实际
上主张在日本实行类似于英国的君主立宪制度。

这种对西方政治制度、政治思想和社会状况的关注、学习乃至引进，势必造
成日本国内政治思想的巨大变化。在列强压迫的刺激下，受到西方先进制度和
先进思想的影响以后，日本社会的有识之士也开始提出自己的政治主张。

五、德川幕府末期日本对西方
自由平等思想的吸纳

虽然维新之前日本社会主要关心点是学习西方先进科技，然后逐渐关注社
会制度的改革，但在西方自由平等思潮传入的前提下，对于更高层次的社会关系
的思想文化，也有所吸纳。例如加藤弘之就认为社会关系的和谐，才能够凝聚民
心。只有团结一致的精神，才能加强国防，民族才能强大。虽然武器装备很重
要，人际关系和谐更为重要。如果没有基于社会平等而构成的人们之间的和谐
关系，"决无可构成武备精神之物"。所以如果不寻求平等关系前提下的社会和

---

① ［日］加藤弘之：「鄰艸」，［日］吉田曠二編：『加藤弘之文書』第 1 卷，同朋舍，1990 年，
24 頁。
② ［日］加藤弘之：「鄰艸」，［日］吉田曠二編：『加藤弘之文書』第 1 卷，28 頁。
③ ［日］加藤弘之：「鄰艸」，［日］吉田曠二編：『加藤弘之文書』第 1 卷，24 頁。
④ ［日］加藤弘之：「鄰艸」，［日］吉田曠二編：『加藤弘之文書』第 1 卷，29 頁。
⑤ ［日］加藤弘之：「鄰艸」，［日］吉田曠二編：『加藤弘之文書』第 1 卷，24 頁。

谐,"纵然准备了千万之炮铳船舰,不分昼夜使其操练教阅,也决无武备整严之理"。因此,要加强国防,抵御外邦之侮,首先必须以"人和"为最根本的大事。①

大概在《邻草》完成后不久,加藤弘之撰写了"君臣尊卑"的文章,对照西方各国社会情况,谴责了封建等级制造成的社会不平等现象。他指出,东西方各国虽然都有君臣区别,但"西洋各国为自主之行之国,在君臣尊卑上,与外诸大洲各国大相径庭"。这里的"外诸大洲"指的是所谓尚未开化的亚洲、非洲各国。在这些国家内,"君臣尊卑之间,恰如人畜之异。天下作为一君之天下,天下之政权独在一君,礼乐征伐悉出其手。故将天下之亿兆如自己仆隶使役。亿兆也亦皆仕此一君,终身唯为之受之驱役"。这种状况在西洋各国简直是非常稀罕的。当然,西洋各国在一二百年前也与这类国家差不多状况,但后来"逐渐开明,成万民同权之国"。由于人民也拥有权利,所以"君臣之间关系也重新调整,国君决不独掌政权,绝无礼乐征伐只出于天子之事。其制度,根据所谓天下乃天下之天下之状况建立,国君则统领天下亿兆,故天下亿兆受其指挥命令"。② 君主与臣民的关系,只是在国家正常运转过程中的指挥者与被指挥者的关系,而不像亚非国家那样的人与畜生的关系。

加藤在此特别区分了君臣关系与一般社会关系的不同。指出"君臣之一伦,并非如父子、夫妇、长幼、朋友之四伦,由天理自然开始者"。而是由于一些偶然因素建立起了君臣的区别。西洋各国的君臣关系"几乎以公明正大为主意,应可云更接近天理"。也就是选举贤明者居于上位,理所当然地治理下层愚昧的人们。而且"在万民同权之国,不立君臣,设总统管理下层,是可称真与天理协调"。由于古代人口逐渐增殖,"同意其中有才智者,立于众人之上治理其众,决不为越权之事"。所以通过考察历史,君臣的区别很晚才建立,如果是在万民同权(共和制)的国家,很早就在考虑取消这种君臣差别,而且很快就取消了。因此,"君臣尊卑之别并非天理,贤愚明昧之别是成天理也"。③ 所以人们天生应当是平等的,即便君主和臣民,在人格上也是平等的,绝不是人与畜生的关系。这种平等观念,显然是从与西方社会的对比中归纳出来的。

启蒙思想家箕作麟祥(1846—1897年)幕末曾在所著《万国新史》中,对法

---

① ［日］加藤弘之:「隣艸」,［日］吉田曠二编:『加藤弘之文书』第1卷,24页。
② ［日］加藤弘之:「君臣尊卑」,［日］吉田曠二编:『加藤弘之文书』,第1卷,37页。
③ ［日］加藤弘之:「君臣尊卑」,［日］吉田曠二编:『加藤弘之文书』,第1卷,38—39页。

国自由主义思想家卢梭作了介绍。他认为卢梭"其性格激烈颇为异常,讲惊人之说,其所志不仅以辩驳当时之法教为足,而在于举而废绝之,更立一种理说,易彼之法教,以将人民引入善道"。怎样引导人民?卢梭曾著一书,题名为"民约之说"。箕作麟祥分析此书中主张是,无论君民区别也好,国体大纲也罢,其来源"皆出自国中人民相互达成契约所设立"。既然如此,人民便可以相互同心协议,"立即自由变更历来政纲,废除君臣之别"。① 也就是说,人民可以通过订立新的契约,创建一种新的社会制度,营造没有君臣等级区别的相对平等的社会。箕作麟祥通过努力学习"英学""法学",还参加了翻译《法兰西法律书》《法国政典》的工作。又通过受雇于外国人博阿索纳德、布斯克等,理解了构成西欧的制度和法律的基本原理的自由、人权思想。②

不止一次到欧美考察的福泽谕吉,对西方自由平等思想的感受和理解更为深刻。他曾在 1866 年出版的《西洋事情》中,将美国《独立宣言》部分译出。其中提到"天之生人,亿兆皆平等,附之与不可动摇之原理。根据此原理,人们可保护自己生命,寻求自由,祈愿幸福,他人不可阻碍之"。③ 更为明确地阐释了人们的相互关系应当保持自由平等的观念。

福泽指出,所谓文明政治,应做到让人们自主任意。国家法律尽量宽松,不太约束人们自由。每人可按自己爱好从事各项社会工作或活动。士农工商各行各业之间没有任何等级差别,更不会谈论各自出身门第的高低贵贱。不因为身居朝廷高官而蔑视他人,无论社会地位高低皆各得其所。每人丝毫不妨碍别人的自由,大家都能充分发挥自己的天赋才能。福泽还对"自由平等"的真实含义作了自己的界定:"本文的自主任意、自由之字,并非任我放荡、不惧国法之意。总的是说在其国居住,没有顾虑地与人交往,尽力而为之趣意。"④ 即明确自由并非随心所欲的自由,而是受法律限制的自由;平等也不是绝对的平等,而是在法律保障下的平等。

---

① [日]飛鳥井雅道:『中江兆民』,吉川弘文館,1999 年,83 頁。
② [日]山中永之佑:「箕作麟祥」,潮見俊隆他編:『日本の法学者』,日本評論社,1975 年,10 頁
③ [日]福沢諭吉:「西洋事情」初編巻之二,[日]富田正文他編:『福沢諭吉選集』第 1 卷,139 頁。
④ [日]福沢諭吉:「西洋事情」初編巻之一,[日]富田正文他編:『福沢諭吉選集』第 1 卷,103—104 頁。

　　人们为何应当保持自由平等的政治关系？福泽吸收西方的"天赋人权"思想作了阐释。他首先从接受于西方的自然法思想出发，肯定人的生命和保全生命的才能、力量都是自然形成，即所谓"天赋"。但是如果人们不能根据自己的心愿灵活运用天赋的才力，则身心无法获得自由，具备的才能也不能在社会上充分发挥其作用。所以全世界无论任何国家，"不问何等之人种，人们自己自由活动为自然之法则"。因此，福泽主张，在制定国家宪法和法律时，要对国内所有人民一视同仁。"不论小儿与大人，也不论乞儿与富豪，其生命同样贵重。至于对贫儿之一件破衣也以法保护之，与诸侯领地相比，皆无轻重之别。"①不能用人力和权力违背天赋人权的规律，即不论其人的地位高低或财富多寡，一律将其权利纳入法律保护范围。

　　那么应当如何正确看待现实社会中存在的贵贱贫富差别呢？福泽认为即便承认人类社会现实存在贵贱贫富智愚强弱之差别，甚至相互有天壤之别，而且差别各色各样，但"就其实质而看，并不妨碍保存生命、寻求自由、尊重自身、保全物质之道理"。②即从政治法律的角度考察，人的各项基本权利应当一视同仁地受到重视和保护。至于因国家公务而造成的上下级之间的区别，并不应当视为人的社会等级差别。他强调，"贵贱之别，仅当公务而尊朝廷之位。其他四民无别"。③公务上的上下级关系，并不能等同于封建社会的贵贱隶属关系。

　　福泽认为必须使社会走向文明开化，人类才能真正获取自由平等。如果没有文明便没有平等自由。古代人们处于蒙昧野蛮的不文明社会，几乎没有礼义廉耻的道德。缺乏教养而又血气方刚的人们，不能克制住自己的情欲。因此以大欺小，以强虐弱，将妻子视为奴婢，父亲对儿子毫无人道地统治，这些现象比比皆是，却无人能制止。这都是由于不能设立为全体居民谋利益的有效制度。以后随着社会趋向文明，这些落后的风俗逐渐消失，人们都逐渐尊重礼义而抑

---

　　①　［日］福沢諭吉:「西洋事情」外編卷之一，［日］富田正文他編:『福沢諭吉選集』第 1 卷，169 頁。

　　②　［日］福沢諭吉:「西洋事情」外編卷之一，［日］富田正文他編:『福沢諭吉選集』第 1 卷，169—170 頁。

　　③　［日］福沢諭吉:「西洋事情」初編卷之一，［日］富田正文他編:『福沢諭吉選集』第 1 卷，103 頁。

制情欲，"小受大帮助，弱被强保护，人们相互信任不独顾其私，多为社会全体谋利益"。① 福泽还指责了那种将原始社会的平等自由与文明社会的平等自由相混淆的看法。批评这种所谓自由恰如使人饿死的自由，或者让强者凭借力气"恣行暴虐之自由"，"犯罪而不受惩罚之自由"。这难道可以称为真正的自由吗？ 只有到后来"随着文明开化，设立法律，同样将此施行于社会，始可见真正之自由"。② 也就是说，人类只有在文明的法制社会，才会拥有真正意义上的自由平等权利。

上田藩士赤松小三郎(1831—1867 年)进一步主张，要使国内居民平等地接受教育而成长，每个人都可以根据自己的本性充分发挥自己的能力，这也是自由平等的社会关系的具体体现。他在 1867 年给福井藩主松平庆永的意见书中提出："诸民平等地尽力于本职，士尤其公务繁忙，对国中之游民、僧侣、隐修者、神官、浪人游艺师匠之类，各自授予有用之职业。可有治国之本源。"③提出将自由平等关系推广到社会就业、生产活动乃至日常生活中，使人们皆各尽所能，他认为这是治理国家和确保社会安定的源泉。

当然我们应当认识到，幕末明治初期日本吸纳自欧美的自由平等理念，在很大程度上仍受到本国传统文化的影响。如福泽谕吉仍然"以知书达理劳心者为君子而重之，以不知文字劳力者为小人"，④加藤弘之依然采用儒家传统的"人和"思想，来阐释欧美的社会制度文化。但在幕末舆论尚不自由的氛围下，这些与传统文化格格不入的理念，实际上是对自古以来的传统封建等级制度和观念的一种冲击。它为日本明治时期思想界在全社会大规模地宣扬自由平等的社会思潮奠定了基础。正如有的学者指出的那样，这种万人平等、天赋人权的思想，"从文久、庆应起，通过此等人们引入我国，在等级森严的封建统治关系中逐渐

---

① ［日］福沢諭吉：「西洋事情」外編卷之一，［日］富田正文他編：『福沢諭吉選集』第 1 卷，172 頁。

② ［日］福沢諭吉：「西洋事情」外編卷之一，［日］富田正文他編：『福沢諭吉選集』第 1 卷，173 頁。

③ ［日］中根雪江：「續再夢紀事」六，［日］江村栄一編：『日本近代思想大系 9 憲法構想』，岩波書店，1989 年，29 頁。

④ ［日］福沢諭吉：「西洋事情」初編卷之一，［日］富田正文他編：『福沢諭吉選集』第 1 卷，103 頁。

成为一种倾向的思想,而持续流行"。① 日本后来的社会主义者,对这一时期引进欧美的自由平等社会思潮给予了充分肯定。他们指出:"而通贯总的方面,最显著的现象,是民主主义输入。而民主主义之输入,是欧化主义之结果……日本人接受欧美文明,最显著刺激其神经者,实乃自由平等思想也。"②

六、维新前后日本对西方思想文化的吸纳热潮

日本正式开国以后,西方文化大量传入,民智开启、风气一新。福泽谕吉认为,日本明治时期的社会进步完全由于对外开放:"开港 20 年来,日本人努力学问,开辟物产之道,就中改造旧政府,建立新政府,以至人民也主张自主自由之类,全是开港所致。"③明治维新前后,这种对西方社会思想文化的吸纳达到高潮。

明治新政府刚接手政权,天皇就在向全国发布的《五条誓文》中强调"应求智识于世界"④,实际上为大力吸收西方思想文化营造了一种相对宽松的舆论环境。在这种宽松环境中,加之社会转型时期的切实需求,日本对西方思想文化吸收的力度大大增强。同时,从法律上实行"四民平等"的社会制度,也使更多的下层知识分子加入到学习、宣传西方先进思想的行列中。而明治新政府的重要国策之一"文明开化"方针已成为社会的共识,所以日本社会对西方思想文化的吸纳在一段时期内十分迅速。

这种状况正如福泽谕吉生动描绘的那样,当社会上人心都厌恶传统的门阀旧制度,不知将来要向什么方向发展下去时,"西洋文明的元素日益蔓延国中,不知所止境,其速度比传染病传播病毒还要快,欲留之而不可留"。⑤ 著名自由

---

① 　[日]麻生義輝:『近世日本哲學史』,宗高書房,1974 年,77 頁。文久、庆应指 1861—1867 年。

② 　石川旭山编、幸德秋水補:「日本社會主義史」,資料日本社会運動思想史編纂委員会編:『資料日本社会運動思想史』明治期第 2 卷,青木書店,1968 年,273 頁。

③ 　[日]福沢諭吉:「通俗國権論」,[日]富田正文他編『福沢諭吉選集』第 7 卷,岩波書店,1981 年,23 頁。

④ 　[日]明治天皇:「禦誓文之禦寫」,[日]明治文化研究会編:『明治文化全集』第 1 卷『皇室篇』,日本評論社,1992 年,68 頁。

⑤ 　[日]福沢諭吉:「藩閥寡人政府論」,[日]富田正文他編:『福沢諭吉選集』第 6 卷,岩波書店,1981 年,79 頁。

主义思想家小野梓(1852—1886 年)也谈到要改良日本政治,应当向西方学习:"余之起斯业之意,全在早输入泰西之新义,开达我邦人之智识,以欲谋政治之改良前进。"而日本通过洋学的引进,社会将因吸纳更先进的思想文化和制度而逐渐走向兴盛:"今也,泰西之新义东渐,海内渐初文化之步,将追次而隆。"①小野自己也曾经为了这个目的到西方学习:"余为求改进我邦政治之术,曾冒万里波涛,逾千重河岳,远游学于洋外诸邦,观察其国风也。"②反映出日本全社会都在争先恐后地学习西方思想文化。在很短的时间内,"洋学"在社会上迅速昌盛。

幕末到明治初期,日本人到西方留学的次数越来越频繁,规模越来越大。据统计,这些留学生大多是在幕末出国,直到明治初期才返回日本。他们大部分人所学专业都是与军事有关的工程学等学科,只有极少数人学习的领域是人文学科。明治政府成立后,也十分注重向西方派遣留学生,新政府刚接手政权 3 年,就派遣公费留学生 547 名。1870 年发布《海外留学生规则》,规定留学生不分尊卑,从皇族至士庶皆可派遣。③ 明治 6 年由日本思想文化界精英组成"明六社",其主要成员绝大多数都曾到欧美留学或考察。他们将西方思想文化大量引进日本,对日本近代化事业的发展提供了重要的思想依据。

明治政府统治初期舆论环境的相对宽松,促使社会出版和传媒业有较大发展。新闻出版业在明治前期急剧增进。在幕末日本,最早只有于 1862 年开始出现翻译的外国报纸《巴塔西亚报》,然后产生了少量报纸也是官方办的。明治政府成立后,民间办的报纸像雨后春笋般涌现出来。仅在明治前 10 年,陆续发行的报纸达到 234 种,其中在社会影响较大的有《邮便报知新闻》《东洋自由新闻》《东京日日新闻》《中外新闻》等。④ 在明治第一个 10 年间共出版了杂志 179 种,其中社会影响最大的是《明六杂志》。该杂志共出版了 43 期,刊登的论文涉及问题包括经济、政治、法律、外交、社会、宗教、历史、教育、自然科学等多个方面。

---

① 〔日〕小野梓:「留客齋日記」,〔日〕早稻田大学大学史编集所编:『小野梓全集』第 5 卷,早稻田大学出版部,1982 年,446 頁。

② 〔日〕小野梓:「勤王論」,〔日〕早稻田大学大学史编集所编:『小野梓全集』第 3 卷,早稻田大学出版部,1982 年,204 頁。

③ 见郑彭年:《日本摄取西方文化史》,第 226—227 页表格、263—264 页。

④ 〔日〕明治文化研究会编:『明治文化全集』第 18 卷『新聞篇』,日本評論社,1992 年,4、605—612 頁。

其他在社会上影响较大者有《评论新闻》《万国丛话》《民间杂志》《近事评论》《草莽杂志》及其变名者《共存杂志》《海南新志》《莽草杂志》等。[1] 如此数量众多的媒体，自然为大力宣扬各种新的思想文化提供了充足的载体。报纸在传播欧美先进思想方面发挥了重大作用。明治时期的报纸，当初是自上推行"文明开化"政策的工具。"但到1874年，民选议院建议书先由英国人经营的《日新真事志》，接着其他各报纷纷报道。其后在自由民权运动中，新闻记者和律师发挥了越来越大的作用。"[2]思想家们通过这些媒体充分发表自己对政治的不同看法和观点，并展开了多次激烈的思想论争和交锋。

维新前后尤其是明治初期对欧美思想文化吸纳出现热潮还有一方面的表现，就是将欧美思想家、政治家们的著作翻译成日语，或者根据自己的理解，撰写宣传欧美思想文化的著作。幕末派遣留学生到西方先进国家学习，不少人明治维新后才回到日本。这些留学生和国内学者们陆续翻译了西欧传入的各种著作，并逐渐将它们公开出版。这些著作除了科技论著外，还包括了有关政治思想特别是天赋人权和人民参与政治的思想、政治体制构建、法律秩序维系、社会文化建设等各方面内容，使宣传西方社会制度的思想大量在社会流传，对日本后来的启蒙思想和自由民权思想都产生了巨大影响。"支撑民权运动中活泼的言论活动的，是以西洋近代自由主义为中心的政治思想和法思想的导入。"[3]这种翻译和编译状况大致如下：

1866年，福泽谕吉将英国人钱伯斯的《经济学》翻译为《西洋事情外编》，其中包括了美国的《独立宣言》。1868年铃木唯一将冯·布兰克的《我们将如何执政》翻译为《英政如何？》。就在同一年，根据荷兰教授毕西林的口授，西周翻译了《万国公法》，津田真道翻译了《泰西国法论》，神田孟恪翻译了《性法略》。1870年，重野安绎将维顿的《万国公法》翻译为同名著作。1872年，加藤弘之将德国人布伦切利的两部著作《普通国法学》翻译为《国法泛论》，《政治学概论》翻译为同名著作。同年，中村正直将英国人密尔的《自由论》翻译为《自由之理》。1873年，小幡笃次郎将法国人托克维尔的《论美国的民主制》部分内容翻

---

① ［日］明治文化研究会编：『明治文化全集』第19卷『雜誌篇』，日本評論社，1992年，495—502頁。

② ［日］岩崎允胤：『日本近代思想史序説』（明治期前篇）上，新日本出版社，2002年，343頁。

③ ［日］松本三之介：『明治思想史』，新曜社，1996年，75頁。

译为《上木自由论》。同年,大井宪太郎和箕作麟祥将德拉克鲁西的《法国政典》翻译成同名著作。1874 年,永峰秀树将法国人基佐的《欧洲文明史》翻译为同名著作。荒木卓尔和白井政夫两人将同一本著作翻译为《泰西开化史》。1875 年,永峰秀树将密尔的《代议制政府》翻译为《代议政体》,何礼之将法国人孟德斯鸠的《论法的精神》翻译为《万法精神》。同一年,大岛贞益将英国人伯克尔的《英国开化史》翻译为同名著作。1876 年河津祐之将法国人卡莱尔的《法兰西革命史》翻译为《法国革命史》。1877 年,服部德将法国人卢梭的《社会契约论》翻译为《民约论》。同年,尾崎行雄将英国人斯宾塞的《社会静力学》翻译为《权利提纲》。1878 年,岛田三郎将英国人边沁的《道德与立法诸原理导论》翻译为《立法论纲》。1881 年,松岛刚将斯宾塞的《社会静力学》翻译为《社会平权论》。1882 年,中江兆民将卢梭的《社会契约论》翻译为《民约译解》。1883 年,中江兆民将卢梭的《学问艺术论》翻译为《非开化论》,将法国人维伦的《美学》翻译为《维氏美学》。同年,文部省编译局将英国人霍布斯的《主权论》翻译为同名著作。陆奥宗光将边沁的《道德与立法诸原理导论》翻译为《利学正宗》。1886 年,永井修平将意大利人马基雅维里的《君主论》翻译为同名著作。①

　　这些学者在这些翻译作品时,往往并不是照原文直译,而是加上了翻译者本人对原文的理解和阐释,甚至直接表达了自己对这一问题的看法。如福泽谕吉在《西洋事情》中阐述了自己对西方政治制度的观点。中江兆民也在《民约译解》的注解中阐释了自己对社会契约的看法。松岛刚将斯宾塞的《社会静力学》翻译为《社会平权论》时,加上了自己的大量阐释和评论,实际上阐述了自己对该问题的看法。因此,翻译的过程,很大程度上是对西方思想文化的一种吸纳和宣扬。与此同时,欧美革命中使用的理论武器如天赋人权论、密尔的自由论、代议政体论,边沁主张最大多数的最大幸福的功利主义思想,斯宾塞的权利平衡论,卢梭的社会契约论等理论观点,作为明治时期日本启蒙思想和自由民权思想的依据来源而被广泛吸纳。

---

　　①　这些翻译情况主要依据[日]松本三之介:『明治思想史』78 頁、[加拿大]诺曼:《日本维新史》第 92 页注③、[日]加藤周一他编:『日本近代思想大系 15・翻訳の思想』(岩波書店,1991 年)、『明治文化全集』第 5 卷『自由民権篇』上(日本評論社,1992 年)、『明治文化全集』第 8 卷『政治篇』的相关部分整理而成。

　　还有一些学者将自己在海外的见闻撰写成文,在日本社会流传,实际上从亲身经历和感受出发,宣传了欧美的社会和思想文化。如 1860 年曾跟随幕府官员去美国考察的仙台藩士玉虫左太夫,因为出国受到藩主资助,回国后撰写了《航美日录》交给藩主,使有关美国的知识见闻流传日本。幕府官员柴田刚中的日记的第七、八部分构成了《法英行》,描述了 1862 年 1 月至 1863 年 1 月,他跟随幕府使节到欧洲法国、英国、荷兰、普鲁士出使的见闻。福田作太郎笔记第 5 部分《英国探索》也描绘了他亲眼见到的英国状况。1868 年三又渔史编《万国新话》,1869 年村田文夫著《西洋见闻录》,1870 年中井弘著《航海新说》,然后在 1877 年又著《漫游记程》,1873 年青木辅清编译《万国奇谈》(又名《世界七种不可思议》),1881 年成岛柳北著《航西日记》等,皆传播了海外见闻,促使日本社会加速了开眼看世界。①

　　通过上述翻译的著作可知,除了物质层面的科技知识,制度层面的政治、法律等知识外,更高的精神层面的自由、平等、民权之类的思想,也在明治维新前后陆续传入日本,对日本社会同样造成了深刻影响,对西方文化的吸纳到明治前期达于高潮。

　　1873 年,明治政府要员井上馨(1835—1915 年)曾在上书中,描绘了明治初期欧美文化在日本流行的盛况。他谈到日本官员不一定亲自到西方,目睹西方社会现实,只需要通过阅读翻译的西方著作,阅览相关的照片,也会"奋然兴起欲与之(外国)相抗"。而前几年亲自去过西方国家的人士,回国后众说纷纭,有的夸奖英国,有的赞美法国,大多用荷兰、美国、瑞士的长处与落后的日本相比较:"街道、货币、开拓、交易不用说,军队、学校、议会、法律、蒸汽、电信、衣服、器械等,大凡所有可利于我文明者,纤毫不遗,细大不漏,无不寻求具有。"即日本社会对西方传来的文化事物,无论大小,凡是觉得对日本文明发展有利,都不加选择地吸纳进来。

　　著名学者山路爱山(1864—1917 年)针对井上馨所言评论道,井上之事说出了当时政府官吏之状态。实际上当时日本全社会所有希望文明进步的人,都瞧不起日本传统的旧事物而羡慕外国的新主义。他举例说明这一时期发生的很多

① 　这些欧美见闻录根据沼田次郎、松沢弘陽校注:『日本思想大系 66 西洋見聞集』(岩波書店,1974 年),『明治文化全集』第 17 卷『外国文化篇』(日本評論社,1992 年)的相关部分。

事都与洋学流行有关:例如开拓使长官黑田清隆在美国人劝说下,让一些女学生留学美国;法学家大井宪太郎翻译多拉克勒的《法国政典》并由司法省出版;孟德斯鸠所著《论法的精神》被翻译成日文;在东京各大街上洋学指南所之招牌,在里面教授并不熟练的英语,一次为生活来源……所以山路爱山评价当时洋学昌盛的状况说:"洋学之流行,恰如大火燎原,连酒楼之少女招呼客人也夹带洋语。"①由此可见,当时洋学流行已广泛深入。

直到 1907 年,社会主义者石川旭山、幸德秋水还谈到维新后日本的欧化主义风潮。他们指出,有史学家记载当时的状况,为了让欧美列强认为日本社会已经达到文明开化水平,所以日本在社会风气各方面尽可能模仿西方国家。从而日本上流社会风靡一时的,是抛弃日本之旧风,忽然一朝变为欧洲风。也就是在这个时期,"尽轮奂之美,极结构之丽"的鹿鸣馆建成,作为宴乐之场所。馆内有各种与日本传统截然不同的画游、夜宴、舞蹈、音乐、骨牌、棒球,作为玩物,无所不备,以供内外人士联络感情方便。还有所谓脱和入洋书写罗马字会,放弃雅致而取现状之演剧改良会,有绕开古雅奔向直情之讲谈歌舞矫风会。最受社会诟病的,是 1887 年 4 月伊藤博文在鹿鸣馆举办的化装舞会,和井上馨在鸟居阪邸露天演剧。当时的人批评他们没有学到欧美的强盛,反而学到了其弊端。"甚至主张人种改良论,达到欲以高加索人种替换大和民族的程度。"②这一方面表现了日本向西方学习的热潮持续不减,另一方面也反映出当时日本急于摆脱被列强控制、赶超欧美的浮躁心态。

当然,作为头脑清醒的日本知识界文化人,吸收西洋思想文化是经过比较和思考以后才作出的选择,并非完全盲目跟风。如著名的自由主义思想家大井宪太郎(1843—1922 年)就主张结合日本实际学习西方事物。他指出:"方今政治法律,工艺技术,宜采法于欧美,拔其精粹其锐,以资益于世道人心也。"尽管如此,但真正仔细考察日本国内状况,研究本国社会态势,而提出拯救社会之方法者,寥寥无几。如果这样,"虽读海外之书,而安能明彼政治法律,通彼世态人情?"如果不用欧美社会文化来从旁验证日本的世态人情,深入研究日本"古今

① [日]山路爱山:「现代日本教会史论」,[日]隅谷三喜男编:『日本の名著』40,中央公论社,1974 年,337 頁。

② 石川旭山编、幸德秋水补:「日本社會主義史」,资料日本社會運動思想史编纂委員會编:『资料 日本社會運動思想史』明治期第 2 卷,東京:青木書店,1968 年,294—295 頁。

盛衰荣枯之理",即便读了大量欧美的书,对本国又有什么帮助呢?①

自由主义思想家末广重恭(1849—1896年)当时也批评欧化主义造成的奢侈浪费。1887年他在演说中提到:"云今日交际之源,若贵显诸君招待外宾,招揽内外绅士举办盛大宴会,当然有必要在豪华宅邸。但贵显之经济无论如何增长,若在短时间出数万元资金开始新建,也很困难。以至为诸位大臣设立官邸十分必要。于是,为了掌权诸君子,就必须增加交际费。"②盲目地模仿西方国家举办奢侈的活动,对于当时相对落后的日本来说,完全与国情相违背,这一点末广看得很清楚。

福泽谕吉也清醒地指出,西洋文明也有缺陷:"虽云西洋各国为文明仅在当今世界可取此名。若细论之,其不足之处甚多。"不能因为今天看到西洋文明有昌盛之趋势,就立即肯定其尽善尽美。因为文明的发展是永无止境的,不能以今西洋诸国为满足。况且文明并非一成不变,而是运动发展的。尽管如此,"今欧洲之文明,即仅可云以当今世界之人智,能达之顶峰地位。如此在今世界诸国,即便其状况为野蛮或半开化,欲谋求一国文明之进步者,不可不以欧洲文明为目标,定为议论之标准,以此标准谈论事物之利害得失"③。即欧洲文明相对进步,故应以之为文明标准,但不能完全盲目模仿。

当然,比起学习科学技术来,福泽谕吉认为学习西方政治法律相对较难:"若将政令法律与衣食住房相比,稍异其趣。虽可以耳目闻见,却非可以手触摸以金钱买卖之物,汲取之方法亦稍难,不比衣食住房等。故今以铁桥石室模拟西洋虽易,改革政法却甚难。即在我日本也已建成铁桥石室,政法改革尚难进行。"④毕竟政治法律制度与各国的社情民意风俗等密切相关,也与社会各阶层对它们的认识深浅有联系,所以要想真正学到并不像掌握可见的器物那么容易。

"明六社"的发起人之一、后来由启蒙思想家转变为保守主义代表的西村茂树,在晚年的回顾中,也谈到盲目跟风与有选择地学习西方的区别。他回忆自己

---

① [日]大井宪太郎:「時事要論小引」,[日]資料日本社会運動思想史編纂委員会編:『資料日本社会運動思想史』明治期第2卷,11頁。

② [日]石川旭山編、幸德秋水補:「日本社會主義史」,[日]資料日本社会運動思想史編纂委員会編:『資料 日本社会運動思想史』明治期第2卷,295頁。

③ [日]福沢諭吉:「文明論之概略」,[日]富田正文他編:『福沢諭吉選集』第4卷,岩波書店,1981年,23頁。

④ [日]福沢諭吉:「文明論之概略」,[日]富田正文他編:『福沢諭吉選集』第4卷,26頁。

年轻时,对各种学问都十分迷恋。最初学习中国儒家文化,便误认为"儒教以外无善者"。后来又醉心于主张尊王攘夷的日本水户学,阅读了大量水户学的著作。"认为水户学非常好,超过了儒学。"再后来随着开国形势的变化,又开始学习"英学"。这样一来感到"水户学和儒学皆不行,于是便想学西洋学问。如此之人不止我,还有很多"。① 即当时不少人是经过长期摸索,深切感受到传统思想文化无法促使日本社会走向文明之后,才转而学习西方相对先进的思想文化。这样,在明治维新前后的 20 年间,"从传统的儒学到西洋的炮术,再从西洋的炮术到水户学,又从水户学到兰学,进一步到英学,信奉的学问对象不断改变着"。连后来强烈主张坚持儒家传统文化的西村茂树,在明治维新前后的一段时期内,也几乎完全否定传统思想。由此"可以重新清楚地认识到近代日本受到了西洋文明如何巨大的冲击"。②

尽管如此,福泽谕吉还是认为日本的进步,完全可以看成是向西方文明学习的结果:"西洋之文学艺术并非不甚贵,在其政治之组合中,也意外地有令人感兴趣的办法。决不可蔑视之。余辈不用论,世间之学者也将西洋之事情明确当作对我国有益,而热心学习。西洋之学问甚为重要,模仿它也甚为重要。王政维新之经过,其本质也可说是依据洋学之办法而成。铁路、电信、邮政等方便,也可云模仿西洋而成功者也。学问也好,模仿也好,决不可一概拒绝之,今后也愈益努力于学问,愈益下功夫模仿,愈益增加国家之利益幸福,乃余辈最所愿也。"③ 即认为向欧美先进事物学习越多,国家进步越快。

1883 年福泽还在总结文明开化历程时指出,日本在亚洲各国中,具有特殊的国情,"其人心活泼而不固陋,见善移之而不固守。若知文明已可羡慕,而不会如仅利用其利器而为拙劣,使国是大为改变"。虽然开国之初,反对学习西洋的舆论喧哗,但政府轻易排除之,而决定了文明开化之主义。以后大到政治法律教育体制,到工商产业之方法细致,小到日常衣食住行之事,皆"逐渐仿效西洋文明之风,遂企划我国开辟以来,连做梦都不会想到之政治大变革"。以后还将让人民参与政事,在府县议会中任职。以至天皇颁布诏令,将国家体制改为立

---

① [日]西村茂樹:「茶話会席上談話」,[日]植手通有:『日本近代思想の形成』,岩波書店,1974 年,2 頁より引用。

② [日]植手通有:『日本近代思想の形成』,2 頁。

③ [日]福沢諭吉「通俗国権論」,[日]富田正文他編:『福沢諭吉選集』第 7 卷,35 頁。

宪政体,"实为非常之国势变动"。所以他认为自从 1854 年美国迫使日本开国以来,是日本史上的一个重要阶段。"即该阶段一变而为新日本,改革千年之古俗旧惯,乃将日本社会组织成为西洋文明之风气也。"①即日本明治时期的文明进步,并非源自传统儒家文化的影响,而是模仿西洋各国先进事物的结果。这一点从客观上看,评价是比较中肯的。

七、小　结

幕末"尊王攘夷"口号的普及,说明当时日本人普遍将中华以外的外国人视为野蛮的"夷狄",将自己看作更文明的儒家文化圈的一员。但是,随着欧美各国更加先进的物质文化、制度文化和精神文化的陆续传入,日本社会各界在对西方事物叹为观止的同时,对这些文化逐渐由被动接受,转向主动吸纳。到明治时期,这种对欧美文化的吸纳达到高潮,甚至出现过犹不及的"欧化主义"风潮。大量西方思想文化的东传,使日本社会思想界对欧美社会的认识发生了根本性转型,由对"夷狄"的蔑视转向崇拜,尔后主动地模仿和学习。这种转型对明治时期的社会变革产生了举足轻重的作用。正如当代日本学者感叹的那样:"1872 年颁布的教育制度就是以法国的学校区划制度为样板的;日本帝国海军是英国皇家海军的复制品,而陆军则受到法国陆军的巨大影响;电报和铁路是按照英国的模式建立的,大学则是效法了美国的样板;明治宪法和民法以德国为原型,刑法则以法国为原型。这样,明治国家成了英、美、法、德等国的大杂烩。"②即认为日本几乎所有近代性事物都是源于西方。这种说法虽然有些夸大,但也说明了日本近代化与西方社会先进文化的紧密联系。

需要指出的是,日本学习西方文化之目的,始终是为了同西方相抗衡,类似于中国魏源主张的"师夷长技以制夷"。正如有学者指出:"幕末西洋观的转变,未必就是放弃了对西洋的敌对意识。不如说反之,正是对西洋各国激烈的对抗意识,构成了西洋文明观转变的主要动力,推进了其后急激的'欧化'='近代化'。"③即日本社会是在与异质文明接触、抗拒的过程中,转而开始引进这些更

---

① ［日］福沢諭吉「外交論」,［日］富田正文他編:『福沢諭吉選集』第 7 卷,187—188 頁。
② 森岛通夫著、胡国成译:《日本为什么"成功"》,四川人民出版社,1986 年,第 133—134 頁。
③ ［日］植手通有:『日本近代思想の形成』,4 頁。

加先进的文明成果,以期能迅速赶上甚至超越这些相对先进的文明。

日本吸纳西方思想文化还有一个特点,就是实用主义、功利主义特征十分明显。只要对本国有利,无论是什么样的国家的科学技术、社会制度还是思想理论,都不加区别地加以吸收。所以欧美各国的科技、制度和思想对日本都有不同程度的影响。正如日本学者新渡户稻造(1862—1933年)评价日本模仿欧美的那样:"由是观之,各人处世而护其身,只宜模拟其胜己者。若图国家之隆昌,舍模拟亦他无良计。或谓模拟固可,唯不得完善之标样则如之何?以予视之,标样完善与否,不须深问。苟有较我所贤,见其先进一步,则皆足以从焉。采长补短者,征于日本民族之经验,知其略无过失。日本之成国,以此一端为进步之要道。其所仿者,朝鲜、支那与西邦,随时异其所主,而模仿不失其宜,间亦非无出蓝之例。"①只要这些国家比本国先进,学习他们的经验对本国发展进步有用,就一定要向其学习,不一定要固定吸纳对象的什么标准。因此,日本学习的对象国可以由东亚的朝鲜、中国,转变为西洋各国。而模仿的目的最终是为了"青出于蓝而胜于蓝",赶上和超越这些对象国。在吸纳内容上同样如此。日本主动接受欧美先进事物,也不问事物的种类。新渡户稻造又指出:"日本人融化他邦之制度及思想,自古为巧妙。譬如榨乳不问其牛之种类,必取其甘溢而吸之……日本模拟西邦之文明,出于合理自由之思虑,不如动物之无思虑,不如奴隶之无自由,不如器械之受动,非任自然境遇或受外迫,反其意而行其所不欲者也。"②只要认为其合理,就主动大胆地吸收进来,不受任何约束。这实际上是一种思想解放的表现。正是因为这种突破了传统儒家文化束缚的思想解放,才使大量与传统文化具有非连续性的欧美先进思想文化大量被引进日本,促成了日本社会的巨大变革。也才使日本在亚洲率先迈进世界近代化行列,从而不仅给亚洲各国做出近代化表率,也因其迅速崛起的资本主义的对外扩张,给亚洲各国造成很大威胁和危害。

---

① [日]新渡户稻造:"泰西思想之影響",[日]大隈重信:《日本開國五十年史》,上海社會科學院出版社,2007年,第794页。

② [日]新渡户稻造:"泰西思想之影響",大隈重信:《日本開國五十年史》,第796页。

第二章　民权思潮的传播

所谓"民权"，就是指一个国家内的人民或国民拥有的各项权利。在德川幕府统治时期，由于人民很难拥有自己的权利，当然也不可能在观念上明白自己本来就应该拥有这些权利。此种状况在幕末和明治初期的日本社会相当普遍，而且大家都认为是顺理成章的事，很少有普通百姓对此提出质疑，因为人民对自己权利的渴望早已被幕藩体制压抑殆尽。[①] 针对这种不利于社会进步和文明开化的落后状况，明治时期日本思想界的知识分子大力鼓吹人民权利的正当性，并对人民权利的特征、内容作了相对精细的论证，在社会上掀起了一股民权思潮，甚至还引发了一场有关人权问题的引人注目的思想论争。

一、民权观念的出现和民权论流派

"人权""民权"这类观念，在幕藩体系下是几乎不可能在社会上公开提出的，普通民众从来没有这些概念。因此明治时期思想家们要宣扬民权，就须让人们熟悉和理解这些具有近代性质的权利概念。为此首先应当提出拥有权利的"国民"这一概念。当时的思想家对此给予了自己的解释。如史学家竹越与三郎(1865—1950年)认为，如果在一个国家内，用一种社会制度否定另一种社会制度，以一个阶级压制另一个阶级，即便国内有几千万民众，哪怕制定出完善的法律，也只能称之为社会，而不能称之为国民。"只有人为的阶级总体消灭，达到由人民和政府二大要素组织成国家，始可称一国民。"他在此提到的"人为的

---

① 关于幕末日本普通民众对自己权利的漠然无视的状态，笔者曾有所探讨。见拙稿《明治初期日本近代化民权思想的形成》，《四川师范大学学报》2007年1期，人民大学报刊复印中心《世界史》2007年4期转载。

阶级总体消灭",我们可以理解为日本上千年来,在封建统治下人为制造的等级制在法律上的消除。他认为日本国民真正能够被称为"国民",分为两个阶段:第一,由于维新的作用,打破了各藩分封的制度;第二,到明治13、14年时,人为的阶级可以说被消灭。在这种条件下,一个国家的构成变为单纯的国家和人民两大要素,两者之间没有其他等级掺入。① 到这个时候,"国民"这一称呼才算正式出现。

竹越在此的分析虽有一定道理,但不十分准确。因为明治维新后法律上规定的"四民平等",只是一种理想化的愿望,尽管有法律规定消除封建等级制,但在社会实践中并不是那么容易实现的。其次,"国民"概念的出现,实际情况可能更早一些,到明治14年左右,由于各思想家和社会团体掀起私拟宪法草案的热潮,所以国民这一概念到这时不仅正式出现,而且已相当普及。各宪法草案中都不同程度地使用了"国民"这一称呼。如1879年嚶鸣社起草的宪法草案中就明确了"享有日本之政权者须为日本之国民";②1881年千叶卓三郎等人起草的《五日市宪法草案》规定了日本国民由几种居民构成:"出生于日本国内者;虽生于国外,但以日本人为父母之子女;获得归化许可状之外国人。"③而植木枝盛于同年起草的《日本国国宪案》规定,能够成为日本国民的人必须是"在日本政治社会者"④。综合各种观点,"国民"的定义,就是指在日本社会生存的日本人和获得日本归化权的外族人,他们将日本作为自己的祖国。

"民权"就是国民权利或人民权权利的简称。民权的概念最初出现于津田真道1866年翻译、1868年出版的《泰西国法论》中。他认为:"用言语文章著书出版自由公布其议论,在文教照明之国,乃为不可禁止之民权也。"⑤他常将"民权"的概念与通权、本权、公权等概念一起使用,几种有关权利的提法,实际上都

---

① [日]竹越與三郎:「新日本史」,上,[日]松島栄一編:『明治史論集』一,筑摩書房,1965年,160頁。

② 「嚶鳴社憲法草案」,[日]家永三郎他編:『明治前期の憲法構想』,福村出版,1987年,359頁。

③ [日]千叶卓三郎他:「五日市憲法草案」,[日]色川大吉編:『三多摩自由民権史料集』,大和書房,1979年,218頁。

④ [日]植木枝盛:「日本国国憲案」,[日]家永三郎他編:『植木枝盛集』第6卷,岩波書店,1991年,103頁。

⑤ [日]津田真道:「泰西國法論」,[日]大久保利謙他編:『津田真道全集』上,みすず書房,2001年,115、86頁。

是指国民权利的含义。而自由民权运动的发起者板垣退助(1837—1919 年)认为,"民权"概念普及的契机,是针对民选议院设立进行论争时,大井宪太郎与加藤弘之反复使用的概念。① 在这场论争中,加藤弘之提到,各国人民曾谋划"欲抗击政府暴权、伸张民权";"民权旺盛之邦,即为人智开明之国"。大井宪太郎强调"民权旺盛之国即为自由国也";"请勿将民权与暴权混淆"等。② 双方的论争使原本陌生的民权概念,逐渐被广大民众所熟悉。小野梓在 1875 年发表的论文中指出,日本社会大力主张的所谓权利、自由等概念,"滥觞于《西洋事情》之著,兴盛于民选议院之论也"。③ 即认为"权利"概念流行,与福泽谕吉宣扬西方权利观念和民选议院论争皆有关。

而在翻译西方传来的概念中,"民权"一词的翻译根据各自的理解不同,先后也发生了一些变化。1870 年,在编纂民法时,箕作麟祥将 droit civil(公民的权利)翻译为"民权"。④ 但在舆论界,照字面将该词理解为人民的权利,指人民要求开设国会和参政的政治性、公法性权利。而以后在政府的民法草案中,"民权"一词消失,变为"私权"一词⑤。关于该词的政治性含义,"民权"所指的"权",一方面作为 right 的译语而被使用,指诸如"人权""自由权""财产权"那样的"权利"的概念。另一方面作为 power 意思的译语而被使用,指诸如"君主权""立法权""行政权"那样的"权力、权势"的概念。而民权的"权"与 right 和 power 两方面的含义都有关系。1882 年,日本学者柳父章通过翻译语的考察认为:"自由民权之'权',与其说是 right,不如说首先是力。即便不等于力,也大体有'力'之性质。"⑥在幕末明治初期时,曾经由西周等人首先将 right 在公法意义上介绍,大体意思是通过权力获得利益。其后,"民权"一词在社会上普遍通行,

① [日]板垣退助監修:『自由黨史』,青木書店,1955 年,112 頁。
② [日]明治文化全集編輯部編:「民選議院集說」,[日]明治文化研究会編:『明治文化全集』第 4 卷『憲政篇』,日本評論社,1992 年,388、390 頁。
③ [日]小野梓:「権理之賊」,早稻田大学大学史編集所:『小野梓全集』第 3 卷,早稻田大学出半部,1980 年,13 頁。
④ [日]大槻文彦編:「箕作麟祥君伝」,[日]加藤周一他編:『日本近代思想大系 15・翻訳の思想』,岩波書店,1991 年,306 頁。
⑤ 见 1896 年制定《民法》第一编第一章第一节"私权之享有"。何佳馨点校:《新譯日本法規大全》第一卷,商务印书馆,2007 年,第 261 页。
⑥ [日]柳父章:「翻訳語成立の事情」,[日]松本三之介:『明治思想における伝統と近代』,20 頁より引用。

在民权运动中产生了深远的影响。

至于明治初期的自由民权运动要求的"民权"之含义,是指人民的权利、自由的问题,作为设立民选议院的立论,即作为参与政治的权利——政治自由的要求被提出来。当时不少主张民权的人已自觉认识到,与其从"由权力下获得自由",即所谓防范权力不正当地干涉和侵害私人生活利益的视角去把握,不如首先从"向权力争自由",即把政权从少数特权有司独占中夺回到国民手中这种视角来把握,更加能够使民众获得权利。尤其是不少青年人积极投身于政治活动,争取民众的合法权利。这些青年的政治活动被一些人指责为具有"妄念"。中江兆民特别重视与政治有关的人们,对当时那些将视政治为对人类尤其有价值的工作的青年兴起的风潮称为"妄念"者进行了批判:"夫所谓妄念即脑镜中之模糊为何? 把将相之职业看作所有职业中第一等尊贵之物是也。将政治之学问,看成是凡百学问中第一高尚之物是也。"①认为青年人起来从事政治,争取民权是很有意义的。

中江兆民对民权的定义,主要是指人民对国家管理的权利:"夫民权者,谓取舍由己之权。是以官设法令,则我判其可否;官宣交战,则我量其资粮;官讲和平,则我缔其盟约;官征租税,则我定其员额。凡此数者,皆国之大事业。"②实际上是指后面要谈到的人民的公权利。

民权思想家儿岛彰二于 1877 年发表了《民权问答》小册子,其中对民权下的定义颇具特色。他形容"民权则臣下应尽之道,分之则云忠义、云孝悌,合之则构成国家之元气。元气衰则不平起,不平盛则干戈动、乱贼生。乱贼生时则国权灭、外债倍。外债倍则货币尽、纸币加。是构成其物价腾贵、贫民穷困之原因"。③ 实际上通过这种生动的比喻,强调了民权的重要性。即避免国家内忧外患的关键,在于民权是否充分实现。

明治时期日本社会的民权论流派多种多样。关于这些民权论的流派,1891年著名思想家陆羯南(1857—1907 年)按照自己的理解,对其作了分类。他认

---

① 〔日〕中江兆民:「青年輩腦髓中の妄念」,松本三之介他編:『中江兆民全集』11,岩波書店1984 年,41 頁。

② 中江兆民:「民権論」,松永昌三編:『中江兆民全集』11,5 頁。

③ 〔日〕兒島彰二:「民権問答」,〔日〕明治文化研究会編:『明治文化全集』第 5 卷『自由民権篇』上,179 頁。

为,经过对民权的各种主张,到了明治 14、15 年时,民权论大致构成了四种类别:

第一派被称为"幽郁民权论"。这一流派与其说是企图扩张民权,不如说是出自对政府专制的愤激,是那些不能执掌政权的在野的政治家,也是"征韩论者的变形"。他们是一种过激论派,一听到民选议院建议"便立即奋起"。他们实际上"对于民权扩张之道理不甚抱热心",只是不满于政府仅由二三大臣执掌政事,而不与在野贤良共管。对这种现象感到痛心疾首,所以不管主张民权运动如何危险激进,只要能非难政府便可。后来当西南战争的叛乱被政府平定,该流派便停止了激进的言论,逐渐衰退。

第二派被称为"快活民权论"。该流派仿效西洋文明各国之风气而尊重人民权利。其代表是以板垣退助等立志社为中心的政治派别。他们主张公议舆论在政治上的必要性,坚信将来日本的政体,不会像现在那样,由君主或二三名重臣专权。陆羯南认为这一流派的政治主张"实作为在日本之自由主义之萌芽,具有在政论史上应当记忆之价值"。对此派评价较高。

第三派被称为"翻译民权论"。该流派被认为是民权运动中的最新政论者。其成员"皆为昨日以前尚在寒窗苦读之壮年,或新由西洋归国之人员"。他们比其他流派成员多读了一些西洋书刊,十分熟悉英美学者主张的代议政体论、议院政治论、宪法论、立法论等。几年后,这批人组建了立宪改进党。他们认为,对于社会文明进步来说,正常的商业贸易比从事战争更为重要。所以他们宣传英美文明风潮是世界发展大势所趋,任何国家也不能抗拒。在政治上主张建立君民共治的君主立宪政体,提出应当使立法、行政、司法三权分立,也就是专门主张在日本直接仿照英国政体。陆羯南评价"此翻译论派比过激的民权论显得更加稳当,已隐然在朝野间博得了许多赞成者"。实质上是将尊王主义和民权主义合并的政治态度。

第四派被称为"折衷民权论",以《东京日日新闻》主编福地源一郎为代表,该流派的特点是,丝毫不反对民权之道理。但是他们顾虑,"民权虽为了人民、为了全国而成为至高无比之合理权利,但在其权利中,包含有几分叛逆精神者。若误其实践,将酿成不可名状之争乱"。他们认为提出民权者,大多是因为维新政府的"废藩置县"措施而失去土地的无产士族,其内心只是为了自己的私利。所以这些士族提出的过激之民权论,只能看作祸国之论,按照这种论点行事只会酿成内乱。因此该派主张应当逐渐扩充民权,以地方官会议的设置作为扩充民权之一种手段,再三主张渐进的可能。于是陆羯南"毫不踌躇地将此论者作为当时政府之辩护者"。①

客观考察陆羯南上述的分析,其实并不完全准确。第一派实际上并非真正的民权派,而是属于以前的旧士族。他们因为明治政府的"废藩置县"措施而失去土地,从而十分痛恨实际掌权的藩阀政府。加之该派为了解决自己的出路而主张"征韩",但最终没有任何结果。因此为了发泄对政府不满而非难之。后来随着西乡隆盛为首的士族势力在西南战争中失败而衰退下去。在政治思想方面根本未造成大的影响。中间两派实际上分属于民权派内主张不同的派别。尤其以第二派最为典型,其政治主张在日本近代政治思想领域造成了很大影响。第三派实际上包含了明治初期的一些开明政治家和思想家,他们一方面力图通过启蒙思想的宣传,促使人民摆脱落后的愚昧无知状态,另一方面又不愿与政府相对立,所以在其政治主张中,提出了英国式的君主立宪的政治体制构想。第四派虽表面赞同民权,但从内心反对民权,只能划入为政府出谋划策的御用文人的范畴,因此实质上不能划入民权派范围。

二、关于人民权利正当性的不同认知

民权是否正当? 即人民是否应当拥有自己正当而合法的基本权利? 这在今天看来,是毫无疑问的命题。但在明治时期的日本社会,却有着不同的看法。受到长期以来传统封建制度和等级观念的束缚,对该问题的观念,各社会集团因自身的利益和认识的差异而有所不同。

(一) 统治集团对民权正当性的不同态度

明治初期在受到自由主义思想影响的统治集团成员中,已出现了"民权"的概念。根据随木户孝允到欧洲考察的外务一等书记官青木周藏(1844—1914年)回忆,1873 年,他跟随木户孝允到法国。按照木户的指示,青木周藏负责起草《帝号大日本国政典》(即《大日本政规》草案)。青木根据木户叮嘱,先拟订

---

① 〔日〕陆羯南:『近時政論考』,〔日〕鹿野政直編:『日本の名著』37,中央公論社,1977 年,88—89 頁。

一份《宪法制定理由说明书》。书中表明,天下的土地岂能为一家私有?人民居住在这片土地上,守护着这片土地,所以国家事务都与人民有关。"人民也亦各尽其权利,承担义务。张权利保障天赋之自由,尽义务负担一国之公务,即人民生存之目的也。"①这里明确提出了人民权利的概念,同时指出这种权利与义务的并存关系。为此青木周藏在制定的《政典》第二部分"国民的权利及其义务"中列出"日本国土地之主即全国人民,列于日本国民之位";"应当保护各人固有的天赋权利"②的条款。由此可以看出统治集团成员中,已经有人受到西方政治思想的影响,对人民权利已经有所了解和承认。

受土佐民权派影响的陆奥宗光(1844—1897年)虽然多次在政府中担任要职,但在1874年1月愤然辞官时,发表长篇文章《日本人》,论述了人民应当拥有权利的观点。文章明确指出:"各人不拘其尊卑贤愚、贫富强弱,皆对此国有义务、有权利。"这里的"各人"包括政府官吏和一般平民。陆奥宗光认为,政府的大小官吏掌管谋求本国安全幸福之事务,但这是他们应尽的职责。所以大官虽其权力最大,但其义务也愈重;小官其权力虽稍小,但其义务也稍轻。平民虽然看上去与政事无关系,只能遵守政府法令,承认其政策,不涉及每日政府事务。但平民仍有自己普遍之权利义务。其义务,由自家之收入中,缴纳一定比例给政府,将之作为税金充入政府费用。如果是成年者,要服劳役军役,保卫国家安全等。在已尽到自己义务、辨明政府应办事情的基础上,其拥有的权利就是,"各自为其生活、其幸福、其安宁、其利益、其名誉或其他事情,有权要政府使他人恢复损害自己财产至部分,也有权要求政府扶持自己。是皆即平时人民对政府之义务、权利"。另外,如果有时政府施政"构成对国内人民普遍之弊害,人民有权请求除去之。有利时又要求兴立之。或政事方向偏颇、处分不公平时,又有权在政府处分可能伤害此国安全、可能酿成此国危难时,忠告之,争论之"。③

陆奥宗光因为受到萨长藩阀政府排挤,心中充满愤懑。他针对日本人民长期不知道自己合法权利的现状发出呼吁:"呜呼!此国三千余万人民,当此不幸、不公之际,当此国安危存亡之秋,无产生决然奋起之志者,实可谓日本全国人民,怯懦萎靡,无志操、无气力。今天至国内如此安危,尚且不能奋起。万一他

---

① ［日］青木周藏著、坂根義久校注:『青木周藏自伝』,平凡社,1970年,61页。

② ［日］青木周藏:「大日本政規」,［日］家永三郎他编:『明治前期憲法構想』,51页。

③ 陆奥宗光:「日本人」,陆奥廣吉编:『伯爵陆奥宗光遺稿』,岩波书店,1929年,3—4页。

日,因外国人危及此国之独立,此国人民或无气力捍卫防制之,最甚者附随外国,谋一身之荣,亦未可知。岂不令人寒心? 愿我全国日本人,有对此国之义务和权利。尽其义务、达其权利。不可独委托于政府即萨长等人。"①不仅指出人民权利的正当性,还号召人民起来捍卫自己的合法权利。

当然,也有统治集团的保守派人物否认人民权利尤其是政治权利的正当性。如维新功臣、皇室亲戚岩仓具视(1825—1883 年)由于对民权运动的担忧,于1882 年 12 月提出了中止府县会议意见书,对人民争取政治权利的现状叹息道:"察今日之形势,忧愁无聊之徒,开始欲泄不幸之气而取一时之快。以口辩纸笔为武器,煽动百方无智之人民。至其势逐渐增长,其力稍稍猖獗,猛然萌生取我以代之念。只管从事抗拒官府、妨碍施政之事,最终导致不易重新管束之态势。因此,在其讲演场所说,在报纸所论,专以罔上犯分为事,结党营私,无所不至。想来虽法兰西革命之前时,恐距此形势应不甚远矣!"他认为自从明治 8 年天皇颁布立宪大诏以来,为了实行宪政而风起云涌的民权运动,实际上打开了"下民罔上之路,开始大权下移之渐"。这种趋势实在令人担心,它将会构成"二千五百三十余年确然不易之国体一变不可恢复"之原因,②完全否定了人民权利的正当性。

岩仓具视还在同年致三条实美的另一封信中,极力主张皇权思想、驳斥民权论。他主要从三方面否定民权思想家提出的人民权利正当性学说。第一,谴责"近来迷惑于洋学新奇之说而逞横议者,狂妄地将此金瓯无缺之国体,视为野蛮;将外国君臣争夺于比邻博噬之间所成国体,视为文明。"即认为民权思想家们都是受到西方学说的蛊惑,完全搞不清楚什么是文明与野蛮的实质区别,其主张民权的思想完全是狂妄的想法。第二,认为民权家们居然轻易相信欧美传来的天赋人权、社会契约等理论,主张"国土本来为人类共有,后世力优者和加功者占有之。人类素来同权,无上下贵贱差别。但国君能立于人上,由其遵守保护其下之约而为"。即主张天下本来乃为天下人之天下,之所以少数人占有国土是因为他们拥有强力。人类生而平等,本来无贵贱差别,君主只是根据与人民的契约进行统治。纯粹无稽之谈。第三,民权家们根据上述理论,主张国家主权应

---

① 陆奥宗光:「日本人」,陆奥廣吉编:『伯爵陆奥宗光遺稿』,11—12 頁。

② 岩倉具視:「具視府縣會中止ノ意見書ヲ三條實美ニ示ス事」,多田好問编:『岩倉公實記』下卷,原書房,1979 年,945—946 頁。

当由君主与人民共同掌握。王室除了主裁大政之外,与人民无异。混淆了君民本来的区别。第四,政府是由人民所建立,"租税为人民所提供,以之养官吏、托政务,故官吏仅为人民之仆人"。岩仓认为,这些主张民权的思想理论,在其他体制的国家虽然可以理解,"但在我君臣起初便有区别之国,尚假之以作为谈论政治之典据,可谓蒙昧杜撰尤甚"。① 将宣传民权正当的思想,全部斥责为蒙昧无知的主观杜撰。

又如明治重臣伊藤博文就认为:"若举我皇室,几乎七百余年间,其统治之大权被霸府所掠夺。然而皇位皇统连绵。王政复古乃所谓统治大权之复古也。我等相信,若复由霸者拥有统治大权,直接将之赋予民众,皇室依然失其统治权,如云犹如霸府存在之时,不得日本臣民之心,何况非符合我国体者。"②他主张由天皇直接掌握政治大权,不能将政治权利给予人民,否则等于幕府又重新执掌政权。伊藤博文实际上全面否定了含有民主主义因素的"君主在位而不统治"的理论,同时也表明了自己否定人民拥有政治权利的保守政治思想。

(二)民间人士宣扬人民权利正当性的思想

明治时期日本民间人士提出的人民权利正当性观念,在很大程度上是受西方人权思想的影响。法国大革命的纲领性文件《人权宣言》曾明确指出:"任何政治结合的目的,都在于保护人的自然的和不可动摇的权利。这些权利就是自由、财产、安全和反抗压迫。"③实际上提出了政治统治的最终目的所在,那就是用政权力量维护人民的基本正当权利。在吸收了西方的这种权利思想,并具体提出人民权利的主张之前,当时的一些思想家、社会团体或传媒,都分析了有史以来本国人民拥有权利的状况,同时强烈谴责普通民众不能拥有正当权利的历史和现状。

对封建等级制一贯持否定态度的福泽谕吉,曾多次表明了自己反对专制、主

---

① 岩倉具視:「具視地所名稱ノ更定等ニ關スル意見書ヲ三條實美ニ示ス事」,多田好問編:『岩倉公實記』下卷,845 頁。

② [日]金子堅太郎:「帝國憲法と英國主義」,[日]平塚篤編:『伊藤博文秘錄』,原書房,1982年,227 頁。

③ [法]《人权宣言》,蒋相泽主编:《世界通史资料选辑》近代部分上,商务印书馆,1972 年,第123 页。

张民权的思想："福泽乃厌恶世界上流行之政治专制而主张民权者也。"他指出日本因自古以来就一直存在专制统治的弊端，导致人民的力量因此而退缩，也使日本民族根本不能与外国正常交往。"故我素志仅在于勉力纠正此弊，主张民权，防范国力之偏重，巩固规则，张政府之实威，养全国之力抗衡外国，以保我独立。"①他在此揭示出日本社会长期以来人民始终不能拥有正当权利的不合理状况。在漫长的历史长河中，一直是政府权力偏重。政府还经常虚张声势，威吓百姓，从而形成高压态势的封建专制制度，最终导致民众不能拥有正当权利，整个民族也就无法抵御外来威胁。那么现在大张旗鼓地宣扬和主张人民的正当权利，恰恰就是为了克服上述弊端，以增强能与外国相抗衡的国力。福泽这时已表露出自己大力主张民权，最终目的是为了保证民族独立。这也使学术界后来认为他是主张"国权"优先的思想代表。

日本近代在思想界声望仅次于福泽谕吉的加藤弘之，也论锋犀利地抨击了在君主专制制度下，民众权利无法保障的不合理状况。他首先指出，君主专制制度实在是"恶劣之政体"。在这种体制下，只要一提到君民之间的权利义务，就会认为普天之下的民众都是某一君主家里的私有仆妾。因此如果涉及人民的权利，"仅有关系到私事的不充分之权利，当然做梦都别想有参与国事等权利"。②他甚至认为，在尚未实行宪政制度的野蛮国家，老百姓就连起码的生存权利都无法保障，更无法享有其他方面权利："若如蛮夷，人君有恣意生杀之权，臣民连这种权利都不能有，何况其他诸权利耶。"③紧接着他深入剖析道，在那些尚未全面文明开化的国家，上下各阶层都没有理解国家、君主和百姓之间的关系应当如何。所以大家都误认为"天下国土悉皆一君主之私有物，其内居住之亿兆人民悉皆为一君主之臣仆者也"。君主的责任就是"牧养"臣仆，从而自认为可以随心所欲地控制他们；臣仆只能唯君命是听，全心全意侍奉君主，作为自己理所当然的义务。而且上下都各自认为这种状态是顺理成章，毫无疑问的。甚至连国

---

① ［日］福沢諭吉:「福沢全集緒言」,［日］富田正文他編:『福沢諭吉選集』,第 12 卷,岩波書店,1981 年,179 頁。

② ［日］加藤弘之:「真政大意」,［日］明治文化研究会編:『明治文化全集』第 5 卷『自由民権篇』上,93 頁。

③ ［日］加藤弘之:「立宪政体略」,［日］明治文化研究会編:『明治文化全集』第 8 卷『政治篇』,日本評論社,1992 年,24 頁。

家法律也承认这种状况十分正当,符合本国国情。难道不能将这种状态"称为野鄙陋劣之风俗耶?"于是,加藤提出了后来被认为是自由民权运动关键指导思想的观点:"试一思之,君主人也,人民亦人也,决非异类者,然而独至于其权利,而立如斯天地霄壤之悬隔,抑何事也? 生于如斯野鄙陋劣国体之国的人民,实可谓最大之不幸。"①加藤这里所指的尚未全面文明开化的国家和"野鄙陋劣之风俗",实际上都是针对幕末和明治初期日本社会现状。他认为人民之所以无权,并非不应当拥有权利,而是由于社会文明开化不全面造成,这正是实行专制制度的野蛮国家通常都存在的弊端。

启蒙思想家西村茂树(1828—1902年)在1875年发表的文章中提出,日本作为半开化之国,自古以来就存在极不合理的状态,一方面政府威严的权力过于强大,另一方面人民几乎没有任何权利:"政府之力常得八九分重,人民之力常不过二三分重。"因此若要国内力量均等,如果说政府和人民各退让五步,也不能真正做到力量均等。必要政府退二三步,人民进八九步,才可以达到力量平均。这就是国内有志之士为什么反复主张民权的原因。②

法学家津田真道从西方法律思想出发,提出了法律的制定就是以维护国民权利为目的的近代性理念:"居民对国家所有之通权,首先乃为要国家达到立国之本意也。国家应以所掌握之资产,增益全国之幸福,努力保全其自立,维护国民之权利平安,端正国内之礼序,以可统合众力,增长相济相养之道,增殖国益。故所有国民皆可向国家要求之。上述国民向国家所要诸权,是乃为国家之公义公务。"③这里说的"通权"就是指国民所有的正当权利。西方近代国家设立法律的目的,是为了保护本国居民的基本权利不受侵犯。而日本即将建立的新的国家,也应当模仿欧美先进国家,创立维护民权的近代化法律制度。

1874年,自由主义思想家大井宪太郎在与加藤弘之的辩论中,强调了人民权利不仅具有正当性,而且应当受到政府保护:"自主之权乃私权,参与国事之权公权也。不肖固知其区别,未知混同之也。只是以历来羁束之人民,人人有自主之权,虽政府也无胡乱屈挠之理。政府有义务保护人民自主之权利。因此又

①　[日]加藤弘之:「国体新論」,[日]吉田曠二编:『加藤弘之文書』第1卷,139頁。

②　[日]西村茂樹:「政府與人民異利害論」,[日]明治文化研究会編:『明治文化全集』第19卷『雜誌篇』,日本評論社,1992年,245頁。

③　[日]津田真道:「泰西國法論」,[日]大久保利謙他編:『津田真道全集』上,141頁。

须让人民知道自己对国家拥有权利。"即政府除了有保护人民权利的义务外,还应当尽力让人民知晓自己拥有哪些权利。①

中江兆民则更具体地从政府职责的视角,论证了人民权利正当,应该受到保护的观念。他深入浅出地论述道,所谓官吏是干什么的呢? 本来不是为了人民而设立的吗? 现在的错误观念,却好像人民是为了官吏而设立的。这可以说是荒谬至极。假若遇到人民提出控诉或请求的事情,政府方面从上加以批驳的时候,宛如惩罚犯了过失的人一样;而如果从上对其批准的时候,又如赐予恩惠一样。为什么这样极其违背道理呢? 政府官员原本是靠谁穿衣吃饭的呢? 不是靠着人民缴纳的租税吗? 也就是说,不是靠着人民养活以维持生活的吗? 凡是官吏们的财产、金钱,即使是一丝一毫的东西,毫无疑问,也不是从天上掉下来的,也都不是从地下钻出来的,而是从人民的腰包里掏出来的。也就是说,人民是官吏的第一位主人,难道政府官员不应该对人民加以尊敬吗? 所以中江兆民总结道:"民权是至理也,自由平等是大义也。反对此等理义者,终究不能不受到惩罚。即使有上百之帝国主义,也终究不能消灭此理义。帝王虽尊贵,只有尊重此理义,才得因此保持其尊贵。"②强调政府官员尊重和保护人民正当权利是天经地义的职责。

著名民权理论家植木枝盛更是大张旗鼓主张人民必须拥有正当权利:"民乃国之本,若要国昌盛,必须振奋民之元气,国要文明民必须开化,国要向外国炫耀威光,彻底建立独立之权,则民亦必须伸自由、张权利。"③中国古代就有"民为邦本,本固邦宁"④的主张。这里植木枝盛借用了中国古代的"民本"思想来主张民权的必要性,以便让人们更容易接受他的思想。他在1874年《立志社趣意书》中,强调了人民权利的神圣不可侵犯性:"我辈皆为我日本帝国人民。则三千余万人民尽为平等,没有贵贱尊卑之别,当享受一定之权利,以保全生命,保护自主,勉力职业,增长福祚。应成为独立不羁之人民,此事乃

① [日]大井宪太郎:「馬城臺二郎ノ論」,[日]明治文化研究会编:『明治文化全集』第4卷『憲政篇』,389页。
② [日]中江兆民:「一年有半」,[日]松本三之介编:『中江兆民全集』10,岩波书店,1983年,176—177页。
③ [日]植木枝盛:「民権自由論」,[日]家永三郎他编:『植木枝盛集』第1卷,15—16页。
④ 《尚书·夏书·胤征》,阮元编:《十三经注疏》,中华书局,1979年,第156页。

昭昭乎明白也。此权利者,不得以威权夺之,不得以富贵压之。盖作为上天以之所均等赋予人民者,而欲保有此权利者,亦乃人民应所勤勉者也。"①既然权利是上天授予的(即自然形成的),人民也就应当努力维护它。

植木枝盛认为,人本身具有自主独立的特点,所以应当尊敬人的独立地位。他纠正了古代学者将天、地、人合称为三才的说法,指出"其实人则可特上居一等,何得与天地并列耶?"虽然自古以来都习惯于将天地列为最尊贵者,但是"天犹不能兼地之载,地犹不能兼天之覆,而不免各局限于其形"。所以尽管天地虽大且广,但只不过是万物中之一物耳。最伟大者是人,"大矣哉,唯人。若想斯人,自主独立,乃万物之灵长也,乃万事之主宰也"。② 他指出天地世界是由人改造而造福于人类,假若没有人的改造,"则虽有天地山川皆死物也"。各国的文明也实际上由人创造,如果没有人的创造,"则虽有土地而不成为邦国文明也"。因此,人之所以能够为人,是由于其"所以为万物之长也,所以为有为之动物也"。③ 在这里我们又看到了西欧文艺复兴的指导思想"人文主义"所体现出的否定神权至上,主张人权最高贵的精神。

植木专门论述了国权与民权二者的关系。他为了增加自己观点的说服力,便引经据典地论述道:"按照《大学》中的本立而道生,事物之本总是大事。欲澄清河流,必须先澄清其源头;欲使树长大,必须养其根;要建房,必须加固基础。"根据这一原理,一个国家也与之同样,"民若成为国之本,则国要昌盛,民必须振奋锐气;国要文明,必须使民开化;要使国之威光照耀至外国,建立、贯彻独立之权,则亦必须伸民之自由,张民之权利"。④ 因此,植木枝盛认为要伸张国权首先应当伸张民权。如果不伸张民权,便不能伸张国权、保独立。他一针见血地指出:"张国权若不先张民权,则真正的国权便不能彻底伸张。若无人民之独立,国家也难以维持。"反过来考察,要伸张国家的统治权力,必须先伸张人民的自主之权利;要维持国家独立,不以人民独立为本,便难以办到。⑤

---

① 〔日〕植木枝盛:「立志社始末記要」,〔日〕家永三郎他编:『植木枝盛集』第10卷,岩波书店,1991年,100页。

② 〔日〕植木枝盛:「尊人說」,(日)家永三郎他编:『植木枝盛集』第3卷,岩波书店,1990年,119页。

③ 〔日〕植木枝盛:「尊人說」,(日)家永三郎他编:『植木枝盛集』第3卷,122页。

④ 〔日〕植木枝盛:「民權自由論」,〔日〕家永三郎他编:『植木枝盛集』第1卷,15页。

⑤ 〔日〕植木枝盛:「民權自由論」,〔日〕家永三郎他编:『植木枝盛集』第1卷,26页。

针对社会上有人提出国权优先于民权的观点,植木强调"民权非国权之奴隶也。为何要为了国权而伸张民权耶? 伸张民权仅为了伸张民权,伸张国权也亦仅为了民权而伸张"。① 而且他还进一步指出,不能以国权压制民权。如果作为一个国家,当独立主权受到实际威胁之际,固然为了国家主权,有可能不得不采取非常之措施,不可不依赖特殊之手段,不可不竭尽所有之力,不可不做能做之事。然而,"以外国侵寇四字当作威胁人民自由之利器,以国权二字作为掩盖民权之奇智,以至如俾斯麦其人所为。吾人为民权自由而不得不甚为愤怒之"。社会上流传所谓"伸张民权是为了伸张国权"之类的说法,认为国权比民权更为主、为本、为先。正是这些人,"将彼之国权二字作为无上之利器,以遂专制,为了政治家,可以成为颇为顺从之好人民。为了如彼之俾斯麦那样的老猴子,而变成甚为容易统治之人民"。然而,他们所说的国权比民权更为主、为本、为先,"正是作为颠倒之语,决不能肯定有丝毫道理"。植木认为,假若以民权与国权相对,只有民权才可以更为主、为本、为先。因为无论如何,"人民本来就是国家建设者,主要为了要保全自由、巩固权利,而伸张国权,乃不外仅为达此本旨也"。② 植木在此主张民权优先于国权的观点,实际上反驳了自己的老师福泽谕吉"为了伸张国权而伸张民权"的论点。

植木枝盛还进一步论证了民权与宪法的关系。为了加强论争语气,他用连串反问提出,国家是什么? 难道不是有人民然后才建立的事物吗? 那么国家宪法又是什么呢? 难道不是为人民的权利而设立的吗? 他认为民权与宪法二者孰轻孰重应当如此理解:"盖人民先成者也,国家后成者也。民权为主者也,宪法为客者也。保全民权为国家设立之目的也。定立制度宪法者,为保全民权之方便也。而先成者可改变后成者,后成者对先成者可让之也。"③既然宪法应当为民权而作,民权非为宪法而生。那么宪法为了民权可以改变也可不动,但反过来民权不可能因为宪法修改而被抹杀。

① 〔日〕植木枝盛「人民ノ国家ニ對スル精神ヲ論ス」,〔日〕明治文化研究会编:『明治文化全集』第 6 卷『自由民權篇』下,日本評論社,1992 年,119 頁。
② 〔日〕植木枝盛:「国権の二字」,〔日〕家永三郎他编:『植木枝盛集』第 5 卷,岩波書店,1990年,84 頁。
③ 〔日〕植木枝盛:「民権ハ憲法ノ奴隷ニ非ズ」,〔日〕家永三郎他编:『植木枝盛集』第 3 卷,232 頁。

所以植木认为,制定宪法者应当遵循民权而制定之,而民权扩张不一定因宪法修改而停止。因为国家宪法并非自然存在,而是由人制定。而人属于社会不同阶层,代表不同社会集团的利益。所以宪法制定的具体情况也很复杂,其中有政府擅自命令所定者,也有以国家公论而制定者。然而所谓公论,也亦有不合时宜者。如果说公议舆论都很有道理,简直迂腐至极。根据公论所定之宪法,必难为尽善尽美也。何况对于原本并非以国家公论,实际上是由政府擅自制定的宪法,人民难以满足、难以安心的很多。"要之,民权不可彻底以宪法所在为限度而扩张也。民权仅可以民权所在为限度而扩张。"①

当然,受到其师福泽谕吉的影响,植木也提出伸张民权的目的之一,也是为了国家独立,"向外国炫耀威光",将伸张民权与伸张国权联系起来。这种理论逻辑自然也就成为当代学者质疑乃至否定植木的民权思想价值的凭据。但如果仔细而系统地分析他的思想,应当肯定他仍然是将民权放在首位的。

1877年民权思想家儿岛彰二发文指出:"在未开化之野蛮人民中,因不认识其真理,对君主之义务颇为过度,而其权利几乎没有。"②表明人民没有权利,既是野蛮制度造成的结果,也是阻碍向文明开化转变的障碍。文章充分肯定了人民权利为自然形成。他首先总结历史分析道:"内外古今尚无暴威压制能保持其国家者。夫立于天地之间而称为人民者,并非借国家之力而后得人民。人民素来为自然之人民,故如其权利也亦非借国家之力而后有其权利。权利作为其所固有之权利,各人自由得之。"③人民正因为担心自己的正当权利被侵害,于是相互商议后,"只得设立政府而将之构成国家,由其保护而始得确全之"。所以日本三千万同胞如果懂得这一道理,"以勇往敢为之心,避辛苦,耐艰难,自务自修,重信义,崇廉耻,主张独立之气象,鼓励自主之职业,以贵重天赋之权利,丝毫不为他人所剥夺,富国也招来,强兵亦求至"。④　只要保障人民权利,富国强兵的

---

①　[日]植木枝盛:「民権ハ憲法ノ奴隷ニ非ズ」,[日]家永三郎他编:『植木枝盛集』第3卷,233頁。

②　[日]兒島彰二:「民権問答」,[日]明治文化研究会编:『明治文化全集』第5卷『自由民権篇』上,16頁。

③　[日]兒島彰二:「民権問答」,[日]明治文化研究会编:『明治文化全集』第5卷『自由民権篇』上,167—168頁。

④　[日]兒島彰二:「民権問答」,[日]明治文化研究会编:『明治文化全集』第5卷『自由民権篇』上,168頁。

目标指日可待。因为自古以来，从来没有听说过任何政府"不问人心之向背和民庶之习惯如何，而能容易实行改革并有成就者"。所以儿岛认为，只要是政府，无论是君主政体还是民主共和政体，都是"以保全人民之康福为责任"。只要政府能够做到毫无私心，"常以公明正大之心处理万事"，人民就不会不服从，国家也不会不得到治理。①

（三）社会团体和传媒对民权正当性的认知

除了政治家和思想家外，明治时期的一些具有政党性质的社会团体以及传媒，都对人民权利的是否正当表明了自己的认知和主张。如 1874 年 1 月 12 日，新组建的爱国公党在成立誓言中，就特别强调了人民权利的正当性。誓言首先根据西方天赋人权理念指出："天之生斯民也，必赋予以不可动摇之通义权利。此通义权利者，作为天，以均等所赋予人民者，乃不得以人力移夺之者。"然而在尚未文明开化的社会，实际情况却往往是，人民动辄就不能保障本来就应当拥有的正当权利。更何况日本数百年来，封建武断专制一直将人民当作奴隶驱使，这种弊端至今尚未完全除去。若欲弘扬国威，使我国人民富裕，必须对此彻底改革。誓言表明了爱国公党的宗旨："我辈一片至诚爱国之心，在此大为发愤。乃与同志之士相誓，以主张我人民之通义权利，以欲保全天赐。"②表明保全人民正当权利是爱国公党的根本宗旨。

怎样才能够确保人民权利得到承认和保护？誓言指出，本党热爱天皇和国家，忠心耿耿，希望主张人民的这种权利。但要争取到民权，必须"奉戴我天皇陛下御誓文之旨意，造次颠沛，彻上彻下，唯以如此之公论公议，常在于遵守盟约之旨意"。③ 即遵循明治元年天皇《五条誓文》中的"广兴会议，万机决于公论"；"官武一途以至庶民，各遂其志，人心不倦"。④ 实际上要求通过设立民选议院来表达人民权利意愿。根据这种宗旨，爱国公党将政府看成为了人民利益而设立

---

① ［日］兒岛彰二：「民権問答」，［日］明治文化研究会编：『明治文化全集』第 5 卷『自由民権篇』上，153 頁。

② ［日］板垣退助監修：『自由黨史』，84 頁。

③ ［日］板垣退助監修：『自由黨史』，84—85 頁。

④ ［日］明治天皇：「禦誓文之禦寫」，［日］明治文化研究会编：『明治文化全集』第 1 卷『皇室篇』，68 頁。

的机构。誓文表明"我党之目的,唯主张保全此人民之通义权利,以促使此人民成为自主自由、独立不羁之人民而已"。能做到这样,君主和人民之间的关系就会十分融洽,有任何祸福缓急都能够共同分担。这样,便会构成"维持我日本帝国昌盛之道"。① 当然誓文指出,本党所主张的人民权利,在亚洲是首次倡导,因此是"天下之大业",不是一般地下功夫便会取得成功。所以号召本党人士应当经常培养自己的忍耐力,即便遇到"艰难忧戚、百挫千折,也丝毫不屈挠"。要竭尽全力,至死不渝地"主张保护此通义权利者"。② 誓文提出了来自西方的天赋权利思想,即主张人民拥有的权利与生俱来,天然形成,并非统治者赐予,也不可由他人剥夺。这反映出当时日本社会近代意识的觉醒。

在 19 世纪 80 年代初日本社会围绕立宪问题展开热烈讨论的氛围中,《朝野新闻》2066 号刊登文章《国约宪法论》,分析并谴责了日本人民长期以来无法兑现正当权利的不正常状态。文章鞭辟入里地分析道,如果政府肆意实行专制统治,使普通人民无法参与政治活动,国家事务皆由官员从事,不让公众有任何知情权,那么"其邦土为君主私有,其人民为政府奴隶也。称之谓某国国民,时仅其名义"。民众要聚集起来才能构成国家,组建国家的人称为国民。如果政府随意压制本国人民,将民众看成其他国家的人,将国家看成是各国居民来乞食的国家,这样将导致"民非其民,国非其国"。就正如当年法国国王路易十四狂妄宣称"朕即国家",实施绝对专制统治,国民只能任凭他颐指气使。这种国家只能是有国王而没有国民。如果仔细考察我们日本当前状况,"人民未能参与国事,即为食客或附籍人也"。所以日本的同胞兄弟们并不能称为真正的国民,因为他们没有任何政治权利。③ 文章严厉抨击了现实中日本人民不能拥有正当权利的状况,而且并强调不能拥有正当权利,便不能成为真正的国民。

（四）主张人民自己起来争取权利的思想

既然人民权利具有正当性,那么人民怎样才能获得本应拥有的正当权利呢?思想家们认为,人民必须自己起来争取自己本应具有的权利,而不能等待统治者

① ［日］板垣退助監修:『自由黨史』,84—85 頁。
② ［日］板垣退助監修:『自由黨史』,85 頁。
③ ［日］小野壽人:『明治維新前後における政治思想の展開』,至文堂,1944 年,552 頁より引用。

的恩赐。在这方面的思想宣传中，中江兆民尤为突出。他举例分析道，如果在立宪国家的居民，仅仅因为有高高在上的尊严君主而获得安宁，那么这种安宁、幸福并非依靠自己的自由权利获得，而是依赖君主才能获得。他感叹道："吁嗟！君主人也，我亦人也。以同一人类之身，如不能依赖自己权利为生，仅依赖他人为生，岂非甚为可耻耶？"①强调人民应当靠自己的努力去争取获得本来应有的权利。

当然，中江兆民并非认为在人民自己争取权利的过程中，国家政权不发挥任何作用。恰恰相反，他主张伸张民权离不开政府治理政策的维护。他在1878年发表的文章《民权论》中指出："夫民权出自政教，非政教出自民权也。"②也就是说，在公平的政治之下，民权才可以得到伸张和保护。为何有如此看法呢？中江兆民列举了法国民权理论兴起的历史和民权得以实施的条件，分析了只有统治者的政策开明宽松，才会让民权理论产生，民权才有可能逐步伸张，人民才能兑现自己应有的权利。所以他认为："盖政教体也，民权用也。政教之于民权，犹刀刃之于锐利。刀刃磨而后锐利，政教具而后民权隆盛。未闻刀刃生于锐利矣，岂有政教出于民权哉？"虽然如此，但"民权乃原权也，天下之事，莫不关系焉"。而古代居民只知道田中取食、井里取水，认为国家事务与己无关，犹如婴儿不知世界万物。自己有何权利，全然不知。如果不是后世学者提出民权学说和主张，那么人民权利最终也不能成为人民自己所有。但是，中江兆民对明治维新后日本的民权伸张充满期待，因为他认为明治政府已经不同于过去的专制政府："今天子圣明，宰相百僚皆一世之英杰，顷者创设府县会议，将以令众庶渐习郡国之事。其如是，自今十数年，制度益备，文艺增进，然后趋舍由己，可得而望也。"③

自由民权运动展开之后，针对有人指责民权运动实际上是在犯上作乱的言论，中江兆民指出："自古以来人民作乱，其初未必企图作乱。盖为民者，即便最暴悍者，也非本身喜好作乱。不仅不喜好作乱，亦乃畏惧作乱也。那为何他从最初畏惧作乱，至最终作乱呢？势使然也。势者，虽发自内心之自然，抑在上之人力，其多居于在上之人，自激发此势，至使民作乱，是其罪不在民，而在

① ［日］中江兆民：「三酔人経綸問答」，［日］松沢弘陽他編：「中江兆民全集」8，岩波書店，1984年，215頁。
② ［日］中江兆民：「民権論」，［日］松永昌三編：『中江兆民全集』11，岩波書店，1984年，4頁。
③ ［日］中江兆民：「民権論」，［日］松永昌三編：『中江兆民全集』11，5頁。

在上之人也。"①所谓人民作乱实际上是民众在争取自己的权利,即便真的造反,责任也在于政府治理不当,侵害了民众权利而造成。正如法国大革命爆发的原因那样,"夫难测者人心,难夺者民志,法兰西人民求恢复其天与之权,以树立自己之福祉,而王路易欲以暴力夺其志,及此时,宁复有君臣情义哉?"②君主侵害民众利益,民众也就顾不上什么君臣情义,只能官逼民反了。

西村茂树也同样主张"民权作为人民固有之至宝,非应等待政府赐予者",即人民应当争取自己的权利,而不应该等待政府赐予。他考察了明治维新后的新政府,好像政府已知国家的公利所在。假若能知公利,政府必然不会与人民争私利。如果人民起来争取民权,力图将国内力量对比调整均衡,政府断无拒绝之理,说不定还会很高兴地批准。关键是"作为人民者,漫然依赖政府,以等待政府之赐予民权,譬如等待黄河澄清,终不可有相逢之期"③。西村在此一方面强调人民不应当等待和依赖政府的恩赐,而应当主动起来争取权利;另一方面也希望政府能将人民应当拥有的权利归还给普通民众。这也反映出当时的启蒙思想家对明治政府的期待,也表现出他们提出的民权理论所具有的妥协性。

自由民权运动中的一些社会团体,也提出了人民应当主动争取自己正当权利的主张。如熊本的相爱社提出的《宗旨书》就论及人民争取权利的观点。《宗旨书》将欧美国家与日本进行比较分析,指出在欧美开明各国,由于国民权利得到伸张,国家财政都要经过国会辩论,根据民选议会的批准。这样的制度能够使人民"其扩大自主之性,增长羞恶之心,强壮自立之志,在于使其念念不忘国事"。天下所有事物都有自己的权限,政府的权力"乃为保全公众权利,每一个行为禁止妨害公众之自由"。至于民众的伦理道德教育之类,政府可以放弃不管,只要它不束缚人们智慧的发挥。这就是欧美为何能推进文明开化的原因。反观日本局势,目前国债之多,已达到大约三亿五千万元。若算其利息及诸官之费额,每年需要五千万元的租税收入。这样的被动状况,虽有妙计也难以长久支撑。这完全就是穷国。"以今绝海孤岛之一穷国,介力万邦星罗、虎吞狼噬之

　① ［日］中江兆民:「防祸于未萌」,［日］松永昌三编:『中江兆民全集』14,岩波书店,1984 年,58 页。

　② ［日］中江兆民:「防祸于未萌」,［日］松永昌三编:『中江兆民全集』14,58 页。

　③ ［日］西村茂树:「政府與人民異利害論」,［日］明治文化研究会编:『明治文化全集』第 19卷『雜誌篇』,245 頁。

间,若欲不失平等权利,真可谓难。"而且日本与欧美各国相比较,年收入只有各国的六分之一。也就是说,欧美各国的一人就创造了日本六人所创造的财富。虽然这里面有勤快懒惰及其工具的差异,但还有不同的特殊原因。那就是"自由与否所致也。我辈今欲召开会议,振奋自治精神,保全天赋权利,岂有他耶?"①即召开由民选产生的国会,也是人民争取自身权利、振兴国家的具体手段之一。

在思想家们、社会团体的宣传和号召下,民权运动一段时期内在日本社会风起云涌。按照 1892 年福泽谕吉的形容,明治 10 年代到 20 年代,民权运动达到高潮。他认为从明治 7 年《民选议院建议书》公布之后,"民权国会之说,逐渐流行,新闻演说之语调,渐渐热闹"。在明治十三、十四年时,各种与争取民权相关的四象学说纷纷涌现,"云国会开设之请愿,又云政党之团结,即便如反对之运动,颇为兴盛"。但由于时机尚未成熟,还没有听到所谓民党之行动。然而,明治 22 年宪法颁布,紧接着 23 年国会召开以来,"民党之气焰遽然增长,成党派之形,公然开始反对政府之行动。即乃今日之现状也"。② 可见对人民权利正当性和号召人民起来争取自己权利的宣传已产生了显著效果。

三、论证民权来源的天赋人权思潮的流行

明治时期思想家们按照自己的不同理解,对民权的来源进行了论证。人民权利来自何方? 日本思想界不少人从西方吸纳了所谓"天赋人权"理念,认为人民权利来自于上天,即是自然形成的。西方的天赋人权观念即"自然权利"思想,起源于古代希腊罗马的政治思想。明治学者马场辰猪(1850—1888 年)认为这种观念的最早提出者可上溯到古希腊斯多葛教派的芝诺。他分析最早是从公元前 136 年起,信奉斯多葛学派的信徒便将其说传播到罗马。由于当时著名的罗马执政官西塞罗也极力赞扬这种观念,所以罗马法学家也都纷纷吸取该学说的精神。于是到了公元 228 年,这种观念十分流行。其起源应当是最早在公元前 263 年左右希腊哲学家芝诺时代。③ 但明治时期日本吸纳的近代天赋人权观

---

① [日]板垣退助監修:『自由黨史』,242—243 頁。
② [日]福沢諭吉:「一大英断を要す」,[日]富田正文他編:『福沢諭吉選集』第 7 卷,244 頁。
③ [日]馬場辰猪:「天賦人権論」,[日]西田長壽他編:『馬場辰猪全集』第 2 卷,岩波書店,1988 年,86 頁。

念,实际上应当是直接来源于荷兰以及之后英、法的自然法思想。

西方思想界认为,所谓自然法是相对于人制定的法律而言,它是指世界上本来就自然存在,在空间上普遍适用,在时间上永恒不变的法律规范。从这种观念出发,人的权利就应当是与生俱来,即天然形成,并非是因人制定的法律规范产生和运用以后才拥有的。荷兰的唯物主义思想家斯宾诺莎(1632—1677 年)就曾在名著《神学政治论》中提出:"所谓天然的权利与法令,我只是指一些自然律,因为有这些律,我们认为每个个体都为自然所限,在某种方式中生活与活动。"①斯宾诺莎认为这种天赋人权就是自然权利,国家就是人们通过缔结契约转让一部分自己的自然权利而产生的。同时人们还保留了一部分自然权利,因为"没人能率直地答应放弃他对于事事物物有的权利"。② 这些被保留的权利既不能转让,也不能剥夺。国家就是为了保护这些自然权利而产生的。国家有各种体制,斯宾诺莎认为"在所有政体之中,民主政治是最自然、与个人自由最相合的政体。在民主政治中,没人把他的天赋之权绝对地转付于人,以致对于事务他再不能表示意见。他只是把天赋之权交给一个社会的大多数,他是那个社会的一分子。这样,所有的人仍然是平等的,与他们在自然状态中无异"。③

这种自然权利思想后来中国翻译为"天赋人权"思想,它对欧美人民反抗封建压迫发挥了重要的启蒙作用,尤其是成为一些革命运动的核心指导理论。如美国的《独立宣言》就强调:"人人生而平等,他们都从他们的'造物主'那边被赋予了某些不可转让的权利,其中包括生命权、自由权和追求幸福的权利。"④这里的造物主在西方往往被认为是上帝,实际上是指"自然"。而在东亚儒家文化圈的中日等国,常常被称为"天"。

英国思想家潘恩在参加法国大革命期间写下了《人权论》,论述了人类拥有的权利为天赋。他指出,天赋权利构成了当时人们所主张的公民权利的基础。因为每个人都不能与世隔绝,人与人之间必须有社会交往。而人们在社会上生活,并不是想让自己的处境不如以前,也不是要使自己的权利比以前更少,而是要让自己所拥有的权利能够得到更好的保障。那么,"他的天赋权利是他一切

---

① ［荷兰］斯宾诺莎:《神学政治论》,温锡增译,商务印书馆,1997 年,第 212 页。
② ［荷兰］斯宾诺莎:《神学政治论》,温锡增译,第 215 页。
③ ［荷兰］斯宾诺莎:《神学政治论》,温锡增译,第 219 页。
④ 蒋相泽主编:《世界通史资料选辑》近代部分上,商务印书馆,1972 年,第 93 页。

公民权利的基础"。① 与之前欧洲启蒙思想家宣传天赋权利纯粹属于一种理想有所不同,潘恩提出,要解决社会实践中如何实现人的天赋权利平等的问题,只能通过获得公民权利的途径来实现,因为公民的权利应当是在法律面前人人平等。

那么,公民权利和天赋权利的关系究竟如何呢? 潘恩认为,首先,每一种具体的公民权利都是用一种天赋权利换来的。其次,通常看到的若干公民权利,是由人的各种天赋权利集合而成的。每个人的能力是有限的,不能完全满足他对权利的要求。但如果将许多人的能力集中到某一点,就可以满足每个人的要求。当然,这种汇集起来的权力不能侵害个人的天赋权利。潘恩指出:"由种种天赋权利集合而成的权力(从个人的权力来说是不充分的)不能用以侵犯由个人保留的那些天赋权利,个人既充分具有这些天赋权利,又有充分行使这种权利的权力。"②也就是说,只要在现实社会中使公民权利得到切实履行,人民的自然权利就会兑现。潘恩从理论上为天赋权利寻找到得以实现的具体途径。

明治日本思想家受到西方这种自然权利思想的影响,他们的政治学说中时常出现对天赋人权的强调。他们大力宣扬人民权利来自天赋即自然形成的观念。例如前述爱国公党在《本誓》中就明确提出了与欧美天赋人权观念一脉相承的思想。

在明治初期启蒙思想家加藤弘之是大力宣扬天赋人权思想的代表,他主张"天赋予人类所谓任意自在之权利。人类生活皆决不受他人所制驭,是任何事皆能够任意自在所为之权利"。他认为这种权利是人类生下来都具备的,异常宝贵。③ 这种天赋权利的表现就是人类可以按照自己的意志自由行动,不受他人约束。

小川为治1874年在《开化问答》中强调,要使日本社会真正走向文明开化状态,就必须坚持人们天生便具有的正当权利:"所谓权利,在于自由处置自身的心身体,谋我身体之安稳,自由处置自己所持之物。这种权利只要不加害于

---

① [英]潘恩:《人权论》,潘恩著,马清槐译:《潘恩选集》,商务印书馆,1981年,第142页。
② [英]潘恩:《人权论》,潘恩著,马清槐译:《潘恩选集》,第143—144页。
③ [日]加藤弘之:「真政大意草稿」,[日]吉田曠二编:『加藤弘之文書』第1卷,101页。

人,社会上不成为犯法,完全不受他人妨害,皆同样为领受于上天之物。"①既然权利来源于天然形成,那么日本长期以来一直忽视人民正当权利的封建制度和丑陋习俗就自然应当被否定。

松岛刚将英国思想家斯宾塞的著作翻译为《社会平权论》时,实际上很大程度是宣扬自己的天赋人权主张。他指出人们拥有的权利,是上天为人类准备的。如果有人说人类不能拥有自由行动的权利,就等于是说上天根本不允许人类存在。但是假若人没有行动的自由,就不能达到人们希望达到的目标。如果真像那样,就是上天不想让人达到。然而假若不能按照自己的希望达到目标,就会遭受灾难。若真如此,也就是上天希望人遭受灾难。他评论道:"其说以如此妄诞,吾人也可安心思考否定此说也。"②强调了人的权利由自然而来,同时也驳斥了社会上否定人民拥有天赋权利的观点。

启蒙思想家西周将民权合称为"人世三宝"。1875年他发表了一篇著名论文《人世三宝说》,在文中阐述了自己要论证的天赋人权思想。他开宗明义地谈到文章要表达的宗旨,就是要论述将普遍的福祉设立为人类首屈一指的、最大的重点,以及如何达到其目标的途径。这就是撰写《人世三宝说》这篇文章的缘由。所以自己主张"三宝无非为人世上最上极处之重点"。那么三宝包括什么样的权利呢?西周认为是"第一,健康;第二,智识;第三,财富"。而且如果能通过正常途径"达到人世此三个重点,即天所赋予斯人。吾人由天所享最大康福之基本"。③ 他认为人民的这三方面权利并非由任何人赐予,而是人们生下来就自然具备的。人们正是因为拥有了这三方面正当权利,才能真正过上梦寐以求的幸福生活。

矢野文雄(1850—1931年)作为福泽谕吉的弟子,深受其师的民权思想影响。他主张人类要维持自己的生存,离不开相应的道理,也必须具备相应的权利。而这些道理和权利都是由"人类天赋之性形"而自然产生。因为道理也好、权利也罢,绝不会凭空产生,必有其产生的根据。这些根据就是"人类天赋之

① [日]小川爲治:「開化問答」,[日]明治文化研究会編『明治文化全集』第21卷『文明開化篇』,日本評論社,1993年,111頁。

② [英]斯邊瑣著、[日]松島剛訳:『社会平権論』,[日]明治文化研究会編:『明治文化全集』第5卷『自由民権篇』,260頁。

③ [日]西周:「人世三寶說」,[日]大久保利謙編:『西周全集』第1卷,515、516頁。

性形"。所谓天赋之性形,就是指人类顺其自然地生活的各种形态。在此生活中有多种多样的行为,其中最良好的行为就构成了这种道理和权利。所以矢野总结道:"故天将此性形赋予人类的同时,又赋予了维护此性形之道。仅有此道即构成人类之道理权利。"①即这些道理权利是为了维护人类自然生活而产生的。

自由主义思想家马场辰猪则认为,人民谋求平等自由的天赋人权是顺应自然的表现。他在论述原始居民平等分配战利品和共有土地时指出,这些皆为基于自由平等主义而产生之事,也就是自己主张的自然法。或者可以说,能够"遵从此自然法寻求之权利为自然权利"。② 因此说人类谋求自然权利,就是寻求平等自由,也就是寻求对人类生存很少有障碍的途径,也就是谋求人类的生存,也就是寻求人类的幸福生活。实际上就是要达到人生之目的,也就是要成全自然力的变化。最终是要遵从永不会消灭的自然力的作用。他认为"只有这样,由此自然法产生之权利非人为制作,可谓天赋人权"。③ 马场通过这样一步步推理,论证了人民权利来自天赋即自然形成的原理。

激进的民权理论家植木枝盛则更为细致地论述了人的权利由天赋而得的道理。首先,他认为本来我们所主张的天赋人权,未必与国家是否制定了法律直接相关,而是直接根据"天之征兆"提出来的。人们根据这种"天之征兆",就可完成自然的生活④。也就是说,这种天赋人权在国家法律出现之前已自然具备,并非国家法律所规定的权利。正如他在同一论著的其他地方强调的那样:"夫吾人天赋之权利,无论何时皆莫不随其人而存在,昔日之权利成为今日之权利,今日之权利则为昔日之权利。"⑤他认为权利本身并不进步或退步。自古以来人们看到的逐渐进步的,并非权利本身,而是权利发挥的作用以及保护权利的方法。伴随国家建立而产生的,也不是权利自身,而是为了保护这种权利的政权和法律。⑥ 因此,不能将自然产生的权利本身与保护权利的法律混淆。

---

① ［日］矢野文雄:「人権新説駁論」,［日］明治文化研究会編:『明治文化全集』第 5 卷『自由民権篇』上,398 頁。

② 馬場辰猪:「天賦人權論」,西田長壽他編:『馬場辰猪全集』第 2 卷,99—100 頁。

③ 馬場辰猪:「天賦人權論」,西田長壽他編:『馬場辰猪全集』第 2 卷,100 頁。

④ ［日］植木枝盛:「天賦人権弁」,［日］家永三郎他編:『植木枝盛集』第 1 卷,172 頁。

⑤ ［日］植木枝盛:「天賦人権弁」,［日］家永三郎他編:『植木枝盛集』第 1 卷,197 頁。

⑥ ［日］植木枝盛:「天賦人権弁」,［日］家永三郎他編:『植木枝盛集』第 1 卷,197—198 頁。

其次，根据天赋人权原理，人的生活之权利在人出生时已具备，人们可以顺其自然地生活。然而，假若被他人夺去生命，则根本无法达成这一目标。这种剥夺别人生命的行为是违背上天的，上天只会为人们正常生活作出安排。既然上天已经安排了人们要达到理想生活状况，那么人们就要顺应这种生活，更应知道防御别人阻碍其生活。而防御他人阻碍自己生活这一权利也是天赋①。这样一来，该人所拥有的天然生活的权利就包括两方面：一方面应当实现自己正常生活的目标，另一方面更重要的是，应当防御别人妨碍自己正常生活。这种权利被称为"该人有天然生活之权利"。根据这种宗旨，当一个人达到自己的生活目标时，即构成该人的权利。所以人民拥有天赋权利是毋庸置疑的。

再次，人们不可或缺的天赋权利不仅特指生活上，而且还表现在思想、言论、视听以及迁居各处等各方面的权利。推而广之，这些权利皆为天赋。总而言之一句话，人追求幸福的一切行为，皆为根据天赋之权利而进行的："即由云幸福之字，可明确主张人有天赋之权利。"植木枝盛对民权天赋下的结论是："故作为人，谋求幸福，是有关其人之道理，而当其人应行之事，此即就其人之权利。是不可云之为天然之人权乎哉？"②人民依据天赋获得权利的理论，通过植木阐述已达极致。

小野梓将人民的权利分为两大类，"权利自由有二类。将第一类称为天性上之权利自由，将第二类称为交际上之权利自由"。第一类实际上可以理解为天赋之权利，第二类可以理解为权利与义务的关系。对于前者，小野梓按照自己的理解作了阐释。他首先指出"天性上之权利自由，将之作为人们禀性之初接受于上天之本质要素，称为尚未润色加工者"。小野在此举出了天赋权利的特征，即纯粹自然形成。但与其他思想家不同的是，他认为既然这种权利由天然形成，那就是一种不受任何约束的自由权利："今若以之处置一身，百物皆任我意而无所制约。素来可不顾他人如何也。然而若我以之处置其身，全然不顾他人，他人也亦以之处置其身，全然不顾我如何。"既然大家都只顾履行自己的权利而不顾他人利益，由于相互之间力量的差异，必然会引起某一方的权利受到侵害："若我有幸强大，以之抗拒彼之侵掠，能够保全权

---

① ［日］植木枝盛：「天賦人権弁」，［日］家永三郎他編：『植木枝盛集』第 1 巻，172 頁。
② ［日］植木枝盛：「天賦人権弁」，［日］家永三郎他編：『植木枝盛集』第 1 巻，172—173 頁。

利自由。但若不幸为弱小，忽然被彼之强大之势所压，日日受其掠辱，权利变更也，最终至于贵重生命并受掠夺。"最终将会作为愈演愈烈的趋势，导致"彼我相互侵掠而无安宁之所"。① 所以这种自然权利也就不可避免地存在着局限性。

当然，也有思想家从多种途径分类，阐释了民权的获得来源。如西村茂树就认为，人民权利是通过不同途径获得。他在1875年发表的文章中指出："权利之根源及其所以获得之方法各种各样。或有自然获得者，或有由契约获得者，或有由赐予获得者，或有由继承获得者等，皆成为由法律学之定论所承认者。"②实际上是将国家法律出现之前人们在自然状态中的权利和出现之后的法定权利都包括在内。不过在对权利进行分类时，西村茂树特意指出人民具有的一类权利为"自然权利"，实际上就是指天赋人权。西村对这种自然权利的解释是，凡作为人类，都拥有"与其性命、身体、自由相关之权利，又有通过自己劳作获取造物之权利，又有共同使用空气、水和阳光之权利，将是等称为自然之权利"。因为人类从上天接受了有生命的身体，所以又成为理所当然拥有权利者。假若要成全这种上天对人类的恩赐，就必须拥有上述各项权利，"故将之云为自然之权利也"。③ 考察西村茂树的自然权利含义，可以理解为主要是指直接与人的生死存亡相关的最基本权利，这种权利明治时期不少近代化的思想家皆认为是上天赐予，因此人类天生便拥有。

中江兆民则按民权获得的不同途径来区分民权的不同含义。他将社会上称谓的民权大致分成两类，一类是英、法两国的民权，称为"恢复之民权也，从下进而取之者也"。即人民自下而上起来主动争取自己应当拥有的权利，将以前被统治者攫取的权利重新掌握在自己手中，称为"恢复之民权"。另一类可称为"恩赐之民权者，从上惠而与之者也"。即由统治者自上而下主动归还给人民的权利。他区分二者的特征道："恢复之民权，因其从下进取之故，其分量多寡由

---

① ［日］小野梓：「権理之賊」，［日］早稲田大学大学史編集所：『小野梓全集』第3卷，13—14頁。

② ［日］西村茂樹：「権理解」，［日］明治文化研究会編：『明治文化全集』第19卷『雑誌篇』，256頁。

③ ［日］西村茂樹：「権理解」，［日］明治文化研究会編：『明治文化全集』第19卷『雑誌篇』，256頁。

我们随意所定；恩赐之民权，因其从上惠与之故，非我们所得定也。"①即人民自己努力争取到的权利才是可靠的。统治者恩赐的民权有多少，由统治者自己决定，人民无法确定。全凭统治者的道德水平和对人民的怜悯心如何。

那么历史上的实际状况如何呢？中江兆民分析了英法两国的情况后指出，国王宰相等统治者，仰仗自己的威力，而胆敢不将自由权利归还给人民，由此往往造成社会祸乱之根源。而英法两国人民正是以此为契机，发动争取民权的革命，最终享有了恢复的民权。如果不是这样，君主宰相等能够审时度势，遵循国民的意愿，寻求适合于其国民之智识，将自由权恩惠与国民，国民因得到的权利分量适宜，官民上下皆大欢喜，其庆幸所值超逾任何事物。中江兆民主张，与其冒着生命危险，去博取大量权利，不如坐享相对较少的权利。而且"纵令恩赐的民权之量如何寡少，因其本质与恢复的民权无少异之故，吾侪为人民者，善护持之，善珍重之，以道德之元气与学术之滋液养之。及时势益进，时运益移，渐次成为肥腴，长成而至于与彼之恢复的民权并肩，正进化之理也"。② 将政府恩赐的民权先护持在手中，并慢慢将其培养长大，最终根据客观条件的转化，使其发展为与恢复的民权同等数量的权利。这也不失为一种争取和维护民权的途径。这种主张反映出中江兆民对明治政府的一种冀望和妥协。

四、阐释人民权利与义务相互关系的思想

明治日本思想家们在论证人民权利具有正当性的同时，也阐述了人民的权利与义务的相互关系。思想家们明确权利不能单独存在，必须与义务同时并存，且相互联系。有关人民权利的这种特征，明治日本思想家也是吸纳了欧美各国先进的政治思想后所形成，它在很大程度上，已经包含了西方社会的"契约论"思想。卢梭作为世界知名的启蒙思想家，曾在《社会契约论》中提出："当正直的人对一切人都遵守正义的法则，却没有人对他遵守时，正义的法则就只不过造成了坏人的幸福和正直的人的不幸罢了。因此，就需要有约定的法律来把权利与

---

① ［日］中江兆民:「三醉人經綸問答」，［日］松泽弘陽他編:『中江兆民全集』8，岩波书店，1984 年，261 頁。

② ［日］中江兆民:「三醉人經綸問答」，［日］松泽弘陽他編:『中江兆民全集』8，262 頁。

义务结合在一起,并使正义能符合于它的目的。"①这种契约论思想以及延伸出来的权利与义务关系的观念,对日本思想界影响很大。明治日本思想家们不仅在论述人民权利时,而且在以后阐述人民与政府的关系时也多次提及。

加藤弘之在论述人民权利时指出:"人民决不可单拥有权利,亦不可单负有义务,可知此二者必缺一不能。"②一个人拥有某一方面权利时,他也就同时承担了与之相关的义务。反过来考察,假定在人际之间的交往中,"权利和义务二者若不能相互参行",人民就不能真正履行权利,也不能获得幸福。③ 他认为这种义务实际上就是对社会的责任。因为在当今现实社会中,每个人都有自己的责任,决不能说只要自己方便就可以随心所欲。必须认识到,自己拥有正当权利,别人也必然同样有权利。所以千万不能只是随意行使自己之权利,也必须尽到自己应尽的责任。要敬重别人的正当权利,丝毫不能侵害别人的权利。如果尽到了自己之责任,同时也敬重他人的权利,也就是履行了义务。所以加藤特别强调:"今日之交际中,此权利义务二者实在是必不能缺,权利义务共相伴随,真正之权利也是义务。若缺其一,权利不能称为真正之权利,义务亦不能称为真正之义务。"④

不仅论证了自然人之间的交往中存在权利与义务相辅相成的关系,加藤还将二者相互关系的思想拓展到政府与人民的关系上。他剖析道,政府的权力首先是统治国民,使他们听从政府命令。其次,为了积累管理社会的公共费用,政府有向国民征收租税之权力。如果遇到国家安全受威胁时,可有权向百姓征发兵役,使其保卫国土。与此同时,政府就承担起了自己的义务。这些义务包括应当保护国民的生命权利和私有财产权利;从事为社会谋求公共福利,除祛对社会有害的事物;为全社会防御内患外寇等。与政府相对应的国民的权利包括,应当受到政府保护,共同享受政府为全社会谋求的福利等。国民的义务包括,应当接受政府统治,服从政府命令,为了政府征收各种公共费用,用自己的部分财产缴

---

① [法]卢梭:《社会契约论》,何兆武译,商务印书馆,2003 年,第 45 页。
② [日]加藤弘之:「国体新論」,[日]吉田曠二编:『加藤弘之文書』第 1 卷,153 页。
③ [日]加藤弘之:「真政大意」,[日]明治文化研究会编:『明治文化全集』第 5 卷『自由民権篇』上,91 页。
④ [日]加藤弘之:「真政大意」,[日]明治文化研究会编:『明治文化全集』第 5 卷『自由民権篇』上,90 页。

纳租税等。人民与政府双方的"其它各种各样权利义务,皆要确定其应有之规则,即可称之为宪法"。①

这种受西方契约观念影响,论证权利与义务不可分离的思想,明治时期日本思想家在论述民权时多次出现。如西周认为,人民的正当权利"三宝"不能单独存在,必须与应尽的义务相互对应。西周用比较生动的语言形容道,如果当今用法律术语来解释对人民的基本权利"三宝"的危害,那么危害人民生命健康的人,就称之为凶贼;凶贼用以犯罪的知识就称之为诈伪。法律将人的财富称为财产所有,侵夺人拥有的财产称为盗窃。社会上的犯罪行径虽然千变万化,无穷无尽,但归根到底,"皆作为戕害此三宝之凶贼诈伪窃盗之变形变体。而将由其凶贼诈伪窃盗产生之愚痴疾病贫穷之三祸鬼变形逞势者,名之云人间三恶魔"②。因此,每个人的社会实践,就是"珍重自己之三大宝,尽力除掉三祸鬼而又应防范其他三恶魔"。这种实践在法律用语中称之为权利。反过来考察,"珍重他人之三大宝,抑制自身之三恶魔,丝毫不违犯之,称之为义务"。权利义务相互并立,如果能够做到按照法律规定既兑现了权利,又履行了义务,便达到了"立人道之大本,具备德行之基础"。然而,尽管达到了这个基础,却并不能称之为尽善尽美。要真正做到尽善尽美,"则在于珍重他人之三大宝、除其三祸鬼。即爱人如己,作为欲使己达也使人达之惯例,成为人世至大至高至善至美之品德"。③ 也就是不仅要维护自身的基本权利,还要尊重别人的权利,帮助别人除去妨碍权利实现的障碍,使自己和别人的权利都能够得到履行。

又如西村茂树主张,权利和义务相互关系密切。"若在此一人有权利,其相对之一人则有义务。"④即人们不可能只有权利,没有义务。人们相互之间也是彼此既有权利,也承担义务的关系。

小野梓论述的第二类权利即"交际上的权利",实际上就是指人们在社会上相互交往之后出现的权利。他认为这种交际上的权利是与义务紧密伴随,不能

----

① ［日］加藤弘之:「真政大意」,［日］明治文化研究会编:『明治文化全集』第5卷『自由民権篇』上,91頁。

② ［日］西周:「人世三寳說」,［日］大久保利謙編:『西周全集』第1卷,宗高書房,1970年,523頁。

③ ［日］西周:「人世三寳說」,［日］大久保利謙編:『西周全集』第1卷,523頁。

④ ［日］西村茂樹:「権理解」,［日］明治文化研究会編:『明治文化全集』第19卷『雑誌篇』,256頁。

单独存在。随着社会发展,当人们的智力大为进步后,每人都知道如果要完全地、不折不扣地拥有自然存在的自由权利,而不顾他人的权利,实际上对社会是极其有害的。因而就将自己权利中的一些对人际交往不利的权利放弃,以便尽到自己的义务,从而保全自己的身体、生命,维护自己的名誉和财产这些基本权利。这就被称为"交际上之权利自由"。因此,我们最热心希望得到的权利自由,也就是所谓交际上的权利自由,之所以能够得到保证,完全是因为尽了义务。所以假若"称权利有之者欢乐,义务尽之者痛苦,可谓千古名言"。但要想对某一方拥有权利,则必须对相对一方尽到义务。权利与义务表面看来完全不同,甚至相反,但"至其本源,存于同一义理,并立于人生交际之间,为须臾不可相离之物也"。① 也就是说,在人与人相互交往的关系中,权利与义务始终不能分离。否则各自都将不能确保存在。

儿岛彰二主张,人与人之间的权利义务关系,也适用于占据最高统治地位的国家君主。统治者不仅有统治权力,同时也伴随着应尽的义务。这种义务就是使人民都统一地享受到各自的自由权利,尽量满足最广大民众的愿望。而且与其他思想家论述权利义务关系不同,儿岛强调君主等统治者应当首先尽自己的义务,然后才能拥有统治权力:"义务在而后权利从。不尽其义务而擅其权利,云之暴政",从未听说过如果像这样运作政治的君主,有能够保全国家统治权的人。② 这种权利义务观彻底否定了君主任意专权天经地义的传统观念。

日本思想家们对人民权利与义务关系的论述,厘清了对权利与义务辩证关系的认识,为他们进一步从不同视角阐述人民权利的具体内容,勾画出了更加清晰的研究范畴。

五、对权利形式和内容进行分类的思想

明治日本思想家们还根据权利的表现形式和所涉及的内容范围,对人民应当拥有的权利进行了分类。

按照权利的表现形式,西村茂树认为权利应当分为八种(实际上是 4 对)。

---

① ［日］小野梓:「権理之賊」,［日］早稲田大学大学史编集所:『小野梓全集』第 3 卷,14 頁。
② ［日］兒島彰二:「民権問答」,［日］明治文化研究会编:『明治文化全集』第 5 卷『自由民権篇』上,156 頁。

它们分别为自然权利和附加权利;可让渡于他人的权利和不可让渡于他人的权利;充分的权利和不充分的权利;各自单独的权利和总体之权利。所谓自然权利实际上就是前述天赋人权,主要包括人的基本生存权利。所谓附加权利,实际上就是指各种不同身份的人相互交往后产生的各种权利。包括帝王对臣民的权利,将军对士兵的权利,丈夫对妻子的权利,每个人自己对财产或契约的权利等。西村认为:"凡有人民,必有交际。交际出于自然。若已交际,在自然权利之上必然更产生附加之权利。臣下尊敬君主,士卒服从大将,人民保护自己的财产,又遵守相互的契约等,皆交际上不可缺乏者也。"①那么君臣、将士、夫妇等身份,都是人们的交际活动产生后定下来的。因各自的身份不同而有各自之权利,并非自然产生的,所以称为附加的权利。他指出本来在人类交际之上,自然权利并没有轻重之差异。人类在自然状况中生存,大家都用从造物主那里领受的智力,来保护自己的性命、自由和财产。但是,当天下所有人民皆已进入相互交际的社会时,每人都必须将自己权利之部分让渡于他人。所以将此名为可让渡之权利。

将这些权利让渡给谁呢? 西村解释认为,实际上大家都将自己的部分权利让给了国家权力和法律。为什么要轻易地将生命、自由和财产这些人类最重要的权利部分让给国家与法律呢? 因为比起人民自身捍卫这些权利来,让国家和法律来实施保护,反而显得更加安全牢固。只有在突发事件或迫于危急,而法律又暂时无暇顾及的短时间内,人们才只能凭借自己的力量保卫自身权利。而因为人们相互交往产生的附加权利,如君主对人民的权利,丈夫对妻子的权利,主人对仆从的权利,是不能让渡于他人权利也。② 这里也可以看到前述权利义务相互联系的思想的体现。

所谓充分的权利,西村茂树认为就是依靠自己的智慧力量可以完全保护,丝毫不受压抑,同时又受到法律确实保护的权利。凡是人类的身体、性命和财产都可称为充分的权利。因为假若他人损害侵夺这种权利时,既可以用自己的力量抵抗,又依据法律判决该人有侵权之罪,或赔偿自己损害,或在满足自己意愿前可将侵权的敌人镇压下去。所谓不充分的权利,是指不能充分运用自己智慧力

① ［日］西村茂樹:「権理解」,［日］明治文化研究会编:『明治文化全集』第19卷『雑誌篇』,256頁。
② ［日］西村茂樹:「権理解」,［日］明治文化研究会编:『明治文化全集』第19卷『雑誌篇』,256—257頁。

量和法律实施保护的权利。①

按照权利涉及的内容范围来分类,思想家们通常分为与私人事务密切相关的权利(简称私权),和与社会各阶层都相关之事务的权利(简称公权)两大类。这种分类法西方思想家也曾采用过。如潘恩就曾论述天赋权利中私权的内容。他认为"天赋权利就是人在生存方面所具有的权利。其中包括所有智能上的权利,或是思想上的权利,还包括所有那些不妨害别人的天赋权利而为个人自己谋求安乐的权利"。显然这种天赋权利的主要内容,都是与私人密切相关的权利。潘恩指出,每一种公民权利都以个人原有的天赋权利为基础。但要享受到这种权利,光靠个人的能力无论如何是不够的。所有这一类权利都应当得到政府的安全保护。② 日本思想家们在论证人民权利的具体内容时,也往往是从私权与公权视角开展的。

早在明治初期的 1868 年,加藤弘之就曾指出:"天下并非君主贵族之私物,而是所谓天下之天下。因此其臣民身上有着自己的权利。权利有两类,一称私权,二称公权。私权即与私人有关之权利,有人称为任意自在之权。公权可说是参与国事之权利。"③这无疑为思想界讨论人民权利的具体内容勾画出了一个大致框架。在 1874 年与加藤弘之就民选议院设立迟速问题辩论时,大井宪太郎虽然与加藤弘之观点不一致,但也同意加藤的划分,将权利分为"自主之权乃私权,参与国事之权公权也"。④

福泽谕吉在评论国民的参政权时,将民权分为公私二权。他形容国民参与政权管理,其状况就像将一个人的身体分为两半,"一半为受统治之身,一半为统治之身。即半身为被治者、半身为主治者,半身为私、半身为公,半身为民、半身为官"。⑤ 与此类似的论证,福泽在另外的论著里也有表述。他将人民的私权称为"人权",人权的内容主要是保全人民的财产生命荣誉。因为人权为天赋,

① ［日］西村茂樹:「権理解」,［日］明治文化研究会编:『明治文化全集』第 19 卷『雜誌篇』,257 頁。
② ［英］潘恩:《人权论》,潘恩著,马清槐译:《潘恩选集》,第 142—143 页。
③ ［日］加藤弘之:「立憲政体略」,［日］吉田曠二编:『加藤弘之文書』第 1 卷,49 頁。
④ ［日］大井憲太郎:「馬城臺二郎ノ論」,［日］明治文化研究会编:『明治文化全集』第 4 卷『憲政篇』,日本評論社,1992 年,389 頁。
⑤ ［日］福沢諭吉:「私権論」,［日］慶應義塾编:『福沢諭吉全集』第 11 卷,岩波書店,1970 年,385 頁。

与生俱来,所以不允许受到无理侵害。在社会上,存在形形色色、不同性质的人,他们的善恶行为相互混杂。所以人们在社会上要保护自己的私权,仅凭个人力量难以完成。于是就创建政府来保护本国人民的私权。保护人民权利的政府工作就称之为政事,"政事乃为保全人权之方便也"。在君主专制的国家,实施这种政事,任凭君主随心所欲。但在立宪制国家,则让国民参与政治。将其称为参政权利,简称人民的政权。福泽在此说的政权与通常理解的含义不同。他再次形容道:"故立宪政治之国民,恰如其身分为两半,从人权这点看是受保护者,从政权这点看是施予保护者。称之为人权政权之区别。"①可见福泽论证的人权就是指私权,政权就是指国民参与政治的权利,即公权。

思想家们将人民权利大致区分为私权与公权两大类后,又按照自己的认识,对这两类权利作了进一步细分。这种细分的最早出现,很可能是津田真道于1866年9月完成,1868年出版的《泰西国法论》。津田在文中将人民私权称为"本权",即人民本来应当拥有的权利。他一共将其细分为15种:包括1. 自身自主之权;2. 不可侵犯住居之权;3. 自由行事之权;4. 结社集会之权;5. 自由思、言、书之权;6. 任意信教举行教礼之权;7. 书信秘密受尊重之权;8. 自由处置其所有物之权;9. 在律法上万人平等之权;10. 租税课率要按照家产贫富缴纳之权;11. 请愿之权;12. 使国家信守同国家缔结的私约之权。② 除此之外,还拥有三种:13. 接受救济之权;14. 接受工作之权;15. 接受教育之权。③

将人民私权与津田作类似细分的是加藤弘之。他指出"私权又有数种,可说无暇枚举"。尽管如此,他还是列举了其中他认为重大的权利。例如1. 生存权利;2. 自身自主之权利;3. 自由行事之权利;4. 结社、集会之权利;5. 自由思言书之权利;6. 信仰自由之权利;7. 万民平等之权利;8. 自由处置所有物之权利。正如后述,他们还对上述各权进行了具体解释。当代也有学者认为,加藤弘之在《立宪政体略》中列举的各项权利,几乎是津田真道《泰西国法论》的改编。④ 从以上二人列举的人民私权的内容考察,大部分都比较类似。因此这种看法的确

---

① [日]福沢諭吉:「時事大勢論」,[日]富田正文他編:『福沢諭吉選集』,第6卷,岩波書店,1981年,7頁。

② [日]津田真道:「泰西國法論」,[日]大久保利謙他編:『津田真道全集』上,142頁。

③ [日]津田真道:「泰西國法論」,[日]大久保利謙他編:『津田真道全集』上,145頁。

④ [日]松岡八郎:『近代日本の政治と法の理論』,駿河台出版社,1990年,173頁。

有道理。需要注意的是,津田真道的《泰西国法论》是根据西方学者口述翻译而成,加藤弘之没有去过欧美各国。他将津田的论著改编整理发表,可以看成是间接地吸纳了西方的人权思想。

小野梓对私人权利的细分非常复杂。他将私权区分为对一般大众的权利和对特殊人群的权利两大类。又将其中对一般大众的权利分为自主的权利和管物的权利。自主的权利又分为三种,即防身、自由和平等的权利;管物的权利又分为对财产的所有权、使用权和占有权三种权利。而对特殊人群的权利即对与自己有特殊关系的人的权利。小野梓又将其区分为对特外人和对特内人的两种不同权利。特内人指包括仆人在内的家庭成员,特外人指与本人有经济交往的人。① 这种分类主要考虑了交往的不同对象范围,颇耐人寻味。

植木枝盛认为私权应包含三大权利,而且它们都非常重要,必须十分珍重:"在欧美据说有三大权利,其为生命之权利,自由之权利,财产之权利也。"②在另外一篇文章中,植木又认为人民要获得幸福,必须有三大经济:"人类最大之目的在于达到幸福,为之不可没有智力、体力、财力三者。人类不能不善于此三者之经济。第一善于产生财产、分配财产和使用消费财产。第二善于产生体力、分配之、使用之。第三不可不产生智力,分配之、使用之。吾人将之称为人类之三大经济。"③这里的财产、体力、智力都在人民的私权范围之内。

福本巴(1857—1921年)则认为人的基本权利包括了五个方面:即生命权利、财产所有权利、拥有智识的权利、名誉权利和自由的权利。④ 他的这种分类涉及面广,既包括了人民在物质方面的权利,也包括了精神方面的权利。

至于公权,思想家们通常将其分为两方面,一是人民具有参与政治的权利,二是人民有抵抗专制统治的权利。他们对这两方面权利也作了自己的阐释,具体内容在后面阐述。

---

① 〔日〕小野梓:「民法之骨」,〔日〕早稲田大学大学史編集所:『小野梓全集』第2卷,早稲田大学出版部,1979年,257—261页。

② 〔日〕植木枝盛:「財産の権利」,〔日〕家永三郎他編:『植木枝盛集』第4卷,岩波書店,1990年,224页。

③ 〔日〕植木枝盛『無天雑録』4,〔日〕家永三郎他編『植木枝盛集』第9卷,岩波書店,1991年,258页。

④ 〔日〕福本巴:「普通民権論」,〔日〕明治文化研究会編:『明治文化全集』第5卷『自由民権篇』上,199—203页。

六、对人民私权正当性的肯定

日本社会作为"儒家文化圈"的一部分,从中世纪以来,一直受到古代中国传统思想文化熏陶。因此长期以来信奉圣人所言,统治者治理国家,"必先公,公则平";对所有百姓都不讲私情,即"阴阳之和不长一类,甘露时雨不私一物,万民之主不阿一人"。① 这些原本作为当政者在管理国家时不应以权谋私的训诫,经过各种不同理解和多人的辗转解释,却逐渐形成了如"君子言义不言利",以公为善,以私为恶等传统道德准则。

这些道德准则在东亚封建社会长期流行,被全社会普遍遵循。本来应当用这些准则约束自己的封建统治者,不但自己过着奢侈享乐的生活,还反而可以借口贯彻这类准则,对人民追求个人利益、渴求过幸福生活的正当愿望,实施名正言顺的压制。当时占社会最大多数的日本农民受到的封建剥削最重。在幕府的《东照宫上意》中,规定了"让乡村百姓皆不死不生为收纳上缴之契合点"。② 即征税数量和比例,其参照标准就是原则上应当将农民生产的全部剩余价值榨取殆尽,只要让百姓能苟延残喘便可,不能让百姓有财产积累而生活得更好。

这种竭泽而渔的压榨农民的制度曾受到当时不少有识之士的批判。太宰春台(1690—1747 年)曾抨击各藩比以前税收逐年加重的状况。他指出古代由农民亲自服军役,所以征收田赋为收获物的十分之一。"然而在今世,诸侯之国征税颇多……今为府兵,地头平日所养置军役人马,故取田租常为十分之四……在多取如此田租之上,又由山海之物产或其它货物出税收,民痛苦。故多半征不到税也。在近世诸侯之国,苦于国度不足,昔时不征税处,从新开始诸物之征税。多导致民叛骚动。"③即当时的田租已比古代高出 3 倍,而且还要征收其他货物税,往年从来不征税的产品也被赋予新的名目征税。这样一来,一方面因农民的确无法缴纳而导致政府难以足额征税,另一方面迫使走投无路的农民叛乱骚动。

本多利明(1744—1821 年)也曾指责幕府官吏违法向农民过重征税的现象。

---

① 吕不韦:《二十二子·吕氏春秋·贵公篇》,上海古籍出版社,1986 年,第 631 页。
② [日]無名氏:「昇平夜話」附録,『續日本經濟叢書』第 2 卷,大鐙閣,1923 年,第 238 頁。
③ [日]太宰春臺:「《経済錄拾遺」,[日]賴惟勤校注:『日本思想大系 37 徂徠学派』,岩波書店,1972 年,48—49 頁。

他指出本来农民夜以继日地拼命劳作,就是期盼能有好的收成作为回报。"但调查之官吏便超出实际预想以上,课以重税。如此,农夫生活何时能有宽裕耶?只能全然绝望。"①山片蟠桃(1748—1821年)也剖析了各藩国为解决财政困难而对农民进行横征暴敛所造成的恶果:"为此公家杂费不足,不得不加重收敛,日益虐待百姓。因害怕征敛,农家子弟只得留在家中或到城市务工,否则只能向他国离散。由此,荒废之地增多而税收日日减少。所以,随着收敛愈益加重,最终导致百姓穷困而成为骚乱之源。"②加重征敛、虐待百姓的结果,不但与统治者希望多搜刮财物的主观愿望相反,使税收日益减少,而且导致农民被迫脱离农业生产,大量耕地荒芜。即便暂时未脱离农村的农民,也只会遭受更加沉重的征敛,终于酿成社会动乱的根源。

当时除了知识分子对民众受苛刻剥削而日益穷困的趋势表示诟病外,甚至连统治者"老中"松平定信(1758—1829年),也谴责了这种过分不合理状况:"至今有五公五民、六公四民、七公三民之说,至贡赋之类,则更不胜枚举……增富征役,恣意而为。民患虽多,实以预征租税为最烈……有一二年预征租税至五六年者……聚敛之苛,罄竹难书。"③连统治者都观察到农民赋税负担过于沉重,充分说明当时幕藩制国家对人民私权的侵害严重到何等程度!

在幕藩体制下的社会等级中,以谋利为目标的商人处于"士农工商"中的最低等级,因此他们的私权也常常受到统治者侵害。如元禄时代(1688—1702年)幕府没收了大坂大米商淀屋三郎卫门的庞大财产,计有金屏风50对、宝石玩具船3只、毛毡373块、水金10050斤、大宝石273块、小宝石无数、金库2所、大判(金币)3000枚、小判12万两、银8500贯目、铜币75000贯、船150艘、仓库730栋、宝石库17栋、谷仓80栋、豆仓80栋、大坂住房28所、其他地方的住房64所……④这反映出商人等底层社会居民的私人权利是难以受到法律保障的,这

---

① 〔日〕本多利明:「西域物語」,同全集刊行会编:『大日本思想全集』第11卷,吉田书店,1932年,239页。

② 〔日〕山片蟠桃:「夢之代」,〔日〕源了圆编訳:『日本の名著』23,中央公論社,1977年,第264页。

③ 〔日〕松平定信:"国本論",转引自〔加拿大〕诺曼:《日本维新史》,姚曾廙译,商务印书馆,1992年,第25页注②。

④ 〔日〕瀧澤松與:《货币经济之渗透日本》。转引自〔加拿大〕诺曼:《日本维新史》,第107页注①。

也严重阻碍了市场经济在日本迅速发展。①

　　针对这种侵害私权的现象，在幕末社会也开始出现正面主张人民私权正当的思想。如思想家海保青陵（1755—1817年）提出经商获利天经地义的观念："大凡天地间存在之物，皆为经济财货。经济财货按理又产生经济财货。与由田生米、由钱生利息毫无区别……出售商品，作为报酬当获取利息。这种所谓利息，非取不可。获取利息，不管山师河师，皆天地之理也。"②即应当承认，通过经商谋利与通过农业生产获利在实质上并无区别，都是为个人和社会积累财富。故从事商品交换应当与从事其他行业一样，是天经地义的正当行为。海保青陵在此已明确否定了历来封建社会流行的"重农抑商"和"君子不言利"传统观念，提出了务农经商获取私利是正当行为的主张。

　　幕末后期水户学的学者中，也出现了提倡私权、追求功利的思想。如藤田幽谷就表明了与传统"义利"观截然不同的见解。他认为自古以来，如果即将大有作为的君主，必然企图立功兴利，以事业留给子孙后代，在当世成就功名。而后世那些儒学家，只知道谈道德仁义，而讳言功利。甚至将富国强兵作为霸术而废黜。他们经常宣扬"仁人明其道，而不谋其功；正其谊，而不计其利"。但他们不知道"上古圣人之立道设教，利用厚生，在正德之先"。就连孔夫子谈论政治，"亦以足兵足食使民信之为先"，可见古代圣人也专心于功利。只是后来做生意的商人志趣卑下，只知道追逐急功近利，而不知将获得利益反馈社会所以受到社会鄙视。"其实功利何可讳哉？且古人之所谓正心修身者，亦将以有为也。岂徒使心如明镜止水，身如木偶泥塑之谓哉？"③连古代修身养性的圣人都要追逐功利，不愿意别人把自己当作木偶泥塑看待。足见追求物质功利并没有什么不正当。藤田实际上批判了传统的否定私权的义利观。这反映出到江户幕府末期，社会知识界已认识到人们追逐私利的正当性，限制私权将会阻碍社会经济的向前发展，不能实现富国强兵。

---

　　①　有关幕藩体制下统治集团对民众的压榨以及社会矛盾的尖锐化状况，笔者曾有所探索。见拙稿：《日本近世城市发展与社会关系的变化》（《四川大学学报》2010年1期）；《论日本幕末利益格局失衡下的社会矛盾》（《四川大学学报》2012年4期）。

　　②　［日］海保青陵：「稽古談」，［日］源了圓編訳：『日本の名著』23，中央公論社，1977年，346頁。

　　③　［日］藤田幽谷：「丁巳封事」，［日］今井宇三郎他編：『日本思想大系53・水戶學』，岩波書店，1973年，374頁。

到明治初期,传统的"以私权为恶"的观念并未被扭转。它的继续存在,在很大程度上束缚了人们大胆追求私利的行为。在当时内忧外患交织的局面下,要使日本迅速摆脱被西方列强变为殖民地的危机,实现民族独立和富国强兵目标,就必须加强发展以私有制为标志的资本主义经济。这就要求思想界必须大力肯定人民私权具有正当性的观念。

明治日本思想家宣传私权正当性观念,仍然是参照了西方相关思想。英国思想家洛克最早系统表述了保护个人利益的政治观念,他在名著《政府论》中强调:"人们既然都是平等和独立的,任何人都不得侵害他人的生命、健康、自由或财产。"这里的"任何人"不仅指自然人,也包括国家的立法机关、行政机关等掌握可以控制社会的权力的法人代表,因为他们往往可以凭借掌握的公权去干涉人民的私权。洛克也注意到了这一点,所以他强调:"社会或由他们组成的立法机关的权力绝不容许扩张到超出公众福利的需要之外,而是必须保障每一个人的财产。"①洛克该论述已包括了人民应当拥有的生存与财产两大私人权利。这一观念成为日本思想家宣扬私权的重要依据。于是思想家们便从各种不同角度充分肯定了私人权利的正当性。

对于人民的私人权利和国家的公共权力二者的关系,福泽谕吉认为,一个社会首先应当有前者,然后才可能有后者,社会的客观趋势是先有私再有公。福泽指出:根据人们的实际经验,从来不存在先顾公益而后谋私利的人。即便"偶有此事也全为谎言之表。仅为胆大欺人者之口实"。因为私利构成了公益的基础,公益可能因为经营私利而兴起。② 甚至他认为,一个社会成立政府,目的也是为了保护人民的私权,因为"立国为私而非为公"。历史上出现的所谓忠君爱国之类的文字描述,"按哲学家解释,纯乎为人类私情"。在以往世界上发生的各种事情里,这种情怀不得不被人们称为美德。"即哲学之私情,成为立国之公道。"③因此,他最终强调"坚固人民之私权,为立国之大本"。而政权是社会公共权力,属于家庭以外的事物,所以归根到底"私权内也,政权外也"。因而建议大

① [英]洛克著,叶启芳、瞿菊农译:《政府论》下篇,第6、80页。
② [日]福泽谕吉:「私の利を営む可き事」,[日]慶應義塾编:『福沢谕吉全集』第19卷,岩波书店,1971年,633—634页。
③ [日]福泽谕吉:「瘠我慢の説」,[日]富田正文他编:『福沢谕吉選集』第12卷,岩波书店,1981年,240页。

家首先要巩固和保卫自己的私权,然后再去从事与公共权力相关的事务。①

福泽在论述是否用代议制去防范封建专制统治时指出,自己虽然十分赞同建立代议政体,"但在私权尚未巩固,对侵犯或不侵犯之者皆无动于衷的冷漠社会,仅热烈议论政权之事,或不免为颠倒前后缓急之议"。② 也就是说,落实保护人民私权,比讨论建立何种政体更为重要和紧迫。福泽的观点虽然有些偏颇,因为并非在任何情况下,都必须先顾及私利,再考虑公共利益。尤其是他没有认识到,建立代议制政体本身,就有保护人民私权免受专制统治侵害的意义。但这种强调私权优先的思维方式,反映出日本近代受西方思想影响后,近代意识开始觉醒。福泽还主张政府不要利用公共权力去干涉人民的私人事务,因为对人民的私权之内的事,无论是特别勉励保护,还是特别妨碍禁止,其"结果皆事实上有害无益"。③ 即主张应当让人民自由策划和实施自己的事务,政府的公权不要有任何介入。

西周也在《明六杂志》上发表的连载论文《人世三宝说》中,阐释了私权正当性的观念。他肯定了人民天生便拥有生命、智识和财富这些私人权利。而且他与福泽谕吉的观点类似,认为公益是由私利汇集而成。他设一命题提出公益的含义,并解释为"合私利者乃公益也。犹更进一步论,曰公益乃私利之总数"。他认为人们相互交往的目的,就是为了大家的利益即公益。公益就是私利合并以后的总数。私利的定义是什么呢? 西周指出"私利则不出每人的身体健刚、智识开达、财货充实三者"。那么两者的区别何在? 他区分道:"所谓私利乃就个人而言,所谓公益,就社交全体而言。皆大约不外有利于三宝"。④ 西周认为人们应当充分重视和追求这三宝,这"是每个人应日夜孜孜汲汲,不厌己劳,尽己之力寻求者。每个人实践之目的、道德之大本,莫不大于重视此三宝"⑤。他形容自己将这三宝作为达到人世普遍最大福祉之三大纲领,并寻找保全它们的途径。而且人世间的真善美如果越来越进步,越来越明确,那么除开来世的吉凶

① [日]福沢諭吉:「私権論」,[日]慶應義塾編:『福沢諭吉全集』第 11 卷,岩波書店,1970 年,384、386 頁。

② [日]福沢諭吉:「私権論」,[日]慶應義塾編:『福沢諭吉全集』第 11 卷,386 頁。

③ [日]福沢諭吉:「分権論」,[日]富田正文他編:『福沢諭吉選集』第 5 卷,岩波書店,1981 年,52 頁。

④ [日]西周:「人世三寶說」,[日]大久保利謙編:『西周全集』第 1 卷,532—533 頁。

⑤ [日]西周:「人世三寶說」,[日]大久保利謙編:『西周全集』第 1 卷,517—518 頁。

祸福不能预测之外,现实社会的各种事务,"皆不能脱离此三者。若脱离之,则不可为人之修身齐家治理国家天下"。① 也就是说,如果要达到传统的"修齐治平"目标,就必须尊重人民的私权。而这种私权在幕藩体制下的封建社会是不会受到统治者丝毫重视,也没有人会公开提出。西周认为经过维新后的新政府,既然提出"四民平等"的政策,所以也应充分尊重人民的私权。尽管政府的施政和教育的方法可能不同时期有所差异,但要达到的目的可以说都是一致的,那就是"应当利于人世,使斯民养生丧死,安乐度过一生,死后毫无遗憾"。② 也就是让人民能够安居乐业,直至寿终正寝。

中村正直不仅认为人民的私权为正当的,而且主张这种私权应当受到统治者的切实保护。他分析指出:"邦国之根源基础,在于人民智识开明、财产富足、身心安宁,了解这些之君主必蓄意于此。且君主不谋一己之利,而着眼于邦国一体永久之利。若如此,则今后天下将进入日益昌明之运,人民愈益享受福祥之庆。"③即只有统治者保护人民的私权,国家和社会才能长治久安,繁荣昌盛。

针对传统的"君子言义不言利"的观念,中江兆民提出了自己的不同看法。他指出:"利也者,自义而生,犹云曰义之效尔。"这里的"义",就是伦理道德规范。中江兆民认为,只要行为符合伦理道德规范,同时也必然带来"利"。他举例说明道:"父慈子孝,兄爱弟敬,义也。推之,凡行得宜,皆义也。父慈者,子亦孝之,是父之利也。子孝者,父亦慈焉,是子之利也。凡行得宜者,莫不皆有其利。故曰利自义而生也。"④这里父子双方获得的利益都是因为行为符合了伦理道德规范。这也证明人们谋求私利与儒家强调的"义"并不矛盾,利正是由义而产生,也是人们遵照义行事而产生的对自己有利的后果。所以"私利"是毋庸讳言的。

至于私利与公利二者孰轻孰重的问题,中江兆民也表达了与福泽谕吉类似的观点:"吾推究公利之说,其源实发于私利,特假公以欺人自欺耳。"即人们通

---

① 〔日〕西周:「人世三寶說」,〔日〕大久保利謙編:『西周全集』第 1 卷,516—517 頁。
② 〔日〕西周:『百一新論』,〔日〕大久保利謙編:『西周全集』第 1 卷,237 頁。
③ 〔日〕中村正直「西學一斑」,〔日〕明治文化研究会編:『明治文化全集』第 19 卷『雜誌篇』,117 頁。
④ 〔日〕中江兆民:「論公利私利」,〔日〕松永昌三編:『中江兆民全集』11,岩波書店,1984 年,22 頁。

常所说为了公利,其真实目的在于谋求私利。只不过为自己谋求私利寻找借口,以欺骗他人获取信任。而口中说为了公利的人,"其心必曰:我营利固有益于我,而余效亦泛及人"。虽然谋求私利对自己有利,但自己获利之余也可以惠及别人,以取得心理上的安慰。中江兆民反问,这不是获取私利又是什么呢?①

为此中江兆民对义利关系和公利私利关系总结认为:"盖义者体也,利者用也。体以出用,用以成体。天理之自然,人事之当然也。"而且还指出他的这些思想是受到西方功利主义思想的影响:"近世学士颇有倡利者,于利之中,立公利之目。其说出自英人边沁,曰:利泛及人者为公,独止一身者为私。"②即按照边沁的观点,只要所谋求的利益也对别人有利,则这种谋求私利也可以说为公。但如果仅是个人获利,则是为私。中江兆民显然对这种观点持赞成态度。

植木枝盛认为,追求个人的幸福,是人生的最终目的,达到此目的,是人最重要的任务。他在1885年的文章中提到:"若知人类目的终究在于幸福,则必如上述,不可不从事尽量使生命、身体、智识等发达之事。将之云为人类最大要务也。"③之所以这样理解,是因为"人类本来作为以最大幸福为目的而生活之动物,为享受其最大幸福,虽有种种手段,但无论如何,有助于精神身体快乐之事,任何时候皆莫不为达到最大幸福之原因"。④ 人类追求幸福的目的若能够达到,也就是其私权得到了切实履行。在明治时期立宪主义思潮兴起之后,植木枝盛也在自己起草的宪法草案中对人民私权的正当性给予了肯定。如他在《日本国国宪案》中就列出相关条款"日本国家不得实施干涉日本国民各自私事之行为",⑤强调了政府应当尊重和保护人民私权的主张。

七、对人民私权的细分和论证

明治思想家们认为私权的内容涉及与人民私人事务有关的方方面面,包括

---

① ［日］中江兆民:「論公利私利」,［日］松永昌三編:『中江兆民全集』11,23頁。

② ［日］中江兆民:「論公利私利」,［日］松永昌三編:『中江兆民全集』11,23頁。

③ ［日］植木枝盛:「貧民論」,［日］家永三郎他編:『植木枝盛集』第4卷,岩波書店,1990年,126頁。

④ ［日］植木枝盛:「貧民論」,［日］家永三郎他編:『植木枝盛集』第4卷,140頁。

⑤ ［日］植木枝盛:「日本国国憲案」,［日］家永三郎他編:『植木枝盛集』第6卷,100頁。

最重要的生存权,为了保证生存而神圣不可侵犯的私人财产权(物权),以及与人民个人的思想、言行相关的其他权利,他们在这几方面皆进行了细分和论证。

(一)对私权中首要的生存权的论证

明治日本思想家们认为,在人民的私权中,最重要者就是人民的生存权利,也就是人民的生命权。在这方面论证中,他们受英国近代著名思想家洛克的私权思想影响较大。洛克曾强调:"人类一出生,即享有生存权利,因而可以享用肉食和饮料以及自然所供应的以维持他们生存的其他物品"。[1] 人不仅要生存于社会,而且要活得相对自由,人身不受奴役、侵害以及他人的随意支配:"每人对他自己的人身享有一种所有权,除他以外,任何人都没有这种权利。"[2]人民的生存权是享受其他权利的前提,也是思想界论述人民其他私权的基础。吸纳了西方近代化社会思想的日本思想家们,也十分重视对人民私权中首要的生存权利的肯定与宣扬。

如西周认为人生至关重要的"三宝"中,首要的就是人必须具有的生命健康权利。他自问自答道,凭什么要说人的健康是宝贝?回答是,我们现在看到的事实,就是世界上所有的生物,没有不珍惜自己生命的。他主张"即是作为天禀之德性,乃明确保护健康,进而达到健康,以保全生命,为人对天之首要大义也"。[3] 即人民保全自己生命,不仅是天然获得的权利,也是人对自然应有的义务。正因为如此,统治者应充分认识到保护人民生存权利的重要性:"为政施教方法虽全然不同,但所达之目的可云一致:应当利于人世,使斯民养生丧死,安乐度过一生,死后毫无遗憾。"[4]即政治的最终目的无非是为了保障人民的生存,使人民平安生活。

西村茂树在1875年发表的文章中,借论英国提出了日本人民生存权重要性的主张:"在英国法律中将人民权利分为三纲:其一作为人民保护自己身体之权利,凡英国人民皆有权使自己性命四肢形体健康面目不受损害。"[5]实际上是主

---

[1]　[英]洛克:《政府论》下篇,叶启芳、瞿菊农译,第18页。

[2]　[英]洛克:《政府论》下篇,叶启芳、瞿菊农译,第19页。

[3]　[日]西周:「人世三寳說」,[日]大久保利謙編:『西周全集』第1卷,517頁。

[4]　[日]西周:「百一新論」,[日]大久保利謙編:『西周全集』第1卷,237頁。

[5]　[日]西村茂樹:「自主自由解」,[日]明治文化研究会編:『明治文化全集』第19卷『雑誌篇』,233頁。

张日本人民的生存权也同样受到国家法律保护而不受侵害。儿岛彰二从天赋人权的理念出发,指出人的生命是上天赋予,同时上天又赋予了人们可以保全自己生命的才智和力量。所以人们"生息于宇宙之间,当得以自由运用其才力,是云之顺从天道"①。即人们运用才智和力量来保全自己的生存权,实际上是顺从"天意",也就是符合自然演变的规律。

在明治 14 年自由民权运动开展得如火如荼时,福泽谕吉发表《时事小言》,被思想界认为是他由主张民权转向国权的标志。尽管如此,福泽在其中还是强调了人民的生存权为基本权利:"抑作为生于天地间之人类,亲自劳作,自为衣食,丝毫也不取予。自己根据其所适导致心身之快乐,死而无憾。乃人间正道也。"②所谓人间正道,就是保证人民生存的途径。20 年后,福泽谕吉又从国家和政府成立的目的出发,指出这一目的最终是为了保证人民的正常生存。他首先立下一个宗旨,即"立国为私而非为公",国家建立就是为了保障人民的顺利生存。地球上存在着上亿人类,不同的人种和民族相互间被天然的山海相隔,虽不停在各地汇集、分离,但在各自所处的地方,若有着丰富的衣食,最终可依靠它们生存下去。又因为各地物产不同,一些地方物产有剩余,另一些地方又感到不足,可相互通过商业交易弥补。"即作为天赐恩惠,耕而食,制造而用,交易而达便利。人生所望仅在于此。"③强调了人民的生产和交易活动,皆是为了更好地生存,这也是人生最终目的。因此,国家政府的成立就是为了帮助人民达到这一目的。

加藤弘之论述人民的私权时,同样认为最重要的首先是生活的权利,即生存的权利。他强调:"生活为天之所赐,夺之亦在天,人不可恣意夺之。此为人生诸权利之基础。"他还考察历史指出,在野蛮的欠缺法制的国家,帝王对统治下的人民拥有生杀予夺的大权,属下的臣民连起码的生存权利也不能保证,更何况其他各种权利。而在文明诸邦,只有犯了重罪的人,才判处

---

① [日]儿岛彰二:「民権問答」,[日]明治文化研究会编:『明治文化全集』第 5 卷『自由民権篇』上,156 頁。

② [日]福沢諭吉:「時事小言」,[日]富田正文他编:『福沢諭吉選集』第 5 卷,岩波书店,1981年,159 頁。

③ [日]福沢諭吉:「瘠我慢の説」,[日]富田正文编:『福沢諭吉選集』第 12 卷,岩波书店,1981 年,239 頁。

死刑。① 人民的起码生存权既然由上天赋予,那么决不能由人力剥夺,当然也不能由掌握权力的人随意剥夺,除非按照法律规定被判处死刑的罪犯。

小野梓也明确强调了生存权对人民最为重要:"生存之权利,乃云人人得以活度生存,作为人权中最重要者,诸般权利皆因有此而贵。故与其说不得不损害人之生存、搅扰社会,不如说别人不得妨碍我生存。"②而且他还指出,防身的权利是为了保全生存权利,可以在面临危急时行使这种权利,这也是人权之需要。值得注意的是他强调了人的生存权利是其他一切权利的基础,没有最起码的生存权利,人的其他权利也不会得到履行。人们保护自身也就是保护社会,保卫人权。

植木枝盛主张"若知人类目的终究在于幸福,则必如上述,不可不务尽量使生命、身体、智识等发达之事。将之云为人类最大要务也"。③ 即为了达到幸福的最终目的,必须尽最大努力使生命、身体和知识充分发展。在这里,生命权仍被置于首位。植木宣扬人的生存权为天赋,强调人们天生就具有不可被剥夺的生存权利。首先,必须承认生存权或生命权是上天赋予的,"人根据其天之征兆,恰可完成生活"。但是,如果由于他人的原因,而被剥夺了生命,就无法达到那种生活。"是抑违背该天之事,非天之所指,而该天只构成达到其生活之趣意。"正因为是按上天旨意去生活,那么这个人必然要过好生活,更应知道防御别人妨碍其生活是天经地义之事。既然如此,"作为此人应当有达到自身生活之理,更有应当防御别人妨害其达到生活之理,则将之谓为该人有天然生活之权利"。④ 既要想方设法达到生存的目标,同时又要防范他人妨害自己生存的行为。这两者都是自然赋予人们的权利。

在翻译斯宾塞有关社会平等的著作时,松岛刚在自己的评论中,特别强调了人的生命权和人身自由权的不可或缺性。他指出假若每个人都不危害他人同等的自由,那么人人皆有自由从事自己想做的每件事。为此应当明白,每人最重要

①　[日]加藤弘之:「立憲政體略」,[日]明治文化研究会編:『明治文化全集』第8卷『政治篇』,24頁。

②　[日]小野梓:「民法之骨」,[日]早稲田大学大学史編集所:『小野梓全集』第2卷,早稲田大学出版部,1979年,258頁。

③　[日]植木枝盛:「貧民論」,[日]家永三郎他編:『植木枝盛集』第4卷,岩波書店,1990年,126頁。

④　[日]植木枝盛:「天賦人権弁」,[日]家永三郎他編:『植木枝盛集』第1卷,172頁。

的是拥有生命之权利,若没有生命,任何想干的事丝毫也不能实行。既然如此,也就应当明白,每个人都被禁止剥夺他人的生命和自由。所以无论如何,"每人为了主张自己之自由,所同意不侵害他人之同等自由,若褫夺之,便不能不破坏此法则。且被人所杀或被人当作奴隶者,便会明白与已杀之或将之所当作奴隶者一样,没有同等之自由"。① 他特别强调了人类所有的权利、自由,都必须以生命的存在为前提。因此,生存权是私权中最重要的权利,是毋庸置疑的。

思想家们关于人民的生存权利重要性的主张,表明人民的这一首要权利,在明治日本社会得到日益普遍的认可。它既是针对传统封建制度无视人民生存权利的否定,也是对即将建立的新政府应当充分重视人们生存权的企盼。

（二）对私有财产权正当性的论证

人们要生存,就必须要拥有一定的财产。那么,对私人财产权是否正当,也就成为近代思想家们讨论的热门话题,也构成了明治时期日本思想家们论述人民私权的最主要内容。

明治维新后,日本要迅速摆脱欧美列强的控制,实现国家和民族的独立,就必须发展以私有制为基础的资本主义经济。因此新政府提出了"殖产兴业"的国策。该国策的大力推导者大久保利通(1830—1878 年)认为:"大凡国之强弱因人民之贫富;人民之贫富系于物产之多寡;而物产之多寡则在于是否勉励人民之工业。"②因此他将政府是否鼓励人民从事私人工业以牟取利益看作"今日行政上之核心"和政府"执政应该承担之义务"。为此他提出了自己的政策建议:"应调查我国天然之利处,而物产可增殖者将有多少,以劝励工业者。果应以何为专主耶? 能研究寻择,将其按照人民性情与智识程度,设立一定之法制,以兴起劝业殖产之事。使无一夫怠其业,无一民担忧不得其所,且使之进入殷富充足之域。民若殷富充足,国必随之富强。不待智者而后知也。若果如此,与诸强国

---

① ［英］斯邊瑣著、［日］松岛刚訳:「社会平権論」,［日］明治文化研究会編:『明治文化全集』第 5 卷『自由民権篇』上,263 页。

② ［日］大久保利通:「殖産興業に関する建議書」,［日］日本史籍协会編:『大久保利通文書』5,東京大学出版会,1983 年,561 頁。

并驾齐驱亦不难也。"①大久保站在统治者的立场指出了人民牟取私人经济利益不仅具有正当性,而且与国家的富强乃至赶超欧美列强的宏伟大业之间有着不可分割的密切关系。这也反映出明治初期,新政府要员力图通过发展以私有制为基础的资本主义经济,使日本尽快跻身于世界强国之列的迫切愿望。

但是受到传统社会思想的制约,"人们不能轻易地放弃为过去经验证明了的、可靠的信念、习惯和制度"。② 直到明治初期,传统"以私利为恶"的观念在日本不可能很快消失。它继续严重束缚着人们的思想,使人们不敢大胆追求私人财产权利,阻碍了以私有制为标志的资本主义经济在日本的正常发展。为此必须打破传统"义利"观念,鲜明地提出获取私人利益和财产私有权为正当的新观念。明治前期日本的一批思想家率先在东亚公开鼓吹和系统宣扬近代化的财产私有权观念。而日本的此类新思想自然也是吸纳了当时更加先进的欧美资本主义社会思想以后,才开始出现并被系统宣扬的。

西方资本主义的兴起与发展,就是以财产私有作为基础和原动力。这与封建社会可以根据君主意愿,以政府强力剥夺臣民财产有着本质上的不同。因此,代表新兴资产阶级利益的思想家历来主张人们为了生存,首先必须拥有可以任凭私人自由处置、不能被随意剥夺的财产,所以"私人财产神圣不可侵犯"是西方近代以来得到普遍承认的原则。如洛克主张,财产之所以能够私有,是因人对自然物施加了劳动:"劳动在万物之母的自然所已完成的作业上面加上一些东西,这样它们便成为他的私有的权利了。"③马克思后来在论述自然物变为商品的关键因素(劳动)时,显然吸收了这种观点。功利主义思想家斯宾塞也强调了财产私有制度必须保存。如果承认这一点,那么人民"不可不具备财产私有之权利。盖所谓权利,谓与根据天命而成之人性相协调者也"。④ 即人类拥有私人财产是同上天(自然)赋予人们的特性相吻合的具体表现之一。法国大革命发布的《人权宣言》更进一步将人类的这种财产私有权利提高到至高神圣的地位:

---

① [日]大久保利通:「殖產興業に関する建議書」,[日]日本史籍协会编:『大久保利通文書』5,563、565 頁。
② [美]C. E. 布莱克:《现代化的动力》,景跃进、张静译,浙江人民出版社,1989 年,第 52 页。
③ [英]洛克:《政府论》下篇,叶启芳、瞿菊农译,第 19 页。
④ [英]斯賓塞著、[日]松島剛訳:「社会平権論」,[日]明治文化研究会编:『明治文化全集』第 5 卷『自由民権篇』上,276 頁。

"财产是神圣不可侵犯的权利,除非当合法认定的公共需要所显然必需时,且在公平而预先赔偿的条件下,任何人的财产不得受到剥夺。"①这种私有财产神圣不可侵犯的观念,强烈地表现出资产阶级反抗封建专制统治侵害私人财产所有权利,以保障自己为了最大限度获取私人财产而发展资本主义经济的近代性社会思想。

西方的这种财产私有权神圣的观念,对正在向资本主义社会过渡的日本近代思想界产生了深刻的影响。明治日本思想家显然吸收了这种近代化观念,从理论上主张人民拥有私人财产的正当性,大力提倡人民通过合法手段积累私人财富。如福泽谕吉主张,国家的富强就在于一个社会首先应当有人民的私人财产权利,然后才可能有国家的公共权利:"其殖产事无一人专为国家者,彻头彻尾以自私自利为目的。若一国之公乃国民之私集合构成,集私利而为公利,积家财而为国财,以致今日各国之富强者也。"②即人们最初是为了积累私有财产而经营私利,但通过每个人经营私利,却可取得"聚沙成塔"的功效,最终构成大多数人享受的公益。

西周解释了人世"三宝"中第三宝财富的不可或缺。他自问自答道:凭什么要将财富称为宝贝?回答是,凡是有生命的动物,没有不获取财物供自己使用的。这就是我们眼下观察到的客观现实。这就成为"天禀之德性"。虽然禽兽只求食物就满足了,但人对生存条件的要求更高,一天也不可缺乏衣食住之必需。只要能够获取到的,获得越多越快乐,永不满足。因此人们需要财产和各种货物,而且为了财富的流通分合之方便,而需要货币,并且皆希望尽可能富裕。这就是人对天之第三大义。"是每个人应日夜孜孜汲汲,不厌己劳,尽己之力寻求者。"③即人们因生活必需而拥有私人财富,不仅是人的生存本能和权利,也是人对自然应尽的义务。因此,人们不但不应该将通过各种方式(包括通过经商而赚取货币)积累私人财富视为"恶",反而应当孜孜不倦地主动追求之。

植木枝盛主张人类如果不仅要起码的生存,而且还企图过上幸福生活,就必须从事"三大经济",即必须拥有智力、体力、财力三者,而人类不能不善于经营

---

①　[法]《人权宣言》,蒋相泽编:《世界通史资料选辑》(近代上),第 125 页。

②　[日]福泽谕吉:「西洋の文明開化は錢に在り」,[日]慶應義塾编:『福沢諭吉全集』第 10 卷,第 272 頁。

③　[日]西周:「人世三寶說」,[日]大久保利謙编:『西周全集』第 1 卷,517—518 頁。

这三者。所以他大力宣扬"三大经济"中财产私有权的重要性："财产之权利与其它生命之权利、自由之权利等,作为同等并列重要之权利,亦应知其极为贵重。"①那么这三大方面的轻重顺序如何呢? 植木指出："第一善于产生财产、分配财产和使用消费财产。第二善于产生体力、分配之、使用之。第三不可不产生智力、分配之、使用之。吾人将之称为人类之三大经济。"②他从人的私利最重要的是生存权利这一基本点出发,将为了生存而创造和积累私有财产放在了"三大经济"的首位,公开鼓吹人民通过生产、分配和消费财产改善自己生活的行为具有正当性,表现出正处于上升期的日本资产阶级渴望通过发财致富,提高自己的政治地位和推进社会发展的迫切意愿。

(三)主张土地私有的思想

除了从宏观理论上充分肯定人民获取私有财产的重要性和正当性之外,思想家们还尤其具体论证了人民的土地私有权的正当性。无论在前工业社会还是当今社会,土地均为最重要的生产资料。而在中国、日本等东亚封建社会,客观历史却是上千年来,"溥天之下,莫非王土,率土之滨,莫非王臣"③的社会思想长期浸润人心。人们从来不敢言及土地私有,在心底深处皆认为天下土地为君主所有,百姓最多只有对土地的使用权利。因此要主张财产私有权利,必然涉及论证人民私有土地是否正当的问题。

英国学者斯宾塞曾论及土地用益权和社会对土地私有权的承认："盖人人由社会借一区之地面,作为其报酬,将以其地面所得之收获物交纳几分于社会,丝毫不违背同等自由之法则。每人皆有同等借地人之权利,而其所交纳之地税,则向千万人支付之。如此,每人可得万人允许,在一定期限内,以正当之目的借地,交纳契约之地税,以剩余收获物供自己使用,丝毫不破坏他人之权利。是即洛克所谓以劳动施加于天然物,在此场合下,其人权利牢固。"④日本思想家松岛

① [日]植木枝盛:「財産の権利」,[日]家永三郎他编:『植木枝盛集』第4卷,岩波书店,1990年,224页。
② [日]植木枝盛:「無天雜錄」4,[日]家永三郎他编:『植木枝盛集』第9卷,岩波书店,1991年,第258页。
③ 《诗经·小雅·北山》,阮元校刻:《十三经注疏》,第463页。
④ [英]斯邉瑣著、[日]松島剛訳:「社会平権論」,[日]明治文化研究会编:『明治文化全集』第5卷『自由民権篇』上,274页。

刚按照近代性理解,解释了斯宾塞的土地用益权思想:"所有权利就非社会之境遇而论,虽陷于困难,但以土地作为社会即千万人之共有物,将其贷于一人,而借之者将其收获物之几分交付社会,以其剩余为其私人所有,以经过社会与个人相互承诺的方式,使两者权利俱得保全,丝毫不悖同等自由之原则。"①这里论述的私有权利是指由土地上获得收益的权利,占有和使用土地者尚不具备完全拥有土地的权利。但它已指明了土地由公有转变为私有的演变趋势。这种与东亚社会传统观念截然不同的"土地可以私有"的西方思想,也被近代日本思想家们所吸收,并在全社会公开宣扬。

针对东亚传统的"普天王土"观念,加藤弘之通过自己的分析,得出了人民可以私有土地的结论。他指出对于土地山川,任何人都没有天然拥有它们的道理。获得土地所有权的途径有多种。首先是"最初占居其处,开拓其处者,自己当然便所有它"。这里说的"所有"即包括自有处置这些土地的权利:"将其授予他人,或出售,也皆在于所有主之自由。"其次,如果从所有主那里接受赠与,或向其购买,也就当然成为这些土地的所有主,"是即土田山林所以应各有其所有主之理也"。② 即人们可以通过各种方式包括开拓、买卖和转让等,将历来被视为公有的土地名正言顺地变为私人所有。

接着加藤顺理成章地对照欧美各国情况,否定了东亚传统的普天王土思想。他指出:"西洋各国由历来认识之所有权之真理,政府允许人们私有土地,以至于丝毫不将天下全部土地当作一位君主之私有。"而日本维新之后,明治政府也依据这一道理,"承认人们私有土地,特设地券之制,确定保护私有之道,实堪称良政也"。③ 所以这种制度设立以来,明确了天下之土田山林皆各归其私有者。即土地并非像历来人们认为的那样,为国家及其代表者天皇所有。这实际上为明治政府允许土地自由买卖的政策作了理论诠释。

但由于传统的土地国有观念的束缚,日本国民一时还很难形成土地私有的新观念。加藤列举了这种旧观念的具体表现:"然而时至今日,尚未知晓此道理,许多人仍认为日本国中悉皆为天皇御有,或虽已知自制立地券以来明确允许

① ［英］斯邊瑣著、［日］松島剛訳:『社会平権論』,［日］明治文化研究会編:『明治文化全集』第 5 卷『自由民権篇』上,273—274 頁。
② ［日］加藤弘之:「国体新論」,［日］吉田曠二編:『加藤弘之文書』第 1 卷,146 頁。
③ ［日］加藤弘之:「国体新論」,［日］吉田曠二編:『加藤弘之文書』第 1 卷,146 頁。

人们私有土地,犹认为并非真正允许私有,不少人仍认为实为如从天皇御有之内分借之者也。"针对这种状况,他又分析了其中原因。之所以不能让人们脱离如此谬见去领悟真理,固然由于二千余年来因袭之习惯,但那些主张普天之下莫非王土等陈腐观念的原因,最主要的是因"国学者之流频频主张愚论谬说,日益增加世之困惑"。① 加藤指出否定土地私有的思想之所以在人们头脑中长期挥之不去,其根源虽然在于制度上的约束,但更重要的是,在现实社会中人们长期受旧的传统社会观念束缚,在短时间内很难转变自己的认识,因而不能形成土地私有权的观念。这种状况长期顽固存在,主要是因为传统儒学长期鼓吹"普天王土"的陈腐观念所造成。

但是,土地私有是否会回复到以前在封建土地制度下,领主凭借土地所有权,可以对农民实行超经济强制的那种制度呢?加藤弘之给予了否定回答。他特别阐明土地私有并不包含对租借土地的人进行管辖。应将土地所有权与管辖土地上的人相分离,不能将二者混为一谈。他虽然承认"土地各有其主,实为私有固当然也"。但认为地主只是有权按照自己意愿使用土地,或用于耕种,或在土地上建房屋,或利用土地畜牧,或转借给他人。而绝无在这片土地上施行法律的权力,例如管辖借住在这片土地上的其他人。而像在土地上施行法律,管辖民众等行为,理所当然是君主政府的职责。所以地主自然也就只能在自己的土地上小心谨慎地遵守宪法,并且与借住在土地的其他人一起,接受君主政府的管辖。因此,加藤的结论是,"私有土地权利与管辖土地权力截然不同。必须知道土地所有权在地主,管辖之权在君主政府之理"。② 即在实行土地私有的同时,也要防止地主利用土地所有权,违反法律规定,去奴役租种土地耕作的农民。也就是明显划分出这种对土地的权利,并非像传统社会那样附加了对农民的超经济强制的封建土地所有权,而是一种近代性质的资本主义土地私有权。

民权理论家儿岛彰二与加藤同样,也批判了历史上君主私有国土及国土上的人民这种传统的陈腐观念,提出了人民应当私有土地、以便为自己谋利益的近代化思想。他指出所谓"普天之下莫非王土、率土之滨莫非王臣固为无稽之妄语,若由真理见之,实为不堪喷饭之物"。他设问道,假若天下万物皆为君主所

---

① ［日］加藤弘之:「国体新論」,［日］吉田曠二編:『加藤弘之文書』第 1 卷,146 頁。
② ［日］加藤弘之:「国体新論」,［日］吉田曠二編:『加藤弘之文書』第 1 卷,147 頁。

有，今日从我们私人所有的田地邸宅，以至饮食衣服，不都成为君主所有了吗？简直谬误到极点！因此，"我所有之田宅则为我之田宅，决非君主之田宅；我购得之衣食则为我之衣食，决非君主之衣食"。① 在彻底否定传统观念的同时，儿岛也提出了人民的私有财产权具有正当性的近代化权利观念。

福泽谕吉则从独特视角提出了土地私有权观念，他认为人民争取正当的权利，其终极目的无非就是为了能够充分利用以土地为代表的自然资源，使自己的生活变得更加美好："民权自由之极意，盖存在于此道也。称人类为万物之灵，使其位于万物之上流，私用此地球，若果不妨，人人自占部分土地，可利用万物之几部分也。"②因此在政治思想上宣传民权和自由的最终目的，就是要落实到人们的经济生活上。而要使这种经济生活正常进行，就必须让人们将整个地球"私有"，即人人皆可以利用地球上的土地谋生。福泽将人类此种目的称为"正道"："抑作为生于天地之间之人类，亲自劳作，自为衣食……导致心身之快乐，死而无憾。乃人间正道也。"③按照福泽的逻辑，私有土地并用其谋利为正道，而否定这种私有权利则为邪道。由此可窥见福泽为在日本发展以私有制为基础的资本主义而寻求正当理由的近代化思想。④

（四）论证财产私有权标志和主张保护私人财产权的思想

众所周知，财产私有权的标志在历史上出现过许多种，如占有、使用、受益等，在不同时代皆有将其作为私有权标志者。但近代以来在法律实践上认定，这种财产权私有的最关键标志，应当是对所有财产的任意处置权利。日本思想家根据自己的近代性理解，对财产私有权的标志及其特征进行了论证。同时根据从西方吸收的观念，"社会或由他们组成的立法机关的权力……必须保障每一个人的财产"⑤，也提出这种私有权利不应受到政府干涉，或反而应受政府保护的社会思想。

---

　　① ［日］兒島彰二：「民権問答」，［日］明治文化研究会编：『明治文化全集』第5卷『自由民権篇』上，157頁。

　　② ［日］福沢諭吉：「時事小言」，［日］富田正文他编：『福沢諭吉選集』第5卷，160頁。

　　③ ［日］福沢諭吉：「時事小言」，［日］富田正文他编：『福沢諭吉選集』第5卷，159頁。

　　④ 对福泽谕吉的民权思想，笔者曾有探讨。见拙稿《浅论福泽谕吉的近代化民权观》（《史学月刊》2012年7期）。

　　⑤ ［英］洛克：《政府论》下篇，叶启芳、瞿菊农译，第80页。

　　小野梓根据自己的理解,将私人对财产的权利细分为三种,即所有权、用益权和占有权:"管物之权利作为所管理吾人之物类之权利,依吾人之所有其物或借用之而举行者也。今细别为三:一曰所有权利,二曰所用权利,三曰所持权利是也。"他对这几种权利的相互关系作了细致分析。他认为"所有之权利"是指保有自己的各类财产,将之控制在自己手中的权利。与之相关的使用、占有、收益的权利自然也就包含其中。"所用之权利"是指即便自己并非所有者,但现在也可使用财产。那么与之相关的占有、收益的权利自然也就包含在其中。例如租借土地而在其上筑造房屋。"所持之权利"是指财产并非自己所有,也不是为了使用而占有财产的权利,收益权利也自然包含其中。小野列举抵押物就属于这种情况。① 按照小野梓的理解,私人对财产的权利是指人对物的所有权利,它包含了使用权利、占有权利和受益权利在内。使用权利即虽然此财物不属自己所有,但因自己可以使用,也就自然将占有权利和受益权利包括了进来。占有权利既非所有,也非使用,正如抵押物那样,仅仅是对该物的持有而已。小野从法律角度对私人财产权利作了精细的区分,但他并未明确私人财产所有权的最终标志究竟是什么。

　　加藤弘之对私人财产所有权中最重要的处置权及其受保护权提出了自己的认识。他认为人民有"自由处置所有物之权利。各民得以自由处置其所有物品、决不受他人妨碍之权利。因此在立宪政体各国中,即使是罪犯的房产物品也决不没收,必给予其妻子亲戚。盖没收既可称为刑罚,却也可称为盗贼行径"。② 即强调如果是在立宪制度的国家内,即便是属于财产所有权人犯罪这种特殊情况,其私人的财产权利仍然应当受到法律的尊重和保护。

　　法学家津田真道也同样强调人民应当"有权随意处置其所有物",而其他人包括政府在内,皆应当尊重私人任意处置自己所有财产的权利,这才是构成国家的基础。即私有制才是日本仿效欧美列强实行近代化的资本主义制度的基础。当然,这种事并非毫无限制,但也"仅为天下之公益而有所限制之。除非因特别

---

　　① 〔日〕小野梓:「民法之骨」,〔日〕早稻田大学大学史编集所编:『小野梓全集』第 2 卷,259 页。
　　② 〔日〕加藤弘之:「立宪政体略」,〔日〕明治文化研究会编:『明治文化全集』第 8 卷『政治篇』,25 页。

非常之事件,国家公益需要之,绝不可没收居民所有物以作国家之公物"。① 他明确指出了保护私有财产权利是资本主义经济正在兴起的日本国家立国的基础。津田认为哪怕对犯罪之人的财产也不能随意没收:"没收罪人所有之物,对罪人之妻子亲属为非义残忍之处置,且于事无益。盖此不可为刑,却可谓盗贼之业。"②即随意没收罪犯的私人财产,导致其家属无法正常生活,并非执行法律,反而无异于盗贼行径。

同时津田主张,政府对人民征税应按人民的财产多少的一定比例计算,因为"国民有权要求按照家产定租税征收率。故国家虽为了全国而向居民征收物税银税,悉皆应按每户家道赢缩之比例,其间毫无偏颇之处置"。而如果不这样运作,而假若在征税的政策上,国家随意给予某人某等级特准特许,让其减税免税,这是国法所禁止的。③ 强调了只有实行按财产多少征税的办法,才能体现人民的财产私有权受到了国家同等公平的保护。

同时思想家们也主张政府无权干涉人民对私人财产的处置权利。例如西村茂树与西周的"三宝"理论相似,也将人的私人权利分为三个方面。其中第三个方面为私人的财产权利,这种权利的具体体现就是权利人可以随意处置该项财产:"第三作为自己财产之权利,凡以自己力量所得之财产,用之享之卖之皆随其人之意,政府无抑制之事等是也。"假若政府不按照这种法律条文作为人民自由的标准,必然会犯大错误。④ 这里他提出的"以自己力量"是否指劳动或劳动以外的其他方式不得而知,但他强调了个人对自己的财产有随意处置权、政府也无权干涉的近代性观念。

植木枝盛认为,私人财产权利的重要性有各种不同的表现形式:"其他在法律上,多将财产分为动产、不动产二种。又就其权利,分为主物权和从物权等。或虽有所有权、使用权、抵押质权等目,而若概论之,尚无一种不受尊重。格言曰:纵令出适当之价,任何人也无出卖自己财产之义务。曰:无论何物,所属我辈者,无我辈之承诺,不得向他人转移。亦以可知财产权之

---

① ［日］津田真道:「泰西国法論」,［日］大久保利謙他編:『津田真道全集』上,142、144 頁。
② ［日］津田真道:「泰西国法論」,［日］大久保利謙他編:『津田真道全集』上,144 頁。
③ ［日］津田真道:「泰西国法論」,［日］大久保利謙他編:『津田真道全集』上,144 頁。
④ ［日］西村茂樹:「自主自由解」,［日］明治文化研究会編:『明治文化全集』第 19 卷『雜誌篇』,233 頁。

重要。"①即无论私人财产来源如何,怎样处置这些财产皆是所有者的自由权利,他人不可横加干涉。

他具体分析道,尽管我们获得私有财产的途径多种多样,例如有上天赐予(继承)、勤劳生产、贸易交换等,但只要我们已获得这些财产,以至它们已经为我所有,那么我们将这些财产用来消费,或使用,或储蓄,或其他方式随意处置,别人都不能妨碍。即便对这些财产作看似不合理的自由处置,例如将这些财产投向海里,或烧成灰土,或粉碎成尘芥,还可贮藏在家里不拿出来,也可随便赠送给他人,在这期间都丝毫不受他人干涉或抑制。② 植木在此尤其强调了对私有财产的处置权不受外力干扰的主张,实际上反映出日本早期资产阶级对私有财产权利的神圣不可侵犯性的格外重视。植木还在私拟宪法草案《日本国国宪案》中明确提出"日本国家不得实施干涉日本国民各自私事"。③ 这当然也包括了不得阻碍人民积累私有财产的活动。

如果说上述主张仅是从消极的、不加干涉的角度,论证政府对私有财产的义务,那么另一些思想家则持不同观点。他们从积极主动的角度,主张政府应当对人民得以维持生存的私有权利进行有效保护。如儿岛彰二强调"君主唯有保护吾之义务,仅依照所出租税以作适当安顿而图其无事"。④ 即只要交纳了租税,人民的私有财产便有权应受国家保护。

启蒙思想家中村正直提出了人民的私人财产所有权应受国家统治者保护,以使人民的私权不受侵害的主张:"盖民人之产业(将田地住宅货财等人民赖以生活之物称为产业),人主不失对之较好保护。邦国非人主一人之产业,所谓天下乃天下之天下,非一人之天下也。因此保护人民之产业,防止危难之事,开通利用厚生之道,使人民得到安宁,享受福祉,乃人主之职责。人主应对农工百务关心体贴之,使其生意盈利,以期文学艺术逐渐兴隆旺盛。且人主安稳居住,恰

① [日]植木枝盛:「財產の権利」,[日]家永三郎他編:『植木枝盛集』第4卷,岩波書店,1990年,225頁。
② [日]植木枝盛:「財產の権利」,[日]家永三郎他編:『植木枝盛集』第4卷,224頁。
③ [日]植木枝盛:「日本国国憲案」,[日]家永三郎他編:『植木枝盛集』第6卷,100頁。
④ [日]兒島彰二:「民権問答」,[日]明治文化研究会編:『明治文化全集』第5卷『自由民権篇』上,157頁。

如一父在众子之中。"①即君主应当像父亲帮助子女那样,维护人民的私利,使人民可以大胆追求私利,以便获得安宁幸福。这里表现出将君主视为父亲的传统"家天下"思想的痕迹,可看出中村的私有财产权思想与传统观念的千丝万缕的联系。

日本明治时期宣扬的私有财产权利观念,应当看作东亚近代此类思想的滥觞。这种私人权利思想的系统宣扬,在很大程度上否定了以私利为"恶"的传统观念,无疑表现出一种近代意识的觉醒。这些财产私有权观念的广泛宣传在日本比在东亚其他国家早了数十年乃至一百多年,反映出日本新兴的资产阶级、豪农等阶层希望能够在国家保护下,通过顺利发展资本主义经济而发财致富的强烈愿望。在实践中,正因为这类新思想被广泛而系统地宣扬,为以私有制为基础的资本主义经济迅速发展提供了正当性理论依据,促进了保护私有制的近代资产阶级法律体系的形成,最终导致日本率先在东亚迈入了资本主义近代化行列。比较亚洲不少国家在 20 世纪甚至 21 世纪才出现有关承认和保护私人财产的宪法、法律条文,可以深入思考日本与这些国家社会发展出现差异的原因。②

（五）对其他私人权利的阐释

除了主张人民的生存权利和私人财产权之外,思想家们还对其他私人权利提出了自己的主张。如强调思想、言论、行为自由的权利。此观念在近代西方受到大力宣扬。如霍布斯将人的自由看作天生的自然权利:"一般称之为自然权利的,就是每一个人按照自己所愿意的方式、运用自己的力量保全自己的天性——也就是保全自己的生命——的自由。因此,这种自由就是用他自己的判断和理性认为最合适的手段去做任何事情的自由。"③明治日本思想家吸纳了西方的民权观念后,也主张人民其他方面私人权利的正当性。

早在明治初年,津田真道就在《泰西国法论》中对民权进行阐述时,解释了居民拥有人身和住宅不受侵犯之权利。例如第一,人民拥有自身自主之权。禁

---

① ［日］中村正直:「西学一斑」,［日］明治文化研究会编:『明治文化全集』第 19 卷『雜誌篇』,116—117 页。

② 有关明治时期日本的私有财产权观念,笔者曾有所研究。见拙稿《日本明治时期的私有财产权观念》,《世界历史》2020 年第 3 期。

③ ［英］霍布斯著,黎思复、黎廷弼译:《利维坦》,商务印书馆,1997 年,第 97 页。

止任何执法机关胡乱逮捕人、肆意将人关进监狱。国家统治者务必使居民相互尊重其自身自主之权利。即便是国家最高统治者,也要遵从法律明确而详细的规定,依据法律条例,坚守对国民的保证。"若非为全国除害之道理,绝不可毁伤人民自身自主之权利。"第二,人民有住宅不受侵犯之权利。未经主人同意,他人绝不可侵入其家。仅在某种特殊情况下,"为了全国公益时,国家首长按照法律指示之规定,根据担保,下达命令,可派官员进入其家。"①这是针对封建社会人民随时会遭受不法侵害所提出的近代化人权主张。德川幕府统治时代,平民既不准有自己的姓氏,又无起码的生命权利保障,幕府法律甚至规定,"下贱之民若对武士无礼,对陪臣或直属臣子不敬,斩杀勿妨"。② 更不用说随时可以将平民关押和进入平民住宅骚扰侵害。津田真道在此根据西方国家法律规定,提出了日本社会应当推行的私人这两方面权利不受侵害的主张,这在日本历史上可说是破天荒的近代化权利思想。与之相关,津田真道还论证了人民有自由行动之权利,他称为"行事自在之权"。他阐释道,"所谓行事自在之权,指人民可任意无障碍地往来交通等百事。譬如迁居或旅行,又离开本国,或来到本国等,总之皆可自在"。③ 实际上指人民拥有自由行动和迁徙的权利。

另外,津田提出人民还拥有其他重要权利:1. 结社聚会之权利:"所谓结社权利,指结成数人会社,集合众力凑齐本钱,兴立由一人之力所不能为之事业,达到共同本意之权利。所谓聚会权利,指多人会聚一地,或同欢乐,或谋其共益,或经理其众益之权。"当然,他对这种权利也设置了一些限制:"在执行结社之权利上,因绝不可危害国家之公益,故结社必应属国家首长之管理。执行聚会之权利者,应遵守以端正国内秩序、保护治安为任务之巡察之法例。"④也就是说,只要不违反国家法律,不损害社会和他人利益,人民便可以自由地享受结社、聚会的权利。2. 思考、言论和用书写发表思想言论的权利:"自在心思之事绝无禁止之理由。用言语文章著书出版自由公布其议论,在文教照明之国,乃为不可禁止之民权也。"当然,这种权利行使也不是漫无边际的,津田认为"言者笔者始终有责

---

① [日]津田真道:「泰西国法論」,[日]大久保利謙他編:『津田真道全集』上,143 頁。
② [日]德川幕府:「德川成憲百箇條」第45条,[日]法制史学会編:『德川禁令考』前集第一,創文社,1981 年,56 頁。
③ [日]津田真道:「泰西国法論」,[日]大久保利謙他編:『津田真道全集』上,143 頁。
④ [日]津田真道:「泰西国法論」,[日]大久保利謙他編:『津田真道全集』上,143 頁。

任,对其言说公布之记事议论自其辩解。假若因此诽谤他人,或妨害天下治安,或滨于危害国家时,法律应惩罚其人"。① 即言论自由的权利不能伤害他人,也不能危害国家安全,否则将受到法律惩处。3. 宗教信仰自由的权利:"根据其见解敬奉其神之自由,作为文理明发之人们蕴藏于自己性情中之权利,不可由外暴绝而侵犯之。"而这种权利的行使,尤其是举行相关宗教仪式,仍然是以不违反国家法律和妨害社会治安为前提:"至于举行祭祀仪礼等,人们要遵守其所在国之法律,不可违背。监督祭祀等敬神仪式,因而防止开启危害通国治安之端,是国家官员之职责也。"②4. 通信自由的权利,津田认为人民通信的秘密应当受到充分尊重,这一点"与不可侵犯住宅乃同一含义"。除非为了国家安全的特殊情况可以例外,即"仅有危害国家者,按照法律明文,随其所指之事,依据担保,可以拆封"。③ 5. 有向政府请愿的权利:"请愿之权利,乃为上述列举之居民由以对国家防护所有诸权之道也。在此若有人损害其权利时,乃可至政府、立法院及州邑之府呈上请状愿状,请求让政府恢复其权利,云之为请愿之权。"实际上就是人民向国家寻求保护的一种权利。除了以保护自己的权利为目的之外,为了保护他人权利或为了公益,人民也可以请愿。④ 6. 有使国家信守与公民缔结的私约之权利:"使国家信守与国家缔结的私约之权利,概属于民法条例者多,属于国法条例者少。然而,国家不履行与居民所缔结之约之例,不胜枚举。在世上有因此提倡本来不正之国法,或托于通国公益之说,促使完成国家非义者。或可谓邪说惑世。"⑤实际上就是普通国民有权使国家(政府)与自己在法律上作为平等关系,诚信遵守双方订立的契约。也就是强调了在民事法律关系上,老百姓与政府具有平等的关系。这种思想直到当代看来,也仍然非常具有前瞻性。津田真道依据从西方吸纳的近代性思想,相对系统地阐释了人民其他方面的私权。这在明治时期可以认为是最早的先觉者。

加藤弘之除了论述人民的生存权利和财产权利之外,也列举出人民的其他方面的私人权利。例如第二为自身自主之权利有不得被胡乱逮捕、肆意关进监

---

① ［日］津田真道:「泰西国法論」,［日］大久保利謙他编:『津田真道全集』上,143 頁。
② ［日］津田真道:「泰西国法論」,［日］大久保利謙他编:『津田真道全集』上,143 頁。
③ ［日］津田真道:「泰西国法論」,［日］大久保利謙他编:『津田真道全集』上,143 頁。
④ ［日］津田真道:「泰西国法論」,［日］大久保利謙他编:『津田真道全集』上,144 頁。
⑤ ［日］津田真道:「泰西国法論」,［日］大久保利謙他编:『津田真道全集』上,145 頁。

狱之权利。第三为自由行事之权利,有不受阻碍地任意从事宪法禁止之外的人生诸业之权利。第四为结社、集会之权利,包括成立公司、社团以及朋友聚会或共谋其利益之权利。第五为自由思言书之权利,他指出在专制君主制下,人们连思考之自由都被禁止,更不用说自由地表述或书面记载、印刷公布其思想。只有立宪政体各国才允许这些自由。当然加藤认为"但此权利自由,并非允许胡乱记载,若其记载之言有过分蛊惑人心、妨害治安之内容,记者理所当然必受其罪。故有让记者辩解其责之法律"。第六为信仰自由之权利,主要指自由信仰宗教的权利。第七为万民同一之权利,即不分门第、资格等差别,同样受到法律保护的权利。① 实际上是强调了人民的社会平等的权利。

从加藤列举的上述私人权利考察,已基本包括了近代化国家在宪法中给予公民的主要权利。当然,日本当代有学者认为,加藤弘之在《立宪政体略》中的各项权利的设置,几乎是津田真道《泰西国法论》的改编②。这一点正如前面指出的那样,在德川幕府统治时代,加藤提及的这些基本民权是难以想象的,也不可能有学者公开提出。他能够突破长期以来否定民权的封建思想禁锢,在明治初期便公开提出这些人民私权主张,也是难能可贵的。

其他思想家也论述了人民的其他私人权利,例如自由思考、自由议论、通过发表论文和出版著作等方式自由表达自己的意愿、自由行为、自由迁居、自由从事任何可以牟取利益的工作等。另外又如个人具有人身和住宅不受侵犯的权利等。关于思想言论自由方面的权利,似乎更受思想家们的关注。如松岛刚在翻译斯宾塞的著作时对这一点阐释道:"夫陈述思想乃行为之一种,每人若不逾其领域,便有陈说其所欲之事之自由,乃不待言亦明了也。"③自由主义思想家田口卯吉(1855—1905 年)主张政府应当营造允许人民思想言论自由的宽松的舆论环境:"当此时,作为日本政府,能充分容忍舆论,使人民焕发其思想、勇为其举动,与政府一致务国事,则国运之末尚未可知也。"④即人民如果能够充分享受到

---

① [日]加藤弘之:「立憲政體略」,[日]明治文化研究会编:『明治文化全集』第 8 卷『政治篇』,24—25 頁。

② [日]松岡八郎:『近代日本の政治と法の理論』,駿河台出版社,1990 年,173 頁。

③ [英]斯邊瑣著、[日]松島剛訳:[社会平権論],[日]明治文化研究会编:『明治文化全集』第 5 卷『自由民権篇』上,284 頁。

④ [日]田口卯吉:「時勢論」,[日]同全集刊行会编:『鼎軒田口卯吉全集』第五卷,吉川弘文館,1990 年,17 頁。

自由思想和言论的权利,则将在行动上与政府保持一致,努力于国家事务,那么国运昌盛将会前程无量。思想家们有关思想言论自由权利的主张,还将在后面的自由主义思潮中进一步梳理。

在明治 10 年代的立宪主义思潮中,不少私拟宪法草案也列出了保护人民生存权利、财产权利和其他方面私人权利的条款。例如《嘤鸣社宪法草案》中就列出了与私权相关的若干条款:日本人民若非于法定场合,按照法定程序,不受拘押传唤;日本人民若未得相应之赔偿,即便为了公益,也不能收买其财产;日本人民享有结社、集会、演说、出版之自由;日本人民可以自由信仰任何宗教;日本人民若犯罪,有权按法律规定得到保释;日本人民除法律规定之外,夜晚住宅有权不受侵犯等。① 这些主张对后来明治政府的立法也产生了影响。如《明治宪法》规定,"日本臣民除按法律规定,未经其同意,住所不受侵入和搜查"②。可以看到思想家们有关人民其他私权主张得到了官方法律的吸收。

思想家们在明治时期公然提出与封建时代流行观念截然相反的人民私权主张,无疑是日本社会近代意识的觉醒,因为强调私人权利的神圣不可侵犯性,是近代资产阶级政治建立资本主义社会的一个最根本的出发点,也是对封建时代无视私人基本权利的各种压榨制度和陈腐观念的根本否定。③这对促进日本建立近代化的经济社会制度,无疑具有积极的推动作用。

八、对人民拥有的公权正当性的论证

除了大力主张人民的私权正当性之外,日本思想家们同时也提出了人民应当拥有的另一方面重要权利,即所谓公共权利,简称公权。他们将公权大致分为两大部分:1. 人民参与国家管理事务的权利;2. 当国家统治者实行暴政时,人民有权起来抵抗专制统治,这种抵抗权具有正当性。思想家们对人民公权的主张,实际上将人与人之间社会关系的讨论视角,扩展到了人民与国家之间的关系范畴。这就为进一步阐释近代化国家体制构想提供了相应的思想前提。

---

① ［日］家永三郎他编:『明治前期の憲法構想』,福村出版,1987 年,359—360 页。

② 「大日本帝国憲法」,家永三郎他编:『明治前期の憲法構想』,第 437 页。

③ 笔者曾就这种私权思想作过探讨,见拙稿:《论日本近代"私权"思想的形成》(《日本学刊》2006 年 5 期)。

（一）人民应当以社会主人翁精神关心和参与国家政治的思想

人民的公权来自何方？津田真道认为是由古代沿袭下来的习惯法逐渐演变产生的。他分析指出，除了纯粹的君主专制国家不给人民以公权外，其他各国一般都要将与国民有关的参与国事、政事之方向大概确定，将这种民权称为国民的公权。这种公权"其原本多因习太古之风俗而来，以益渐生，后世遂至成国之律例法典"。① 当然，津田是根据其师毕西林的口述翻译，所以在此是针对西欧人民履行公权的状况阐释的。

但是日本与欧美不同，人民长期受到封建压迫，已经形成了一些落后的价值观念和顽固的思维定式，如对政府官员长期存在"卑屈心理"，只考虑自己家庭事务，从不关心国家事务等固陋思想。这些思想不可能因为明治维新而马上消失。思想家们为了唤醒民众，让国民认识到自己拥有的公权，因而首先提出人民应当以社会主人翁的精神，关心和参与国家政治。他们积极鼓动人民抛弃传统的落后观念，在参与国家政治事务的活动中发挥自己应有的作用。

津田真道认为人民参与国家政事，可以使国家元气振作，改变长期以来人民在专制统治压制下的不自由状态。他指出："我国人民永久屈于压政之下，挫折人性自由之气象，此气象乃是国之元气也。国之元气萎靡不振，乃国威所以不振也。"如果当今要振作国威，使国家元气趋于旺盛，没有别的途径，只有"使人民干预国事也。使人民干预国事，不如创设民选议院"。② 日本正因为封建社会长期对人民压制，导致整个国家元气大伤，萎靡不振，从而才会受到列强欺侮。因此要使国家强盛，摆脱列强奴役，就必须使日本人民参与到国家管理中，改变长期以来仅作为被统治者，对国家事务不闻不问的状态，具体改变措施就是让人民参与议员的竞选，由人民选出的议员组建国会。

启蒙思想家森有礼（1847—1889 年）曾到欧美考察，发现近代欧洲一些国家实行的纳税人有权参政的制度比较合理，因为这种制度将人民对国家的经济贡献与参政的公共权利相联系。为此他主张日本也应当模仿欧洲，创立让人民能够履行参政权利的制度。他提到，在欧洲某些国家，纳税人实际被看成是有权对

① ［日］津田真道：「泰西国法論」，［日］大久保利謙他編：『津田真道全集』上，145 頁。
② ［日］津田真道：「政論」三，［日］大久保利謙他編：『津田真道全集』上，みすず書房，2001年，329 頁。

本国统治者的施政方针表示赞同或否定的群体。以前这种政治权利只有少数国民能够享受,现在实际上已经扩展到几乎所有的纳税人民。即便是没有相应的智慧文化或不具备其他资格的纳税人,也能够施行如此重要的权利。而且根据总体发展趋势考察,"在欧洲各国以及由欧洲人建立之各国,纳税者几乎皆可直接干预政府事务,已成为理所当然之事实也"。① 森有礼这里强调的纳税人,当然是指有相当财产者,即主要指欧美资产阶级。这个阶级在当时的日本力量还很弱小,是刚刚在崛起的新生力量。尽管如此,却属于正处在上升阶段、代表着社会前进方向、有生命力而朝气蓬勃的社会阶层。森有礼希望通过让这个阶层在本国参与政治干预国家事务,促使日本早日改变落后的政治状态,赶上甚至超越欧美各国。

当然,在大声疾呼人民应当发扬主人翁精神、关心和参与国家政治这方面,表现最激进者,是民权理论家植木枝盛。他在多篇文章或演说中都曾呼吁人民起来,把自己当作社会的主人,主动关心国家事务,参与国家政治,行使自己应有的公权利。

1877 年 6 月,在植木起草,以片冈健吉之名发表的《立志社建白书》中,具体地明确了人民应当参与国政的思想。他们指出,在立宪政体的国家,由政府与人民共同商定国是。为了保障社会长治久安,人民承担各种租税;为了使自己处于幸福安全之境域,而承担护国之贡献,"至于以一身之血而输出者,实在于涵养人民自治精神奋起不休之势也"。专制统治则完全不同,君主拥有至高无上的特权,政府保持强大威势,人民不过仅有容身之地。剩余资产只能供给繁重的苛税,"居于枯瘁余喘之中,还要奉献一身之血,简直无法忍受"。因此对于这种拥有无上特权保持无限强威的政府,将维持该国的责任统一收归自己,以所谓君主私有之军队作为爪牙,一切施政措施似乎都与人民无关。人民当然不会关心国家事务了。② 而现在的情况是,"唯士者渥于爱国者情,自厚尚义,在一般人民中特不得寻求",所以普通人民也应当奋起,培养自己爱国高尚的情怀,"以与彼之士共同分担国家政权,以图进入幸福安全之域"③。他们设想如果要设立民选议

---

① ［日］森有礼:「日本政府代議政體論」,［日］大久保利謙編:『森有禮全集』第三卷,宣文堂書店,1972 年,翻譯三:80 頁。

② ［日］片冈健吉:「立志社建白書」,［日］家永三郎他編:『植木枝盛集』第 6 卷,11—12 頁。

③ ［日］片冈健吉:「立志社建白書」,［日］家永三郎他編:『植木枝盛集』第 6 卷,17 頁。

院,确立立宪政体之基础,让人民参与政权,畅达其天赋之权利,首先"就要使人民奋起,承担国家之安危"。①

植木枝盛在此表达出自己的几点思考:首先,真正的立宪国家内,人民是有权与政府共商国是的。其次,任何社会中往往是知识分子首先会表现出忧国忧民的情怀,而普通人民则很难表现出这种情怀。现在让人民履行参政权利,是将普通人民培养为与知识分子有同等的爱国情怀。再次,培养人民爱国情怀的目的,是为了让人民与知识分子一起,分担国家政权的管理任务,以谋求全体人民都能过上幸福安定的生活。可以体会出植木枝盛要求人民履行自己参与政治的公共权利,最终是为了谋求人民的幸福,同时使国家向近代化发展。

不过给当时人留下最深印象的,是1879年植木枝盛在《民权自由论》中激烈的论述。在文章中他首先谴责了日本人民历来从不关心国家事务的状况。绝大多数日本人民对社会之事和国家之事,在自身不了解时,从不关心,也从不担心。但人类能这样不识世间事物、浑浑噩噩便可度日吗?表面上看,似乎历来不知道也不担心任何事情,处于极端安乐状态,但这种安乐实际上是与死后长眠没有区别的安乐。要想通过这种方式,达到人民的目的,得到真正的安乐幸福,是非常困难的。所以人民应当"广磨智识用心于社会之事国家之事,始终注意此等之事"。然而历史上的日本平民一向缺乏主人翁精神,只会料理一身一家的事情,不会进而关心社会国家的事。总之对公共事务极为疏远,漫不经心如隔岸观火。这种状态是非常令人担忧的。植木枝盛用对比分析方法强调:"国家之事与人民之事不是别的事。毕竟国家是民之核心,政府从事国家政事,政事乃人民之事,人民之事即为政。故若国家安全人民亦安乐,若国家危险则人民难以保命。若政府善良则人民可得幸福,若政府暴虐则人民蒙受不幸。"②植木在此发出警告,如果连人民都不关心与切身利益息息相关的国家事务,也就无法达到梦寐以求的目的,过上安乐幸福的生活。因为国家灭亡或受别国奴役,人民也不可能心安理得地生活。

人民为什么会对国家事务如此漠不关心?植木分析了形成这种状态的历史原因。他列举了历史上的暴君施行的暴政,指出在那样的暴政下,人民当然不会

① [日]片冈健吉:「立志社建白書」,[日]家永三郎他编:『植木枝盛集』第6卷,22頁。
② [日]植木枝盛:「民権自由論」,[日]家永三郎他编:『植木枝盛集』第1卷,7—8頁。

有积极性去主动创造社会财富,因为人民无论怎样努力,从事生产劳动,创造社会财富,都将变得毫无意义:"如此君主政府在其国,为民者平生无论如何为一身一家劳作,养其身躯,积贮金银,建设大房,添置漂亮的衣服家具,又有何益哉?只一朝便完全消失。为人者已被杀其身、烧其家、夺其金,那样复有幸福安乐吗?有一身一家吗?"①既然如此,人民辛苦劳作的结果,连生存都难以保障,当然更不会有进一步参与政治的主人翁精神了。植木将人民对国家政治事务漠不关心形成的原因,归咎于封建专制的残暴统治,体现出一种相对客观的历史唯物主义观念。

另一方面,植木认为,人民如果具备崇尚自由的精神,则会促使国家法律也趋向宽松自由;反之,如果人民卑屈,缺乏主人翁精神,则会导致压制人民的严酷法律的产生:"又云国法之类,原来大抵作为依据人民之风俗气概而兴者,若欲人民平生自由,谈论自由、盼望自由,最终应于其国兴起适合自由之宽裕之法。又卑躬屈膝、依赖别人,处于卑屈之风俗时,则可在其国随之产生严酷压制之法。"从这种规律出发,人民就必须用心于国家事务,否则如果大家都漠不关心政治,人民无论多么努力,自身利益也将会受到损害:"不得不希望人民,常常用心于国事,辩其善恶可否而论之。若仅漫不经心,疏忽大意,则应善之事将成恶,应便民之事也不能得之。即便人民精心耕作希望多收稻米,但上有苛酷政府,一旦定下多税重敛之法,则徒劳而无功也。此乃必须用心于国事、关注于政治之证据也。"②人民关心国家事务的重要性可见一斑。

于是顺理成章,植木枝盛又主张人民通过关心国家政治,伸张民权和自由,让人民能够充分发挥聪明才智,以推动社会进步:"我们当今之人,不仅对自己一身一家之事,对国家之事、社会之事也亦用心,首先张民权、伸自由,开发其才智,必将大有助于社会。"③为此,植木再度谴责了人民不关心和参与国事的弊端。他分析如果人民都只管为一身一家劳动,完全不关心国家公共事务,把国家事务看成就像外国的事一样,完全置之度外,与自己毫不相干。这样就会丧失了自由精神和独立气概,变成依赖政府,畏惧政府,只要政府发布的命令,"便不问是非,唯唯听命;应说之事不说,当论之事不论,怒也不怒,怨也不怨,安于作卑屈

① ［日］植木枝盛:「民権自由論」,［日］家永三郎他编:『植木枝盛集』第1卷,8頁。
② ［日］植木枝盛:「民権自由論」,［日］家永三郎他编:『植木枝盛集』第1卷,9頁。
③ ［日］植木枝盛:「民権自由論」,［日］家永三郎他编:『植木枝盛集』第1卷,10頁。

之奴隶。似此满足现状之人民,算不得国家之良民,却实在是国家之死民"。他认为无论如何,只要是按照人类社会正常交往而生存的人民,最终连只管自身自家之事都忙不过来,就更不可能广泛关心国家和社会的事务了。①

在明治时期日本社会以制定宪法和设立民选议院为目标而蓬勃开展的民权运动中,强烈呼吁普通百姓也应当关注国家政治的主张较为普遍。例如1880年4月片冈健吉等人提出的《批准开设国会请愿书》,就呼吁人民要充分具备自主自治精神,努力伸张自己应有的公权,积极参与国家政治。请愿书在谈到为什么要急于成立国会的理由时首先指出,日本自古以来政府独任国政,人民从来与国家政治毫不相关,就像自己什么也不知道。难道这样就可自以为是吗? 如果真的这样,国家就会丧失个人作为社会主人的力量,个人也会丧失作为一个国家国民的权利。真是极为可耻! 所以他们感慨地表态:"故臣等于今衷心愧且憾之,焉能不求参政之权利,以谋减陛下之多劳,以偿从来举国之政悉皆烦政府劳政府之罪哉? 此是臣等所以期望成立国会者一也。"②

第二,片冈健吉等人分析道,国家所最急需者,在于人民普遍和谐;而人民普遍和谐,莫不发自各个人共同热爱其国家之心。如果人民没有爱国之心,每人各自分离,放弃和谐一致,作为国民不统一和谐,则会产生变乱,百灾兴起,国力由此衰退,纪纲在此颓废,甚至导致国家灭亡,或丧失国家大权,蒙受无法形容的大害。那么如何才能使人民和谐呢? 片冈健吉等人主张:"要使国家与人民和谐一致,在于使人民自身参与国政,亲自审知国事。"③因为构成元素的是人民,国家是由人民建立。假如"人民无自主自治之精神,无作为人民之权利,则国家绝不能不羁独立,亦不得充分伸张国权,故今不得不先兴国会也"。④ 让人民参与国家事务,拥有对国家政治的审察知情权的重要性,就是确保社会和谐、国家稳定、民族独立的前提。他们一方面强烈主张人民应当参与国家政治,另一方面实际上主张创立国会,就是为人民参与政治提供一个平台。

在19世纪80年代的立宪主义热潮中,各地民权派在向天皇提出的请愿书里,也提出了人民应当参与国家政治的主张。如中津"亦一社"请愿书中,就对

---

① [日]植木枝盛:「民権自由論」,[日]家永三郎他编:『植木枝盛集』第1卷,10頁。
② [日]板垣退助监修:『自由黨史』,304頁。
③ [日]板垣退助监修:『自由黨史』,304頁。
④ [日]板垣退助监修:『自由黨史』,309—310頁。

照了欧美人民在资本主义民主制度下能够参与政事的情况,对比了日本人民不能参政的落后现状。请愿书认为,一般情况下,普通人民应当承受天下之重任,以全国之利害荣辱为己任。近来将欧美人民与日本人民相对照,证明这种说法不错。即日本人民无气无力,欧美人民有气有力。为什么会有如此大的反差?因为欧美国家设立了国会,普通百姓都以天下之重为己任,能与其国家利害荣辱与共。即让国民从小担负实际责任,以促使其气力逐渐发达,使其能承担重任。日本人民则相反,除了操劳一身一家的事务之外,根本不知道还有天下国家。这种人民自出生以来,一般均未曾承担任何社会责任,那么其气力怎样才能获得发达呢?① 所以日本人民应当改变现状,积极参与国家政治事务,以便使自己气力渐趋发达。

福冈县的民权派组织发起设立国会的请愿运动时,在请愿书中直接主张人民应当参与政治。请愿书指出,如果继续历史沿袭下来的陋俗,政府与人民相互隔绝而不是共商国是,那么对于治理国家时,应当采用什么大政方针,如何处理各类具体事务等,人民都毫不考虑。而且已经养成习惯,仿佛古代中国西边的秦国人毫不关心东边的越国人。尽管这种状况令人担忧,但也不是没有解决的办法。请愿书提出:"若今兴国会,让人民各有所担当,爱国之情勃然而生,愤于外邦之狡权,感激耸动,大张国威,全邦遂归一心同情。"②通过设立国会,让人民参与政治,就会促使人民自然萌发爱国情怀,全社会将会团结一致,共同对外。

奖匡社的请愿书也提出类似的主张,即伸张民权,确保让全国人民都有相同机会参与政治,促使人民发自内心地去敬重国家,为守护社会利益而出谋划策,贡献力量。请愿书回顾历史认为,日本帝国从建国之始,就是以君主独裁为国家基本体制,几千年以来因袭至今。国家几乎成为君主私人所有,国民仿佛就像与一国的存亡毫无关系一般。然而在当今世界,对内要推进文明开化,对外要与世界各国对峙。所以国家并非仅仅是君主所有,而是属于全国三千五百多万同胞所有。即便是君主专制的国家,自古以来,也从来没有出现过先有君主、后有人民;或先有政府、后有人民的国家。都只能说是先有人民、有老百姓,然后才会有

---

① ［日］小野壽人:『明治維新前後における政治思想の展開』,至文堂,1944 年,547 頁より引用。

② ［日］小野壽人:『明治維新前後における政治思想の展開』,至文堂,1944 年,546 頁より引用。

国家。如果是这样,则生长在这片国土上,耕种其土地,食用其粮食者,不问是何民族,无论从事任何职业,也不管是年老年幼,只要知道爱护自身的人,同时也热爱自己的国家,要保全和守护这个国家的人,"必然探索宏大其规模、显耀其光荣之道。而欲保全之、守护之,以探索宏大其规模、显耀其光荣之道,必须扩张民权,伸畅通义。欲扩张民权,伸畅通义,必须集众志、合众力,亲爱周密,商议而行,和谐而动,以外御豺狼鸷枭之凌侮,内矫压制弄权之弊于未萌"。① 即只有伸张民权,让人民也参与国家事务的管理,才能够对外抵御侵略,对内防范专制统治的萌芽。

经过反复的思想舆论宣传,促使"人民应当关心国家事务、参与政治活动"的观念逐渐普及开来,成为社会上许多人的共识。这就促使思想家们更进一步深入地探讨如何履行人民的参政权利问题,他们对人民如何参与政治的履行方式提出了不同的观点。

(二)论证人民参政权利的履行方式的思想

人民应当以何种方式参与到国家政事中,以便履行自己拥有的公权?加藤弘之认为人民的公权就是参与国事的权利,"其尤为重大者可说是选举权利,即选举立法府官吏之权利,及被选举为该官吏之权利。本来若立法府官员代表百姓商议大政,则百姓理所当然便有此权利"。② 即人民履行公权的最重要方式,是选举国会议员和被选举为国会议员的权利。之所以这样理解,是因为国会议员本来就是代表老百姓商议国家大政方针,所以他们应当由老百姓选举产生,也应当从老百姓中选举产生。他对这种公权的履行规则具体分析道,在文明开化的立宪国家,人民拥有一种特别的公共权利,称之为发言权利。这里说的不是每个人针对国家事务亲自发言,实际上是指人民有权选择作为自己代表的国会(立法府)议员,让议员代表自己在国会表达利益诉求。所以这种权利也被称为选择权利。由于国会是人民与君主共同议定法制的机构,因此决不能由君主选任议员。谁有选择权呢?加藤认为"素来选择者即有发言权利之人民,故此人

---

① [日]小野壽人:『明治維新前後における政治思想の展開』,至文堂,1944年,549—550頁より引用。

② [日]加藤弘之:「立憲政體略」,[日]明治文化研究会編:『明治文化全集』第5卷『自由民権篇』上,25頁。

民虽不能直接担负立法商议之任,但因其代表参与此事,故即构成人民有参政权利之道理。因而称此权利为特别之权利"。所以这样一来,在立宪国家,人民不仅私事不受君主政府的压抑,反而可以将自己的公权施行于国事之上。人民的权利真可谓盛大。加藤还进一步指出,假若是在共和政治的国家,"万民理所当然悉皆参与国事,以此权利为人生所有之权利,即人权。故对一般发言权利,理所当然允许国内人民悉皆有此权利"。① 加藤弘之在此提出了人民公权的实际履行方式,最重要的是选举自己的代言人组成国会,与国家最高统治者君主一起,参与商定国家法律制度。而且强调这种选举议员的权利不能由君主代办,只能由人民亲自履行。这种将立法机构成员的选举权交给人民,让人民通过选举国会议员的方式履行自己的公权的主张,实际上吸纳了欧美各国代议制思想乃至人权思想。它彻底否定了自古以来日本沿袭的剥夺人民公共权利的封建专制制度,为日本人民能够参与国家事务,履行自己的政治权利,提供了理论前提。

津田真道也提出类似主张,即通过让人民选出的代表参与国家事务这种近代化代议制度,使人民能够履行参政的公共权利:"在代民议事、分领制法权之国,可详明应可推举之人并定从事选举之人,即有特为此设立之律法条例,详代民选举之法。"②接着他梳理了所了解的6种限制选举的方式。但他明确提出,无论如何限制,要保证人民能够参与政治,有些通用规则是应当遵守的。第一,议员代民议事,若承担了代表全国居民发言讨论之职责,"其议论宜永以阖国全民之众利公益为本旨,绝不可防护某品位、某产业或某人之私利私益,设代民议事,能可体会此意"。即议员要站在全体国民利益的立场发表言论,绝不可为了维护某些产品、某些行业甚至为了某些人的私利提出主张,这是设立代议制民主政治的基本原则。第二,只要具备了充足的学识,能够参与讨论全国的利害得失的人,都可以成为议员选举人或被选举人。③ 即人民通过选举和担任议员而参与政治的方式,可以减少或避免当权者利用权力牟取私利。因此他主张凡是具备议论国事能力的人民,皆可入选议员,即主张最大限度地扩张议员候选人的范围。

津田真道在自己撰写的《民选议院论》一文中论述民选议院的性质时,也涉及人民通过担任议员履行参政权利的途径。他认为民选议院是这样一种机构:

① [日]加藤弘之:「国体新論」,[日]吉田曠二編:『加藤弘之文書』第 1 卷,153 頁。
② [日]津田真道:「泰西國法論」,[日]大久保利謙他編:『津田真道全集』上,146 頁。
③ [日]津田真道:「泰西國法論」,[日]大久保利謙他編:『津田真道全集』上,147 頁。

全国人民从自己的同伴中选举自己的代理人,让他们参议政事,非常适合于文明开化国家的国民参与政治活动的议事院。① 这种定义基本符合近代议院的特征,也说明通过选举议员和当选议员构成议会,是人民履行自己的参政权利的途径。

接受了法国民主主义理念的中江兆民在人民参与政治这一点上,几乎承接了两位著名启蒙思想家的观点。他主张人民要获得自由权利,必须取得参政权。因为要想获得自由权利,不能不依靠政权保障。"是故为民者,若非进而参与政权以检制政府行为,安得达其处世之旨趣耶? 吁嗟! 政权之对人生有功用亦可谓甚大也。"当今欧美人民之所以能保障其自由,伸张其权利,就是因为人民参与了国家政权的管理。② 而人民参与政权的具体方式就是担任国会议员,为人民自己讨论国家大事。他认为所谓国会,就如同称国民之会。假如国民都希望自己召开国会,也必然势不可当。所以国民各自选举并派遣自己一直尊敬而信任的人,让他们代表自己在议院发言,这就是所谓"代员"。至于宰相百官,都是由这些代员选举授权,让他们辅佐天子,从事行政。若果真如此,则人民实际上是君主,宰相百官实为臣下。那么君主的代表开会,还用得着再去征求臣下是否同意吗? 所以中江兆民进一步指出:"且为邦国者,果有谁乎? 非民之有乎? 作为民之代员为民议邦国之事,谁复容啄者? 且民之所以为民者,正在于得自造宪法。夫造宪法之事,独以民之自主自由之大权与是,足二三臣肆以何得恣之哉?"③既然国家是由人民构建,那么人民的代表商议国事,能够容许旁人干涉吗? 所以人民完全可以自由自在地订立宪法,作为臣下的百官也没有干涉的权力。

还有思想家认为,人民除了通过担任议员这条途径履行公权外,也可直接担任行政官员来履行所拥有的公权。如津田真道认为,在适当的条件下,人民"可任本国官制之权,一切国人皆平等有之"。当然,要担任官职,该人必须具备一定的可以称职的才能。这一点并非所有的人皆具备,所以"在此邦制完备之国,

---

① [日]津田真道:「民選議院論」,[日]大久保利謙他編:『津田真道全集』上,358 頁。

② [日]中江兆民:「東洋自由新聞ノ発行ヲ祝ス」,[日]松永昌三編:『中江兆民全集』14,岩波書店,1985 年,7—8 頁。

③ [日]中江兆民:「防禍于未萌」,[日]松永昌三編:『中江兆民全集』14,26 頁。

万人不得同一有此权,乃自然之事也"。① 即并非所有人民皆可为官。

（三）对人民参政是否有条件限制的不同认知

对于人民的这种参政权利是否有所限制,各位思想家有着不同的认知。大多数人认为这种参政权利应该具有一定的条件限制,只有植木枝盛坚决主张人人皆有参与政事的权利,不要设置人为的条件限定。

加藤弘之认为人民应当具有的天赋权利并非毫无限制。他为这种权利尤其是公权设定了相应的限制条件:首先,并不是所有国家皆可让人民有参政权,"人民如若使代表参与国事,决非方今万国可同样实行。独于人智开明之国方可实行"。即只有已进入文明开化的社会,才会允许人民履行参政权利。而在那些所谓"野蛮"的或"未开化"的国家内,人民文化水平太低,因此并不具备实现这些权利的条件。加藤在民选议院问题大论争中提出开设议会"尚早论",实际上也就是这种思想的具体表现。当然,加藤并不否认这些权利的客观存在,而是认为人民要履行公权,尚需具备相当的文化水平。

其次,即便是在文明开化的社会,人民在履行公权时,其中的一些成员也被排除:"且纵虽开明之国,以发言权利不可能由国中全体人民允许,尤其妇女、少年、疯子、罪犯以及极其贫困而受教育者不用论,其它虽无此等事故者,家产贫小者等,不得已亦不许有此权利。"即将妇女、小孩儿、精神病人、犯罪者、贫困接受救济者以及家产极少者都排除在外。加藤还专门解释了为什么要将最后一种人排除的理由。他解释说并不是将这类人视为下贱而瞧不起,主要是因为这类"贫小之民"大多没有学问,蒙昧无知,不能辨识事理。而且他们通常既没有身份(社会地位),又没有什么家产,所以故无法真正知道谋求怎样的途径去忧国为民。加藤尤其回顾了法国大革命时期,提出偏激主张而危害国家的人大多是这类贫小之民。②

加藤还进一步分析,在共和政治体制的国家,"万民悉皆参与国事理所当然"。因为这类国家认为该项权利是人生而所有之权利,即人权。但是,如果真的允许全国人民都有政治发言权,"此事反而背理",即行不通。加藤从西方学

① ［日］津田真道:「泰西國法論」,［日］大久保利謙他編:『津田真道全集』上,147 頁。
② ［日］加藤弘之:「国体新論」,［日］吉田曠二編:『加藤弘之文書』第 1 卷,153 頁。

者的理论中寻求这种论点的依据。他根据德国学者弗朗茨的说法，人生而拥有之权利，即人权，是指与身固有的数种权利，主要是指私权。但像参与国事之类的公共权利，"决不应称为人权者"。因为本来这种权利是否被允许，理所当然要根据国家治安状况而定。如果发现允许履行该项权利可能有害于社会，不允许此权利可以说顺理成章。即便像共和政治国家，表面上允许人民普遍具有发言权利，实际上并非如此，通常限制人们雇用的仆人、受救济者等行使参政权利，这就证明要真正允许人民普遍具有发言权是不可能的。至于妇女是否有参政权利，加藤弘之态度模棱两可："近来英国之硕学米勒主张，虽妇女其知识未必劣于男子，是亦当然允许发言权利，我认为乃颇为公平之论点。然而非议此论而不取之学者亦多。如其是非当否，余辈浅学而丝毫无所辨识，宜待他日诸硕学议论定夺。"①将妇女是否能实际参政作为有待争议的问题留置以后再定。

可见加藤弘之主张的人民公权，只能是部分国民才能实际履行。这些公民不包括国民人口中几乎达半数的女性，也不包括当时占人口多数的没有文化的贫穷者。那么，能够实际履行这些公权者，主要是拥有财产、受过教育而又有相当文化的中等以上社会阶层。由此可以窥见这种公权所指向的阶级属性，实际上是指日本正在兴起的资产阶级、豪农等相对少数的有产阶级所拥有的公权利，并不是指全日本的国民都能够切实履行的公权利。

津田真道也曾提出，从客观实际考察，人民的参政权利会受到一定程度的限制。即便在实行分权制和代议体制的国家，也要详细规定被选举人和选举人资格，也就是设立专门法律限定其资格。尽管从理论上讲，人民选举议员的权利，有的国家全民普遍拥有这种权利，没有任何限制；有的国家设立若干条款限定。但实际上，"虽纵令选举权无限制之国，其实不可给予此权者国中过半，是分明之事也。妇女儿童、精神病者、重刑罪犯及其丧失所有自由权之人等是也"。②即便法律规定实行普选的国家，真正能够履行这项公权的国民还不到半数。

具有激进的民主主义思想的植木枝盛则与启蒙思想家的主张截然不同，他强烈主张全民皆有参政权利。当时社会上一些自称为民权家的人，提出了若干限制人民参政权利的理由，例如人民参政"会危害国家之幸福，迟滞文明之进

---

① ［日］加藤弘之：「国体新論」，［日］吉田曠二编：『加藤弘之文書』第 1 卷，153—154 頁。
② ［日］津田真道：「泰西國法論」，［日］大久保利謙他编：『津田真道全集』上，147 頁。

步"；"下等人民无教育、无智识，又无可学习政治事项之余暇"，如果让这些人民参政，必然会危及国家政治的基础之类。植木枝盛对此给予了批驳，并鲜明提出了自己的主张。他抨击道，社会上居然有如此的人，自挂招牌称自己为民权家，一边吹嘘自己是主张自由论者，一边又将一只脚一如既往地插在专制论的粪桶里，其论点仍不能摆脱专制压迫的臭味。

植木将这些人的论点揭示出来进行剖析。第一种论点称，凡涉及政治，关系国家的安危存亡，虽然是上流社会成员，若不是政治上思想丰富，积累了经验，磨炼了较深之功夫者，不可轻易议论政治。"然而，自由民权让蒙昧无知之下等社会参与政治时，便会危害国家之幸福，迟滞文明之进步。"上流社会都难以承担的政治责任，自由民权家们却主张让蒙昧无知的下等社会成员参与，当然会危害社会的长治久安了。第二种论点称，那些下等缺乏智慧的普通百姓，很容易小人得志，飞扬跋扈。一旦他们达到如此境地，"虽抱有高远思想之宏才伟量之辈，无论将思想程度降低几何，也无法接近下等人民之思想"。再伟大的人也拿他们无可奈何，这种状况难道可以促使国家通往幸福的途径吗？也就是说，社会上层和下层之间的利益诉求和思想隔阂是无法沟通、调和的。第三种论点称，下等人民没有受过教育，缺乏智慧知识，而且还没有学习与政治相关事务的时间，每天为了生活忙忙碌碌，根本没有剩余力气再学习。如果强行教他们学习政治，最多也只能一知半解，连基本常识也理解不了。植木枝盛针对这些论点反驳道，如果历来就高举专制主义旗帜的人，提出这些论点，丝毫不令人感到奇怪。"但自身挂出民权自由之招牌，却对下等社会发出如此无礼至极之托辞，实为令人惊讶之缘由。"①揭露了那些打着民权招牌，却在骨子里反对下层百姓参与政治活动的伪君子的虚伪面孔，希望能够让普通百姓真正有机会参政。

西方先进国家进入近代以来，往往按财产多少（具体表现为纳税多少）先定了选民的资格。这对于封建社会凭借祖传下来的特权地位参与和控制政治权力，无疑是一种历史的进步。但是，这种限定也常常使财产很少的贫民或无产者无法履行参与政治的权利。日本明治时期也有主张模仿西方的惯例，按照财产多少限定参与选举议员的选举人数和被选举人资格。植木枝盛谴责这些观点实

---

① ［日］植木枝盛：「貧民論」，［日］家永三郎他編：『植木枝盛集』第 4 卷，岩波書店，1990 年，121—122 頁。

质上是剥夺贫民参政权利。他首先从高屋建瓴的视角提出，政治的最大宗旨，在于国家保护国民自由权利的平等。所以政府日理万机施行政治，必须依据公论，不可不以尽量为多数人民谋幸福为主要目标。自古以来的各国政府皆应当如此。但是，现在实行议会政治，同时仍然轻视贫民，不给予贫民国会议员的选举权和被选举权。从客观实际来看，贫民的人数比其他阶层多得多，然而却有人主张将参政权利仅给予少数富人阶层，占社会多数的贫民阶层只能被排斥于议会选举之外，不能参与政治。这样，哪里谈得上以公论为施政之本来宗旨？从何寻觅以多数人的幸福为主的本意呢？

接着植木又细致分析道，贫民虽贫穷，但都是国家的人民。他们对于政府，既没有欠缺纳税义务，也没有不尽兵役义务。该阶层不仅按章纳税、服兵役，而且单就每一人所负担的租税额作比较，尽管富人所出或可能比贫民多，但若进一步将全国所有人民分为富人与贫民来进行比较，因富人一方人数很少，而贫民一方人数多得多，所以最终结果，贫民所承担的租税远远超过了富人承担的数额。也就是说，维持政府财政的最重要部分，实际上大多数常常出自贫民。至于那些富人，虽然有的或贮存国家发行的公债，有的在民间放债而取利息，但从社会发展来考察，客观上都仅仅消耗社会财富，并没有实际生产任何物质产品。而贫民则日夜深度劳苦，主要从事生产实际的财富，那么参政权利应当给予谁呢？为什么政府不将同一权利给予贫民，对贫民施加同等保护呢？植木枝盛的结论是："虽为贫民，若为已尽国民义务者，则应当将参政权利给予之。虽为贫民，果为国内多数时，不可不主要施予其徒之幸福。国家设立政治之大道理，不得不然也。"①

植木甚至主张，即便是无产者，也应当拥有参政的权利。因为人民有没有爱国之心，主要与是否让他们参与国事有关。不仅与财产多少无关，而且若仅让只希望享受社会安逸生活的有钱人，私自从事立法的大事，最终只能在立法的时候伤害天下百姓。他还批判当时社会上的一种说法："则如'无恒产者因无恒心，不可掌握政权'之说法，不谓谬误甚大者又何焉？"②但植木枝盛并未提到上述两位启蒙思想家主张限制参政权利的一些特殊群体，自己是否也主张给予一定的

---

① ［日］植木枝盛:「貧民論」,［日］家永三郎他編『植木枝盛集』第4卷,146—147頁。
② ［日］植木枝盛:「貧民論」,［日］家永三郎他編『植木枝盛集』第4卷,150—151頁。

限制。所以实际上他在这方面的态度不甚明确,只是否定了必须拥有较多财产才有资格参政的论调。

中江兆民对此问题的态度介于二者之间,一方面他赞同植木枝盛的观点,即主张贫民也应当拥参与政事之权利,具体表现就是选举和被选举议员;另一方面他又同意启蒙思想家对某些特殊人群的参政权利给予限制的主张。有关前一种态度,他曾在《国会论》中指出,客观考察一下所谓贫贱的种族,他们辛辛苦苦养活自身、养活父母、养活妻子,他们的头脑中充满了如何缴纳租税的各种考虑,不断产生各种政治思想,这难道不是事实吗? 中江专门比较了穷富两类人群对政治的态度,认为富人并不适合于参政,穷人则相反:"由此而言,富贵人之多数,缺乏政治思想,对国事冷淡,即可谓彼行使应选、选举二权不适当也。贫贱人与此相反。多富于政治思想,热衷于国事,即可谓彼在二权中最适当也。"①即在国会议员选举中,只有穷人才适合于作为选举人和被选举人。

有关后一种态度,中江在主张人民广泛拥有参政权的同时,也同意在人民中有一些特殊人群,应当被限制参政的权利。他针对社会上流行的"国会应当普选"的急进派意见,首先肯定凡是国民,"皆莫不享有成为国会议员之资格,即前述被选举权,与选举国会议员之资格即选举权。若无此二权,有国民之名而无国民之实也。如云与被从一国政事之范围排斥相同也"。除非是因为"年幼、白痴、疯癫或犯罪而被褫夺参政权之外",都可以成为选举人和被选举人。② 也就是说,还是有一些特殊人群是没有资格参政的。这一点后来在社会实践中也广泛流行。

至于妇女的参政权利,即便在相对先进的欧美国家,也是通过各种社会运动的推进,到较晚时期才得以实现的。而在明治时期的日本,经过思想家们的反复宣传,限制妇女参政权利的状况在一些地方开始有所松动。据考证,1880 年,由于民权派的反复力争,在高知县小高坂村的村议会和上町的町议会选举中,日本开始有妇女履行了自己的参政权。③

① ［日］中江兆民:『国会論』,［日］松本三之介編:『中江兆民全集』10,岩波書店,1983 年,50 页。

② ［日］中江兆民:『国会論』,［日］松本三之介編:『中江兆民全集』10,46—47 页。

③ ［日］平和资料馆:『民主主義の源流・自由民権運動』,草家の発行,1992 年,14—15 页。关于日本近代的这种人民参政权思想,笔者曾有所研究,见拙稿:《论日本近代政治学说中的"人民参政权"思想》(《日本学刊》2007 年 6 期)。

（四）主张人民对专制统治拥有抵抗权利的思想

明治时期日本思想家们论述的人民公权的第二方面,就是针对专制统治,人民在必要时有实施抵抗的权利。这种抵抗权思想在欧美近代资产阶级革命中多次出现。如美国《独立宣言》明确宣告,政府的成立就是为了保障人民追求幸福的权利。"如果遇有任何一种形式的政府变成是损害这些目的的,那末,人民就有权利来改变或废除它,以建立新的政府。当一个政府恶贯满盈、倒行逆施、一贯地奉行着那一个目标,显然是企图把人民抑压在绝对专制主义的淫威之下时,人民就有这种权利,人民就有这种义务,来推翻那样的政府,而为他们未来的安全设立新的保障。"①宣言用比较激烈的语言,表述了人民抵抗权利的正当性。

英国思想家约翰·密尔从限制君权的专制化倾向出发,提出人民反抗权利的正当性。他认为统治者对于社会普通群体所行使的权力,必须受到一定的限制。人民的某些特殊权利,例如政治自由或政治权利等,应当得到统治者的承认。"统治者方面若加侵犯,便算背弃义务;而当他果真有所侵犯时,那么个别的抗拒或者一般的造反就可以称为正当。"②也就是说,按照通常认可的权利与义务的相互关系,当君主只行使权力而不履行义务时,人民便有权反抗其专制统治。

由于明治前期特殊的政治氛围,日本思想家们无论立场稳健还是激进,在吸纳欧美的抵抗权思想方面,态度几乎一致。这种特殊的政治氛围的形成,源自明治政府的政策变化。明治政府完全镇压了佐幕派残余势力的反抗,实行版籍奉还、废藩置县、四民平等、取消士族名号和俸禄等一系列扫除地方割据势力、强化中央集权的举措,同时大张旗鼓地推行文明开化、殖产兴业、富国强兵的国策。这一切有力推进了社会的文明进步。

然而,身份制度解体的必然结果就是原有士族的没落和贫困化,以及由此产生的社会动荡不安。同时,伴随着地租改正,农村原有的生活习惯被打乱,农民群众由此感受到新的痛苦从而爆发强烈不满。新政府内部萨长各派也围绕内政外交出现了尖锐的意见对立,国家的前途变幻莫测。社会上没落的士族对掌握

---

① ［美］《独立宣言》,蒋相泽主编:《世界通史资料选辑》近代部分上,第93—94页。

② ［英］约翰·密尔著,许宝骙译:《自由论》,商务印书馆,2005年,第2页。

实权、日益逞威的政府首脑越来越不满,这种情绪最终导致一系列社会动乱。社会矛盾激化的极端表现,就是 1877 年西乡隆盛领导的原萨摩藩地区鹿儿岛士族大叛乱。明治政府镇压叛乱的战争可说是日本历史上最后一次内部战争,它对日本社会乃至思想界都产生了深刻影响。

明治政府还屡次公布压制社会舆论自由的相关法令,企图扼杀因言论自由可能催生的社会反抗因素。1875 年 6 月修订了《谗谤律》和《报纸条例》,接着将报道对政府不利的负面新闻的记者投入监狱。思想家们因言论受到压制,其针对专制政府的反抗意识反而被激化。在如此不和谐的政治氛围中,欧美东传日本的反抗专制统治的革命权理论在全社会流行,社会传媒也发出令人"出乎意料的赞美声,并且逐渐自然展开了以此为祖述的自论。这个时期的抵抗权、革命权主张的流行,实为这样的历史形势所产生"。① 由此可见,抵抗权思想并非凭空产生,而是特殊政治氛围下的产物。

有关人民如何履行抵抗权利的方式,法国人约翰·麦斯纳在《自然法》一书中列举了 4 种,包括被动式抵抗、主动式抵抗、发动革命和杀害暴君。但现代日本学者井田辉敏认为只有主动与被动两种抵抗形式。② 然而,明治时期日本思想家对抵抗权利的履行方式,却有着多种多样的阐释。有的认为可用温和的方式,有的则主张采用激进的方式。

最早提出人民抵抗权利思想的可能是津田真道。他早在维新之时便已公开论述了人民拥有的抵抗权。即假若君主亲自下达违背法律的命令,形成暴虐无道的状况时,臣民可以直接拒绝君主命令。当然,暴虐的轻重程度有差异。所以,臣民拒绝君主命令的方式也有所不同。津田真道按照抗拒程度轻重,列举了几种抗拒命令的方式:1. 拒绝唯命是从;2. 呈上谏言书明确拒绝命令;3. 起兵反抗,以暴拒暴。不过津田强调,第三种激进的方式不到万不得已不要采用:"虽然如此,若不至实不得已之极,国民谨勿执兵而起。国乱内乱乃国家灾害之尤,极可忧惧也。然而此皆百方术尽绝,仍至无由拒彼不正而守我正,不可不尝试以暴拒暴之术。"③应当指出,津田真道这里阐释的人民履行抵抗权的指向,应当是一种目标泛指,并非专门针对维新后即将出现的明治新政府。

---

① ［日］家永三郎:『植木枝盛研究』,岩波书店,1960 年,109—110 頁。
② ［日］井田辉敏:『近代日本の思想像』,法律文化社,1991 年,70 頁。
③ ［日］津田真道:「泰西國法論」,［日］大久保利謙他編:『津田真道全集』上,148 頁。

　　加藤弘之在明治维新后不久，便提出了有关抵抗权的理论。在分析人民与国家的相互关系时，加藤特别强调了人民这种抵抗权利的正当性。他指出，作为普通百姓，为了谋求自己的安宁幸福，必须受到君主政府之保护。因此，人民当然应该"对君主政府之命令处分谨慎地恭顺遵奉之"。但这种"恭顺遵奉"决非完全没有限制。加藤考察了历史上的君主政府实施权力，认为即便是在君权至高无上的国家，也决没有道理允许君主真正无限地随心所欲。所以人民对君主政府的"恭顺"当然也决不可能毫无限制。假如君主政府超越应有的权限，以至于明显地妄图妨害人民的正当权利，人民不仅有权对其毫不恭顺，而且有义务迫使君主政府恭顺地为人民利益服务。然而人民应当知道，每当这个时候，自己不仅有义务促使君主政府恭顺，而且还负有义务，将君主政府从罪恶中拯救出来，使其命令恢复正确善良。但是，"即便人民百般殚精竭虑，欲匡救君主政府之恶，倘若君主政府丝毫不用之，而仍实行暴政，残害人民愈甚，终至无避免之道。不得已必须反抗君主政府，免于暴政之大灾害，以不可不使保全天赋之人权"。正因为这个原理，美国才抗英从而摆脱了殖民统治的大灾害，最终获得民族独立。①

　　从加藤弘之的论证逻辑考察，人民对专制政府的抵抗权利的履行，有一个十分复杂的先决条件。即人民首先应当对君主政府下达的命令谨慎地服从，以便求得君主政府的保护，使自己能够谋求幸福生活。只有当君主政府失去理性，超越权限并企图加害于人民时，人民才能够不再服从其统治，而且还有义务使君主政府服从人民。当人民穷尽一切手段仍不能将君主政府从罪恶中拯救出来时，最后才只能采取美国独立时所采取的战争方式来推翻现政府，建立新政权。也就是要将前面的相对温和的程序进行完毕后，人民最后才能够采用暴力的反抗手段。

　　而且加藤还指出，暴力抵抗手段不到万不得已绝不能行使，因为它必然会引起社会动乱。实际上加藤主张的，是一种有限制的暴力抵抗权："然而如内乱，若为危害国家最大者，作为人民必须以公明正大丝毫无私之心，考察君主政府之命令处分。若并非其命令处分实在残虐无道，而天下公论已经无法宽恕之时，丝毫不可企图抵抗。"他认为如果人民的拯救手段尚未用尽，便轻率采取暴力抵抗

---

　　① ［日］加藤弘之:「国体新論」,［日］吉田曠二編:『加藤弘之文書』第 1 卷,154 頁。

行动,不仅使人民自己成为国家的乱民,还可能在道义上成为天神之大罪人。①最终的结论是,人民只有在穷尽一切手段仍不能阻止君主政府危害自己的合法权益时,才能采取抵抗方式。在加藤的"有限抵抗权"理论中,人民无论对君主政府的服从还是抵抗,都是自己应尽的义务,其理论似乎自相矛盾。这一方面表现出加藤力图使民权理论尽量做到天衣无缝般的精细,另一方面也反映出他作为天皇信任的"侍讲",又要为人民维护公权提供理论依据的矛盾心态。

1875 年,启蒙思想家箕作麟祥(1846—1897 年)在《万国丛话》发表《国政转变论》一文,提出了人民具有的抵抗权和革命权的正当性思想。他也与加藤一样,提出了人民履行这种公权的前提条件。他首先肯定了人民抵抗权的正当性,即"若其政府或怀有私利,抗拒人民之需时,国民等应当使用兵力以废之"②。但他又从历史实际考察指出,虽然谋求政府转变的权利,只能由国家掌握,显得极不合理,"但如全国人民举皆奋激会同,定下立正主、除虐政之策,借正正之旗堂堂之师以论冤横,驱逐暴君,虽古往今来,实甚难者。故图谋政府之转变者,若能得如此,获得其正义,虽固不待论,但将之实际实行毕竟近于不能"。人民要真正做到推翻暴虐政府其实是很难的。然而凡是要转变统治,人民之中有一些特别怀有报国之大志的人,必自然先于他人企图革除政府暴政。于是逐渐鼓动别人与自己志同道合,由此可以在同志中萌发动摇政府的念头。而且虽然最初总是遵守法律,通过正常渠道上诉人民的冤屈。但是因为政府不容许百姓诉说冤屈,使社会矛盾逐渐激化到极点,最终发展成公开斗争。这就是人民之所以产生抵抗政府的原因。那么人民通常采取怎样的抵抗方式呢? 箕作麟祥认为应当是要通过以下程序:"故企图改变政府之暴虐擅横者,必先以檄文示其国民,依国之主权,谕告暴主之可逐,使全国人民奋起而成大业可也。自僭窃其主权,依己之意而任,谋废现在之王朝而立其它之王朝可也。"③显然,箕作麟祥最终提出的是一种相对激进的抵抗权思想。但他仍然主张人民首先应当使用的手段,是运用遵守法律的温和途径,向政府申诉自己的冤屈。只有当政府对此申诉置之不

---

① ［日］加藤弘之:「国体新論」,［日］吉田曠二編:『加藤弘之文書』第 1 卷,154—155 頁。

② ［日］箕作麟祥:「國政轉變論」,［日］明治文化研究会編:『明治文化全集』第 19 卷『雜誌篇』,351 頁

③ ［日］箕作麟祥:「國政轉變論」,［日］明治文化研究会編:『明治文化全集』第 19 卷『雜誌篇』,351 頁

眯甚至不容许百姓申诉时,人民才可使用暴力手段,推翻旧政府,建立新政府。

而西村茂树提出的抵抗权思想,显得相对模糊。他在《明六杂志》发表文章《转换说》中首先指出人民的政治自主权的正当性,即人民是国家本体,政府是人民所建立。所以法律应当由人民自己制定,向国家缴纳多少租税也应当由人民自己定额而承担。但是,"若官吏姿行威权,民可罢黜之;若政府行暴政,民可变置之"。① 西村在此没有具体说明,人民应当通过何种途径,达到罢免不法官吏或变更暴虐政府而重新建立新政府的目的。也就是说只提出了抵抗权的指向目标,没有深入阐明抵抗手段。

历来主张社会平等的福泽谕吉,1877 年,针对原萨摩藩的明治维新功臣西乡隆盛叛乱被镇压的事件,撰写了长篇文章《丁丑公论》,提出了他的人民抵抗权思想②。他在论及撰写此书的宗旨时,含蓄地批评了明治政府日趋专制,用一种独特的论证方式,提出了人民对专制统治履行抵抗权的正当性。福泽精辟地指出,凡是正常的人,都希望能够随心所欲地行动,这就是"专制之精神"。所以专制可说是当今人类的本性。自然人如此,作为法人的政府也不例外。所以政府的专制用不着谴责。尽管如此,但假若放纵这种专制,便会毫无限制,因而又不可不防备它。怎样防备专制? 福泽认为,"现防御此之术,唯有抵抗之一法"。③ 与前述几位明六社同仁的区别在于,福泽特别强调了人民必须具备抵抗专制统治的精神,这与他多次主张人民应当独立自主的精神是一脉相承的。他指出,当世界上专制主义肆意横行时,需要有对其进行抵抗的精神。正如只能用水浇灭火一样。但是他考察日本近来的状况,对全社会抵抗精神低迷表示担忧。他认为造成这种状况的原因是人们"被文明之虚说欺骗,抵抗之精神如逐渐衰颓"。只要是忧国忧民的有志之士,对此状况都不能不想法拯救。人民抵抗专制统治的方法多种多样,"或有以文,或有以武,或有以金钱者",即便像西乡隆盛那样用武力抵抗政府,其精神也是无可非议的。但是在现实中,社会显得毫无

---

① ［日］西村茂树:「轉換說」,［日］明治文化研究会编:『明治文化全集』第 19 卷『雜誌篇』,262 頁。

② 这篇长文明显为西乡隆盛反抗明治政府辩护,福泽因担心引发明治政府的迫害,一直秘不示人。直到 24 年以后临近去世时的 1901 年 2 月,才在《时事新报》正式公开发表。

③ ［日］福沢谕吉:「丁丑公論」,［日］富田正文他编:『福沢谕吉選集』第 12 卷,岩波书店,1981 年,207 頁。

生气,各阶层都因政府势力强大而"闭口不言,不说事实。世上流传者,悉皆诡谀妄诞,未曾有咎之者,将之流传一世,又传于后世"。这样经过百年之后,"事情真相遂被湮没,必又至踪迹全无"。由于目前有《出版条例》妨碍舆论自由,所以福泽决定将此文"深藏于家,等待时机,使后世子孙了解今日实况,仅欲以保存日本国民抵抗精神,使其气脉不断之微意"。① 即此文就是要激发一种对专制统治的抵抗精神。

在《丁丑公论》正文中福泽指出,人民要真正获得独立自主,只有通过对实施暴政的专制政府的抗争才能获得。然而萨摩藩的士族所争取的权利,真的是人民的权利吗? 自己即便认真考察也无法保证,恐怕只能称之为"权利未熟之物"。尽管如此,人民"争之即抵抗精神也。争之、抵抗之,遂使未熟之物成熟,可至发明自治之权利"。② 也就是说,人民希望获得的独立自主权利,一开始并未达到十分成熟的程度。但为了获得这种权利,就应当具备进行抗争的精神。尽管所要求的权利还不十分明确,但通过抗争,所要求的独立自主权利便可逐渐变得清楚、成熟。因此,福泽谕吉为人民抵抗权利的正当性进行了辩护。

他指出,一个国家的发展,一般首先是在第一阶段制定如何建立政府的法律。待法律制定、政府建立之后,第二阶段就是维护社会正常发展的秩序,促进人民的安全和幸福。福泽认为这两个阶段有所侧重,"其重点必不在第一阶段而在第二阶段。盖第一阶段名也,第二阶段实也"。而自己绝不是重名而忘实者。假若在今天的人类社会,即便不设立所谓"政府"这种名称的机构,也有维护社会发展的秩序,和促进人民的安全幸福的道路,那么人们必然会选择这条道路。也就是说,人们只会看重"维护、促进"的实际,至于有没有"政府"这个名称并不重要。否则,如果仅仅"拘泥于事物之名",无论是否真正起到了维护和促进的作用,只要有"政府"这个名称,就不能将其推翻,如果推翻它的人,就自动成为"永远无穷之国贼",那么根据这种逻辑,"则世界古今任何时代也不会没有国贼"。③ 为什么会这样推理呢? 福泽谕吉进一步分析道,如果列举明治维新后在政府中担任重要官职的人,他们都是在 1867 年时,同西乡隆盛一起,为了日本国家利益而参与推翻旧幕府的人,"难道可云其国贼污名为千年不可雪之称

---

① ［日］福沢諭吉:「丁丑公論」,［日］富田正文他編:『福沢諭吉選集』第 12 卷,207、208 頁。
② ［日］福沢諭吉:「丁丑公論」,［日］富田正文他編:『福沢諭吉選集』第 12 卷,213 頁。
③ ［日］福沢諭吉:「丁丑公論」,［日］富田正文他編:『福沢諭吉選集』第 12 卷,222 頁。

呼耶?"

　　然而,社会舆论为何不称之为国贼而称之为义举呢? 因为人民公认旧幕府虽然有政府之名,而事实上不能保护社会之秩序,促进人民之幸福。也就是公认有名无实的政府,推翻它也不妨成为义举。①

　　福泽认为推翻专制政府是符合所谓"道义"的。若政府仅有一个名义,而无为人民谋利益求幸福的实际,那人民就应当起来推翻这样的政府,重新建立新的能够为人民服务的政府。假如说推翻这种有名无实的专制政府,就成为社会声讨的"国贼",那么在历史上曾出现过多次用革命手段推翻专制政权的事件,这些革命者都只能称为国贼,也包括当年推翻幕府政权、建立明治政府的功臣们了。福泽运用自己敏锐的才智,借为西乡隆盛辩护,巧妙地提出了人民的抵抗权的正当性思想。反映出他彻底反对封建专制的一贯主张。

　　"英学派"理论家小野梓也主张人民拥有的抵抗权是有条件的。他在《权利之贼》一文中,论述了政府应尽义务之后,又提到假若政府不履行义务时,日本人民便有权起来反抗这种"不正政府",由此主张人民抵抗权利的正当性。他吸纳了英国学者边沁的功利主义思想,认为"所谓政府对于人民之通常义务,乃在于能保全维护庶民幸福之大旨,勉励增加人民之欢乐,减少其痛苦。故制法谴责不良而惩罚之,乃政府应尽之通常义务也"。但是,如果政府制定不正当的法律,随意妨害人民的自主自由之权,大量增加人民痛苦,这就恰恰是政府忘记了自身应尽的义务,同时也就放弃了自己的权利。既然如此,"反抗此等政府,矫正其弊害者,乃人民之权利"。小野还具体举例道,假若日本政府制造冤狱,加重租税,不允许出版自由,不设立议政制度等施政行为,"皆为阻碍人民之欢乐,自己忘却作为政府之义务,责之正之乃日本人民之权利也"。②

　　1874 年自由民权运动在全国各地展开之后,人民抵抗专制统治的权利具有正当性的思想,便迅速在各媒体上被公开宣扬。1875 年 11 月《评论新闻》第 34号社论中,提出君主和政府承担的义务,在于保护人民,使每个人都能获得各自的权利。但是,"如此时君主有司失其义务,徒肆意随一种私心,使人民苦于涂

---

　　①　[日]福沢諭吉:「丁丑公論」,[日]富田正文他編:『福沢諭吉選集』第 12 卷,222—223 頁。
　　②　[日]小野梓:「権理之賊」,[日]早稲田大学大学史編集所:『小野梓全集』第 3 卷,早稲田大学出版部,1980 年,15 頁。

炭,不能安其生命,人民便有起而寻求恢复其权利之道理"。① 这里说的"恢复"并未明确是指采用什么方式,但此社论表明,该刊物将围绕人民抵抗权问题展开讨论。所以有关人民抵抗权利的文章以后频频被刊登。

1876年1月15日,《评论新闻》62号发表伊藤孝二的文章《论压制政府必须推翻》。文章明显吸纳了欧美的天赋人权理念,开宗明义地指出了人民的权利自由和平等:"天生此民也,亿兆皆同一辙,赋予之以不可动摇之权利自由。人处于此世,在于保全此天然之自由,达到无上之幸福。"根据这种人生目的,文章接着强调了政府应当履行的最重要义务,就是"保护人们,使达到其天然之自由,享受无上之幸福"。② 但是由于社会黑暗,必然有一些政府力图在人民头上作威作福,频繁下达政令,制定严密的禁止性法律,控制人民的行为言论,一切都为了束缚人民自由,在人民的幸福生活之上施加各种残酷沉重之祸害,完全违背了政府原本是社会建设者这一根本原理。对这种严重怠慢自己重要义务的残暴政府,上帝决不能容忍。如果遭遇如此暴虐之政府,在其统治之下的人民,不得不奋发其满腔之抵抗力,以恢复自己与生俱来的自由。而人民恢复自由的方式,如果到了迫不得已的时候,也许有可能推翻暴虐的旧政府,另外建立自由的新政府,这也是人民的义务。伊藤还对比了法国和日本的情况:"在法国革命之檄文中,对剥夺人民自由之暴虐政府,不可不颠覆之。而颠覆之,则为人民最贵重之义务也。然则为政府者,方擅其强暴而残害人民之自由幸福,其徒恭顺默从,不敢勉以保全天然之自由者,是则皇天之罪人,缺少为人之义务,莫大于此。今如我日本政府,逐渐解除旧时之压束,给予此民以自主自由之权,作为此民大为安全幸福。吁! 当代日本人民之幸何其大焉!"然而即便日本人民如此安全幸福,但以后万一出现"擅为强暴之专制者,如频繁残害人民之自由幸福",如果人民对专制者唯命是从,就没有尽到自己应尽的义务。③ 这篇文章尽管故意赞扬明治政府开放舆论,声明自己提出的人民抵抗权的正当性,只是针对以前的暴虐政

① 〔日〕『評論新聞』34號社説「民権論」,〔日〕後藤靖他編:『資料日本社会運動思想史』明治期第1卷,青木書店,1968年,54頁。

② 〔日〕伊藤孝二:「圧制政府轉覆スベキノ論」,〔日〕後藤靖他編:『資料日本社会運動思想史』明治期第1卷,69頁。

③ 〔日〕伊藤孝二:「圧制政府轉覆スベキノ論」,〔日〕後藤靖他編:『資料日本社会運動思想史』明治期第1卷,69—70頁。

府或以后"万一有擅为强暴之专制者",但实际上也是隐晦地谴责了明治政府当时已经推行的压制社会舆论自由的政策。

因为发表这些主张人民抵抗权利的文章,《评论新闻》受到法院起诉。1876 年 4 月,其编辑关新吾在回答大阪法官审问时,公然宣扬人民抵抗权的正当性。他在法庭上大义凛然地指出,政府如果对人民极度施行暴虐,使人民处于饥寒交迫,饿殍盈野的境地,而作为人民,反复向政府哀叹诉愿所遭受的痛苦情形,但又毫无作用时,"即政府倾轧人民、以至不推翻政府则国家将会灭亡之国势时,苟有爱国心者,不堪眼见国家灭亡,若以竹枪席旗推翻其残暴政府,更建立自由之新政府,不仅势之万不得已,道德上亦允许之也"。① 即人民推翻暴虐政府,是迫不得已的正义行为,在人类道德上具有正当性。

《朝野新闻》在这一时期也刊登了宣传抵抗权思想的文论。如 1876 年 2 月 5 日,中田豪晴在《朝野新闻》发表文章宣传抵抗权思想。文章分析政府与人民的地位和相互关系指出,如果说政府为人民之虚影、人民为政府之实体,"乃万古不朽之金言"。若真是这样,那就并非因政府而有人民,而是因先有人民然后才有政府。因此,政府难道不是为了安全地保护人民而设立的吗? 既然政府是为了人民利益而设立,那么"作为政府,若有施行暴政,以束缚国民权利自由等事,其人民以兵力抵抗之,也岂有得罪于天之理邪? 反应云此为人民当为之义务"。②

2 月 19 日草间时福也在该报发表文章,提出了自己的抵抗权思想。他的主张与启蒙思想家的思想类似,属于有条件的抵抗权。即若人民不幸受到压制之苦难,首先必须尽可能忍耐,平静地向政府进谏,诉说正理,以期望政府回归本心。但是假若政府不容人民诉苦,反而愈益施行压制之威暴,愈益束缚自由之正理,以至于人民实在是忍无可忍。这时,"人民不得已走向革命之道路,可推翻旧政府,建立新政府,扫除阴霾妖气,拜见磊磊自由之天日而已"。他还笔锋犀利地反问道,人民"岂可忍不可忍之压政,耐不能耐之暴法,以违背天理人道耶?"③也就是说,人民如果应当反抗专制暴政,却放弃这种正当权利,反而违背

---

① ［日］評論新聞:「前編輯長關新吾箕作麟祥君力国政転変論ノ評ニ付,大阪裁判所ニ於テ推問答辯ノ話并評」,［日］後藤靖他編:『資料日本社会運動思想史』明治期第 1 巻,103 頁。
② ［日］家永三郎:『植木枝盛研究』,108 頁。
③ ［日］家永三郎:『植木枝盛研究』,岩波書店,1960 年,108、109 頁。

了天理人道。显然,这些文章在主张人民抵抗权的正当性时,皆依据了欧美的天赋人权理念。

1876 年 6 月 10 日,泽井尚次在激进的民权期刊《草莽杂志》上发表著名论文《论压制政府可以颠覆》,吸纳了美国《独立宣言》等欧美文献中表达的抵抗权思想,针对日本政府压制社会舆论的举措,阐释了人民对专制政府履行抵抗权以维护天赋人权的民主主义思想。论文评价人民与政府的关系指出,人民是主人,政府不过是人民雇用的仆人。政府权势无论多么强大,也不过是由一国人民的权势而成立。这种权势尽管看上去显得神妙怪异,但仍然是以人力建成的。所以作为人民,抗拒政府的压制,伸张自己的权利,有什么可以害怕恐惧的呢? 假如人民因受到虐政压制,而被迫向政府提出抗议直言,但政府仍然不改正恶行,反而"愈益振暴威、施压制,将爱国之论士投入牢狱,或处以刑戮,陷黎民于涂炭,使其不聊生",那么则人民将向上天控诉政府的罪行,然后"以堂堂之旗、正正之阵发起革命,颠覆暴恶之政府,创立良善之政府,成为高尚之权义且尊重之义务也"。①

接着,泽井尚次诠释了美国独立宣言中发出的人民抵抗权正当性的思想:"美国独立之檄文中曰:天之生人,作为亿兆同等而赋予之,以确乎不拔之权义,设立政府于社会,委任之权势,为欲保全天与之权义也。故不论何等之政体,若政府有误其职责、残害天与之权义,颠覆旧政府,设立新政府,建政治之基础,整权势之均等,以谋求一国之安全幸福,是可谓千古不磨之确论。"假如暴君奸臣不顾人民的吉凶祸福,只管自己随心所欲地逞暴施威,谋求私利,对人民施加压制苛虐的暴政,残害人民珍贵的天赋人权;倘若政府并非保护人之机构,反而成为暴殄人民生命财产之器具,对人民来说,宁可没有这种政府更好。泽井根据天赋人权的原理,总结认为,君主应当保护人民,与人民和谐相处:"天赋予人以心身,又随之以可自由使用之权义,其意在于欲得幸福。若由造物主视之,君主人民皆同为人类,若无尊卑爱憎之殊别,岂有君主擅逞威福,而使民众穷苦之理乎?"②由此可见欧美主张人民抵抗权利的文献,已被日本近代思想家们奉为经

---

① ［日］澤井尚次:「壓制政府ハ可顛覆ノ論」,［日］明治文化研究会编:『明治文化全集』第 19 卷『雜誌篇』,421 頁。

② ［日］澤井尚次:「壓制政府ハ可顛覆ノ論」,［日］明治文化研究会编:『明治文化全集』第 19 卷『雜誌篇』,421 頁。

典而加以吸纳,并将这种抵抗权正当性思想在日本社会公开宣传。

人民抵抗权思想最激进的宣传者是植木枝盛。他主张抵抗权也是上天赋予人民的权利:"一、抵抗压制暴虐是人类天赋的权利;二、若政府施行暴政,残害人民天赋的权利,以致民不聊生,则人民就可起来革命,建立良好政府。"他认为这种抵抗和革命行为,既是人民庄严的权利,也是人民崇高的义务。因为人民决不能心甘情愿忍受专制统治戕害而给后世子孙遗留祸害①。

在植木拟订的宪法草案中,也体现出这类抵抗权正当性观念。例如日本人民可以抵抗一切非法行为。当政府违背国家宪法时,日本人民可以不服从政府。如果政府在管理社会时对人民施行压制,日本人民可以排斥这种管理。假若政府凭借其威力,随心所欲地残暴忤逆时,日本人民可以兵力抵抗之。甚至当政府恣意违背国家宪法,擅自摧残人民的自由权利,妨害建国宗旨时,日本国民可推翻残暴政府而建立新政府。②

1880 年 7 月 13 日,植木以不署名的方式,在《爱国志林》发表了一篇题为《革命的原因》的文章,提出了非常激进的民权思想。文章明确指出,按照历史发展规律,社会如果智力道德不进步,人们为了一己私利相互争斗不已,国家法律就相当严厉甚至残酷,以便压制这种争斗。反之,社会的智力道德越进步,人们自我约束能力越强,法律就愈益宽松。但是,政府往往被自古以来的旧习所迷惑,无视社会智力道德的进步现实,墨守成规,不思改进,反而用更加严酷的法律压制民众。"在此情形下,掌权者或为了姑息考虑,或忧虑其权威衰落而惴惴不安,欲巩固其地位,而倍加压制时,业已上进之智德岂可安于服从之哉? 动辄开始盼望立宪政体之人民,忽然便会化作激论,愤然变成悲歌。竟至以武力相诉,颠覆政府,建立共和政体。殷鉴在美国法国也。"③

因此,植木枝盛号召人民起来向专制政府争取民权,哪怕流血牺牲也在所不辞。他比喻道,民权犹如车,自由犹如车上装载的货物。因而若将这辆车推过对面坡顶,则自由仍然属于我们自己所有。这辆车并非由木头和钢铁制成,而是由

① [日]植木枝盛:『民権自由論二編甲号』,[日]家永三郎他編:『植木枝盛集』第 1 卷,156—157 頁。

② [日]植木枝盛:「日本国国憲案」,[日]家永三郎他編:『明治前期の憲法構想』,243 頁。

③ [日]植木枝盛:「革命ノ原由」,[日]明治文化研究会編:『明治文化全集』第 6 卷『自由民権篇』下,日本評論社,1992 年,46—47 頁。

人民的舆论和鲜血构成的抵抗行动。对面坡顶也绝非山土构成,而是不良政府压制人民的绝顶。"故或要彼欲专尽腕力,或要此欲专竭心力。然而,尽竭达其目的之理皆一样。"即政府和人民在相互对峙过程中,皆用尽全力力图战胜对方。如果人民一方的斗争有所松懈,这辆上坡途中的车便会往回倒退。不仅徒劳无功地退回原地,而且其反过来车的倒压之势更为强猛。这就正如"向政府伸张民权者,若又中途松弛,政府愈益逞其威力而为其压制,徒非归于旧时而已"。这种状况并非没有可能。① 所以人民对专制政府的抵抗决不能稍有松懈。至于抵抗的具体方式,植木认为有文武两种。假若政府的压制不太厉害,人民就可以平稳安静的言论表示不满和抵触。但是,当政府压制太严酷,"至箝制人之口壅塞言论,耳边用堤防隔墙阻挡而擅其势力、逞其暴虐之时,岂可只用口纸之言论耶? 方此时,则不得不为裂破彼之岩石,崩坏土块之术。不然则始终不能求民权、得自由也"。② 即植木尽管思想非常激进,但也主张"先礼后兵"式的有条件抵抗。

在当时宣传人民抵抗权正当性的社会思潮中,直接将抵抗矛头针对天皇朝廷的案例仅有极个别呈现。例如长野县民权组织于 1880 年 5 月提出《开设国会请愿书》,当时舆论界认为,这是在大量同类请愿书中"追究天皇责任最严、怨恨天皇情绪最深的一篇"。请愿书甚至敢于对天皇发出警告,说如果天皇陛下阻止大势,不允许开设国会,"则臣等深恐子弹一旦打不中目标,也必定打中别的目地方"③。即如果开设国会受阻,人民反抗的矛头将会直接指向天皇朝廷。又如福岛县警察当局于 1881 年 12 月 13 日审讯民权运动参加者,在法庭辩论过程中,民权主义者管井荣在辩论词里,直接提出了否定天皇朝廷的思想。辩论词深刻指出,并非先有朝廷后有人民,而是先有了人民以后才出现朝廷。朝廷任命的官员和机构,无论是太政官还是大藏省,都是靠人民纳税购买而设置。但他们每当处理任何事务时,都对人民实施压制政治,使日本"三千五百万兄弟

---

① ［日］植木枝盛:「自由ハ鮮血ヲ以テ買ハザル可カラザル論」,［日］家永三郎他編:『植木枝盛集』第 3 卷,42 页。

② ［日］植木枝盛:「自由ハ鮮血ヲ以テ買ハザル可カラザル論」,［日］家永三郎他編:『植木枝盛集』第 3 卷,43 页。

③ ［日］《长野县政党史》,转引自［日］近代日本思想史研究会:《近代日本思想史》第 1 卷,马采译,商务印书馆,1983 年,第 92 页。

在压迫之下发不出高声,我对此十分忧虑。因此必须主张民权,以为国家颠覆此不完全之朝廷,重新设置公明正大之庙堂,以实行立宪政体"。① 公然提出了推翻朝廷的主张,已经接近民主主义革命的边缘。

明治时期日本思想家宣扬的抵抗权思想明显受到美国独立和法国大革命的影响,其中一些相对激进的理论在当时可谓振聋发聩之宣传。这种抵抗权思想的宣传,既肯定了明治维新推翻幕府封建专制统治的正当性,也批评了明治政府日益专制的政治倾向,同时号召人民发扬反抗专制统治的精神,为争取自己的权利而勇于抵抗专制压制。②

九、小　结

明治时期日本社会广泛流行的民权思潮,在当时整个亚洲表现是最为激进的。思想家们通过吸纳欧美的民主主义思想,将其应用于针对日本社会长期以来无视人民权利的现实,提出了日本人民应当正视自己的权利,维护自己的权利,并敢于同侵害自己权利的专制统治作反抗斗争的主张。同时思想家们对民权的各个方面作了相对细致深入的阐释和分析。这些社会思潮的流行,对日本社会发展和政治体制的建设都产生了深远的影响。考察后来制定的宪法和各个部门法律的内容,可以看到这些影响的痕迹。

从宏观角度考察,思想家们关于私有财产权具有正当性的近代化观念,不仅符合日本维新后发展资本主义经济的历史大趋势,也与明治政府"殖产兴业"的国策相呼应,为这一国策作了理论诠释。因而它得到统治集团和法律界认同,并在具体的法律实践中有所体现,尤其对亚洲第一部具有近代性内容的明治宪法产生了直接的影响。如该宪法对保护财产私有权明确规定,"日本臣民,其所有权,无被侵害者。为公益事必要之处分,依法律之所定"(27 条)③等,均可表现

---

① ［日］福島縣警署審訊报告书:『暴民反跡』,［日］明治文化研究会编:『明治文化全集』第 6 卷『自由民権篇』下,287 页。

② 对明治时期日本的抵抗权思想,笔者曾有所探讨。见拙稿《论日本近代早期政治学说中的"抵抗权"思想》(《四川师范大学学报》2010 年 3 期)。

③ ［日］《日本帝国宪法》,何佳馨点校:《新譯日本法规大全》第一卷,商务印书馆,2007 年,第 55 页。

出这种新思想的影响。

从微观视角分析,这种思想宣传导致对私有财产权的界定和保护,在各种法律中已臻完备。思想家们关于财产私有权标志的观念,在明治政府颁布的法律中也有所体现。日本明治政府在 1896 年制定、1898 年颁布的《民法》中,专门制定了《物权》一编共十章。其中较为详细地规定了私人财产所有权的界定、分类、表现、转移及其法律保护等专项条款。如"所有者,有于法令制限内,自由使用收益及处分其所有物之权利"(206 条)。① 对什么是财产私有作了明确界定。对于家庭中夫妻共同拥有私人财产的权利,法律规定:"夫或女户主,从其用法,有使用其配偶者之财产及为收益之权利。夫或女户主,须于其配偶者财产之果实中,开支其债务之利息"(799 条、802 条);"夫因为妻借财,或以妻之财产让与他人,或以之共担保……须得妻之允诺"(802 条)。② 有关私人财产的继承,法律也作了明确规定:"遗产相续,因家族死亡而开始"(第 1001 条);"遗产相续人,自相续开始之时起,承继被相续人之财产之一切权利义务";"遗产相续有数人时,则相续财产属其共有"(1002 条)。③《民法》还将占有权与所有权明确区分:"占有权者,因以为自己之意思,所持其物,而取得之。"(180 条)即实际持有并使用便取得占有权。而所有权则是"于法令制限制内,自由使用收益及处分其所有物之权利"(206 条)④。二者存在本质区别。这一系列法律规定,无不体现出新兴的资本主义国家对私有财产权正当性的承认。

关于保护私有财产权的思想,也受到统治当局所重视,并在法律实践中有所体现。具体如针对两名以上所有者的共有财产,法律规定"各共有者,于共有物之全部,各得照其特分使用之"(249 条)。但又强调"各共有者,非有他共有者同意,不得加变更于共有物"(251 条)。⑤ 又如对债权人财产的保护规定:"以金钱为目的之债务,不为之履行,则其损害赔偿之额,以法定利率而定之。但约定利率,逾于法定利率,则依约定利率。前项损害赔偿,债权人无须为损害之证明,

---

① [日]《民法》,何佳馨点校:《新譯日本法规大全》第一卷,第 2—3 页。
② [日]《民法》,何佳馨点校:《新譯日本法规大全》第一卷,第 369 页。
③ [日]《民法》,何佳馨点校:《新譯日本法规大全》第一卷,第 398 页。
④ [日]《民法》,何佳馨点校:《新譯日本法规大全》第一卷,第 286、289 页。
⑤ [日]《民法》,何佳馨点校:《新譯日本法规大全》第一卷,第 294 页。

又债务者不得以不可抗力为抗辩。"（419 条）①再如对借贷他人财产使用的规定："借主须于契约所定之时期，返还借用物"（597 条）；"借主得将借用物，复于原状，收去使附属之之物"（598 条）。如果不能按期返还借用物，则借主"须偿还当时之价额"（592 条）。② 对于私人财产其所有者可以自由赠与、买卖的权利规定："赠与因当时者之一方，表示以自己之财产与相手方而不取报偿之意思，相手方受诺之而生其效力"（549 条）；"卖买因当时者之一方，约以财产权移转于相手方，相手方约交付以价金而生其效力"（555 条）。③ 用法律保护当时已日益繁盛的市场经济中私人财产交易的安全性。甚至对于偶然发生的不当得利可能对私人财产造成的损害，法律也作了相应规定："无法律上之原因，而以他人之财产或劳务受益因此损失及于他人者，于其利益已有之限度内，负返还之之义务。"（703 条）④这些均体现出政府应当保护私人财产的观念已在法律上被普遍认可。

另外还值得一提的是，与承认私人财产权利的正当性相关，法律还规定了有关协调当时雇主与受雇者之间关系的条款。有关雇佣关系，法律规定："雇佣者，因当时者之一方，对相手方约服劳务，而相手方约给报酬，而生效力。"接着规定了对雇佣双方利益的保护："劳务者非其劳务终了之后，不得请求报酬。以期间所定之报酬，其期间经过后，得请求之"（623 条）；"使用者非有劳务者之承诺，不得让与其权利于第三者"（624 条）。⑤ 而且还规定，如果雇主因债务需要动用财产还债时，雇工可优先受偿："农工业劳役之先取特权，就于农业劳役者最后一年间，工业劳役者最后三个月间之赁金，于因其劳役所生之果实或制造物之上存在之。"（324 条）⑥即从法律上承认雇工可优先获得农业收获物或工业制造产品抵偿自己的工资。这些法律条款反映出日本上升时期的资产阶级急需协调社会各阶层利益，不仅强调自身私有财产权利的正当性，也在一定程度上承认社会其他成员的私有财产权为正当。由上述法律可见，私有财产权观念的宣扬

---

① ［日］《民法》，何佳馨点校：《新譯日本法規大全》第一卷，第 318 页。
② ［日］《民法》，何佳馨点校：《新譯日本法規大全》第一卷，第 342—343 页。
③ ［日］《民法》，何佳馨点校：《新譯日本法規大全》第一卷，第 336、337 页。"相手方"即相对方。
④ ［日］《民法》，何佳馨点校：《新譯日本法規大全》第一卷，第 356 页。
⑤ ［日］《民法》，何佳馨点校：《新譯日本法規大全》第一卷，第 346 页。
⑥ ［日］《民法》，何佳馨点校：《新譯日本法規大全》第一卷，第 304 页。

效果十分彰显。

有关前工业时期最重要的生产资料土地所有权的问题,思想家们宣传的土地私有权正当的思想,显然对明治政府的相关立法产生了影响,明治时期的法律规定也体现出是此类宣传的效应。相关法律显然摈弃了传统的"普天王土"观念,公开承认土地可以私有。如明治政府在布告中,承认"民有地"即人民的私有地,指出其界定方法为,"以发地券、课地租及赋地方税为法"。然后明确分类,只要"耕地、宅地、山林等人民各自有所有之证明者"便可认定为其私有。布告同时强调:"卖买此地,固任人民之自由";"学校、病院、乡仓、牧场、秣场、社寺等人民数人或一村或数村有所有之确证非官有地者,卖买此地,亦任所有者之自由"。① 甚至连皇室领地,也允许让普通人民购买而变为私有。如宫内省告示公布:"拂下预订御料地之公卖,依本规则以竞争入扎方法行之";"以预定价额以上之最高额入扎人,定为落扎人。"②即只要支付土地出让金,便可通过竞标,将原来的皇室领地变为自己私有。既然如此,则顺理成章,官方土地也可通过出售而成为私人财产。如明治天皇敕令公告:"供府县、郡市、町村或公共组合直接供用之官有地,若有负担其修理保存费者,则废止直接公用时,无代价下拂于费用负担者。府县、郡市、町村或公共组合如卖却土地,其邻接地主有先买之权。"而且明确指定"官有地之卖买、让与、交换、贷付,内务大臣处理之"③。由此可见,当时这种土地私有观念已开始在全社会普及,人们购买官方土地乃至皇室领地为私有,已得到政府完全认可。

对于土地所有权的范围,《民法》规定"土地之所有权,于法令制限内,及于其土地之上下"(207 条)。④ 即土地上的房产、收获物,与土地下的掩埋物,均属土地所有者私有。"土地所有者,与邻地所有者,得以共同费用,设标示疆界之物。"(223 条)⑤即要求地主应相互明确土地所有的范围。另外,与土地私有相

---

① ［日］《明治七年布告:民有地》,高珣点校:《新譯日本法规大全》第六卷,商务印书馆,2008年,第 2—3 页。

② ［日］《明治三十五年宫内省告示:拂下预定御料地公卖规则》,高珣点校:《新譯日本法规大全》第六卷,第 5、7 页。"御料地"即皇室领地,"入扎"即投标,"落扎"即中标。

③ ［日］《明治二十三年敕令:官有地特别处分规则》,高珣点校:《新譯日本法规大全》第六卷,第 18、19 页。

④ ［日］《民法》,何佳馨点校:《新譯日本法规大全》第一卷,第 289 页。

⑤ ［日］《民法》,何佳馨点校:《新譯日本法规大全》第一卷,第 291 页。

关的土地占有租用的法律,也明确了使用土地获取收益时,应保证土地所有者的权益。如一方面承认可使用他人土地获取收益,"地上权者,因于他人土地,有工作物或竹木,而使用其土地之权利"(265 条)①;"永小作人,出小作料,而有耕作或牧畜于他人土地之权利"(270 条)②。另一方面又强调:"地上权者,其权利消灭之时,得复土地原状"(269 条);"永小作人,不得加可生永久损害之变更于其体地"(271 条)③。这类有关土地私有权保护的法律政策无疑促进了资本主义私有地产在日本的推广和稳固。

甚至诸如著作权和由著作权带来的财产权利,也有相关法律规定。如 1899年颁布的《著作权法》规定了著作权的范围:"属于文书、演述图画、雕刻模型、写真及其他文学艺术范围之著作物,著作者专有复制该著作物之权利。"(1 条)同时也颁布了相关保护条款,如果侵犯了著作权,将受到法律惩罚:"为伪作者及知情而发卖或颁布伪作物者,处以五十元以上五百元以下之罚金"(37 条);"附加非著作者之姓名、称号而发行著作物者,处以三十元以上五百元以下之罚金"(40 条)④。可见私有财产权思想的宣传已十分深入而广泛。

这一切有关人民权利的法律条文公开颁布,充分说明有关民权正当性宣传,在当时的日本社会乃至国家层面,均造成了不可忽视的影响。从更长远考察,1946 年颁布的《日本国宪法》规定:"国民皆不妨享有基本人权。这种宪法保障国民的基本人权,作为不可侵犯的永久权利,给与现在及将来的国民。"⑤反映出明治时期民权思潮的更加深远的影响。与此相关,明治日本思想家们在论证权利的自由行使,人们之间权利的相互平等方面,也进行了不懈的努力。

---

① [日]《民法》,何佳馨点校:《新譯日本法规大全》第一卷,商务印书馆,第 296 页。
② [日]《民法》,何佳馨点校:《新譯日本法规大全》第一卷,第 297 页。"永小作人"即长期佃农,"小作料"即地租。
③ [日]《民法》,何佳馨点校:《新譯日本法规大全》第一卷,第 297 页。
④ [日]《明治三十二年法律:著作权法》,高珣点校:《新譯日本法规大全》第六卷,第 358、363 页。
⑤ [日]「日本国宪法」第 11 条,[日]家永三郎他编:『明治前期の憲法構想』,442 頁。

第三章　自由平等思潮的蔓延

在宣扬人民权利的同时,日本思想家们对人民权利的自由行使,人们之间权利的相互平等,也进行了深入的宣扬,使明治时期的自由平等思潮在全社会范围内蔓延。明治维新后的日本社会发展趋势,就是要迅速形成全新的资本主义经济和社会。要实现经济社会由封建制向资本主义制度的转型,就必须使尽可能多的国民参加到实现近代化的前无古人的事业中,前提就是人民要迅速摆脱传统等级制下的人身束缚。因此,大力宣扬人类自由平等的近代化理念,显得异常必要和十分迫切。这种宣传的理论依据,自然只能吸纳当时相对先进的欧美流行的自由、平等的社会思潮。这种吸纳过程在明治以前已经开始,维新后更进一步扩大。西方近代许多政治思想家皆认为,追求自由平等是人类天生便具有的禀性。日本明治时期政治思想家们在吸纳了西方自由平等思想的基础上,同样认为人民的自由平等,既是其权利的具体表现形式,也是人民为维护正当权利而不懈追求的目标。

一、明治维新后日本对西方自由平等思想的继续吸纳

当代英国学者以赛亚·柏林认为,自由主义与马克思主义有共通之处。因为二者的核心观念具有共同性,即"人的完善、通过自然手段创造和谐社会的可能性、相信自由与平等的相容性(其实是不可分割性)——是共同的"。[①] 这种理念与欧美近代政治思想一脉相承。

---

① ［英］以赛亚·柏林:《自由论》,译林出版社,2003 年,第 77 页。

英国近代思想家霍布斯对一些思想家主张的自由主义观念作了自己的阐释。他认为各位思想家通常"称之为自然权利的",实际上就是"每一个人按照自己所愿意的方式、运用自己的力量保全自己的天性——也就是保全自己的生命——的自由。因此,这种自由就是用他自己的判断和理性认为最合适的手段去做任何事情的自由"。① 显然,霍布斯在分析人们拥有的自由权利的正当性时,依据的是自然权利即天赋人权的理论。即认为人们的自由是天生便具备的,人们只有能够自由自在地保全自己的生命时,才能真正获得应有的权利。

那么,人们的自由是否有所限制? 这个问题近代西方思想界存在不同看法。1787 年法国的《人权宣言》提出的自由,是受到一定限制的自由。这种限制就是任何人的自由,不得对社会秩序和别人的利益造成危害。例如宣言第九条指出:"自由就是指有权从事一切无害于他人的行为"。因此,各人的自然权利的行使,只以保证社会上其他成员能享有同样权利为限制。当然,这种限制应当在法律条文中明确规定。第十条提出,人们发表自己的意见,"只要不扰乱法律所规定的公共秩序",任何人都不能因为发表自己的意见,或宣称自己信仰某种宗教,而遭受别人的干涉。第十一条强调,"自由传达思想和意见是人类最宝贵的权利之一。因此,每个公民都有言论、著述和出版的自由"。但是,如果滥用此项权利,危害到别人的利益,将依据法律规定承担相应的责任。② 宣言对人民的自由权利表达了三层意思:第一,人民的自由实际上是天赋权利,所以任何人行使这项权利皆不受他人干涉。第二,人们的自由要在法律规定的范围内受到限制,不能妨害他人或公共的利益。第三,假如违反了法律规定,行使自由权时损害了他人或公共利益,必须承担相应的法律责任。因此,欧美思想界提出的自由,是在保障法律秩序的前提下,人们依据严格规范行使的自由,并非毫无限制的随意自由。

霍布斯的同胞、自由主义思想家密尔(1806—1873 年)认为人们的自由包括以下各方面:首先是思想的自由。其内涵要求十分广泛,包括"要求着最广义的良性的自由;要求着思想和感想的自由;要求着在不论是实践的或思考的,是科学的、道德的或神学的等等一切题目上的意见和情操的绝对自由"。当然也包

---

① [英]霍布斯著,黎思复、黎廷弼译:《利维坦》,第 97 页。
② [法]《人权宣言》,蒋相泽主编:《世界通史资料选辑》近代部分上,第 123—124 页。

括在公开的传媒上发表自己意见的自由。其次是与之相关的个人趣味爱好和志趣的自由。这种自由"要求有自由订定自己的生活计划以顺应自己的性格；要求有自由照自己所喜欢的去做"。不过这些个人爱好和志趣的自由必须以不危害他人为前提，也就是说，"只要我们的所作所为并无害于我们的同胞，就不应遭到他们的妨碍，即使他们认为我们的行为是愚蠢、背谬或错误的"。再次，人们有结社的自由。密尔称之为"个人之间相互联合的自由"。前提是这种结社的目的不是危害他人，而且彼此联合的成员皆为成年人，同时"又不是出于被迫或受骗"。①

在这些自由中，密尔尤其注重人们在言论方面的自由。他认为，"人类应当有自由去形成意见并无保留地发表意见"。假若这个自由得不到承认，或者如果没有人敢于不顾各种禁令而极力主张这种自由，"那么在人的智性方面并从而也在人的德性方面便有毁灭性的后果"。② 当然，密尔并非主张无限制的自由，而是强调人们首先要在不妨碍他人前提下，才可以自由行动。他提出"个人的自由必须约制在这样一个界限上，就是不使自己成为他人的妨碍"。当然反过来考察，只要这个人不妨碍别人，"而仅仅在涉及自己的事情上依照自己的意见和判断而行动"，就应当获得允许，将自己的想法和意见付诸实践，别人丝毫不能干涉。即只要不涉及别人的事情，"个性应当维持自己的权利，这是可取的"。③ 密尔的主张说明，到了文明时代，实际上所有人的自由，都不是无条件的无限自由，总是受到不妨害他人的条件限制。在 19 世纪英国立宪政治和议会制度已经相当成熟，法治社会已日臻完善的条件下，它自然是指人们的自由应当被宪法和法律所制约，任何人都不能追求无限制的个人自由，只能是有秩序的社会自由。

但英国思想家斯宾塞对此问题却有不同看法。他认为，只要人们履行了相同的权利，那么他们同样可以获得不受人为限制的自由。因为人们无论通过何种途径去论证，最终得出的结论都是平等相同。具体说来，上天教导我们必须遵循正当的社会法则。这个法则就是，"每人若不危害他人之平等自由，皆可有自由从事其所喜好之万事。而没有必要设立其他限制。若设立如此限

---

① ［英］约翰·密尔：《论自由》，商务印书馆，2005 年，第 14 页。
② ［英］约翰·密尔：《论自由》，第 65 页。
③ ［英］约翰·密尔：《论自由》，第 66 页。

制,便会使社会之权衡紊乱,故决不能在社会上适用如此之限制"。即便要设立限制,也仅限于单个人的场合。因此,我们应当全面采用这种平等自由法则,必须将它作为我们应当遵循的基本道义。① 也就是说,斯宾塞主张只要遵循了一定的法律法规,又不危害他人享受平等自由的权利,人们的自由是不应当由人为加以限制的。但仔细考察可以看出,他的观点实际上与前述密尔、法国《人权宣言》主张的有限制的自由,存在许多共通之处。

至于西方平等观念的滥觞,可上溯至原始基督教提倡的平等理想。原始基督教由于产生于被压迫的下层民众中,因此,所追求的理想之一,就是能够消除现实社会中存在的人与人之间的压迫和被压迫关系,实现人人在上帝面前完全平等。《圣经·新约》曾记载:"你们受洗归入基督的,都是披戴基督了。并不分犹太人、希腊人、自主的、为奴的,或男或女。因为你们在基督耶稣眼里,都成为一样的了。"②这种宗教的平等观念,受到西方思想家们的认可,并一代代传承下来。不过他们将这种平等观念运用到了现实社会中,从人们相互之间的实际权利履行的视角,来提出人们之间的社会关系应当具有相互平等特性的理念。

近代较早提出这种平等理念的,被认为是霍布斯。他根据天赋人权观念指出,当人们处于自然状态时,相互之间原本是平等的。也就是说,"自然使人在身心两方面的能力都十分相等,以致有时某人的体力虽则显然比另一人强,或是脑力比另一人敏捷;但这一切总加在一起,也不会使人与人之间的差别大到使这人能要求获得人家不能像他一样要求的任何利益"。为什么呢? 霍布斯认为,单纯从体力考虑,哪怕是"最弱的人运用密谋或者与其他处在同一种危险下的人联合起来,就能具有足够的力量来杀死最强的人"。③ 另外如果从智力方面考察,霍布斯认为人与人之间本来更加平等:"因为慎虑是一种经验,相等的时间就可以使人们在同样从事的失误中获得相等的分量。"他评价在这方面,"几乎所有的人都认为自己比一般人强;也就是说,都认为除开自己和少数因出名或赞同自己的意见而得到自己推崇的人以外,其他所有的人都不如自己"。他认为

① [英]斯邊瑣著、[日]松岛刚訳:『社会平権論』,[日]明治文化研究会編:『明治文化全集』第 5 卷『自由民権篇』,258 页。

② 《圣经·新约·加拉太书》,汉语圣经协会编:《圣经》和合本,香港汉语圣经协会公司,2005年,第 333 页。

③ [英]霍布斯:《利维坦》,黎思复、黎廷弼译,第 92 页。

这恰恰说明人们在能力上原本是平等的,不存在任何不平等。而且"由这种能力上的平等出发,就产生达到目的的希望的平等"。①

霍布斯所论证的,是人们尚处于原始社会,生产力水平十分低下时期的状况。但值得注意的是,他指出了人类社会的不平等现象,并不是天然就存在,而是后来由人们自己制造而产生的,尤其是在社会制度方面,人为设计了一些规定,导致人与人之间呈现出不平等。他之所以提出这一点,恰恰就是为了主张人们应当通过改变旧的制度,建立新的社会制度,以恢复人类最初具有的那种平等的社会关系。正如有的学者所指出的那样:"在他那里,人们首次被完全平等地放在了自然的天平上面,那么问题不再是人是不是真的平等,而是如何对待这种平等。具体地说,是为了秩序而放弃平等,还是通过某种政治设计维护和促进这种平等。"②

洛克(1630—1703年)与霍布斯的理论一脉相承,同样认为人类在自然状态下原本是平等的。他理想化地指出:"在这种状态中,一切权力和管辖权都是相互的,没有一个人享有多于别人的权力。极为明显,同种和同等的人们既毫无差别地生来就享有自然的一切同样的有利条件,能够运用相同的身心能力,就应该人人平等,不存在从属或受制关系。"当然他也指出了一种假定的例外情况,即造物主上帝"以某种方式昭示他的意志,将一人置于另一人之上,并以明确的委任赋予他以不容怀疑的统辖权和主权"。③ 然而这种假设是不存在的,因为按照原始基督教的根本教义,仁慈的上帝原本是希望人人平等,不可能让自己所制造的一部分人类去压制另一部分人类。所以洛克提出了自己的主张认为:"人类天生都是自由、平等和独立的,如不得本人的同意,不能把任何人置于这种状态之外,使受制于另一个人的政治权力。"④也就是说,如果要设立一种制度,让一部分人去统治另一部分人,那么经过被统治者的"同意",是必须的前提条件,因为上帝是不会命令设立这种制度的。那么当人们脱离原始社会而进入文明时代以后,人统治人的不平等现象皆是人为形成,并非天然存在。

法国著名思想家卢梭(1712—1778年)认为,人类社会的所有罪恶现象为什

① [英]霍布斯:《利维坦》,黎思复、黎廷弼译,第92—93页。
② 唐士其:《西方政治思想史》,北京大学出版社,2002年,第287页。
③ [英]洛克:《政府论》下篇,叶启芳、瞿菊农译,第5页。
④ [英]洛克:《政府论》下篇,叶启芳、瞿菊农译,第59页。

么会产生？其根源都在于人与人之间的不平等。他强烈主张在社会的政治法律中，应当充分体现人人平等的观念，并将其普遍运用于现实社会。而人类追求的最终政治目标，应当是人自身享受的自由平等。卢梭并不反对霍布斯和洛克关于人类处于原始的天然状态下，相互间呈现平等的思想，但他尤其关注的是，在道德和法治都不完备的前提下，人与人之间存在不平等的现象。他憧憬着一种理想的法制健全的文明社会，这时人们受到法律与道德的约束，相互之间的关系理应更加平等："基本公约并没有摧毁自然的平等，反而是以道德与法律的平等来代替自然所造成的人与人之间的身体上的不平等；从而，人们尽可以在力量上和才智上不平等，但是由于约定，并且根据权利，他们却是人人平等的。"①这就是所谓"法律面前人人平等"的理想。但针对他当时所处的社会现实，卢梭又认为距离自己的理想还很遥远。因为"事实上，法律总是有利于享有财富的人，而有害于一无所有的人"。那么如何才能使人人都能在法制框架内享受平等权利呢？卢梭认为首先必须改变人与人之间经济上的不平等："由此可见，唯有当人人都有一些东西而又没有人能有过多的东西的时候，社会状态才会对人类有益。"②也就是说必须实行财富大体均等的制度，只有在这种经济制度的基础上，人们才有可能真正享受到社会平等。

卢梭的同胞们也提出了人类天生平等的主张。如潘恩（1737—1809 年）认为："所有的人都处于同一地位，因此，所有的人生来就是平等，并具有平等的天赋权利。"③另一位法国人皮埃尔·勒鲁（1797—1871 年）则强调了人类平等的永恒性。他在 1838 年发表的《论平等》中指出："尽管迄今唯一组成过的平等世界，只有从前大自然萌芽状态的世界，当时人类还处于与野兽很接近的原始野蛮状态，我们仍有充分的理由说，平等是自然万物的萌芽，它出现在不平等之前，但它将会推翻不平等，取代不平等。这样，从社会的起源和终止这两方面来看，人类精神统治着现实社会，并把平等作为社会的准则和理想。"④在这里，勒鲁也承认人类平等是天然存在的。尽管在平等之后出现了不平等的社会现象，但人类终究要回归到平等状态，这是人类所追求的理想。勒鲁还认为，人类平等不仅是

---

① ［法］卢梭：《社会契约论》，何兆武译，商务印书馆，2003 年，第 30 页。
② ［法］卢梭：《社会契约论》，何兆武译，第 30 页注②。
③ ［英］潘恩：《人权论》，潘恩著，马清槐译：《潘恩选集》，商务印书馆，1981 年，第 141 页。
④ ［法］皮埃尔·勒鲁：《论平等》，王允道译，商务印书馆，2007 年，第 15 页。

一种应当在法律上定下来的制度,而且其重要性在于,它应当成为人类精神上的信念:"正当卢梭精神传播到人民中间,并为我们定下法律的时候,由全体人民大声说出的平等这个词,就成为一种原则、一种信念、一种信仰、一种宗教。"①这种人类平等的崇高性质并不因客观条件的限制而改变。因为"每个人都有可能具有和其他任何人同样的权利",即便由于社会上各种利益的博弈,导致人类平等暂时无法实现,"即如果我们还无法真正行使这种权利的话,如果我们还太愚蠢、太堕落、太贫困,以致无法在地球上组织人类平等的话,那么这种平等仍然比我们所有的民族、我们所有的政体、我们所有的机构更优越,更高超"。② 即人类平等具有的崇高性质是永恒的。

勒鲁还论证了自由与平等的密切关系:"如果说,我再一次相信自由,这是因为我相信平等;我之所以设想一个人人自由,并像兄弟一般相处的政治社会,则是由于我设想了一个由人类平等的信条所统治着的社会。事实上,如果人们不能平等相处,又怎么能宣布人人自由呢? 如果人们既不能平等,又没有自由,他们又怎么能以兄弟般的情谊相亲相爱呢?"③即强调如果人与人之间关系不平等,则所谓自由也就不可能真正得到。勒鲁更进一步认为,人民的权利要能够实际履行,也与人民是否自由平等密切相关:"只要智慧不介入、不表态,那么权利就只不过是一个不引人注目的萌芽,它只是潜伏地存在着。只有智慧才能把它表达出来,并公开宣布它的存在。因此,如果你们问我为什么要活得自由,我会回答你们说,因为我有这个权利;而我之所以有这种权利,乃是因为人与人之间是平等的。"④这样,从逻辑上推理,有平等才能享受自由,有了自由平等,人类才能真正履行应有的权利。三者密不可分,作为完整的人,缺一不可。

时代稍晚一些的英国功利主义思想家斯宾塞也将人民权利与社会平等相联系,他认为人权不仅重要,而且人权呈现平等的特征。因为"此权利非一人之权利,万人之权利也。盖万人皆同样有天赋之官能,亦同样使之发挥作用以承担履行天意之义务"。而且权利平等与人们是否享受自由相互密切联系,若要做到人人平等,"必须要有做事之不可欠缺之自由。详言之,万人不可没有同等行为

---

① ［法］皮埃尔·勒鲁:《论平等》,王允道译,第21页。
② ［法］皮埃尔·勒鲁:《论平等》,王允道译,第26页。
③ ［法］皮埃尔·勒鲁:《论平等》,王允道译,第15页。
④ ［法］皮埃尔·勒鲁:《论平等》,王允道译,第14—15页。

之自由"①。他还对人类权利应当平等进行了生动的描绘:"人心中有一种源泉,常由此源泉涌流出所描写斯真理之言词,滚滚万世无平息时,动辄波涛汹涌而起。以呼唤人权同等,其声随至今代,愈益朗朗即是也。"所以他主张只有当人类处于权利同等的状况时,才能够评价现实社会的公平与否。这时候人们心中都有共同的信仰,即你我的权利皆为同样,无论是高声赞美自由,还是破口咒骂压迫者,都是出自这种共同信念。他还从天赋人权的立场出发强调:"不仅如此,人权同等这一信仰,以我邦语言可以证明其为天然而非人为。夫公平与同等,其根据固然相同,所谓公平非即同等之意义耶?"②也就是将人类平等和公平紧密联系,只有建立起人人平等的社会制度,人们追求的公平社会才会实现。

欧美人民在历次社会革命中,曾多次提出这种社会平等观念。如美国《独立宣言》就庄严宣告:"人人生而平等,他们都从他们的'造物主'那边被赋予了某些不可转让的权利,其中包括生命权、自由权和追求幸福的权利。为了保障这些权利,才在人们中间成立政府。而政府的正当权力,系得自被统治者的同意。"③这显然是吸收了近代欧洲的平等观念,并为美国人民从事反抗英国殖民统治的独立战争的正当性,提供了思想依据。

上述的西方自由平等政治思想,在维新前后被大量翻译为日文,在日本全国广为传播,对整个社会尤其是思想界产生了深刻的影响。在对这些西方论著翻译的过程中,思想家、翻译家们从潜移默化地被动接受西方社会思潮的影响,逐渐转化为主动吸纳这些先进思潮。明治时期著名的启蒙思想家加藤弘之的回忆较为充分地说明了这一点。1899年加藤应邀在《太阳》杂志上发表谈话,表明自己之所以对西方"天赋人权"观念和政治法律特别感兴趣,是因为读了不少西方书籍,既阅读过道德方面的书籍,也阅读过政治法律方面的书籍,对所见到的有关道德政治法律的知识非常关注。这种特别关注的原因,是由于"首先第一所谓人类者,作为平等者,乃为生而便拥有上天授予之所谓权利者。从今说来虽为古老思想,但西洋人有如此思想使人非常感服"。加藤认为这些先进

---

① [英]斯邊瑣著、[日]松岛刚訳:『社会平権論』,[日]明治文化研究会編:『明治文化全集』第5卷『自由民権篇』上,242頁。

② [英]斯邊瑣著、[日]松岛刚訳:『社会平権論』,[日]明治文化研究会編:『明治文化全集』第5卷『自由民権篇』上,251頁。

③ [美]《独立宣言》,蒋相泽主编:《世界通史资料选辑》近代部分上,第93頁。

思想到当时为止,无论中国还是日本,都不曾具有。"因此认为它显得尤为珍贵,而认为其诚可云为真理。"①由此可看出,明治时期日本思想家们对西方自由平等观念发自内心的敬佩和主动吸纳的态度。加藤及其明六社同人,以及自由民权运动时期大力宣扬民权正当性的各位思想家,也几乎全是在欧美传来的自由平等思想影响下,才提出了相关的近代性政治理念。思想家们在明治时期弘扬的与传统封建等级制度和等级观念格格不入的自由平等思想,基本未超出欧美思想家们上述政治观念的范围。

二、对妨害自由平等的社会制度和思想观念的否定

要宣扬人民拥有自由平等权利的思想,首先要否定社会不平等现象以及造成这种现象的传统封建等级制度。同时要破除由于长期实行专制制度,人们头脑中形成的不平等的贵贱等级思想。在这方面无论是理论探索还是鼓动宣传,明治时期的思想家们都发挥了卓有成效的作用。当然,在这方面仍然离不开对西方近代政治思潮的吸纳。西方思想家曾将人类社会存在的不平等现象分为自然形成和人为造成两类,并坚决否定了人为制造的不平等。对于前一种,卢梭指出:"在人类中有两种不平等,一种我把它叫做自然的或生理上的不平等,因为它是基于自然,由年龄、健康、体力以及智慧或心灵的性质的不同而产生的。"②卢梭认为这种不平等是天生的,不可避免的。但他谴责了后一种人为制造的不平等现象:"另一种可以称为精神上的或政治上的不平等,因为它是起因于一种协议,由于人们的同意而设定的,或者至少是它的存在为大家所认可的。第二种不平等包括某一些人由于损害别人而得以享受的各种特权,譬如:比别人更富足、更光荣、更有权势,或者甚至叫别人服从他们。"③这显然是不公平,从而应当被否定的。

日本思想家吸纳了西方近代的自由平等思想,否定了本国长期以来人为制

① ［日］加藤弘之:「西洋の思想」,［日］吉田曠二:『加藤弘之の研究』資料1,大原新生社,1976年,256页。
② ［法］卢梭:《论人类不平等的起源和基础》,李常山译,商务印书馆,1982年,第70页。
③ ［法］卢梭:《论人类不平等的起源和基础》,李常山译,第70页。

造的约束人民自由和不平等的封建等级制度。在这方面启蒙思想家福泽谕吉尤为突出。他以自己所在的中津藩为例,分析了武士集团内部的等级森严状况,对封建等级制及其危害性进行了客观的描述。他指出以前自己家族所在的中津藩,"上自大臣,下迄带刀者和念佛者,凡千五百名。若精细区分其身份、职名,可多达百余级"。在这种森严的等级制中,地位低下的士卒,无论其才智能力如何卓越,也无论其立下了何等功劳,永远也不可能使自己的地位上升。这样一来,"下等士卒虽然关心其下等中的黜陟,谋求进升,但进入上等之念固然断绝之,其趣如走兽丝毫不敢奢望飞禽之便利"。① 在各个等级的士族内部,也有地位高低之区分,不过可以稍微有些升降变动。但是只要进入"上等与下等之大分界,简直不被认为是人为之物,而如天然之定则,没有怪之者"。②

在这样一个不太大的藩内,上下等级区分如此细微,居然可以达 100 多个阶层,简直令人难以想象! 然而,长期处于这种制度下的社会各阶层,皆误认为这种不平等现象,不是人为制定的社会制度造成,而是天然形成。所以无论是上层还是下层,对此现象早已见惯不惊,习以为常。即不平等的社会等级贵贱制度在人们思想中已经根深蒂固,大家都将其视为十分合理的自然状态。

福泽指出,在传统等级制下,即便是统治阶层内部,历来也存在着所谓"权力偏重"现象。他具体分析了这种明治时期难以理解的现象:"在封建时代,有大藩和小藩,寺有本寺和末寺,神社有本社和末社。苟有人际往来,便不无权力偏重。或又在政府中,也按官吏地位等级,此偏重最甚。若见政府官吏对平民作威,甚似有权,但此官吏在政府中若面对上级所受压抑,比平民对官吏更甚。"③福泽认为,其实本来人与人之间,客观存在贫富、贵贱、强弱、智愚的差异很正常,但也不应当人为划出不可逾越的界限,即便有这种差异,也并不妨碍相互之间的正常交往。但客观实际是,根据这些差异,各等级之间的权利也就随之不同。福泽就将其称为"权力偏重"。④ 对于这种武士内部的等级制,福泽称之为"门阀

---

① 〔日〕福沢諭吉:「旧藩情」,〔日〕富田正文他編:『福沢諭吉選集』第 12 卷,岩波書店,1981 年,42 頁。

② 〔日〕福沢諭吉:「旧藩情」,〔日〕富田正文他編:『福沢諭吉選集』第 12 卷,43 頁。

③ 〔日〕福沢諭吉:「文明論之概略」,〔日〕富田正文他編:『福沢諭吉選集』第 4 卷,岩波書店,1981 年,174—175 頁。

④ 〔日〕福沢諭吉:「文明論之概略」,〔日〕富田正文他編:『福沢諭吉選集』第 4 卷,174—175 頁。

制"。他谴责传统门阀制度压抑人的才能正常发挥:"我国人民长期受专制暴政压迫,以门阀为权力之源,虽有才智者,若不凭借门阀施展其才能便将无所作为。"①日本社会各方面之所以发展停滞不前,就是因为有才能的人皆被这种门阀制度压制,全国范围内的智力发挥均被限制殆尽所致。

武士集团作为全日本的统治阶层,内部不平等现象尚且如此严重,那么处于被统治地位的农工商们所受封建等级制的压迫,福泽当然认为比前者更为严重:"若考察农商以下被统治者,对上流阶层有明确界限,恰如打开另外一处之下界,人情风俗截然相异。受他人统治轻侮,言谈称呼不同,坐下席位有别,衣服也有限制,法律也不相同,甚至生命权利也由他人操纵。"他还专门列举出德川幕府的法律中甚至规定,"凡各役卒,倘发现町人百姓有违法杂言或不轨行径,不得已而斩杀之者,经调查无疑问者,免于追究"。福泽反问道,如果根据这种法律,"百姓町人常如面对几千万之敌人,仅能幸免于其平安无事。既然欲使生命安全而不能,又如何能顾及其他?"②也就是说,在极不平等的封建专制制度下的人民大众,被严格的等级制度所束缚,完全丧失了任何自由。不仅正常生产生活可能动辄得咎,而且连最起码的生存权利都无法得到保障。他们虽然随时随地小心翼翼,仍然无法避免灾难可能突然降临。如此成天心惊胆战地度日,当然也就不能发挥自己的才能为社会发展尽力了。

明治维新以后,尽管法律上规定了日本"四民平等"的宗旨,但在社会实践中还有很大的差距,"士尊民卑"的现象仍然顽固地存在。福泽谕吉曾多次尖锐地批评道:"将我国文明与西洋文明比较,其宗旨所不同,尤其可就此权力之偏重见到。在日本,权力之偏重普遍浸透于人们交际之中,无所不至。"③他一针见血地分析指出,日本即便经过了明治维新,建立了新的政府,但由于统治阶层权力偏重,因而导致被统治的下层民众对社会文明、国家发展毫不关心,仿佛与己无关:"政府虽有变革交替,但国势不变,权力经常偏重于一方,统治者与被统治者之间宛如筑起一道高大壁垒,断绝了沟通之道。无论有形之臂力、无形之智德,或学问宗教皆由治者掌握。"这些统治者身居高位,统治着广大下层民众。至于日本社会发生的"治乱兴衰、文明进退,悉皆治者所知。被治者不曾在心中

---

① 〔日〕福沢諭吉:「文明論之概略」,〔日〕富田正文他編:『福沢諭吉選集』第4卷,85页。
② 〔日〕福沢諭吉:「文明論之概略」,〔日〕富田正文他編:『福沢諭吉選集』第4卷,216页。
③ 〔日〕福沢諭吉:「文明論之概略」,〔日〕富田正文他編:『福沢諭吉選集』第4卷,173页。

问之,恬如路旁见闻"。① 生活在自己国度的广大下层民众,为何会如此不关心与自己密切相关的社会事务? 福泽认为正是因为政府完全把持了国家的全部事务,从而使受到不平等待遇、无任何自由权利的人民仿佛成为路人,变成了文明进步事业的旁观者。在长期流传下来的不平等封建制度压迫下,广大民众无论有多么杰出的才能,也无法充分发挥出来:"人们虽有才力,却无进而开创事业之目标,只能退而寻求保身之策。经数百年之久,其习惯逐渐成为人之本性,最终丧失所谓敢为之精神。"②人民进取精神逐渐衰颓,社会的文明进步也就不可指望了。

启蒙思想家加藤弘之将西方各国采用立宪制保障人民权利的情况进行对比后,又反过来分析了尚未采用立宪制的国家所实行的不平等特权制度:"然而在其它政体之各国,未建立此权利,存在缙绅贵介的特许权,庶民全部根据不同人种而有不同权利,缙绅贵介对待庶民甚至如对牛马。"③即包括日本在内的封建国度里,既存在拥有特权的所谓"缙绅贵介",他们可以像驱使牛马一样任意支配广大民众,民众完全没有自由权利;又存在人民大众因"人种"不同,从而权利也有着极大差异的不平等现象。

对这种将同样的人类区分为天壤之别的等级制,加藤进行了严厉批判。他指出无论是政府的大小官吏还是君主,都并不拥有高于一般人民的特殊权利,长期以来封建社会将人民当作私人财产或视为牛马的恶劣制度应当彻底否定。幕末以来,日本的许多人都将天皇权威捧为至高无上,但加藤却力排众议,对这种权威提出了质疑。他认为天皇不是神,实际上是与人民同样的人。只是均处于"同一之人类中,有尊卑高下之分耳,决非有人畜之悬隔"。人与牛马等牲畜天然就存在尊卑差别,人将牛马作为自己的私有财产,理所当然可以自由驱使之。"然而天皇与我辈人民,同为人类。纵虽天皇之权,亦决不可以牛马对待我辈人民而称之为善之理。"④加藤在此断然否定了长期以来日本社会人为划分等级贵贱的不平等制度,甚至在他提出的社会平等理论中,极大地撼动了当时日本社会

---

① ［日］福沢諭吉:「文明論之概略」,［日］富田正文他編:『福沢諭吉選集』第4卷,182頁。
② ［日］福沢諭吉:「文明論之概略」,［日］富田正文他編:『福沢諭吉選集』第4卷,204頁。
③ ［日］加藤弘之:「真政大意」,［日］明治文化研究会編:『明治文化全集』第5卷『自由民権篇』上,94—95頁。
④ ［日］加藤弘之:「国体新論」,［日］吉田曠二編:『加藤弘之文書』第1卷,139—140頁。

公认的所谓天皇神圣地位。这不仅反映出维新后的日本,旧的不平等传统现象虽然有所改变,但是打着拥护天皇权威的旗号,视人民为下贱的牲畜这种不合理现象和观念,仍然顽固地存在。要在全社会真正确立人民的自由平等权利,还必须从法制上、观念上旗帜鲜明地否定传统贵贱等级制。

为了破除当时人民头脑中对这种社会不平等认为"理所当然"的惯性思维,加藤对传统国学宣扬皇权至上的不平等思想进行了严厉批驳。他先讽刺道:"国学者之流因爱国心切,频繁夸称皇统一系,其诚虽可嘉,然惜哉!"为什么呢?因为国学者们"不知国家君民之真理,遂将天下国土悉皆当做天皇私有,亿兆人民悉皆当做天皇之臣仆。随意主张各种牵强附会之谬论,说凡出生本国之人民,只管以天皇之御心为心,只要天皇有御事,无论善恶邪正,唯甘心遵照敕命行事为真诚之臣道"。甚至用这种眼光看待日本国体,误以为正是因为这一点,日本比其他国家更为卓越。加藤驳斥道,这些国学者们"其见陋劣,其说野鄙,实在可笑"。① 他接着继续带讽刺意味地分析道:"本邦皇统一系,未曾革命,不仅可贺,尤与天壤共涉无穷之珍贵,我辈亦切望之。但照此下去,将天下国土亿兆人民,独作为天皇之私有臣仆,以如此野鄙陋劣之风习,决不可有成为我国体之道理。"②否定了自古以来东亚社会流行的"普天之下,莫非王土,率土之滨,莫非王臣"的传统国体观。

通过这些语意曲折的分析,加藤尖锐地批判了社会流行的传统不平等观念。他指出:"天皇与人民决非异类者。天皇人也,人民亦人也,惟于同一之人类中,有尊卑上下之区分,决非有人畜之悬隔。"因为人与牛马等牲畜完全是不同性质的类别,自然存在尊卑区别。人类将牛马等牲畜作为自己的私有财产,当然可以随意驱使它们。但是天皇与我们普通百姓,同样都属于人类,即便天皇大权在握,"亦决不可以牛马对待我辈人民而称之为善之理"。然而假如根据国学者们提出的理论,"几乎可达君民之间终究为人与牛马区别之地步。岂非陋见鄙说耶?"③加藤彻底否定了自古以来,传统儒学主张封建统治者可将人民当作牲畜随意驱使的所谓"牧民"不平等思想,大力鼓吹人民应当推翻不平等的封建等级制度、争取自己应有的社会平等地位。

---

① ［日］加藤弘之:「国体新論」,［日］吉田曠二編:『加藤弘之文書』第 1 卷,140—141 頁。

② ［日］加藤弘之:「国体新論」,［日］吉田曠二編:『加藤弘之文書』第 1 卷,141 頁。

③ ［日］加藤弘之:国体新論」,［日］吉田曠二編:『加藤弘之文書』第 1 卷,141 頁。

　　加藤弘之一方面否定了不平等的社会制度和观念,向人民宣传了权利平等的近代化思想,另一方面实际上也隐含着对以后有可能出现的天皇专制倾向的否定。这种近代化理念的提出,在当时真可谓大胆的思想解放。如果按照他的平等观念推理下去,即便最高统治者君主也只不过是国家官吏之一,其管理国民的权力既非上天神授,也非永恒保持。

　　1868 年,启蒙思想家津田真道根据荷兰教授毕西林的口授翻译了《泰西国法论》。除了论述西方的法学,和西洋大学中的法学研究之外,还进一步阐释了应当学习西方,采用法治否定传统的封建等级制的思想。津田比较了历史上东西方社会存在的奴隶制、封建制下的等级贵贱差别现象,将之与日本社会传统封建等级制相联系。他首先认为所谓法律,只应当通行于人类社会。但接着考察历史,揭示世界历史上的一些奇怪现象:古代一些国家给予禽兽、植物法律权利,例如“授与松树大夫之位,①授与鹭鸶五等爵位”,即便当时看来也十分荒谬。另外,古代一些国家实行奴隶制度。奴隶完全没有丝毫人权,“生杀予夺之权皆在其主人”。他们就如同草木、牲畜一样作为主人拥有的物件,这种制度简直大大违背天理人道。后来随着文明程度的逐渐提高,人们慢慢达到在法律上享受同等权利,奴隶制度也在绝大多数国家被废除。但个别国家因为古来丑陋的偏见继续保持,加上谋取利益的驱使,又将黑人当作奴隶,对其压迫剥削。而且寻找借口说“黑奴作为天生之罪人,非寻常之人类”。英国已经带头废除黑奴制,最近美国的废奴战争结束后,黑人也已经重新获得新生。但是在日本幕藩体制下,武士却有权根据法律滥杀平民:“然而我邦士人有追究无礼而杀人之权,至强之权力,乃可认为非理之理也。”津田谴责这种法律简直惨无人道,因为立法的“本意在于使人们保障其自立自主之权。彼国昔时虽有一切剥夺人权、使生者如同死人之刑罚,现在废除。是乃使法学更加高尚之一证据”。② 津田实际上是将美国的废除不平等的黑奴制度,与日本传统等级制度下,武士有权滥杀无辜的不平等现象作强烈对比,指出日本封建制度不合理的非人道性已到极点,必须立即废除。

　　依照津田的说法,人类社会制定的法律,是为了保护人们的自由平等权利而

---

① 指中国古代秦始皇授予泰山松树以“五大夫松”爵位之故事。

② 〔日〕津田真道:「泰西国法論」,〔日〕大久保利谦他编:『津田真道全集』上,115 頁。

设立,当然应该对人类独立发挥作用。他主张法律应当既保证个人的自由独立权,也必须承认大众的人权,即保障法律面前人人平等的权利。这样的主张是为了促使人们一方面认识到自我,另一方面开眼认识所有人的人格尊严。

津田真道认为,人民的自由权利是天然就存在的,政府对此不能随意干预。他谴责政府各部门干涉人民自由的举措时指出,教育部门制定教规、任命教官,有害于教育的自由。司法部门采用刑讯拷问手段,有害于人民的自由。文部省颁布出版条例,对出版自由有害。设立了户籍法之类的法律,妨害了人民行动做事的自由。① 而目前日本社会之所以萎靡不振,远远落后于欧美各国,就是由于长期以来政府压制人民的自由,大大伤害了国家元气造成的:"我国人民永久屈于压政之下,挫折人性自由之气象,此气象乃是国之元气也。国之元气萎靡不振,乃国威所以不振也。"他进一步主张,如今要使元气振作、旺盛的方法没有别的,"乃为让人民参与国事也。要让人民参与国事,不若创设民选议院"。②

联系实际具体的自由权利,津田针对传统儒学否定自由经商的传统观念,进行了批判。他首先肯定"自由权作为吾人固有之正权,乃成为文明各国所尤珍贵者。然而人苟猥用此权侵害他人之自由时,则成不义。故若论自由之弊,则为专横"。③ 他从历史演进的视角分析指出,我们东方的习俗,自古以来实行专制,以自由主义为罪恶品德。这并非不知道自由的益处,而是只看到其弊端。然而最终泯灭了人们自由的本性,国人仿佛普遍"形成奴隶卑屈之风俗,又喜好财利之心"。虽然经商获利是为了扩大我们身体上的幸福之天性,然而其弊端却因贪欲吝啬而十分被人厌恶。但是,自古以来儒家学者只谈论仁义道德,不主张发展经济,反而导致全国贫穷,百姓不能富裕,"国人普遍缺乏身体上之幸福也其所教,成为不得其宜"。④ 即阻碍人民自由发展经济的传统学说应当抛弃。由此可见,津田主张的自由主义,实际上是明治时期正在兴起的日本资产阶级要求自由发展商品货币经济的心声。当然,也批判了在发展资本主义经济的过程中,因唯利是图、过分贪吝而妨害他人自由的行为。津田真道对自由权利的分析十分深刻,所以后来有日本学者评价,津田等启蒙思想家"不外是幕末到明治初年的

---

①　[日]津田真道:「政論」二,[日]大久保利謙他編:『津田真道全集』上,325 頁。
②　[日]津田真道:「政論」三,[日]大久保利謙他編:『津田真道全集』上,329 頁。
③　[日]津田真道:「情欲論」,[日]大久保利謙他編:『津田真道全集』上,352 頁。
④　[日]津田真道:「情欲論」,[日]大久保利謙他編:『津田真道全集』上,352 頁。

伟大启蒙运动的先驱之一"。①

这种论证自由权的珍贵,任何人包括政府也不能对其加以干涉甚至剥夺的思想,其他启蒙思想家也曾提出。如西村茂树就曾抨击政府妨碍自由权利的不合理现象。他认为人们相互交往的自由,又可以称之为政治上的自由。这一说法与政治对人们的束缚构成对立的概念,它是指"人民不受人君或宰臣暴政之苦,能保全自己之身体财产者"。而政治上的束缚,则是指相反的状况,即"人民常受人君或宰臣暴政之压制,不能保全自己之身体和财产"。西村还针对政府压制人民自由平等权利的行为评论道:"若政府以己之放肆,毫无道理,只管抑制人民之思想,亦可称之为暴政。或虽非放肆,若别无良善之趣意,建立拘束人民身体财产之法律,亦可将之名为妨碍人民自由者。"②西村茂树在此道出了两层意思,第一,政府不仅不能约束人民行为的自由,也不能压制人民的思想自由,否则便构成暴政;第二,政府不仅不能放肆地采取行动干涉人民自由,而且也不能通过制定压制人民自由平等的法律去"合法"地约束人民的自由权利。

以板垣退助(1837—1919年)为首的一些下野官僚,于1874年向左院提出了引起社会轩然大波的《设立民选议院建议书》。建议书导致舆论界兴起了设立民选议院的思想交锋,紧接着与此相关的"自由民权运动"在全社会蓬勃展开。民权思想家们继承了启蒙思想中的自由平等精髓,在这场运动中对传统的不平等的制度和现象提出了更为激进的批判和更为彻底的否定。板垣以会津藩为例,指出德川幕府统治时期,该藩人民之所以对本藩不忠诚,正是因为封建等级制的压迫,使人民丧失了自由平等权利,社会各阶层不能同甘共苦所致。而经过明治维新,封建势力逐渐衰颓,政治局面此时处于除旧迎新的时机。"此时方我帝国若欲立于东海之表,为富国强兵之计,须上下一和,与庶民同苦乐,不可不举国一致,以从事经纶之事。"如何才能做到"举国一致"呢?板垣呼吁国家应当汇集各阶层国民的力量,作为文明进步的基础,而不是仅仅满足于依赖某一个阶级的力量。要达到这一目标,今后就应当"断然解除阶级之制,停止士族专有权利,四民齐俱任护国之务,不可不启互俱喜戚忧乐之端"。开始做到国民不分阶

---

① [日]麻生義輝:『近世日本哲學史』,宗高書房,1974年,78頁。

② [日]西村茂樹:「自主自由解」,[日]明治文化研究会編:『明治文化全集』第19卷『雑誌篇』,233頁。

层,人人平等,同甘共苦。具体措施就是首先要做到"解除士之常职,罢其世禄,全废华族、士族、平民之等级,仅止于虚称,以为天下率先猛断变革之前驱"。①实际上就是废除传统的不平等社会制度。板垣还指出,当如今面临"王政一新",根据天下变革的要求,改变旧的封建制度,废除藩政,实行郡县制度的时候,以前的各藩应当发出彻底改革的命令,遵照朝廷旨意,重新树立天皇亲政的权威。为此,最主要的是要做到,"将从前士族文武常职之责广泛推向民庶,不依人间阶级,使其知为贵重之灵物,各自淬励智识技能,人人兴自由自主之权,仅望悉皆遂其志愿"。② 也就是说,让各阶层人民都能担任以前只能由士族垄断的政府官职,再也不依赖等级制度,让人民都知道自己原本就有的高贵地位,人人皆能充分发挥自己的智慧能力,获得自由自主的权利。最终使人民的意愿都能得到满足。

德富苏峰(1863—1957 年)尽管后期的民族扩张思想受到许多诟病,但在他前期的思想中,也表现出强烈的反对封建等级制的意识。他在 1886 年发表的《将来的日本》一文中,对封建社会被人为错位的不平等社会关系,进行了深刻的揭露。他生动地讽喻道,在封建社会,原本不存在一个人民,也就是并非为了保护人民而设立社会,反而是为了社会,或"宁可说是为了领主及其臣族武士而设立的人民也。并非为了保护人民而有官吏,乃为了侍奉官吏而有人民也"。他针对这种颠倒错位的社会反问道,既然没有人民,哪里会有人民的事业? 既然没有事业,作为国家的人民,又到何处去施展自己的才能呢? 所以最终在封建社会,"在政府之外,丝毫不存在致力之余地"。③ 他深刻揭示出一个应当存在的规则,即政府官员原本是为了人民服务而设置。但在封建社会却通过不平等的制度,使社会成员本来应当拥有的地位发生严重错位,反过来仿佛专为侍奉官吏而设置的人民。丧失了自由平等权利的普通百姓,受到种种束缚,所有的言行都只能按照政府指令进行。自己具备的各种才能完全找不到施展之处,要想参与推进社会文明进步几乎没有任何机会,这必然导致日本社会远远落后于欧美各国。

---

① 〔日〕板垣退助監修:『自由黨史』,26—27 頁。
② 〔日〕板垣退助監修:『自由黨史』,26—27、28 頁。
③ 〔日〕德富蘇峰:『将来の日本』,〔日〕隅谷三喜男編:『日本の名著』40,中央公論社,1974年,163 頁。

三、对自由平等重要性的思想宣传

在对人民长期以来没有自由平等权利的制度和现象彻底否定的基础上,日本明治时期的进步思想家们对人民的自由平等权利的重要性,进行了不懈的宣传。他们认为,自由平等对于人类来说,是不可须臾或缺的权利。启蒙思想家西周就曾吸收西方功利主义思想,强调了人类"三宝"的重要性,即三宝本身就包括了自由平等的内容:"各位人们之三宝皆同一,无轻重之差等。因此,三宝在道德学中,作为社交之例规,信奉两大原理:其一曰人之三宝无贵贱上下之别,其贵重乃同一也。其二曰苟无戕害三宝之事,人之百行自主自在也。"①西周在这里强调的人世三宝的特征:所谓三宝之贵重"同一",即人们的基本权利是同等重要的。所谓"自主自在",即指人们能自由履行自己的权利。反过来看,如果没有自由平等,人们根本不可能维护自己必不可少的三宝。

自由主义思想家马场辰猪(1850—1888 年)通过层层推理,提出了人们自由平等权利的正当性和重要性。他指出,人类的目标是谋求生活幸福。同时,人类的天生本能就是趋利避害,也就是尽可能选择困难和障碍最少的途径去达到或趋近自己的目标。假若一个人希望保持自己的生存,就必然寻求幸福。而若要"寻求此幸福,必应就寻求幸福依赖障碍较少之手段"。与此同样,将这种范围扩大至一个国家的人们,如果要组织一个共同生活的社会,毫无疑问,必然企图保持自己组织的社会能够正常生存。既然要保持该社会组织的生存,必然只能寻求这种幸福。而"欲寻求此幸福,复必求依赖其社会生存障碍最少之道"。②但是,什么才是障碍最少之道呢? 马场辰猪认为,那就是人民的自由平等。

为了证明这一点,马场考察历史认为,从原始人类的趋利避害的生存行为中,可以看到从远古时代起,人类就已在追求自由平等。因为:"人类寻求生存之道中,选择其障碍最寡少之方向,乃人类自然之道理。"所以人类生活在这个现实社会,必须遵循这种道理。"假若人类不依此道,便不得不陷于困难之地。"

---

① ［日］西周:「人世三寶説」三,［日］明治文化研究会编:『明治文化全集』第 19 卷「雑誌篇」,248 頁。

② ［日］馬場辰猪:「天賦人権論」,［日］西田長壽他編:『馬場辰猪全集』第 2 卷,岩波書店,1988 年,99 頁。

这就证明寻求障碍较少的途径,正是保全人类生存的重要原因;反之,不根据客观规律,强行去寻求障碍较多的道路,则构成危害人们正常生存的原因。他认为这就是构成"所谓天地自然之一大定规"。所以由历史发展的实际情况看,"虽古来野蛮人,也爱慕尊崇平等自由"。那么在当今社会,"人类自然地避开对其生存障碍多者而选其寡者,而不可不谓乃因追求自由平等产生之结果"。①

马场辰猪还反证道:"假若人类没有自由平等,在获得社会之生存幸福时,常会产生诸多障碍。试想,以一人之力图多数人民之生存幸福,与任多数人民之力图其生存幸福,其困难孰多孰少? 而又为图其生存幸福,让其人民自由活动与束缚牵制之,孰果障碍大? 丝毫不用识者。"②根据这种分析,马场得出结论,自由平等是谋求生存幸福障碍最少之道。人类为了减少障碍,早日获得幸福生活,首先就必须争取自由和平等的社会地位。因此,追求自由平等乃为人类的一大天性,对于人类发展必不可少。

可以看出,马场一方面吸纳了西方功利主义思想来论证自由平等对于人类的重要性,另一方面又对这种功利主义进行了某些修正。例如人类的自由平等究竟是手段,还是目的? 关于这个问题,西方功利主义思想的代表边沁认为,自由平等是人类为了追求幸福的手段。而马场则不同意这种观点,他认为人类追求自由平等本身就是目的:"边沁曰:天赋人权所云之逻辑结果并不足为目的,因为根据实利判断,平等自由仅仅是作为追求人类最大目的幸福之便利,而绝非其目的。虽然,若观察今日人类社会之组织,自由和幸福恰如车之两轮,不仅须臾不能分离,而且实为相俟生长者也。"即自由平等与人们的幸福生活是相辅相成、密切联系在一起的。从古到今人民之所以不能过上幸福生活,正是由于高高在上的专制政府妨害人民的自由平等所造成的恶果。他还具体举出欧洲历史上的实例说明这一点:"古今乃如法王之阻碍国民之自由,英王之伤害平等权,皆为一国祸乱之源。若英法之王最初便归于人民以平等自由之权,万不会呈现如彼之悲惨状况。"③从反面充分证明,保障人民的自由平等权利,与国家的长治久安是紧密相连的。

自由主义思想家和政治活动家大井宪太郎在论述人民的自由权利时,尤其

---

① 〔日〕馬場辰猪:「天賦人権論」,〔日〕西田長壽他編:『馬場辰猪全集』第2卷,101—102頁。
② 〔日〕馬場辰猪:「天賦人権論」,〔日〕西田長壽他編:『馬場辰猪全集』第2卷,99頁。
③ 〔日〕馬場辰猪:「天賦人権論」,〔日〕西田長壽他編:『馬場辰猪全集』第2卷,79—80頁。

强调了应当高度珍惜自由的思想。他从天赋人权理念出发,指出"自由乃人性,为天赋固有"。无论从古至今社会如何演变,东西方国家发展出现较大差异,此消彼长,自由的表现形式虽然有所改观,但终究是因为文明与野蛮的区别,政治与宗教的变化,而暂时被遮盖了光芒。然而在人类的天然性格中,自由依然毫无改变地存在。大井宪太郎认为,自由甚至与人的生命相伴始终:"人若生存便有自由。自由若灭即人死亡。呜呼!岂因古今东西之别,而实有自由存灭者焉?"①也就是说,人如果本身就没有追求自由的天性,等于终止了生命。所以人既然固有自由的天性,"焉得不复珍重其自由耶?"大井认为,文明社会与野蛮社会的区别,恰恰就表现在每人是否珍重崇尚自由的天赋固有的性格。他还从反面警告人们,如果人们不知道自己具备天赋固有的自由特性而珍重它,其"愚蠢可比彼之热带地方之野蛮人不知冰,又更甚之,岂不应猛省焉?"②

民权理论家中江兆民则将人民天生拥有的民权与自由平等联系在一起,认为两者是一种"理"与"义"的关系。他生动地论证道:"民权是至理也,自由平等是大义也。违反此等理义者,终究不能不受之惩罚。"而且这种看来无形的理义,是任何力量都不能使之消失的,即便有上百个帝国主义国家,也"终不能消灭此理义"。而且即便是地位尊贵的帝王,只有"敬重此理义,方可因此保持其尊贵"。理与义二者的这种密切关系,在古代中国就早已客观存在,当时的知识分子也已有所认识。他指出:"此理在汉土早已有孟轲、柳宗元看破之,并非欧、美专有也。"③显而易见,以汉学功底深厚著名的中江兆民,认为自由平等制度和观念,并非欧美各国专利,也同样存在于中国传统文化的精华中,并吸取其理论来论证自己的自由平等主张。

为了生动地论证自由权利对于人类生存的重要和珍贵,中江兆民还使用了一些带有文学色彩的词语来描述自己的主张:"盖自由之为物,譬之草木,犹如膏液,故甘于受人之干涉而被人束缚之人民,犹窖养之花,盆栽之树,不能使其天性之香色释放、其天禀充分之枝叶繁茂畅达。虽遽见之似美,迫而胝之,索然无

---

① [日]大井宪太郎:『自由略論』,[日]平野義太郎:『馬城大井憲太郎傳·主要著作原文』,大井馬城伝編纂部,1938 年,402 頁。

② [日]大井宪太郎:『自由略論』,[日]平野義太郎:『馬城大井憲太郎傳·主要著作原文』,402 頁。

③ [日]中江兆民:『一年有半』,[日]松本三之介編:『中江兆民全集』10,177 頁。

生气,如不曾有可观者。若夫山花野草异于此也。其香馥郁,其色蓊郁,虽只瓣单叶,皆无不尽灵活。自由之对于人,其可贵者盖如此。"①即真正美丽的是大自然中不受拘束而天然生长的山花野草,而真正独立的人民也只有不受拘束而自由发挥其天赋秉性才名副其实。

中江从人的正常生长过程推理认为,一个人只要有正常思维,渴望自由的念头便会萌生,就连小孩也同样如此,成年人就更不用说。一个人一旦失去了自由,就会像卢梭说的那样,连做人的权利都没有了:"苟宣发所思之时,谓之自由权之萌芽,亦无不可。夫人之儿尚未成人者,犹且有自由之权,五尺躯之大男儿岂可无此权哉! 善哉乎卢梭之言曰:人而无自由权者,非人也。"他强调欧美国家之所以先进发达,很重要的一点原因,就是首先做到充分伸张人民的自由权利:"以是见今欧美诸国号称文物旺盛者,皆莫不以伸张民之自由权为先务。"②日本如果希望赶上甚至超越欧美列强,也应当仿效他们,给予人民自由权利。

而自由与平等哪方面更为重要呢? 中江兆民特别强调必须将自由与平等联系在一起,作为总体目标去追求,不能仅有自由或仅有平等。只有做到这一点,人类社会才会臻于完美的最高境界。他首先用生动的语言对比强调了自由权利的重要性:"自由国度之人温文而雅,平易近人,专制国之人士骄汰傲物。"这样看来不可否认,自由的社会制度,不仅有利于人民生存的衣食住行和生产经营,而且还会使人们精神变得高尚。由此中江兆民发出感慨:"呜呼自由! 我若弃汝,将与谁同归?"③

但是,如果从政治社会发展的规律考察,如果仅有自由,"尚不能穷尽制度之美。必进而获平等之义始得大成者也"。为什么这样呢? 因为人们都具备各种权利,但权利分量的多少轻重总会存在差别。如果不想法使权利的多少轻重差别不大,也就是不想法使人们的权利平等,就会出现一种情况,即"权利之量多者自由之量亦多,权利之量寡者自由之量亦寡,是为不可避免之趋势也"。只

① ［日］中江兆民:「吾儕ノ此新聞紙ヲ発兌スルヤ」,［日］松永昌三編:『中江兆民全集』14,岩波書店,1985 年,3 頁。

② ［日］中江兆民:「祝詞」,［日］松永昌三編:『中江兆民全集』11,岩波書店,1984 年,26—27 頁。

③ ［日］中江兆民:『三酔人経綸問答』,［日］松沢弘陽、井田進也編:『中江兆民全集』8,岩波書店,1984 年,205 頁。

有既平等又自由,这才是"制度之最高原则"。因此即便是在实行宪政的国家,由于设置了君主和公侯伯子男五等爵位,就像在一个国家的民众中,造成了一部分地位尊贵的人权利远远大于其他人,这样在"平等大义中毕竟不免有所欠缺"。政府已经知道必须遵循自由的宗旨,因此便"则规定宪令,设置法律,拥护民之诸权使不受侵犯,是其所以可得自由之义也"。① 所以自由与平等是相辅相存、不可缺一的。国民如果仅有自由或仅有平等,都不能完全享受到自己应有的权利,人与人之间的社会关系也不能做到完全正常。中江兆民对于人类社会同等重要的自由和平等,作了辩证的诠释。

在将斯宾塞的著作翻译成日文时,松岛刚对人民的自由平等权利作了自己的阐释。他指出,自由平等是一种十分重要的感情,即所谓"人权性情之感情"。这种感情在某种程度上甚至关系到整个社会的安危:"且人类有同等自由和权利这一信仰,不仅未曾将其痕迹在社会收敛,而且日益伸张,永不息灭。若然,则人类具有应当名为人权性情之感情,使人请求与他人同量之权利,且不可不言使其防御侵害之者,而社会之安危便应依据如何权衡此感情。"②如果充分尊重这种感情,保障人们的自由平等权利,社会才能长治久安。

在谈到个人与大多数人的自由孰轻孰重时,松岛刚认为一方面个人的自由不能妨碍其他大多数人的自由,但另一方面反过来,也不能借口大多数人的自由来妨害个人的自由权利:"有此自由非一人,万人皆然。各人为使其官能发挥作用,请求所得之自由,不可不与他人拥有之相同自由并列。故限制各人之自由不可不以万人之相同自由。"③他还针对有人提出的有限自由的观点提出了自己的主张:"无论如何,各人若不危害他人之同等自由,便可自由做其所喜好之万事,这一法则决不可动摇。而如其他限制,即便适用于个人场合,也不应将之适用于社会之场合。"④即对自由的限制决不能违反自由平等的最初宗旨,即便根据社

---

① 〔日〕中江兆民:『三酔人経綸問答』,〔日〕松沢弘陽、井田進也編:『中江兆民全集』8,205—206頁。

② 〔英〕斯邊瑣著、〔日〕松岛刚訳:『社会平権論』,〔日〕明治文化研究会編:『明治文化全集』第5巻『自由民権篇』上,250頁。

③ 〔英〕斯邊瑣著、〔日〕松岛刚訳:『社会平権論』,〔日〕明治文化研究会編:『明治文化全集』第5巻『自由民権篇』上,241—242頁。

④ 〔英〕斯邊瑣著、〔日〕松岛刚訳:『社会平権論』,〔日〕明治文化研究会編:『明治文化全集』第5巻『自由民権篇』上,258頁。

会需要,对个别人的自由实行特殊限制,也不能将这种限制推广至全社会。

在所有的思想家中,民权理论家植木枝盛最为激进地表述了人类自由权利的重要和珍贵。他在自己著名的论文《民权自由论》扉页上醒目地书写下几个大字"自由重于命!"①植木曾多次强调"人是自由的动物,不可能毫无作为"②的观念。而人民如果希望自己的生活幸福,必须首先通过各种方式力争获得自由权利。他指出假若"先将所谓自由之大纲置于人们之间",便可以使社会上所有的人民都处于自由的政治环境中,各自按照自己的爱好性格,在适当的范围内尽情享受生活的快乐。至于在这样的自由氛围内,人们采取何种方式去谋求幸福生活,由他们本人考虑选择,其他人不要施加任何干涉。只有这样,人民才能最终走上幸福道路。由此他得出结论:"哲人之谚云自由乃幸福之母,顾可由此道而来。无论如何,我们人类要到达幸福,必须首先获得自由之权利。"③

针对日本下层民众普遍不知道自己拥有自由平等权利的现状,植木向人民发出号召:"尊敬之日本百姓、日本商人、日本之工艺制造者与工匠、其他士族、医生、船夫、脚夫、猎人、卖糖者、新平民们,我要禀告各位:你们皆同样持有一种大宝贝。此大宝贝为何物?是散戏时之鼓槌、摇钱之树吗?是金银、珊瑚、钻石吗?是特别美好之妻子吗?是才智出众之儿子吗?否也,非此类事物。是比此等更珍贵之一种宝贝。彼可称为自由权也。甚至有人认为,作为比性命攸关更重要之事物,若无自由,生存将毫无意义。不错,要说金银珠宝或许没有,但艰难生存下来之尔等丝毫也不卑贱。此种主张民权、伸展自由比什么皆重要。因为若不主张民权、伸展自由,则幸福、安乐皆不可得。"④植木强烈呼吁人民必须起来,努力争取获得应有的自由,否则根本谈不上任何快乐、幸福的生活。

他又进一步分析道,当自然创造人类时,就已经赋予了人类才能与力量。正因有这种才能与力量,使人类生下来便可以行动。尽管这种才能与力量十分重要,但是如果没有自由行动的权利,人类仍然无法采取行动做任何事情。植木形象地比喻道:"譬如将鸟放入笼中。原来鸟虽有羽有翼,今推入笼中,羽翼顿时

---

① [日]植木枝盛:「民権自由論」,[日]家永三郎他编:『植木枝盛集』第1卷,3页。
② [日]植木枝盛:「無天雑録」1,[日]家永三郎他编:『植木枝盛集』第9卷,岩波書店,1991年,13页。
③ [日]植木枝盛:「貧民論」,[日]家永三郎他编:『植木枝盛集』第4卷,127页。
④ [日]植木枝盛:「民権自由論」,[日]家永三郎他编:『植木枝盛集』第1卷,5页。

无用。人虽贵有才有力，但若无自由，便同笼中鸟一样，丝毫动弹不得。没有比束缚更讨厌者。"因此，人如果一生下来，便丧失了尊贵的自由权利，"即便具有生命、拥有才力，但若无自由，皆为无用之长物。况且没有自由，安有所谓幸福安乐等事乎？无自由之域与幸福安乐之境，相隔千万里"。① 那么人为什么必须获得自由权利？植木枝盛的结论是，"毕竟所谓自由，对于每个人乃为尊贵者"。而如果要想充分地保全人民的自由权利，仅靠人民自身的力量是不行的，最终"仍须建立国家，设置政府等机构，又设立法律，雇佣官吏，让其愈加保护人民此种自由权利"。只有依靠这种强制性力量，才能在遇到人群中出现不公平的事情时，将它纠正恢复公平；若发现有恶劣行为便对其严厉惩罚；假如有人因他人作恶而蒙受损失，便想法救济他，以保障他获得幸福安乐。②

植木枝盛依据天赋人权的理论，提出了人类自由平等权利的正当性。他指出，人的自由独立地位是自然具备的："夫天下虽大，人类之天下也，人类非天下之人类。世界虽广，亦人之世界也，人非世界之人。"即人类创造了世界，而不是世界创造了人类。所以人类天生具有独立性，"人人为其人之人，而非他人之人也"。因此人必然应当具有自由权利，丝毫不应当受外力压迫。他还以西方近代哲人的论点为依据，论证人民独立自主的天然正当性："西人曰：我心之于我，犹如王之于国。弥尔曰：人于治己一身一心时，为不羁独立之君主也。故各人必应自为造其世界，自作出其品行，自选立其生涯方式。盖人者，故于此心中足备创造一个充分之世界也。"③

植木认为，君主与人民皆为同等之人，都有作为人的自由权利。他否定了将普通百姓看作牲畜的传统不平等观念："人皆为上天创造之同等之人。君也为人，民也为人。为何将百姓看作如羊一般之异类耶？"既然如此，植木认为普通百姓应当起来充分伸张自己拥有的民权，尤其要力争获取自由权利。因为无论如何，只要是正常的人，从出生到这个社会起，就必须要有自由。假如连起码的自由都不能保障，当然也就不可能获得幸福安乐的生活。大家都不卑

---

① ［日］植木枝盛：「民権自由論」，［日］家永三郎他编：『植木枝盛集』第1卷，11—12頁。

② ［日］植木枝盛：「民権自由論」，［日］家永三郎他编：『植木枝盛集』第1卷，岩波書店，12頁。

③ ［日］植木枝盛：「尊人説」［日］家永三郎他编：『植木枝盛集』第3卷，岩波書店，1990年，131頁。

屈,上天便会赐予自由。于是植木枝盛向人民呼吁:"充分伸张民权、扩展自由吧! 若又不得自由,宁可死去。若无自由,生存便毫无意义。"①

为了让人民充分认识到自由权利的重要性,植木还在另一篇论文中,用生动的语言描绘人民的自由权利无比贵重。他认为享受到自由权利,才能生存于社会上。人如果丧失了自由,相当于已经死去。古代人重视自由超过视死如归,哪里还能找到能与自由旗鼓相当的事物呢? 植木枝盛形容道:"八珍五味不美,金殿玉室不丽,侍妾数千不快。凡无自由皆如此。枕民权,抱自由之美人,睡立宪之蒲团,即愉快千万乎!"②

为了突出强调人民的自由权利的无比重要,植木甚至提出了相当激进的主张。他认为人就是一种完全自主自由、特立独行的动物。每个人都可以自己作为天下,以自己作为政府。根据这一点,植木反问道,那么在人自身之外再设置所谓上天,设立约束人的政府,这难道符合人道吗? 他由此得出结论:"人崇拜己之外者是伪教也。夫云君主,或云议会,或云法厅,未曾没有不凝结虚伪者。"③从当时日本的客观现实考察,植木枝盛是针对政府当局动辄就运用专政工具压制人民的自由平等权利反动政策,而采取矫枉过正的态度,使用激进的语言,希望以此维护人民自由平等权利的强烈愿望。但从社会发展规律来看,植木完全无视权威的思想,明显具有非合理性,在很大程度上违背了历史演进的客观规律,甚至已经达到了无政府主义的边缘。

福泽谕吉的弟子矢野文雄(1851—1931 年)并不主张无限制的自由。他认为可以通过约束和抑制有害的自由竞争,使对人类有利的竞争能够自由进行。他指出人们一般称为自由权利的"自由"俩字,虽然原本是指人们在有序的范围内,行为的自由和从事政治的自由,但也可说是让无害的竞争自由进行,不给予有害竞争以自由。为什么这样理解自由的重要性呢? 矢野回答指出:"因为在人类中若无自由、自治、平等、均一之权利,优强者常常侵凌劣若者,若在此地让这种有害之竞争自由进行,则无害之竞争构成之制造商业及其它给予人生幸福之竞争,便决不可得盛行之自由。由是观之,自由之权利岂非约束有害之竞争而

①　[日]植木枝盛:「民権自由論」,[日]家永三郎他编:『植木枝盛集』第 1 卷,14 頁。
②　[日]植木枝盛:「民権自由論二編甲号」序,[日]家永三郎他编:『植木枝盛集』第 1 卷,127 頁。
③　[日]植木枝盛:「無天雑録」4,[日]家永三郎他编:『植木枝盛集』第 9 卷,224 頁。

使有益之竞争自由邪?"①实际上指出了在市场经济下,如何让人们趋利避害,让对人们幸福生活有利的竞争持续进行,而约束不利于人们的竞争,让其发展不自由。

四、主张人民应当具备自由平等精神

日本当时不少进步思想家认为,人民要获得本来应当拥有的自由平等权利,首先自身就必须具备自由平等精神,消除在封建制度压制下,长期以来一直存在的卑屈心理。因此,思想家们在宣传人民自由平等权利正当和无比重要的同时,也尖锐地指出,人民应当抛弃传统的奴化观念,理直气壮地树立起自由平等的新思想,这是力争自由平等权利的重要前提。

日本传统的朱子学为了维护幕藩统治体制,大力宣扬所谓"大义名分"之类的等级贵贱思想。福泽谕吉在谴责日本社会长期存在的权力偏重现象的同时,也激烈地否定了这种维护大义名分的非平等思想。他指出,封建社会统治者之所以宣扬和维护所谓"上下贵贱之名分,一意倡导虚名",其目的就是为了更方便地对人民实行专制统治,而让人民安于接受这种统治。这种非合理思想的长期流行,对社会危害极深,其"毒害所及,遂成为人间社会所流行之欺诈权术。患此病者称为伪君子"。因此他反复强调"世上最不可靠者为名分,流毒最大者为专制压迫,岂非可怕耶?"②显然,作为敏锐的思想家,福泽已认识到,普通百姓由于对长期客观存在的等级尊卑贵贱的现象,已经由见惯不惊发展为心理认同,从而形成对统治者唯命是从的卑屈心理。这一切都与朱子学宣扬的"大义名分"思想长期潜移默化地浸润人们头脑有着密切关系。所以福泽为了唤醒普通百姓麻木的心灵,便尽力批判这种传统思想,向人们揭穿它的欺诈性质。

联系到当时日本的具体情况,福泽谕吉认为,首先是要破除幕藩体制统治下,在普通百姓中形成并长期流行的"士尊民卑"的传统观念。他一针见血地指出:"士尊民卑之旧习俗为文明所不允许,作为国家若欲文明,便不可不破除此

---

① [日]矢野文雄:「人権新説駁論」,[日]明治文化研究会編:『明治文化全集』第 5 卷『自由民権篇』上,399—400 頁。

② [日]福沢諭吉:『学問のすすめ』,[日]富田正文他編:『福沢諭吉選集』第 3 卷,岩波書店,1981 年,129—130 頁。

习俗。若欲保存此习俗,便不可言论文明进步之事。"①不破除这类陈腐观念,社会的文明进步将成为一句空话。

进一步考察,福泽揭示出普通百姓形成和流行"士尊民卑"的等级观念,还有更深层次的原因。即除了德川幕府的政治压迫和朱子学的思想宣传之外,就是老百姓没有受到良好教育,从而十分愚昧无知。因为自从明治维新以后,"虽然官方并非未花费力气,其才力亦非拙劣,但其措施无论如何也有不成功之因素,不如意者居多。其原因在于人民之无知文盲。即是也。政府已知其原因之所在,频频劝励学术,商议法律,显示订立商法之道等。或劝说人民,或亲自展示先例。虽千方百计尽其手段,但至今日,仍未见实效。政府依然为专制之政府,人民依然仅为无气无力之愚民"②。

而老百姓为什么会变得愚昧无知,毫无独立自主之精神? 福泽回顾了日本历史上的专制统治对人民性格的影响指出:"我全国人民苦于数千年之专制统治,人人皆不能表露心底所思,欺瞒偷安,诈骗逃罪。欺诈术策为人生之必需,不诚不实为日常之习惯。既不知耻,也不为怪,一身廉耻尽扫于地,岂有暇思国耶?政府为矫正此恶弊,益张虚威,吓之叱之,欲强行变为诚实,却反导致愈益不信任。"③即专制制度下不可能造就出具备独立、自由、平等精神的君子,只能培育出对上司卑屈猥琐,对平辈狡诈欺瞒,对下级盛气凌人的小人。到明治维新后,"政府表面虽大为改观,但其专制压抑之风气目前尚存。人民虽似乎稍获权利,但其卑屈不信任之风气却依然无异于旧日"。④ 所以他在名著《劝学篇》中极力主张人民要改变自身存在的卑屈心理,迅速提高自己的文化水平,保持独立自主和平等精神,以主人翁身份投身于文明开化的事业中。

加藤弘之认为,国家的兴衰,人民是否能够过上幸福生活,与人民自身是否具备自由平等精神密切相关。因此,自由平等精神对于人民是不可或缺的。他指出,既然自由重要性的理论已经被社会广泛传播,人民都能懂得这种道理,必然也会具备自由的精神。丝毫不可有将我们的精神托于他人的想法。反过来考

---

① ［日］福沢諭吉:「私権論」,［日］慶應義塾編:『福沢諭吉全集』第11卷,岩波書店,1981年,376頁。
② ［日］福沢諭吉:『学問のすすめ』,［日］富田正文他編:『福沢諭吉選集』第3卷,78頁。
③ ［日］福沢諭吉:『学問のすすめ』,［日］富田正文他編:『福沢諭吉選集』第3卷,78—79頁。
④ ［日］福沢諭吉:『学問のすすめ』,［日］富田正文他編:『福沢諭吉選集』第3卷,79頁。

察，假若"人民自身卑屈，丧失其自由精神，以只管欲做君主之臣仆奴隶之时，自身丧失谋求真诚之安宁幸福之道，随之必然导致国家精力亦完全衰耗。故各民皆为自己，亦为国家全体保持此精神，不可苟生自卑之心"。① 即保持自由平等精神，不仅是为了人民自己，也是为维护国家独立必不可少的。

针对日本人民在封建制度长期压榨下，尤其是幕末的尊皇思想影响下所形成的"卑屈心理"，加藤弘之进一步分析了人民具备自由平等精神思想的必要性："以天皇之心为心者何事？是即构成吐露历来卑屈心之愚论。欧洲称有如此卑屈心之人民为奴隶，吾辈人民亦与天皇同为人类，各备一己之心，具有自由之精神者也。为何有放弃此心此精神、只管以天皇御心为心之理耶？吾辈人民若放弃自己之心，以至只管以天皇御心为心，岂不得几乎与牛马无异耶？天下之人民若悉皆至于成为牛马，其结局之状况如何耶？"结局当然是人民不能获得自主自立，整个民族也不能从列强压迫下获得独立："若我邦人民放弃此精神，只管服从天皇御心，随之将导致甘于实际上失去自由权，我国之独立不羁几成难事。"反过来看，"只要人民各备自由之精神，应得掌握实际上之自由权，随之国家亦得安宁，国力亦可至强盛"。②

加藤同时还批驳了社会上一些保守学者宣扬的理论，即人民应当对皇权唯命是从，服从国家而放弃自己的自由。他尖锐地批判道："国学者之流卑屈论之弊害岂非浅薄耶？是故人民有爱国之心者，务须育成此精神。苟若非议此精神，仍以通常之卑屈心为是，纵令爱国之情如何深厚，也真会失去爱国之道，好比促使国家之衰颓。成所谓用力拽倒者也，岂不可惧哉？"③也就是说，人民是否具备自由平等精神，不仅仅是个人修身养性的道德问题，而是关系到是否真正爱国，国家是进步还是衰颓的重大原则问题。在这一点上，加藤显然更强调了后者。

但是，加藤弘之也敏锐地观察到日本的现实，即人民长期受到封建社会不平等制度的压抑，传统"国学者流"们又反复宣扬等级制天经地义的合理性，使日本老百姓对社会存在的严重不平等现象习以为常，认为理所当然。他忧虑万分地指出，"生于如此野鄙陋劣国体之国，其人民可谓最大之不幸"。但是，这些人民却不能辨别真正的道理究竟是什么，因而即便看到"如此卑鄙之国体，也决不

---

① ［日］加藤弘之：「国体新論」，［日］吉田曠二编：『加藤弘之文書』第 1 卷，156 頁。
② ［日］加藤弘之：「国体新論」，［日］吉田曠二编：『加藤弘之文書』第 1 卷，156—157 頁。
③ ［日］加藤弘之：「国体新論」，［日］吉田曠二编：『加藤弘之文書』第 1 卷，157 頁。

认为不正当,看作本来天理当然之物,甘心成为君主之臣仆而一心事奉之"。这样一来,假若没有出现酷虐的暴政引发国家混乱,尚可在表面上"颇呈太平之姿,也有连续维持数十百年间之国"。但这种本来就不正当的国家体制,"极大违背国家君民之真理",所以理所当然,不能促使人民真正过上安宁幸福的生活。①

加藤弘之实际上揭示出了一个发人深省的问题,即人民的切身利益究竟靠什么维系? 是否定传统的等级制度,建立起自由平等的社会制度,来保障人民的利益? 还是所有人民都安于现状,把这种不平等现象视为理所当然,心甘情愿地充当君主的奴仆,依靠"贤明"的君主来保障自己的安定生活? 而这种保障能否兑现,全凭贤君道德自律维系。加藤指出,后者显然是极不安全的。因为人类历史上的"贤君"只是偶然出现,尽管所谓贤君统治时,国家暂无"虐政"出现,但也不可能真正保障人民的安宁幸福。

1899 年,加藤弘之在向记者谈及撰写《国体新论》的目的时,指出它正是为了要促使日本人民摆脱卑屈心理,树立起自由平等的主人翁精神。加藤表示这是一册"关于日本国体之本之书"。当时的国学者或汉学者所谈论的国体,专指"臣民总体以服从天皇陛下之大御心为第一义务。说任何事也随陛下之大御心而一心仕奉,是日本臣民之节义"。加藤批判这种论点非常恶劣。虽然日本天皇与外国的国王相比,有所不同,但是,"天皇陛下必须以日本臣民之心为大御心"。即应当按照全体国民的意愿进行统治。而《国体新论》这本小册子,就是为了论述"必须以日本臣民之心为天皇陛下之御心之大意而写之书"。这本小册子论述的"国体",与以前儒学家们所论述的国体大相径庭。之所以将它的观点称为"新论",就是书中主张"以人类为平等者,皆有天赋之权利"。以这类主张为基础,构成了自己的一套理论。②

在 1874 年针对《民选议院建议书》而展开的社会大辩论中,冈本健三郎等人在回答加藤弘之的诘难时,曾谈及西方与亚洲人民之区别:"独不见欧美自主自由之人民独立不羁、堂堂扬扬之气象乎? 又不见中国地方等压制奴隶之人民卑屈狡狯之情况乎?"那么为什么会出现"独彼之昂然活泼阳发,而此之茫然忧

---

① ［日］加藤弘之:「国体新論」,［日］吉田曠二編:『加藤弘之文書』第 1 卷,139—140 頁。

② ［日］加藤弘之口述:「文學博士加藤弘之君」,［日］吉野曠二:『加藤弘之の研究』資料 1, 260—261 頁。

郁阴暗耶?"他们认为,之所以欧美与亚洲人民性格迥异,前者独立不羁,后者卑屈狡狯,关键在于二者对政治的认识不同:"是其最初唯由其人民能否保持其所谓万物之灵之见识耳。呜呼!仅仅一见识之存亡也!而使其人民之品行风气相反,表里之效果便如此显著。岂不应深思其缘故哉?"①这里所谓他人不能压伏的"万物之灵之见识"便是指具备自由平等的观念。欧美人民之所以能独立不羁,精神昂扬,正是具备了这种自由平等的观念:"其人民从其初生开始,便已能具备如此见识:作为所谓万物之灵,不可成为复受他人能压伏之者。只有具备如此见识,乃能崇尚其人民之地位,而足以保有其本然之尊贵。故随其增长,此见识愈益扩充,其看待自己,自然尊重,而其自然高尚也。故其心志也自然高大,而其风气自然更勇敢。"②反过来考察,亚洲人民长期在封建专制统治下,正是缺乏欧美人民这种自由平等精神。亚洲人民要真正获得独立自主、自由平等的社会地位,首先就必须具备不畏专制压迫的自由平等精神。

大井宪太郎认为,人民首先必须具备自由平等的思想,才能够采取行动去争取自由平等的社会地位。因此,必须动用一切媒体,以广泛传播自由平等的社会思想。他指出,依靠教育、宗教乃至儒家学说,都不能够发挥改造现实社会的作用。那么,要采取什么措施,才能推动社会的改造?他主张"莫若传播自由平等之新主义,以使社会思想一变。夫欲传播自由平等之新主义,以使社会思想一变。其法如何?曰:无有他术,演说、著书、报刊,凡有足以诱导开发世之思想者,毫不踌躇,宣扬施用,以引发社会之活力"。③用这种自由平等事项的宣传,引导人民在社会实践中,尽力争取自己应有的自由平等权利。

民权理论家儿岛彰二认为,只有具备了自由精神,人民才能真正享受到自己拥有的天赋权利,所以"开化之人民,各自具备,丝毫不让他人剥夺之"。而每一个人具备的这种"自由之精心"力,就构成了"国家精心力之一分子"。而将这些精心力团结起来的国家,将会"内固而无外侮,法明而无下冤,国富而无民苦。

---

① [日]冈本健三郎他:「民選議院辯」,[日]明治文化研究会编:『明治文化全集』第4卷『憲政篇』,日本評論社,1992年,383頁。

② [日]冈本健三郎他:「民選議院辯」,[日]明治文化研究会编:『明治文化全集』第4卷『憲政篇』,384頁。

③ [日]大井憲太郎:『自由略論』,平野義太郎:『馬城大井憲太郎傳·主要著作原文』,401頁。

我所望能达之,我所好能得之,永久享受天赋之赐予"。因此,将这类国家称为开明社会,将相反之国贬称为野蛮社会。①

植木枝盛一方面主张人民自由权利的正当性,同时也看到了日本人民长期受封建制压迫而形成的卑屈心理。所以另一方面也极力主张人民必须拥有自主独立的精神气概:"若人民各具自主独立之气质,磨智慧,修德义,务职业,励事务,去卑屈之心而振奋元气,兴爱国之心而亲密团结,则国无不强、无不盛。"人民不能什么事都依赖国家政府,否则便会酿成政府的专制。植木从反面分析道:"若其国之人民无气无力,毫无自由独立之精神,并且仅知自己一人一家之事,在国家公众之事务上一向不费心思,无论何事皆一并委托给政府,自己一点也不承担,其国不可云不衰弱。因此,那样专制政府便可为随意放纵之政,不管人民之自主自由,不重视人民之权利,只图压制束缚以使人民屈从,徒酿政府之强大。"②人民要想获得自主自由就更加难以实现了。

上述各种论证显示出一种总体倾向,即思想家们几乎都认为人民的自由平等不仅重要,而且人民应当发扬自由平等精神,自己主动努力去获取,决不能坐等别人的赐予。与此同时,思想家们也从微观视角对自由平等的相关问题进行了细致的论证。

五、对人民自由权如何产生的论证
——天赋人权思想的延伸

在西方思想影响下,明治思想家论证了人类自由权利如何产生的问题。在这个问题上,天赋人权观成为思想家们论述的主要理论依据。如英国思想家斯宾塞认为人类自由天生便有,此思想被翻译后传入日本社会。斯宾塞主张:"天喜好人类之幸福,而人类之幸福,因其官能发挥作用。若此理成立,则天喜好使人类官能发挥其作用。若详言之,使官能发挥作用,乃人类之义务。"那么顺理

---

① ［日］兒島彰二:「民權問答」,［日］明治文化研究会编:『明治文化全集』第5卷『自由民權篇』上,153頁。

② ［日］植木枝盛:「民權自由論」,［日］家永三郎他编:『植木枝盛集』第1卷,17—18頁。

成章,“人使其官能发挥作用,乃出自天意,且为人类之义务也”。① 若真是这样,人类要尽到这种义务,必须先拥有行为的自由。假如失去了这种自由,怎么能使其官能发挥作用呢? 所以“故人类行、止、见、感、语、听、食、眠等,要从事完成其他天赋之性不可欠缺之事,不可没有自由。要之,人类为满足其所欲,直接或间接所要之事,不论与精心或肉体相关,皆不可无为之之自由。若无之,焉能可得履行其义务即天意耶?”②因此,假如人类失去了自由,就不能切实履行天意。这样,上天只好下命令,要人类去争取自由。所以人类请求拥有行动的自由,其依据就是天意,也就是上天希望让人类拥有这种行动自由的权利。斯宾塞的结论是:“天愿意人类幸福,而人类之幸福由其官能发挥作用而可得,天喜好人类使其官能发挥作用也。而欲使之发挥作用,人类不能没有不可欠缺之按其所愿从事万事之自由也。若然,则天欲使人类拥有自由也。故人类有其自由之权利。”③实际上阐述了“天赋人权”的原理。

明治日本思想家们在探讨自由权如何产生时,也吸纳了西方天赋人权理念,主张人类的自由权为天赋,与人的生命始终相伴随。这种思想可以追溯至明治前夕,福泽谕吉在阐释西方自由主义观念时,就提出了这种自由权天赋的理念。他指出,上天既然赋予了人生命,同时也就给予了人们“可保全生命之才力”。但是,假如当人们要灵活运用自己的才力,而无论身体、思想都不能自由时,则这种才力便无法施展。所以在全世界,不管任何国家,也无论什么人种,根据自然法则,人们都能自由自在地活动。“即人作为其人之人,犹如云天下为天下之天下,其生而不被束缚,由天赋予之自主自由之通义,不可卖亦不可买。作为人,其行为端正,除非妨碍他人,国法也不能夺取其自由。”④可见天赋人权思想在明治前后对日本社会的影响是极为深刻的。

在阐述自由权如何形成方面,较为深入的是加藤弘之。他从天赋人权观念

---

① [英]斯邊瑣著、[日]松岛刚訳:「社会平権論」,[日]明治文化研究会编:『明治文化全集』第5卷『自由民権篇』,241頁。

② [英]斯邊瑣著、[日]松岛刚訳:「社会平権論」,[日]明治文化研究会编:『明治文化全集』第5卷『自由民権篇』,241頁。

③ [英]斯邊瑣著、[日]松岛刚訳:「社会平権論」,[日]明治文化研究会编:『明治文化全集』第5卷『自由民権篇』,241頁。

④ [日]福沢諭吉:「西洋事情」外編卷之一,[日]富田正文他編:『福沢諭吉選集』第1卷,169頁。

出发,指出人的自然本性生来就趋于自由。尽管在人的天性中,有多种多样的心愿,"但其中欲不羁自立之情为第一炽热之物,尤其它乃为可以招致一身幸福之媒介"。他还举例道,每当我们大家想到自己所希望的事物时,往往很愉快。但假若这种希望被别人妨害而不能实现,便会立刻产生不愉快的心情,所有的人皆如此。这恰恰证明人们都有自由追求自己喜爱的事物的天性。正因为人们都有这种性情,所以任何人"也会努力避开束缚拘制,各自按照其欲致力于从事招致幸福之事"。然而假若有人无此性情,那么无论受到怎样的束缚,也毫无感觉,也丝毫不会去主动争取幸福生活。"因而有如此适合之情,故有施展此情之权利。凡为人者,不分贵贱上下贫富贤愚,决无受他人束缚之理,若云自己一身之事,皆按自己所欲完成。因此在今日交际上便产生出种种权利。"①也就是说,只要是正常的人,都有追求自由、不受约束的性情,因此人们天生便拥有自由权利。

加藤还从反面论证了人民自由权的天赋性质。他首先指出,自由权虽然种类多样,但无论如何,"诸权索为天赋"。反过来考察,假若没有这种自由权,人民要想谋求自己的幸福安宁的生活,是不可能实现的。而且这种自由权丝毫不能被其他力量剥夺,如果被别人夺去自由权,等于所有的幸福和安宁也一并被夺走了。因此,加藤针对社会上存在剥夺人民自由权的现象感慨道:"是故有人民则必有此自由权,固当然也。然而在开化未全之国,君主政府动辄施行暴权,连天赋自由权尚夺之,以作为君主政府之臣仆奴隶。人民之不幸真可叹也!"②因此,人民若要追求幸福安宁的生活,自由权是不可须臾或缺的。

为了确证自由权的天赋来源,加藤还考察了在欧洲自由权产生和演变的历史:"如法国大学者孟德斯鸠所言,'自由萌生于德意志森林之中',自由权在德意志尚未全开化之世便已产生。之前已在如希腊罗马等制度文物大为开明之国,尽管人民悉皆有权参与国事,但人民私事之自由权却反而很少。德意志人从尚未脱离未开化之名时起,便已开始提倡私事之自由权。然而其后欧洲各国至封建世禄制盛行,此权颇受妨害。但是晚近文明开化达于渐进,此权之势力更为

---

① 〔日〕加藤弘之:「真政大意」,〔日〕明治文化研究会编:『明治文化全集』第5卷「自由民権篇」上,89—90頁。

② 〔日〕加藤弘之:「国体新論」,〔日〕吉田曠二編:『加藤弘之文書』第1卷,155頁。

强大,故最终扫除其妨害,至今世成为确乎不拔者。"①即自由权在欧洲的演变历程十分曲折。人们在原始社会蛮荒时代便处于自由自在的状态,说明天赋自由权已经产生。到希腊罗马等古典文明时代,人们参与政治的公权虽然增加,但自由处理私人事务的权利反而减少。到中世纪封建社会自由权受到妨害,一直到近代人民才又恢复了自由。加藤总结认为,人民追求自由权,最终目的仍然是为了获得安宁幸福的生活:"盖自由权作为天赋,为求安宁幸福之最重要工具也。"②

发起自由民权运动的板垣退助,同样也提出人民的自由权天然存在的思想:"夫天之生斯民也,赋之以自由之性,与之以硕大之能力,使其享受至高之福祉。"③也就是说,上天既然产生了这些人民,同时也就赋予了他们自由权利和巨大的创造能力。目的就是让人民凭借这些自由权利和能力,最大限度地享受幸福。

中江兆民与加藤同样,也认为人们处于原始社会的自然状态时,是拥有自由权的:"盖以为上古之时,邦国未建,制度未设,人人肆意为生,无受人约束,自由权犹盛之候也。"可一旦到了文明社会,出现了等级贵贱制度和阶级矛盾。于是为了协调社会矛盾而建立了国家,人们的自由权便丧失了:"及邦国既建,制度既设,尊卑有常,贫富有别,不复如上古人之肆意为生。即帝王之贵,虽威福自由,往往乎外为强臣之所胁,内为媒嬖之所制,动不如意。比庸人居家颇自姿,或有劣焉,亦非能有自由权也。"④他进一步强调了人民的自由权利为天赋的思想,即"所谓自由权者,天之所与人,令得肆意为生也"。所以人们应当非常珍惜这种权利,稍不注意便有可能丧失。现实恰恰如此,"而今尽天下之人,皆丧失之矣,此天下之一大变事也"。⑤ 自由是上天为了让人们自由自在地生活而赋予人们的,但在现实社会,这种十分珍贵的自由权利却因为专制统治而被剥夺。人民应当充分认识这种现实,团结起来努力恢复自己应有的自由权。

---

① [日]加藤弘之:「国体新論」,[日]吉田曠二編:『加藤弘之文書』第 1 卷,155 頁。
② [日]加藤弘之:「国体新論」,[日]吉田曠二編:『加藤弘之文書』第 1 卷,148 頁。
③ [日]板垣退助監修:『自由黨史』,303—304 頁。
④ [日]中江兆民:「民約訳解」,[日]井田進也編:『中江兆民全集』1,岩波書店,1983 年,74—75 頁。
⑤ [日]中江兆民:「民約訳解」,[日]井田進也編:『中江兆民全集』1,75 頁。

　　马场辰猪主张人们谋求平等自由权利是自然法规定的,他认为原始居民之所以要共有土地和平等分配战利品,体现出一种自由平等的习惯,都是人们遵循自然法的具体行为。即"皆不可不谓是基于自由平等主义而产生之事"。他指出所谓自然法就是自由平等,而遵循自然法"寻求之权利为自然权利"。所以这几者是紧密联系的,即"人类谋求自然权利,则为寻求平等自由。其寻求平等自由,则为寻求对人类生存障碍寡之道。其寻求对人类生存障碍寡之道,则为谋求人类之生存。其谋求人类之生存,则为寻求人类之幸福。其寻求人类之幸福,则为欲达人生之目的。其欲达人生之目的,则为欲全自然力之变化。其欲全自然力之变化,则要遵从不消不灭之自然力之作用"。所以马场最终得出的结论是,"由此自然法产生之权利非人为制作,可谓天赋人权"。① 即自由平等权利来源于天赋。

　　民权思想家儿岛彰二同样认为自由权并非人造,而是来源于天赋。他生动地描述道,我们反复不停地宣传的自由权利,完全不是产生于人们的臆想假设。它就像"草木之得时而发生,已呈现畅达之气质。故若畅达之,即作为天性而顺应上天。若压缩之,则作为人为而悖逆上天"。要获得这种自由权,"关键仅在于制止他人之妨害"。人们如果懂得这种道理,动脑筋、花力气,只要下了功夫,便会得到回报。"自治自修,不依赖他人也不受制于人,不羁独立,享受天地之欢乐,永全自然之恩赐,亦不善耶?"虽然在那些未开的野蛮国家,因暴君污吏作祟,这些天赐的自由权曾经被掠夺,大家对这种现象都习以为常。但发展到了"人智渐开、气力渐备"的社会,谁会再希望甘受那些统治者控制驾驭? 因此,"若人们怀有此赐而自尊自重,不知不觉协力合作,遂成天下一团结之精心力量。是为所谓国家之元气,元气盛则国即荣,元气衰则国即亡。盛衰之机唯一发之间"。②

　　可见,儿岛彰二与其他思想家一样,吸纳了西方的自然权利思想作为自己的理论依据。也就是强调人们的自由权利是天然形成的,如果统治者或他人妨害人民的自由权,便违背了自然规律。而现实社会中恰恰就有因暴君污吏专政,人民自由权被剥夺的非个别现象。儿岛彰二认为这并不能说明人民的自由权利不

① ［日］馬場辰猪:「天賦人権論」,［日］西田長壽他編:『馬場辰猪全集』第 2 卷,100 頁。
② ［日］兒島彰二:「民権問答」,［日］明治文化研究会編:『明治文化全集』第 5 卷『自由民権篇』上,154 頁。

是自然形成。天然形成的规律是不能由人力阻抗的，一旦人民觉醒，团结起来增强自己的力量，绝不会再忍受专制统治者继续妨害自己的自由权利。只有获得了自由权利的全体人民的团结合作，才能够形成强大的力量，国家兴旺发达的元气便来自于这种力量。

六、对不同类别的自由权含义和特征的阐释

人们的自由权利究竟有哪些种类？这些自由权有什么含义和特征？思想家们都有自己的理解。他们各自根据不相同的理解，从各种视角对自由权利进行了分类。

如启蒙思想家箕作麟祥1874年在《明六杂志》发表文章《自由之说》，论述了自由的含义及与国家强盛之关系：" '利波尔提'译为自由，其义在于人民不受他人束缚，自由行使自己的权利。而方今欧亚各国，其政治尽善美，国力变强盛，毕竟因人民皆有自由。"①即认为所谓自由的含义，就是指人民可以自由行使自己的各项权利而不受他人束缚。这里的"他人"当然也包括行使社会管理权的政府。欧美各国之所以强盛，关键就在于人民的自由权可以不受妨害地行使。言下之意，实际上是暗示了日本国家要变得同样强盛，也应当首先保障人民的自由权利。

另一位启蒙思想家西村茂树于1875年发表文章《自主自由解》，按自己的理解将人民的自由权分为天生就形成的自然自由或人身自由，与后天形成的因人们的交往而产生的交际自由或政治自由两类："至近代，将自主自由分为二种：一云自然之自由或人身之自由；二云交际上之自由或政治上之自由。"②西村实际上认为人类自由权利有两种性质，一是自由权的自然属性，即人类在进入文明时代之前，处于原始蒙昧、野蛮时代的那种天然而无拘束的自由。二是自由权利的社会属性，即文明时代人与人之间自由交际的权利。

西村茂树对自己所划分的两种自由权利的含义和特征作了进一步阐释。他

---

① ［日］箕作麟祥：「『リボルチー』ノ説」，［日］明治文化研究会编：『明治文化全集』第19卷『雑誌篇』，99頁。

② ［日］西村茂樹：「自主自由解」，［日］明治文化研究会编：『明治文化全集』第19卷『雑誌篇』，232頁。

认为所谓自然之自由,就是指所有人类的身体,也可称为一个小天地,具有自己所想要便皆可寻求得到之机构,准备了自己管理自己的完整结构。因此作为人类,除了自然法所禁止的事之外,凡是自己认为可以做的事,无论它是任何事情,都有能力按照自己所想的去从事。这种状况就称之为自然之自由。他认为这种自然自由就是天赋人权:"云此为自然之自由者,上帝所赐予天下之人类,成为人们生而固有之权利。"①西村指出所谓自然之自由,虽是人类的天赋权利,但仅仅在原始社会的野蛮状态下存在。在文明时代则不可能继续保持。

于是西村对后一种自由权也作了阐释:"然而并非人类在此社会可单立独行者,必成为相交相亲而度过此生者。相交相亲时,若他人也亦如我固有自由,人们不得不相互将自己之自由让出一分,以全交际之道。"②由于这种交际而形成了人们相互之间不同的社会关系,这时的自由就不可能再是原始、放任的自由了,而是一种被各种法律、规则约束的有限自由。为什么当人类进入文明社会后,人们拥有的自由权会受到限制?因为人是社会的动物,文明时代社会分工越来越细,所以许多事情一个人不可能单独完成,必须与社会上其他的人彼此帮助,甚至紧密结合,人类社会才有可能协调地向前发展。因此,为了抑制因个人自由的随意进行,有可能对他人自由构成的妨碍,社会必须建立各种法律和规则,对个人自由进行一定的限制,从而保证最大多数人的自由能够得以实现。

西村茂树接着对两种自由权比较分析道,交际上的自由与自然的自由虽然同样都是自由权,"然而因为唯谋交际全体之幸福安全,可云稍微抑制一人之自由而保留适当地位者。若一人自己擅为自由而妨碍他人之自由,便不得不建立法律控制其擅横。此法律虽稍抑制一人之自由,由此却得以伸张众人之自由,名为增加交际上之自由者。故交际上之自由成为由良善之法律力量而得之者。古语曰,在无法之地没有自由,言之有理"。③ 即为了保障绝大多数人的安全幸福,不得不用法律来限制个人的随意自由。西村茂树的这种主张用法律规范来保护

① ［日］西村茂樹:「自主自由解」,［日］明治文化研究会编:『明治文化全集』第19卷『雑誌篇』,232頁。

② ［日］西村茂樹:「自主自由解」,［日］明治文化研究会编:『明治文化全集』第19卷『雑誌篇』,232頁。

③ ［日］西村茂樹:「自主自由解」,［日］明治文化研究会编:『明治文化全集』第19卷『雑誌篇』,232頁。

绝大多数人的自由的思想,后来中江兆民等思想家也表示赞同。

植木枝盛在 1881 年 4 月的日记中,曾将自由分为三方面含义进行阐释:"所谓自由,若按广义,任何地方皆可用。第一若云人之自由,可表示其人对他人之自由。第二若云良心之自由,则表示良心对邪欲之自由。第三若云意愿之自由,则可表示对意愿以外各部分构成之自由。无论对哪方面皆可融会贯通。"①植木在此对自由的分类和含义比较抽象难懂。他实际上论述的是广义的自由。这种广义的自由随处可见,包括人与他人交往时的行为自由,人的善良思想的自由,以及人的意愿不受约束的自由。

而植木枝盛则认为自由权的最关键的含义和特征,就是促使人们各自具有的个性能够在社会上得到充分伸展。他指出,社会上的不同意见是因为自由表露思想所产生,而人们追求的真理,就是由不同意见相互讨论、辩明后出现。所以社会上决不允许压制各种不同意见。"云真理由此而出现,进而利益由此而获得,实乃千古之格言也。"②即真理是越辩论越清楚,而坚持真理便会获得实际的社会利益。植木还引用苏格兰人塞缪尔·斯迈尔斯(1812—1904 年)的《自助论》的理论,来表明自己对人们自由发挥才能的肯定:"人世之大道理何为最要,曰:宜使人们得自由发展其才性,自抉手眼,另开生面,千殊万异,各呈其美。则交相资益者日够,而福祚日崇矣。人人有自己性灵,万异而万不同,各发达其独有特异者,人生之景象所以日进而不已也。"即让人们各自充分自由地发挥自己的才能,社会才会不断进步,各项事业才会欣欣向荣。反之亦然,"若乃以一定之规矩教道,强同兆民之心思言行,禁新异非常之事,则人智不复牖,世道不复上,归于固陋顽愚而已矣"。如果强行压制人民的自由思想,使人们越来越愚昧无知,反而会导致社会各业每况愈下。植木肯定这种理论"此言甚获我心"。③也就是说,他认为只有人的个性得到充分发展,人类所追求的真理才会产生。人的个性的彻底解放,是自文艺复兴以来资产阶级追求的目标。植木在此不仅阐释了自由权的真谛,而且也引出了自由权在人类认识史上的重要功能。

1881 年,中江兆民也对人民自由权原本的含义做了界定:"请先泛说自由之本义……夫 *liberte* 之语,译之曰自主、自由、独立、不羁等。然至其意义之深微,

① [日]植木枝盛:「無天雑録」3,[日]家永三郎他编:『植木枝盛集』第 9 卷,183 页。
② [日]植木枝盛:「無天雑録」4,[日]家永三郎他编:『植木枝盛集』第 9 卷,309—310 页。
③ [日]植木枝盛:「無天雑録」4,[日]家永三郎他编:『植木枝盛集』第 9 卷,309—310 页。

非此数语所能尽。"①即自由权的含义十分深刻,一言难尽。它实际上包括了多种含义。在承认这种复杂含义的前提下,中江兆民又从两种不同的视角对自由进行了分类。

从第一种视角,依据自由权的表现形式,他将其分为两类:"自由之旨趣,其目二:曰心神之自由,曰行为之自由。"②对这两种自由权的表现形式,他具体阐释道:"第一,心神之自由:我精神心思决不受他物之束缚,谓完然发达,无留余力是也。"即人们思想的自由权是完全不受任何约束的,包括不受时间、空间限制,可自由自在地充分扩展。中江兆民还生动地形容这种思想自由的表现:"古人所谓义与道配,浩然之一气,即乃此物也。内省而不疚,自反而缩,也亦作为此物,乃俯仰天地而无愧作。外之不被政府教门之所钳制,内之不受五欲六恶之所妨碍。活泼泼,转辘辘,凡其所得驰骛者驰骛之,愈进而无少挠者也。故心思之自由,乃我本有之根基,以行为之自由为首,其他百般自由皆从此出,凡人生行为福祉学艺皆出于此。盖吾人所最可应当留心涵养,尚无比此物者。"③可见思想意识方面的自由权对于人类自身发展的极为重要性。

第二种表现形式中江称为"行为之自由。即人人所以自处者及其所以与他人相处者皆在其中"。即人们可以自己自由地独立行动,从事任何活动;也可以与他人自由交往,以便从事各种活动。这种行为自由权,他又细分为各种具体表现形式:"举其目:曰一身之自由,曰思想之自由,曰言论之自由,曰集会之自由,曰出版之自由,曰结社之自由,曰民事之自由,曰从政之自由。"④实际上涉及了自由权的具体内容。

中江兆民在此阐释的自由权的两种表现形式,实际上是指人的思想和行为两方面的自由权利。他生动地分析了心神自由与行为自由的不同特征:"心思之自由,极天地,穷古今,无丝毫增损者。然而因文物之盛否与人之贤愚,所及或

---

① ［日］中江兆民:「吾儕ノ此新聞紙ヲ発兌スルヤ」,［日］松永昌三編:『中江兆民全集』14,岩波書店,1985年,1—2頁。

② ［日］中江兆民:「吾儕ノ此新聞紙ヲ発兌スルヤ」,［日］松永昌三編:『中江兆民全集』14,1頁。

③ ［日］中江兆民:「吾儕ノ此新聞紙ヲ発兌スルヤ」,［日］松永昌三編:『中江兆民全集』14,2頁。

④ ［日］中江兆民:「吾儕ノ此新聞紙ヲ発兌スルヤ」,［日］松永昌三編:『中江兆民全集』14,2頁。

不能不少有差异。至于行为之自由,因气候寒热、土壤肥硬、风俗淑慝等,其差异更有甚者。呜呼! 心思之自由、行为之自由,岂容少有差异哉? 而自古及今,不能无差异。"①即思想自由可以彻底无限,如果仅限于思想,是不会对他人利益造成任何影响的,所以不受限制。但行为自由则受到各种客观条件的限制,因为行动会触及他人的利害,也表现出很大的差异,从而只能是一种相对的自由。

次年中江兆民又在名著《民约译解》中,在对自由权演变进行了历史考察后,从第二种视角,即按其来源对自由权进行了分类。一类是指原始社会人们天然存在的自由权:"上古之人,肆意为生,绝无被检束,纯乎天者也,故谓之天命之自由。"这种天赋自由权是不受约束,自由行使的。另一类是进入到了文明社会,自由权便会受到一定限制:"民相共约,建邦国,设法度,兴自治之制,斯以得各遂其生、长其利,杂乎人者也,故谓之人义之自由。"②所谓人义之自由,实际上就是指人与人之间进行交往时,必须按照一定的规则、道义进行活动,不能再像原始社会那样自由自在地活动了。这时候的自由权,在相当大的程度上会受到各种人为制定的法律、规则的约束。因此是一种有限制的自由。中江兆民的观点与西村茂树等启蒙思想家的看法如出一辙。

中江兆民根据自己的理解,从自由权来源的视角,分析了两种不同的自由权的含义和特征。首先他指出"天命之自由,本无限极,而其弊也,不免交侵亘夺之患"。也就是说,自然形成的天命之自由权,存在人们为了利益而相互争斗的"交侵亘夺之患"的不安全情形,因而是不可能维持长久的。那么为了避免这种明显的弊端,人们"于是咸自弃其天命之自由,相约建邦国,作制度以自治,而人义之自由生焉"。即当社会进入文明社会以后,人们便通过建立相应的制度进行自治,以保护各人的自由权,从而便产生了在制度规定和限制下的人义自由。对这种"人义自由"的性质,中江兆民分析道:"如此者所谓弃自由权者正道也。无他,弃其一而取其二,究竟无有所丧也。"即表面看来,人们是放弃了自己的一部分自由权,但却保障绝大多数人获得了更多的自由权利。得到多于失去。反之,如果不这样做,还是保持原始状态下的无拘束的自由,那么"豪猾之徒,见我之相争不已,不能自怀其生,因逞其诈力,胁制于我。而我从奉之君之,就听命

① [日]中江兆民:「吾儕ノ此新聞紙ヲ発兌スルヤ」,[日]松永昌三編:『中江兆民全集』14,2—3頁。

② [日]中江兆民:「民約訳解」,[日]井田進也編:『中江兆民全集』1,75頁。

焉。如此者,非所谓弃自由权之正道也。无他,天命之自由与人义之自由,并失之也"。① 凭借强力和奸诈的"豪猾之徒"便会实际控制人们,使大家服从他的统治。实际上人们的自由权,无论是自然自由还是社会自由便会统统丧失。

因此,在两种自由之间,中江兆民更强调自由权具有的社会性,而不是自然性,于是进一步分析了两种自由权的本质和特征的区别。他认为所谓天命自由即自然自由阶段,每个人都凭借强力生存。因此无论是土地等不动产也罢,还是普通财产也罢,只要没有人守卫保护,或者只要没有人先下手,人们动辄便会谋取这些财产。中江兆民称之为"所谓夺有之权与先有之权也"。而一旦出现力量更为强大的人超过自己,自己到手的财产就会被该人抢夺而去。因此中江认为这种因天然自由权带来的产权,无论是先占有的还是抢夺来的,都将会"与力俱生,与力俱灭也"。②

而文明时代的所谓"人义之自由",是由人民相互约定后设置的,也会被这种约定所限制。假若人民相互间的约定成立,并制定了相关法律,那么无论土地等不动产还是普通财产,皆必然有一定的所有者。这就是按照法律规定的保有财产的自由权。中江兆民认为这种财产权因受到法律保护,所以与人的力量大小无关:"而此权者,文书为之征,故得之与失之,并无关于力。"③财产所有权的得失与是否有力量无关,只能依据法律规定。这就是文明时代的社会自由与原始社会自然自由的本质区别。由此,中江兆民从自由权来源的视角,自然而然地提出了西方传来的"契约论"思想,即国家必须按照人民与政府约定的法律,对人民的自由权实施保护,而不能用暴力来限制或剥夺人民的自由。

当然,也有学者强调人们的自由是有限的。如加藤弘之在主张人民应当拥有各方面的自由权时,就曾附加了一定的条件。例如针对言论出版自由权指出:"但此权利自由,并非允许胡乱记载,若其记载之言有过分蛊惑人心、妨害治安之内容,记者理所当然必受其罪。"当然为了同时也保障记者的言论自由,"故有让记者辩解其责之法律"。④ 另外他主张在某些特殊情况下,也可适当限制这种自由:"但虽此自由权,若因反伦理背公道而对国家人民造成妨害,自不待言,防

---

① ［日］中江兆民：「民約訳解」,［日］井田進也編：『中江兆民全集』1,75頁。
② ［日］中江兆民：「民約訳解」,［日］井田進也編：『中江兆民全集』1,97頁。
③ ［日］中江兆民：「民約訳解」,［日］井田進也編：『中江兆民全集』1,97—98頁。
④ ［日］加藤弘之：「国体新論」,［日］吉田曠二編：『加藤弘之文書』第1卷,148頁。

制此害即为君主政府之权利义务。"①即这种自由权必须以不违背伦理公道和不妨害国家人民为前提。至于是什么样的公道和伦理,加藤没有具体解释。这为他以后提出新的见解留下了较大的回旋空间。

另外加藤在对比人民的自由权与国家的统治权时,已明显倾向于所谓"国权"。如当时福泽谕吉主张变革人民的风气,尽快加强与政府力量相对的人民力量,也就要扩大人民的自由权利。而加藤相反,他针对福泽的主张阐述道:"先生之论乃自由也。自由决不可无。欧洲各国近今裨补世道之上进,最在自由之功。然而自由论甚过时,国权遂可至被迫衰弱。国权若遂衰弱,国家亦决不可立。"②也就是说,他是以国家机构的整备和国家权力的确立为当务之急。这从另一侧面表明了加藤适当限制人民自由权的主张。

不过考察明治时期大多数思想家的政治主张,每当他们论述人民的权利自由等相关论题时,最后都要归结于"国权"这一终极目标。这反映出在幕末列强压迫下,日本社会有识之士对民族危机的敏感和希冀日本国家强大的迫切愿望,同时也为以后论述国权的扩张留下了进一步拓展的空间。当然,这也就引起了现代学者们对其所宣扬的近代化政治思想逻辑的非议。

七、对人民自由权内容的论述

人民的自由权利具体包括哪些内容?思想家们存在各种不同理解。例如加藤弘之指出,根据社会制度的差异,人民所享有的自由权也相应地不尽相同:"对自由权承认之状况,随各国宪法各有差异。"他具体列举了自认为相对主要的几项自由权利:"今若列举二三项最重要之自由权,即可以保全自己生命之权利,可以自由使用自己身体之权利,可以自由处分自己所有物之权利,自由信奉自己所信之宗教,以及可以自由论述记载自己想法之权利,可以与同志相结自由谋事之权利(指就学术商业等结为公司)等是也。盖是等固然为最重要之权利,故各国大抵共同承认。虽至于其它,各国自有不同,就中如英美二国文化冠

---

① 〔日〕加藤弘之:「国体新論」,〔日〕吉田曠二编:『加藤弘之文書』第 1 卷,149 页。

② 〔日〕加藤弘之:「福沢先生の論に答ふ」,〔日〕明治文化研究会编:『明治文化全集』第 19 卷『雑誌篇』,58 页。

于各国者,因宪法良正,故自由权允许亦甚大。"①可见其界定的自由权,涉及了人民生活的各个方面,从人身权、财产权,到信教权、思想言论权,甚至结社、办公司的诸项权利的自由行使。

而且加藤还进一步将人民自由权范围扩大,由处理私人事务延伸至参与公共事务的自由权:"除上所论人民私事上之自由权外,尤有公事上之自由权。即前章论述人民参与国事之权利是也。在古之希腊罗马,没有人民立代表之法,人民总有权直接议论国事。加之大小之事依法总是以公论决定,故人民掌握公事之自由权甚大。但反而私事却很少任各人之自由,故私事自由权甚微。近今制度立代表之法,总体已无让人民直接议论国事且大小事皆以公议而定之法,故人民对公事之自由权虽不如古代之大,但私事大抵由本人自由处置,故对私事之自由权已数倍于古代之制度。盖近今之制度可云至当。但在尚未建立立宪政体之国,人民没有此公事之自由权已如前论。"②也就是说,人民是否能有参与公共事务的自由权,与是否实行宪政密切相关。

加藤用了一种动态的思维,来分析世界各国的自由权问题。即自由权不仅在各国有所差异,而且其本身也在随着时代不断发生变化。其中公私权利此消彼长,因时间和空间不同而交替转换,其多少程度很难作明确界定。其实有关自由权的具体内容,加藤早在1868年论述人民权利时已经涉及,例如人民应当有"自身自主之权利,有不得被胡乱逮捕、肆意关进监狱之权利;自由行事之权利,有不受阻碍地任意从事宪法禁止之外的人生诸业之权利……自由思言书之权利,思、言、书三事皆可任意所为之权利。但若是桀纣,连思考之自由都胆敢禁止……信仰自由之权利,即教法之事不拘宗派,随其人之意得以信仰任何宗派之权利。但迄中古,此种权利未立,既有尊崇古宗派而贬低新宗派之国,也有允许新宗派而禁止古宗派之国,因此,屡起国乱。晚近废除了此类禁令,政府全然不评论宗派之是非善恶,只确立让人们得以自由地随意信仰何种宗派之权利。故如今绝不会因宗教引起国乱,盖因欧洲已开化大进步矣"。③ 这既包括了人身自由,也包括了人民的思想和宗教信仰等精神方面的自由,以及表达这些思想的行

---

① ［日］加藤弘之:「国体新論」,［日］吉田曠二編:『加藤弘之文書』第1卷,155頁。
② ［日］加藤弘之:「国体新論」,［日］吉田曠二編:『加藤弘之文書』第1卷,155—156頁。
③ ［日］加藤弘之:「立宪政體略」,［日］明治文化研究会編:『明治文化全派』第8卷『政治篇』,24—25頁。

为如言论、著述、出版等方面的自由权利。

中江兆民认为自由应当包括以下内容："曰一身之自由,曰思想之自由,曰言论之自由,曰集会之自由,曰出版之自由,曰结社之自由,曰民事之自由,曰从政之自由。"①可以看出,中江兆民所举的自由权利既包括了人民的私人权利,也包括了人民对国家事务的公权如参政权。

当时日本正面临重建新的政治体制的任务,因此在提出人民拥有参政权利的同时,思想家们也提出了人民的政治自由的主张。如大井宪太郎就提出了政治自由的观念。他认为,人民要真正获得自由平等的地位,首先必须在政治上拥有自由。因此他强调了人民在政治上拥有自由权的重要性:"试取我邦今日之事言之,不得不谓政治上之自由颇为急要也。夫自由之基础既成,世人普遍欲知应珍重自由,盖不用告诫心灵自由之急焉。然而在今日,动辄不得论断。若总括今内外自由而论之,对于社会,自由之效用实堪惊讶。其中将世人最爱慕者构成政治上之自由。盖其光华灿烂,耀耀人目,物莫如彼。因不仅其形之秀美,国利民福之实效实在灿然也。"②可以看出,大井宪太郎认为人民获取政治上之自由比其他方面的自由更为要紧和急需。这实际上已涉及公权自由的问题。

大井还进一步分析道,人民是否能够获得自由权利,不仅仅是人民自身的问题,而在很大程度上与政治是否开明密切相关。因此他把自由权与其他不同事物进行比较,来说明自由本身的含义。他首先指出,一般事物都有其表里两面,也有相对应者。他接着列举了与自由相对应的概念:"故自由与压制常相表里,自由与平等相匹偶如胶似漆。而压制与自由相反也,非比通常事物相反。比天地相隔、黑白相去更甚。"③即压制与自由的相反程度是最为严重的。他从政治体制的角度,列举了压制人民自由权的各种政治概念:"今在此提出与自由或自由政体相反之文字,有寡头政治、有司专制、武断政治、君主专制。君主独裁、暴

---

① 〔日〕中江兆民:「吾儕ノ此新聞紙ヲ発兌スルヤ」,〔日〕松永昌三编:『中江兆民全集』14,2 页。

② 〔日〕大井宪太郎:「自由略論」,〔日〕平野义太郎:『馬城大井宪太郎伝・主要著作原文』,403 页。

③ 〔日〕大井宪太郎:「自由略論」,〔日〕平野义太郎:『馬城大井宪太郎伝・主要著作原文』,404—405 页。

政、虐政、强迫压制、拘束、干涉、压抑等文字是也。"①同时他也列举出与自由权相近的概念来加深说明自由的特性："又有与自由之文字常常相待相结相偶合，须臾不可离者，称之为自主。自主与自由原来为同根一元，虽欲相离而终不能。苟使相离，则自主自由不可得。"②即人民要对自己的事由自己做主，才能真正拥有自由权。大井的这种对比分析使人更容易理解自由所包含的特殊含义。同时也隐含着主张人民在政治上当家做主的愿望。虽然大井在此已涉及了政治体制的问题，但从其表述看，他仍然主要是指在各种政治体制下人际之间的政治关系而言，包括统治者这种特殊的人与人民之间的政治关系。

与其他思想家们主张人民的参政权利观点一致，立志社宪法预案起草者坂本南海男也主张人民应当拥有政治上的自由。他首先指出，人们之所以要从事社交活动，谋求自己的便利，目的都是为了过上幸福、安宁的生活，"即不外欲达天赋之真诠"。当从事这些活动时，如果没有与他人同样的自由权，则一切皆无法进行。从这一原则出发，"他人之所为，己亦为之；他人之所行，己亦必有行之之权利。因此，他人拥有政权，己亦必有拥有之权利"。③ 他又驳斥了神学家宣扬的君主理所当然应独占政权的谬论："神学者之说曰：人皆没有天性自由，其有者，唯限上帝特别赋予之一族。故保有政权者独此一族。又曰：君主奉天命而独自治国。又曰：君主乃天之代表。然而，世之常言云，若不云人为万物之灵而云人，则人皆成为人。为何限于君主一人耶？若有与他同等可为事之权利，则君主有权利，人民必然也亦有之，不应当没有名义。"他强调人民如果没有政治自由便等于死亡，如果仅限于君主一人拥有政权，实际上就暗含人民都应当死亡的意思。④

坂本指出，当国家创建时，有谋略的统治者，利用了这些神学家宣传的理论，目的是巧妙地笼络人心，故意编造一些奇谈怪论，来统一社会思想。实际上毫无

---

① ［日］大井宪太郎：「自由略論」，［日］平野義太郎：『馬城大井憲太郎傳·主要著作原文』，405 頁。

② ［日］大井宪太郎：「自由略論」，［日］平野義太郎：『馬城大井憲太郎傳·主要著作原文』，404—405 頁。

③ ［日］坂本南海男：「政論·第三·政権」，［日］稻田正次編：『明治国家成立過程の研究』，御茶の水書房，1977 年，37 頁より引用。

④ ［日］坂本南海男：「政論·第三·政権」，［日］稻田正次編：『明治国家成立過程の研究』，37 頁より引用。

道理可言,而且十分可笑。坂本特别强调了政治上的自由,"作为数种自由之一,而也亦成为保护其他自由不可欠缺之一大贵重物品。无论如何,若没有政事之自由,身体及人文之自由便不可保。盖自由为人类之天性,故决不可由人之与夺。若成为可由人之与夺者,生命亦由人与夺,所有也亦无不然也。然而,人皆为人,权利皆同等,为何人要成为由人与夺之物耶?"①他强调政治上的自由既与其他自由并列,又是保证其他自由能够实现的先决条件。这就使自由这一权利不仅限于理论概念,也与现实政治紧密联系起来。

除了首要的政治自由权外,明治日本思想家们大多特别重视宣扬人民的思想言论自由,以及为了表达这种自由而在出版发表等方面的自由权利,这大概与当时形势密切相关。明指初期的舆论环境相对宽松,启蒙思想、向西方学习的思想在社会广为流传,人民群众的智慧和知识进一步提高。于是更加关注社会问题和政治问题。尤其是自由民权运动兴起后,各地有关立宪政治和设立议会的思想舆论沸沸扬扬。明治政府感到人民思想的解放,已经对自己构成了威胁,于是发布一系列旨在镇压舆论的法令。在这种情况下,要继续推进立宪运动和民选议会设立,首先必须大力宣传思想言论的自由,以使人民可以合法地对国家事务进行评论和建议。

这种对思想言论自由的宣传,早在明治初期已经展开。如小幡笃二郎于1873年将法国学者托克维尔的《论美国的民主制度》一书中的有关出版自由的论述节译为《上木自由之论》。他在译文的序言中,指责日本社会的一些保守的学者站在政府一边阻碍出版自由:"若彼之学者唯知仅有政府,不知有人民,其所论也亦自然仅以政府之利害为目的。在议论出版自由之得失上,其所见也甚为狭隘:若让出版自由,或称有触犯政府之忌讳之内容,或称会招致诽谤官员之弊。只管担心有危害政府专制之趣意,忙于陈腐琐碎之喋论。扪心自问,对于出版自由之得失,尚未能认识其真谛。"他认为出版人们的著述,是一种让人民表达思想的公共事业,并非政府私有的一般事务:"出版并非仅为政府私有之器械,关系民情风俗,及力最广泛,全国盛衰也可由此一事而成。"②即出版事业的

---

① [日]坂本南海男:「政論・第三・政権」,[日]稲田正次編:『明治国家成立過程の研究』,37—38頁より引用。

② [日]小幡篤二郎:「上木自由之論」,[日]明治文化研究会編:『明治文化全集』第5卷『自由民権篇』上,129頁。

重要性不仅涉及民情风俗等社会问题,甚至可能关乎国家的生死存亡。

为此,小幡笃二郎专门引用了托克维尔的论述,强调了出版印刷自由的必要性:"必须要有印书自由权。"接着他分析了这种必要性的理由:"盖其国虽提倡自由政体,但在国宪中蒙受冤屈者,因无法向法院提出原告之权利,政府官员恣意破坏法令,也丝毫不能惩罚之。在如此之国家,印书自由之权利,对士民无比重要。盖作为此国,若有此权利,不仅为护民之一工具。士民之获得自主保全,只能全靠此权利。故居住如此国家,执政之官若欲废除印书之自由,一国之士民皆可同声回答道:给我以公罚官员罪犯之权利吧,那样我将谢绝超越舆论控诉之权利。"①即如果能够给老百姓以惩处违法官员的直接权利,百姓也用不着走只能通过舆论谴责官员违法行为这条弯路。而现在既然百姓没有这种惩处权,让百姓自由发表思想言论来监督官员,从而尽可能保护自己的合法权益,就显得十分必要。

小幡笃二郎接着又谴责了政府对出版印刷的检查制度:"在人民拥有主权之说显著流行之国,若有印书检查,不仅有危险之害,又不免背理。若缙士各自拥有可参与政府事务之权利,亦各自取舍时人之论说,承担选择可供时事参考内容之任务。因此民有主权和印书自由,犹如人有手足。又稿本之检查乃与群众共议互不相容,又在同政府之宪法中永久不能并存也。"②他还以亲身体验证明,在美国三千万民众,没有一个人受到出版印刷自由的限制。以此强调对书籍出版设立检查制度,不仅与言论自由相抵牾,而且与宪法规定的人民自由权利相矛盾,因此不能与宪法同时并存,应当尽快取消。

启蒙思想家西周 1874 年在论述思想自由时曾强调:"夫政府立法之体就显于外形者而制之。其内心所有之可否不得问。"③即强调政府的法律只能规范老百姓的外在行为,不可能去约束其思想,因为思想是自由驰骋、无所限制的,与宗教约束人的内心截然不同。

---

① [日]小幡笃二郎:「上木自由之論」,[日]明治文化研究会編:『明治文化全集』第 5 卷『自由民権篇』上,130—131 頁。

② [日]小幡笃二郎:「上木自由之論」,[日]明治文化研究会編:『明治文化全集』第 5 卷『自由民権篇』上,130—131 頁。

③ [日]西周:「教門論」2,[日]明治文化研究会編:『明治文化全集』第 19 卷『雑誌篇』,74 頁。

加藤弘之在许多场合都曾论及人民应当拥有思想出版自由权利。在 1874 年出版的《国体新论》中，他从几层意思表达了自己这方面的主张。首先，他明确强调人民的思想自由为天赋："自由权者天赋之，为求安宁幸福之最重要工具也。况于人民心灵之上，君主政府固不能施其权者。"为什么君主政府不能凭借权力干预人民的思想自由呢？加藤否定历来封建统治者宣扬的君权神授理论认为，君主和政府并不像历史上的日本人和中国人想象的那样，要么是接受天神命令，要么是代理天神行使统治权，也并非是什么与人类不同的神仙之类。所以"完全无权制驭同类之人天赋之灵魂思想，实为明了之事。此即彼不拘信教自由以及其它何事，皆有论述记录各自思考内容之自由权（出版之自由亦属之），因此这类事务全属君主政府权力之外，理所当然"。① 即人民头脑中的信仰、思想，以及将思想公开发表的自由权，不属于君主政府权力管辖的范围，应当让人民自由行使。

那么这种自由权的行使是否毫无限制呢？加藤接着又指出，在某些场合下，这种自由权有可能受到限制："但虽此自由权，若因反伦理背公道，而对国家人民造成妨害，自不待言，防制此害即为君主政府之权利义务。且国家若有战乱等状况，不仅此等权利，虽其它私权，亦将可能姑且受到束缚限制。"② 即人民的思想言论自由权，在某些特定场合会受到限制。如言论违背了社会通常公认的伦理道德，从而对国家人民造成了妨害之时。当然，遇到战乱等紧急局势，思想言论自由也会与其他私人权利一样，受到限制。

尽管如此，加藤还是谴责了君主制下统治者常常在并没有特殊危急局面的情况下，也借故剥夺人民的思想言论自由的非法行径："然而各国君主在没有上述不得已之事时，也动辄不但对人民之私事，连信教学问及论说等皆为有关灵魂心思上之事施其权力，恣欲制之。或取缔教派，或许此禁彼，或此学问为是，彼学问为非，此论说可而彼论说不可等，多妄定其许否等，实可云所行多违犯自己之权限。"他一针见血地指出，君主政府如此肆无忌惮地施行高压统治，压制人民，所谓要使百姓皆变得愚昧无知，那么最终只会导致"人民之精神气力衰耗，故国家之精神气力亦随至衰耗"。而一旦国家的精神气力衰竭，君主和政府难道可

---

① ［日］加藤弘之：「国体新論」，［日］吉田曠二编：『加藤弘之文書』第 1 卷，148—149 頁。
② ［日］加藤弘之：「国体新論」，［日］吉田曠二编：『加藤弘之文書』第 1 卷，149 頁。

以单独保障自己的荣华富贵？因此君主政府若压制人民的思想言论自由，其结果"君主政府不仅害人民，亦自害也。岂可不惧耶？"由此可以得知，"君主政府之权力仅止于与公共交际有利害之事件上，而丝毫不能涉及纯粹私事及灵魂心思上"。①

加藤弘之在此将思想和出版自由权划归人民的私人权利范围内，认为政府完全无权干涉。而且他还警告，若统治者长期压制人民的思想言论自由，将会导致国家走向衰落。加藤就此问题得出的结论是，即便是君主，"在私事及灵魂心思上丝毫不可施其权，特应任其自由为最紧要。是故虽称君权无限之政体，也决非指所允许君主政府之擅恣之政体"。② 将国家的近代化的实现与否，与人民的思想言论自由是否得到保障紧密地联系在一起。

津田真道于1874年在《明六杂志》上发表论文"论盼望出版自由"，针对明治政府日益严厉的压制舆论的趋势，强烈主张给予人民以言论出版自由。他对比文明与野蛮社会的不同性质认为："野蛮之政治羁轭人，文明之民不受羁轭。文野之别，唯应视其民之言行是否得到自由。"人的天性和灵魂本来就是自由的，"君子静居，敬天思善，虽大魔王亦不能妨碍其自由"。但是，假若每当人民有言论行为时，统治者便会"或玩弄威权禁之，或设立法律制之"。津田指出前一种"玩弄威权禁之为野蛮之丑政，现暂且不论"。但后一种"设立法律制之设立，多为那些（文明）半开之国、专制之政治所为。或在自称风气文明之国偶有所闻"。③ 显然这里是指日本等所谓半文明开化的国家的统治行为。

为了更清楚地阐述自己的主张，津田列举了欧美国家的实例加以说明。他指出在英美各国，人民的确获得了言行自由，当然也不得只顾自己的自由而妨碍别人自由。但法国压制人民言论自由，效果却适得其反："在法兰西等诸国中有《出版条例》，听说非经官方允许绝不能印刷图书。原来在法兰西诸国，处士横议，民论沸腾，政府颇难统御。加之政府数次颠覆之因，作为职业似已由之。故政府欲惩罚之，强行钳制言论，以保永久治安。拿破仑三世凭借狡智，仿佛一时处置得宜。然而最终黔驴技穷，投降普鲁士成为俘虏而客死英国，本国政治再次

① ［日］加藤弘之：「国体新論」，［日］吉田曠二編：『加藤弘之文書』第1卷，149頁。
② ［日］加藤弘之：「国体新論」，［日］吉田曠二編：『加藤弘之文書』第1卷，151頁。
③ ［日］津田真道：「出版自由ナランコトヲ望ム論」，［日］大久保利謙他編：『津田真道全集』上，310頁。

颠覆。难道云彼处置得宜乎？我想，法国政治数次颠覆之缘由，却在于钳制言论、妨碍自由。"①

津田紧接着笔锋一转，直接谈论到日本的现实："现今我国虽云人文颇开，但还不及法国十分之一，处士虽偶有议论者，大体不过乃奉迎朝旨，适合相意，岂不丑陋？朝廷苦于何事耶？纵令处士横议如法国，处理朝廷之事也必须有果断见识，如俄国之彼得大帝、普鲁士之宰相俾斯麦那样。难道还会担心其间处士有何议论吗？而且如诽谤政事、诬告罪恶、谩骂他人者，朝中有现成法典，可至当处罚。纵令有出版条例，每年有数十百万言印刷物，检查官难道能够逐一调查乎？其实正如有名无实之迁徙法一样。我辈仰望朝廷，速如正大公明磊磊日月高悬中天一般，发出政令，给予人民出版自由，使我国人民眼界更开，十分顺利地完成不羁自由之战略。盖此为推进开明之最捷径也。"②

他还规劝政府不要将人民刚刚萌芽的智识扼杀在尚未长成之时，而应当通过鼓励出版自由来保护这种智识："余曾著出版自由论，其言所欲，仅希望可以履行随意著述，而不受政府方面制肘。盖今之时，即我大日本帝国文化将开之秋，犹如草木之冒发枝条时，又如人之生长智识时。宜爱养保护，不从侧旁压倒妨害，任其自然运行，应无危害生长发达之机会之事。"③要保护人民的智识增长，当然必须维护人民的思想、言论、著书立说和出版发表的自由权。

大井宪太郎将这种思想自由称为"心灵自由"。尽管他十分重视人民的政治自由权，但是他认为思想自由也是非常珍贵和不可或缺的："心灵上之自由，亦最可赏美、最应爱慕，决不逊于政治上之自由。"尽管这种思想自由眼睛看不到，耳朵听不到，只能凭借人们的智慧观察体会到。因而有人往往会藐视甚至忽略它，只要粗略了解便心满意足。由此大井特别强调："试看哟！作为心灵，若使其自由自在不失本性则如何？以心灵发挥心灵所有之妙用将有何焉？夫人畜有别，与心灵之自由无关耶？人有智愚之别，非因自由有多少之差而产生耶？"④

---

① ［日］津田真道：「出版自由ナランコトヲ望ム論」，［日］大久保利谦他编：『津田真道全集』上，311 頁。

② ［日］津田真道：「出版自由ナランコトヲ望ム論」，［日］大久保利谦他编：『津田真道全集』上，311 頁。

③ ［日］津田真道：「新聞紙論」，［日］大久保利谦他编：『津田真道全集』上，339 頁。

④ ［日］大井憲太郎：「自由略論」，［日］平野義太郎：『馬城大井憲太郎傳・主要著作原文』，403 頁。

大井宪太郎认为，人类的思想自由异常重要，假若没有思想的自由，人类将什么事情也无法取得成功。而人们往往重视外部的行为自由，忽略内在的思想自由。所以当思想受到压制时，还没有意识到自己已在很大程度上失去了自由。

因此，他专门强调了这种思想自由对人类生存的极端重要性："盖心灵之自由乃心之活动也。若要达智觉之用，奏思辨之功，此自由力是赖也。若假定不幸丧失心灵之自由，智觉思辨失其活动，决不见其效，人乃成为一个木偶泥塑一般。故曰，心灵上自由者，心之活动也。"①失去思想自由的人，无异于供人观赏的木偶泥塑，完全丧失了做人的意义。但社会上的人大多只看重外部行为的自由权，而比较轻视内在的思想自由，所以自己才专门论证思想自由之珍贵及其理由，以便让世人牢记在心："曰：目之视物，心之视理。其旨一也。目固自明矣，故能分物色。新固自由矣，故解事理。然世人目盲，则谓失自由。而不知心盲则亦失其自由。是亦不知其本也。"②即思想自由是本，行为自由是受到思想自由支配的。所以人们不能本末倒置。

1877年，民权思想家儿岛彰二为了强调言论自由的重要性，在文章中引用明治天皇颁布的《五条誓文》来作为其依据："明治新政之初，陛下亲自立下五条圣誓，向庶民普遍公布。"接着根据自己的理解对第一条解释道："其一曰，广兴会议，万机决于公论。所谓广兴会议，便是让全国普通人民，普遍议论国是，而采纳其公明正大者，作为处理万机之旨趣。实为洗除中世以降擅制之余习，脱去数百年间束缚之羁索，排开云雾，仰望日月，如黑暗中见到灯光。是盖暗含开设民选议院之凤意，即兴民选议院，并非我辈喋喋不休，可云为陛下睿虑萌生之事。"③既然要开设民选议院，那就意味着让普通百姓都有议论国政的机会。政府则根据百姓的舆论，来决定如何处理国家大事。因此，开设民选议院的前提就是言论自由。

儿岛接着阐释了誓文第二条："其二曰，上下一心，盛行经纶。所谓上下一

---

①　［日］大井憲太郎：「自由略論」，［日］平野義太郎：『馬城大井憲太郎傳·主要著作原文』，404頁。

②　［日］大井憲太郎：「自由略論」，［日］平野義太郎：『馬城大井憲太郎傳·主要著作原文』，404頁。

③　［日］兒島彰二：「民権問答」，［日］明治文化研究会編：『明治文化全集』第5卷『自由民権篇』上，163頁。

心,即上之命令下信之,下之期望上达之,开言路,容卑辞,上下贯通实情,始行经纶之道。夫国中有言路,犹如人有咽喉,若咽喉壅塞,身体即毙;若言路壅塞,国家即灭。"①他在此强调了言论自由可以使下情上达,国家由此经济得以发展。如果堵塞言论表达的正常渠道,犹如人的"咽喉壅塞"会导致人立即死亡一样,国家也会因得不到正确的民情反映而作出错误决策,最终造成国家迅速灭亡。

另外在具体实践上,儿岛彰二提出了如何对待宗教信仰自由的问题。他认为像宗教那样,不论是什么宗派,都是由以前的人们想象和创立出来的,历来只是作为教化下层民众的工具。虽然各派存在多种分歧,但最终都引导人们归于向善的途径。至于哪些人信仰哪一派,"固然作为属于各自思想之物,虽政府也不得严制之。若强行严制之,人民即便不仅在其意念中默信,也丝毫不可将之如何"。当然,如果有人利用宗教信仰违反国家法律,或干涉别人正当权利,政府自然有义务制止它。但是,如果谁具有"颠覆政府或欲刺杀官吏之意思",但仅仅是将这种意愿深深埋藏于心中,并未见诸言行,即便是政府也没有将其逮捕的理由。也就是说,仅仅是思想,并不可能构成犯罪。儿岛彰二强调这就"称之为意思自由之权利。构成此意思自由之权利者,则作为虽国帝也不能剥夺之大民权,成为开明人种之所以特别贵重之物。故如教法,只能任人民各自皈依。政府唯以保护人民之交际、能免其祸害为要务。故至于教派离合能力等事,则视之度外,依如以望成为行政之裨益而不干涉也"。② 即宗教信仰属于内心世界的活动,只要信仰者仅在内心进行思想活动,而没有任何妨害他人的言论行为,那也就不会给社会造成任何危害和不良影响。因此,政府丝毫没有加以干涉的理由。这实际上是针对明治政府当时为了压制舆论,经常逮捕所谓"思想犯"的做法提出的抗议。

小野梓认为,人在社会中不可能孤立存在,必须与他人进行社会交往,所以他提出了人应当有"交通之自由"的概念。这里的"交通"实际上就是指人际间的交往。1882 年,小野在文章《勤王论》中,从功利主义角度指出:"我们人类之自由,没有比交通之自由更迫切者。而交通之自由,没有比言论集会之自由更重

① 〔日〕兒島彰二:「民権問答」,〔日〕明治文化研究会編:『明治文化全集』第 5 卷『自由民権篇』上,163 頁。
② 〔日〕兒島彰二:「民権問答」,〔日〕明治文化研究会編:『明治文化全集』第 5 卷『自由民権篇』上,175 頁。

要者。作为吾人,难道不诚心欲获得言论集会之自由乎? 吾人各自孤立,而不从事结合之行动,在瞑瞑之中,我幸福多丧失焉。"①即人们相互之间进行社会交往时,如果不能拥有言论集会等表达思想的外在方式的自由权利,则人民不可能真正获得幸福。

激进的民权运动理论家植木枝盛尤其强调了言论自由对于人类发展的珍贵性。他在 1880 年发表的《言论自由论》中高度评价道:"言论自由毕竟为人类固有之自由,我辈人们无疑应当拥有此言论自由权。凡言论自由,则人生将大为幸福。且从社会上而言,可谓能大长社会之利益,使其文明进步,维持国家之安宁,保障繁荣昌盛之要素。若概而论之,则无论从个人一生之上而言,或从社会公共之上而言,皆可谓颇为贵重之物。"②首先从正面充分肯定了言论自由对于每个人和整个社会的贵重即不可或缺性。

反过来考察,植木认为,若人类丧失了言论自由权,那将会使人类无法开展任何事业:"言论自由应为我辈人类相生相养之道所必需,开发智识、研磨心术所不可缺,达成万事之需要。若有言论自由,人作为人便可全其大德,不误其本分,作为人类享受应得之幸福。若无言论自由,则其人在社会上不便广泛与社会同类勤力经营事业。各人之心意和思想则如被囚禁于铁牢之内,只有独自在内不能向外表露。岂可如此哉?"他强烈呼吁道,我们既然有口舌,既然有思想,"吾人有舌,吾人有心思。岂可不力争保障言论自由哉? 吾人为人也,吾人有生命。安得没有言论自由哉?"③

植木进一步从更广大的范围分析道,如果没有言论自由,甚至连国家也不可能正常建立:"且又论国家从上下达观点论之,也应云不可禁止言论自由者尤多。"因为国家虽然是由人民相结合而组建,但国家之所以能构成国家,并非仅因为有统一的境域,也并非只因内部人们的语言相同,也并非有一个首长将大家统一管理,也并非有一部法律从事赏罚行为。他强调:"国家之所以真正成为国家,其人民具有思念国家之心,其心相一致结合而为也。然而,人心一致结合,并非只徒聚一场可得,并非满足于使衣服风俗相同,有统一同类的首长和法律也不

①　[日]小野梓:「勤王論」,[日]早稲田大学大学史編集所:『小野梓全集』第 3 卷,早稲田大学出版部,1980 年,196 頁。

②　[日]植木枝盛:「言論自由論」,[日]家永三郎他編:『植木枝盛集』第 1 卷,61 頁。

③　[日]植木枝盛:「言論自由論」,[日]家永三郎他編:『植木枝盛集』第 1 卷,65 頁。

可能。假若作为人民,虽徒聚集一场,但相互不通言论,则如无口耳之人集会。无口耳者非人也。非人者,集会不可指望人心一致也。假若衣服语言相通,但互通意志之言论不得自由,则如同发出同音的木偶穿上同样的服装。其模样虽相同,却乃死物也。死物模仿聚会而人心不可望结合哉!假若虽有统一同类的首长和法律,而没有言论自由,则如木石聚合者。乃人人不能自然相亲,不能互通气脉者。由此焉能指望人心融合哉?只有言论自由,人们才能互通意志,互通意志而后才能一致结合。言论自由岂对国家不重要哉?"①

而人们在相互交往过程中,对国家建设自由发表自己的看法,这对于增长国民的爱国心,是很有必要的。植木从正反两方面分析道:"一国居民若相互亲切交往,则相爱亦必深,以至其爱国也亦切。其国民交往若疏远,其相爱也亦必浅,其爱国也亦必薄。而言论自由,便可使一国之人民真正变得亲切;言论束缚,则会构成使一国人民不能互通心愿之原因。则言论自由足可使国民爱国心增长;而言论束缚以至可使国民爱国心灭杀。言论自由在国家层面安能欠缺哉?"②

植木枝盛还将人与猿作以比较,提出人与猿之最大区别就在于人有思想自由:"抑如猿,无自己思想之力,对之施以何等触犯亦丝毫无妨。然至人则不然。人若希望为人,不能不自由发展此种思想力而使其完成。"③而这种内在的思想自由的外在表现形式,往往就是言论、著述、出版等方式:"如思想力,元来居幽灵治下,虽置于秦皇汉武头下亦不得限制。然而也仅不直接限制,却有可间接限制之法也。若夫限制著述言论之自由而使其不成之时,则思想之自由便因之不能完成。为何?二者相关联也。即一本一末也。欲抑末便不得不变本。故若限制言论自由时,思想之自由也亦终不能充分也。是等之法虽于猿无妨,苟处人类则不可不使其完成思想之自由也。"若限制人民在言论、著述、出版等方面的自由权,那就是限制人们的自由思想,也等于是将人变回到猿猴。因此,植木枝盛认为,限制人们上述自由权的统治者只能称为猿人君主:"无论古今,暴君者往往抑束彼之自由,以处猿之道处人,想来是有将人变为猿之意向。故将之名为猿人君主也,实可恶也!这不仅是对国家人民造了恶业,而且实在是对天有大

---

① 〔日〕植木枝盛:「言論自由論」,〔日〕家永三郎他編:『植木枝盛集』第1卷,65—66頁。
② 〔日〕植木枝盛:「言論自由論」,〔日〕家永三郎他編:『植木枝盛集』第1卷,66頁。
③ 〔日〕植木枝盛:「猿人君主」,〔日〕家永三郎他編:『植木枝盛集』第3卷,17頁。

罪。"①对人民拥有言论自由权的渴望溢于言表。

八、探索人民如何争取自由权的途径

既然自由权对于人民自身生存和社会各种事业影响如此重大,人民理所当然要采取必要手段力争获取。对于获取自由权的途径,各位思想家根据自己的看法进行了探索。

加藤弘之主张,只有建立新的政治制度,才是保证人民拥有自由权利的有效手段。他在1868年论述人民的自由思想、言论、出版方面的自由权时,就曾对比指出:"君主擅制、君主专治便常常禁止人们自由地表述或书面记载、印刷公布其思想。只有立宪政体各国才允许这种自由。盖由于此各国日益走向开化文明之故。"②即强调如果不建立像西方那样的近代立宪制度,在宪法上明确规定人民的各项自由权利,即便采用其他任何手段,也不能保障人民真正获得自由权。这种用先进合理的制度来确保人民自由权的主张,在当时的社会环境中,的确使人耳目一新,具有鲜明的近代化特色。

"明六社"成员箕作麟祥在1874年发表的论文《自由之说》中,将人民自由权利的有无或多少,与国家的政治体制和人民参政的程度紧密联系进行论述。他声明自己对"自由"一词的理解主要是在政治上:"将'自由'之词用在政治上,若称方今政治上之自由,原来起于指人之身份非奴隶而为自由。而在共和政治之国,奴隶改变身份而为自由人时,即可成为政治上也有自由权之人。"③另一方面他从反面指出:"但在君主专制之国则不然。故奴隶纵令身份改变以得成为自由人,但若其君主下达暴命时,丝毫不能违背之,只能被迫遵奉其命。"因此政治制度不同,人民能否拥有自由权的情况也大相迥异:"凡政治上使用'自由'之语时,便云人民不得受其君主或贵族虐待。当然不在立宪政治之国,'自由'丝毫不能存在于人民之身。"他特别强调假若在没有立宪制度的君主制国家,即便

---

① 植木枝盛:「猿人君主」,[日]家永三郎他编:『植木枝盛集』第3卷,17頁。
② [日]加藤弘之:「立憲政體略」,[日]明治文化研究会编:『明治文化全集』第8卷『政治篇』,24—25頁。
③ [日]箕作麟祥:「リボルチーノ説」,[日]明治文化研究会编:『明治文化全集』第19卷『雑誌篇』,99頁。

君主偶尔发善心对人民施行"仁政",也不能保证人民获得自由:"而在君主专制之国,虽其君主间或也有施行仁慈之政、爱抚人民者,但总之不过唯因一君主之意而为之,人民丝毫不能有政治上之自由。由此观之,国之主权在独由君主或贵族掌握时,其人民丝毫不能得到政治上之'自由'。"也就是说,人治终究不能像法治那样,保证人民永久性地拥有自由权。最终他得出的结论是,人民要真正地获得自由权利,必须要以大多数人民掌握政权作为手段:"而若要有之,则人民皆可干预国家主权。即便不行,也应将人民中其过半数必干预国家主权作为紧要。"①

西村茂树主张与此类似,他认为人民是否能够获得自由权利,与政治制度的设计密切相关。为此他特别探讨了国家政体与自由之关系。他认为,西洋各国人民获得自由的方法,皆大抵类似。通常在一个国家内,管理普通百姓的人员人数较少,接受管理的人员多得多。假若从事管理的少数人民"学力智识相齐",则大多数人民便可以接受由少数人民掌握管理权力,这样可以达到"谋求全国普遍之安全幸福。若如此,可由全国人民享受其自由之利"。②

在此前提下,西村对国家政体与人民自由之间的关系做了自己的分析:"故若由政体上言之,君民同治与共和政治作为人民可得自由之政体,人君独裁与贵族专权成为人民不可得自由之政体。即以一人之君又数名宰臣掌握国之权柄者,不可得政治上之自由。作为全国总体交际伙伴或全国名义交际伙伴分配国之权柄者,成为可得政治上自由之政体"。③ 西村实际上揭示了不同政治体制对于人民能否获得自由有着极大关系这一客观存在的事实,并且很明确地指出君主制度不可能带来人民的自由,只有在君民同治(君主立宪制)与共和政治这两种政治体制下,人民才有可能获得自由权利,反过来说,人民要争取自己的自由权,就必须建立相应的政治体制。

考察上述几位启蒙思想家的主张,几乎都认识到了政治体制是否合理、开

① ［日］箕作麟祥:「リボルチーノ説」,［日］明治文化研究会编:『明治文化全集』第19卷『雑誌篇』,99—100頁。

② ［日］西村茂樹:「自主自由解」,［日］明治文化研究会编:『明治文化全集』第19卷『雑誌篇』,233頁。

③ ［日］西村茂樹:「自主自由解」,［日］明治文化研究会编:『明治文化全集』第19卷『雑誌篇』,233頁。

明,是人民自由权利能否保障的重要条件。这种思想对社会影响颇为广泛深入。不少思想家和社会活动家也赞同启蒙思想家的主张,将成立议会作为保全普通百姓自由权的手段。

如 1880 年 11 月 23 日,国会期成同盟第二次大会在东京召开,国会期成同盟成员草间时福在大会上发言,针对有人提出成立不设任何主义的国会的思想,强烈主张建立"自由主义的国会":"甚不同意不立主义之国会,故期待成为以自由主义为主之国会。为何只拘泥于国会之名义,而不问是何主义,便能满足于现政府以一纸官定宪法召开国会而解散此会耶?予辈非召开充分之国会而决不能满足。故如此无不妥,永远保持而不改变。"另一成员松泽求策建议:"应广泛以自由为主义,国会期成也将其包括在内。如此,不限于国会论者,只要以自由为主义者,悉可加入。"①

中江兆民提出了与上述论点大同小异的看法。1881 年,他在《东洋自由新闻》第一号"祝词"中,主张要伸张人民的自由权,应当采用两种途径:"民所以伸张自由权,虽其术多端,但要之不出二途:曰富之而使得以自赡,曰教之而使得以自明。"他在此实际上是提出了让人民获得自由的两条途径,第一是经济途径,即让人民首先在经济上富裕起来,为自己的独立自主打下坚实的物质基础;第二是教育人民明白事理。要获得这两条途径的关键是什么? 中江兆民认为"教养民之关键,在于国人相共制定宪令,坚守而不失;在于有司不得借权行威而自恣。夫然后农工贾贩之业可得伸张,德行技术之教可得进展。"②即关键在于设立宪法,让人民可以从政治上去力争和保全自由权利。这样可以抑制政府官员凭借权力随心所欲地压榨人民。然后农工商各业便可兴旺,道德品行、科学技术等方面的教育也能够迅速进展。

但中江指出如果没有这些条件,结果就完全相异:"若国无一定宪令,有司肆意虐民,此犹如将草木种于石上,又旋斩伐之。孟德斯鸠有言曰:专恣之政,为获果实而断其干者也。予信也。"所以中江兆民得出自己的看法认为:"由是观之,为国者,其唯务伸张民之自由之权哉。"③即如果不做到制定宪法以抑制政府

---

① ［日］吉野作造校:「國會開設論者密議探聞書」,［日］明治文化研究会編:『明治文化全集』第 24 卷『雜史篇』,日本評論社,1993 年,180 頁。

② ［日］中江兆民:「祝詞」,［日］松永昌三編:『中江兆民全集』11,岩波書店,1984 年,27 頁。

③ ［日］中江兆民:「祝詞」,［日］松永昌三編:『中江兆民全集』11,27—28 頁。

官员随心所欲,而让政府官员恣意虐民,人民的自由便不可能得到实现,当然经济技术等也就不可能得以自由发展。

我们在此不禁联想到前述中江兆民提出的民权获取的两种途径中的第二条途径,即政府在人民获得民权中应当发挥的作用。中江兆民毕生主张人民在获取自由权利等方面不可能脱离政府单独进行。这一点与激进的植木枝盛有很大的区别。但是中江仍然坚持了一个最基本的条件,即人民要获取自由,必须推进政治体制的改革:"且脱离专擅制进入立宪制后,人们始得成为各自独立之人身。此为何? 有参政权、财产私有权、选择与从事工作之权、自由信仰权,其它如言论权、出版权、结社权。凡此类诸权,为人者所必具备。具备此种权利之后,始有人之价值。"①只有建立宪政以消除政治上的专制,这样人民的自由权利才有可能得到保证。

而一些激进的思想家则主张人民应当通过激烈的,甚至外部冲突的革命途径获取自由权。1876 年伊藤孝二曾在《评论新闻》发表文章《论必须颠覆专制政府》。编辑山胁巍评论指出,他非常赞同这篇文章的自由权天赋的理论。既然上天赋予了人们自由权,但在现实社会,人们"反而被人造之栅栏束缚,不能奋力伸张自由,则为天帝之罪人也。故若有压制束缚之政府,举起自由之旌旗,鸣响自由之金鼓而颠覆之。按照人心所向,铸造自由政府,则可谓对天帝之义务"。他在列举了美利坚通过反抗宗主国英吉利的正义行为,从而获得自由权的实例后下结论道:"真正之自由,萌芽于鲜血死尸,而非产生于座上议论。"②

民权理论家植木枝盛并不否认自由与宪法是国家安全之道,将国家设立宪法与人民获取自由看成同等重要的大事:"将国之万事委托于一个政府,将国之大事独依靠君主,乃最危险无聊之说法。若然,国家如何才安全呢? 也有说明安全之方法。于是在此提出,今一国若不具有并且维护所谓人民之自主自由与公开之宪法这二者,便不会平安无事,更难有安全保障。"③即国家的安全途径,有赖于人民的自由和宪法的制定。但与此同时,他又不相信人民可以通过宪法保护而充分享受到真正的自由权利。所以植木枝盛主张人民应当主动争取自由

①　[日]中江兆民:「三酔人経綸問答」,松沢弘陽、井田進也編:『中江兆民全集』8,201 頁。
②　[日]山脅巍:「『評論新聞』62 号評論」,[日]後藤靖他編:『資料日本社会運動思想史』明治期第 1 卷,青木書店,1968 年,72 頁。
③　[日]植木枝盛:「民権自由論」,[日]家永三郎他編:『植木枝盛集』第 1 卷,20 頁。

权,而不应等待政府的施舍:"夫政府乃保护人民者也,人民乃将保护委托于政府者也。故政府为人民谋利,人民也应为政府图益。若皆能真尽其道而无所欠,如彼之议论、抵抗、鲜血等,便可皆无所用之。然而人不能不各有情欲,有时利己便害彼,保全己之自由,便亏损彼之自由……当此时,被剥夺自由者,若无意恢复自由则已,若有欲得恢复之心,岂能袖手等待之耶? 自由不会自来,必费许多劳苦复可得耳!"①

那么人民怎样才能恢复被夺走的自由权呢? 能够用金钱赎买回来吗? 植木枝盛在 1876 年发表的文章中给予了否定:"人民所须臾不能离开之自由,人类最贵重之物也。此自由作为人人普遍拥有、可普遍运用者,其功用虽鸿大无边,却为无价,不可以买卖。"②他认为,人民假若失去自由,必然重新力争回来,必然希冀恢复其原来的状态。假若没有自由,生活就毫无意义。那么要问将自由争取回来的途径在哪里? 植木回答道:"自由虽原本为我固有之物,若一旦失之,而至复欲得之之场合,犹如买求其它物品及其利用,必非出充分价钱而不可有。唯求自由不用银两,而应以奋斗;不以金钱为代价,而应以鲜血。"③

他认为即便如资产阶级和豪农那样的阶层用金钱也不可能购买到真正的自由权,人民最终只有运用相对激烈的手段,才有可能获得真正的自由权。这是当时主张获取自由的最激烈的手段,实际上是主张运用革命战争的方式来争取人民的自由,植木因此被许多学者认为具有无产阶级革命的倾向。④

九、社会平等关系天然正当的论证

人与人之间平等的理论是日本明治时期社会思潮的又一重要组成部分。思想家们大量吸收来自欧美的平等观念,在否定封建社会传统的不平等制度和等

---

① [日]植木枝盛:「自由ハ鮮血ヲ以テ買ハザル可カラザル論」,[日]家永三郎他编:『植木枝盛集』第 3 卷,岩波書店,1990 年,40 頁。

② [日]植木枝盛:「自由ハ鮮血ヲ以テ買ハザル可カラザル論」,[日]家永三郎他编:『植木枝盛集』第 3 卷,39 頁。

③ [日]植木枝盛:「自由ハ鮮血ヲ以テ買ハザル可カラザル論」,[日]家永三郎他编:『植木枝盛集』第 3 卷,39—40 頁。

④ 有关明治时期自由主义思潮的流行,笔者曾有所研究,见拙稿《日本近代早期的"自由权利"观》(《学海》2012 年 2 期)。

级特权观念的基础上,在大量论证人民自由权正当的同时,也对人与人之间应当具有的社会平等关系进行了细致的论证和大力宣扬。

与宣传人权、自由等均为天赋一样,思想家们顺理成章指出,人类所拥有的权利也应当是天生便同等的。因此,在论证人类的私权与公权时,思想家们都根据自己的理解,从不同视角论证了人与人之间天生就应当平等的思想,向当时的人们广泛宣扬了社会平等的主张。

福泽谕吉被认为是宣传社会平等观念影响最大者。这位日本近代最著名的启蒙思想家,早在明治前夕介绍欧美社会制度的同时,就提出了自己的平等观念。他指出在西方各国制定的法律中,对本国人民一视同仁。即"不论小儿与大人,也不论乞儿与富豪,其生命同样贵重。至于对贫儿之一件破衣也以法保护之,与诸侯领地相比,皆无轻重之别"。① 在 1867 年时,就敢于将领主的领地与贫儿的破衣物相提并论,可见福泽当时就已从欧美的社会制度和实践经验中,吸纳了社会关系平等的近代化观念。

明治初期,福泽又在 1872—1876 年陆续完成的《劝学篇》中,提出了使当时日本社会振聋发聩的观点:"'天不生人上之人,也不生人下之人'。因此天生之人,即便成千上万,也一律地位平等,并非生来就有贵贱上下之别。人类作为万物之灵,本应依凭身心劳动,取得天地间一切物资,以满足衣食住之需要,大家自由自在、互不妨害地安乐度日。"②相当于向全社会发出了平等主义宣言。对这段名言,学术界尽管存在各种不同认识,③但应指出的是,在 19 世纪的日本社会,普通民众根本不可能像当代学术界专门研究思想史的学者那样,对这话进行精细的考证和分析。当时的人们只能根据文本自身的含义,凭借自己具有的文化水准,去理解和领悟这段平等主张所包含的意义。从 1872 到 1880 年短短 8年间,《劝学篇》在日本成为最畅销的书籍,发行达 70 万册,平均每 50 人便有一

---

① [日]福沢諭吉:『西洋事情』外編卷之一,[日]富田正文他編:『福沢諭吉選集』第 1 卷,169 頁。

② [日]福沢諭吉:『学問のすすめ』,[日]富田正文他編:『福沢諭吉選集』第 3 卷,57 頁。

③ 学术界有人认为不能过高评价福泽谕吉的这段名言。如安川寿之辅就表示,他赞同小松茂夫所指出的意见,福泽谕吉在《劝学篇》开头的"天不生人上之人,也不生人下之人"这句名言"实际上是与《劝学篇》不相吻合的'外来物'式的单纯'枕词'"。见[日]安川寿之輔:『福沢諭吉のアジア認識——日本近代史像をとらえ返す』,東京:高文研,2000 年,38 頁。所谓"枕词",就是指为了读起来朗朗上口而安排的没有什么实际意义的发语词——本书作者。

人阅读过此书①。这说明经历了长期封建专制统治和等级特权压迫的日本社会中，绝大多数百姓对福泽谕吉这段名言所包含的平等观念的认同。

　　为了更深刻说明自己主张的平等观念，福泽沿着自己一贯主张的"平均""均衡"的论证方式，在该书中对这一观念作了进一步阐释："人类之出生乃天之使然，而非由于人力。他们之所以能够互相敬爱，各尽其责和互不妨害，乃由于根本上皆为同一人类，共戴一天，并同为天地间之造物。譬如一家之内，兄弟和睦相处，根本上也因基于同系一家兄弟，共戴一父一母之人伦大义。"②既然人类的出生是顺应自然，那么人类相互之间就像亲人一样的平等关系，自然也就顺应天理而存在。显然，福泽谕吉不仅吸纳了欧美社会溯源于基督教"上帝面前人人平等"的基本理念，而且还继承了东亚社会儒家伦理道德中，传统的家庭"人伦"亲子关系应当平等的观念。

　　1874年4月，板垣退助与片冈健吉、林有造等人共同创建了立志社。他们在起草的《立志社趣意书》中，向全国人民宣传了社会平等的近代化思想："三千余万人民尽皆平等，无贵贱尊卑之别，应当享受其一定之权利，以保全生命，保持自主，勉励职业，增长福祉，可成为不羁独立之人民之事，昭昭乎明白也。此权利者，以威福不得夺之，以富贵不得压之。"强调这是上天赋予人民平等的权利，而力图保持这种平等权利，也是人民应当努力奋斗的目标。③ 也就是说，人民相互间应当处于平等低位，而且自己也必须力争平等，才有可能保全生命，享受幸福生活的权利。

　　小川为治1874年在发表的《开化问答》中，强调了要真正做到全社会的文明开化，就必须坚持人们天生具有的权利平等。他生动地形容道："天道造人，不会因是大名就为四目八手足，因是秽多就只有一目两手足。只要看到人，皆为以两眼四手足而存在，人类之平衡不管是从五位、权兵卫、八兵卫皆同等。此种平衡同等，固为天道之御意，将其称为人类之权利。"④小川从人的自然生理状态的视角，联系德川幕府时代的封建社会尖锐地指出，人们本来在自然状态下的权

---

　　①　[日]福沢諭吉：『学問のすすめ』，[日]富田正文他編：『福沢諭吉選集』第3卷，54頁。

　　②　[日]福沢諭吉：『学問のすすめ』，[日]富田正文他編：『福沢諭吉選集』第3卷，65頁。

　　③　[日]板垣退助監修：『自由黨史』，青木書店，1955年，130頁。

　　④　[日]小川爲治：『開化問答』，[日]明治文化研究会編：『明治文化全集』第21卷『文明開化篇』，日本評論社，1993年，111頁。

利,应当是平等的。而封建社会中长期实行的与人的出身和姓氏相联系的等级制度,不过是后天人为制造的。天然形成的权利平等关系,才是人类正常的社会关系。

民权运动理论家儿岛彰二在 1877 年发表的《民权问答》中,也论证了人类社会的平等关系为自然形成的近代化观念:"夫上天之产生人,使亿兆皆同一辙,素来无上下贵贱之品别。而附与之不可动摇之通义。通义为何耶? 云如人生自己保完其生命,请求其自由,互相谋求其幸福者。构成此通义者,实为上天赐予,成为所谓人民各自之至宝。人类之所以设置政府,其理由仅仅是因以一己之独力,不能预防其祸害。为了众心一致,誓沿其方向共结社会,委托保护,不致互相盗害而失此至宝。"①可见儿岛在此不仅论证了社会平等关系为天然形成,而且还将论述的问题自然引向了一个新的方面,即政府的设立,就是为了保护人们的平等权利。

激进的民权思想家植木枝盛,1879 年在一首诗歌里表达出人类天生就应当平等的理念:"天之创造人类,天下万人皆同。既无人上之人,也无人下之人。此处人类平等,国人伸张权利。政府由民所立,法度为护自由。官员吾辈所雇,权利无法不张。"②从诗的表达方式上,可以发现福泽谕吉那段脍炙人口的名言的影响。因为植木早年崇拜的偶像就是福泽,因此植木被许多历史学家称为福泽谕吉的学生,当然在很大程度上便会受到福泽平等思想的影响。这种吸纳西方天赋人权观念,将人类的社会平等关系论证为天然形成,已成为明治时期不少思想家共通的认识和论证方法。

十、对社会平等关系具体表现和特征的阐释

在宣传人民平等关系和平等权利方面,加藤弘之有较为突出的表现。正如前述,加藤在论证人民的权利与义务的相互关系时,指出了在当今社会,人们相互交往时,每个人都不能仅随心所欲地行使自己之权利,也必然要尽自己之责任,以敬重他人之权利。"若非如此,便称为不立为人之道,此理明白。于是,由

① 〔日〕兒島彰二:「民権問答」,〔日〕明治文化研究会编:『明治文化全集』第 5 卷『自由民権篇』上,153 頁。
② 〔日〕植木枝盛:「民権田舍歌」,〔日〕家永三郎他编:『植木枝盛集』第 1 卷,32—33 頁。

此道理尽自己之本分,敬重他人权利,即可称为义务。为人者,须臾不可忘记。"①即为人之道必须相互尊重彼此权利,从而形成人们之间的平等关系。反过来考察,"若人们动辄便丧失相互尽其本分、敬重他人权利之心,就很容易变成自己只管随心所欲地逞不羁自立之情之状态。如此一来,强者常凌弱者,大者常欺小者,决不能建立今日交际之道。今日交际之道若不能建立,也就决不能求人们幸福,安其生存"。②即没有平等的人际关系,存在着强大者欺凌弱小者的社会弊端,那人们就无法正常交往,也根本不可能过上安宁幸福的生活。

加藤接着将论述重点转向国家统治者如何治理社会的方式。他认为国家统治者要治理社会,"首先第一必须了解人性"。因为本来国家政府的产生,就是有了人民大众的统一联合。如果没有这种意志统一的联合,老百姓只是各自按其所好行动,"则不能充分使权利义务二者并行,建立可谋求其幸福之基础,这是自然之道理"。所以加藤强调一个社会中最根本的要素是人民大众,他们本来是独立自由的,不受他人控制使役。如果因为成立国家,政府要强行将其作为臣民而控制使役,则人民大众便不会尊敬政府。即便百姓有时愿意接受控制使役,"也决非被政府束缚驱役,唯因统一联合之故而受其制驭"。即按照大家的约定为了保持联合状态和社会安定而接受的。那么按照上述这些道理,"除人们相互之权利义务外,政府与臣民相互之间也仍然会产生权利与义务,此为天理所以然。因此若不基于此人性与天理而施行治术,像所谓重点就决不会为安民,如庸医误诊疾病而杀死病人那样,最终即便无心也会陷于虐民"。③即政府与人民在权利义务方面也是平等的,双方都有自己的权利,也要尽自己的义务,社会才能安定。

加藤弘之将人民权利平等称为"权利同等",他认为这种同等主要表现于人民的私权中。加藤区分了两种不同政治体制下人民私权是否平等的不同状况:"在立宪政体之国,臣民对政府之权利中有公私二权。在其私权内,若云特别适

---

①　[日]加藤弘之:「真政大意」,[日]明治文化研究会编:『明治文化全集』第 5 卷『自由民権篇』上,90 頁。

②　[日]加藤弘之:「真政大意」,[日]明治文化研究会编:『明治文化全集』第 5 卷『自由民権篇』上,90 頁。

③　[日]加藤弘之:「真政大意」,[日]明治文化研究会编:『明治文化全集』第 5 卷『自由民権篇』上,90—91 頁。

当者,为所谓万民权利同一之权利。乃天下亿兆无贵贱尊卑贫富大小之差别,于宪法之上皆为同一臣民,皆可共受同一保护之权利。乃即便匹夫匹妇,与缙绅贵介丝毫也无亲疏不同之制度。夫故天下兆民皆相应自在地经营自己所营,绝无受他人限制之理。若真正实行了保护之道之处,所谓人人确实不羁自立,便不会如此重要。实若无此权利,便不能称为一视同仁之政。"①可见加藤仍然在重申以前的观点,即国家实行立宪政治,是保障人民享受同等权利的必要前提。只有在立宪政体下,普通百姓的正当权利,才能与所谓"缙绅贵介"一样,受到平等的保护,无论何方的权利皆无贵贱等级差别。

加藤紧接着又对比了相反的情形:"然而在其他政体之各国,此权利不立,有对缙绅贵介授予所谓特许权利者。所谓庶民,其权利完全不同,仿佛如异类人种。故缙绅贵介驾驭庶民,几乎如对牛马。甚至一朝发怒便恣意杀戮。"②也就是在没有实行立宪政治的国度,普通老百姓被封建特权压制,受到所谓"缙绅贵介"的特权阶层支配,连最基本的生存权利都无法保证,当然也就不可能真正享受到平等权利。

从加藤弘之的对比分析可以看出,他对社会平等的政治条件的认识还比较肤浅。因为名为立宪的政治制度实质内容并不完全一样,并非只要名为立宪的制度,就实际上完全不存在人际之间的等级区分。假若只要名为立宪的国家,便能够真正做到等级区分完全消除,那么与普通百姓不同的特殊等级"缙绅贵介",在立宪制国家就不会出现了,当然也就不会有他们与普通百姓是否权利同等的问题了。因此,从逻辑上加藤的论述显得有一些自相矛盾。虽然存在理论上的漏洞,但他能够指出人民是否能获得平等权利的必要前提,是国家是否实行立宪政治而从制度上保障社会平等,从历史演进的客观实际考察,这一论点具有其合理性和前瞻性。

以这种对比分析为前提,加藤弘之进一步抨击了所谓"未开化"的落后社会存在的不平等现象。他指出在那些尚未完全达到文明开化的国家,因为社会各阶层都没有认识到国家、君主和人民相互关系的真正道理,所以错误地认为天底

---

① ［日］加藤弘之:「真政大意」,［日］明治文化研究会编:『明治文化全集』第 5 卷『自由民権篇』上,94—95 页。

② ［日］加藤弘之:「真政大意」,［日］明治文化研究会编:『明治文化全集』第 5 卷『自由民権篇』上,95 页。

下所有的国土,全部都属于某一君主的私有财产,在这些国家内居住的百姓,都属于这位君主的臣仆。在这种错误认识引导下,"又认为君主理所当然具有牧养此臣仆之责任,也可随己之意制服之;而臣仆只管惟君命是听,一心侍奉之,乃其当然义务。且以此等状态,为其国体之正当理由。岂不可称之为野鄙陋劣之风俗耶?"①而这种错误认识持续上千年,大家居然都认为理所当然,没有人去否定。

于是,加藤对此错误观点进行了深入批判,提出了他的著名论点:"可以试想,君主乃人也,人民亦乃人也,决非异类者。然而独至于其权利,而立如斯天地霄壤之悬隔,抑何事也? 生于如此野鄙陋劣国体之国,其人民实在可谓最大之不幸。"②这一论点后来被认为是日本自由民权运动指导思想。与此相关更进一步,加藤从强调社会平等主张出发,论证了君主原本应处的政治地位:"虽君主其实不过国家第一等的高官,纵令未建立宪政体,也务必用条理限制自己的权力,以应为人民谋固不论。"③他在严厉批判历史上长期存在的极不平等现象——君主与人民虽同为人类,但权利却如天壤之别——的同时,又指出作为统治者的君主应当正确认识自己的职责,不要忘记自己的权力只能用于为人民谋利益,而不是压榨人民。这种强烈希望统治者"执政为民"的非传统思想,实际上也是思想家们宣传社会平等思想要达到的终极目的。

福泽谕吉在论及人类平等关系的表现时,对其具体指向作了相应的阐释。他沿着一贯的"均衡"思维方式,阐述了自己的平等理论:"所以就人与人之间之均衡而言,不能不说人与人乃平等者。但此种平等并非现实情况之平等,乃指基本权利之平等。"那么人民的基本权利包括哪些方面呢? 福泽继续论述道:"所谓基本权利,即为人人重视其生命、维护其财产和珍视名誉。如果天生人类,就赋予其身心活动,使人们能实现上述权利,那无论发生何事,皆不能以人力妨害之。"④可以看出,福泽所主张的社会平等,主要是指人们在私人基本权利上的平等,它既包括人最宝贵的生命,也包括作为维持生命必不可少的物质财富,还包括了精神领域的个人名誉等方面的私权平等。1881 年福泽谕吉在《时事小

---

① ［日］加藤弘之:「国体新論」,［日］吉田曠二编:『加藤弘之文書』第 1 卷,139 頁。
② ［日］加藤弘之:「国体新論」,［日］吉田曠二编:『加藤弘之文書』第 1 卷,139 頁。
③ ［日］加藤弘之:「国体新論」,［日］吉田曠二编:『加藤弘之文書』第 1 卷,151 頁。
④ ［日］福沢谕吉:「学問のすすめ」,［日］富田正文他编:『福沢谕吉選集』第 3 卷,65 頁。

言》中,也同样论述了人们基本的私权平等:"若开阔所见通览全球,茫茫宇宙人无数。人生仅五十年,一视同仁,四海兄弟,平等地以天予之物为衣食,仅欲以此度过五十年。"①即人们应当以亲如兄弟般的平等关系,共同享受自然界的各类物资维持生存。福泽认为这正是体现出人们天然的权利是平等的。

联系日本的现实社会,福泽乐观地认为,日本经过明治维新,德川幕府时期一直盛行的不平等封建制度已经消除,目前社会各阶层之间已处于平等状态:"自从王政维新以来,我日本政风大改,对外依照国际公法交往于各国,对内向人民宣示自由独立之意。如已允许平民称姓骑马,即为开天辟地以来之美事。可以说士农工商四民平等之基础由此奠定。今后日本国中之人民,除根据其人之才德和其住处有相应的地位外,再也不会看到出生时便有等级之情况。"②这种看法一方面反映出明治维新以后,日本新政府采取的各种推进文明开化的社会政策和措施所发挥的巨大作用,使日本社会产生的翻天覆地的变革现实;另一方面也表现出福泽对新政府的一种迫切希望,希望新政府今后将会按照自己的意愿,延续社会平等的政策不变,从此以后日本人民将在各方面都可实现权利平等。不过这种阐释后来引起了不少人的诟病,认为是福泽对政府的无原则妥协。

福泽甚至还破天荒地论及社会平等的一个重要方面,即当时一般人很少关注的男女平等问题。他认为男女关系原本是平等的,首先要明确一个完整的社会,男女作用缺一不可:"须知生存于人世间者,男也为人,女亦为人,更就世间所不可缺少之作用论,天下既不可一日无男,也不可一日无女,其功能无论如何皆相同。"③即男女在社会生产、生活中的作用是对等的,因此社会地位也应当平等。

但是因为长期以来流行的儒家伦理道德,反复宣扬传统的腐朽思想,如妇女应当遵守三从四德之类,这才造成了妇女地位低下的错误观念,在人们头脑中根深蒂固,挥之不去,从而在人为设计的社会制度上,形成了歧视妇女的一些规矩。福泽谕吉指出,在《女大学》这部书里写道:"妇女有三从之道,即应当幼时顺从

---

① 〔日〕福沢諭吉:「時事小言」,〔日〕富田正文他編:『福沢諭吉選集』第5卷,岩波書店,1981年,160頁。

② 〔日〕福沢諭吉:「学問のすすめ」,〔日〕富田正文他編:『福沢諭吉選集』第3卷,60頁。

③ 〔日〕福沢諭吉:「学問のすすめ」,〔日〕富田正文他編:『福沢諭吉選集』第3卷,110頁。

父母,出嫁从夫,老来从子。"①他认为幼时顺从父母尚可理解,但出嫁后从夫,就不得不问如何顺从? 福泽深入分析道:"按照《女大学》之说法,纵然丈夫酗酒耽色,詈妻斥子,尽情放荡淫乱,可是妇人仍然应该顺从。对于这个淫夫仍然要尊敬如天,和颜悦色。尽管存有异议,亦不得牢记前仇。按照此项教条之旨趣,淫夫也罢,奸夫也罢,既然已经与丈夫约定,那女人无论蒙受怎样的耻辱,也不得不顺从之。"②他还揭示佛教经典中有罪业深重的女子,好像女人自从一出生,就如犯了弥天大罪的犯人一样。另一方面,由于封建社会的传统观念深入人心,社会舆论对于妇女的责备极其苛刻。福泽针对此点指出:"《女大学》明载妇人有七出之条,如犯淫乱即灭之。而给予男子以极大之便利,这岂非又是片面之教条邪?"③强烈抨击了东亚社会长期流行的"重男轻女"的陈腐观念,揭露了这种观念的危害性。因此福泽主张,要实际提高目前妇女低下的社会地位,首先必须在思想上彻底否定儒家传统的歧视妇女的不平等观念。福泽谕吉提出的男女平等思想,既谴责和否定了歧视妇女的传统不平等思想,也为将来论述日本妇女的平等参政权问题埋下了伏笔。

松岛刚在翻译了斯宾塞的平等观念后,解释性地提出了自己的社会平等思想。他指出斯宾塞的平等理论"不仅道义原理确乎不拔",而且又有其直接和间接的证据说明。"即云人丝毫无权利,或云人之权利不同之说法俱皆妄诞无稽,若推究云人毫无权利之说,不外乎云任何人皆可成为有压抑他人之权利者,并可压抑之。"④即人与人之间本来权利平等,没有理由相互压制。如果照封建社会传统思想,硬说有的人毫无权利,或说人与人之间权利不同,等于说任何人都有可以压制别人的权利,而且可以实际施行这种压制权。这都是一些荒谬绝伦的错误观念。

中江兆民不仅主张人与人之间私人权利平等,甚至还将自己的平等主张扩大到了国与国之间的关系上。他主张,一个国家的独立发展和自立于世界民族

① [日]福沢諭吉:「学問のすすめ」,[日]富田正文他編:『福沢諭吉選集』第3卷,110頁。
② [日]福沢諭吉:「学問のすすめ」,[日]富田正文他編:『福沢諭吉選集』第3卷,110—111頁。
③ [日]福沢諭吉:「学問のすすめ」,[日]富田正文他編:『福沢諭吉選集』第3卷,111頁。
④ (英)斯邊瑣著、松島剛訳:「社会平権論」,[日]明治文化研究会編:『明治文化全集』第5卷『自由民権篇』上,259頁。

之林,既需要硬实力方面强大的物质要素即"物质之美",也离不开软实力方面的伦理道德要素即"理义之善"。"理义之善"意味着道德善良的,在人类具有普遍的价值,它代表着一个国家的文明标志。他指出,国家的独立发展,与其说主要依赖经济、军事、科技发达的"物质之美",不如说更重要的是保持"理义之善"的道德力量。因为"无论学术如何深邃,权势如何炽盛,名望如何兴隆,若子虐待父,夫压迫妻,欺骗朋友及干了诸种坏事,如何? 我国家如何强大,邻国如何弱小,我无故进兵于邻国,如何? 外物毕竟不能战胜理义也,有本末之区别也"。①主张国际之间也应当保持平等的睦邻友好关系,可以视为人际之间平等的社会关系在更广泛层面的表现。

植木枝盛认为,人民获得最大最多幸福的前提条件,就是人与人之间权利平等:"尽管要达到如此最大最多之幸福,每人各自有其手段,但若从社会上论之,任何人也必有与其他人们同一之权利,称之云同权也。毕竟谈到人类最大之幸福,如果只在口头倡导,若要问在何处可以达到最大幸福时? 很难回答在什么地方能够有最大幸福。"②也就是说,要想寻求幸福,必须在现实中促使人们之间权利平等。

植木还将人们的幸福、权利平等与是否有自由相联系进行阐述。他指出,幸福本来是因了自由才得到的东西。因此普天之下,无论任何个人或团体,即便在人群中处于少数的地位,当自由权利的比例不均等时,虽然其中有些人掌握多数权利,但自由权利少的人,一点也不可以把自己应当享受的幸福生活给予掌握过多权利的人。那么怎样才是享受最大幸福的人呢? 植木认为那就是"凡此人之权利与彼人之权利同,彼人之权利与此人之权利同,若进入彼此权利无大小多寡之境界,达此一人幸福之权利,通观其他万人也决不会超越之。万人皆得以享受仅于其时代可享受之幸福。是不可不云达其最大幸福,必须同权之所以也"。③ 即每个人要享受最大限度的幸福生活,则必须以权利平等为前提。

根据这种分析,植木枝盛提出,无论人与人之间的贫富程度存在多么大的差

---

① 中江兆民:「一年有半」,松本三之介编:『中江兆民全集』10,岩波书店,1983 年,208—209 页。

② [日]植木枝盛:「貧民論」,[日]家永三郎他编:『植木枝盛集』第 4 卷,岩波书店,1990 年,128 页。

③ [日]植木枝盛:「貧民論」,[日]家永三郎他编:『植木枝盛集』第 4 卷,128 页。

距,其权利平等的基本原则是不变的。贫民即便在经济上目前尚不能做到与其他阶层平均,但首先应当力争与他人平等的自由权利,排除造成经济权利不平等的障碍。他指出所谓平民或者富民,只是称其眼下的状况,两者的祖先起源并无多大差异。只要他们都是天地之间的人类,没有什么实质性不同,那么最终的自由权利无论如何也是相等的。"然而社会形势已如今日,一朝一夕不能突然均其贫富。正因如此,今日之贫民因而应首先从事免除导致贫富不平均之自由权利之不平均,亲自努力以获得贫富之平均。尽管无人在此议论今日之贫民是否有道理可压迫富民,寻求将其财产平均,但都明确存在向国家社会要求均一之权利、寻求均一之保护的天下大道理。"①也就是说,作为人的经济权利平等的前提,是政治上的自由权利的平等。

即便这种经济上的权利平等暂时不能真正实现,但植木认为它仍然是社会能够实现安定的重要因素,"得平均时可保安宁,而失平均时则可生变动"。② 他还生动地形容道:"从前至今有言曰:'自暴自弃由贫起'。虽贫但若无不平均,也不会产生自暴自弃。"③因为贫民目睹自己穷困潦倒,而其他富人钱多;自己生活状况粗陋不堪,而社会上的有钱人却过着锦衣玉食的生活。这样心理上便会造成极端不平衡,感到人世间太不公平,常常会产生想法,"我也一人也,彼亦一人也。彼之可有之权利,我亦可有也。彼之可享之幸福,我亦可享也"。④ 这样就会产生两种趋向,要么起而反抗这种不平等制度,要么自暴自弃。而大多数贫民都选择了后者。植木枝盛深刻揭示出穷困潦倒的贫民之所以会自暴自弃的原因:"使贫民自暴自弃、一无所有,是由于贫富不均之大原因,非加疗治不可。"⑤从植木的剖析中,我们看到了东亚自古流传下来的"不患寡,而患不均"的传统平均主义思想文化的影响。他在近代日本再度提出这种思想,除了谴责当时社会经济领域已呈现出的贫富悬殊的不平等现象,更主要的是希望贫民懂得一个道理:贫民虽然经济十分穷困,但也不能放弃努力争取并维护自己应有的平等权利。

---

① ［日］植木枝盛:「貧民論」,［日］家永三郎他編:『植木枝盛集』第4卷,151頁。
② ［日］植木枝盛:「貧民論」,［日］家永三郎他編:『植木枝盛集』第4卷,135頁。
③ ［日］植木枝盛:「貧民論」,［日］家永三郎他編:『植木枝盛集』第4卷,136頁。
④ ［日］植木枝盛:「貧民論」,［日］家永三郎他編:『植木枝盛集』第4卷,136頁。
⑤ ［日］植木枝盛:「貧民論」,［日］家永三郎他編:『植木枝盛集』第4卷,137頁。

　　当然,植木枝盛也承认一个社会的不同阶层的人们之间,仍然存在着经济的贫富、体力的强弱、智力的高低等方面的差异:"人若有智愚之差别,随之权利也不得不有等差。"但他认为这些差异并不足以抹杀权利平等的基本原则。植木仔细分析道,所谓权利,是指灵活运用自己能力的自由权利。假如能力欠缺,则只能灵活运用少量能力;假若能力很强,则可充分运用较多能力。这就是所谓权利平等。假若不是这样,而是"依愚智强弱等,而权利有所差异,也亦会就贫富产生不同权之结果。盖若能力多,使用权利多,故云权利多;能力少,使用权利少,故云权利少。则等于说则富人可使用金钱多故权利多,穷人可使用金钱少故权利少也。天地岂有如此之理耶?"因为不管是穷人还是富人,用钱购物维持生活的权利是完全同等的,与持有金钱的多少没有关系。所以植木认为:"毕竟若云同权,现在实际上并非云使用其权之多少如何,在道理上将可所使用者相同地自由使用,彼此间无差异。"①即可以自由运用自己的权利就是权利平等。

　　植木枝盛用生动形象的比喻,深入浅出地论证了在经济领域人与人之间权利平等的基本原理。当然,这种权利平等能否在现实社会中真正兑现,植木认为其重要的先决条件是,在政治上能否做到社会各阶层权利平等。为此,他专门指出人民在政治上应当持有平等权利:"国家作为为万人齐谋幸福而设立者,非为一人二人一部一种族而建立者。即使假定可有云上等社会、下等社会之区别,于政治上看也均为同一人民也。"同时他又针对一些人自诩为民权家,却发出否定政治上人民应当拥有平等权利的谬论,剖析和斥责了他们的谬论。他反问这些所谓民权家们,你们为什么要使上等社会与政权密切相关,而将下等社会排斥在政治之外呢?他一针见血地指出,这些"民权家"们"挑剔下等社会为无学之文盲,欲排斥于政治社会之外,正是欲使称为上等社会一部之辈将国家政权据为私有也。即欲完成一部种族之专制也。岂有什么民权论乎?可成为假装民权之专制论者"。② 完全显示出一位民理论家的鲜明的政治立场。

　　由此可以发现,在明治初年吸纳的天赋人权理论的基础上,植木枝盛已经向社会实践跨出了一大步。他将欧美传入的天赋人权理论与本国社会现实相联系,作了有针对性的剖析和论证。同时吸收了英国功利主义思想,提出了十分现

---

① ［日］植木枝盛:「無天雜録」2,［日］家永三郎他編:『植木枝盛集』第9卷,85—86頁。
② ［日］植木枝盛:「貧民論」,［日］家永三郎他編:『植木枝盛集』第4卷,123—124頁。

实的权利平等与生活幸福之间具有密切关系的理论,使自己的民权思想直接关涉到了本国普通百姓的具体利益。这种理论与现实密切结合的思维方式,受到后来思想家的高度评价。例如日本大正时期著名的民本主义思想家吉野作造,在评价植木枝盛的民权理论时,就特别指出了植木思想的这一特征:"比起天赋人权之信念来,植木受功利性常识支配更强。即便他在呼唤以自由为目标方面,比起所谓天赐方面来,也尽力主张从封建时代桎梏中解放之庶民,现在应当认识到法律地位,意识其新立场,强调应大力使其才能自由地活跃。虽因他有当时流行之信条,故被笼统置于天赋人权论之阵营中,但本来应当是纯粹英国风格之自由主义者。"①可见植木枝盛的社会平等思想,由吸纳天赋人权理论转向主要吸纳英国的功利主义这样一个复杂历程。②

十一、自由平等权利如何得到保护的设想

自由平等权利的有效保护,是明治时期日本各位思想家也比较关注的问题。他们在论证自由平等主张的同时,也常常论及如何保护人民的自由平等权利的问题。如1868年加藤弘之在《立宪政体略》中论及人民的私人权利时,特别指出了这种权利所具有的"同一性"特征,也就是通常理解的权利平等。他列举出的私权第七条不是权利的具体内容,而是"万民同一之权利"这一特征。加藤还对此评价道:"法律保护各民之权利,即同一的、绝无门第、资格等差别之权利。盖足可看出立宪政体之公正无私。"③在这里加藤指出,人民所在国家是否采取立宪政体,关系到人民的权利是否能真正受到平等保护。另外加藤弘之在阐明自己有关权利与义务对等的理念时,实际上也就是讨论人们社会关系平等的具体表现。加藤认为,这种社会平等关系不仅体现在自然人之间,在更广泛的意义上,也体现自然人与法人即人民与政府的关系上。

---

① 〔日〕吉野作造:「『民権自由論』解題」,〔日〕明治文化探究会编:『明治文化全集』第5卷『自由民権篇』上,28页。

② 有关明治时期日本的社会平等思潮,笔者曾有探讨,见拙稿《日本近代早期的社会平等观》,《世界历史》2010年第6期。

③ 〔日〕加藤弘之:「立憲政體略」,〔日〕明治文化研究会编:『明治文化全集』第8卷『政治篇』,25頁。

　　福泽谕吉在论述权利平等的表现和特征的同时,还从依法治国的视角,阐释了人们平等权利应当受到法律平等保护的思想:"一国之人民尊重国法,不可忘记人类平等的宗旨。既不愿他人损害我之权利,我也不可妨害他人之权利。我之所乐,他人也以为乐,故不可夺人之乐以增我乐,更不可盗窃他人财物以自富。既不可杀人,也不可谗害他人。应正确遵守国法,服从彼此平等之大义。"①根据福泽的阐释,人们相互之间能否维持相对平等的关系,是否能保证绝大多数人都能享受到平等权利,关键在于人们能否遵守国家法律。而这些法律恰恰是为了保护人们的平等权利而制定。只要人人都遵守法律,自己的平等权利就不会受到同人侵害,而得以保障。

　　从以上论述可以看出,福泽谕吉不仅指出了人们平等关系的表现,而且已经涉及通过何种途径来维护人们相互间的平等关系,保护人们平等权利这一重要问题。这位日本近代被誉为"东方伏尔泰"的启蒙思想家深邃的洞察力由此可见一斑。除了私权之外,对于在公权上人们是否平等,福泽有自己的想法。在明治前夕他曾指出:"贵贱之别,仅当公务而尊朝廷之位。其他四民无别。"②即在公务方面,人与人之间仍然会因为责任和权力的大小,存在等级区分。这与福泽谕吉一贯持有的反对封建等级制度的思想并不矛盾。因为他所强调的社会平等,主要表现在人们的私人权利方面。

　　矢野文雄(1851—1931 年)不仅根据自己的理解阐释了自由平等的内在含义,同时也提出了人民的自由平等权利应当受到法律保护、免受侵害的主张。他开宗明义地指出自己要论证的目标:"今已明白诸种道理权利源于天赋之性形,故可略述世人倡导之自由、自治、平等、均一之权利果为如何之物。"接着他分析了所谓权利,就是表示将自己所拥有与他人所拥有划定出界限的东西,也是"构成防范他人无故侵凌之道理力"。而人们拥有的自由、自治、平等、均一的权利,也正是为了防范别人侵害的"道理力"的一部分。③ 假若仅仅从文字上"粗略观看自由、自治、平等、均一",好像世界上任何事物都包括了"平等、均一、自由自

　　① [日]福沢諭吉:「学問のすすめ」,[日]富田正文他編:『福沢諭吉選集』第 3 卷,99 頁。
　　② [日]福沢諭吉:「西洋事情」初編卷之一,[日]富田正文他編:『福沢諭吉選集』第 1 卷,103 頁。
　　③ [日]矢野文雄:「人権新説駁論」,[日]明治文化研究会編:『明治文化全集』第 5 卷『自由民権篇』上,399 頁。

在行动之意思"。但事实上恰恰与之相反,人类只是形成了"人们平等均一地免除非理暴害之权利"。或者是在抗拒蛮横无理的暴力侵害时形成了一种权利,使人们可以保有最重要的治理权的平等。①

矢野文雄又列举了社会上诸种不平等现象。例如将不同种族的居民人为地划为不同尊卑等级,根据种族尊卑的不同,致人死伤所受到的惩罚也不相同,卑贱者的性命赔偿很轻,尊贵者的性命则赔偿很重。又例如残暴凶恶的政府,对待人民十分不平等,要么给一部分人无缘无故的幸福,或者让一部分人受到无端痛苦。这些现象都是不平等、不平均,也就造成了一部分人对另一部分人的侵害。他认为要"防止此不平等不平均之非理侵凌,避免之而使其获得平等均一之道理力,便是所谓平等均一之天赋权利"。所以自己主张的"平等均一之天赋权",并非希望社会上所有的事都平均而企图将富人穷人的财产平均分配;也并不打算"将有智德之人在社会上受到尊崇之地位与无智德者受尊崇之地位平等";也并不想使由于职业技巧的高明而居于社会上层的人与居于下层的人拉平。自己和社会上许多学者一样,"学士论者主张平等均一而欲实行之者,唯在于欲将避免非理侵凌之权力平等均一,即在于欲在政事法律之眼中,将各人看做均一平等之人,使之保有同样势力"。② 即所谓平等,并非指不顾任何条件的绝对平均,而是指在政治法律上,将所有人民都看成是平等的人,让他们居于同等的社会地位。而国家法律制定的目的,就在于平等地保护人们的天赋权利,避免使其受到无理侵害。

植木枝盛指出,既然人民的自由权利如此重要和弥足珍贵,国家成立政府和制定法律的目的,就是为了全力保护这种自由权利。但如果人民自己都不主动去争取自由权利,无疑是令人感到耻辱的。植木枝盛根据法国思想家卢梭的理论巧妙地分析道:"在卢梭之学说中有观点认为,人生而自由,人可称为自由之动物。"因此,人民的自由权利即便是公认应当受到社会法律的保护,但作为人自身,却原本不得不由上天赐予。"假若作为人,不获取此种天赐自由,是乃构成对天之大罪,自取大耻。"什么是耻辱?植木解释认为,所谓耻辱,不仅指获取

---

① ［日］矢野文雄:「人権新説駁論」,［日］明治文化研究会编:『明治文化全集』第5卷『自由民権篇』上,399頁。

② ［日］矢野文雄:「人権新説駁論」,［日］明治文化研究会编:『明治文化全集』第5卷『自由民権篇』上,399頁。

不应当获取的行为,而且应当获取而不去争取,也是一种耻辱。所以传统观念上以"当强盗为耻,说假话为耻,做奸夫为耻",如今作为人民,不去争取自由权利,也可以构成"与之相同之耻"。① 也就是说,国家行政权力的保护,法律的保护,人民的努力争取和利用法律自我保护,都是自由平等权利得到有效保护的不可缺少的途径。

十二、小　结

日本明治时期的自由平等社会思潮,是在社会面临急剧转型的特殊历史条件下出现的。当时日本民族面临严峻的双重任务:一方面要摆脱半殖民地的国际地位,获得民族独立;另一方面又要创造和发展本国的资本主义经济,以尽快赶超西方列强。从何处入手是最关键和紧要的? 在生产力诸要素中,作为生产主体的人是最关键和最重要的。因此,当时日本就迫切需要将众多的被束缚于封建地主所有制土地上,并且存在非常牢固的封建人身依附关系的劳动力解放出来,使他们迅速转化为能够自由出卖劳力的生产者,或者变成能以相对平等的身份,在复杂多变的市场经济中参与自由竞争的经营者。为此,必须打破传统封建制度——包括束缚人们自由和人为制造不平等的等级特权——对普通百姓的压制尤其是超经济强制。

要真正做到上述这一切,除了制度层面的改革措施外,还必须在思想上大力冲击传统的封建等级制度,消除长期在人们心中根深蒂固,历来被误认为天经地义的社会不平等的观念,宣扬重新建立自由平等社会关系的思想,使社会各阶层皆能认识到这种自由平等关系,对全社会共同发展的重要性和必要性。在这种共识的基础上,各阶层人民能够以相对平等和自由的身份,主动而踊跃地投身到建设近代化社会的行列中。而思想文化的顽固传承性和滞后于社会发展的特性,使这项任务呈现出长期和艰难曲折的特点。

明治时期日本思想家们在吸纳欧美传来的自由平等思想的基础上,否定了妨害自由平等的社会制度和传统观念,反复宣扬人民自由平等权利的正当性和重要性。同时主张人民应当具备自由平等精神。思想家们延伸了西方的天赋人

---

① 　[日]植木枝盛:「民権自由論」,[日]家永三郎他编:『植木枝盛集』第1卷,11頁。

权思想的含义,对人民自由权如何产生进行了论证。他们对不同类别的自由权含义和特征的阐释,对人民自由权内容的论述,尤其对人民思想言论自由权进行了强烈主张,探索人民如何争取自由权的途径。社会平等关系天然正当的论证,对社会平等关系具体表现和特征的阐释,同时自由平等权利如何得到保护的设想。这一切使自由平等社会思潮在日本社会广泛传播,并日渐深入人心。这一切宣传鼓动的目的,无疑是为了在舆论上营造更加宽松自由的社会政治氛围,适应日本近代资本主义自由竞争的社会需求,并为进一步主张人民的各项社会权利的正当性奠定理论前提。这种思想宣传对于日本率先在亚洲迈入近代化行列产生了促进作用。

明治时期日本思想家们反复向人民宣传自由平等的社会思想,在当时的东亚社会的确是前无古人的,因而有着十分积极的意义。一方面这些宣传对当时的政治产生了影响。如人民的自由权利方面,1889 年颁布的明治宪法规定:"日本臣民,于法律范围内,有居住及移徙自由。"①实际上是对长期以来将广大农民固着于土地上进行严密统治的传统封建制度的否定。宪法又规定:"日本臣民,非依法律,不受逮捕、监禁、审问、处罚。"②这就排斥了利用法律限制普通百姓人身自由的违法行为。宪法还规定了老百姓的一系列自由。如"日本臣民,未经许诺,无被侵入住所及搜索者";"日本臣民,除法律所定者外,书信之秘密,无被侵害者";"日本臣民,以不妨害安宁秩序,不背为臣民之义务为限,有信教之自由";"日本臣民,在法律范围内,有著作印行言论及集会结社之自由";"日本臣民,守相当之敬礼,得依别定规程,而行请愿"。③ 这就从法律上保障人民居住安全的自由、书信自由、宗教信仰自由、著述、出版、言论、集会、结社甚至乡政府请愿等方面的自由权利。又如人民的平等权利方面,宪法规定了"日本臣民,合法律命令所定之资格,均得任文武官及就其他公务"④,也就是规定了日本人民在政治上有担任公职、从事公共事务的平等权利。宪法还规定:"日本臣民,受法

---

① 《日本帝国宪法》第 22 条,何佳馨点校:《新譯日本法规大全》第 1 卷,第 54 页。
② 《日本帝国宪法》第 23 条,何佳馨点校:《新譯日本法规大全》第 1 卷,第 54 页。
③ 《日本帝国宪法》第 25、26、28、29、30 条,何佳馨点校:《新譯日本法规大全》第 1 卷,第 55 页。
④ 《日本帝国宪法》第 19 条,何佳馨点校:《新譯日本法规大全》第 1 卷,商务印书馆,第 54 页。

律所定之裁判官裁判之权,无被夺者"(24 条),①即日本普通人民不得被剥夺接受法律指定的法官审判的权利,反映出宣传人民在法律上地位平等思想的影响。

另一方面从长远考察,明治时期自由平等社会思潮还对战后日本社会产生了潜移默化的影响。1946 年颁布的《日本国宪法》规定:"国民作为个人,皆受到尊重。限于不违反公共福祉,对于国民对追求生命、自由及幸福的权利,在立法及其他国政上,必须得到最大尊重。"(13 条)②又规定"国民在法律之下皆平等,不因人种、信仰、性别、社会身份及门第,在政治、经济或社会关系中有所差别"(14 条),③充分体现出自由平等思想宣传的深远意义。尽管这一宪法的颁布,有美国占领军强制日本进行民主改革的因素,但不可否认的是,如果没有明治时期自由平等社会思潮的流行,让广大人民从心底里接受自由平等精神的熏陶,那么其精神长期受传统封建等级制度和等级观念控制的日本人民,是不可能突然间接受这些西方传来的宪法条文的。

从反面考察,正因为明治政府对舆论的控制日趋严密,使这种自由平等观念受到压制,从而成为社会非主流意识。人民的自由平等权利在当时和此后一段时期无法根据宪法得到完全彻底的落实,最终使日本逐渐滑向法西斯主义统治的泥沼,其严重教训值得后人深思。

---

① 《日本帝国宪法》,何佳馨点校:《新譯日本法规大全》第 1 卷,商务印书馆,第 55 页。
② 「日本国憲法」,[日]家永三郎他編:『明治前期の憲法構想』,福村出版,1987 年,442 頁。
③ 「日本国憲法」,[日]家永三郎他編:『明治前期の憲法構想』,442 頁。

第四章　立宪主义思潮的起伏

　　明治维新后,为了赶超欧美列强,迅速发展本国的资本主义近代化经济,迫切需要构建新的国家统治体制。这种新体制要求与幕府统治时期的政治制度有着本质的区别,更重要的是能够发挥充分调动社会各阶层积极性,保护资本主义经济发展的作用。由此,随着一段时期内舆论环境的相对宽松,日本社会思想舆论开展了对政治改革的论争,最终大多数舆论趋势都指向在日本实行宪政的方向。这样,在日本兴起了立宪主义思潮。该思潮经历了初兴、高潮,还出现了许多民间私拟宪法草案,最后因天皇诏书下令渐进推进立宪,确定钦定宪法原则和具体立宪时间,压制民间激进的立宪主义思想而逐渐走向低潮。但立宪主义思潮在日本近代史上却产生了不可忽视的巨大影响。因此,对日本近代社会转型时期立宪主义思潮的研究,是探索和重新解读日本近代化原因的重要环节。但对于这一重要问题,国内学术界研究极为欠缺。就笔者所知,仅有极少数文章涉及此问题。① 但此类文章存在明显不足,一是对当时的立宪主义思想本身并未正面论述,二是几乎未使用原始资料进行论证,不能够充分阐释该问题的全貌。因此本章专题探索在政治改革需求下,日本立宪主义思潮的兴起和表现特征及其历史影响。

一、政治改革论争兴起:对改革
步骤的不同主张

　　明治前期,日本社会面临复杂的政治局面:德川时代幕藩体制的政治制度已

---

　　① 如沈海涛《日本明治前期关于政治体制构想的论争》,《学术研究丛刊》,1987 年 5 期;刘季富《明治时代前期宪政思想论略》,《河南师范大学学报》,2002 年 4 期。前者主要涉及日本近代政治体制构建的论争,后者主要阐述近代宪政观产生的历史背景和议会政治论争。

被否定,新组成的明治政府又因"藩阀"专权而呈现日趋专制的倾向。因而重新构建国家体制即对现有政治体制进行改革势在必行。但由于社会各阶层的利益诉求和对此问题的认识存在明显差异,所以如何进行政治体制改革,成为日本社会争论不休的问题。首先在改革步骤上,有的主张迅速甚至激进的改革,大多数则主张渐进、稳健地推进改革。众说纷纭,莫衷一是。

对于如何进行政治改革这一敏感问题,日本思想家在很大程度上仍然受相对先进的西方思想影响。① 1870 年,担任美国公使的森有礼在英国拜访了斯宾塞,向他征求对日本制度改革的意见。斯宾塞的意见是:不要过于激进地变革历来的制度,应当从事渐进的改革。② 1889 年为了调查议会内部组织及其运作方式,伊藤博文的助手金子坚太郎一行四人被派遣到欧州。按照伊藤博文的命令,金子坚太郎还将译成英文的日本宪法草案带到欧洲征求各国意见。③ 1892 年 8 月 23 日斯宾塞在给金子的信中,陈述了比当时的日本当局者更加保守的见解:"若依我所信,在日本,家族组织的古代制度今日尚残存……在这种家族式或家长式组织下,通常可以看到,各团体中都有最年长受尊重的男子,成为统治团体的权威者。在多数场合,第一世和第二世的子孙不容分辨,都服从于他的专制势力。日本要建立政治新制度,必须利用这种组织。即应当只有以这种家长或团体的首长作为议院的议员选举人。"④斯宾塞提出这种意见的时代,西方自由资本主义已过渡到帝国主义阶段。早期资本主义时代提出的积极向上的天赋人权、自由平等、人民主权等宣扬绝对权利的思想已逐渐陷于低潮,宣扬相对权利的功利主义思想和与自然科学相联系的进化论等思想逐渐占据上风。斯宾塞在这时提出的渐进改革日本政治的思想和保留日本传统的社会组织来建立新政治制度的构想,自然有当时社会背景的影响,以及他自身的政治目的和认识局限,但却给日本政治思想界带来了深刻影响,因而主张对政治进行渐进性改革成为当时日本风靡一时的思想。

---

① 对于这种影响笔者曾有所研究,见拙稿:《论明治维新前后日本对西方文化的大力吸收——尤其对社会制度改革思想的关注》,《四川师范大学学报》2009 年 2 期。

② [日]石田雄:『明治政治思想史研究』,未来社,1992 年,101 頁注(54)。

③ [日]金子坚太郎:「帝國憲法制定ノ由来」,[日]国家学会编:『明治憲政経済史論』,宗高書房,1974 年,85 頁。

④ [日]牧健二:「ハーバート・スペンサーと日本の法律」,『法學論叢』16 卷 4 號,147 頁。[日]石田雄:『明治政治思想史研究』,未来社,1992 年,101 頁より引用。

首先表达这种渐进改革政治思想的是统治阶层中的代表人物,如大久保利通在明治2年正月便主张逐渐改变政治体制:"今之紧要在于获得政府体制,立本体而举百物……政府若要作为政府实际相立,要按照制度规则而相立,且质问诸官之得失,黜陟正邪。如此在诸官中,按照政府之体制遵守法则,当无专恣之忧……静熟察天下之大势,不拘泥于其枝叶小事,可徐徐下手应当施行之大事。"①之所以主张循序渐进地实行政治体制改革,是因为大久保利通认为"政体虽有君主民主之异,大凡作为随土地风俗人情时势而自然成立者,丝毫非为由今日起构成之者,亦丝毫非应据古而墨守之者。以俄国之政体不能施行于英国,以英国之政体不能用于美国。以美、英、俄之政体不可行于我国。故随我国之土地风俗人情时势亦立我政体"。② 即主张政体应随风俗人情自然成立和变化,而不能违反这种规律贸然行事。

另一位政治家木户孝允也主张逐渐改变政治体制:"政体制度并非容易改革者。若事状发生不得已之弊害,而不得不实行匡济它之改革,须以逐渐涉及其实际施行为重点。假令一朝遽然变更制度,虽顿时替换名称,当至其实际履行必有有限制之时日,必有前后之顺序。不然,无凑其实效之期,无识实务验证之时,无改革之益而有改革之害诸事,毫无疑问。以之而见,政治以实地着意、无其防碍为主,而不如逐渐举行之。"木户还警告道:"假若不顾实际得失当否,遽然变革政体制度,徒据名称而欲一旦施行其新政新法者,大概会增加其弊害而不见其利益。"③政治家这种渐进改革政治的态度,不能不对社会和思想界产生影响。

于是一些思想家也提出渐进实行政治体制改革的主张。如启蒙思想家西村茂树主张对于原有的政治体制,应当稳健地推进改革,不能贸然行事,待条件成熟以后方可改革政治。他将政治体制分为因袭政治和道理政治。前者为传统的封建世袭体制,后者可以理解为近代化的民主政治。另外还有一种从前者向后者过渡的体制,西村称为"因袭道理混合政治"。他认为:"在实行因袭政治之

---

① ［日］大久保利通:「政府の體裁に関する建言書」,［日］日本史籍協會編:『大久保利通文書』3,東京大學出版會,1983年,8—11頁。

② ［日］大久保利通:「立憲政體に關する意見書」,［日］日本史籍協會編:『大久保利通文書』5,東京大學出版會,1983年,184—185頁。

③ ［日］木户孝允:「立法,行政に関する建言書」,［日］日本史籍協會編:『木户孝允文書』8,東京大學出版會,1986年,53—55頁。

国,应当将其政治迅速改为混合政治或道理政治吗？曰不可也。因袭政治不可为混合政治,犹如混合政治不可为道理政治。夫实行因袭政治若其国安全,其民开化尤适应此政体也。此时若遽然实行其他政体,愚民不解其所以然,有狡猾者或乘之图谋不轨者,反而可起国之扰乱。然而,若其民智识渐开,出现不安于因袭政治之征兆时,应迅速改变为其他政治。"①即如果贸然行事,不但欲速不达,反而会给一些不法之徒造成机会,使其可以趁机为了牟取私利而图谋不轨,给社会带来动乱。

另一位启蒙思想家加藤弘之虽然曾提出过让人民参与政治的公权思想,但在涉及对日本政治进行改革的实践问题时,便持所谓稳健的态度。他认为政治体制改革不能操之过急,尤其实行共和政治更不能过急:"如我邦今日之民权者流,观其所论所说,概惟急进是竞。或频主张普通选举者有之,或妄以国会一院为是者有之,或以政党内阁为必要,或以府县官民选为必需,又以府县会之再决议政府不能不认可等。至其它凡急进之事,敢无所顾忌,妄作主张,遂欲将我邦变成连欧美所未曾能出现之理论社会。余辈岂得不称此辈为不知社会遗传变化之实理的妄想论者耶？加之过激民权者流中往往崇慕共和政治,或如非有欣羡社会党共同党等主义者不可,实在甚不可思议。"②加藤主张避免过激的政治行为,以保证维护皇室地位。他指出在古代,"君主贵族或僧侣等专占邦国社会之大权,束缚压制一般人民,一般人民欲免除此束缚压制,得到自己之幸福,势必与君主贵族僧侣等抗衡,不得不拒绝其命令。其最甚者遂至举兵图谋叛乱悖逆"。

但另一方面他又认为,日本经过维新,"及近今之开明,贵族僧侣等多失权力,又虽君主,亦不敢拥有无限权力施行压制。人民逐渐得其权利,遂掌握参政之权。在今日,无论是占有社会共存上之权力之上等平民,还是下等之人民,皆已大获其权利。并非凶暴无赖之虚无党之类,有何困难非要凌辱君主夺其权力不可耶？"对此他进一步分析道:"在吾邦,今日之君权决非有无限专制之实。尚且立宪代议制起,实不出数年,渐次产生相等于欧美上等平民者,成为社会之优者,以占有社会共存上之大权力,更以此权力得以参与政权,是即可谓良正之优

---

① ［日］西村茂樹:「政體三種說」,［日］明治文化研究会编:『明治文化全集』第19卷『雜誌篇』,日本評論社,1992年,193頁。

② ［日］加藤弘之:『人權新説』,［日］明治文化研究会编:『明治文化全集』第5卷『自由民権篇』上,383頁。

胜劣败之作用产生之物也。因余不得不希望今日之民权者流,务避急躁过激,专养着实敦厚之风,真正成为社会之优者,永久为皇室之羽翼。"①一语道破其渐进改革之最终目的只是为了维护皇室尊严。

主张渐进改革政治的另一位代表性人物是小野梓。他作为大隈重信为首的立宪改进党一派的骨干,一方面主张对现实政治制度应当进行改革,另一方面又极力主张渐进改革,反对激进的改革主张。1882 年小野梓在《邮便报知新闻》上发表的《立宪改进党趣意书》中,抨击了政府当权者为"一二私党专我帝国,蔑视王室之尊荣和人民之幸福,偷目前之苟安而不顾永远之祸害",表明了不能容忍这种政治长期保持不变的态度。为此他提出了立宪改进党对政治改革的主张,其中也表达出不赞同激进改革,而希望渐进改良的思想:"政治之改良前进乃我党所希望不止。盖作为政治,若不对其施加改良而使其前进,则徒希冀无穷之尊荣,空盼望永远之幸福,最终完全不能获得之。政治之改良前进我党希冀之。然而激进之变革非我党所望。盖图谋不按顺序而从事急剧变革,则将紊乱社会秩序,反而成为妨碍政治进步者。因此,夫惑于陋见,徒以守旧为主;夫如竞相急躁,好务激昂者,我党却不与其共冀望。我党实冀望依照顺正之手段,改良我政治,以着实之方便而使之有所进步。"②

小野既批判了政府中的保守派"夫惑于陋见,徒以守旧为主",又抨击了自由党"希冀不按顺序而为急剧改革","竞相急躁,好务激昂",反而会导致社会混乱,妨碍改革的实现。同时,他还批评了自由党骨干植木枝盛的激进言论:"我邦有狂暴之议者,提倡应用鲜血买我自由,是盖不堪不平之私愤,一时故作过激之言论。虽可自己发泄,但苟主张此等不祥之语,若欲将本邦之自由,做成泰西之丑恶,如余真爱自由之辈,心中亦有不满……呜呼!邦人哟!君之自由,不用以鲜血买,不用以腕力争,唯尽君之识力而求之哟。否则,君之自由也亦做成泰西之丑恶不祥而血腥,岂不悲哉?"③有鉴于此,小野主张向英国学习,实行渐进

---

① [日]加藤弘之:『人権新説』,[日]明治文化研究会编:『明治文化全集』第 5 卷『自由民権篇』上,385 頁。

② [日]小野梓:「立憲改進党趣意書」,[日]早稻田大学大学史编集所编:『小野梓全集』第 5 卷,早稻田大学出版部,1982 年,105—106 頁。

③ [日]小野梓:『國憲汎論』,[日]早稻田大学大学史编集所编:『小野梓全集』第 1 卷,12 頁。

的政治体制改革,而反对像法国大革命那样采取过激的变革:"英国以顺正之手段和着实之方便,使其政治改良前进,因而致使一国静谧,人民安稳。反之,法国施行急进过激之变革,以扰乱一国之安宁,反而妨碍政治之进行。"①小野主张应当排斥企图"汲取卢梭之余流,重蹈雅各宾者流之覆辙,希望以躁急激昂从事过激变革"之徒,反之"希冀我邦也亦利用顺正手段与着实之方便,以改良推进此政治,与英国并驰或欲超越之"。②

伊藤博文的拥护者福地源一郎历来反对激进的政治体制改革,他提出了反对激进变革、实行渐进民主的主张。首先他认为社会上的诸新闻记者"皆期望立宪政体,希图伸张自由,固然成为中心。虽丝毫没包藏其他祸心,但事实上已欲以此将藩阀政府之风从根本上革新。彼辈当时虽未云藩阀政府之语,但眼见政治皆由在维新中有功勋、出身萨长诸藩之诸氏掌握其实权,使人大感不快。欲匡济此弊风,便以自由说和民选议院攻击藩阀政府。事实上认为,除了实行立宪政体之政以外,没有上策。其状恰与萨长以主要倡导尊王攘夷抵挡德川幕府如出一辙"。福地对这种舆论分析道:"按彼辈所想,木户、大久保、伊藤、黑田诸公,以萨长阀欲永久专有政权。诸公为了专有此保守君主独裁政体,嫌立宪君主制如蛇蝎。故诸公为了一身名利荣达,成为以独裁政略摈斥议院之开设者。相信彼辈真如此思维。按彼辈所想,公明正大推进国民幸福者为自由。若欠缺自由,便不复有幸福。此自由因立宪政体执行。而民主主义实为立宪之本尊。故国民之幸福在于行此政体。相信彼辈真如此思维。"

针对这种谴责观点,福地为藩阀政府的保守政策辩护道:"但余此三四年间亲自接触诸公,知诸论者之真意决非藩阀政府所喜者。知诸公有将立宪政体渐行于我国之期望。尤其知道木户侯向政府建议开设国会议在民选议院建议书之前。余屡屡见闻欧美实况,得知民主主义之利弊如何。得知如代议政体,如政党政治常常利害相伴。得知政治上急激之革新并不利于国民幸福。得知借自由之语也可以实行如何之暴戾之恐惧。从余担任《东京日日新闻》主笔起,此实以

---

① [日]小野梓:「勤王論」,[日]早稲田大学大学史編集所編:『小野梓全集』第3卷,206頁。
② [日]小野梓:「告我党人」,[日]早稲田大学大学史編集所編:『小野梓全集』第5卷,113頁。

执行渐进主义,反对急激之革新说。"①

但是自由党思想家坂本南海男却不同意上述主张。他认为日本人民随着文明开化思想已大大提高,根据日本当前的迫切形势,应当加紧政治体制的改革。"人民既至此程度,不应以神教笼络,不应以兵力统制之。必须改变统治之术。世运既已进于此程度,若仍然用神教用兵力,人民却视之为愚,不会复如昔日遵奉政令是也。"即对已经觉悟的人民,既不能利用宗教麻痹,也不能用武力镇压。历史上一些国家之所以爆发激烈的外部冲突和激进的暴力革命,正是因为当权者不及时从事有效的政治体制改革,最终酿成了社会大乱:"盖俄帝之权力实古今无比,未曾见有永久如此拥有盛大权力之邦国。然而其威权至今日,酿生实可惧怕之影响为何耶? 即因其政府墨守陈规,不注意世运之变迁,因不分配政权,因不容忍自由主义。"他认为一些原本主张和平改革者后来成为主张暴力革命者,正是因为当权者因循守旧、不思政治改革所致:"盖其改革之和平若成颠覆者,唯依政府之行为如何而然者。和平改革者,政府之宜以所置。以颠覆改革之者,亦仅政府自取之灾。"②

针对日本社会一些人主张仿效英国渐进改良,避免像法国那样暴力革命的舆论,坂本指出:"晚近我国之人民,逐渐希望国会,成获取政权之欲望。当政谈稍盛,或人颇杞忧之。因如英人今日获取政权徒非一朝之事,喋喋不休谈其议院之由来。举法国改革之事迹而戒过激,称赞英国之渐进。有暗欲犹豫国会之日期者,完全不知社会之大势,不理解古今进步程度不同之理,成丝毫不足使我自由党感动之说。"他与大多数谴责法国大革命为过激的暴乱的观点不同,认为之所以不得不通过这种暴力方式进行改革,也是由于政府不实行和平改革所造成的结果。他代表自由党强烈呼吁:"我党既已知应参与政权,我党成为切望欲分取政权者,为何屈挠于法国之引例,自己将政权附于等闲耶? 呜呼! 杞忧法国之过激者,空为政府。切勿成为法国政府! 法国人民之过激,正是法国政府所诱导者。"③

---

① [日]福地源一郎:「新聞紙實歷」,[日]明治文化研究会编:『明治文化全集』第18卷『新聞篇』,日本評論社,1992年,8—9頁。

② [日]坂本南海男:「政論・第三・政権」,[日]稲田正次編:『明治国家成立過程の研究』,御茶の水書房,1977年,40頁より引用。

③ [日]坂本南海男:「政論・第三・政権」,[日]稲田正次編:『明治国家成立過程の研究』,40—41頁より引用。

因此日本应当加紧推行政治体制改革,方能避免社会矛盾的激化。当时除了主张渐进改革政治的稳健派之外,一些主张维持传统政治制度,反对改革政治,尤其是反对学习欧美先进政治制度的思想也在社会流传。这势必引起有关政治改革方向即应当构建怎样的政治体制的论争。

二、对不同国家体制的对比分析

尽管对政治改革存在各种论争,但从实践上考察,国家体制的重新构建却势在必行。因为1868年日本通过维新建立的明治政府,实际上是一个过渡性政府,其国家体制尚处于一种不确定的状态。要使日本长治久安和迅速迈入近代化社会,必须建立一个稳固的、相对长久的新国家体制,以保证日本的近代化事业顺利进行而不致出现大的波折。因此,日本在推翻了幕府专制政治体制以后,势必会产生对新的国家体制的构想。对于这一重大而现实的问题,政治家、思想家都给予了充分的关注。当然,要提出具体的国家体制构想,首先必须对各种不同的政治体制有自己的认识。所以各位思想家、政治家都根据自己的理解,对不同国家体制进行了分析比较,同时出现了错综复杂的对国家体制的近代性认识与论争。通过考察这些认识与论争可以看出,明治前期日本政治家和思想家们已超越了传统的君权神授史观,对国家体制的认识已具有明显的近代性质。这无疑将会对构建近代化的国家体制提供理论前提。

所谓"国家体制",这里是指"政体",即国家政治统治形式。传统的唯心史观总是宣扬"君权神授",认为国家体制乃"天然形成",不能由人力加以创造或改变。维新前后日本思想家们否定了这类传统观念,[1]对各类国家体制进行了理性的对比分析。政治家和思想家们正是在这种对比分析中,鉴别出自己认为最适合日本社会发展的国家体制,并对其加以肯定,从而指出政治改革的大致方向。最早对不同国家体制进行对比分析者,以1868年津田真道的《泰西国法论》和加藤弘之的《立宪政体略》为代表。

津田真道将世界上各种国家体制区分为两大类:"国家形式虽有多样,今归

---

① 见拙稿《明治维新前后政治制度和权力起源学说的变迁》,《日本学刊》2009年5期,《中国社会科学文摘》2010年2期转载。

纳唯有二种原体:甲、多头政治,称为多主之国;乙、一头政治,称为君主之国。上述二原体流派甚多,故同为多头之国,然而其种类共有多种。同样,一头之国种类也有多种。加之二原政体有变性体。故有违背原来国家本旨本体之变性多头国与变性一头国。"津田认为这些变性体制都是应当否定的政体:"在变性体中,其政府绝不图通国之公益安富,唯作威作福,肆行私欲,经营私利耳。此非所谓政道,而可谓暴虐无道之魁。"他还指出某些国家甚至存在着神权体制:"有被云神主之国之政体,其主宰非人而为神。或有将其作为多头一头之异端,特当作一种另类政体。"①津田真道详细分析比较了多头政治和一头政治的利弊:"所谓多头政治之国,国家大权或主权不在一人之手,在阖国全民或某品位某种族。或云仅唯其名在阖国全民或某品位某种族。将多头政治国体大别为二种:甲、平民政治,又称民主之国;乙、豪族政治。欲将上述多头政治合而为一种多头之国之例,虽散见于古今史中,未曾见其成功,却豪平相互争权,最终多头政治完全灭绝而止。"②

津田在此论述的多头政治的两种形式,实际上可以理解为历史上出现过的古典民主政治和贵族寡头政治。但他认为在历史上,无论是平民政治还是豪族政治,都没有获得成功:"将豪族政治之原语称为贵族政治,若翻译其本意,可谓俊杰君子之政治。若此政体名实相称时,作为政体中之至善者,乃为国民可择取者也。然而其实此政治,并非所谓明了明德天下者之政治,乃惟门第高贵、得养育之道、长于仪容闲适文章、货财威权卓越于兆民之徒之政治。"③津田指出这种体制的特点在于"概为豪家累世之业。若干名族一度掌握国家大权后,将之传其子孙,大恶其他贱族加入其党,除非为其党私利极为需要,绝不允许外人加入其同列。屡屡有二三姓以国权为私,绝不让他人入其党中之弊长者,是豪族政治之变性体。将之称为二三家政治或一族政治"。④ 实际上为相对封闭且等级森严的少数人统治,它代表的是少数特殊阶层的政治经济利益。

对豪族国家体制,津田认为有利有弊。其利在于:"豪族政治与平民政治恰为表里。其善可取者,其人才有智,其政有谋虑,永久确守一时采用的内外国事

---

① [日]津田真道:「泰西國法論」,[日]大久保利謙他編:『津田真道全集』上,151頁。
② [日]津田真道:「泰西國法論」,[日]大久保利謙他編:『津田真道全集』上,152頁。
③ [日]津田真道:「泰西國法論」,[日]大久保利謙他編:『津田真道全集』上,154頁。
④ [日]津田真道:「泰西國法論」,[日]大久保利謙他編:『津田真道全集』上,154頁。

之方向,不使朝暮变换。以此,豪族政治之立国,有几乎确然不拔之势,且能维持国力,以寡小敌众大……豪族之从事政治,概能爱细民、施惠政,好助人恤民得人心,受民敬重。"①即豪族政治掌权者因为身份高贵,往往受过良好教育,所以从事政治足智多谋,而且在施政上政策相对稳定,有连续性,所以即便是小国也往往能与大国匹敌。同时掌握政权的豪族往往能热爱人民,对人民施以恩惠,所以受到人民敬重。

但这种政治体制也有自己的弊端。津田认为其弊端表现在3个方面:首先,统治政策稳定的特点发展到极端,便成为因循守旧,不思进取,对新事物往往持保守态度:"守古例、嫌新奇,不知变通之道,不开国运民化之生长,反而阻塞之。顾忌改革陈腐制度、芟除旧弊。"由于其不能与时俱进而采取变通政策,"故制度律例不再适应时势人情,百弊辐辏,最终只能遂酿成大乱、颠覆国家"。② 其次,排除了有才能的平民参与政治:"豪平两族之间共凿一大鸿沟而防守之,平民绝不能越之进入其列,无显达晋升之事。故其弊,即便在平民间产生出其人兼有智勇才能、对国家有用之材,也拒之,毫不考虑国家利益。"③平民即便能力卓越,也因等级限制而不能为国尽力。最后,这种政体主要关心的是少数贵族的利益:"豪族政治之所大尽心,唯其私利耳。但司政治者非三数人之私利,乃一切显族之私利也。通国之公益与显族之私益,恰如辅车相俟。故为其私利,能将心尽于通国之公益。若夫两利相矛盾时,则舍公而取私。"④如果这种利益与全国大多数人利益矛盾时,掌权者将会维护私利而舍弃公利。所以津田认为这种政治体制仍然是不可取的。

同时津田对所谓"一头政治"也作了分析:"一头政治即云国家之大权即主权仅掌握于一人之手,其三方向即制法、政令、司法仅一人摄行之政体。"⑤他认为可笼统地将这类体制的统治者称为"君主或国君"。津田真道根据君主执政方式将君主国家分成三类:"根据操持君权之方法,将一头政治之君国分别为

<hr />

① [日]津田真道:「泰西國法論」,[日]大久保利謙他編:『津田真道全集』上,154 頁。
② [日]津田真道:「泰西國法論」,[日]大久保利謙他編:『津田真道全集』上,154 頁。
③ [日]津田真道:「泰西國法論」,[日]大久保利謙他編:『津田真道全集』上,154—155 頁。
④ [日]津田真道:「泰西國法論」,[日]大久保利謙他編:『津田真道全集』上,155 頁。
⑤ [日]津田真道:「泰西國法論」,[日]大久保利謙他編:『津田真道全集』上,155 頁。

三:1. 君威无量之国;2. 无限君主之国;3. 有限君主之国。"①

津田认为前两类皆属于君主专制政治,并对这两种类型的君主专制政治分别作了评价:"在君威无量之国,君主即作为国土人民之总主,其威权无量也。一切臣民作为其奴仆,绝无其权。臣民之生命、货财、力作、安逸皆君主所司,君主擅其生杀予夺。君威无量之国作为一头政治之变性体,其操持君权非为天下,乃供一人之私也。君威无量与国家之本旨本体向戾之事,恰如冰炭黑白。故可极力废弃之。"②强调要彻底废除这种专制主义国家体制。而另一种"无限君主之国,惟君一人操持政治,依自己所见决理万事,不听他人谋议,不要他人许诺助力。百僚官员皆为一君主之臣仆,辩解费用之会计责任,皆致之君主"。实际上与君主专制没有区别。他认为"在文化仅开、人理未昭明之国,无限君主之国制可为适当"。即在特定历史阶段具有一定适用性。但如果社会发生了变化,"至通国文章焕发,人人得以辩论天下之利害得失,无限君主之国制复难可持守"。③ 为什么会这样呢? 因为"在无限君主之国,内外之国事,每天朝暮变换交替,关系于一人之心。而且后主屡屡违背先主之意,故此国制对国家危险。且此国制对君主尤为危险。其故,国家之祸福专关系于君主一人,若当至于妖孽甚嚣之秋,众怨之所归独止于君主一人之身。若欲将国民国家之祸转而为福之情迫切,突然酝酿国之大变,便可造成废其位或殒其命"。④

显然,津田真道对第一种君主专制政治是完全否定的。而对第二种君主政治则是有保留的否定,认为在相对落后的国家可暂且实行这种君主政治。但他紧接着便论述了这种制度的不少弊端,指出这种制度受个人偶然的因素影响较大,对国家乃至君主本人都是极不安全的制度。总的态度仍然是否定性的。第三类他称之为"有限君主之国",其具体评价将在后面论述。

另一位启蒙思想家加藤弘之也对各类国家政体进行了比较。他认为"凡宇内万国风俗人情自然相殊,其政体要之不过二类:所谓君政民政是也。但君政又分三种:即君主擅制、君主专治、上下同治(君民同治或上下分权)是也。民政亦

---

① [日]津田真道:「泰西國法論」,[日]大久保利谦他编:『津田真道全集』上,157 頁。
② [日]津田真道:「泰西國法論」,[日]大久保利谦他编:『津田真道全集』上,157 頁。
③ [日]津田真道:「泰西國法論」,[日]大久保利谦他编:『津田真道全集』上,157 頁。
④ [日]津田真道:「泰西國法論」,[日]大久保利谦他编:『津田真道全集』上,157—158 頁。

分二种:即贵族专治、万民共治是也"。① 加藤对于两种君主制和贵族专治的政体进行了评价:"如君主擅制、君主专治、贵族专治等皆为尚未趋向开化文明国之政体也。就中如擅制,为蛮夷之政体,尤为丑恶卑贱。但如君主专治,在人文未辟、愚民颇多之国,虽说甚为适当之政体,然在渐向开化之国,则应立即废弃之。如贵族专治亦然。欧洲各国古代,多建此等政体,朝廷独擅大权,尽力愚弄百姓,频繁施行酷虐之政。"②即两种政体皆当否定。

加藤提到的上下同治和万民同治,我们可以理解为立宪君主制和民主共和制。加藤对前者阐释道:"上下同治(又译为君民同治),君主虽位于亿兆之上统御之,但不敢以天下为私有,必须制立公明正大确然不拔之国宪,万机必须依此国宪施行,并且要让臣民拥有参与国事之权利。"关于后者,他阐释得更为具体:"民政即亿兆之上无君主,由人民执掌政权之制度。万民共治,国中君臣无尊卑之别,惟使选择有德君子一人或数人掌握政权,但如同上下同治,亦要制立公明正大确然不拔之国宪,万机必须依此国宪,且国内庶民有参与国事的权利之制度。"③即这种体制具有3方面特征:1.无等级尊卑;2.制定宪法作为治国准则;3.人民掌握政权。他最后总结道:"五种政体中,制立公明正大确然不拔之国宪以寻求真正治安者,独上下同治、万民共治二政体,因之称为立宪政体。"④也就是说,国家要制定宪法作为治国大纲和施政准则,即拥有立宪政体,才能保证社会的正常发展。

明治重臣大久保利通在作为岩仓使团的副使前往欧美各国考察后,也将不同国家体制进行了比较。他先分析了民主政治的利弊:"民主政治不以天下为一人私有,广谋国家之宏益,洽达人民之自由,不失法政之宗旨,不违首长之任,实为完全具备天理本然者。"充分肯定了民主政治体制的长处。但接着他又以法国大革命期间的民主政体为例,说明了这种政体的不完善性:"然而其弊,树

---

① [日]加藤弘之:「立憲政體略」,[日]明治文化研究会编:『明治文化全集』第8卷『政治篇』,18頁。

② [日]加藤弘之:「立憲政體略」,[日]明治文化研究会编:『明治文化全集』第8卷『政治篇』,19頁。

③ [日]加藤弘之:「立憲政體略」,[日]明治文化研究会编:『明治文化全集』第8卷『政治篇』,18—19頁。

④ [日]加藤弘之:「立憲政體略」,[日]明治文化研究会编:『明治文化全集』第8卷『政治篇』,19頁。

党结类,渐次土崩颓败之患,也亦不可测。往昔法兰西之民主政治,其凶暴残虐,比君主擅制更甚,及名实相背亦如此,是亦不可谓至良之政体。"①当然大久保并没有在此比较其他国家的民主政体,故其认识具有相对片面性。

　　既然民主政治并非完善之政体,那么君主政体是否更先进? 大久保利通也对其利弊作了分析。首先他肯定"君主之政,对蒙昧无智之民,不以命令约束治之,于是才力稍卓于众者,任其威力权势,束缚其自由,压制其权利,以驾驭之。此方乃一时适用之至治也"。即君主政体在历史上有其合理性。但他接着又分析:"然而虽上有明君,下有良弼,民不蒙其祸,国不取其败。但内外之政,犹不免朝变暮化,百事涣散之弊。若一旦当暴君污吏擅其权力之日,生杀予夺唯随意进行。故众怒国怨归于君主一身,动辄有废立篡夺之变。其法政概出于人为,而不任天理。此人情时势不可长久保持。"②显然,大久保利通在此阐释的是君主专制政体的状况。他深刻指出这种君主专制的政治体制虽有其长处,但它主要靠君主个人的素质左右政治,政治道德比较善良的"明君",或许可以使政治相对开明,但因没有法律制度从外部予以强制约束,一旦出现"暴君污吏擅其权力"的情况,则人民的生命财产安全将得不到保证,也就容易激化社会矛盾,导致政变迭出,君权也不稳固。因此,将人民利益寄托于君主官吏的道德自律上的"人治"政治是不可能长期保持社会安定的。

　　最后大久保利通比较了三种政体的特点:"所谓三种政体中,称立君独裁则国从来无定法,只以国君之意为国法。其君权无限定者。所谓君民共治,指按照历来之定规,君民之间各定其权限以立法,君主因之自理国政。至于共和政治,指人民相共尽力以定宪法。根据所定之宪法,选举治理国政之人,让其奉行国务。虽然所在各有其不羁独立之权势,至裁决施行百端国政之意,则统一也。故立君独裁之国,以君意为确然不可犯者。在君民共治人民共治之国,以定宪法为确乎不拔者。"③肯定了后两种国家体制的合理性。

---

　　①　[日]大久保利通:「立憲政體に關する意見書」,[日]日本史籍協會編:『大久保利通文書』5,183頁。

　　②　[日]大久保利通:「立憲政體に關する意見書」,[日]日本史籍協會編:『大久保利通文書』5,183—184頁。

　　③　[日]大久保利通:「立憲政體に關する意見書」,[日]日本史籍協會編:『大久保利通文書』5,189頁。

　　民权理论家中江兆民也根据在法国的学习和自己的理解，从近代视角论述了人类历史上曾经历过的不同政治体制的演进。他首先指出在远古时代，"就政事而言，其初强者凌弱，智者欺愚，胁迫压服而成为主人，畏惧屈从而成为奴隶，甲仆乙起，纷纷扰扰而无统纪者，是为无制度之世"。正因为如此，当社会矛盾无法调和之时，便出现了君主制："既而人人皆厌斗恶争、愿欲晏然度日之际，一有人材德者起而收揽众心，立而为君，或强悍而富于奸计者笼络众庶，自进而为君，然后发政施令，图一时之治安。此所谓君相专擅之制，为政事进化之理之第一步。"①

　　中江兆民论述的第一种政体，显然是指君主专制政体。他明确指出这种政体是靠所谓大义名分来维持："在此种制度中，有一种无形器具，将君臣官民两部分捆绑胶着，使其不能分离……所谓无形器具为何？是为君臣之义。盖此一义并非尽由我这凡人发明，而是几分慈爱之心与几分感恩之心结合而成。即君对下施以慈爱之心，民对上报以感恩之心。故居上者慈爱之心和在下者感恩之心愈多，君臣之义愈重，上下关系愈坚固。"也就是说，君臣之间、上下之间的政治关系是由情感相维系。如果情感深厚，则相互关系牢固。然而其弊端也十分明显。中江指出："但在此制度下，有一难以克服之病根，何也？夫民对上所表达之感恩心，毕竟不过为君对下所施慈爱心之反应。故君主慈爱心之量减少一分时，人民感恩心之量以亦减少一分，其迅速如响声之回应。然而君主慈爱心之多寡，原本属于一个君主之资质。故若不幸，为君者天姿庸劣，群臣无论如何启沃辅佐皆毫无效果，君臣之义由此断绝，乱亡之祸因此发生。"②即若君主个人素质低下，造成情感发生不可预测的变化，则政治关系便有可能松弛甚至破裂。在这种国家体制下，人民和国家的各种利益完全托付在一种难以预料的不安全条件上，随时可能会因一些个人的偶然因素而遭受侵害。所以中江联系亚洲长期实行这种政体而发展落后于欧美的实际比较道："亚洲各国之民，一旦进入此境界以来，便停滞不前。至于欧洲各国，快者从 17 世纪起，迟者也亦从 18 世纪起，脱离第一步之境界，更进入了第二步之境界。此乃东西洋文明程度相异之原因。"③所谓第二步，就是他将要论述的君主立宪体制。

---

①　［日］中江兆民：「三酔人経綸問答」，［日］松沢弘陽他編：『中江兆民全集』8，196 頁。
②　［日］中江兆民：「三酔人経綸問答」，［日］松沢弘陽他編：『中江兆民全集』8，196—197 頁。
③　［日］中江兆民：「三酔人経綸問答」，［日］松沢弘陽他編：『中江兆民全集』8，198—199 頁。

三、对君主立宪制的认知

君主立宪制有时又被称为立宪君主制。津田真道在论及君主制的三种统治形式时,将第三种称为"有限君主"制。他阐释了这种政治的特征:"所谓有限君主之国,指在其行事上使君主之权有所限制之国体。限制之度多端,且限制方法亦甚多。限制由来如下:第一,由太古国民之风俗习惯而来;第二,由分封制度而来;第三,由君主获得主权时之议约而来;第四,由在国宪条例中详定明记君民双方之权义而来。限制或涉及主权之全部,或惟止其一部分。所谓全部,即总括所谓制法、政令、司法三权而谓之。"①

我们可以将津田的阐释理解为君主立宪的国家体制。它与以前的君主专制体制不同的根本区别在于,君主权力受到了来自各方面的限制和约束。津田认为这种国家体制是一种最完善的国家体制:"有限一头政治之政体,择取诸般国制之所善,且几乎芟除与各种政体同有之弊害,所留极少。有限君主之国体,取平民政治之所长,大长国民自立自主之心,壮其气力,又兼豪族政治之所佳,谋虑远、才智深,及一头政治所固有之国力强。国力强乃由于一君主总摄国事而国力统一。而政道无常,易朝暮变换,乃民政之弊。规模局少而不能登用平民之贤才,营钜室之私利,乃豪族政治之弊。国之起动乱而来大变乃无限君政之弊。周密预防此数弊,乃有限君主之国制也。"②他分析了这种有限制的君主制吸取了各种政治体制之长处,同时又防止了各类政体的弊端,因此津田认为这是最适合于日本的政治体制。

加藤弘之与津田观点极为相似。他将这种立宪君主制称为上下同治,并对这种政治构成的特点作了描述:"一君主掌握天下之大权,即成为天下之元首。这并非如君主擅制、君主专治以天下为私有、以亿兆为其仆妾之制度。所谓以天下为天下亿兆之天下也。故政府为天下亿兆之代表,以治理天下亿兆为本意。因此,其政令不能独为君主之专掌,必先制立公明正大确然不拔之国宪,万机皆依此为准,且臣民有参与国政之权利。加之由于担心触动君权以至专肆,将天下

---

① [日]津田真道:「泰西國法論」,[日]大久保利謙他编:『津田真道全集』上,158頁。
② [日]津田真道:「泰西國法論」,[日]大久保利謙他编:『津田真道全集』上,158頁。

大权分之为三类，由其官员各充任、君主统括之。第一立法权，第二施政权，第三司法权是也。"①

加藤指出这种立宪君主制之所以称为上下同治，是因为它具有四方面特点：首先是它区别于过去的君主专制制度将天下作为君主私有的性质，而是具有将天下作为"天下之天下"的本质；其次，受这种本质限定，其统治不能像君主专制那样可以随心所欲，而是必须按照制定的宪法规范进行施政；再次，臣民有参与政治的权利；最后，为了防止君权专制，将以前由君主一人统管的三方面权力分立，由三方面的官员掌管。这为加藤以后提出他的宪政思想作了理论准备。

在具体实践构想上，加藤主张日本更适合于立宪君主政体。他分析比较认为，"君权无限之政体……动辄易产生君主政府暴政之政体。故决不足称良正之政体"，自然已被否定。至于"共和政治，虽不敢有待辨别实际是否良政体，但从来在君主政体之国，如突然采用共和政治，不仅决不能获得治安，或却至损害治安"。这并非否定共和制，而是认为目前日本不能遽然实行这种国家体制。否则会像法国那样，造成社会大动乱。② 加藤比较了实行君主立宪制的英国和实行民主共和制的美国，认为前者优于后者："今以英美两国相比较：英为君主政体，世袭之君主不拘贤愚而得其位，又如世袭之贵族僧侣大抵不拘贤愚而掌握上院之特权，虽似不甚公明正大，但观察今日之政治实际及人民拥有自由权状况等，比起由天下众望所归之总统掌握政权、以天下公论选举出的上下院掌握立法权的美国来，可谓更有优点。"为什么这样认为呢？他指出"盖英之政体如上，为君主政体，故政权名义上由君主掌握。但其实不然，几乎由立法府掌管。再而更深入探讨其实，也不由立法府，而在所选举立法府之人民之多数。故虽名为君主政体，其实如真正之民主政体"。所以他得出的结论是："尤其如我邦，以古来绝无革命，君民之情谊埋藏最为深厚，至数年之后开明进步之日，必以建立立宪君主政体。"③但加藤在此并未说明为什么"采用最公明正大政体之美国"反而不如采用立宪君主制的英国，这一点在他的政体理论中留下了重大的缺失。

福泽谕吉在明治宪法颁布后不久，评价了君主立宪政体的功能，他将这种国

① ［日］加藤弘之：「立憲政體略」，［日］明治文化研究会编：『明治文化全集』第8卷『政治篇』，19—20頁。

② ［日］加藤弘之：「国体新論」，［日］吉田曠二编：『加藤弘之文書』第1卷，158頁。

③ ［日］加藤弘之：「国体新論」，［日］吉田曠二编：『加藤弘之文書』第1卷，158頁。

家体制称为君民同治："在君民同治立宪之政体中,将一国最高权力归于宪法,不仅国民丝毫不允许违背之,而且约定虽君主也不能违背之。恰如在君民之间安置了一种绝对之权力,若双方共受其制裁,则双方皆不可逞其所思。君主与国民相对,一方若有所伸,他方则不得不有所缩,成自然之理。在立宪政体下,双方不可能皆如意,故双方既不过分得意,也无过分不平,正好位于中庸,乃成政治运动之均衡也。"①福泽在这里又提出了他一贯主张的"政治均衡"理论。他认为君主立宪政体恰到好处地体现出了这种理论的优点。

福本巴(1857—1924年)于1879年发表《普通民权论》,提出了他的"虚君制"思想。他认为,日本天皇之所以"万世一系"而血统不变,主要因长期以来天皇并未掌握实权,故即便在武家政治期间常发生武力政变,也无人觊觎徒有虚名的皇位,皇室便能一直平安无事："即使皇祖之圣诏如彼,国体之坚固如彼,国民之忠君如彼构成,也不能避免政权推移。且此间……有觊觎皇位者。然而观察企图如此虚谋者,皆政权在皇室之日也……随着政权落于武门之后,怨望也亦集于武门,以镰仓足利至德川氏,弑篡争夺常在武门,又无一人觊觎皇室。"但现在若让天皇亲理朝政,掌管国家具体事务,难免将引起野心家对皇位的觊觎："今政权完全恢复于皇室,以使亲裁万机,若德望悉归朝廷,又恐成为怨府之事在所难免。以故作为臣民,今日预先护卫皇室至万世无穷。不使皇室掌握实权,且必须建立杜绝万世臣民觊觎之心之策。"②所以他主张在日本继续实行让天皇虽有最高地位、受国民尊崇但却不掌实权的制度。福本的这种虚君制实际上就是指君主立宪制。

中江兆民则将这种国家体制称为君民共治："君民共治之行于方今者,向之所谓英国是也。呜呼,为人民者,能共有政权,得一如英国,此亦可以无憾非乎!"③即日本应向英国学习,建立君主立宪的国家体制。他论述了随着人类社会进步,国家体制随之进化到第二阶段,出现了用法律制度来维系的君主立宪国家体制。他分析了这种政体的特点："此即立宪制也……立宪制也和那君相专

① [日]福沢諭吉:「国会の前途」,[日]富田正文他編:『福沢諭吉選集』第6卷,岩波書店,1981年,168頁。

② [日]福本巴:「普通民権論」,[日]明治文化研究会編:『明治文化全集』第5卷『自由民権篇』上,212頁。

③ [日]中江兆民:「君民共治之說」,[日]松永昌三編:『中江兆民全集』14,12頁。

擅制相同,其君主或号称帝,或号称王,世代相袭,俨然位临万民之上。还有华绅贵族,或称公,或称侯,或称伯、称子、称男,亦世代相袭,拥戴于帝王周围,亦与专擅之国无异。"表面看来君主虽仍"世代相袭",而且还保留了各种贵族称号,人际之间仍然有高低贵贱之区分,与专制政体相同。但他接着强调二者有本质区别:"但在立宪国家,所设五等爵位,多不过为其个人及其家族的宠荣而已,其爵位所附利益,仅有列为上院议员一事。其领有大片食邑和拥有巨额钱财,乃彼辈自己经营所得。故与其他农工商自身积累之巨额财产并无不同,并非如专制国之贵族,坐吸民众膏血而肥其家。此亦立宪国远胜于专擅国之理由也。"[1]即这些称号并非与实际权力相伴随,而仅是一种荣誉称号。其财产也并非依靠特权地位获得,而是与农工商一样靠自己从事经济活动积累。

作为统治集团成员的大久保利认为像英国那样的君主立宪政体应当是相对完善的政治体制。他认为英国与日本在人口多少、国土面积等方面的情况类似,但英国建国仅八百年就如此发达,令建国上千年的日本望尘莫及,正是因为英国建立了可以使人民"各自为达自己之权利而谋其国之自主,其君主也亦使人民之才力通畅"的君主立宪"良政"。[2] 所以日本要赶上欧美先进国家,也必须循序渐进地建立这种政体。

四、对民主共和制的认识和理解

在对国家体制的构想中,明治时期日本社会根据对欧美资本主义政治制度的认识,已萌发出建立民主共和国家体制的思想。这种情况通过明治重臣木户孝允对共和制舆论的担忧可见一斑。1872 年 2 月,木户在给河濑真孝的信中表明了这种感慨:"与今日时势一起,已公然议论共和政治等事。更奉对天朝也呈肆无忌惮状。若回想仅此两三年前,真感意外! 即便是完全趋向开化,也难以被想象。尽管陈数件件有一二漏掉,窃想象将来,最终多恐只有不堪苦忧

---

① [日]中江兆民:『三醉人経綸問答』,[日]松沢弘陽、井田進也編:『中江兆民全集』8,200 頁。

② [日]大久保利通:「立憲政體に關する意見書」,[日]日本史籍協會編:『大久保利通文書』5,186 頁。

之事不少。"①同年 11 月木户又在给河濑真孝的信中再度表明了这种担忧:"已于今日有时公然宣传共和之美,肆无忌惮地不知不觉地说出来。若再保持不指责这种说法不好的态度,变形改风等事,至今日也诚可成为轻易之事。"②木户的这种站在统治立场的担忧,说明主张共和体制的思想在当时社会上已较为流行。

当时不少年轻人受到美国独立战争和法国大革命的影响,产生了崇尚民主共和的思想。1876 年原鹤巢在读了《华盛顿传》后,在《报四丛说》2 号上谈了对美国民主制的仰慕:"尧舜之所以治者,在其禅让。禅让之所以为至德者,以不私于亲爱也……盖美利坚有华盛顿者……立禅让群选之法,及至今也,其治愈盛而不衰矣。故以政治协和名其国,其治所以协和而愈盛者,盖亦在公选禅授矣。余读之叹曰:呜呼盛哉! 禅让之德,尧舜之后,不得闻其法而迄至今也。见诸僻远之国,岂不敢歆羡哉……若夫以余为党华盛顿耶,余亦不敢辞之而已。"③他说的"协和"即指共和,"禅让群选"即指民主选举。由此可见美国民主共和体制在日本的影响。

当然对民主共和体制的认识,在长期实行封建专制制度的日本社会有一个逐渐演变的过程。受传统思想束缚和欧美的功利主义、实用主义等思想的影响,对民主共和体制的认识和评价呈现出多维化趋势。津田真道将民主共和政治称为"平民政治"。他对这种国家体制的特点进行了阐释:"平民政治之本来主旨,在于阖国全民悉领政权。故除儿女废疾等事实上自然不可给予政事者外,一切国人皆参与国政。国民不仅掌握君主大权,而且掌握主权之三方向,即立法、政令、司法三权。当制作律法或变革废停之时,国民皆会同商议而行之。商议国家大事和战、制定和约章程、设置战备、任命文武官僚等事件,国民会同商议决定之。推问罪科、听断词讼,国民皆或拈阄轮流司之,或会同决之。国家官员即国民之臣。故国用会计责任之辩解共依民会之进退。"④强调了人民掌握政权和官员对人民负责的体制特征。

津田分析了这种民主国家体制的利弊。首先它肯定"平民政治之利在于,

---

① ［日］木户孝允:「河瀬真孝書翰」,［日］日本史籍協會編:『木戸孝允文書』4,東京大學出版會,1971 年,339 頁。

② ［日］木户孝允:「河瀬真孝書翰」,［日］日本史籍協會編:『木戸孝允文書』4,416—417 頁。

③ ［日］小野壽人:『明治維新前後における政治思想の展開』,493 頁より引用。

④ ［日］津田真道:「泰西国法論」,［日］大久保利謙他編:『津田真道全集』上,152 頁。

扩大国民自立性,增长羞恶之心,壮自主之志,念念不忘国事"。① 即可使国民培养独立自主精神,增强辨别是非善恶的能力,大家都以主人翁的态度去关心国家政治。但他接着又列举了这种体制的种种弊害:第一,"虽曰国内会同协议,决定国事,其实阖国全民会同之议论,非悉一致,依从其说尤多一方决事。故议论其党与寡者,枉其意而不得不依从其多者。是其第一害也。此害不可言巨大。因为众民聚啸喧嚣,固非有深谋远虑者,惟见眼下之利害而不悟远大之得失。故为花言巧语而诱民者,屡使诖误也"。② 即多数人往往凭借这种体制损害少数人利益,构成了"多数人的暴政",同时也给目光短浅者误导群众提供了机会。第二,这种政体容易造成"朝令暮改、政事无恒,且屡误国家之长策,丧失社稷之真利"。③ 即不利于政策的连续性和政治的稳定性,对社会可持续发展十分不利。第三,这种"平民政治"极易导致"大众愚民有猜疑之情,屡忌俊杰之士,害怕伏于其威名之下,恒媚嫉之。是亦平民政治之害"。即造成没有文化和能力的下等民众嫉贤妒能,经常处于不正常状态:或者讨好、或者嫉妒有才能者。这种嫉贤妒能的风气最终使"有才德之君子不得干预国事,或被放逐,或自甘远之"④,使德才兼备者不能担当领导国家的重任。第四,"纯粹之平民政治之国,动辄变乱,易成大众愚民之暴政。此惟悟眼下之利害,欲以强暴完成其无谋之论"。⑤即这种体制容易造成少数愚蠢民众的暴政和社会无序的动乱。因为他们常常只顾眼前利益,企图凭借强力实施自己的愚蠢主张。

津田认为这种平民政治有如此之多的弊端,最终"平民政治终变成武人之天下,或无限君主之国由以开端,此不足为异之事也"。当然他认为对平民政治加以"修正"或许可以避免一些弊端,减少一些危害:"平民政治加以修正之制,国民由国民中推选其代表,操持国家大权者也。其选除按照一定律例,或任国民之意。"实际上已经提出类似于代议制的政体形式。但是他认为如果修正不当,或许又会将平民政治变成君主或豪族政治:"在如此修正之平民政治之国,上述列举之害虽小,未可谓完全除去。更有其他变体,国民将其主权限定岁月,或无

---

① [日]津田真道:「泰西国法論」,[日]大久保利謙他編:『津田真道全集』上,152頁。
② [日]津田真道:「泰西国法論」,[日]大久保利謙他編:『津田真道全集』上,152—153頁。
③ [日]津田真道:「泰西国法論」,[日]大久保利謙他編:『津田真道全集』上,153頁。
④ [日]津田真道:「泰西国法論」,[日]大久保利謙他編:『津田真道全集』上,153頁。
⑤ [日]津田真道:「泰西国法論」,[日]大久保利謙他編:『津田真道全集』上,153頁。

限依托于一人或数人……唯有其名称可谓平民政治之国，其实，若将之委托于一人，乃为一君政治；若委托于数人，则成豪族政治也。"①最终津田还是认为平民政治的弊害大于利益。

加藤弘之将民主共和国家体制称为"万民共治"，他以古代希腊为例，分析了这种国家体制的特征："在建立此政体之各国中，无君臣尊卑之别，凡全国人民皆可参加会议，以施行国政为本意。古希腊之雅典等已建如此之制度，若要议论宪法之事及其它紧要之事，全国人民皆会聚决定之，惟每日之庶政另置官员委托之。但如此之制度非如雅典那种极小国不能施行。假如得以施行，也未必为最好之制。"因此加藤又以美国、瑞士等国为例，指出近代共和体制的特点："是故方今建立此政体之美国及瑞士等其它许多国家采用如此制度，如上下同治，必制立确然不拔之国宪。亦分三大权柄，立法权由立法府根据选择之法，举荐议员设立两院，施政权也亦根据选择之法，举荐有德君子一人或数人委托之，且以之为天下之元首。本意乃丝毫不论门第资格，惟取有德才识之士。但必有得以选择之年龄及在职之年限等定则，若期满又选择他人替代之。"②基本勾画出民主共和体制的特征。

但是加藤并未将其与君主立宪制的明确区分，认为"建立此政体之各国，多为将原来自主之数邦合并为一国……盖与封建制度大体相似，大政府如朝廷，各邦如诸侯。是故于封建之国中建立立宪政体，此政体之制度反而从上下同治之制度中所取甚多。国宪及三大权柄大抵皆为上下同治，皆大同小异也"。③将联邦制误认为封建的宗藩制。因此他一方面肯定共和制"不设君主，以民选推举总统，以政令之权委托之。且别置立法府，推举人民之代表使其议定法制。并设独立不羁之法院，专委托以司法大权。故通常不用担忧政府之权力达于专横，人民之权利亦随之甚大。此亦可称为良好政体"。另一方面又认为共和体制与君主立宪体制的优劣不能一概而论，要看其是否适应当地的风俗民情："又如故立宪政体虽有君主政体与民主政体二种，若应共称良正善美之政体，则不

① ［日］津田真道:「泰西国法論」，［日］大久保利謙他编:『津田真道全集』上，153 页。
② ［日］加藤弘之:「立憲政體略」，［日］明治文化研究会编:『明治文化全集』第 8 卷『政治篇』，22—23 页。
③ ［日］加藤弘之:「立憲政體略」，［日］明治文化研究会编:『明治文化全集』第 8 卷『政治篇』，23 页。

可一概而论其优劣是非。特由各国古今沿革由来,及因其人情风俗可论其适否。"①强调西方国家体制的引进必须适合日本国情。

1875 年"明六社"重要成员西村茂树在《明六杂志》发表文章,论述了文明开化国家的民主制:"今将尊王攘夷名为第一原质,将文明开化名为第二原质……第二原质以民为国之本体,以政府为民之所立。故法度民自作之,租税民自定其多寡而出之。官吏若姿行威权,民得罢黜之,政府若行暴政,民得变置之。故全国之公费,民尽出之而供其用。固然无需立官费民费之别……方今若由第二原质而来为民之利,登记姓名,允许骑马,非人成为平民……"②西村在此表达的是对日本即将建立的新国家应当实行民主政治的憧憬和希望,当然他认为这种理想化的政治制度必须等待一个较长的时期人民"智识渐开"后方能实现。

中江兆民认为人类社会发展的第三阶段,国家体制将进入民主政治阶段:"民主制度正是构成有关政治进化之理的第三步境界"。③ 1881 年他在一篇社论中阐述了对共和制度的理解:"共和即公众之物也,公有物之义也。将此公有之义推衍及政体上,便为共和共治之名也,其本义如此。故若以政权为全国人民之公有物而不使一二有司营私,皆为共和也,皆共和政治也,而不问有无君主也。"④中江兆民通过在法国的学习,接受了不少民主主义政治思想,所以他主张人类的最佳政治制度应当是民主共和制度。据中江的学生幸德秋水记载:"先生之在法国也,深崇奉民主共和主义,忌阶级如蛇蝎,恶贵族如仇雠,誓刈除之,以保全斯民之权力为期,固无论也。主张凡民权,不应由他人赐予,只能自己进而恢复之。出于彼之王侯恩赐者,亦不可不知有被其剥夺者。古今东西,不溅一滴鲜血,能有可得确保真正之民权者乎? 吾人只宜发挥自己力量,颠覆专制政府,应建设正义自由之制度。"⑤

因此,中江在多种场合表达出对民主共和制度的信奉,并对其大加赞美:"民主制度正是构成有关政治进化之理的第三步境界……民主制乎、民主制乎!

---

① [日]加藤弘之:『国体新論』,[日]吉田曠二编:『加藤弘之文书』第 1 卷,150 页。

② [日]西村茂树:「轉換說」,[日]明治文化研究会编:『明治文化全集』第 19 卷『雜誌篇』,261—262 页。

③ [日]中江兆民:『三醉人経綸問答』,[日]松沢弘陽他编:『中江兆民全集』8,207 页。

④ [日]中江兆民:「君民共治之說」,[日]松永昌三编:『中江兆民全集』14,11 页。

⑤ [日]幸德秋水:『兆民先生』,[日]幸德秋水全集编委会编:『幸德秋水全集』第 8 卷,明治文献,1972 年,34—35 页。

头上唯有青天,脚下唯有大地,心胸开阔,意气奋发。若论久远,前后不知有几亿亿年,无始无终;若论辽阔,左右不知有几亿亿里程之太空,无外无内。"①他认为民主制度胜过历史上所有国家体制:"呜呼,民主制度哉! 民主制度哉! 君相专擅之制,愚昧而不自觉其过者也;立宪之制,知其过而仅改其半者也;民主之制,磊磊落落,其胸中无半点尘污者也。"②而这种民主制度的特点就是没有尊卑贵贱的区别:"民主国者,谓民相共为政主国,不别置尊也。"③

因此中江兆民主张,人类的政治形态无论如何变化,最终的归宿将是建立民主政治制度:"立宪制度不恶,民主制度善;立宪制是春,有些霜雪之气;民主制是夏,不再有霜雪。以中国人之言,立宪是贤人,民主是圣人。用印度之语,民主是如来,立宪是菩萨。立宪乃可贵者,民主乃可爱者。立宪乃驿舍,早晚必须离去……民主乃住宅,呜呼! 长久旅行回到住宅者,其安宁何如哉!"④我们可以看出,中江兆民在此说的"立宪",实际上指的是君主立宪制度,但他并未分析君主立宪与民主共和的立宪制究竟有何区别。

与中江兆民同样,民权理论家儿岛彰二也表示出对民主共和制度的赞扬。他认为在各种国家体制中,"基于天理之公正论之,则唯共和"。之所以这样,是因为"抑共和之治,以投票推贤者,举众望所归者使之成为总统,托以国家之大权。物久必腐朽,事永必生弊。是故总统也亦四周年重新选之。以是弊害颇少,人民之自由甚得伸张。如我国,方今虽既解压制之羁缚,人民已在自由之德政中开化,渐临文明之区域"。同时对日本大多数人不能认识共和制的优越性而忧心忡忡:"然而三千余万之众庶,认识其真理者不到百分之一,何能与欧美列国并论其文物耶? 而于君主政治之国,如足下所言,一国之安危唯在君主一人之英钝,执政二三之贤愚,人民之幸与不幸可云实在政府之门墙。将之与共和比较,是非得失自可判断。"⑤儿岛在此明确指出了以法治国的共和制远远优于人治的

---

① ［日］中江兆民:『三醉人経綸問答』,［日］松沢弘陽他編:『中江兆民全集』8,207 頁。
② ［日］中江兆民:『三醉人経綸問答』,［日］松沢弘陽他編:『中江兆民全集』8,181 頁。
③ ［日］中江兆民:『民約訳解』卷一,［日］井田進也編:『中江兆民全集』1,74 頁。
④ ［日］中江兆民:『三醉人経綸問答』,［日］松沢弘陽他編:『中江兆民全集』8,208—209 頁。
⑤ ［日］兒島彰二:「民権問答」,［日］明治文化研究会編:『明治文化全集』第 5 卷『自由民権篇』上,150 頁。

君主制。只有实行这种先进的国家体制，人民的自由才有可能得以保障。①

五、政治改革论争之焦点：对政治 改革方向的不同主张

在对各种不同国家体制的认知和理解的基础上，思想界又回到具体的政治实践中，针对当时日本政治改革的方向也展开了论争。民权理论家植木枝盛认为政治是生活的一部分，也将随着社会发展而更改。他吸收了启蒙思想家西村茂树的观点，并更加具体地将政体分为世袭制和世袭道理混合政治，即传统的世袭制和世袭制与近代化的民主制兼而有之的体制。他用生动的比喻主张政治应当向更进步的方向进行改革："然而国家之政府、政体、政事，实为生活所有，固非一定不变者，是也亦必须依时循势变革更改。盖政体亦如彼之蚕。何者？ 则政体有世袭政治（君主独裁）、世袭道理混交政治（君民共治）之别。第一世袭政体又如彼蚕之孵化未蜕一度者，其世袭道理混交政治则如蚕之已蜕二度大概成长者也。国家不也亦与彼之蚕共蜕变乎？ 不可变换否善进步乎？"②即政治改革如同生物进化一样，应通过改革使政治制度更加符合社会进步、更加完善化，而不应与历史发展趋势背道而驰。

对于政治体制改革，不少思想家主张应当向更加民主化的方向进行。如福泽谕吉历来厌恶并多次声讨封建的专制政治和门阀等级制度。因此他认为要彻底消除这种制度的恶劣影响，必须使政治体制由专制迅速转向民主，并提出了自己构想的政治体制改革框架："了解社会进步之大势，将其用于地方一隅。将政权公开交予政府，给予其行政便利。特取地方管理权，将其分与地方人民。深藏腕力而不引放，变剑戟之锋为议论之锋。修文磨智，勤工励业，隐然养生独立之势力，为他人之先驱。而后，彼设民选议院，作立宪政体，若以定全日本国之面目一新为大目的，可称天下未曾闻之美事也。"③福泽在此提出的改革思路包括了

---

① 有关明治时期日本社会对不同国家体制的认知，笔者曾有所研究。见拙稿《明治前期日本对国家体制的认知与论争》，《史学理论研究》2012 年 3 期。

② ［日］植木枝盛：「明治第二ノ改革ヲ希望スルノ論」，［日］家永三郎他编：『植木枝盛集』第3 卷，87—88 页。

③ ［日］福沢谕吉：「丁丑公論」，［日］富田正文他编：『福沢谕吉选集』第 12 卷，229—230 页。

让人民参政、设立议院、制定宪法、中央和地方分权等措施。尤其指出应当收敛使用武力震慑的高压政策，让人民有议论政治的权利。这样人民才有可能提高智识，用独立自主的精神去发展经济，使日本的发展日新月异。

坂本南海男谴责了某些赞美独裁帝制的陈腐观点，强调了要改变长期以来实行的恶劣的专制独裁体制："依之所见，政府并非依人而立，应知当根据时代之风气而改良其体制。或论者动辄云之立宪政体为混合，名实决不相合。纯粹名实相合者，唯独裁帝政是也。可云为不知政事真理之论也。论者以独裁帝政云为名实相合者，未免浅薄。试见独裁政治之国，名为帝政而其实为有司专制者，古来甚多。以是见之，是妄想独裁帝政为名实相合者。不解社会之真理，以专制政治为善良，岂非甚为谬误者？"他提出必须实行让人民参与议论政治的公议政治体制："苟欲统治开化进步之人民，决不应取专制独裁，必取立宪体制。夫以粉饰一时之虚荣，取悦无智之民，专制或可适应。然而若欲满足希图永远进步隆盛之国民，唯有采取公议之政体。"①在主张实行立宪政治体制的同时，实际上委婉地批判了已日益显露出专制倾向的天皇制。

坂本还指出，要避免引起颠覆政府的政治革命，保持一个社会的平稳安定，就应当抛弃过去用强力维持政治、但结果反而容易造成动乱的落后方式，而是让普通人民也有参与政治的机会："今世之中，虽多有因政治上之不便而抱不平者，但尚未从事政府之革命。不然，若于无推辞者之邦国，不外乎唯事情之得而使其然。盖可至用十分之力足以为之，然而如此之为，成为多酿生扰乱邦国者，为不甚好之事。故欲以平稳维持社会，宜平均政权，将之普遍分赋于社会。"②他提出了自己认为政治改革应该达到的最佳政治体制，应当是君民共治与共和政治："而又作为今日之政论，以君民共治、共和政治二类为最良之政体。由今上溯数千年，若世界人民尽皆达于实行道德格法之时，被称赞为今日优良政体之公议政体，遂至于历史之外更无所见。今预想未来之状况，实极为至幸不病是也。人民无一点忧苦，无欺伪也无盗贼，又无杀人。人人皆尽自己本分，丝毫不侵犯

---

① ［日］坂本南海男：「政論・第六・為政の良法」，［日］稻田正次編：『明治国家成立過程の研究』，40頁より引用。

② ［日］坂本南海男：「政論・第三・政権」，［日］稻田正次編：『明治国家成立過程の研究』，37—38頁より引用。

他人自由。斯宾塞所谓人类大同,至此时始完全实行。"①

但在当时的日本,近代化的政治体制构想并非占据统治地位。明治 2 年 1 月 22 日,在政府集团中有重要地位的岩仓具视提出应当尽快建立适合于日本的政体的主张:"万世一系之天子在上,皇别、神别、藩别之诸臣在下,君臣之通、上下之分既定,万古不易,乃我建国之体也。政体也亦宜根据此国体,不可不建之……抑政体根据建国之体而建之,君臣之通、上下之分明确,应以巩固富强之基本、兴隆国家之运势为目的。作为臣子之分虽惮言之,但不待明天子、贤宰相出,也自不可不确立足以保持国家之制度也。否则若不出现明天子、贤宰相,千仞之堤防也有因蚁穴而崩坏之患,实不可惧耶? 不可慎耶?"②这一主张虽然强调了建立政治制度、实行法治而不是人治的重要性,但他提出的政治构想却强调皇权至上的"建国之体",与前述的近代化政治构想格格不入。

另一位统治阶层中坚大久保利通主张既不能延续专制体制,也不能模仿欧美实行民主体制:"维新以来,总览宇内,洽通四海,我国欲卓越于万邦。然而其政依然沿袭旧套,存在君主擅制之体,此体今日宜可适用之。而土地占万国通航之要冲,风俗存进取竞奔之气态,人情已慕欧美之遗风,时势处半开化之地位。以将来不可固守之。若然,则可将政体归于民主耶? 曰不可……人民久惯于封建压制,长以偏僻之陋习成性几乎千年。岂为风俗人情适应之国耶? 民主固不可适用,君主亦不可固守。随我国之土地风俗人情时势立我政体,宜以定律国法,以之定目的也。"③接着大久保利通阐述了土地人口与日本接近的英国④的进步状况,提出应向英国学习,避免像法国大革命那样的暴力举动,而应根据日本自身的国情,通过自上而下的政治改革,像英国那样实行君主立宪政治体制,使日本逐渐迈向近代化社会。

受官方重臣的保守政治主张影响,思想界的保守派也提出了否定近代化政治、回到传统政治体制的构想。1872 年长谷川昭道发表《户隐舍遗稿》,其中明

---

① 〔日〕阪本南海男:「政論・第一總論」,〔日〕稻田正次编:『明治國家成立過程の研究』,33 頁より引用。

② 〔日〕岩倉具視:「政體ノ事」,〔日〕多田好問编:『岩倉公実記』中,原書房,1979 年,685 頁。

③ 〔日〕大久保利通:「立憲政體に關する意見書」,〔日〕日本史籍協會编:『大久保利通文書』5,184—185 頁。

④ 大久保利通认为当时英国幅员 20500 方里,人口 3200 多万;日本幅员 23000 方里,人口 3100 多万,且两国均为岛国。见日本史籍協會编:『大久保利通文書』5,185—186 頁。

确表示出应当否定英美近代资本主义政治制度的态度。一方面,他也承认英美的近代化政治意志有其优越性:"如英吉利,其国体为合众王国,其天下非国王之天下,乃天下人民之天下。其人民非国王之人民,乃自主之人民。是故以上下同治为其政体,素来可云与其国体相当之政体。是一时之善治导致隆盛之原因也";"如美利坚,其国体为合众国,天下素来为天下之天下,人民也亦为自主自立之人民。是真无君臣之国,共和政治则与其国体适当之政体,是导致一时之良治之原因"。但另一方面他又强调英国的状况不可模仿:"然而决不可期待其国脉之无穷。因为大大违反三才之大经,有悖人伦之大道也。"美国虽然表面强大,"其国亦决不可期待长治久安。是以其违反三才之大经,有悖人伦之大道也。夫无君臣之国乃禽兽也"。① 即两国皆违背了儒家传统道德中的"君君、臣臣"的尊卑秩序的"大道理"。所以长谷川反对模仿英美近代政治制度:"假若作为皇国,因据汉土以西之国体,模仿其政体,以制为政规典则,当创造设立国律国宪时,则大乱皇道,败国体,害大义,伤民心。最终酿成不测之大患,大祸于万世不易之皇统,以至大大污辱世界无比之国体。"②怎样的政治体制才是理想的呢?他针对加藤弘之的《立宪政体略》和《真政大意》,提出了自己的皇权政治构想:"皇国之天下乃祖宗之天下,乃皇家之私有,决非天下亿兆之天下。人民作为祖宗之人民,乃皇家之仆妾,决非自主自立之人民也。政府乃治理祖宗之天下即皇家之天下之亿兆之官府,决非代天下亿兆治理天下之政府也。故作为臣民,丝毫不可有胡乱参预国事之权利。是其条理明明昭昭也。"③

其实这种皇权体制构想,早在幕府时代末期的水户学中已经提出。如水户学代表藤田幽谷曾强调:"赫赫日本,自皇祖开辟,父天母地,圣子神孙,世继明德,以照临四海。四海之内,尊之曰天皇。八州之广,兆民之众,虽有绝伦之力、高世之智,自古至今,未尝一日有庶姓奸天位者也。君臣之名,上下之分,正且严,犹天地之不可易也。是以皇统之悠远,国祚之长久,舟车所至,人力所通,殊

---

① ［日］长谷川昭道:『戶隱舎遺稿』,［日］小野壽人:『明治維新前後における政治思想の展開』,519—520頁。

② ［日］长谷川昭道:『戶隱舎遺稿』,［日］小野壽人:『明治維新前後における政治思想の展開』,522頁。

③ ［日］长谷川昭道:『戶隱舎遺稿』,［日］小野壽人:『明治維新前後における政治思想の展開』,519頁。

庭绝域,未有若我邦也。岂不伟哉!"①把天皇抬高到神的地位。他的儿子藤田东湖更进一步宣扬了君权神授思想:"天祖之御高天原也,光华明彩,照彻六合。盛德大业,至矣尽矣……恭惟天祖上同体于天日,下留灵于宝镜。然则赫赫太阳,巍巍势庙,实天祖精灵之所在。历代天皇尊之奉之,而敬天事祖之义兼存焉……圣子神孙克绍其明德,公卿士庶皆体其鸿恩。维孝维敬以推广威灵,则岂啻大八洲之民浴无疆之化而已。绝海远洋之外,蛮夷戎狄之乡,亦将无不慕我德辉,仰我余光者。岂不盛哉?"②这些皇权思想虽然在幕末被作为推翻幕府统治的思想武器,但却成为近代皇权主义思想的滥觞,也成为建立"皇国"体制的理论依据。

这种继承幕末后期水户学的皇权观念,反对建立近代化政治体制的思想,在天皇侍讲元田永孚那里也表现得相当充分。元田明确表示反对学习西方政治制度。他一方面感慨维新以来,新政新令陆续出台,兴造起"古来未曾有之鸿业",另一方面同时又表示:"然而当时执事者,锐意急进,本源未深,末流是从,专以洋制模仿之。彼之西洋家者流,希望专行己所心醉,巷论杂出。遂有人民参政之论,甚至有让陛下空守虚位之论,又甚至有共和政治之建议。将之放于十年之前,出其论之人头首将飞矣。"③表明坚决拥护君主制,反对允许人民参与政治的其他类型的政治体制。

与此类似的是主张坚持君主制的思想。1889年吉冈德明在《开化本论》中也再次提出:"然世上洋学者辈固不知皇国立君之体制与异域不同之由缘,漫仿彼英风之立宪政体,欲主张民权,抑制君权,实乃诬天之罪人。夫皇国之人民辅佐宇宙之真君,应奉其统御万国,保持一种贵重之权力。宜向外邦大张此权力,为何与西洋之政治同杀君权助民权可耶?"④表明反对仿效欧美资本主义政治体制改革,和维护传统皇权、压制正在兴起的民权运动的强硬态度。⑤

---

① [日]藤田幽谷:「正名論」,[日]今井宇三郎他校注:『日本思想大系53 水戸学』,岩波書店,1973年,370頁。

② [日]藤田東湖:『弘道館記述義』,[日]今井宇三郎他校注:『日本思想大系53 水戸学』,424頁。

③ [日]元田永孚:「元田永孚の憲政意見書」,[日]小野壽人『明治維新前後における政治思想の展開』,527頁より引用。

④ [日]吉岡德明:「開化本論」,[日]明治文化研究会編:『明治文化全集』第21巻『文明開化篇』,日本評論社,1993年,308頁。

⑤ 有关这一时期日本社会对政治改革的论争,笔者曾有所探讨。见拙稿《明治前期日本思想界的政治改革论争》(《史学集刊》2012年1期)。

六、对宪法的多维理解和认识

在对不同国家体制认知和论争的基础上,代表着渴望民族独立、早日赶超欧美的新兴资产阶级的日本政治家和思想家们,吸纳了欧美先进国家的近代化立宪制度和立宪政体思想,提出了自己的立宪政治主张,导致日本近代立宪主义思潮兴起。立宪主义思潮传播的程度,当时人有所形容:"现今宪法之论,朝野喑喑,三尺童子也至耳熟。"①连小孩儿都知道"宪法"的概念,可见立宪主义思潮兴起后流传的广度和深度。它最终促成了近代君主立宪制度在日本建立。

要发展近代资本主义经济,必须有近代宪法对资产阶级的经营权和私人财产所有权的保护。其实日本对近代宪政的探索,早在幕府晚期已经开始。这种探索只能从相对先进的近代西方立宪主义文化中寻求依据。据研究,日本最早引进西方立宪主义思想,是 1843 年杉田成卿按照老中水野越前守之命,翻译了荷兰宪法。而日本人熟悉"立宪政体"这一概念,被认为是由 1868 年加藤弘之公开发表《立宪政体略》一文开始。"宪法"一词成为大家熟知的用语,则开始于1873 年箕作麟祥按照近代意义使用该词。② 然而应当指出,明治前期立宪主义思潮之所以尚处于"初兴"阶段,是因为此时日本人对近代意义的宪法并非一开始就明确理解,而是有一个复杂的认识过程,因此对宪法的性质和含义呈现出多维化的诠释。

现代人森岛通夫认为,大化改新前由圣德太子颁布的《十七条宪法》具有近代性:"他(圣德太子)的某些政治思想是多么的近代化,多么的进步。早在604 年他就提出了(1)类似于近代立宪君主制的天皇制;(2)民主;(3)官僚制。"③这说明直到今天还有学者认为,近代日本的宪法与古代圣德太子颁布的宪法具有类似的性质。更何况在明治前期的日本,对"宪法"这一从西方引进的全新概念,存在多维化的理解和认识,就丝毫不奇怪了。所以当时无论是政治家

---

① [日]井上毅:「憲法意見控」,[日]井上毅傳記編纂委員會編:『井上毅傳·史料篇第一』,國學院大學図書館刊,1966 年,94 頁。
② [日]尾佐竹猛:『日本憲政史大綱』上卷,宗高書房,1988 年,第 277、278 頁。
③ [日]森岛通夫著,胡国成译:《日本为什么"成功"》,四川人民出版社,1986 年,第 39—40 页。

还是思想家,皆根据自己的理解,从多维视角对宪法乃至立宪政体制度,作了不同程度的解释和宣传。这些认识大致可以划分为两大类,一类是近代性理解和认识,另一类较为模糊,既有对宪法的近代性认识,也同时将宪法混同于其他部门法加以理解。

持有第一类认识者呈现多数。当时统治集团中的一些成员接受西方近代立宪主义思想的影响,对宪法概念的理解比较接近现代的含义。参与伊藤博文起草宪法的主要助手、法制局长官井上毅(1843—1895 年)针对社会上对宪法的各种不同认识,提出了《宪法意见副本》,向右大臣岩仓具视表明了自己对近代宪法的理解。井上首先指出,日本和中国"以前历来称为宪法者,大体作为政府欲定之物,不过律令格式之类"。即东亚古代所谓"宪法"实际上就是政府的法令,相当于现代的部门法。接着井上又区别分析道,最近社会上"所论之国宪,或倡导立宪或宪法者,作为一种政体之名称,与古人所谓宪法其名虽相同,其实为异种异样之物也"。如果仅仅因为名称相同而造成误解,不探究其实际之性质,以后必然成为"纷争之源"。所以他主张"最初需要先论述宪法之性质"。①

根据对欧美宪法的考察和理解,井上具体区分了近代宪法与古代所谓"宪法"在性质上的根本不同。他指出日本当时的"国宪"实际上是将欧洲所谓"宪法"翻译过来的名词。它是作为与"专制主义"政体相对立的一种概念,专指"限制君权之政"。也就是在全国君民之间,"定立大宪构成永久约束"。这样,在宪法约束下,"君权之限定皆有明文记载,人君即位之初,便宣告丝毫不违背其宪法之誓言。宰相违背宪法时,重罚加其身"。井上还进一步强调,为了保证君主和政府官员遵守宪法,"必将立法、行政、司法三权分立,使立法官监守宪法"。宪法的政治作用既然如此,那么这种国家根本大法产生的途径是怎样的呢?他认为,宪法必须是"君民共议而成之物",因为制定之后的宪法,必依靠君民共同遵守。因此,井上承认,若"不与全国人民之代议人共议,便无制定'宪法'之理;没有民选议院,便无'宪法'独自成立之物"。② 针对社会上有人提出日本要制定宪法,应该以古人所谓宪法为本,仅"斟酌欧洲之法"的主张,井上表示不能认

---

① [日]井上毅:「憲法意見控」,[日]井上毅傳記編纂委員會編:『井上毅傳‧史料篇第一』,92—93 頁。

② [日]井上毅:「憲法意見控」,[日]井上毅傳記編纂委員會編:『井上毅傳‧史料篇第一』,93 頁。

同。他主张"其它事可斟酌彼此,独宪法不可斟酌彼此。宪法之小节目可斟酌彼此,宪法之大主义不可斟酌彼此"。① 他在此强调了尽管二者名称似乎相同,但近代的宪法为一种与专制主义相对的政体名称,与古代"宪法"名同实异。

首先,从制定宪法的目的看,古代"宪法"是约束官吏之规则,今日宪法则是仿效欧洲立宪制,确定君民相互间的权利义务的一种约束,构成上下同治的基础。其次,从宪法产生的途径考察,古代"宪法"由君主钦定,而今天的宪法则应当由君民共同协商形成,尤其是通过由人民选举出来的议员在议院进行商议而形成。正因为"宪法"在近代与古代有本质不同,所以井上认为当今宪法并非官吏的工作规范,"世之所谓宪法,即谓欧洲立宪之制,非谓式目之类也"。所以他强调必须通过国民代表共同拟定:"宪法草案拟成之日,必欲将全国民众会集,大取议决。"②这种对宪法性质及其产生途径的认识,为日本制定近代性质的资本主义宪法及其途径定下一个基调。

1886 年,担任明治政府官员的陆奥宗光也根据自己的理解论证了宪法的性质和特点。首先他认为"宪法作为国家之根本法"包含了各种关乎国家政治体制的重要事项,例如"国会组织亦实居其一"。其次他强调,宪法与普通部门法相比,具有不能轻易更改的特点:"其既作为根本法,一旦定之,便不可轻易变改更易。假若象普通法律屡屡变更之,自会抹杀其信任和威望,恐怕会丧失其之所以成为根本法之精髓。"③总之他主张,宪法作为国家的根本大法,与通常理解的法律有着本质区别。

明治时期日本民间思想家对宪法也呈现两类不同的认识。第一类如启蒙思想家津田真道,对宪法的定义也几乎与现代宪法概念相吻合。他认为所谓成文法,"乃由国家总摄所定制度法令之条规条例而言之。上述条规条例概集记于根本律法中。根本律法作为国家至高之律法,又称之为国纲、朝宪或国制",实际上就是宪法,而宪法则是其他一切律法之本原。他还进一步主张,国家的政治

---

① ［日］井上毅:「憲法意見控」,［日］井上毅傳記編纂委員會編:『井上毅傳・史料篇第一』,94 頁。

② ［日］井上毅:「憲法意見控」,［日］井上毅傳記編纂委員會編:『井上毅傳・史料篇第一』,94 頁。

③ ［日］陆奥宗光:「憲法論」,［日］江村栄一編:『日本近代思想大系・9・憲法構想』,岩波書店,1989 年,249 頁。

体制由宪法规定或限制:"定律之国法可行于一头或多头两政治。定律之一头政治即为有限君主之国,世之所谓定律君国也。"实际上指君主立宪制。从程序角度考察,津田强调作为国家的根本大法,宪法的制定和变更都非常严格:"根本律法实为国朝之大宪法,当制定之时,极为绵密留心,以盛大典礼将之颁告国中。应定国中诸权誓可守其长久。故概于根本律法中有特条,特意揭示其不可突然变易。"①指出宪法与其他部门法的3点区别:1. 制定必须格外小心谨慎地操作;2. 向国民公布;3. 不能轻易变更。至于宪法与部门法之间的关系,他指出,宪法"作为国家至高之律法,其职为详明确定定律国法之大本。根本律法惟揭国制之大纲耳。其详细在各个律法即所谓经纶律法中具载"。② 即宪法作为国家根本大法,只能揭示治理国家的总则,具体如何施政,将在各部门法中具体记载。

明治日本激进的民权理论家植木枝盛对宪法的崇高地位和根本性质作了独特的诠释:"所谓宪法,应当称为确定其国家之施政体制与组织体制之最高原则和法律,故所谓宪法,可以称为应当明确位于一国之中主权之安置及分配,并给予之至大至壮之形状之物。"③他认为这种最高原则和法律是实行良好政治的基础性条件,因为在一个国家内,"若不使人民之自主自由和公正之宪法这二者受到保护,便会不稳定,安全很难把握"。这反映出日本新兴资产阶级企图通过实现立宪政体,维护社会安定和保护资本主义经济发展的强烈愿望。所以植木强调,宪法又称国宪或根本法律,其产生"由民与君相谈共议定之"而不是传统的"朕即法律"。而这么重要的大法必须记载君主和人民各自拥有多少权利义务,"此外总体就施政方式提出其大纲领,作为君主和政府等不能随意变更,能常常依循,克尽当前职分"。④ 指明宪法的性质就在于通过明确规定君主和人民的权利义务,为君主和政府正常履行职能、实行良好政治奠定基础。所以君主和政府只能遵循而不能随意更改宪法。植木不仅肯定了宪法在国家诸法律中的至高无

① [日]津田真道:「泰西國法論」,[日]大久保利谦他编:『津田真道全集』上,163、163—164 页。
② [日]津田真道:「泰西國法論」,[日]大久保利谦他编:『津田真道全集』上,163 页。
③ [日]植木枝盛:「今日の日本に於ける憲法の制定」,[日]家永三郎他编:『植木枝盛集』第5卷,岩波书店,1990 年,272 页。
④ [日]植木枝盛:「民権自由論」,[日]家永三郎他编:『植木枝盛集』第1卷,20 页。

上地位和君民"共议"的制定程序,而且指出了宪法比其他法律具有更加稳定的特征。

明治著名思想家和法学家小野梓对宪法作了通常意义(广义)和狭义的解释:"今若以通常意义解说国宪之文字,则称为国法,一国所有之法度,尽包含其中。"他认为如果按字面理解,宪法甚至包括了"民法、刑法、军法、海法、治罪法、诉讼法、会计法等"。但是他又强调,日本的国宪"特以英语 constitution 即建国法之义充当者,其范围尤为狭窄"。因此,如果把其他部门法律"漠然意译之而称为国宪,宁可认为其过于宽泛而不妥当者也"。① 可以看出,小野梓所强调是狭义的宪法含义,从性质上仍是指近代意义的宪法。而且他还明确指出若将近代英文的"宪法"一词作宽泛理解是不妥当的,因为这种理解违背了近代宪法的基本含义。所以应将宪法与具体部门法作本质区别,不能混淆二者。其认识也明显具有近代性。

但第二类不多的学者对宪法的理解相当宽泛或比较模糊。如启蒙思想家加藤弘之对宪法的理解既包括了近代意义的宪法概念,也包括了其他部门法的范畴。而且他对宪法的认识也随时间有所变化。1868 年他对宪法所下定义为:"所谓国宪即作为治国之大宪法,正如该政体制度之大纲,皆载录于其中。作为万机施行之准则,政府丝毫不能随意变更之。若欲变更,必首先将此谋于立法府……其他宪法(法律)有数类,皆为此国宪之枝叶也。"②他一方面认为宪法是政体制度之大纲,另一方面又表示这只是宪法的主干部分,另外宪法还包括其他"枝叶"部分。这实际上已扩大了宪法含义的范畴。同样如 1872 年加藤翻译布伦切里(Johann Caspar Bluntschli,1808—1881 年)对宪法的解释时,一方面认为宪法是作为国家整体规则的国法:"是故成为国法者,得其形状便成为宪法……国家有宪法,始得定其全体规制,以可能保存其权利也。故能明确其权利者,独有宪法。"另一方面又提出还有各个局部的宪法。③ 到明治宪法颁布的次年,加藤又对宪法进行了更加广泛的解释。他认为宪法有广义和狭义理解。狭义的宪

① [日]小野梓:「国憲汎論」,[日]早稲田大学大学史編集所:『小野梓全集』第 1 卷,17,9 頁。

② [日]加藤弘之:「立憲政體略」,[日]明治文化研究会編:『明治文化全集』第 8 卷『政治篇』,20 頁。

③ [ドイツ]ブルンチェリ著、[日]加藤弘之訳:「国法汎論」,[日]加藤周一、丸山真男編:『日本近代思想大系・15・翻訳の思想』,岩波書店,1991 年,59 頁。

法"通常指设立代议政体之国家大典"。但如果对宪法作广义理解时,"无论如何专制擅权之国家之大典皆称宪法。而其成文或不成文之别也决不妨碍宪法之含义"。① 这无疑将近代宪法的范畴扩大了到所有的法律。其实这种对宪法的广义认识早在加藤的《真政大意》中已有具体表述。他当时认为宪法有各种各样的形式,"为政府和臣民之间的权利义务所制定的宪法称为国法,为臣民相互之间的权利义务所制定的宪法称为民法,另外有刑法商法等"。② 即加藤理解的宪法,泛指所有确定权利义务的法律,也包括一些相关的部门法。

以研究宪法闻名的学者穗积八束对宪法的认识也较模糊。穗积认为宪法与其他法律无区别,相当于主权者下达的命令。主权者"为一方面对政府各机关下命令,一方面对臣民下命令者"③。即宪法并非是为了规定君主臣民权限的大法,而是与司法行政的官制和刑法、诉讼法那样的公法性质相同。所以他认为:"从法理考察,宪法和法律等同样仅可视为主权者之命令。"④这样的理解实际上离近代宪法的性质已有了相当的距离。

这种对宪法性质和含义的不同理解乃至论争,反映出传统与近代化、东方与西方之间政治观念的差异和矛盾。通过论争,使近代"宪法"的概念在潜移默化之间浸润于日本社会各界的思想中,为日本制定近代化的宪法划出了一个相对明确的认识范畴。

七、对立宪政体功能和作用的近代性阐释

在论证宪法概念的同时,政治家和思想家也根据各自不同的理解,论述了立宪政体在国家建设过程中的功能和作用问题,而且对这一问题的理解也各有差异。津田真道认为宪法的功能主要包括两点:第一,国家及该国居民彼此权义之

---

① [日]加藤弘之:「憲法の神聖」,[日]上田勝美编:『加藤弘之文书』第 3 卷,同朋舍,1990年,88 页。

② [日]加藤弘之:「真政大意」,[日]明治文化研究会编:『明治文化全集』第 5 卷『自由民権篇』上,92 页。

③ [日]穗積八束:「帝國憲法ノ法理」,[日]穗積重威编:『穗積八束博士論文集』,有斐閣,1943 年,26 页。

④ [日]穗積八束:「法治主義ヲ難ス」,[日]穗積重威编:『穗積八束博士論文集』,169 页。

定规;第二,国制即建国之法制。① 也就是规定国家居民相互之间的权利义务,并为建立国家政治制度的其他法律制度提供依据。他认为其中尤为重要的,是限制行政权力的过度扩张和保护人民切身利益及国家公益:"考察现今定律国法之要旨,在于协调国内威权之平均,防止操威权者作威作福,保全人们自主之业及其诸权,并保护国家之公益。"②津田在此已归纳出了近代宪法最核心的作用,其认识与现代人对宪法功能的认识已非常接近。

加藤弘之指出立宪政体从总体原则上考察,"指制立公明正大、确然不拔之国宪,使民与政共同寻求真正治要之政体也"。③ 更进一步从制度上诠释,他认为所谓立宪政体,"指设立宪法,允许人民拥有参政权利,建立代议制度以限制政府专权之制度"。④ 由此他提出,宪法的主要功能和作用,就是要通过制度性规定,让政府与臣民之间以及臣民相互之间彼此尽自己的责任。既尊重他人的权利,又各自维护自己权利不受其他危害,"既设权利与义务之规矩,使此二者相互并行而立"。这样,无论是政府与臣民之间,还是臣民相互之间,皆各自履行各自的权利义务,"互相决无危害自己权利之忧,亦无危害其他权利之弊端"。⑤ 宪法正是确定这种权利义务关系的规则。有了这种规则,才能保证各阶层皆能依据宪法享受权利和履行义务,使社会正常运转。

日本近代最著名的思想家福泽谕吉也有与此类似的观点。他在论及立宪政治的意义时认为:"立宪政治之主意,是使治者与被治者同等,若立于朝则成为治者,若处于野则成为被治者。"⑥即立宪政治可以废弃长期以来流行的传统封建等级制度,使人民与统治阶层处于相对平等的地位,在社会中成为能够相互换位的角色。这样双方便可消除长期相互对立的紧张关系,全社会可达和谐状态。

---

① [日]津田真道:「泰西國法論」,[日]大久保利謙他編:『津田真道全集』上,164、165 頁。
② [日]津田真道:「泰西國法論」,[日]大久保利謙他編:『津田真道全集』上,165—166 頁。
③ [日]加藤弘之:「立憲政體略」,[日]明治文化研究会編:『明治文化全集』第 8 卷『政治篇』,17 頁。
④ [日]加藤弘之:「立憲政體と自治制度」,[日]上田勝美編:『加藤弘之文書』第 3 卷,80 頁。
⑤ [日]加藤弘之:「真政大意」,[日]明治文化研究会編:『明治文化全集』第 5 卷『自由民権篇』上,91 頁。
⑥ [日]福沢諭吉:「政府の友」,[日]慶応義塾編:『福沢諭吉全集』第 12 卷,岩波書店,1971年,578 頁。

所以福泽论证立宪政治的作用时,又进一步提出了他的"官民调和"理论:"立宪政治之主意,若在于使治者与被治者之间同等,相互和睦,协同扶掖国政之方针,则官民调和为最重要之因素。"①这样在福泽看来,使官民调和、社会和谐成为立宪政体的最重要功能。

小野梓对宪法的功能也作了与上述主张大同小异的阐释。首先他认为"国宪即建国法,总称为大本之法,甚为重要"。这种重要大法的功能关键在于"明示主治者之职责权力,防御其暴政非法统治,谋求被统治者安定之物……可谓构成端正主治者与被治者之关系,划定官民之界限,显示官员职责、人民权利之规则"。②即宪法的最重要功能是协调统治者与被统治者之间的社会关系,限制行政权力的任意作为,以保障人民的正当权利。尤其是在预防政府官员与人民争夺利益方面,宪法可发挥至关重要的作用。因为小野梓认为人生三大要事是"生存、富裕、平等",而制定宪法的最大宗旨就在于保护这三方面需求:"因此若能完成保护,则随之生存、富裕、平等可得保全;若不能完成之,则随之这三者皆不可得。"而在现实社会中,官民往往相互争利甚至为此目的而相互残害,或者为了争夺治理国家之权力而彼此妨害。如果要预防这种不利于社会发展的状况发生,确保国家安固,"实在于依赖有此宪法"。③所以他认为宪法的最重要功能是通过协调社会关系来加强对人民的保护。假若没有宪法这一国家根本大法的协调作用,那政府官员与人民争夺利益乃至国家权力的恐怖景况将会出现,社会亦将无法正常运转。归根结底,宪法通过自身的巨大协调作用,可以使统治和被统治双方相互依赖,而不是相互争斗。

植木枝盛则从独特的视角提出,立宪政体相对于其他政体来说具有不可比拟的长处,那就是实行立宪政体可以在最大范围内调动人民关心和参与国家政治的积极性。他认为,国家"决不能由政府一个或君主一人,从根基起便受理万事"。因为国家是由许多人聚集而产生的聚合体,若不能在人们相互结合之后"制定设置宪法,便难以实行良好政治"。④因此立宪政体的功能主要表现在人

① 〔日〕福沢諭吉:「國會開設既に晩し」,〔日〕慶応義塾編:『福沢諭吉全集』第12卷,595頁。
② 〔日〕小野梓:「国憲汎論」,〔日〕早稲田大學大學史編集所:『小野梓全集』第1卷,9頁。
③ 〔日〕小野梓:「国憲汎論」,〔日〕早稲田大學大學史編集所:『小野梓全集』第1卷,36—37頁。
④ 〔日〕植木枝盛:「民権自由論」,〔日〕家永三郎他編:『植木枝盛集』第1卷,20頁。

民可以拥有参政权利,从而能够充分发扬其国家主人翁的精神。他指出:"立宪政体为何焉? 岂非开设国会以让人民持有参政之权? ……故人民常可使用与国家事务相关之精神心意,可发挥有关国家之知识能力。"正因为这一长处,立宪政体也就可以限制行政权力的过度扩张以避免造成对人民利益的侵害。植木分析道:"人民有参政之权,因有国宪而政府也不能随意超越其权。故势必在数量上首先侵害人民自由权利之事较少。"他还举出立宪政体能够防止侵害人民的各种实例,如避免统治者以威力压制来统治其国,常愚弄人民、削弱人民、妨碍人民结合等。所以他强调:"立宪政体适合获得国家之文明富强,以收其安全,仍可足以达到国家之要旨。"①

针对社会上一些人反对实行立宪政治,认为实行立宪政治以后,日本也会像法国那样杀死君主而实行共和政治体制的议论,植木区分道,立宪政体并不能直接称为共和政治。这种政体可做到"扩张人民自由权足以使国家强盛、使国祚长久"。如果否定立宪政体而继续实行传统的专制君主政体,只能造成国家的不安定。因为"立宪政体为国家安泰之基础,专制政府有如坐在火山顶之危殆。立宪政体为确证人民与君主之权,并非杀死君主"。② 也就是说,实行立宪政体不但不会对君主造成任何威胁,反而会在保障人民权利的同时,使国家平安强盛,结果君主地位会更加稳固长久。所以他特别分析认为,现今日本如果实行共和政体条件不成熟,则暂时不付诸行之。但无论如何,"应当使国家成为立宪政体,实为使国祚长久、使帝室安全之基本也"。③ 植木认为立宪政治未必是共和政治的理由是:首先,共和政治"并非必须由立宪政体(君民同治)渐进而成,多由压制性极端处置变化而来"。这种极端压制之所以产生,正是因为实行专制主义统治、政府权势无限制造成。其次,是否实行共和制,"与人民地位进步如何有关"。也就是说,人民文明进步程度不高,是不能实行共和政治的。但这并不妨碍实行立宪政体。因为只有建立近代立宪政体,才能根本抑制君主的暴虐压制,避免人民因压制而发动反抗,从而保证君权永久稳固。所以植木最终强调:"立宪政体并非扼杀君权,只是明确规定君权民权也。及使居君主之位者,

---

① 〔日〕植木枝盛:「立憲政体弁」,〔日〕家永三郎他编:『植木枝盛集』第3卷,岩波書店,1990年,171頁。
② 〔日〕植木枝盛:「立憲政体弁」,〔日〕家永三郎他编:『植木枝盛集』第3卷,169頁。
③ 〔日〕植木枝盛:「立憲政体弁」,〔日〕家永三郎他编:『植木枝盛集』第3卷,172頁。

不变为无法之暴压者……立宪政体是防制暴恣之壁垒,而非削弱君权之也。"①这种论证方式既体现出植木枝盛的论辩巧妙,使那些以维护天皇权威而反对实行立宪政体的舆论无法立足;也反映出植木所代表的日本刚兴起的资产阶级的软弱性,具体表现为主张在保留皇权的基础上实行立宪政体的妥协态度。

上述认识也被同样受到西方思想影响的统治集团内决策者所认同。明治日本重臣大久保利通认为,由君民共同商议制定出来的"确乎不拔之国宪",是一种根本法律,这种国宪"又谓之政规,即作为所谓政体,乃全国无上之特权也"。即承认宪法在国家诸法律中具有至高无上的地位。至于宪法的功能,大久保认为主要表现在两大方面。首先,宪法是为了"上定君权,下限民权,至公至正,君民不得为私"。即在确定君主权力的同时,也承认国民有限的权利。这样,统治者与被统治者皆不能以权谋私,做到公正公平。其次,宪法能够限制官吏随意处理政务,因为"此体一旦确立之时,则有所施行之一辙依据,使百官有司不能擅自以臆断处理事务。无变化涣散之弊"。这样,既可为政府治理国家提供一个重要依据,也能为人民与政府同样替国家尽力提供法律保障。最终形成的局面将会是"民力政权并驰,开化不虚行。此为建国之桢干,为政之本源"。② 这里大久保强调了宪法作为国家的根本大法,具有至高无上的地位和对拥有行政权力的政府官员所发挥的约束功能,表明他已初步接受了西方的立宪主义思想。

"明治维新三杰"之一的木户孝允与大久保的观点大同小异。他也将宪法称为"政规",即国家施行政治的规则,而将其他部门法称为"典则"。正如当时著名政治家板垣退助认为"木户之所谓政规意味宪法,典则意味法律也"。③ 即木户将宪法区别于其他部门法。首先木户孝允在1873年7月提出的《宪法制定之建言书》中认为:"各国历史虽有大小异同之差别,其之所以废兴存亡者,仅一尺政规典则之隆替而顾其得失如何。"④即便各国历史发展千差万别,但之所以废存兴亡,关键在于是否有一部国家根本大法——宪法,强调了有无宪法对国家

---

① 〔日〕植木枝盛:「立憲政体弁」,〔日〕家永三郎他编:『植木枝盛集』第3卷,177页。

② 〔日〕大久保利通:「立憲政體に関する意見書」,〔日〕日本史籍協會编:『大久保利通文書』5,186—187页。

③ 〔日〕板垣退助:「我國憲政ノ由來」,〔日〕國家學會编:『明治憲政經濟史論』,184页。

④ 〔日〕木戸孝允:「憲法制定の建言書」,〔日〕日本史籍協會编:『木戸孝允文書』8,118页。

生存兴衰的至关重要性。至于宪法在国家政治中的功能,木户也有所表述:"盖政规因一国之所是而确定之,在于禁止百官有司之随意臆断,期待万机之事务总按其规处置。其所虑极为深重,其所期乃几位远大。"①即规范政府官员的行政行为,防止其滥用手中权力随意施行政事,这对于政府正确施政万分重要。所以他比喻道:"政规乃精神,百官乃肢体。"但是他又进一步指出,制定宪法、实行立宪政体的目的最终还是为了维护人民权益,"或云以人民为精神,以百官为肢体,政规即出于人民一致协商之意"。而精神和肢体的关系是指挥与遵从的关系:"若有神心传命而肢体逆动,或不待命令而轻举妄动之事,便会错乱全国事务,挑拨人心,随至酿成不安之形势。"②既然宪法如此重要,木户孝允强调:"盖构成政规者作为典则(法律)中之本根,一切枝叶皆不能不由之分出。"即宪法是制定其他部门法律的根本依据,部门法内容皆不能与宪法相抵触。同时,木户还指出:"各国政规之变革固不容易,事实非万不得已,必不会轻易变之。"③强调了宪法具有不能轻易更改的稳定性特征。显然,木户作为政府重臣对宪法功能的认识已具有近代性。

井上毅主张立宪政治的根本作用表现在两方面。首先,"摹仿欧洲文明诸邦,采取立宪主义,明确将立法之权分于人民,君民共立宪法之下"。即像欧洲各资本主义国家那样,采取立宪政体,将立法大权交给人民,君主和人民皆不得超越宪法,而是处于宪法之下并受宪法约束。其次,"定大臣宰相之责任……必需要在廷诸臣之协同"。④ 即同时在宪法中确定政府官员的责任,以及规范分管各部门的大臣,为国家发展大业共同合作。井上毅认为这样的政治制度才能使国民幸福,国家长治久安。体现出这位明治宪法实际制定者企图通过建立宪政,让日本赶超欧洲资本主义诸国的愿望。

伊藤博文作为制定明治宪法的主要负责人,在论及宪政功能与作用时,主张"惟立宪之政,在乎保护众民之生命、财产、自由、名誉等。"指出了宪政对人权的保护功能。而且他甚至还强调,"苟欲保护之,则宜于天皇制大权加以必要之裁

---

① ［日］木户孝允:「憲法制定の建言書」,［日］日本史籍協會編:『木戸孝允文書』8,121頁。
② ［日］木户孝允:「憲法制定の建言書」,［日］日本史籍協會編:『木戸孝允文書』8,122頁。
③ ［日］木户孝允:「憲法制定の建言書」,［日］日本史籍協會編:『木戸孝允文書』8,124頁。
④ ［日］井上毅:「憲法意見控」,［日］井上毅傳記編纂委員會編:『井上毅傳・史料篇第一』,95頁。

制。若无其裁制,则立宪政体者无论其如何之形不能立也"。① 即为了保护民众的权利,在实行宪政时还不得不对包括天皇大权在内的行政权力进行限制,以防止其无限扩张。

1888年在讨论起草宪法的过程中,文部大臣森有礼主张将宪法第二章"臣民的义务权利"改为"臣民的身份"。他阐述了自己的理由:"权利义务之字眼,虽然应当在法律中有所记载,但在宪法中记载似乎颇为不稳当。因为所谓臣民……乃对天皇之用语。臣民对天皇只有身份,有责任,而没有权利。故如宪法,作为重大之法典,之写人民对天皇的身份便足矣,不需要记载其他事项。"② 这种主张引起全场惊愕。伊藤博文认为森有礼的主张是违反宪法基本精神的。他反驳道:"森氏之说法,可云命令宪法学和国法学消失之说法。抑创制宪法之精神,在于第一限制君权,第二保护臣民之权利。故若在宪法中不列举臣民之权利,只记载责任,就没有必要制定宪法。又无论任何国家,若不保护臣民权利,或不限制君主权力,臣民便负无限之责任,君主便有无限之权力。此称之为君主专制之国家。构成在宪法中列举限制君主权力,又臣民有如何之义务,如何之权利,乃始具备宪法之精髓。"③强调了宪法的最重要功能在于限制以君主为代表的行政权力的过度扩张,保障人民的正当权利能够充分行使。伊藤博文对宪法功能的认识与近代宪法的定义比较吻合。因为近代以来的宪法除了表明国家的性质和规定国家机构的组成原则外,其主要功能主要就表现在这两方面。这说明当时的政治家对立宪政体功能与作用的理解与民间思想界已非常接近。

八、对日本实行立宪政体之必要性的鼓吹

实行立宪政体十分必要的观念,经过思想家们反复宣传,几乎成为明治前期日本社会从上到下绝大多数人的共识。正如1877年福泽谕吉论日本的立宪趋势时所描述的那样:"开国以来,日本之势趋向立宪之民政。其间虽有各种事变

---

① [日]伊藤博文:《帝國憲法制定之由來》,[日]大隈重信:《日本開國五十年史》,上海社会科学院出版社,2007年,第89页。
② [日]清水伸:『帝國憲法制定會議』,岩波書店,1940年,217頁。
③ [日]清水伸:『帝國憲法制定會議』,218頁。

故障,但大势之进展不可遏制,正如时节逐渐趋向寒冷又转向炎热,欲挽留也留不住。"①即立宪主义已形成社会普遍认同的思潮,实行立宪政体客观上已成大势所趋,任何力量试图阻碍其发展已成徒劳。这反映出在明治政府"文明开化"方针指导下,渴望赶超欧美列强的日本国民,通过学习西方传来的信息已认识到,必须要在政治上实行立宪政体,才能保护资本主义经济迅速发展。

福泽的崇拜者植木枝盛也提出同样观念。他于1880年在《爱国新志》发表文章深刻指出:"立宪政治不仅是日本之公论,实为世界之公论也。不仅是世界之公论,乃国家道理之所存也。"表明实行立宪政治,在全世界是大势所趋,人心所向,也是当今一个国家自立于世界民族之林的必需。既然实行宪政已成为世界潮流,因此他强烈主张日本应当赶上这种潮流,才能得到世界发达国家的帮助:"世界各国各人既已含立宪公议政体之气,发出立宪公议政体之声……则当今世界各国各人按照同气相求、同声相应之理势,助我日本立宪公议之政体也。"如果日本不及时赶上这种世界潮流,便会失道寡助,甚至在世界上树敌甚多。植木将其形容为"国会党之邻朋众,专制流之仇敌多也"。② 由此强调了在日本迅速实现立宪政治,已具备广泛的社会基础。

顺应当时这种大势,在明治前期,统治集团中一些希望改革的政治者,已指出了实行立宪政体的重要性。1875年4月14日,明治天皇颁布了关于构建立宪政体的诏书,其中提出:"朕扩大誓约之意,成立元老院以广立法之源,置大审院以固审判之权。又复召集地方官员,以通民情,谋公益。逐步树立国家立宪之政体,欲与汝众黎庶共预此庆。希汝众黎庶切勿固步自封,泥于旧习,轻举妄动。"③该诏书既指出了实行立宪政体十分重要,希望群臣不要故步自封阻碍立宪,表现出实行立宪政体的决心。但同时又强调不能贸然实行立宪政体,必须等待时机成熟。这种看似矛盾的主张,反映出当时最高统治集团普遍存在的在日本既不能回避立宪,又希望"渐进"推行宪政的思想。

明治重臣岩仓具视早在1869年1月就已强调建立新的制度即立宪体制的

---

① ［日］福沢諭吉:「丁丑公論」,［日］富田正文他編:『福沢諭吉選集』第12卷,215頁。

② ［日］植木枝盛:「憲法政治ハ世界ノ公論」,［日］明治文化研究会編:『明治文化全集』第6卷『自由民権篇』下,日本評論社,1992年,104—105頁。

③ ［日］明治天皇:「八年四月十四日の詔」,明治文化研究会編:『明治文化全集』第2卷『正史篇』上,日本評論社,1992年,256頁。

重要性:"其制度不得不观察时势,从其宜而变易之。是故虽古之良法美制,若不适应今日者,可断然废停之,破拘泥之陋习。抑政体,基于建国之体而建之。明确君臣之道,上下之分。能以巩固富强之基本,兴隆国家之运势为目的。作为臣子之身份虽惮于言之,但非确立不待明天子贤宰相出,而自然足以保持国家之制度不可。"①这里的"国家之制度"即指立宪,如果有立宪政体作保障,即便没有"明天子贤宰相"国家也可正常运转,承认国家政治运作可以脱离"人治"而依靠立宪政体框架内的法治。另一位明治重臣大久保利通也提出:"是故见我国现今之情形,察将来之事势,早注目于此体裁,不定立宪政体,终不可称得政体之善美。"②强调要建立使日本能够赶上西方先进国家的近代化政治体制,只有实行立宪政体才是最佳选择。

统治集团之所以能够认识到日本实行立宪政体的重要性,除了迫于当时内忧外患的政治局势外,与受欧美近代立宪主义思想影响的民间思想家们花费了大量功夫鼓吹实行立宪政体的必要性和紧迫性密切相关。在这方面加藤弘之贡献颇大。他曾专门论述了宪法在国家政治中的重要地位。他将宪法称为"国家治平之大基础、大根本",认为一个国家的主权的统治力量,只能根据此大基础、大根本获得。所以宪法无论如何"对于国家皆不得不为最重要者"。而且不论任何时代,包括野蛮时代的"宪法",或者文明时代的宪法,皆可能"因其效力盛衰而导致主权消长,产生治平之安危",所以宪法对于国家治理"乃实可云知重至要之物"。③ 与此相对,加藤揭示了不实行立宪政治的君主专制国家的弊端:"君主擅制正如上述,实在是恶劣之政体……因此就没有宪法按例由立法府共同制定那样之优良制度,只有国君之私法。故作为臣民参与国事,当然只能唯君命是从。"④在这种制度下,由于国君之权力本身过于强大,所以君民之间权利义务无法协调,社会因而不能做到真正的长治久安。

因此,加藤鞭辟入里地分析了立宪政体对日本社会发展的重要意义:"此即

---

① [日]岩仓具视:「政體ノ事」,[日]多田好問编:『岩倉公實記』中卷,685 页。
② [日]大久保利通:「立憲政體に関する意見書」,[日]日本史籍協會编:『大久保利通文書』5,197 页。
③ [日]加藤弘之:「憲法の神聖」,[日]上田胜美编:『加藤弘之文書』第 3 卷,88—89 页。
④ [日]加藤弘之:「真政大意」,[日]明治文化研究会编:『明治文化全集』第 5 卷『自由民権篇』上,93 页。

所以主张治术之一大急务,须首先确立宪法,使权利义务相互并行。"他认为"只要确立了立宪体制,暴主奸臣自然也就无法随意谋算国家,不得已必须按此法行事"。① 这就正如西方学者论证的那样,只要制度设计完善,即便"坏人"掌握了权力,想干坏事也干不了。② 与此相关,加藤提出了立宪政体可以使国家摆脱传统"人治"而走向"法治"的近代化思想。

加藤弘之还针对封建社会长期流行的人民希望出现所谓"明君圣主"的人治观念指出,假若不立宪法,保护人民的制度不确定,那么"无论何事皆只能随当时国君之意愿进行。若偶尔出一明君还较适宜"。但是从历史实际考察,所谓明君圣主出现的概率非常小。因为人具有各方面的贪欲本能,要依靠道德自律的力量来抑制这种本能异常困难。所以历史上"明君十分稀少,暴君迭出"。这些暴君由于没有宪法约束,专横跋扈,"独张其威权,妄恣一身之欲望,竭力吸尽生民之膏血",③使人民陷于水深火热境地。另外还有一种状况就是出现"不作为"的昏君,放任手下的奸臣贪吏执掌政权。这些没有宪法约束的奸臣贪吏便伪造诏命,"随意满足私欲,频繁行使酷虐之政"。这一切皆因没有实行立宪政体所造成。加藤在此指出将人民利益维系于偶然出现一位明君圣主身上的不安全性。加上一些昏君统治,信任奸佞,那些得到昏君信任又充满私欲的奸臣贪吏便趁机胡作非为,随意满足私欲。其结果最终导致人民遭殃,不能获得应有的幸福生活。所以加藤强调:"若宪法确立,建立起保护之道,其它事务政府少加干预,这样民心便难以叛离。"④从而强调了法治高于人治的近代化政治理念。

加藤弘之从宪法的两大功能即保障人民权利和限制君主权力的过度扩张着眼,既从正面阐述了实行立宪政体的重要性,也从反面论证了若不实行立宪政体的危害性。要避免社会上出现的一切弊端,加藤认为只有实行立宪政治才能解决:"在立宪政体各国中,首先必须使所谓宪法者成为第一之基本。若不实际以

① [日]加藤弘之:「真政大意」,[日]明治文化研究会编:『明治文化全集』第5卷『自由民権篇』上,93頁。

② 唐士其:《西方政治思想史》,北京大学出版社,2002年,第265页。

③ [日]加藤弘之:「真政大意」,[日]明治文化研究会编:『明治文化全集』第5卷『自由民権篇』上,93頁。

④ [日]加藤弘之:「真政大意」,[日]明治文化研究会编:『明治文化全集』第5卷『自由民権篇』上,93—94頁。

此为重，即便事先制定了治法，要主张治术为一大急务，也无此道理。"①因此日本制定宪法以限制君权和保护人民，其重要意义显而易见。若不制定宪法，即便制定了具体的各部门法，也无济于事。加藤的这一政治理念不仅在当时，即便在今天看来也是非常具有前瞻性的。

福泽谕吉则从"内安外竞"的视角论述了立宪政体的重要功能。他认为当时日本为了讨论和制定宪法而召开国会，其目的"不在政务而倾向政体，若欲改变今之政体为立宪政体，固然作为我辈之主义，毫无异议"。之所以赞同改革日本政体，就是为了使日本摆脱内忧外患的不利政治局面，对内安定社会，发展经济，对外参与国际竞争："我辈若欲以此改革，内维持安宁，外参与竞争，便公明正大主张之，毫无忌讳之感觉。"②而要达到内安外竞，福泽主张日本首先必须召开国会制定宪法，实现立宪政体。

而著名的民权理论家中江兆民则主张实行立宪政治是为国家施行所有政治做准备，正如要制作一件器具必须先准备工具："乃遂能立一定之宪制，其乃然后臣所言之六策，以可得实施。俗语曰：欲制器者，必先具刀锯。天下器也，宪制刀锯也。不具刀锯则不得正方圆，不立宪制则不能行治安之策。"③他认为立宪制度如同天下正常运转的根本性工具，如果没有立宪政体，则所有治国安邦的政治将无法运作，一切治理国家的法律制定也将失去准绳。日本实行立宪政体的必要性由此可见。

小野梓则从协调社会关系、保护人民生命财产安全的角度，论证了日本实行宪政的必要性："国家不可无国宪即建国法之时。"假若没有宪法明确规范各人行为，这时社会便会"成为放弃多数之利益，任凭少数之侵掠者"。虽然可能偶然出现有良心的统治者使人民免遭祸害，但假若统治者缺乏政治道德和善待人民的良心，反而玩弄权术，将国家机器"如海陆军、警察、法院等曾为保护人民之机器者，皆变为他们逞暴之器具，其祸害之大，不亚于相互侵掠之时"，相当于人类又回到了野蛮时代。这样一来，被治者往往被视为奴隶，根本谈不上财产所有等权利，甚至连生命也得不到保障。所以小野强调："因而国宪承担任务甚

---

① ［日］加藤弘之：「真政大意」，［日］明治文化研究会编：『明治文化全集』第5卷『自由民権篇』上，92页。
② ［日］福沢諭吉：「時事小言」，［日］富田正文他编：『福沢諭吉選集』第5卷，188页。
③ ［日］中江兆民：「策論」，［日］井田進也编：『中江兆民全集』1，33页。

多,故设置之,明示主治者之职责权力。不仅端正主治与被治之关系,又知可成为端正被治者相互交流之规范。若果然,国宪为社会之必须,则成明明瞭瞭而无可怀疑者也。"①强调实行立宪政体,既是为了防止行政权力过度扩张而将原用于保护人民的国家机器变为残害人民的工具,也是为了协调人民相互之间的利益关系,促使国民按照相应的规范进行交往,以保障日本资本主义能够正常发展,社会能协调进步。

植木枝盛则从保障人权的功能强调了实行宪政的必要性:"人民之所以建成国家,无非为了保全生命、保障自由、保护财产……世界上设立宪法、建成万国共议政府,乃今日最大之要务。"②他还将立宪国与专制国进行分析比较,认为实行了立宪政体,人民便会获得参政权利,从而便会主动关心国家政治:"在立宪国家,第一,人民有参政权利。第二,其政治若由政党发动,在民间要进行有关政治之演说,要出版有关政治之著述。其论说若重要,听之观之者实不仅感动而已。是在其国,人民平生每逢对善美之政治有意见,动辄贮存实行之意念。"然而在专制国家,人民没有参政权,纵然听到有关政治社会主义之类良好学说,也无法将其直接在国家实行,与立宪国家大相径庭。③ 因此植木主张,实行立宪政体如同获取自由一样,对人民皆有同等重要的意义:"国家本来正是有了人民之自主自由与宪法这二者,才会有安全与昌盛。"假若没有宪法作保障,国内便会骚乱不安。而且统治者因无宪法约束又实施暴虐,民怨沸腾,国家混乱。社会出现混乱,政府必然实行压制,结果越压越乱,"恰如恶性循环之怪圈,以至一向安定和平之日不可再现"。④ 他警告说,如果没有宪法保护人民的权利,国家也将会陷入大乱的境地:"国家正因有了宪法与自主之精神而昌盛且安全,若无宪法与人民之自主,则甚于衰落紊乱、危若累卵……纠正之良药,首选宪法与自主。"⑤在日本实行立宪政体的迫切性跃然纸面。

民权理论家儿岛彰二从反面论证了实施立宪政体能够有效地防止或限制"暴君奸吏盗贼"作恶:"且夫宪法,依照国家之命脉上下,作为安全之原因,成为

① ［日］小野梓:「国憲汎論」,［日］早稲田大學大學史編集所:『小野梓全集』第1卷,10 頁。
② ［日］植木枝盛:「無天雜録」3,［日］家永三郎他編:『植木枝盛集』第9卷,167—168 頁。
③ ［日］植木枝盛:「無天雜録」4,［日］家永三郎他編:『植木枝盛集』第9卷,266 頁。
④ ［日］植木枝盛:「民權自由論」,［日］家永三郎他編:『植木枝盛集』第1卷,21—22 頁。
⑤ ［日］植木枝盛:「民權自由論」,［日］家永三郎他編:『植木枝盛集』第1卷,25 頁。

一日也不可或缺之基础。宪法有则暴君也不能逞其恶,奸吏也不能流其毒,盗贼也不得擅其伎俩。宪法之功德其莫大焉。"①他强调了在立宪政治制度下,由于宪法明确规定了各种权力的职责范围,因而可以限制君主权力的过度扩张和政府官员的任意作为,以保证国泰民安:"若定立宪法,则虽君主不能妄逾其规矩,虽大臣不能擅乱其准绳。主治者据之以制法施政,被治者据之以辨明制法之正否,正则遵奉之,否则废除之。国法以此巩固,民法以此稳定。律法明、权利立,而后国家始安定。"②由于立宪政治如此必要,与国泰民安息息相关,所以儿岛彰二认为日本当前已民智渐开,应当尽快实行立宪政体。只有实现立宪政体,才可使日本"国家成为丰富之安域,使人民生息于自由空气中"。而且他还强调,实行立宪体制的大政方针,是天皇早已考虑到的,"抑如立宪政体,固非以余臆测,夙为睿虑之所存,我辈不堪感激,成为所以频频翘首渴望者"。③ 儿岛在此并非仅仅抒发个人对实行立宪政体的渴望,而是向日本社会各界大声疾呼,鼓动更多的人起来推进日本立宪政体的早日实现。④

综上所述,近代日本在面临社会转型的关键时期,初步兴起了近代化立宪主义思潮。政治家和思想家们尽管对宪法和立宪政体实质的理解和认识呈现多维化趋势,但他们共同认识到了近代立宪政体的实质性部分,即保障人民基本权利和限制以君主为代表的行政权力的过度扩张,协调主权掌握者与人民之间的权利义务关系。思想家们大力鼓吹在日本实行立宪政体,认为只有这样才能充分调动人民关心和参与国家政治的积极性,保障国家的安全和人民的幸福。这一切,为社会转型时期日本各阶层积极参与宪法草案的拟定,为各种立宪思想的交锋,乃至为亚洲第一部资本主义性质的宪法产生奠定了思想基础。

---

① ［日］兒島彰二:「民権問答」,［日］明治文化研究会编:『明治文化全集』第5卷『自由民権篇』上,157页。

② ［日］兒島彰二:「民権問答」,［日］明治文化研究會編:『明治文化全集』第5卷『自由民権篇』上,169页。

③ ［日］兒島彰二:「民権問答」,［日］明治文化研究會編:『明治文化全集』第5卷『自由民権篇』上,175页。

④ 有关明治时期日本立宪主义思潮的兴起,笔者曾有研究。见拙稿《日本近代社会转型时期立宪主义思潮的初兴》(《世界历史》2012年5期)。

九、针对立宪主体之思想论争

立宪主义思潮逐渐流行之后,伴随着近代化的立宪主义的宣传,在日本实行立宪政治体制,已受到从上至下的社会各阶层绝大多数人的肯定。但值得注意的是,当时并非各阶层对如何实行宪政的运作方式也取得了一致看法。因此围绕立宪主体、立宪条件及其时间缓急、宪法功能的不同理解等问题,社会上展开了思想论争。关于这种立宪主义思想论争,国内学术界极少有学者关注,仅有个别研究在一定程度上有所涉及①,但对这种思想的论争尚未展开研究。日本学术界关于明治宪法的研究很多,但大多是论述宪法制定过程以及在此过程中各派势力的政治斗争,仅有个别研究在论及思想家时,涉及其中的立宪思想。有关立宪思想交锋的研究极少见到。如果不对这类思想论争进行研究,就不可能理解日本近代史上为何会出现具有近代化因素但又充满皇权主义思想的宪法。

首先出现论争的问题,是由谁来制定日本宪法? 即立宪主体是谁? 这是明治时期立宪主义思想论争的焦点问题。当时各政党在自己的机关报上往往联系国家主权问题开展争论。自由党主张主权在人民,因而极力主张宪法应当由民选议院起草。立宪帝政党则力驳此说,认为主权是不可分割地属于天皇本人,因而只有天皇可以钦定宪法,然后颁布给人民。具有标准英国式宪政风格的立宪改进党则折中两者之说,主张主权为天皇和民选议院所共有,则宪法应由二者议定。② 在社会上便形成了以人民为主体起草议定宪法的"国约宪法说",和主张由天皇为首的统治集团单独制定宪法的"钦定宪法说"两种不同主张。两者之间展开了一场针锋相对的论争。

据当时的相关记载称:"明治15年1月以来,宪法论成为天下一大问题。朝野之学士论客,在报纸演说中竞相发表其意见。而若举其议论之要点,曰宪法应当钦定,将由国约,国家之府权究竟应当为何所有等是也。"③当时大城市的报纸

---

① 目前与此相关的论文只见到陈秀武:《论日本明治时代的私拟宪法》(《日本学刊》2008 年 6 期)。该文比较了明治时代日本社会几部有代表性的私人宪法草案,指出其国家思想的异同。

② [加拿大]诺曼:《日本维新史》,商务印书馆,1992 年,第 177—178 页。

③ [日]手抄本:『土陽新聞小歴史』,[日]鈴木安藏:『明治初年の立憲思想』,育生社,1938 年,317 页。

中,《东京日日新闻》代表政府及保守派的意见,主张钦定宪法。《东京横滨每日新闻》《邮便报知新闻》《朝野新闻》等,代表民间自由主义者的意见,主张国约宪法。两派都提出了自己的主张根据。政府党认为:"有史以来,日本人民为天皇之臣隶,其土地为天皇所有,宪法之制定、国会之开设也亦在天皇权力之内。主权由天皇掌握,宪法必为钦定。"而民间党则对应提出:"自从国会开设之大诏一旦颁布之后,非欲返回君主专制之社会,主权不可不存于君民之间。所谓君民之间,即作为国会,让由天皇与人民之权构成之国会拥有主权,即适用立宪君主制之趣旨也。"①主张由人民选举产生的议会与天皇共同制定宪法。两种意见针锋相对。

当时民间的有识之士希望,让日本人民毫无保留地表达对外国各种政体的想法,并且对之进行充分研究,以便从中找出最适合本国国情的政治体制。但是,日趋保守的明治政府"监督日益严厉,自由主义者的言论愈益被限制于窄小的范围。反之,保守派的言论得以自由自在地发表,自由主义者处于颇为艰难的境地,恰如被拴在铁栅栏中的猛虎"。②

这里反映的是1882年论争达到高潮时相对较晚的情况。实际上早在明治初年,已有学者提出该问题。如1868年启蒙思想家加藤弘之提出,立宪大权不能专由君主掌握,必须由人民与君主共同议定:"宪法即治国之基础。因而制立此之权柄,自为三大权柄之尤为重要者也。因此君主丝毫不能专有此权柄。必与臣民分之,相共掌握此权柄。"③表现出一种"君民共治"的折中政治思想。1874年板垣退助等人提出《民选议院建议书》后,两种立宪主体之论争逐渐展开。

激进的民权理论家植木枝盛强烈主张,只有采取立宪政体,人民才有可能伸张民权,获得自由。而要实行宪政,只能通过由人民组成的议院制定宪法才能达到目的。1879年他在著名的《民权自由论》中的"民权田舍歌"里,大力宣传通过设立民选议院制定宪法:"伸张权利自由,早立民选议院,致力确定宪法,此为

---

① 〔日〕手抄本:『土陽新聞小歷史』,〔日〕鈴木安藏:『明治初年の立憲思想』,317—318頁。

② 〔日〕手抄本:『土陽新聞小歷史』,〔日〕鈴木安藏:『明治初年の立憲思想』,1938年,318頁。

③ 〔日〕加藤弘之;「立憲政體略」,〔日〕明治文化研究会編:『明治文化全集』第8卷『政治篇』,20頁。

今日急务。"①完全站在"人民为立宪主体"的立场,彻底否定了"钦定宪法"的主张。

到 1880 年时,这种论争逐渐趋向高潮。统治集团内的成员坚持钦定宪法原则。如岩仓具视当年提出关于召开国会、制定宪法的建议书。② 建议书首先表明对立宪政体持肯定态度:"以往有渐次立宪之圣诏,是实出海岳仁慈之圣意,今人民希之者亦不少。宜顺应之而施政略。于是得诸公之审议,编制宪法,定国民之秩序,使巩固国家之基础。"但同时他又表示:"宪法不能模仿海外各国之方法。考察我邦皇统之无穷、民俗之习惯、国民之秩序等异于它邦之原因而制定之,以使巩固帝室之基础。"③强调日本宪法必须维护皇权至高无上权威,充分体现出作为公卿身份的岩仓历来坚持的皇权主义思想。所以岩仓在 1881 年 7 月便提出"可采用钦定宪法之体裁"。④

被认为是英国政治体制鼓吹者的大隈重信也主张应暂由天皇钦定宪法。他提出"当今欲将空前之治体施行于天下,其急需完成者乃社会康宁之秩序也。辔策一旦断绝,则六马奔逸,秩序不容易收复。故欲先以宸裁制定宪法,依此以招集国家议员"。⑤ 认为只有先让天皇钦定宪法,才能确保社会秩序井然,以后再由国会议员修订宪法。

但负责具体制定宪法的重要成员、法制局长井上毅却提出了不同的主张。他认为制定宪法应当与是否设立民选议院相联系:"今人所谓宪法即欧洲所谓宪法,与民选议院必相应成立也。无民选议院便无此宪法。宪法之节目多,而其大主义曰限制君权,曰分立法权于人民,曰定行政宰相之责任。"⑥也就是说宪法产生方式应当由君民一致来制定,因此日本当时的宪法制定,必须与民选议院成

---

① ［日］植木枝盛:「民権自由論」,［日］家永三郎他编:『植木枝盛集』第 1 卷,34 页。

② 因该建议书提出在制宪问题上反对学习欧洲近代宪法的主张,与后来的明治宪法有差距,所以在为岩仓作传的《岩仓公实记》中没有纳入。

③ 『明治天皇御紀編纂資料の参考史料の雑纂』,［日］稲田正次:『明治憲法成立史の研究』,有斐閣,1979 年,63 页より引用。

④ ［日］岩仓具视:「具视憲法制定ニ關シ意見ヲ上ッル事」,［日］多田好問编:『岩倉公実記』下,原書房,1979 年,717 頁。

⑤ ［日］大隈重信:「大隈重信奏議書」,［日］日本史籍協會编:『大隈重信關係文書』四,東京大學出版會,1984 年,241 頁。

⑥ ［日］井上毅:「憲法意見控」,［日］井上毅傳記編纂委員會编:『井上毅傳·史料篇第一』,94 頁。

立相对应,只有成立民选议院才能形成真正的立宪制。否则便不可能产生近代意义的人民掌握立法权、限制君主权力的宪法。

宪法制定的总负责人伊藤博文在论争中采取的是一种骑墙的态度。1880年11月22日,伊藤在看了井上毅的宪法制定意见书后,向井上送达书翰表示:"起草宪法、设立民选议院之时期、其方法等,一在圣裁,以敕书公示,使人民知其归着方向之所。"①伊藤也认为,仅仅从华士族中公选议员以改良元老院,并不能充分解决立宪的大事。他认为应当以敕书公示,由圣裁确定起草宪法、设立民选议院之时期和方法。或许受了井上毅宪法意见书之影响,他一方面表示应当设立民选议院来制定宪法;但另一方面又主张一切都应当由天皇通过"圣裁"的方式决定。其思想显得自相矛盾。

1880年3月以后,各新闻杂志盛倡制定宪法论。其中大多数新闻杂志都明确主张"国约宪法说"。特别是10月,《东京日日新闻》主张迅速召集全国议员,召开国约宪法会议。《朝野新闻》也提倡国约宪法,主张应当尽快召集国民盟会商议宪法。东京横浜《每日新闻》主张应当创造官民共制的宪法。4月1日在《嚶鸣杂志》11号上,青木匡论述了拥有起草国宪权力者是主权者即全国人民,政府不便起草国宪,因此有必要召开特别的国民议会起草国宪,明确提倡根据国民主权主义制定宪法。②

《大阪日报》1276号发表社论《民约宪法论并非变更国体》,公开主张民约宪法:"吾人认为主张与其制定王命宪法,宁可以民约宪法为是者……因为宪法构成了保护一国之安宁,完成人民之幸福,依据上下共庆、互相依赖而维护权利之基础。将之专寄托于帝力王权时,有幸明君贤主在朝期间,便有充分之光荣。但百年之中也不幸有暴君暗主出现,以其权力左右宪法,便有随意虐民之事。民不要默从之,以避免空陷不幸之城。"③该社论明确提出了一种法治思想,即如果由民选议院制定宪法,便可有效限制君主权力过度扩张,以保障人民的幸福。而这种幸福是不能寄托于偶然出现的所谓"明君圣主"。人民只有掌握立宪权力,才能切实保护自己的基本权利。

1881年10月12日天皇颁布了钦定宪法的诏书。诏书指出制定宪法乃"立

---

① [日]稻田正次:『明治宪法成立史の研究』,73 页。
② [日]稻田正次:『明治宪法成立史の研究』,67 页。
③ [日]小野壽人:『明治维新前後における政治思想の展開』,554 页より引用。

国之体",作为"非常之事业实不可轻举"。因此强调"我祖我宗照临在上,揭遗烈,弘洪谟,变通古今,断然行之,责在朕躬"。即实行宪政、制定宪法的主要责任,在天皇本人。而天皇则委托宫廷大臣、官僚负责具体运作策划:"今命在廷臣僚,假以时日,使担当经划之责。至于其组织权限,朕将亲自裁决,及时予以公布。"①实际上将制定宪法的具体责任人,指定为天皇和天皇下面的政府首脑们。

针对敕谕内容中体现出的"官定宪法"的精神,也有媒体敢于提出某种程度的批判议论。《每日新闻》10月18日发表社论。社论首先列举了有代表性的国家制定宪法的途径:"凡宪法,有召开国民会制定者,有以国会同意而制定并由君主批准者。"前者如美国,"发起组成国民会制定宪法者,是成为民制之宪法"。后者如"英国国会数次修改增减宪法者,是成为国会制定之宪法"。但社论认为,美国将统治者与被统治者的地位颠倒,"官吏却置于被治者之地位者",日本不应当学习。而英国国会有上千年的悠久历史,日本没有这种传统。所以两者都不能成为日本制定宪法时原封不动仿效的对象。② 接着社论指出,仔细阅读敕谕,了解到天皇"命在廷之臣僚,假以时日,以担当策划之责",难道这种策划不包括制定宪法吗?③

社论明确反对这种完全依赖政府官员制定宪法的做法,主张由人民发挥主人翁精神,派代表制定宪法蓝本,供政府策划宪政时使用:"余辈人民不可怀有如治外之民默默任政府有司策划之思想,必须彻底详记民意之所在,供在廷有司策划之用。"社论还批判了人民对制定宪法漠不关心的态度:"若作为我国人民,认为策划之责在于在廷有司之身,而我们人民只可拱手等待策划完成,等到有宪法构成、国会召开,其策划与国民之希望相背行而发出'此宪法有胜于无'之类抱怨时,其罪不仅在于有司,我人民也不得不分担其罪"。④ 即若政府官员制定的宪法不完善,人民不参与制定也有推脱不了的责任。所以社论斗胆批评了天皇敕谕的安排:"今在廷之有司负责策划者,简直就是立宪国之立法者,若我圣主并未不顾民意如何,说'策划汝臣僚之所思吧',而有司则明确云'策划之责在

---

① ［日］明治天皇:「十四年十月十二日の詔」,［日］明治文化研究会编:『明治文化全集』第2卷『正史篇』上,日本評論社,1992年,373—374頁。

② ［日］稻田正次:『明治憲法成立史の研究』,183頁より引用。

③ ［日］稻田正次:『明治憲法成立史の研究』,183—184頁より引用。

④ ［日］稻田正次:『明治憲法成立史の研究』,184頁より引用。

我身,民言如何不足取'",是不仅对国民负罪,而且成为我天皇陛下之罪人也。"①
社论激烈批判了敕谕宣示的钦定宪法主义和延期召开国会的决定,结果当天
《每日新闻》便受到了停止发行的处分。后来许多批评敕谕的报刊都受到了停
止发行的处分。

因此,这种钦定宪法的诏令使国约宪法的思想受到压制。尽管各种论争继
续进行,但最终日本采取钦定宪法的途径完成了立宪。

十、立宪条件及立宪缓急之论争

立宪主义思想论争的第二方面就是实现立宪政治的条件和时间缓急问题,
这实际上是前述政治改革步骤论争在实行宪政问题上的具体体现。在这一问
题上,无论是统治集团成员还是思想家,大多主张渐进立宪。如木户孝允认为
宪法制定应分步进行。他于 1873 年 9 月在手记中写道,在现阶段,即便制定
"君民共治之宪法"也有时期尚早之感。首先木户承认:"至于君民同治之宪
法,若无人民之协议,当然便不能承认为同治之宪法。"即人民是参与制定宪
法的必要力量。但他马上话锋一转提出:"今我天皇陛下励精整治,而维新之
日尚浅,至于智识进升,人民设立会,自然不得不耗费许多岁月。"即如果要设
立议会,目前人民尚不成熟,有待花费时间培养其"智识"。既然如此,那就只
能首先制定"独裁宪法"以暂时控制官员随意执政,然后逐渐再过渡到"同治
宪法":"依照天皇陛下之英断,迎合人民,使国务条例化,考核其审判以抑制
有司之随意。至于供奉一国之公事,于今日虽为独裁之宪法,至他日人民协议
而起,成为同治宪法之根种,必大成人民幸福之基。"②木户虽不反对由人民设
立议会制定宪法这一方案,但他认为目前条件不成熟,必须"耗费许多岁月"等
待人民"智识进升"后方可实现。所以只能"渐进立宪",暂时由天皇制定一部
"独裁之宪法",作为以后君民共定宪法的基础。实际上主张分两个不同阶段制
定宪法。

1875 年 4 月 14 日,寺岛宗则和伊藤博文两位参议向天皇呈上《政体调查案

---

① [日]稻田正次:『明治宪法成立史の研究』,183—184 頁より引用。
② [日]稻田正次:『明治宪法成立史』上卷,198 頁より引用。

删定本》,伊藤博文将文字大作修改后,以天皇诏书的名义颁布:"朕即位之初,首会群臣,以五事誓于神明,定国是以求保全万民之道。幸赖祖宗之灵与群臣之力,以获今日之小康。顾中兴日浅,内治应当振作更张者不少。朕今欲扩充誓文之意,在此设元老院以广立法之源,置大审院以固审判之权。又依去年五月之诏旨,召集地方官以通民情、图公益,渐次立国家立宪之政体,与汝众庶俱赖其庆。汝众庶其或莫敢泥旧惯故,亦或莫敢轻进急为,其能体察朕旨,有所翼赞欤!"①诏书说明为了实行立宪政治,政府已做了许多准备工作。但是,也强调了渐进立宪的宗旨。

伊藤博文针对大久保利通的《关于立宪政体意见书》发表的评论中,也主张立宪政治应当渐进完成。他首先强调根据日本国情立宪的必要性:"今虽无遽然实施宪法政治之理,但终究必须实行之。若欲施行宪法政治而立国,观各国政体,也有君主、民主等各种体制。然而要之,皆为根据其国其时之人情风俗而建立基础者。因循守旧,无所保国。在我国也必须根据时势、风俗、人情建立政体。"接着他提出因为日本国情特殊,必须贯彻渐进主义的立宪方针,反对急遽地实行立宪体制:"维新以来,虽总揽宇内,恰通四海,执行与万邦并立之方针而来。但其政治依然因袭旧套,存在着专制之体,此体在今日不得不用之。只有废藩置县,统一政令。但人民久惯封建压制,千年之久,成为习性。因此将急剧之变动与之,当然不能保国。但是将来所期,必须遵循我人情、风俗、时势,树立立宪之基础。是为渐进主义之立宪政治论。"②伊藤博文实际上是将大久保利通的《意见书》根据自己的理解作了进一步阐释,同时提出了渐进推行宪政的主张。

1881年10月11日黑田清隆等7位参议向天皇上奏,请求颁布召开国会时间时,强调了渐进立宪的主张:"抑创立宪政体,作为前古未曾有之大局,尚且欲成后来万世之鸿业,其或经划未周、基趾未固。匆促从事,差之毫厘,或至误千里。大计一旦偏离,不能回复。是宜设备慎重,举行循序,其间仍必须要数年。况中兴草创之事业,至未了局势,施行方案半者居多。圣谟既示以预定之期,而

① [日]明治天皇:「八年4月14日の詔」,明治文化研究会编:『明治文化全集』第2卷『正史篇』上,256頁。

② [日]伊藤博文:「直言 大久保利通」,[日]小松緑编:『伊藤公全集』第三卷,伊藤公全集刊行会,1927年,34—35頁。

民间若犹无故逞私议,争急竞躁,以煽动事变,此乃阻碍王化、危害国安者也。应处以国法,不使至蛊惑良民。"①这种主张渐进立宪,防止民间立宪思潮鼓吹者"急躁冒进"的观点,代表了统治集团大多数人的意愿。

这种渐进立宪的主张在思想家中也大有人赞同。加藤弘之专门论述了对立宪政体建立条件的认识。他一方面赞扬了君主立宪政体和民主共和政体中立宪制度的普世优越性:"君主有限政权,或立宪君主政体……称君民同治或立君定律。实可称为古来未曾有之良好政体。又如被称为共和政治之政体,不设君主,以民选推举总统,以政令之权委托之。且别置立法府,推举人民之代表使其议定法制,并设独立不羁之法院,专委托以司法大权。故通常不用担忧政府之权力达于专横,人民之权利亦随之甚大,此亦可称为良好政体。"

但另一方面加藤又认为这种立宪政体并非世界各国皆可适用:"故立宪政体虽有君主政体与民主政体二种,若应共称良正善美之政体,则不可一概而论其优劣是非。特由各国古今沿革由来及因其人情风俗可论其适否。立宪政体虽为如此良正善美之政体,但若认为以之适合方今世界万国,即为大谬见也。"他认为必须在文明开化程度已达中等以上的国家,方能实行立宪政体。如果条件不成熟而急速实行,不但对社会发展无利,反而有害:"凡在邦国人文非已开明进步至少中等以上而粗辩事理、理解人情之国,此政体决不可用。若在开明未达此度之国,若用此政体,人民选举自己代表之知识甚为欠缺,故必然绝不能选择至当人物。受选择而成为代表者,亦随公论而愚顽不足取,固不待言。势若如此,不仅决无益于国家,或不能不恐生大害。"②

因此,在如何实行宪政的具体步骤上,加藤弘之主张在必须制定宪法的大前提下,同时应适应国情和人情进行操作。早在 1870 年发表的《真政大意》中加藤就指出:"在立宪政体各国,必先采纳公议舆论制立宪法,以保护臣民的生命、权利及私有三者为第一要务。然而在上述各国之内,自身也有开化文明之快慢,各国之风俗人情本身也存在不同。宜注意时间空间二者,适应时势人情建立宪法,逐渐改革。无论如何看似美妙,若不协调时势人情,不仅不能确立任何利益,

---

① [日]渡边幾治郎:『明治天皇関係文献集 7 日本憲法制定史講』,ワレス出版,2003 年,59—60 頁より引用。

② [日]加藤弘之:「国体新論」,[日]吉田曠二編:『加藤弘之文書』第 1 卷,150—151 頁。

反而滋生害处。"①即主张应当依据当地的风俗人情逐渐推进宪政,而不能操之过急。

那么如何操作更为合理? 在1874年的民选议院设立的时机是否成熟的大辩论中,加藤弘之提出了他认为妥当的渐进改革的具体方案:"方今政府虽不得不姑施特裁之政,但不忘却原本为民而有政府,而非为政府而有民。偏以腓特烈之公心而自行限制政权,努力使民之私权伸张,洞开言路,劝励教育,以要使我邦快速成为开明国。且由阁下等之论考察,今既如于某二三县使为,姑由府县士族及平民之上中层以选举,设立小议院,唯使商议府县内之事之举如何? 但取舍议定姑可在知事令等之权。"②也就是从基层开始推进文明开化,让人民在不断接受教育中,逐渐增长智慧和关心国家政治的主人翁精神。然后选举地方议会,待这种小议会的经验积累充分后,再设立中央的国会。

当然并非所有的政治家和思想家都主张这种渐进立宪观点。如左院议官宫岛诚一郎就强调了在日本实行立宪政治的迫切性。他在1881年6月发表的《国宪编纂起原》中指出,要使一个国家能够正常运行,必须用一种规范来确立政府与人民之间的权利和义务。这就使宪法的制定成为十分迫切的政治任务:"至尊乃天下人民之父母,父母若有权利,便有保护人民之义务。朝廷为之设官统治之,即为政府。政府若已有此权利和义务,人民不用论亦对之应有权利和义务。"那么如何规定政府与人民相互履行权利和承担义务呢? 宫岛进一步强调:"首先在立其国宪,按其国宪设定民法,使人民相互履行义务。而违犯其国宪民法者,设刑法律之。于此,政府始定保护人民之道也。故立国宪而随定民法,定国宪民法然后可始设刑法。是方今立国宪之议尤为急务之所以也。"③指出当务之急是首先制定国家宪法。只有尽快制定出宪法这一国家大法,才有可能遵循宪法宗旨制定出具体的民法、刑法等部门法,使社会正常运转。实际上否定了渐进立宪的主张。

---

① ［日］加藤弘之:「真政大意」,［日］明治文化研究会编:『明治文化全集』第5卷,『自由民権篇』上,96—97頁。

② ［日］加藤弘之:「加藤弘之ノ質問」,［日］明治文化研究会编:『明治文化全集』第4卷『憲政篇』,371頁。

③ ［日］宮島誠一郎:「國憲編纂起原」,［日］明治文化研究会编:『明治文化全集』第4卷『憲政篇』,345—346頁。

十一、各宪法草案对宪法功能
认知的不同思想论争

立宪主义思想论争的第三方面也是最关键的方面,就是对日本即将制定的宪法应当具有的功能认知不同造成的思想论争。从维新初期到 1881 年间,日本各个不同的政治集团、政治派别乃至个人,都提出了形形色色的宪法草案。据统计,从幕末坂本龙马的"船中八策"到 1881 年,日本社会共提出了宪法草案或具有宪法性质的文件多达 73 件,其中有 63 件是在 1874 年"民选议院建议书"之后出现的,占全部宪法文件的 86%。① 这些宪法草案从政治上看,有的保守,有的温和,有的激进。围绕近代宪法的主要功能,即保障人权和限制以君权为代表的行政权力的过度扩张这两方面问题,各宪法草案的制定者分别提出了五花八门的构想,反映出各社会阶层的不同立宪思想和利益诉求。众所周知,近代以来的宪法,其功能主要包括两大方面,一是对国民基本人权的保护,二是对有可能过度扩张的行政权力的限制。因此,明治时期对宪法功能的不同认知和论争也紧紧围绕这两方面开展。

(一)对人权保障的不同思想体现

"天赋人权"思想对近代日本产生了深刻影响。尽管它最初是资产阶级启蒙思想家用来号召民众的旗帜,但人权并非意识形态的斗争工具和一句空洞的口号,而是人类社会演进和现实生活的反映。因此,人权指一定的社会历史条件下,社会成员应当享有的基本权利,它有着其具体的内容和目标。考察明治前期日本的各类宪法草案,可以发现由于西方先进资本主义社会的近代化宪法思想的影响,即便是最保守的日本宪法构想,在保护人权方面都多少有所体现,只是体现的程度有较大差别。如被公认为政治思想最为保守的天皇侍讲元田永孚,在 1880 年提出的《国宪大纲》中,也提出"人民有身体、居住、财产、自由之权,除非根据法律,不得妄限制其权"②的条文,主张通过宪法保障人民基本权利。因

---

① [日]江村荣一:「幕末明治前期の憲法構想」,[日]江村荣一校注:『日本近代思想大系 9·憲法構想』,岩波书店,1989 年,438—442 頁。

② [日]元田永孚:「國憲大綱」,[日]家永三郎他编:『明治前期の憲法構想』,117 頁。

此其他的宪法草案中自然也都不同程度地体现出人权保障思想。

早在 1868 年,启蒙思想家津田真道在《泰西国法论》中提出的宪法构想条款,已将保护国民权利作为专条列出:"据国法论之大本,根本律法之揭记如下:第一、居民对国家之诸权;第二、国民之公权,即所谓都市人权;第三、居民对国家可务之事。""国民之公权若与经国之制度关系密切,宜应于根本律法中明记。"①"根本律法"即宪法,津田在其中提出的需要保障的各项人权,既包括了人民的各项基本权利,也强调了人民应当具有的公权。

明治维新后最早出现的宪法草案,应首推 1873 年青木周藏根据木户孝允的指令而起草的《大日本政规》。该草案已在第五章中明确规定"应保护各人之天赋权利"。根据这一政规,青木于 1874 年起草了《帝号大日本国政典》,其中从第 3 条至第 30 条专门规定了国民的权利及其义务。《政典》在保障人权方面的各项规定反映出几方面的近代化宪政思想。首先,人民是国家的主人而非统治者的奴仆,强调"日本国疆土之固有主人即阖国人民"。其次,主张"法律面前人人平等"的近代政治理念,规定"阖国人民在法律上没有门第区分,皆应同等。而且各种官职也亦废除世袭之旧习,人民按照各自能力可得统一奉职之";"定夺诉讼、判决犯罪之机构,应对华族平民一视同仁"。社会生活方面规定华族和平民可随意通婚,全国男女孩童皆可进入政府设置的学校接受普通教育等。最后,特别强调对人权的保障,明确规定"应当保护各人固有之天赋权利"。在列举的应当受保护的国民权利中,包括了较为广泛的各个方面:

1. 人民的人身权利。"与以往同样各自可以自由随意就业";"按照居住迁徙规则,各自可象以往那样随意迁徙住处";人民不得被随意逮捕,"虽为盗贼,除非在现场有暴行者,丝毫不可受逮捕。而且虽有嫌疑行为者,要按照制度手续,获得法官命令始可逮捕之"。2. 人民的财产权利。"人民固有之财产决不可被掠夺",即便为了公用需要采用,也必须"以相当的代价赔偿以弥补人民之损失";若因公务需进入人民的住房搜查,"只能按照制度手续处理之,否则严禁进入人民之住宅"。3. 人民有思想、言论著述和集会的自由权利。如"各人民可随意感念信仰诸种宗教,而且宗教之异同不得导致人民权利多少之异同"。国民的言论、著述可自由进行,但若出现诽谤政府及他人,或诱导扰乱风俗、挑拨情绪

①　[日]津田真道:「泰西國法論」,[日]大久保利謙他編:『津田真道全集』上,164 頁。

而威胁人民者,应依照刑法治罪。民众只要"不违背法律,可自由组织集会"。
"世态平安时期,虽官府命令也不能拆开他人书信。"①从这些保障人权的规定可
以感受到,维新后不久,统治集团中的有识之士已在很大程度上接受了西方近代
立宪主义思想的影响,开始思考在日本建立保障人权的近代化立宪政体的重大
政治问题了。

自由民权运动中最早产生于民间的宪法草案,是嘤鸣社 1879 年提出的宪法
草案,它被认为是温和派草案的代表。该宪法草案规定的国民各项权利包括:1.
人民的平等权。"凡日本人民于法律上平等。日本人民可担任文武官吏。"2. 人
身自由权。"日本人民若非于法定场合,按照法定程序,不受拘押传唤";"日本
人民若犯罪,有权按法律规定得到保释。日本人民除法律规定之外,夜晚住宅有
权不受侵犯"。3. 人民的财产权利。"日本人民若未得相应之赔偿,即便为了公
益,也不能收买其财产。"4. 其他方面的权利。"日本人民享有结社、集会、演说、
出版之自由。日本人民可以直接向皇宫及任何衙门乞愿建言。日本人民可以自
由信仰任何宗教。"②此宪法草案在多方面体现出保障人权的立宪主义思想。但
另一方面又在一定程度上限制了人民的权利。如在财产保护方面没有强调私有
财产神圣不可侵犯,在下议院选举中规定"日本人民享有政权民权之 25 岁以上
男子,拥有规定财产,遵照选举法可被选为议员",③这就剥夺了无产者和妇女的
选举权,体现出对人权保障思想的不彻底性。

千叶卓三郎等人于 1881 年起草了《五日市宪法草案》,又称《日本帝国宪
法》。这是各种宪法草案中对人权保障规定得非常详尽的一部。其保障人权的
具体内容包括:1. 在法律面前国民人人权利平等。规定了"凡日本国民不论族
籍位阶区别,在法律面前应当有平等之权利。凡日本国民在日本全国准用同一
法典,应受同一保护。没有给予地方及门阀或一人一族特权"。而且日本国民
皆有权按其才德担任国家文武官僚。同时,在向国家纳税的义务方面也规定人
人平等,"虽皇族也不可免除纳税"。否定了传统的封建特权。2. 国民有人身自
由权利。草案强调"日本国民应达各自之权利自由,他人不可妨害之,且国法应

---

① 〔日〕青木周藏;「帝号大日本国政典」,〔日〕家永三郎他编:『明治前期の憲法構想』,60—
62 頁。
② 〔日〕「嘤鸣社憲法草案」,〔日〕家永三郎他编:『明治前期の憲法構想』,359 頁。
③ 〔日〕「嘤鸣社憲法草案」,〔日〕家永三郎他编:『明治前期の憲法構想』,57 頁。

保护之";"凡日本国民,不可在依据法律之外,强行要其作为,或强行禁止之"。除非有法律规定和依据法律程序,凡日本国民,"不得被拘引、传唤、逮捕和囚禁,或强行打开住房门锁"。3. 国民有生命权和财产权。"凡在日本国居住之人民,不论内外,国人皆应保护其身体生命财产名誉";"凡日本国民,财产所有权受保护。虽任何场合也不得没收财产。除非依据公共规定,证实其公益性,并仍按时获得适当之赔偿之后,不可收买其财产。"而且在征收赋税方面也有严格规范:"凡日本国民,若非国会决定、国帝许可,决不可被课赋租税。"即便是罪犯,"无论有如何之犯罪,也不可没收犯罪者之财产"。若因公益急需,要没收私人财产,也必须依法实现赔偿。体现出对私人财产权利的充分保障思想。4. 法律应当保护国民拥有的其他各种基本权利。它们包括:①自由从事任何职业的权利:"凡任何劳作,虽工业农耕,除非违背风俗行仪、伤害国民之安宁或健康,不得禁止之";②宗教信仰自由的权利:"凡日本国民,不论何种宗教,皆任各人自由信仰之";③思想、言论、书信和著述自由的权利:"凡日本国民若遵守法律,则万事不受预先检查,可自由将其思想、意见、论说、图画著述,将之出版发行,或对公众讲谈、讨论、演说公布之。但应当对需要抑制其弊害而决定处分之法律承担其责罚";"凡日本国民之书信秘密不得侵犯";④结社集会自由的权利:"凡日本国民,结社集会之目的或其会社使用方法没有违犯国禁或酿成国难,又非携带械器,便有权平稳地结社集会";⑤居住和自由迁居的权利:"凡日本国民,各人之居住在全国任何地方,也可由其人之自由,他人不可侵犯之。若无主人同意、或无其妻召唤,除非为了防御火灾、水灾等,不得夜间侵入人家";"不论何人,在法律规定其职责和权限及法律指定的程序之外,不得违背户主意志侵入住宅";⑥参与政治和向政府乃至皇帝提出有关国家事务的建议权利:"日本国民有国宪所容许之财产智识者,有权参与国事政务,对国政有可否之发言权和议论权";"凡日本国民……均有权按照法律规定程序,直接向皇帝、国会或任何衙门奏呈请愿或上书建议。但不得因该事遭受牢狱之囚或被处刑罚"。即保障人民的公共权利。5. 若干保障人权的司法规定:包括国民只能由管辖地法官审判,对思想犯的审判必须有陪审员参加,"法律条规不可将效力溯及既往","若非法律正条所明示,不论甲乙区别,不被拘引、逮捕、究弹、处刑,且一次受到处断,不可再次接受究弹";"在一般犯罪之场合,有权享受法律所规定之保释。任何人也不得被与正当的法官阻隔……由于国事犯罪不得被宣判死刑"。"凡审判应说明其理由,开诉讼庭宣告之。"

当然,在这部相当进步的宪法草案中,也对人权作了一定限制。如规定"下列人员停止享受政治权利:①外行无能(残疾之类)、精神无能(狂颠白痴之类);②被判监禁或流放者。但刑满则解除政治权利之禁止"。① 同时也限制了"无财产智识者"的政治权利。

明治前期所有宪法草案中,被认为最激进的是植木枝盛于 1881 年 8 月以后提出的《日本国国宪案》。这部草案中有关人权保障的条款数量也很多,可与《五日市宪法草案》媲美。其主张保障的人权主要包括以下几方面:

1. 平等权利:"日本人民于法律上平等。" 2. 人身自由权利:"日本人民于法律之外,不得被侵犯自由权利。""日本人民于法律之外,不能被科以任何刑罚。又于法律之外,不受拘治、逮捕、禁锢、传唤";"日本国家不得制定和执行消灭日本各人自由权利之法规。日本国家不得实施干涉日本国民各自私事之事";"日本人民不得被拷问";"日本人民可自由离开日本帝国";"日本人民可自由居住、自由旅行"。 3. 生命权和财产权:"日本人民保全生命,保全四肢,保全形体,保全健康,保全面目,有权使用地上之物件";"日本人民虽有何等之罪也不得被剥夺生命";"日本人民有权自由处理财产。日本人民无论有何罪也不能被没收其私有财产。日本人民若无正当赔偿,其所有物不得被充公用";"若由于战乱不得已,应当收用、毁灭或消费民众相当价值之私有财产,应该最快预先照会本人,若无暇预先赔偿,应于其后赔偿"。强调了"私有财产神圣不可侵犯"的近代资产阶级普世观念。 4. 居住权利:"日本人民有权居住不受侵犯";"日本人民若不根据法律正常程序,不能在住房内被探检,被打开器物"。 5. 其他各项自由权利:"日本人民有思想之自由。日本人民自由信仰任何宗教。日本人民有叙述言语之自由权。日本人民有演讲议论之自由权。日本人民有权笔记板书言论,并将之公布于众。日本人民有权自由集会。日本人民有权自由结社。日本人民自由接受任何教育和学问。日本人民自由经营任何产业。日本人民书信秘密不受侵犯。"在司法上,日本人民如果有犯罪行为需要接受审判,应当做到"刑事审判设立陪审,允许辩护人。审判允许旁听、公开进行"。而且,即便有战争等特

---

① [日]千葉卓三郎他:「五日市憲法草案」,[日]色川大吉編:『三多摩自由民権史料集』,大和書房,1979 年,219—220、226—228 頁。

殊情况,也不能长久剥夺人民自由:"限于有内外战乱时,于其地可暂时设立限制、取消实行人身自由、居住自由、言论出版自由、集会结社自由等权利之力之法规,若其时机结束,必须立即废除之。"6. 人民可以各种方式参与政治的权利:"日本人民可各以其名向政府上书,有各为其身情愿之权,可于其公立会社,以会社之名上呈其书。日本人民有权担任诸政官。"①这些宪法条文既包括了私权,也包括了公权。

但是,与前述各宪法草案不同的是,植木枝盛宪法草案专门提出了人民对专制统治的抵抗权利:"凡无法,日本人民可抵抗";"政府若违背国宪,日本人民可不服从之。若政府官吏进行压制,日本人民可排斥之。政府若恣意违背国宪,擅自残害人民之自由权利,妨碍建国之宗旨,日本人民可推翻之,建立新政府。"②这种抵抗权思想显然受到了美国独立宣言和法国大革命人权宣言的深刻影响。

植木枝盛的宪法草案的人权保障力度大大超过了以前的所有宪法草案。尤其在强调国民的财产神圣不可侵犯这一点上,显得特别激进。值得注意的是,他首次在宪法中正式提出了人民对专制统治的抵抗权问题,这种激进的立宪主义思想在当时所有的宪法草案中都不曾具备。因此,现代日本学界对这部宪法草案的人权保障内容给予了极高评价:"惟独植木枝盛案把宪法重点寻求于此,仅此便说明,该案是如何划时代的文献了。因为在该草案中,保障对象列举了三十多条自由权利,其种目广泛无以类比……可以明白人权的保障是无限制的……更重要的是,作为这种人权保障的担保,把承认人民的抵抗权和革命权,排斥压制官吏之权,抵抗无法之权,政府违背国宪时由服从义务中解放之权,政府违背国宪、残害人民的自由权利、妨碍建国宗旨时推翻它建设新政府之权等。作为人民的权利,以明文力图在实体法上保障,可说是学习了美国独立宣言和法国革命宪法的先例。应当认为是日本历史上空前绝后的大胆无比设想。"③甚至不少学者认为植木在这方面已非常接近社会主义思想。当然,这种激进的民主主义思想在当时的日本是不可能被普遍接受的。

---

① [日]植木枝盛:「日本国国憲案」,[日]家永三郎他编:『植木枝盛集』第6卷,岩波書店,1991年,103—106、118頁。

② [日]植木枝盛:「日本国国憲案」,[日]家永三郎他编:『植木枝盛集』第6卷,121頁。

③ [日]江村栄一:「各論—各憲法草案の個別的解説」,家永三郎他编:『明治前期の憲法構想』,27—28頁。

（二）对君权限制程度的不同思想区别

近代资本主义宪法的第二方面重要功能，就是对以君主权力为代表的行政权力进行限制，这是针对传统封建专制制度危害社会和人民的历史而产生的。明治时代所有的宪法草案都提到了天皇应当受到尊敬的崇高地位，但对以皇权为代表的国家行政权的限制，各草案表现出的思想存在差异。一般说来，作为既得利益的统治集团制定的宪法草案，都将皇权奉为至高无上的权力，对其限制很小甚至根本没有。作为民间宪法草案，通常都在强调皇权位尊的同时，提出对其权力进行不同程度限制的政治主张。

从前者考察，作为统治集团成员的明治政府官员，大多主张在宪法中维护皇权，而不是限制以皇权为中心的行政权力。如1888年6月18日在枢密院审议宪法草案时，伊藤博文作了《此草案起稿时之大意》的发言，表达了两层意思：首先，日本必须立宪。因为日本"在二十年前已废除封建政治，同各国开始了交往"，因此日本更需顺应世界潮流设立宪法，以跻身于先进国家行列。而且"在为谋求国家之进步上，舍此别无其他处理之良途"。强调日本除了立宪别无迈向近代化的其他途径。其次，宪法应突出皇室的中心地位。伊藤比较欧洲与日本的不同社会状况指出："在欧洲，立宪政治已萌生千余年，不仅人民熟悉此制度，而且又有宗教者，以之为中心深入浸润人心，人心归一于此也。然而在我国，宗教者其力微弱，丝毫不能成为国家之中心。"他将信仰宗教与遵守宪法联系起来，认为欧洲人之所以在立宪制度下能够使社会迅速进步，除了因为有上千年立宪历史、人民对此制度十分熟悉之外，与他们虔诚信仰宗教密切相关。而日本人缺乏这种虔诚的宗教信仰，只能树立另一种中心让其膜拜。这种中心是什么呢？伊藤强调："在我国可成为中心者独有皇室，因而于此宪法草案中，专用意于此点，勉励尊重君权，力求不使之受到束缚……在此草案中，以君权为中心，务必期望不加损毁，而非采取欧洲之主权分立精神。"[①]因此他明确表示否定新宪法对皇权加以限制，显示出保守立场。伊藤博文的这一发言实际上是对明治前期统治集团对宪政态度的总结。

参与起草宪法的重要成员金子坚太郎曾谈到伊藤博文制定宪法的指导思

① ［日］稻田正次：『明治憲法成立史』下卷，有斐閣，1969年，567頁より引用。

想。伊藤认为,英国的君主立宪制的原则是"王在位而不统治"。即实行"虚君制"。他具体描述了这种制度的运作方式:"在英国,皇帝有皇位而无统治权。据英国宪法论,英国议会掌握所有权能而运用政治。在由贵族组成之上院与以普通臣民之选良构成之下院内,皇帝也被包含其中。故英国皇帝虽然在位,但持有政治权能之实际统治权却在议会。"但假如日本"履行此主义,非王政复古也"。伊藤专门解释了为什么日本不能实行虚君制的理由:"我皇室几乎七百余年间,其统治大权被霸府掠夺。然而,皇位皇统连绵。王政复古,乃所谓统治大权之复古也。吾等相信,假如复将霸者掌握之统治大权,直接付与众民,皇室依然失其统治权,如霸府存在之时,则不能得日本臣民之心,况不符合我国体。"① 伊藤认为日本要制定宪法,最费心思的关键点,就在于是否对皇权加以限制。但他明确表示否定在宪法中对皇权进行限制:"当我邦制定宪法,最费心者,实在此点。若在我邦采用此说,在理论上天皇将更加降低,变成与华族及庶民同等地位。是与我国体相反,所以应断然排斥。"② 金子坚太郎认为,"伊藤公起草宪法时,最苦恼者即在于此"。最后伊藤博文设计的日本国家宪政体制结构,就是"须明确记载天皇总揽统治权。即天皇为政治最高。依照由此总揽之大权发出之敕命,实际施行政治者即为内阁。又有重要国务应当实行之,要仰赖天皇裁可。天皇裁可之前,要咨询于由勋功练达之士组成之枢密院。如此,在枢密院奉答上奏之后,才开始由议会提出,称为敕令而被颁布"。③ 这样,天皇在整个国家统治结构中,地位最高,而且几乎不受任何约束。这种"皇权至上"的理念,对明治宪法的设计造成了极为深刻的影响。

青木周藏在宪法草案中规定了皇帝的若干大权,如"依照政规定制办理行政事务之权利全归皇帝陛下";"罢免文武官员及晋升其阶位之权力独归皇帝陛下";"议院开闭事应归皇帝陛下之威权"。此外皇帝还拥有兵部普遍权力和担任海陆军元帅权、与外国进行和谈及签订条约权、发布临时命令权、铸币权、对罪犯的赦免权等。但是此《政典》也对皇帝权力进行了一定限制,如政规中的具体条文应由皇帝与人民共同议定,若遇到不能实行宪法的特殊情况,须由皇帝发布

---

① ［日］金子堅太郎:「帝國憲法と英國主義」,［日］平塚篤編:『伊藤博文秘錄』,原書房,1982年,227頁。

② ［日］金子堅太郎:「帝國憲法と英國主義」,［日］平塚篤編:『伊藤博文秘錄』,228頁。

③ ［日］金子堅太郎:「帝國憲法と英國主義」,［日］平塚篤編:『伊藤博文秘錄』,228頁。

临时命令时,至少要由一个省的大臣加盖大印才能公布,省卿盖印后才负其责。若某省卿犯罪并已被判决,除非议会同意,否则皇帝的赦免权无效。① 可见青木设计的是建立有限的君主立宪制政体。

1881年7月井上毅以岩仓具视名义起草的《宪法大纲领》中,赋予了天皇以绝大权力。其主要内容包括:1.用钦定宪法的体裁;2.帝位的继承法载入皇室宪则,不列入宪法;3.天皇拥有统率陆海军之权;4.天皇有宣战、媾和、以及与外国缔结条约之权;5.天皇有铸造货币之权;6.天皇有任免大臣以下的重要文武官员之权;7.天皇有授予位阶、勋章以及尊号等之权;8.天皇有恩赦权;9.天皇有召开和解散议会之权;10.大臣对天皇负有重责;11.为分立法权,设元老院和民选议院,元老院由特选议员和华士族中公选议员组成,民选议院的议员选举法设财产限制。② 这显然吸收了普鲁士宪法中皇权至上的指导思想,它基本上已勾画出后来明治宪法的大致轮廓。所以日本学者认为"后来的《大日本帝国宪法》的骨架早在这时已准备好了"。③

黑田清隆等7位参议向天皇上奏书里,特别提出在施行立宪政治时,要高度重视保持日本固有的"国体":"至于定宪法之标准,臣等窃以为,建国之本,源流各异,不可以此移彼。祖宗创立基业,传以神器,民守之,乃万世不易之道也。陛下照鉴时机,变通古今,欲分政权,将之公于庶众。其实不过张扬祖宗之遗烈、推广懿训也。考察今民间从事政谈者,好主张欧美诡激之说,不顾国体者往往有之。臣等实在担心之。窃愿宪法之成,采酌各国之长,而又不失我国体之美。广兴民意,公集众思,而又不坠我皇室之大权。总揽乾纲,建立有极,以垂万世不拔之基。"④实质上是要排斥欧美的民主主义影响,竭力维护皇权至高无上的权威。上奏书还列举出一些具体的维护皇权和传统贵族地位的建议。例如维护传统贵族地位的建议:"皇族若至满18岁列元老官不限任期。设华族爵位之例,作为有爵之贵族,可拔其俊良,定任期,敕任元老官。于士族封建武门之世,位于平民

---

① [日]青木周藏:「帝号大日本国政典」,[日]家永三郎他編:『明治前期の憲法構想』,62—63頁。

② [日]岩仓具视:「具視憲法制定ニ關シ意見ヲ上ツル事」,[日]多田好問編:『岩倉公実記』下,717—718頁。

③ [日]远山茂树:《日本近现代史》第1卷,邹有恒译,商务印书馆,1992年,第45页。

④ [日]渡辺幾治郎:『明治天皇関係文献集7日本憲法制定史講』,60頁より引用。

之上教育，素来气节有为之人多出其间。是宜作为贵族之一部，今在其中选拔荣用之，使与豪族俱列元老院，可收其报效。"①维护天皇军事权威的建议有："至于陆海军制，盖天子作为兵马元帅，军人乃王室爪牙也。故作为军人者，有纯粹忠君爱国之义，无结党议政之权。今宜制其纪律，陛下又亲自鼓舞振作之，其义方示，使其流传而成风习，以可永为国家之干城。"②涵盖了几乎全部政治军事权限。

上奏书还对整个立宪建议总结道："总以上所陈，若预定国会开设之期，乃公示大政所向之所以也。若定宪法重视国体，乃笃守祖宗遗业之所以也。若更张元老院，以皇族及华士族充之，乃巩固国家基础之所以也。元老院之组织既经更张，依预定之期开设国会，互相平衡，得无偏重。若其达到整肃军制、统一军心，则又以卫国之要不可缓者也。是皆臣等区区之诚，赞襄陛下立宪之圣猷，乃愿成始克终也。"③即为了维护日本所谓的传统"国体"，实行宪政必须高度重视赋予天皇以绝大的实权。也就是尽量不要限制皇权的发挥。

民间的宪法草案大多对皇权的崇高地位加以肯定，但对皇帝行政权力的实际效力却有不同程度的限定。早在1868年，津田真道就在《泰西国法论》中，对于限制行政权力的过度扩张有所强调："见今定律国法之要旨，在于调整国内威权之平均，防范操威权者之张威福，保全人人自主之业及其诸权，并保护国家之公益。"④即明确指出为了保障人民的基本权利与国家利益，应当通过宪法去分散和制约过于集中的行政权力，体现出"权力分工、相互制约"的近代化政治思想。

嘤鸣社宪法草案主张皇权至高无上，并表现出一定的君权神授思想："皇帝神圣而无责任。皇帝统辖立法、行政、司法三部。皇帝任免任何等级的官员及法官……皇帝总督陆海军。皇帝宣战媾和……皇帝任免派驻外国之使节、诸公使及领事。皇帝与外国缔结各种条约……皇帝制造改造货币。皇帝以特命废弃已经宣告之刑事判决，对任何法院皆有权使其移案复审。皇帝有权减刑及赦免……皇帝总督行政官。"另外还规定"行政官奉皇帝钦命执行政务……司法权

---

① ［日］渡辺幾治郎：『明治天皇関係文献集 7 日本憲法制定史講』，60—61 頁より引用。
② ［日］渡辺幾治郎：『明治天皇関係文献集 7 日本憲法制定史講』，61 頁より引用。
③ ［日］渡辺幾治郎：『明治天皇関係文献集 7 日本憲法制定史講』，61—62 頁より引用。
④ ［日］津田真道：「泰西國法論」，大久保利謙他編：『津田真道全集』上，165—166 頁。

皇帝总括之"①。这样便赋予皇帝极大的实际权力。不过该宪法草案并非主张君主专制,而是对皇权作了一定程度限制。如规定皇帝在外交上的宣战媾和"应及时将之通知国会",与外国缔约时,"耗费国财或改变国疆之条约,非得国会承诺不能生效";摄政官"要国会三分之二以上方可决定"等。② 此宪法草案参考了当时欧洲各国的宪法,尤其是英国的不成文宪法原则和惯例,规定了议会有若干限制皇权的权力。所以它仍然具有一定的民主主义宪政思想。

《五日市宪法草案》虽然也规定了皇帝有很大权力,如规定"国帝身体神圣不可侵犯,无责任。有关万机之政事,国帝若对国民有过失,由执政大臣度负其责。国帝总揽立法、行政、司法三部"。但同时又相应地加上限制的条文。如皇帝继位若超过正常顺序、起用摄政官,皆需要国会三分之二议员同意。在军事上,规定"国帝总督海陆军",但军官的职位升降不由国帝决定。"国帝号令军队,但丝毫不得帮助悖戾国宪之行为。而且当无战争时,若欲将军队临时置备于国中,没有元老院、民选议院同意,决不可行之"。皇帝可以赐予爵位,"但由国库向之赐禄给赏,非经国会通过,不可实行敕命。"既规定"国帝总督行政官……行政官为奉国帝之钦命执行政务者",又规定"关于行政官所执行之政务,成为对议院负其责任者。若就其政务失信于议院时,应辞其职"。在规定"司法权由国帝总揽之"的同时,又规定"司法权不羁独立",凡皇帝用特权裁定的案件法院有权重审等。③ 所以该草案在立宪政治构想上体现出了君民同治思想。正如日本学者评论的那样,"这个宪法草案在这一时期的宪法草案中尤其富于强烈的民主主义因素……在采取君民共治的议院内阁制这一点上,不用说是站在了最低限度的立宪主义立场"。④

植木枝盛的宪法草案在限制皇权方面力度最大。虽然草案也承认皇帝的最高行政权和军事权:"日本联邦行政权属于日本皇帝。日本联邦行政府由日本皇帝统辖";"国家之兵权在皇帝。国家军队大元帅定为皇帝。皇帝选任国家军

① 〔日〕「嘤鸣社宪法草案」,〔日〕家永三郎他编:『明治前期の憲法構想』,356、360 页。
② 〔日〕「嘤鸣社宪法草案」,〔日〕家永三郎他编:『明治前期の憲法構想』,356 页。
③ 〔日〕千葉卓三郎他:『五日市宪法草案』,〔日〕色川大吉編:『三多摩自由民権史料集』,216—217、225—226 页。
④ 〔日〕江村栄一:「各憲法草案の個別的解説」,〔日〕家永三郎他編:『明治前期の憲法構想』,345 页。

队之将校"。但同时又规定了皇帝无权从事的国家事务："皇帝无责任从事国政。皇帝不能加刑。""皇帝不得废除现行法律,搁置已定法律。皇帝不得于法律之外征收租税。"特别是规定了皇帝的每种权力几乎都受到议会限制。例如立法权,规定"日本联邦立法权属于全体日本联邦人民"。在军事外交方面,"皇帝掌握兵马大权,统辖宣战媾和之权,决定承认或不承认他国之独立。但若决定和战必须立即报告立法院……皇帝总裁外国事务,可任命诸外交官,可制定与外国交际之礼仪。但有关国宪之条约联盟,非经立法院讨论不得决行"。在议会开会问题上,"皇帝可以延长立法议会,未得立法议院承诺,不得超过 30 日"。在经济上,"皇帝不由立法院讨论,不得制造或改造货币……皇帝对关系人民权利之事,需耗费国家金钱之事、应当变更国家土地之事不得专行,必须要经联邦立法院讨论,若未经立法院讨论,则实行无效";在帝位继承问题上,"若有非常特别之事要改变帝位继承顺序,经皇帝与立法院商议方可行之……摄政之职制章程于立法院立定之。摄政官皇帝或首相指名之,立法院定之"。在皇帝诏令的效力上,规定"由皇帝发出之诸件布告,署首相之名,该本任长官副署发布之。执政若不副署,无实行之效力"。① 从以上的规定可以看出,植木枝盛在宪法草案中立足于人民主权的立宪主义思想,力图通过对君权的限制,把参政权交给最大多数国民,实现以国会为中心的民主主义宪政。

十二、小　结

综上所述,明治时期日本的政治家和思想家们在吸纳欧美近代宪政思想和了解西方立宪政治制度优越性的基础上,初步形成了日本的近代化的立宪主义思潮。尽管对宪法和宪政实质的理解和认识呈现多维化趋势,但他们共同认识到了近代立宪政治的实质性部分,即宪政的主要功能是保障人民基本权利和限制以君主权力为主要代表的国家行政权力的过度扩张,协调主权掌握者与人民之间的权利义务关系。作为明治政府主要领导人的岩仓具视、木户孝允、大久保利通、伊藤博文和对宪法起草有着关键作用的官僚井上毅,以及长期在野的政治

---

① ［日］植木枝盛:「日本国国宪案」,［日］家永三郎他编:『植木枝盛集』第 6 卷,120、106—110、116 頁。

家如大隈重信、板垣退助等,都意识到实行立宪政治,对于日本社会加快发展的必要性。社会上一批思想家,无论是到西方列国从事过考察,目睹了实行宪政的欧美各国的经济发达、社会进步状况的津田真道、福泽谕吉、中江兆民、小野梓等人,还是虽未曾去西方考察,但也从当时的传媒中了解到西欧美宪政制度的优越性的思想家如加藤弘之、植木枝盛等,皆希望通过在日本建立立宪政治,使日本尽快赶上欧美先进国家的文明程度。这一点应当说上下具有共通性。因此,他们大力鼓吹在日本实行宪政,认为只有实行宪政才能保障国家的安全和人民的幸福。

当然不可否认,不同阶层的代表人物由于各自立场的不同,他们对宪政的认识和宣传的目的也有所差异。从统治集团考察,作为与皇室有亲缘关系的岩仓和作为藩阀政府首脑的木户、大久保、伊藤等人,除了前述目的之外,还明智地感受到实行宪政已是大势所趋、人心所向。与其公然实行专制,宁可提出立宪主义主张,一方面力图通过立宪君主制,树立天皇和明治政府的政治威望,另一方面也可以宪政主张安抚民心,防范正在日益兴起可能更为激进的人民革命运动。

从社会思想界考察,无论是启蒙时代的思想家福泽、加藤、津田等人,还是自由民权运动时代的理论家儿岛、中江、小野、植木等人,皆希图通过宣传宪政思想唤醒刚刚脱离幕藩统治的人民大众,为民众描绘一个新的国家体制的蓝图,将人民大众的政治热情引向建立立宪政治。另一方面也希望在通过立宪政治限制行政权力过度扩张的同时,也将人民的政治热情限制于"合法"的范围之内,以避免人民群众中所谓"过激"革命行为的增长。即便是当时最激进的民权运动理论家植木枝盛,也并不主张建立宪政后摒弃天皇的统治,而仅是论证了若实行立宪政治更有利于天皇权力的稳固。这不能不说是明治前期日本立宪主义思潮的局限,体现出日本刚兴起的资产阶级的软弱性。

尽管提出立宪主义思想的主观目的有所不同,其宪法思想本身也存在局限性,但客观上考察,近代化的立宪主义思潮的出现,是日本思想史上前无古人的里程碑,反映出明治时期日本政治思想比起传统思想来出现了一种质的变化,即由以前主张将军、天皇等统治者的"人治"转变为强调建立凭借有宪法为依据的宪政制度来治理国家,由以前的"君权神授"的政治观念转变为应当由人制定国家根本大法的近代政治理念,体现出思想领域的人治与法治分离、宗教与政治分离的重要转向。

在肯定立宪政治对于日本具有的重要性和必要性的基础上,明治时期日本社会各界对宪法制定的主体、实行宪政的条件缓急、宪法内容中有关人权保障和如何防止以天皇为代表的行政权力过度扩张等方面,保守派、温和派和激进派,统治集团成员和思想家们通过各种方式,皆表达了不同的认识和主张,呈现出丰富的立宪主义思想论争。各种宪法思想的相互论争,不仅使近代化的立宪主义思想更加深入人心,而且对宪法制定产生着复杂影响。①

代表各种利益诉求的思想论争最终达到一种相对平衡。统治集团在权衡了各种主张和要求后,参照了自己认为最适合日本国情的普鲁士宪法,制定出《大日本帝国宪法》(通常称为《明治宪法》)。该部宪法将各种思想代表的诉求皆反映其中,既表现出"皇权至上"的传统保守思想,又体现出人权保障、对君权加以限制的近代化理念。表现出"皇权至上"的宪法条款如:"大日本帝国,万世一系之天皇统治之。"(第1条)"天皇,神圣不可侵犯。"(第3条)"天皇以帝国议会之协赞,行使立法权。天皇裁可法律,命公布及执行。天皇召集帝国议会,命开会、闭会、停会,及众议院之解散。天皇为保公共之安全,免公共之灾厄,有紧急之必要时,于帝国议会闭会中,发可代法律之敕令。"(第5、6、7、8条)"天皇定行政各部之官制,及文武官之俸给,并任免文武官。……天皇统帅海陆军。天皇定海陆军之编制,及常备兵额。天皇主宣战、议和及缔结各种条约。天皇宣告戒严。"(第10、11、12、13、14条)"天皇命大赦、特赦及复权。"(第16条)②有关人权保障的条款已在第4章中列举,在此不赘述。对君权加以限制的条款如:"天皇,为国之元首,纵览统治权,据本宪法条规行之。"(第4条)即不得逾越宪法而随意施政,否定了"朕即国家"的传统观念。还规定天皇可以发布必要命令,"但不得以命令变更法律"(第9条)③。它成为当时亚洲最具近代因素的宪法,促进了日本的资本主义近代化,也对日本以后的历史进程乃至战后政治体制产生了深远而错综的影响。

① 有关明治时期日本立宪主义思想论争,笔者曾有所研究。见拙稿《日本明治前期的立宪主义思想争鸣》(《世界历史》2015年1期)。

② 《日本帝国宪法》,何佳馨点校:《新譯日本法規大全》第1卷,第53—54页。

③ 《日本帝国宪法》,何佳馨点校:《新譯日本法規大全》第1卷,第53—54页。

第五章　议会政治思潮的兴起

　　既然建立宪政体制已成全社会共识，那么要正式讨论、修改和批准宪法草案，当然必须要有相应的机构。根据欧美各国的政治实践经验，这个机构就是议会。而在立宪主义思潮达到高潮之前，日本社会已逐渐兴起了近代化的议会政治思潮。这既是社会转型时期对国家政治体制构想的重要部分，也是将人民拥有的公权具体落实在政治实践上的宣传。日本思想家们受欧美代议制和相关近代化政治学说的影响，纷纷宣传在日本尽快建立资产阶级议会政治的必要性和迫切性，形成了一股流传极广的议会主义思潮。当然，与此相对应出现了反对的声音。社会上也出现了针对议会政治的各种构想和论争。

一、对日本建立代议政体重要性和必要性的认知

　　近代日本的议会政治思想最早起源于幕末的公议思想。虽然那时的公议会议具有列藩会议的性质，即相当于贵族会议，与近代议会有很大区别，但公议思想的传播，却引导人们由对封建专制独裁的认同，转向追求相对民主化的政治制度，为后来更加民主化的议会政治思潮的兴起奠定了基础。①

　　明治维新前后，日本思想家对西方资本主义国家议会制度的介绍和阐释，②使人们开始思考对日本现实政治进行更加民主化改造的可能性。早在 1862 年，

---

①　关于幕府末期日本社会的"公议"思想，笔者已有所探讨。见拙稿《明治前夕日本近代化政治思想的萌芽》(《世界历史》2007 年 6 期)。

②　有关这一时期日本对西方政治学说的吸收，笔者已另有研究。见拙稿《论明治维新前后日本对西方文化的大力吸收——尤其对社会制度改革思想的关注》(《四川师范大学学报》2009 年 2 期)。

启蒙思想家加藤弘之就论述了建立议会制度之重要性:"仁宗之后暗君迭出……上下志情全然隔断,人和全破,最终导致当今可叹之形势。此尤其因为未设公会所致。假若设立公会,虽为暗君,常听下说,通达下情,也有自然变得英明者。又虽奸臣欲窃权,公会下民也不会放任之,故决不能遂其志。故设立公会,远远优于尧之制作敢谏鼓,舜之树立诽谤木,实可谓治国之大本也。若无此公会,无论有如何之法律亦无何益。"①加藤这里表面指清朝嘉庆皇帝统治下的清朝中国,实际是指德川幕府末期的日本,他所谓的"公会"就是指近代议会。加藤明确指出国家的衰颓,正是由于没有设立这样的机构,导致上下隔绝,下情不能上达,人民也无法监督掌权者。如果设立了公会,则民情可以上达至君主,一方面使君主少犯决策错误,另一方面即便奸臣企图窃取权力,人民也会凭借公会对其约束,使其无法得逞。他强调为了制约行政权而建立议会制度,远远胜于远古"人治"时代的一切监察措施。如果没有议会,则法律也只能形同具文。

1874 年副岛种臣等 8 名在野政治家提出《设立民选议员建议书》后,立即引起有关民选议院设立的社会大辩论。在这场辩论中,冈本健三郎、小室信夫、古泽滋三人发表《民选议院辩》,作为对建议书的表面解释。在文章中他们主张,设立民选议院与君主制并不矛盾。因为议会政治并不具有"与共和政治同物异名"的性质,恰恰相反,"议院之于帝王国,不仅特与其能相并立,而且即为其所以能维持护卫之屏障砥柱"。为什么会这样理解呢? 文章指出,因为"议院制度一旦建立,则我帝国人民爱国爱君之心志风气发动上进者,必由此增大。因为只有此制度才能结合上下之爱为一者"。② 他们还具体分析了议会政治体制所能发挥的使上下沟通的正面作用:"今诚心设立如此议院乎? 各县下皆选择众望所归者,而将之送到东京。而成为如此议员,其上议院,亲自商量议论国家之利害得失,及公言公议万民之疾苦是否方便,以各自可竭尽其情。如此,其在京者数月或半年,乃复各自离开归还县下,以其亲自所论辩告恳者,及行政官之措施、时势之变革等告诉其人民。则彼之政事上之气脉,在上下之间流通,而进入其心灵者,亦自深切周到。……于是乎,宣布其风化,向下贯彻上旨者,必将有从影之

---

① 〔日〕加藤弘之:「鄰艸」,〔日〕明治文化研究会编:『明治文化全集』第 8 卷『政治篇』,9—10 頁。

② 〔日〕冈本健三郎、小室信夫、古澤滋:「民選議院辯」,〔日〕明治文化研究会編『明治文化全集』第 4 卷『憲政篇』,日本評論社,1992 年,375、376、382 頁。

形,应响之声者。"①议会的这种下情上达、上下沟通的作用,可以极大地缓和社会矛盾。所以议会政治是使社会安定的重要因素,民选议院的设立十分必要。

在当时的媒体中,也有人发表文章大力宣扬设立民选议院的重要性。如有署名为"磊磊馆主人"的文章指出:"及人文渐开,以给予人民自由之权利,专在于伸张公议。此言宜哉耶? 苟欲伸张公议,须应先建立民选议院矣。立民选议院而兴天下公议。公议已兴,则天下之贤才皆举而用之。奸邪谗佞欺负之徒皆除去。天下之所谓礼乐刑政教化之具,皆欲修理。而国治民安,可云为文明之全治。国家若不设民选议院,或恐政权归有司之手,赏罚出于爱憎。以至言路壅塞,困苦无告。故上令下不遵守,下欲上不能通察。上下分离,君臣怨望。如此,要寻求维持民心,国家之治安,犹如缘木求鱼。"②文章还针对国家推行的文明开化方针要达到的目的,分析了设立民选议院的必要性。例如要使社会和谐,就必须充分尊重社会舆论:"今日求人心一和,只在伸张公议。伸张公议,在于设立民选议院。故曰,欲伸张公议,必先建立民选议院。"③又如要实现富国强兵的目标,也必须首先设立民选议院:"凡富国强兵,教化民众,其本特在民选议院。立民选议院,而公议当行,纪纲可张。天下人心当可一定。"④反映出社会舆论对设立民选议院的迫切愿望。

自由主义思想家大井宪太郎在 1874 年与加藤弘之有关议会设立迟速的辩论中,强调要防止专制,唯有通过设立民选议院这条途径:"盖欲消除有司专制之弊,特在议院耳。举贤才而防止其弊,岂不难耶? 其难并不难于高论民选议院,在我国最难。虽文明之各国也有所难,即有议院之所设。假令若虽得举贤才,岂不设议院而得其当、而可无弊耶? ……抑防止行政权擅恣,在于伸张立法权;作为立法权不擅恣,在于不堕行政权。故限制民选议院之权,有如政府、元老院,参议院,立法行政权相互对峙以得其当。维国保民,苟有所偏倚,决不

① [日]冈本健三郎、小室信夫、古泽滋「民選議院辯」,[日]明治文化研究会编『明治文化全集』第 4 卷『憲政篇』,381 頁。

② [日]「磊磊館主人ノ論」,[日]明治文化研究会编『明治文化全集』第 4 卷『憲政篇』,397 頁。

③ [日]「磊磊館主人ノ論」,[日]明治文化研究会编『明治文化全集』第 4 卷『憲政篇』,398 頁。

④ [日]「磊磊館主人ノ論」,[日]明治文化研究会编『明治文化全集』第 4 卷『憲政篇』,397 頁。

得其当。"①即设立议会使立法权与行政权相互制衡,是防止行政权力趋向专制的有效制度。因此,大井肯定了仿效西方设立议会之必要性:"就英法俄等诸国而论之,其政体虽有君主制度或共和政体,但无论如何要设立立法府,让人民参与国家之议。又世界上被称为开明之国者,没有一个不设立民选议院。盖作为公明正大之原因,制度之良善也亦仅在于此。"②即只有建立议会政治体制,才能称之为良善的政治制度。

1874 年,福泽谕吉在著名的《文明论概略》中,提出政府应当根据众议施政的主张:"众论所向,天下无敌,区区政府何足虑,小小官员何足怪! 政府固然为随众论而更改方向者也。"③他认为日本也应当像西方国家那样,形成政府施政应当听取人民舆论的良好习惯:"西洋各国众议之法,也是数十百年来,世代之习惯而成为风俗。至今日不知不觉自然形成体制。"④而政府要听取人民的利益诉求,最有效的渠道便是设立由人民参加并可在其间发表自己主张的议会。

"明六社"成员箕作麟祥将议会的设置与人民是否能获得自由相联系,强调了实行议会政治的重要性。1874 年他在《明六杂志》发表文章指出:"人民一旦得其自由,已长久尝试之。纵令恢复君主独裁擅制之政,欲同其往时也不可能。故各国皆设置议院,以至将立法之权委托于人民之代理者。就今日之形势考察之,足以证明君主之权逐渐衰落,人民自由趋于隆盛。"⑤即只有设置议院,才能保障人民的自由权利得到真正的体现。

西周在 1875 年发表的文章《网络议院之说》中,强调了设立议会的重要性:"民选议院之论一旦产生之后,至今未知所止境。以是足可见舆论所归。毕竟民选议院在近代欧洲国政之学中,为经纶之大本、治术之根源。在我邦欲建立之,谁也无不冀望之,固不待论。"⑥主张日本应当学习西方,建立议会政治体制,

---

① ［日］大井宪太郎:「馬城臺二郎ノ論」,［日］明治文化研究会编:『明治文化全集』第 4 卷『憲政篇』,389 頁。

② ［日］大井宪太郎:「馬城臺二郎ノ論」,［日］明治文化研究会编:『明治文化全集』第 4 卷『憲政篇』,396 頁。

③ ［日］福沢諭吉:「文明論之概略」,［日］富田正文他编:『福沢諭吉選集』第 4 卷,81 頁。

④ ［日］福沢諭吉:「文明論之概略」,［日］富田正文他编:『福沢諭吉選集』第 4 卷,95 頁。

⑤ 箕作麟祥:「リボルチーノ説」,明治文化研究会编:『明治文化全集』第 19 卷『雑誌篇』,125 頁。

⑥ ［日］西周:「網羅議院ノ説」,［日］大久保利謙编:『西周全集』第 2 卷,242 頁。

顺应民心和大势。

另一位民权理论家儿岛彰二也强调了设立民选议院的重要性。1877年他在《民权问答》中指出:"天子虽聪明,仅有两眼双耳,若无辅翼之臣,广袤之天下,岂能得以照鉴不漏?"所以天子要设立百官辅佐以管理万事。但是天子"选任有司未必仅出于睿虑",因为有很多时候是他人推荐"得敕许而任之"。所以"如此仍不能云万无一失。况数年之久,能保无暗君庸主耶?"①那么解决此问题的办法是什么呢?针对社会上有人认为设立近代议会将会损害传统国体,从而加以反对的论点,儿岛指出只能靠设立民选议院来解决社会矛盾:"于此乎设民选议院,助天子之耳目,制有司之专横,正污吏之失态,使苍生各安其业,使其伸张自由,谁会将之认为不公平耶?决不可云毁损国体。反而会增加君主之聪明,聪明则成为使人民之蒙昧迅速开达者,巩固国基、使万世一系之国体保存亿万年之良计,恐莫若之。"②即设立议会既可使君主常常听到各方面的诉求和建议,从而变得日益聪睿,明智地选任官员。也可使人民摆脱愚昧,保证其自由权利的伸张和安居乐业,最终不但不会损害"国体",反而会带来国家的稳固和安定。

1880年4月,自由民权运动的两位代表人物片冈健吉、河野广中提出《要求批准成立国会请愿书》,列举了8条理由说明了建立国会的重要性和必要性。这些理由包括:1.可让人民有机会参与政治,以享受天赋自由权利,避免"自古以来政府独任国政,人民从不关涉之"的弊端;2.可使"人民协和一致","保全王室之安泰";3.要落实明治天皇宣告的"五条誓文",必须遵循"广兴会议,万机决于公论"的宗旨,不可不成立国会;4.可使日本独立于世界各国,免受列强凌辱,"以保全神州";5.先成立国会,可保"立宪政体渐次完备";6.成立国会可使一系列国家事务顺利进展,如"使国内同其利害、一其心志、共爱一国之道","使万民一致,并激发其报国之心之道",即参军报国,"与全国人民共议税金"等;7.可以改变数年来"兵乱相续,骚扰不绝,未得一岁之宁静安绥,是以民不聊生"的不安定社会局面;8.可使人民通过"互相一致彼此协和",以改善不佳的财政状况。③

---

① [日]儿岛彰二:「民権問答」,[日]明治文化研究会编:『明治文化全集』第5卷『自由民権篇』上,153頁。

② [日]儿岛彰二:「民権問答」,[日]明治文化研究会编:『明治文化全集』第5卷『自由民権篇』上,153頁。

③ [日]板垣退助监修:『自由黨史』,303—309頁。

由于这 8 方面的原因,日本建立与传统政治体制截然不同的议会政治体制,显得异常重要和必要。

激进的民权理论家植木枝盛在 1880 年《爱国新志》发表论文,主张政府应当遵循公论:"今政府依靠一国人民而建立也,故政府只有顺从公论才能保全。作为政府,若不顺从公论而期望存在,是犹如人无脚又无地而企图站立,树无根又无土而欲茂盛,鱼无水而欲畅游,鸟无空气而欲飞翔。岂有此理耶?"①这里的公论,就是指国内民心所向。民心是政府治理国家不可或缺而必须依靠的根基。而反映民心的机构,无疑只能是人民选出的代议机构国会。

植木还从理论上对议会政治的前身公议政治进行了较为深入的探讨。他在 1881 年发表的文章中,根据自己的理解,梳理了公议政治之起源:"初人民各自在涣散,故一位强者比人民强,人民比之弱。而后人民能团结,故人民远比政府强,政府归于比人民弱。因由政府恢复主权,乃至由国家之公众掌握之,此乃公议政治产生之大原因。故起初以公议政治而创立之国家虽属例外,然而若彼之强者压制弱者而使其成团结一族,其实并非全体人民皆真心希望政治,只是因其强者欲逞自己意欲,从而团结众人,始可云为政治之物也。"②即公议政治体制是源于弱者保护自己免受强者侵害的重要手段。实际上已经暗示了即将出现的代议制机构的重要职能。

1883 年 1 月,为了反驳加藤弘之《人权新说》否定天赋人权观念的思想,植木枝盛发表《天赋人权辩》。文中他又从另一角度考察,指出公议政治可保障人民的权利自由:"夫至权利自由,没有其他方策处理之,唯应随社会人民即天下国家之所望(公议舆论之所望)而施其政。盖作为天下之公议,果至既已望之,是成为应当许予其权利自由之机会。便知彼之所云公议,诚可代表天下国家之权衡。"③所以植木枝盛认为,建立国会已成为世界一大趋势:"公议政体不仅为日本一国舆论所系,专制政体为世界公论所厌忌排斥。天之所鸣、地之所响,乃显示可召开国会也。然则八方皆为国会之邻朋也,天地四方悉皆专制之敌人也。专制政体与公议政体之相反岂不太大耶? ……日本政府难道能违反公论或可拒

---

① 〔日〕植木枝盛:「憲法政治ハ世界ノ公論」,〔日〕明治文化研究会编:『明治文化全集』第 6 卷『自由民権篇』下,103—104 頁。

② 〔日〕植木枝盛:「無天雜録」3,〔日〕家永三郎他编:『植木枝盛集』第 9 卷,194 頁。

③ 〔日〕植木枝盛:「天賦人権弁」,〔日〕家永三郎他编:『植木枝盛集』第 1 卷,192 頁。

绝之乎？然政府焉能对抗世界大势耶？而国会乃世界之公论也。日本政府岂可拒绝国会耶？若日本政府敢欲拒绝国会，是即触犯世界之公论、万国之大势者也。然世界之公论大矣，万国之大势强矣。苟日本政府触犯岂能不败？"①强调建立议会政治体制，在日本这样相对落后的国家尤为重要。这种大势所趋，即便是政府也不能阻止。

但是另一方面，作为理论家的植木枝盛也考虑到，代议制政体虽可代表大多数人的利益，同时也会压制少数人的诉求。他首先明确一个前提，即"君主专制、贵族专制、有司专制等政治，作为以少数人之意思压制多数人之制度，最为不可。应当改为公议政体"②。但在此前提下他接着又进一步深入分析道："代议政体如果作为少数人为多数人之代议之制度，若代议士果能贯彻一国人民之意思犹可。但人心不同，若从表面而论，多数人民之意思丝毫也不违反，则难以实行。若然，代议政体也不免成为不合理之机构。应当改为直接参与政体。然而，直接参与政体若以公议舆论决定其事，所谓公议舆论，若为全国人民一致同意尚可，但如此之事是十分难得稀有之事。若概论之，此种政体可为以多数人之意思压制少数人之政体（代议政体也有此弊端）。"③显然植木在充分肯定日本建立代议政体的合理性和迫切性的同时，也已认识到了政治思想家们关注的议会政治有可能造成的"多数人的暴政"践踏少数人正当权利的问题。但如何防范这种状况的出现，植木似乎未明确提出具体措施。

立宪改进党的重要理论家小野梓从一种独特的视角，论证了实行议会政治的重要性和必要性。他在1882年出版的《国宪泛论》中提出，实行代议政治有利于维护皇权："有顽固论者曰：代议之制不得施于本邦。若欲实行之，恐怕王家将会如何。这样如何是好？假若采用代议政治，差遣人民之代议人，以参与国家之大政，至于其施政之全权，必须将之委托于一人之手，否则不可获得决行之方便。是根据古今之实验，已成不可置疑之定案。吾人也亦大为赞同这样。故万一本邦没有王家，吾人若用代议制，也必须推选一位首领建立之。然而，今日幸亏拥戴三千年之久此万世一统之帝王，加上祖宗列圣临御之宸旨，实际上并非

① ［日］植木枝盛：「憲法政治ハ世界ノ公論」，［日］明治文化研究会编：『明治文化全集』第6卷『自由民権篇』下，104页。
② ［日］植木枝盛：「無天雑録」3，［日］家永三郎他编：『植木枝盛集』第9卷，165页。
③ ［日］植木枝盛：「無天雑録」3，［日］家永三郎他编：『植木枝盛集』第9卷，165页。

奉戴一人,而在于为了万民。吾人为何不能将施政之大权委托于我君而奉戴之呢? 果然如此,则代议政治对王家没有丝毫不利。将之在今日实行绝无弊害耶。"①小野这样论证,一方面是为了反驳社会上借口王室安危而阻挠议会设立的舆论,另一方面也是发自内心地认为,设立议会的目的,除了让人民有参与政治的机会以便维护人民利益外,也可以维护皇权的持续统治正常进行。

著名经济学家和历史学家田口卯吉(1855—1905年)也提出了与小野梓的主张有着异曲同工之妙的观点。他在1883年发表的《时势论》中提出,议会内阁制可以避免人民怨恨王室,达到巩固君权目的。因为首先应当清醒地认识到,要改良专制政府是很难做到的:"夫没有比改良天下之专制政府更难之事。以言论不可得为;以文章不可得为;若非以弃命掷财从事之而不能达其目的也。然而,若不成其事,天下后世必称之云贼。若欲将成其事,必陈胜吴广,必张耳陈余,必项梁宋义。如此之大任,必当改良专制政府也。"②即如果不发生像中国历史上的农民暴动那样的外部激烈冲突方式,则很难改良专制政府。但这种暴动一旦不成功,暴动者便会被历史学家称为"盗贼"而遗臭千年。一旦成功,便成为英雄或新政府的掌权者。例如在众所周知被称为"戊辰革命"的明治维新中,就有"众多之人杰担当此大任",参与了推翻幕府统治的斗争。田口卯吉假设道,然而如果当时没有人带头,掀起"尊王倒幕"运动,旧幕府政府便不能被推翻。"假令天子任何事也不知,民怨破裂处,玉石俱焚,最终族灭王室,或至软禁也。至此,有一二精忠之士,欲孜孜防之,也不能抗也。"③这种用暴力革命的方式改朝换代,终究会造成王室的安全受到威胁。所以田口卯吉指出第二点,即如果改革政治体制,实行议会内阁制度,则可巩固君权:"若使其内阁,在国会议院一辩论之下交替,民怨不可欲集中于王室。假令虽有一二粗暴之徒,焉能得撼动舆论耶? 彼之俊杰之士,将因势利导,或构成制度,乃实在于此也。呜呼! 我有司及在野志士,速巩我王室基础哟!"④从巩固皇室安全的角度,论证了建立议会制度的必要性。这看上去似乎并非近代化思想,但从当时日本的具体国情考

---

① ［日］小野梓:『国宪汎論』,［日］早稻田大学大学史編集所:『小野梓全集』第一卷,31页。
② ［日］田口卯吉:「時勢論」,［日］同全集刊行会编:『鼎軒田口卯吉全集』第五卷,吉川弘文館,1990年,9页。
③ ［日］田口卯吉:「時勢論」,［日］同全集刊行会编:『鼎軒田口卯吉全集』第五卷,9页。
④ ［日］田口卯吉:「時勢論」,［日］同全集刊行会编:『鼎軒田口卯吉全集』第五卷,9页。

察,田口卯吉顺应了社会大多数人士对天皇至高无上地位的认知,由此角度切入,似乎更能达到宣传议会政治必要性的目的。

被誉为"东洋卢梭"的民权理论家中江兆民主张,只有正式建立了国会,政府和人民才能各自行使自己的权利,履行自己的义务。所以他在1888年发表的《国会论》中,强调了建立国会的重要意义:"国会未设之前之政府非真正之政府,国会未立之前之人民非真正之人民,乃虚假之聚合物也。正政府之名义为真政府、为受托者;正人民之名义为真人民、为委托者,使政府、使人民皆自得无可耻之处者,其唯国会乎。"①强调人民和政府要真正地各得其实,只有设立国会。人民凭借国会这个机构,通过立法表达自己的利益诉求和政治愿望,同时选举自己信赖的政府,将社会管理权力委托给政府,并监督政府在具体行政行为中如何实施国会颁布的各项法律。

这种对议会政治重要性的认识,即便在国会召开后仍然持续。例如国会召开的次年,陆羯南发表《近时政论考》,其中代表自己所在的国民论派,承认代议政体普受欢迎,不过认为它也只是达到文明之手段而非目的。首先他指出:"国民论派承认立宪政体即代议政体为善良政体。同时,其之所以为善良政体,是因构成使全体国民统一之便利方法也。其他之政论派皆曰:代议政体乃为最进步之政体也。乃在文明诸国中所建之文明政体也。乃适应19世纪之大势之政体也。故日本也应顺应此大势,改变东洋性政体。"他承认国民论派也知道这一道理。但又认为如果主张趁这种理论流行,而轻易改变政体的其他部分,国民论派还不敢有所企图。因为"无论如何,此论派不徒以改革其物为目的,而宁可以有改革可能产生之结果为目的也"。②即改革政体并非国民论派的目的,通过实施议会政治体制而发展日本文明,才是最终目的,这虽然将议会政治"工具化",但也说明了议会政治对于日本社会文明发展的重要性。

其次,陆羯南进一步分析认为,国民论派与其他政论派所不同的一点,就是并非以立宪政体为最终目的。因而"其他论派以进步主义之名,主张施行立宪政治,以自由主义之名,主张设立代议政体。然而,国民论派为了完成国民性任

① [日]中江兆民:「国会論」,[日]松本三之介編:『中江兆民全集』10,岩波書店,1983年,74—75頁。
② [日]陆羯南:「近時政論考」,[日]植手通有編:『近代日本思想大系4 陆羯南集』,筑摩書房,1987年,45頁。

务，期待全面承担此任务。由此希望出发，承认代议政体之至当。代议政体即立宪政治，虽然在其他论派那里成为最终目的，但在国民论派这里，不过为一种方法”。那么国民论派的目的究竟是什么呢？陆羯南回答道：“以全体国民之力量，策划内部之富强进步，以致力于世界文明，是乃为其最终目的也。”所以国民论派不会在主张施行议会政治的过程中，过分强调国家利益或个人利益，即保持自己的观念不偏重于一方，而是“顺应国之情态，调和国家权力和个人权利，期待不使之有偏重之患。无论如何，其偏重或破灭自由，或紊乱秩序，而将丧失国民性统一也”。[①] 体现出一种折中主义的政治理念。

二、日本迫切需要建立议会制度的思想主张

在对议会政治体制的重要性和必要性宣传的基础上，日本思想家们又联系社会现实，强调日本自身应该迅速建立议会政治体制的迫切性。

明治维新后，1868 年 3 月明治天皇在《五条誓文》中提出“广兴会议，万机决于公论”[②]的政治宗旨，这无疑为日本建立近代化议会政治指引了大方向。当时社会舆论把万机决于公论的宗旨理解为实行宪政和开创议会政治的宣言。

同年 6 月 21 日天皇又发布与《五条誓文》相关的《振兴公议诏书》，表达了广泛采纳天下舆论的旨意：“议事院之仪，作为‘广兴会议，万机决于公论’之趣旨，最重大之举有之。先般，公议人被设置，议员被扩充，课目对策已相尝试之处，遂流于空文，反而达到可产生对策及第之弊风之势。一旦从前课目对策被废止，可以考虑重兴对国家大有使用之舆论公议。此处公议人，选其材，可代国论旨，前已发布命令。各不乏其材之事，可共有之。犹又观察列藩，闻其中藩议未定、公议未立，向来有之哉。即令议事之制即便有之，也致名实龃龉。朝廷列藩之际，通气脉、兴公议，趣意也不相符。徒涉空论浮议，以一己之见，致众说雷同等弊当相生……实一日也不可缺付公议，弭以一定藩论，振起公议，可在朝廷大兴议事之制。叮嘱逐步基于其制，皇国一致，气脉相通之状况，

---

① ［日］陸羯南：「近時政論考」，［日］植手通有編：『近代日本思想大系 4 陸羯南集』，45—46 頁。

② ［日］明治天皇：「御誓文之御寫」，［日］明治文化研究会編：『明治文化全集』第 1 巻『皇室篇』，68 頁。

铭铭尽力可致之旨。"①这里的议事院,不一定指后来的议会,主要是指列藩会议。但诏书强调要采纳天下公议的旨意,实际上为建立议会,广泛采纳民众诉求提供了思想前提。

1869 年 3 月,明治天皇又颁布《集议院规则》:"朕将东临,会合公卿群牧,广泛咨询众议,欲建国家治安之大基。抑制度律令,政治之本,亿兆之赖,以不可轻定。今公议所法则略已奏定,宜速开局。局中礼法,以贵和谐为宗旨,心存公平,议期精确。专基于皇祖之遗典,适宜人情时势。审先后缓急之分,细议顺次,以上奏。朕亲裁决之。"②该规则的颁布,被日本社会认为是即将实行议会政治的先声。

1874 年 5 月 2 日,太政官第 58 号命令以明治天皇的名义颁布《议院宪法》:"朕践祚之初,誓于神明,基于旨意,渐次扩充之。召集全国人民之代议人,以公议舆论制定律法。开上下和谐、民情畅达之路。期望使全国人民,各安其业,知晓应该具有担当国家重任之义务。故先召集地方长官,使代理人民协同公议。乃颁布议院宪法,各员其遵守之。"③应当注意,这里的"议院"并非指国会,而是指地方官会议。但这种以会议的形式,商讨国内政治事务的规矩,为以后国家议会(国会)的召开创造了条件。

这一切有关议会政治的前奏,营造了一种相对宽松的政治氛围。在这种政治氛围中,迫切需要仿效欧美各国,尽快在日本实行议会政治的思潮逐渐在全社会兴起。1876 年有人撰文形容道:"自从花旗在吾邦浦贺港上空飘扬,时势由此一变。自由的空气由洋之东西吹来,以至野藩余风将拂地灭绝。正当此时,吾天皇陛下特向我们人民下达圣诏,宣示破除旧来陋习、基于天地之公道、广兴会议、万机应当决于公论之宗旨。于此,人民无不知晓天下为天下之天下,举而仰慕立宪政体,使其想到稍微一洗积年旧弊。呜呼! 我们人民之幸福有何能过于此耶? 实可称开辟以来未曾有之一大美举也。"④表达出人民渴望通过创建立宪政体和

① [日]明治天皇:「公議振興の詔」,[日]明治文化研究会編『明治文化全集』第 2 卷『正史篇』上,51—52 頁。
② [日]明治天皇:「集議院規則」,明治文化研究会編『明治文化全集』第 2 卷『正史篇』上,82 頁。
③ [日]太政官第五拾八號達:「議院憲法並規則」,[日]明治文化研究会編『明治文化全集』第 2 卷『正史篇』上,241 頁。
④ [日]中島勝義:「俗夢驚談」,[日]明治文化研究会編:『明治文化全集』第 5 卷『自由民権篇』上,141 頁。

议会政治,从而迈向自由幸福的强烈意愿。

随着文明开化的进步,人民希望通过设立议会参与政治的意识日益提高。这种状况统治集团中的有识之士已有所察觉。早在1869年正月25日,岩仓具视在上呈三条实美太政大臣的时务数条中,就主张设置议事院:"设置议事院,虽如模拟欧美各国之风,决不然。在我皇国,采用公论,已始于神代。速命调查议事体裁,上报其规则方案,而应速设议事院。若论大政维新之鸿业由何成就?不得不言由天下公论成就。多年来,有志之人议论明大义、正名分,而责幕府失政。遂致今日之盛运。虽臣子之名分而惮言之,主上天资聪明,若使涉及英智,犹在弱年。非言亲谋中兴,而采纳天下公论,以其归着之所定之为宸断。实乃公明正大之圣业。是故于将来设置议事院,施政法度附于众议,然后庙议一决,经宸断而施行。纵令议论百出,也不得变更之。若如此,则朝权自重,亿兆信之。朝令暮改之诽谤自然弭止。若不然,每出一令,异论百出,其间事情缠绵,遂又至改之,遂践旧幕末世之覆辙。或许人心乖离益甚。盖设置议事院,在于扩充五条誓文之趣意。"①岩仓这里说的议事院,并不一定就是正规的议会,但也是采纳社会公议舆论的议事机构。相对于封建社会的专制统治体制,已经是一种进步的设想,可以理解为后来国会的前身。

1871年7月,木户孝允在《有关立法行政的建言书》里,描述了人民的参政愿望:"今见我邦奔赴开明化域之势,随着他日人民之智识愈益进步,人人欲获得自主自由之权,模仿各国体制开设下院,以至于企图成为国民代表参与政府之议。当此时,虽政府也无枉制之之理。"②即人民参政、设立议会已是社会发展的大势所趋。作为政府已不能在主观上阻碍这种大趋势,只能因势利导,或顺势而为。

根据这种精神,1872年左院议长后藤象二郎和副议长伊地知正治提出《设立下议院之议》。他们首先设问道:"人民天赋之灵智若起初无上下之别,则国内政治须合国内之众智。方今有废藩置县大变革以来,虽几乎历经一年,但各县之治尚未一定。是盖因未基于御誓文之意,立上下同治之制也。立上下同治之

----

① [日]岩倉具視:「具視政體建定君德培養議事院創置遷都不可ノ四件ヲ朝議ニ附スル事」,[日]多田好問編:『岩倉公實記』中卷,687—688頁。
② [日]木户孝允:「立法行政に關する建言書」,[日]日本史籍協會編:『木户孝允文書』8,61頁。

制,人民始应各自按自己之身份任其责。故若不立上下同治之制,便不能审定全国钱贷出纳之本,不能立全国法律之基,以何从事各县一定之治耶?"接着他们又比较欧美先进的资本主义国家,强调指出:"西洋强盛诸国,于施政官之外必置上下议院,乃为是也。"由此提出向西方学习、设立议院以广纳人民意见的建议:"皇国也又仿效之,设议事院。虽已有左院,但也类似所谓法国国议院,未至其精,未由下广采众议。因而迅速建成下议院,集合全国之议员,使其代表人民议事,施上下同治之政,确立全国之基础,定可显示先般改革之实效。是乃今日之急务。"①这一建议提出了人民应当以平等身份参政的思想,指出了设立议院对于尽快建立"上下同治之政"的迫切性。同时也隐含了将来设立的议会应当具有的职能。

1874 年 1 月 7 日,由前参议副岛种臣、后藤象二郎、板垣退助等 8 人向明治政府提出了《设立民选议院建议书》,由此掀起了声势浩大的自由民权运动。建议书首先分析了日本当前政治局势极不稳定的严重性:"方今政权之所归,上不在帝室,下不在人民,而独归有司。夫有司非不曰上尊帝室,然而帝室渐失其尊荣;非不曰下保人民,然而政令百端,朝令暮改。政刑成于私情,赏罚出于爱憎。言路壅蔽,困苦无告。夫如是,欲求天下太平,虽三尺之童犹知其不可。因循不改,恐国家招致分崩之患。"②建议书分析了这种严重的政治局面,指出之所以必须设立民选议院,其关键理由在于有司(即藩阀政府)专制,以权谋私,堵塞言路,最终将导致人民困苦,国家崩溃。为此,他们提出了在日本设立民选议院、让人民对政府决策有知情权和发言权的迫切性:"臣等爱国之情不能自已,乃探求拯救之道。唯在伸张天下之公议而已。伸张天下公议,唯在成立民选议院而已。然后有司之权如有所限,而上下始蒙其安全幸福。遂请陈之。夫人民对政府有纳税之义务者,即有对政府之事与知可否之权。"③也就是强调,挽救这一切的有效办法便是伸张公议,具体就是尽快建立民选议院:"立斯议院者,乃欲伸张天

---

① [日]後藤象二郎、伊地知正治:「下議院を設くるの議」,[日]江村栄一編:『日本近代思想大系 9・憲法構想』,52 頁。
② [日]副島種臣他:「民選議院設立ノ建言」,[日]明治文化研究会編:『明治文化全集』第 4卷『憲政篇』,364 頁。
③ [日]副島種臣他:「民選議院設立ノ建言」,[日]明治文化研究会編:『明治文化全集』第 4卷『憲政篇』,364 頁。

下之公论,树立人民之普遍权力,鼓舞天下之精神。以使上下亲近,君臣相爱,维持、振兴我帝国,保护其幸福安全也。"①当建议书在1月17日由英国人办的《日新真事志》上发表后,激发了社会各阶层对设立议会的强烈关注。思想家们也在各种场合阐述了设立近代化议会制度的迫切性。

副岛种臣等人提出《设立民选议院建议书》后,在社会上引起了极大论争。在论争过程中,为了表明自己观点的正确性,参与论争者往往要分析尽快设立议会的迫切性,使得尽快设立议会的思想更加广泛地传播开来。如1874年2月冈本健三郎等人发表联合署名文章《民选议院辩》,从社会各阶层都能接受的所谓"忠君爱国"的视角,提出迅速在日本开设议院的迫切性:"我国晚近之变革进步,皆借外国之势力,其推动我者亦已甚。及今若不早为之计,设立万世不拔之基,则恐将有其激进者。是吾辈欲设立斯议院,而成我帝室万世之屏障砥柱之原因也。于今日,其言设立者,即乃其爱君之虑深,而爱国之心切也。"②他们巧妙地提出,设立民选议院正是为了替日夜操劳的天皇分忧:"试想,政府之事务的确大且多,而其职务诚然急且重。而欲以一位君主驾临总揽之,盖何其难耶?夫用一人有限之才力,动一日有限之时间,而普遍承领制裁各省各局之事务,而欲全面监督视察其施行效果。岂人力之所能实际上承受耶?"③文章还同时反驳了指责设立民选议院是同政府作对的观点,解释了"民选"之含义:"吾辈建议设立斯议院,每每冠以'民选'二字。社会有人动辄将之视为其如必为欲抵抗政府者。殊不思,议院即政府,政府即议院。且所谓'民'泛指人民者,即我日本帝国人民之总称。岂容以其在政府之内外而区别之哉?"④这里的论点虽有将议会与政府职能混淆之嫌,但指出了民选议会与政府这两种不同机构,对于国家利益的一致性。他们提出这种观点的目的,是减少尽快建立议会的舆论障碍。

冈本健三郎等人同时还强调,如果迅速开设民选议院,可在很大程度上增强

①　[日]副岛種臣他:「民選議院設立ノ建言」,[日]明治文化研究会编:『明治文化全集』第4卷『憲政篇』,366页。

②　[日]冈本健三郎他:「民選議院辯」,[日]明治文化研究会编:『明治文化全集』第4卷『憲政篇』,376页。

③　[日]冈本健三郎他:「民選議院辯」,[日]明治文化研究会编:『明治文化全集』第4卷『憲政篇』,377页。

④　[日]冈本健三郎他:「民選議院辯」,[日]明治文化研究会编:『明治文化全集』第4卷『憲政篇』,377—378页。

全国百姓热爱祖国之心："因为一旦建立此议院，则人民开始分享政权，以干预公共事务，以得判断国家政令之是非可否。而彼所谓天下为天下之天下之见识，方落实于人民之上。于是人民将如此国家看作如其公共保有物，事事物物皆莫不相与其损益得失。则其相利相亲者，日益进展。即其爱国之心，何不复得独勃然其发其长耶？"从反面考察，冈本健三郎等人又警告道："若不设立此议院，则国法无定所，而人民权利不保，人民竟无由脱离彼之所谓卑屈狡狯之风，唯人民不脱离此风，则假令我政府花费何等之功夫设施，能得与彼之欧美自主独立之人民相竞争哉？"①结论是只有通过尽快设立议会保障人民权利的方式，才会使人民热爱这个国家，摆脱"卑屈狡狯"的传统风习，与欧美等先进国家的人民平等竞争。

在 1877 年西乡隆盛发动的西南士族叛乱被明治政府镇压后，福泽谕吉更加感受到在日本实行公议政治的迫切性。他认为，士族之所以发动叛乱反对政府，正是因为政府施政完全不听取他们的任何意见，不考虑他们的任何诉求，从而最终激起变乱。因此他主张，要在日本防止此类现象再度发生，应当尽快设立公议制以安定士族："三五年以来，世上民会论已喋喋不休。政府若早乘其势，不失事之机，姑且以此民会论视为天下之公议舆论，按照此公议舆论诱导士族之心，则名义正，人心安，无聊之士族也开始减少，获得发展其力之地位，可得转变其心事之机。政略之巧存在于此道也。民会之说，虽或行于今之实际颇有难处，归根到底，其因素若先推考其理论、后用力量，今日无实效，不妨今日起只奖励其旨，以为后日谋，固不待辩。"②也就是退一步强调，即便现在召开国会还存在客观困难，也应在思想理论上先进行论证，鼓励国民讨论此事，为将来设立议会早作准备。两年以后，福泽又承接这种看法再度强调："召开国会一事，并非抹杀当局者之权，反而可云增之者也。盖为政府当局者谋，又为其公务谋，又为人民谋，又为天下公共利益谋，其丝毫无障碍者即设立国会一事也。"③他实际上强调，设立国会既然对社会各阶层都有如此多的益处，自然应当尽快实现。

---

① ［日］冈本健三郎他：「民選議院辯」，［日］明治文化研究会编：『明治文化全集』第 4 卷『憲政篇』，383 页。

② ［日］福沢諭吉：「丁丑公論」，［日］富田正文他编：『福沢諭吉選集』第 12 卷，234 页。

③ ［日］福沢諭吉：「国会論」，［日］富田正文他编：『福沢諭吉選集』第 5 卷，岩波书店，1981年，153 页。

片冈健吉针对日本现状,在 1877 年发表的《立志社建白书》中,强烈呼吁迅速设立民选议院,以确立立宪政治之基础:"今深鉴专制压抑之弊,遍观公议之所在,若欲培植国家独立之基本,谋求人民之安宁,没有比设立民选议院、确立立宪政体之基础更善。若欲设立民选议院、确立立宪政体之基础,让人民参与政权,畅达其天赋之权利,便须使人民奋起,承担国家之安危。假令政府不欲采取公议,但也无法堵塞其公议,即便崇尚政治专制,其所崇尚之目的也难以达到。"①即强调了尽快在日本建立民选议院是社会发展的大势所趋,即便掌权的政府也无法阻挡这一趋势。

对于尽快建立议会的迫切性,片冈健吉、河野广中在《要求批准成立国会请愿书》的最后也强调:"为国家之原素者,人民也。国由民而立,如人民无自主自治之精神,没有作为人民之权利,则国家不能不受羁绊而难于独立,亦不得充分伸张国权,故今不得不先兴国会也。"②即尽早建立议会是民族独立的先决条件。

田口卯吉也主张,要建立新的制度,关键在于尽快召开国会:"我有司及在野之士,乃世之所谓先觉之士也。及其将变而未成,因而为制之任,实在此人。余辈岂不得不陈言卑见耶。为制之方法抑如何? 曰:唯有速开设国会,以容纳舆论也。"③即只有尽快召开国会,才能最大限度吸纳民众诉求,维护社会安定。

总而言之思想界大多数人认为,设立议会,无论是富国强兵,还是国家独立,皆可得到保证。反之,如果不及时设立议会,宪法则没有制定的适当场所。这样一来,人民的正当权利将很难得到保障,因此日本迫切需要设立议会。这种近代化政治思想迅速在社会上传播,逐渐成为许多人的共识。

三、议会设立缓急迟速之思想论争

明治时期日本社会就有关是否设立议会的问题,其实争议并不大,从上至下绝大多数国民都赞同像西方那样设立议会实行宪政。正如冈本健三郎等人指出的那样,"至于议院本身之真理定说,未曾见有一人敢非难之。吾辈切谓,只以此

---

① [日]片冈健吉:「立志社建白書」,[日]家永三郎他编:『植木枝盛集』第 6 卷,22 页。
② [日]板垣退助监修:『自由黨史』,309—310 页。
③ [日]田口卯吉:「時勢論」,[日]同全集刊行会编:『鼎軒田口卯吉全集』第五卷,28 页。

事实,可证斯议院制度之恰适我国情人心"。① 但社会各阶层出于自身利益考虑,或因思想认识上的差异,对议会设立缓急或迟速却又有着不同的主张。有的强调设立议会对于日本社会的文明进程十分迫切,因此应当加速推进;有的认为目前条件尚不成熟,主张缓慢、渐进地推进,从而引发了有关议会设立缓急迟速的思想论争。

统治集团成员在赞同实行议会政治的前提下,通常都主张渐进召开国会,反对急躁冒进。针对社会上尽快设立议会的主张,仍然认为应当暂缓行事。正如前述,早在 1871 年,明治政府主要领导人木户孝允就在《有关立法行政之建言书》中,主张渐进推行政治改革。他特别强调"政治以扎实小心、无其妨碍为主,而不如主张以逐渐举行之"。② 所以当社会上刚刚兴起议会政治思潮时,木户又针对其评论道:"有议论或曰:现今召开下院,以从国民中选举之代表构成其议员。夫召开下院,于开化政体上虽尤为善良之举措,但如现今我国民,从未辨时势如何、未明事理如何之人中,选举议员,采用其决议,作为国民之舆论也,据之实行政治。其实务上之可否,果应如何欤? 若然,下院之举,可待我国民知时势辨事理之后再创立。于今日之实际中,若轻易召开之,非政途归一之策。又于下院所议之事务,大约以此两条为主:或有关租税欤? 或有关获得自主自由之权利之事欤? 而在其院中,若如西洋诸邦之下院,拥有立法之大权,政府之实权皆归下院,行政仅遵奉其令,复不能保全立君政治之体裁。于此时,有枢密立法官守上院之权,若分割立法条理,乃成与下院行政官三方鼎立之势,可成维持立君政体之实务之下策。若推前条之理以度实际,今日政体非可乱改。须更张现实之体裁,应以名实相符之事为紧要之事务。"③木户渐进推行议会政治的理由是所谓目前"民智未开",不能轻易开设议会,要待将来"国民知时势辨事理之后"才能逐渐设立。

明治重臣岩仓具视大约在 1880 年提出主张:"而今日之急务者有一,开设国

① [日]冈本健三郎他:「民選議院辯」,[日]明治文化研究会编:『明治文化全集』第 4 卷『憲政篇』,378 頁。

② [日]木户孝允:「立法行政に關する建言書」,[日]日本史籍協會编:『木户孝允文書』8,53—54 頁。

③ [日]木户孝允:「立法行政に關する建言書」,[日]日本史籍協會编:『木户孝允文書』8,61—62 頁。

会是也。国会之事似易甚难。作为祸福共伏之所，一旦轻锐速进，匆卒开之，万一速有土崩瓦解之弊害，复奈何不得之。故不得不深深注意。"①即议会仿佛双刃剑，有利有弊，因此他强调设立议会要"不失渐进主义。对于取舍欧洲各国之成法，普(鲁士)国之宪法尤适合于渐进主义"。② 主张像普鲁士那样，逐渐设立议会，反对"急躁冒进"的主张。

与此类似，伊藤博文也主张渐兴国会而不能激进。1875 年 4 月 14 日，伊藤博文亲自修订了《政体调查案删定本》，与参议寺岛宗则一齐报呈天皇。调查案以天皇的口吻，一方面表示虽然维新取得了成就，但"顾中兴日浅，内治应当振作更张者不少。朕今欲扩充誓文之意，在此设元老院以广立法之源，置大审院以固审判之权。又依去年五月之诏旨，召集地方官以通民情、图公益，渐次立国家立宪之政体，与汝众庶俱赖其庆"。表示要设立议会制定宪法。另一方面又强调在这些大政方针上"将以渐而有设施。汝众庶其莫敢或泥旧惯故，亦莫敢或轻进急为"。③ 主张即便不受旧习惯拘束，实行政治体制改革，建立议会，也不能"轻进急为"，而是应当循序渐进，逐渐待条件成熟再行设立。伊藤在 1880 年又提出自己渐进推行议会政治的意见："臣窃谓国会之未遽起，臣等自誓，在心中丝毫不存贪权固位之念，唯甚望兴起国会，以成就君民共治之大局也。然事关国体之变更，实为旷古之大事，决不能急躁而为。今先巩固基址，后构筑柱础，终及屋茨，举行之次序固有缓急。"④即主张根据轻重缓急，分先后顺序逐渐推进，慢慢设立议会政治体制。

当然，也不是所有统治集团成员都持同样主张。如 1872 年 4 月 25 日，元老院在提出的关于开设下议院的建议中，就提出应当尽快建立下院的主张："天赋人民之智能，原无上下之别。国内之政治，须汇合国内之众智。方今废藩置县之巨大变革虽已经过一年，而各县之治尚未定，此盖出于根据誓约实行上下同治之制尚未确立之故。订立上下同治之制，人民始能各依己分，尽其职责。故上下同

---

① 「明治天皇御紀編纂資料の参考史料雑纂」,[日]稲田正次:『明治憲法成立史の研究』,63 頁より引用。

② [日]岩倉具視:「憲法大綱領」,[日]多田好問編:『岩倉公実記』下,719 頁。

③ [日]明治天皇:「八年四月十四日の詔」,[日]明治文化研究会編:『明治文化全集』第 2 卷『正史篇』上,256 頁。

④ [日]金子堅太郎:「帝國憲法制定ノ由來」,[日]日本国家学会編:『明治憲政經濟史論』,55 頁。

治之制未立之时,全国财货出纳之根本不能审核,全国法律之基础不能奠定,将以何者进行各县一定之治耶?西洋列强除行政官员之外,必设上下议院,即是故也。皇国宜效此而设议事院。兹虽已设左院,颇似法国之国议院,但尚未达其程度,无由广采所属之众议。因此,如能从速建立下议院,集全国之议员代人民议事,以行上下同治之政,则全国之基础为之巩固,前者政治改变之实效定可显示。此乃当今之急务,故特呈报批示。议院之规则章程、一切之手续,如蒙批准,当可从速进行筹措也。"①即认为议会的主要部分下议院的组建应当从速进行。

在政治上一贯持保守态度的山县有朋(1838—1922年)却与其他统治阶层成员不同,认为应当迅速建立议会。1879年他在《关于开设国会之建议》中,分析了应当尽快召开国会的局势:"熟察今日之形势,内之显现出民心睽离之状态,外之有与邻国之关系,有修改条约。故在今日,作为政事之核心必须巩固。实行之法,作为行议法之三权鼎立,以厘正扩张为急务。若不然,一旦遇到有意外之变,再有所顾虑乃必然也。何况此风所渐,朝威渐轻,敬佩上级之志念渐减,不仅政府徒成怨嚣之府,而且竟然会达到臣子有不忍言者,亦不可测。此臣所深患,宁属杞人忧天而不得不有越俎之言之原因也。"②即考察社会上日益紧迫的政治局势,为了防止出现意外事件危害统治的稳定性,应当尽快设立议会。

山县还提出了设立议会的具体操作的办法,即主张先进行议会政治实验,待成熟后再冠以议会名称。他指出,设立议会是国家重大事务,虽然势不可当,但由于事关核心问题,可能存在万一失误会酿成大祸的顾虑。所以最好先不要声张,"应先行其实,暗行其实考察实验。在无扞格龃龉之患时,始更其名声言之亦不晚。故为今日之计,召开特选议会,盖乃方今在政略上之得策也"③。在先期试验中发现和解决矛盾,不断完善之后,再正式推行,这样比较稳妥。

当时在民间思想家群体中,对议会设立的缓急明显持不同观点。在《设立民选议院建议书》里,副岛等人已经驳斥了社会上流传的设立民选议院尚早、条件不成熟的观点。针对拒绝尽快成立议院者认为"我民不学无知,未达开明之

① [日]元老院编:「規則沿革制」,[日]大久保利謙他编『近代史史料』,吉川弘文館,1975年,77页。
② [日]山縣有朋:「國會開設に關する建議」,[日]大山梓编:『山縣有朋意見書』,原書房,1966年,86页。
③ [日]山縣有朋:「國會開設に關する建議」,[日]大山梓编:『山縣有朋意見書』,87页。

境,故今日成立民选议院应尚早"的看法,他们提出"使民学而且智、速达开明境地之道,即在于成立民选议院",即通过设立民选议院来提高人民整体素质。因为设立议院可以"保护其普遍权利,使之产生自尊自重、与天下共忧乐之气质"。人民参与天下大事的策划以后,素质必然会迅速提高。针对"今遽然成立议院,乃不过集天下之愚耳"的说法,建议书驳斥认为,官员中难道没有愚昧无知的人吗? 有什么理由蔑视人民呢? 至于有人抨击现在设立民选议院属于轻率进步之举,建议书反驳道:"民选议院者乃郑重其事也……'轻率'二字固与民选议院毫不相干也。"针对政府官员提出"欧美各国今日之议院并非一朝一夕设立者也,其进步乃逐渐致之者,故我今日不能遽然摹仿之"的议论,建议书指出"夫进步之渐以致之者,岂独此议院乎? 凡学问、技术、机械皆然"。民选议院本身也有一个逐渐完善的过程,因此认为民选议院设立尚早的观点是站不住脚的。建议书针锋相对地提出"因今日成立民选议院,尚恐须久待岁月之后,始克期其十分完备。臣等惟恐其成立过晚,故曰臣等唯见其反也"。①

但一贯以主张天赋人权著称的加藤弘之却认为当前设立议会为时尚早,主张等待时机成熟后再逐渐推进。这与他一贯主张的政治渐进论是相吻合的。早在 1870 年发表的《真政大意》中,加藤就表现出这种渐进推进政治的思维方式。针对副岛等人的《设立民选议院建议书》,于 1874 年 2 月 2 日在《东京日日新闻》提出了设立议会"尚早"的观点:"盖设立议院,专为创定国家治安基础之制度宪法也。而创定制度宪法,首先不可不详察邦国今日之世态人情,选择恰当适合于此世态人情者。不然,所谓方底圆盖,决不足以真正称为治安基础之制度宪法。凡选择适合恰当于邦国今日世态人情者,独贤智者所能为也……夫公议之通识为何难耶? 盖因无智不学之民多……然而举我国开化未全之人民,使协商天下之事,而欲采纳其公议,创定天下之制度宪法,恐仅类似缘木求鱼。"②即加藤认为不能迅速设立议院的主要障碍,在于日本人民尚未开化。至于不能在日本急于设立民选议院的主要原因——老百姓大多愚昧无知,加藤作了进一步论证:"我邦人方今虽渐向文化,至农商多尤依然为昔时之农商。自甘无智不学,

---

① 〔日〕副岛種臣他:「民選議院設立ノ建言」,〔日〕明治文化研究会編:『明治文化全集』第 4 卷『憲政篇』,364—366 頁。

② 〔日〕加藤弘之:「加藤弘之ノ質問」,〔日〕明治文化研究会編:『明治文化全集』第 4 卷『憲政篇』,368—369 頁。

丝毫不至寻求奋起。唯至士族,虽如大忧之,然而稍解事理者为数寥寥。故例如政府为何物,臣民为何物,政府收税之权利出于何理,臣民军役之义务起于何理等,凡虽浅近平易之事尤不能解者不下十之八九。岂不可叹耶?然而不察今是等之情实,若一旦设立民选议院,其公议所决定之结果,恐仅取愚论而不足者之类。愚论尤可也。或由之不能保不产生国家之大害。凡人民知识未开,先大大获得自由时,不知失信之正道,为之却陷于自暴自弃,遂恐伤害国家治安。岂不可惧耶?"①也就是说,在日本这样一个尚未完全走向文明开化、社会各阶层对近代政治了解甚少的国家,如果遽然设立民选议院,有可能对国家造成危害。而且他还认为,像日本这样刚刚启动文明开化的社会,即便马上设立议会,也不能开启人民政治担当的觉悟:"吾邦虽实非草昧,但开化犹浅。因此,人民之顺从实过甚也。此真可忧。虽然政府能唤起人民敢为之气,欲使其辨知分担天下之义务,也决不能仅由设立议院而达到。"②即利用开设议会来启迪民智的想法是不现实的,不能成为加快设立议会的理由。

加藤弘之还引证了西欧人的观点作为自己主张的理论依据:"欧洲近今之硕学鸿儒,没有不论及民选议院于开化国为必要,于未开化国有害之原因者。就中德意志人彼得尔曼在所著政学书中所论,言简意赅……其文曰:凡欲创定足可长久维持国家之制度宪法,必须首先选择对时势民情等恰当适合者。盖独以可恰当适合于文明开化国家之制度,将之施于未开之国,恐不仅无功益,反而可生患害。"③加藤自己于1875年至1876年翻译并出版了德国人彼得尔曼的《各国立宪政体兴起史》。在这部书的"绪论"中,也表述了同样思想,认为选择议会政体时"要注意种种景况。选择其至当之时(指不过早又不过迟)和至当之度(不过分又无不及)"。因为"若设立此政体之方法甚盛,人民开化过度时,人民将不堪运用由此政体所获得之自由权,故会产生大害。又若其方法有甚所不及,不适合人民开化之度时,已经获得开化之人民丝毫不得参与国事,故遂以至不信奉政

---

① [日]加藤弘之:「加藤弘之ノ質問」,[日]明治文化研究会编:『明治文化全集』第4卷『憲政篇』,369頁。

② [日]加藤弘之:「加藤弘之ノ質問」,[日]明治文化研究会编:『明治文化全集』第4卷『憲政篇』,370頁。

③ [日]加藤弘之:「加藤弘之ノ質問」,[日]明治文化研究会编:『明治文化全集』第4卷『憲政篇』,369頁。

令,必亦会产生大害"。①

　　加藤根据自己了解到的日本社会实际状况,提出了设立民选议院应当稳妥、渐进的思想,这不能说完全没有道理。加藤弘之晚年为自己辩护时也谈到这一点:"副岛、后藤等诸氏提出开设民选议院之建议,世人也又构成大为赞助之形势。但唯独余认为开设民选议院尚早,论证了在当时反而却有害无益之旨意。将之赠与副岛、后藤等人。副岛、后藤等人更赠余答辩,余又反驳其论旨。然而余之论旨,固然为出于余之确信者,丝毫非为政府辩护。但表面上会被猜疑为政府之辩护,因此,世间攻击余之事实盛,说余恰如政府之吹捧者,甚至有说评价为受木户参议委托之类而论者。此为余受世间攻击之始,余被取名'尚早'绰号乃此时也。"②即认为自己的主张并非站在政府一方压制民权运动。但他的主张一方面与日本当时急需建立新的政治体制的潮流不相吻合,另一方面也与他一贯主张在日本建立议会立宪政治的思想有所抵牾。因此他的论点一发表,立即引起了社会舆论的论争。在此过程中,要求尽快设立民选议院的议会政治思想亦得到广泛宣扬。

　　启蒙思想家西周比较赞同加藤的观点,他认为不可能像引进西方科技那样引进政治制度,因为"格物、化学、器械与政治、法律、宗教不可同日而语"。③ 他认为西洋的先进政治制度,在于审查了人民的开化程度,因时因地制宜而成,"乃于物理之诸学本来之理法相异"。④《民选议院建议书》主张人民对政府有纳税义务,就有对政府的事务了解、允许和否定的权利。但西周认为人民纳税就有盼望政府保护的权利。至于是否有参政权利,则"应在其国创建政体时已定"。⑤ 人民的权利正如卢梭所说,是由与政府之间的契约决定,与纳税无关。⑥因此西周认为:"然虽方今之势,有人云政权所归,上在帝室,下在人民。若欲维持而使之坚固不拔,或有议院分其权,也不可谓其无理。唯欲突然将其采取民

　　① ［ドイツ］ビーデルマン著、［日］加藤弘之訳:「各國立憲政體起立史 緒論」,［日］吉田曠二:『加藤弘之の研究』資料1,大原新生社,1976年,208頁。

　　② ［日］加藤弘之「經歷談」,［日］植手通有他編『日本の名著』34,中央公論社,1972年,486頁。

　　③ ［日］西周:「駁舊相公議一題」,［日］大久保利謙編:『西周全集』第2卷,238頁。

　　④ ［日］西周:「駁舊相公議一題」,［日］大久保利謙編:『西周全集』第2卷,239頁。

　　⑤ ［日］西周:「駁舊相公議一題」,［日］大久保利謙編:『西周全集』第2卷,239頁。

　　⑥ ［日］西周:「駁舊相公議一題」,［日］大久保利謙編:『西周全集』第2卷,240頁。

选,如西洋下院之法,将之比照时机,将之对照人民开化程度,未可认为得其肯启者。"①也就是说,西周仍然认为日本人民当时文明程度较低,因而不能贸然开设议会。

但大多数强烈主张政治体制近代化的思想家却不赞同渐进观点,纷纷提出尽快设立议会的主张。如大井宪太郎以"马城台二郎"的笔名,针对加藤弘之的"尚早"论,提出了质问,强调立即成立民选议院的紧迫性。他指出加藤"其论愚而不足取",因为如果按加藤主张"遥远期待此事,等待人民开智之日而起之",那么在这期间"有司专制之弊恐尚相继,士民不信政令。若不信政令,即人民不得不有不服从之弊"。因此,必须尽快设立民选议院,这样"以使士民亲预其议,士民安而信其令,可服其令。士民若服其令,国以安。即所谓人民所以自己制定自己遵守也"。② 人民如果能够通过议会制定符合自己利益的法律,并在实践中严格遵守这些法律,则社会便可达长治久安。

副岛种臣等人也对加藤弘之的尚早论提出了反驳,强调"应今日事务之急,为此振奋我国之道,独在建立民选议院而已。且夫今日立此议院之意,唯整顿完备出于彼之藩别议员之制,欲扩张御誓文之意味而已"。③ 针对加藤提出的人民不进步不宜建立民选议院的观点,他们指出人民不进步在于制度落后:"一般人民景况若果如此,此议院不可不立。足下又云,我人民从驯过甚者,开化尤浅之故也。是恐将其言颠倒者也。因为开化尤浅者,乃人民从驯过甚者也。其从驯之过甚,乃从前制度之过也……是故若欲促进我普通人民之地位,则在于抛弃其从驯之过甚者,使其恢复固有敢为之风气。而为之之道,唯在于阻挠彼之从前制度之过,使其适应我人民之进步。"④既然人民不进步是因为制度的落后,要使人民进步,就必须彻底抛弃落后制度,建立一种可促使人民进步的新制度,即尽快建立人民可以参与政治的议会制度。

民权理论家儿岛彰二主张尽快设立国会"实为今日国家之大急务,成为一

---

① ［日］西周:「駁舊相公議一題」,［日］大久保利謙編:『西周全集』第 2 卷,241 頁。
② ［日］大井憲太郎:「馬城臺二郎批駁」,［日］明治文化研究會編:『明治文化全集』第 4 卷『憲政篇』,385 頁。
③ ［日］副島種臣他:「加藤弘之ニ答フル書」,［日］明治文化研究會編:『明治文化全集』第 4 卷『憲政篇』,372 頁。
④ ［日］副島種臣他:「加藤弘之ニ答フル書」,［日］明治文化研究會編:『明治文化全集』第 4 卷『憲政篇』,372 頁。

日也不能忽略之事物"。因为通过考察"海外列国之大势,不起国会之国,公议不能伸张;公议不能伸张之国,有司擅自施行,人民不得不忍受巨大之妨害而被迫曲从之"。现在各国交往频繁,竞争剧烈,在这"争智能、竞富强之际,若我国民徒拘泥旧习,依赖政府之意甚为过当,则不能伸张人民自立之气象,若不能伸张自立之气象,天下之元气亦随之萎靡。于是海外之侮虞又随之产生"。① 因此必须尽快设立议会,以张社会公议,确保民族独立。

民权思想家马场辰猪认为日本的议会政治不必照搬外国漫长的渐进的过程。他为了反驳加藤弘之的《人权新说》而于1882年发表《天赋人权论》。在文中他针对加藤弘之提出的日本政治的推进必须模仿欧美漫长的渐进过程的主张指出:"然而如著者议论,在欧洲立宪政体经历了数百年星霜始成者,要召开国会创设立宪政体,也必须重蹈同样顺序云云,为何不知其进化主义之真理邪? 若其应当踏与古来之经验同一顺序,则作为我邦在召开国会上也亦如英法,成为不得不演出惨淡之修罗场之道理。著者难道希望我们对于社会,或我们对于皇室,有如此不祥之事吗?"②即日本真的像英法那样,从等级君主制向近代宪政渐进推进,岂不是希望日本也要经历大革命那样不利于社会稳定和皇室安全的非常事件吗? 言下之意是希望日本尽快建立民选议院,推进立宪政治的实施。

当然也有从权宜之计考虑,主张尽快建立议会者。如宫城县17名县会议员向太政大臣三条实美的建议书中就提出"抑天下为天下之天下,政府与人民忧患相同、缓急相救理所当然。政府其可独自负担国事耶? 故为今日之计,应迅速开设国会,让人民分取立法之权,使三权分立,以使政府与人民疏通关节脉理"。③ 即开设国会可使人民帮助政府分担立法权力,促使上下言路相通。

植木枝盛则提出尽快召开国会立宪以防止革命出现:"现在,全国人智骎骎乎日益奔赴改进,以至了解自由为何物、权利如何。故今日若不速革旧来之政治,召开国会,归于人民参政之权利,开智之风潮何时坏决未可预测……然则国会开与不开,不仅关系我辈人民幸与不幸,又实与王室盛衰相关……速起国会以制定宪法,一以增进我辈人民之幸福,一以使我皇统连绵之王室永远赫赫于各

① [日]儿岛彰二:「民権問答」,[日]明治文化研究会编:『明治文化全集』第5卷『自由民権篇』上,169頁。
② [日]馬場辰猪:「天賦人権論」,[日]西田長壽他编:『馬場辰猪全集』第2卷,112頁。
③ [日]小野壽人:『明治維新前後における政治思想の展開』,550—551頁。

国,以可为此国家之安宁。否则,乃有酿成不测灾害之事,也未可知。殷鉴不远在英法,岂可不思哉?"①植木认为日本人民的思想水平已经达到了可以参与国政的程度,如果不立即开设国会,有可能引起像英法那样的人民革命,那就会对国家安宁构成威胁。从反面论证了开设国会的迫切性。当然其中也可看出他企图通过开设国会维护皇权的思想。

这样,以批判加藤弘之尚早论为契机,针对设立民选议院,形成甲论乙驳、"世论嗷噪,不知所底止"②的局面。论争的焦点在于开设议会是否尚早。正如启蒙思想家阪谷素(1822—1881年)描绘的那样:"民选议院之说盛起,诸家之说随大量出现,无一全非之者,特不至开明之度而起之,归于云早。"③即这一时期的论争焦点并不在于是否应当召开议会,而在于是否尽早开设议会。

在这种有关议会设立迟速论争达到高潮的1881年10月11日,黑田清隆、伊藤博文等7位参议上奏,请天皇颁布国会召开日期。奏文先赞扬了"陛下夙期建立立宪之政体,乙亥之岁下达圣敕,设元老大审二院,以为其基。圣虑之深,神算之远,臣民俱仰"。而且列举了政府在天皇领导下持续不断地采取了若干施行立宪政体的措施,如兴起地方会议,改良法典,使该项事业呈现蒸蒸日上的良性发展趋势。但即便这样,天皇也仍然"不以躁急冒进,未至俄举立宪之实者,无他,因中兴之业才就其成,鳌革之时机尚未成熟。将待他日有徐徐扩充之所也"。而考察社会上那些热切希望国会召开的人,只凭借匆忙着急的心态,说一些难以实行的空话,甚至发表过激的论点。④ 针对这种局势,7位参议指出,时至今日,"及今时,若不速依一定庙议,明示天下,人民或不知皇猷之所在,至误其方向。是宜先预定开设国会之期,筹划举行之顺序,以公示大政之所向。作为人民,可知庙谟之划一"。⑤ 希望天皇发布诏书,向社会宣布召开国会、颁布宪法的具体时间,以免民间的论争愈益激烈,妨碍议会政治的正常推进。

于是,明治天皇于次日即10月12日发布国会开设诏书,明确"以明治二十

---

① [日]植木枝盛:「国会論」,[日]明治文化研究会编:『明治文化全集』第5卷『自由民権篇』上,32頁。
② [日]板垣退助监修:『自由黨史』,106頁。
③ [日]阪谷素:「民選議院ヲ立ルニハ先政体ヲ定ムベキノ疑問」,[日]明治文化研究会编:『明治文化全集』第19卷,『雑誌篇』,120頁。
④ [日]渡辺幾治郎:『明治天皇関係文献集7日本憲法制定史講』,58—59頁より引用。
⑤ [日]渡辺幾治郎:『明治天皇関係文献集7日本憲法制定史講』,59頁より引用。

三年为期,集合议员,召开国会"。同时指责了社会上主张尽快召开议会的舆论是"人心偏进,时争会速,浮言相动,竟忘大计",并严厉警告"若仍有故求躁进,煽动事端,妨碍国安者,将处之以国法"。① 最终以"宸断"的形式确定了1890年正式召开国会。这样,有关议会设立迟速缓急的论争暂告一段落。

后来在1894年,保守的文人福地源一郎总结这段时间的国会召开迟速缓急之论争时,表达了更为保守的反民主思想:"余从幼小受忠孝主义教育,而成为成业之学人。由观察历史而养成否定急激革新论者。由成童之时少读洋书,早游海外。虽大为喜欢自由改进之说,上下众说纷纭,但就比较暴进与保守、急进与渐进、民主制与君主制而问来,余宁可执保守、渐进、君主制之论而成为自知之明者。然而,听闻世之议论,尤其诸报纸大体皆以暴进急进为事,共同倾向于民主主义,使人感到悚然可惧。若如此放任其进行而不矫正此,世论将变得非常民主主义,即便遂至明治廿三年,也必定看到与立宪君主制之本色枘凿不相容之冲突。当今矫正之任,余虽不敏,对此自不量力,也欲决心大胆负荷此重任。"② 揭示出他所谓反对激进、主张渐进,实际上是反对更加民主的政治制度在日本的出现的实质。③

随着天皇诏书的发布,社会舆论遭到压制,有关议会开设缓急的论争偃旗息鼓。但有关议会设立、议会职能的论争并没有随之停下来,而是继续下去并深入展开。

四、对议会构成形式的不同主张

尽管明治时期日本大多数人已认识到设立议会是国家走向近代化社会的重要途径,但有关议会政治的思想论争从来没有停止过。除了议会设立迟速缓急的论争外,它还表现在围绕议会设立的各种问题的思想论争上。有关日本议会

① [日]明治天皇:「十四年十月十二日の詔」,[日]明治文化研究会编:『明治文化全集』第2卷『正史篇』上,373—374頁。

② [日]福地源一郎:「新聞紙實歷」,[日]明治文化研究会编:『明治文化全集』第18卷『新聞篇』,16—17頁。

③ 有关明治时期议会政治思潮的兴起,笔者也有所探讨。见拙稿《日本明治前期议会主义思潮的勃兴》(《四川师范大学学报》2012年5期)。

设立的思想论争问题,除了笔者的个别论文外,目前中日学术界尚未见到专门论文出现,仅在一些研究立宪过程的著作里略有提及①。因此,对这一问题作深入考察很有必要。

日本近代对国家体制的构想,基本上取自对欧美政治文化的吸收。近代英国议会有贵族院和平民院即上下两院,美国有众议院和参议院。这种议会结构对日本政治界和思想界也产生了深刻影响。因此关于议会的构成形式,日本思想界呈现不同的主张,大体可分为二院制和一院制两种。

早在明治初年,启蒙思想家加藤弘之在介绍西方议会的构成时,曾提出二院制观念:"置立法府,使掌握立法权柄,以代天下亿兆,与君主共制立宪法,议定大事。立法府大概分为上下二院,盖多以贵戚、显族、教长、官吏、富商、豪农等,组成上院之官员。也有任以庶民当此官员之国……各国皆一样。"②尽管加藤仅是介绍西方状况,但已呈现赞同议会设立二院制的思想倾向。不过日本明治时期二院制和一院制主张的代表思想家为穗积八束和植木枝盛。

宪法学家穗积八束主张两院制、否定一院制。为此,1882年他专门撰写论文《国会议院需要设立两局》。在文中,穗积八束认为"在泰西国政学之诸大家中,两局主义之人最多"。即西方学者大多主张两院制。所以穗积借用了西方不少政治学家的理论,阐释自己的二院制主张。其中重点引证了近代对日本政治文化影响极大的德国学者布伦切里的观点。他指出,首先,布伦切里主张在非常局势下,可用一院制,而在和平时期,则应当普遍实行两院制。他还列举数据说明,"欧洲诸邦合计,遵奉两局议院制之人民,约一亿七千三百万,遵奉一局制者仅不过九百万"。③至于实行二院制的理由,穗积从4个方面论证了布伦切里的观点:第一,能够更加全面地审查议案。"二局优于一局,犹如四眼优于两眼。特从各种异样之点观望同一物,前者优于后者愈发显著。即提出一议案欲通过两局,二局各自从其不同地位尽力审查复议,犹同四眼优于两眼一般也。"即研究、审议问题时,二院因为多一道程序,可以使议案更加完善周全。

---

① 如肖传国:《近代西方文化与日本明治宪法》,社会科学文献出版社,2007年;稻田正次:『明治憲法成立史の研究』,有斐閣,1979年。

② [日]加藤弘之:『立憲政體略』,[日]吉田曠二編:『加藤弘之文書』第1卷,44页。

③ [日]穗積八束:「国会議院ハ両局ノ設立ヲ要ス」,[日]長尾龍一編:『穗積八束集』,信山社,2001年,5頁。

第二,可以更加全面、稳妥地制定法律。因为议会与行政机关不同,"行政需要济一时之急而临机处分"。即面临紧急状况时,政府会采取果断措施解决,不可能耗费很多时间仔细斟酌。而"立法之事则不然。作为重且大之事件,若为期待前途永远之业,则不能希望急遽要否之议决"。法律具有稳定性、延续性和普遍适用性特点,所以立法总是要考虑更为长远、全局的情况。因而不能在很短的时间内草率决定或否定,必须要更多的人集思广益,花费更多时间,全面、细致地斟酌和审议。"故作为议院,若为两局,自然无议事失于轻率之虞,制法不流于急激。"即不会出现偏激的法律。

第三,可以防止激进的"民主主义"所造成的多数人侵害少数人利益的"暴政"。布伦切里认为:"若使贵族议院与民选议院两立,正因为具有预防民主主义所伴随之激烈政变、杜绝滥用威权之弊源之益处,贵族院可谓真正之护持自由之最大有力者。无论如何,成为保护少数者权利之金城汤池也。"两院制因为有不同社会阶层的成员分别加入其中,所以不会允许平民占多数的下议院危害少数社会上层的利益。

第四,可以有效避免议会与国家最高主权者君主的对立:"作为立宪帝政国,若作为与国君相对峙之唯一民众代议院,君民间之猜疑、争斗无休无止,恰如铁锤之于铁砧。而国安则于其间被击碎。若将议院分为两局,国君在其二中间,可得计划二者之调和。"①最终,布伦切里总结了二院制的长处。因为在阶级社会的各个时代均出现过平民与贵族的不同利益诉求和对立斗争。"虽然在中世重视贵族,在近世重视民众,但仅仅在于二者亦各异其用。贵族以资格而立,民众以数量而立。甲虽其数少,但关乎国家康宁却大;乙因其数众多,代表舆论所归向与人民之利益。两者并立,始得显完全之效用。"为了充分照顾两者利益,"将议院分为两局,乃全力发挥其效用者也。上有君主,次有贵族,下有民众,上下相交以待,可得保维国家之康福也"。②穗积八束对此观点表示赞成。

穗积八束还特别引证英国近代著名政治学家密尔论述近代国家时曾提到的"多数的专制"这一政治现象,主张应当维护少数意见和少数者自由的观点,反过来否定在议会中多数人的意见。穗积指出:"密尔曰,代议政体之宿弊,乃多

① ［日］穗積八束:「国会議院ハ兩局ノ設立ヲ要ス」,［日］長尾龍一編:『穗積八束集』,6 頁。
② ［日］穗積八束:「国会議院ハ兩局ノ設立ヲ要ス」,［日］長尾龍一編:『穗積八束集』,7 頁。

数党之专制也。是吾人所最担忧也。一局议院可成为对于多数党压迫少数党太方便之法律,也必须牢记。多数党之利未必为国家之利,国家并非可供多数党玩弄之物。因此我辈按照渐进主义,欲计划社会之改良者,在他日我国宪钦定之日,国会议院方可设立两局。"穗积还以历史为鉴,从反面角度论证了议会设置为二院制可防止多数人暴政的长处。"国宪乃国家之头脑。作为国宪,若失其当,大纲坏乱恰如疯子之类。在十七世纪,英国狂癫,将议院设为一局;十九世纪,法国狂乱,废两局而设一局。"这些举措皆引起了社会的动乱。而当今日本要防范这类社会动乱,必须将议会设置为二院制:"如今正逢政党倾轧渐盛,政治海洋风波不稳之期,即便不不屑于亲自参与有关政党争斗之人,只要作为国民,若至关乎国家安危之大国宪制定,其不可不大体有明确定见。作为读者,只要为真正爱国之人,相信必然与我辈皆成为坚持二局议院之人。"①穗积尤其主张以贵族为基础的上院的设置不可欠缺。

与穗积八束观点对立、主张设立一院制的代表人物是著名的激进民权理论家植木枝盛。他明确主张应当在日本设立一院制议会。1883年植木在日记《无天杂录》中,分析了一院制议会的优点:"若将国家之议会托于一院,其一院自会重视责任,厚著尊敬,常可最深自慎。"即实行一院制,容易明确议会自身的政治责任,不会将应决断之事务相互推诿,也不存在争权夺利、相互掣肘的状况。但如果不实行一院制,情况则大不相同。植木分析道:"然而若托于二院,二院互相猜疑,又互相图谋偏有威权,互相欲求占有其实力。"这样相互猜疑又争权夺利的结果,"若哪一院一旦获得胜利,由于其平素企图压制驯服的敌对一方之习惯念头,不知是否会至少误至无知无识之中庸状态"。这样相互掣肘的政治局面,使无论多么重要的政治主张和重要决策皆不能提出。所以他认为"可谓一局议院名实具备,而二局议院则名实皆不具备"。② 设立相互牵制的上下二院实际上只是徒有议会之虚名,而不能尽到议会的重要责任。

当时社会上有人批评"一局议院流于专横"而加以反对,植木针对此类论点辩驳道:"然而所谓专横,只能称作一国政事由少数人随意操纵。议院不仅已经旁设行政官员,而且所谓议院,乃由从全国人民中选举之议员构成,凡议院所专

---

① [日]穗積八束:「国会議院ハ両局ノ設立ヲ要ス」,[日]長尾龍一編:『穗積八束集』,11頁。

② [日]植木枝盛:『無天雜錄』4,[日]家永三郎他編:『植木枝盛集』第9卷,243頁。

注倾向者,只可谓其全体国民之意旨。若作为其议院,专做全国人民尚未委托之权限以外之事,以至从事违背全国人民本意之事,固可云专横,也可云暴戾。然而如此,作为其人民,应当匡正之。为何最初便要设立上院耶?"①即一旦议院出现违背全国人民本意的专横倾向,人民完全可以通过法律程序纠正,并不一定设立上议院牵制。

他在1884年发表的文章《论一局议院》中,首先考察了欧美各国之所以要实行二院制议会的历史原因:"盖彼欧美各国于近日将其议院那样分为二局者,抑由何故耶? 要之,不外乎唯因袭所致也。"②即欧美各国的二院制议会,沿袭了中世纪晚期的等级会议制度。为什么会因袭中世纪的制度呢? 植木进一步分析道:"考察征收租税之手段,其祖宗曾以己权威所得。至今则知非以人民之一致而其不可。于是发出命令,从国内各地市府城镇,将议员招集至国会,由此构成后来兴起下议院之权力。"③也就是说,二院制议会是作为征收租税方便的权宜之计而设立,并非议会制度的必然选择。植木枝盛分析了英国、美国、法国、葡萄牙、德意志、丹麦、瑞士等国家二院制产生的原因和过程后指出:"故要之,于今日之欧美各国,多将其国会议院分为二局,非有必然之理存焉也。非其初便处心积虑、反复思考而产生之物也。唯因踏袭中古封建时代之余习。"④强调二院制议会并非社会发展之必然规律,而是沿着历史的惯性演变而来的,带有传统习惯法的痕迹。所以日本不一定要仿效。

他又分析了各种主张二院制的观点。如主张二院制者认为,若议会仅设一院,则其中长期担任议员者,了解官方而疏远民间;而担任议员年限短者,则虽明了民间情况,但却不免疏于察知政府状况。因此,设置二院,将这两部分人分别担任两院议员,则考虑问题比较郑重周全。针对这种观点,植木枝盛主张采取更为中庸的办法,一院制也能具备上述优点。他指出:"其议员更选之际,若更选半数,或虽全部一齐更选,但可将其旧员中再选几成,使复任其职,其几成为新任者。若其再度选拔者恰如在职年限较长者,又其新任者如同在职期限稍短者。

---

① ［日］植木枝盛:『無天雜録』4,［日］家永三郎他编:『植木枝盛集』第9卷,243頁。
② ［日］植木枝盛:「一局議院論」,［日］家永三郎他编:『植木枝盛集』第1卷,214頁。
③ ［日］植木枝盛:「一局議院論」,［日］家永三郎他编:『植木枝盛集』第1卷,215頁。
④ ［日］植木枝盛:「一局議院論」,［日］家永三郎他编:『植木枝盛集』第1卷,227頁。

相裨辅可足以致和。"①即一院制部分改选议员便可兼顾两者,比二院制更优越。

不仅如此,植木还进一步分析了设置二院的弊端:"作为国家,若有二局议院,互相之间会产生一种心态。例如甲以为乙会厚民情而薄官情,因而用自心尤偏官而轻民。乙以为甲会厚官情而薄民情,因而倾自心特详民而略官。甲以为乙其议论过激躁急,而自己则斗胆过于缓滞;乙以为甲其议论陋隘偏私,而自己则必须斗胆强张几分。两间互相对抗,以致各自偏于一方。又两间互相轧轹,而各拟自胜,以至相视疾相伤害。其弊害岂不大哉?"②不仅两院相互争斗,甚至还会造成二院与政府的对抗:"议院故意分为二局之时,凡若在国家中更常与行政府相对,与之相磨相攻,诚不得不丧失公正。"③所以,植木认为在一个统一国家内设置二院制议会,犹如制造一种离心离德的机构:"夫议院犹如一国主心之府也。故议院设置一局,而足以尽一国精神之所能。若反之,构置二局,几乎无异于在一国设置二个主心府,犹如放小彼之一人有二主心者。"④顺理成章,他强调一个国家只有一个政府,因此,与之相对,也只能设置一个议院:"国家之立法府实际与其国之行政府相对。而彼之行政府一共只有一个而已。则国会议院也亦可不设一局耶?夫诚应为一国人民之代议,在民选议院之外,更以贵族等种类,设置并列议局……后设议局则很少能保证丝毫无偏无党、执法中允。"⑤植木认为,如果设立一院制议会,这些弊端均可克服:"若唯设置一局议院,任议员者深为自慎,又重视自身责任,可善得其中正,善尽其郑重。"⑥

而且,植木认为如果设立两院,就会产生"少数人的暴政",少数人的上院会压制多数人的下院的意见:"二院制度会产生以少数压多数之结果,可大戕代议政体之旨趣。二院制度如同对国家制作两种精神,颇危害其活动运转。二院制度多不能从事正当议决。"⑦因此,植木强调:"我辈彻上彻下仅取一院制度,决不能允许二院制度也。幸天下各国皆必采取一院制度。"⑧所以植木认为那些对设

---

① [日]植木枝盛:「一局議院論」,[日]家永三郎他编:『植木枝盛集』第1卷,230页。
② [日]植木枝盛:「一局議院論」,[日]家永三郎他编:『植木枝盛集』第1卷,231—232页。
③ [日]植木枝盛:「一局議院論」,[日]家永三郎他编:『植木枝盛集』第1卷,232页。
④ [日]植木枝盛:「一局議院論」,[日]家永三郎他编:『植木枝盛集』第1卷,269页。
⑤ [日]植木枝盛:「一局議院論」,[日]家永三郎他编:『植木枝盛集』第1卷,271页。
⑥ [日]植木枝盛:「一局議院論」,[日]家永三郎他编:『植木枝盛集』第1卷,231—232页。
⑦ [日]植木枝盛:「一局議院論」,[日]家永三郎他编:『植木枝盛集』第1卷,277、275页。
⑧ [日]植木枝盛:「一局議院論」,[日]家永三郎他编:『植木枝盛集』第1卷,277页。

置一院制议会的担忧完全多余："如此,夫正是将之设为一局,始实可得不误郑重慎密。彼之以一局议院存在粗漏欠忽之忧者,不过杞人忧天。以二局议院独无粗漏欠忽之忧者,实不知一局议院之辈也。"①最终的结论是："予也尝以为,议院不唯利一局,国会必不可不一局也。"②

1881 年 10 月 11 日黑田清隆等 7 位参议向天皇上奏,请求颁布国会召开时间时,同时提出了设立二院制的主张："臣等又窃按,立宪政治之国,其以所巩固之基趾,抑亦有道。一曰设元老院,作为贵族老成所组织;二曰陆海军帝王所亲自统帅。盖国有上下两议院,如车之有两轮。而元老院将与下院并立,持其平衡。防止急变激进之弊,永远作为宪法之保障、王室之辅翼也。现我元老院之设,仅启其端,而不至举其实。今应一变其组织而更张之。"③实际上将以前贵族构成的元老院作为上院,以便牵制由普通国民组成的下院,以确保上层利益得到保障。

后来在 19 世纪 80 年代日本社会提出宪法草案的热潮中,最终只有植木的宪法草案坚持国会只设立一院,其他宪法草案几乎都主张两院制。

五、对议会设立途径的不同认识

在议会设立途径即如何产生议会的方式上,政治家与思想家有着不同的主张。例如统治集团重要成员伊藤博文并不反对开设民选议院,但认为民选议院设立的时期和方法应由天皇圣裁。他于 1880 年给井上毅的信中表示："确定起草宪法、设立民选议院之时期、其方法等,将以敕书公示全在圣裁之事,使人民知道其所归着方向。"④一方面赞同民选议院,另一方面又主张由天皇决定选举事项,表现出伊藤头脑中民主思想和皇权思想的相互混杂。

明治重臣岩仓具视于 1880 年提出制定宪法建议书。此建议完全不提民选议院,所谓议会只是官定元老院。他提出议员应当"在官员及非役之皇华士族平民之中,选择有勤劳于国家者、有学识才能者、有资望者、磨炼于事务者等委任

---

① ［日］植木枝盛:「一局議院論」,［日］家永三郎他編:『植木枝盛集』第 1 卷,232 页。
② ［日］植木枝盛:「一局議院論」,［日］家永三郎他編:『植木枝盛集』第 1 卷,209 页。
③ ［日］渡辺幾治郎:『明治天皇関係文献集 7 日本憲法制定史講』,60 页より引用。
④ ［日］稲田正次:『明治憲法成立史の研究』,73 页より引用。

之,出仕元老院,太政大臣总裁之,以议定宪法经上裁而施行"。全国人民如果对宪法编制有意见,"应当经由其地方官向元老院建言布告其事"。然后"从元老院议官开始,以宪法编制委员渐次变为上院之体裁,应使如它日英国议事院"。① 即主张模仿英国议会,由官方指定的人员组成元老院,逐渐向上议院过渡。这种主张由官方指定而不是选民选举议员的构想,与近代化的议会产生方式大相径庭。

明治政府的核心人物大久保利通比岩仓的观念更趋近代性。他提出议会成员部分选举、部分由天皇任命的方案:"华族之户主21岁以上者可选举议员。议政院议员华族所选举之华族议员20名,其他以天皇陛下之特命,所选举之议员无限定。及以行政各省之卿为议员,此亦陛下特权。华族选举之议员若非有罪,虽陛下特权也不能免其职。至开始满两年,华族选举议员和特命选举议员,其半数更以新选换之。剩余半数满三年后又变更之。以特命选举之议员,在华族之外奉职中,赐予官俸。"② 这实际上在一定程度上将议会的议员当成了政府官员,混淆了议员与行政官员的不同身份。但它指出了由选举所产生的议员职位的神圣性,即不能轻易被免职这一特性,反映出大久保部分接受了西方民主政治的观念。

山县有朋则主张先从基层的村民会议进行尝试,"完成数年尝试之经验,以足以寄托立法之大权。至其时,可变为民会也。或设特选议会之名,以投票在府县会中选出二三名议员设立一届议会也可从其宜。又在尝试经验之后,各选举媒体参差错综选举之法,历经岁月也亦可成民会也。"实际上是由下至上,通过不断尝试,逐渐取得经验,最后再形成国家议会。他认为这样,也不会导致政府权力被议会夺走:"如此,议会固然开始假民会之名,其集合解散之权,最初犹存在于政府手中。而其所议决也可定为必行之事。"③ 山县认为这样既可以稳妥地逐步实现议会政治体制,又不会影响政府的行政效力。

思想家们对议会产生的途径主张不一。作为启蒙思想家的森有礼1874年

① 『明治天皇御紀編纂資料の参考史料の雑纂』,[日]稲田正次:『明治憲法成立史の研究』,63頁より引用。

② [日]大久保利通:「立憲政體に關する意見書」,[日]日本史籍協會編:『大久保利通文書』5,201—202頁。

③ 山縣有朋:「國會開設に關する建議」,大山梓編:『山縣有朋意見書』,東京:87—88頁。

在《明六杂志》第三号发表看法,主张"民选"议院应当名实相符:"所谓'民选议院'者其制果如何耶? 政府令人民设立之? 今将之向政府申告,以使人民随意兴起会议? 或得政府许可而设立之? 以建议书中有'此段宜可被御评议完成也'察之,乃政府可为人民设立议院之义。若果如此,此乃非人民之议院,而为政府之议院也。盖'民选'之文字也可为政府挑选民间人物设立议员之义也。政府之喜好所设之议员,故若政府不喜好时,虽已设立之议院,政府还可随意废之。若如此,议员成为不能毫无顾忌议论政事之耳目,还不得不对政府柔顺,成自然之势,理所当然,更不辩自明也。既然柔顺,所议也亦从而赞扬政府之所为,最终被称为政府的大力鼓吹支持者,可至受到社会批评。"①他抨击了那种主张由政府来确定民选议院设立的思想,提出议会设立方式应当充分讨论,如果由政府设立或按政府旨意设立,皆不能称为真正的"民选"议院。言下之意这种议会只能真正由人民自己选举产生才名副其实。

西周则持一种折中观点,即认为设立民选议院可以采用多种途径,不必强调唯一方式。他在《网络议院之说》中指出:"民选议院论产生之后,纷论百出。要之莫非建立方法大同小异。"他大致归纳了四种设立议会的途径:一是由政府下令人民参与组成议会;二是由官吏选出议员组成议会,"或云敕选";三是地方府县先组成议会;四是大小选区产生议会。"是皆实作为至民选议院之道路,乃欲达大鸿鹄之弓矢也。今云网罗议院,将此数者网罗悉行之,以成为欲实际建立真正之民选议院之说也。"②西周指出上述这些不过是方法上的大同小异,无论采用何种途径,最终总会殊途同归,使民选议院得以建立。尽管如此,西周总的还是倾向于官方指定议员组成议会。他将这种议员称为"令参议员",认为让他们代言民意,"虽有将君民代理于一身之嫌",但要了解各县以下民情,只能靠"令参议员",因此应当以这部分官方指定议员构成议院本体。而具体管理国政则需要"官选议员"。因为令参议员不熟悉天下大计和同外国交涉等事务,所以官方"应当选择有学识德望者经纬其间"。而其中又分为两部分:一是专以学识德望为主,一是应选择各省中"明了省务大礼者代议各省之利害"。将上述几者合

---

① ［日］森有禮:「民撰議院設立建言書之評」,［日］大久保利謙編:『森有禮全集』第1卷,宣文堂書店,1972年,17頁。

② ［日］西周:「網羅議院ノ說」,［日］大久保利謙編:『西周全集』第2卷,242—243頁。

并,构成议院。① 这样一来,西周基本上回避了"民选"这一实质性的议会设置步骤。

与上述两种明显对立的观点不同,马场辰猪认为日本的议会政治不必照搬西方国家的模式,提出"已开化进步之人民,若欲重新由外国引进一种政体,不需要一一踏袭最初外国人创始政体之时所为之顺序"。② 主张应当根据本国实际情况设立议会,但他没有明确表示究竟是哪种途径产生议会更符合日本社会实际。

福泽谕吉则提出了独特的主张。他认为"欲设立此国会召集各地代表,首先得由其地方人民召开会议,形成地方之事由地方人民处理之风习,从地方小会议中选举各色人物,使出席中央首府之大会议,中央与地方之实情也始相通,国会之便益可得也。故欲以地方民会为后,中央国会为先,可云误事之顺序者也"。③ 强调由地方议会向中央国会递进的设立方式。这与山县有朋的主张有异曲同工之处。

田口卯吉则主张,无论设立国会采取何种方式,都应当注意维护皇室安全。他首先肯定"明治创业之基,已如前论,全在于开设国会"。然后指出开设国会是件伟大事业。因此凡是参与其设计、策划者,都必须小心谨慎,注意维护皇室安全:"自古多英雄豪杰之士。然而,如云一世之间,废封建、成郡县、变专制政府成立宪政体,完成伟业者实在没有。然而,若今我天皇陛下之勋绩实为如是,而若我有司辅佐之功极多,长使后世英雄豪杰羡慕者,偏可集于有司之身。若然,则奏上现时之势,以于今日将之为制,速完成明治政府之基础,实可云展示有司技巧之时。若其不然,经过荏苒岁月,至明治二十三年,若有开设国会之事,其间即便一个祸事也无法拥戴天皇陛下亲政,经过安全顺利之路,应不可免责也。"④即议会政治的实行无论通过何种途径,皇室的安全是首要的。这反映出当时思想界的一种带普遍性的倾向,即无论政体设计如何运作,皇权的至尊地位和安全稳固,都是首先要考虑的要素。

以后在各类宪法草案提出的过程中,主张两院制的宪法草案大多都对此问题

① [日]西周:「網羅議院ノ説」,[日]大久保利謙編:『西周全集』第2卷,243—244頁。

② [日]馬場辰猪:「天賦人権論」,[日]西田長壽他編:『馬場辰猪全集』第2卷,112頁。

③ [日]福沢諭吉:「通俗民権論」,[日]富田正文他編:『福沢諭吉選集』第5卷,岩波書店,1981年,98頁。

④ [日]田口卯吉:「時勢論」,[日]同全集刊行会編:『鼎軒田口卯吉全集』第五卷,29頁。

持"二元方式"观点,即上院或元老院由天皇钦赐或政府任命,下院则由人民选举产生。这些主张反映出日本刚兴起的资产阶级力量的弱小和政治上的妥协性。

六、有关议员选举人和被选举人
资格之思想论争

要组建议会,就必须选举议员。由谁来选举? 选举谁担任议员? 这就涉及选举人和被选举人的资格问题。这两方面问题在社会上也存在不少意见分歧,从而引起了相关的思想论争。

关于选举人资格,当时存在着资格限制和无资格限制,即实行有限选举还是普选两种主张。加藤弘之历来主张对选举人应当设定资格限制。他早在1868年介绍西方议会政治时便提出选举人"称为选择士",而"有的国家,成为选择士之权利和成为议员之权利皆由万民授予。也有的国家用数条规则限定其权利,各国不同"。① 但他自己提出了看似矛盾的主张:"国中庶民皆有选举权,决不因大小贫富而被剥夺此项权利。不具有此项权利者仅有妇女、少年、精神病患者和服刑之人等。"②既赞同普选的大原则,又对选举人资格作了限定。数年以后到人权问题论争时,③加藤的立场进一步后退。为了反对自己曾极力主张的天赋人权思想,他明确表示否定穷人参与选举:"欲选议员之有才能者,必需要有才能之选举人⋯⋯然而据彼天赋人权主义,只管欲求公平之道,设立普通选举法,采用让一般人民选举议员之术,与让有才能者选举有才能者之道相反之状况,不用赘言不就可明白邪? 是即普通选举法不容易之原因,通常必要限制选举法之所以然。"④据此,加藤提出了以财产限制选举人的主张。

首先加藤考察了欧美各国实际状况,"凡限制选举法虽各国其法有异,就中

---

① ［日］加藤弘之:「立憲政体略」,［日］明治文化研究会編:『明治文化全集』第8卷『政治篇』,21頁。

② ［日］加藤弘之:「立憲政体略」,［日］明治文化研究会編:『明治文化全集』第8卷『政治篇』,23頁。

③ 关于这场思想论争,笔者曾有所探讨,见拙稿《日本明治前期一场引人注目的思想交锋》(《四川师范大学学报》2014年2期)。

④ ［日］加藤弘之:『人権新説』,［日］明治文化研究会編:『明治文化全集』第5卷『自由民権篇』上,381頁。

以纳税多少许否选举权利者最多"。即大多数西方国家都对选举人从财产上进行了限制。其次,为什么这些先进国家会有这类限制? 加藤根据自己的理解分析道:"盖如今日汲汲于经营活计者,多未受教育,理当才能自乏,因而穷人不得不被认为成无才能者……加之多少有些财产者,志向自有定所,不如无产者之轻躁。且能爱己,故又能有爱国之情。故以多少有些财产者为选举人之法,大概必得选出有才能的议员之道。"最后,如果不从财产多寡上对选举人实行资格限制,将会出现不利于议会政治正常进行的状况:"然而与之相反,绝对不论贫富,成年以上者悉皆将之作为选举人,无才能者必占多数,故动辄受奸黠者煽动,与之雷同之忧甚多,遂至不能选出适当之议员。是盖不可妄许穷人选举权利之原因。"①加藤的主张代表了日本正在兴起的资产阶级的两面性,即表现出既主张实行议会政治,又不希望普通民众参与其中,只允许有相当财产的资产阶级和其他社会"上层"掌握政权的思想。

启蒙思想家津田真道介绍西方议会政治时,也指出西方对选举人资格是否有所限制各国不尽相同:"代民选举之权,或阖国全民悉皆有之,毫无所抑制,或定若干条例限制之。"②他列举了6种限制选举的方式后认为:"苟具备议论通国利害得失之学识之人,悉皆可加入选举代民议事之列。"③这看上去是主张普选,但暗含了限制那些没有学识的人参加选举。

在"自由民权运动"的导火线——1874年提出的《设立民选议院建议书》中,副岛种臣等人提出了在日本设立民选议院、让人民对政府决策有知情权和发言权的迫切性:"臣等爱国之情不能自己,乃探求拯救之道,唯在伸张天下之公议而已。伸张天下公议,唯在成立民选议院而已。然后有司之权如有所限,而上下始蒙其安全幸福。"④强调改变政府专制而人民无权的有效办法,就是尽快建立民选议院:"立斯议院者,乃欲伸张天下之公论,树立人民之普遍权力,鼓舞天下之精神,以使上下亲近,君臣相爱,维持、振兴我帝国,保护其幸

---

① [日]加藤弘之:「人権新説」,[日]明治文化研究会编:『明治文化全集』第5卷『自由民権篇』上,381—382頁。
② [日]津田真道:「泰西國法論」,[日]大久保利謙謙他編:『津田真道全集』上,146頁。
③ [日]津田真道:「泰西國法論」,[日]大久保利謙謙他編:『津田真道全集』上,147頁。
④ [日]副島種臣他:「民選議院設立ノ建言」,[日]明治文化研究会编:『明治文化全集』第4卷『憲政篇』,364頁。

福安全也。"①尽管强调了"民选"议院，但他们在回答加藤弘之反对普选时，也表明对选举人资格应有限定："今夫立此民选议院，也并非指欲突然将人民选其代表人之权利普遍化。欲让士族及豪家之农商独姑得保有此权利而已。此类士族农商等则前日彼之首倡之义士，乃出于维新之功臣者也。"②反映出这批士族出身的改革者的矛盾心理：一方面希望通过设立议会在日本建立近代化政治体制以推动资本主义发展的愿望，另一方面又担心下层民众通过选举参与政治可能危及自己利益，所以明确表示反对普选。

在一些政党和报刊中，也提出了有限选举的思想。如爱国公党提出："我们主张设立的民选议院，并非将选举议员之投票权给予一般人民，而是给予对明治维新政府成立作出贡献、产生出义士和功臣之类的士族、豪农、豪商。"③《朝野新闻》明治 14 年 10 月 4 日社论《国会开设之程序》中也提出了有限选举议院的思想。社论主张首先应当促使政府同意开设国会，然后召集国民盟会（议会）详细讨论精神，之后再得到天皇批准，制定宪法。而"各府县之选举人，可限于年龄 21 岁以上男子、交纳地租 5 元以上者"。④

就连主张下层人民参政的思想家，也对选举人资格设定了某些限制。如《五日市宪法草案》规定："妇女、未成年者、受到治产之禁者，白痴、疯癫者，无住房而为人之奴仆雇佣者，接受政府资助金者，及因普通犯罪而被处以实际判决一年以上有期徒刑者，还有未禀告之失踪人，不得成为代民议员选举人。"⑤植木枝盛在宪法草案里也提出"现在未纳租税者、现在正依法服刑者、政府官吏不得选举议员"。⑥ 所以当时有限选举的思想占据了上风，这也反映出西方按财产资格获得选举权的法律规范和相应观念的影响。从表面看来，植木的宪法草案在限制租税缴纳者这一点上，似乎并非完全的普通选举。但他并未规定租税的种类和数

---

① 〔日〕副岛種臣他：「民選議院設立ノ建言」，〔日〕明治文化研究会編：『明治文化全集』第 4 卷『憲政篇』，364 頁。

② 〔日〕副岛種臣他：「加藤弘之ニ答フル書」，〔日〕明治文化研究会編：『明治文化全集』第 4 卷『憲政篇』，373 頁。

③ 〔日〕外崎光広：『土佐自由民権運動史』，高知市文化振興事業団刊，1992 年，36 頁。

④ 〔日〕稲田正次：『明治憲法成立史の研究』，178 頁。

⑤ 〔日〕千葉卓三郎他：「五日市憲法草案」，〔日〕色川大吉編：『三多摩自由民権史料集』，221 頁。

⑥ 〔日〕植木枝盛：「日本国国憲案」，〔日〕家永三郎他編：『植木枝盛集』第 6 卷，113 頁。

量、金额,也就是说,只要缴纳很少的租税便可获得选举权,这样实际上就使选民范围相当广泛,同时也给予妇女以选举权,可认为是当时相对进步的议会政治思想。

当然,也有的思想家提出了较为彻底的普选思想。如中江兆民反对用财产限制选举权。他认为"参政权为人民所有物,而非宰相百官之所有物",因此"所谓应选选举权,皆为国民尤为贵重之所有物也。然而,有些人因有财产而得到此权,有些人因无财产而不得此权。若果然如此,我使用所有物也亦要价金乎?悖理之极,一至此也"。主张不论有无财产,都应当拥有选举权。他还总结道:"在西方诸国中不用论,即在亚洲某部分,也采用限制选举法,似乎有利而实际有害,与此相反,采用普通选举法,看似有害而有大益也。"①主张取消财产限制,实行最广泛的普遍选举。

马场辰猪在人权问题论争中驳斥加藤弘之主张限制议员选举资格时,提出了自己的普选主张:"对议员选举法,社会有种种议论。然而从进化主义论之,决不应排斥此普通选举论者。因为人类生存竞争,以寻求自己的幸福之事,正是于天理所公认也。则让国民多数之人们,自由生存竞争,用和平手段构成优胜劣败,即作为普通选举。如以彼之多额财产设立限制,不让国民多数参与政事上之竞争,决不能云适合生存竞争之进化主义。"②马场用加藤自身的进化主义理论反驳其有限选举论,巧妙提出了让所有人民参与普选正符合进化主义,否则便与"适者生存,优胜劣败"的观点自相矛盾,从而否定了用财产限制人民参加选举的主张。但另一方面他又不得不承认"世间无论如何喜好普通选举者,也要将妇女儿童白痴及其他无通常一般感觉者除外"。③ 实际上还是同意剥夺妇女的选举权,并未主张实行完全的普选。

对于被选举人即议员的任职资格,也存在上述两种思想的论争。除了共同主张有年龄限制之外,对上院和下院的议员任职的身份,大多数人主张有不同的限定。岩仓具视主张"元老院以特选议员和华士族中之公选议员组成。民选议员选举法采用财产限制。但华士族应当不拘财产给予特许"。④ 即主张上院议

① [日]中江兆民:「国会論」,[日]松本三之介编:『中江兆民全集』第10卷,61—62、59頁。
② 馬場辰猪:「天賦人權論」,[日]西田長壽他编:『馬場辰猪全集』第2卷,114—115頁。
③ [日]馬場辰猪:「天賦人権論」,[日]西田長壽他编:『馬場辰猪全集』第2卷,115頁。
④ [日]岩倉具視:「具視憲法制定ニ關シ意見ヲ上ツル事」,多田好問编:『岩倉公実記』下,720頁。

员分为特选和公选两种,但这两种议员不受财产限制。而下院议员的当选则要受财产限制。

这种受西方近代议会政治影响,主张限制议员任职资格的思想,在当时的宪法草案中和传媒中较为普遍地体现出来。如《嘤鸣社宪法草案》中的议会选举事宜,规定了下院的议员任职资格:"日本人民享有政权民权的25岁以上男子,拥有规定财产,遵照选举法可被选为议员。"同时该宪法草案还规定了"上院议员限于日本人民中年满35岁以上并具有下列性质者:1. 皇族、华族;2. 对国家有大功劳者;3. 任三等官以上者;4. 地方长官;5. 三次以上被选为下院议员者"。① 体现出近代化议会政治思想与传统的皇权思想交织的状况。《五日市宪法草案》规定的议员资格为日本国民"享有政权民权、年满30岁以上男子,拥有定额财产,证明有从私有地产生的岁入,交纳了法定金额的直接税、不担任文武之常职者,可按选举法当选为议员"。② 植木枝盛草案中规定"现在正依法服刑者、政府官吏不得被选举为议员"。③《朝野新闻》社论提出国民盟会(国会)的构成如下:"国民盟会特为议定以立宪政体为基础之宪法所会集者也。组织本会者,全国人民选举之代表人是也。作为人民之代表可列于本会者,年满25岁以上男子方可。"④基本上皆主张议员任职必须有相对严格的资格限制。

思想家们也主张对议员资格有所限制。如加藤弘之指出:"下院各国皆由平民之议员充之。议员即以代表天下百姓商议国事为使命也。故此议员各国共皆由百姓所选择,必有年龄限制等定则。"⑤马场辰猪主张议员应当德才兼备,他指出"作为国会议员者,不单需要智识才能,也需要方正实直。若国会议员仅需要智识才能,国会也不保成为一二奸雄逞坏之器械也"。⑥ 强调了议员的品德重于才能的思想。

---

① 〔日〕「嘤鸣社宪法草案」,〔日〕家永三郎他编:『明治前期の憲法構想』,357—359 頁。

② 〔日〕千葉卓三郎他:「五日市憲法草案」,〔日〕色川大吉編:『三多摩自由民権史料集』,221 頁。

③ 〔日〕植木枝盛:「日本国国憲案」,〔日〕家永三郎他編:『植木枝盛集』第6卷,113 頁。

④ 〔日〕『朝野新聞』社說「国会开設ノ手続」,〔日〕稲田正次:『明治憲法成立史の研究』,178 頁より引用。

⑤ 〔日〕加藤弘之:「立憲政体略」,〔日〕明治文化研究会編:『明治文化全集』第8卷『政治篇』,20—21 頁。

⑥ 〔日〕馬場辰猪:「天賦人権論」,〔日〕西田長壽他編:『馬場辰猪全集』第2卷,115 頁。

大井宪太郎批评了《民选议院建议书》提出民选议员的资格应当是"士族及豪家农商等"的主张,指出"盖世袭之士族与人民相离居多年,其利害完全不同,不曾了解人民痛楚,对人民间之利害也实在生疏……若仅以士族举荐为民选议院之议员,虽有足以把握全国一般利害者,但多有不知一州利害者。是即居住于生活采邑范围中,因而疏于人民间之情"。① 强调如果仅从士族中选举议员,那下层民众的利益诉求将无法得到表达,议员的作用也就不能充分发挥,议会的功能也将部分丧失。

中江兆民则进一步提出了应当尽可能广泛选举议员的思想。他指出议员"代表一国民众之意欲。凡在社会之大计中,若承担了——印证舆论、以增进公共福利之责任,其负担之重非区区刀笔吏可比"。既然如此,"议员之任重,选举议员之任亦重"。那选举对象的范围就不能太狭窄。因此,他提出"若欲得可发挥作用之人物,与其在少数人中搜索,不如在多数人中寻求。是明白之理也。然而若仅在拥有若干财产之人员中搜寻之,而不在没有财产之人员中搜寻,其范围极为狭隘,以致得人之线索随之减少。是又明白之理也"。② 实际上提出了取消财产限制,让尽可能多的人民参加竞选议员的近代化议会政治思想。

统治集团成员山县有朋提出了他对议员资格的看法。他认为在特别选拔议员时,要"根据其智慧选择贤能。这种选拔较为适当。今庆幸已设立府县会,如其中巨擘者,在任何府县中也易见易知。故此等之人,选拔其有德识者,以之召开一次议会,使其先商议国宪之条件,并且使其涉及天下立法诸种事项。"③强调的是从人民中选拔有智慧的特殊人物充当议员。

七、议会召开、闭会和解散权的
归属问题的思想论争

议会是否召开、何时召开、何时闭会?什么情况下解散?这些程序性职能的履行主体归属于谁?表面看来这些程序性问题并非议会的主要职能,但召

---

① 〔日〕大井宪太郎:「馬城臺二郎批駁」,〔日〕明治文化研究会编:『明治文化全集』第 4 卷『憲政篇』,386 页。

② 〔日〕中江兆民:「国会論」,〔日〕松本三之介编:『中江兆民全集』10,59 页。

③ 〔日〕山縣有朋:「國會開設に關する建議」,〔日〕大山梓编:『山縣有朋意見書』,87 页。

开会议是履行议会职能和行使权力的主要方式,而且会议召开时间长短对讨论议案、法律制定是否深入完善,是否能让议案、法律成功通过表决而成立,往往起着关键作用。因此在代议制度实施过程中,这些程序性职能也十分重要。

对于这一重要问题,日本不少政治家和思想家认为,议会的开、闭会乃至解散的权力,应当由君主或政府掌握。明治重臣岩仓具视在自己提出的《有关宪法制定的意见》中规定"天皇有权开闭及解散议院"①。将议会的召开、闭会甚至解散的权力,完全归属于以天皇为代表的行政权力。另一位明治重臣大久保利通在 1873 年提出的《关于立宪政体之意见书》中,也表示出同样主张,在"天皇陛下之权"中特别提出"聚散议会"②的大权。显然皆体现出一种"皇权至上"的传统价值观。

明治宪法的实际起草者、后担任法制局局长的井上毅于 1882 年在自己的宪法草案中,提出议会的这些程序的决定权应当归属于天皇。他的宪法草案指出:"召集两议院,及开闭、中止已开议会,以及解散一议院或同时解散两议院,总由天皇之诏命。"这就明确将议会的开闭权完全归属于天皇。同时草案还进一步规定,"迁延两议院之闭期,应由天皇之诏命。议院之开闭,应在两议院合会时,天皇亲临或由敕使宣布诏命"③。也就是说,天皇可以打破常规,主观延长议会的闭会时间。在形式上,议会的开闭必须根据天皇诏令来决定。井上毅尽管在明治前期的政治家中,对欧美立宪主义和议会政治的理解相对深入,但在很大程度上受德意志皇权至上观念的影响,所以几乎在自己提出的所有宪法草案和宪法意见中,都紧紧围绕"皇权中心"来设计和考虑。

明治宪法制定的总负责人伊藤博文深受德意志首相俾斯麦的"皇权至上"思想影响。在宪法刚刚公布不久,他专门对其做了阐释,形成了著名的《大日本帝国宪法义解》,其中也谈到了议会的开闭会、会议延期及解散等问题。在阐释第 41 条"帝国议会每年召集"时他认为:"召集议会专为天皇大权也。然而,本

① ［日］岩仓具视:「具视宪法制定ニ關シ意見ヲ上ッル事」,［日］多田好問編:『岩倉公実記』下,718 頁。

② ［日］大久保利通:「立憲政體に關する意見書」,［日］日本史籍協會編:『大久保利通文書』5,199 頁。

③ ［日］井上毅:「憲法草案」,［日］家永三郎他編:『明治前期の憲法構想』,281、283 頁。

条中决定每年召集之事,在宪法中乃保障议会存立之原因也。"①实际上一方面承认议会召集之大权归属天皇,但同时也强调必须在宪法中明确规定议会常规开会的时间,以作为议会存在之法律保障。对于一些特殊情况,伊藤也做了解释。例如对宪法第 42 条的解释提到:"当其有不得已之必要时,要延长会期,延期闭会,亦按照敕命,议会不得自行之。"对第 43 条解释道:"而在常会之外,有临时紧急之必要时,特发布敕命,召集临时会议。临时会议之会期,在宪法中不能限定之,而根据所临时召集之敕命所定,亦依据其必要如何也。"②这些阐释皆强调了天皇在议会制运作过程中,对各个环节均具有最高控制权。但同时也指出了宪法在其中的规范作用。反映出这位明治时期日本影响最大的政治家头脑中的"皇权至上"观念和近代化宪政思想的矛盾性。

除了政治家们对议会运作程序的看法外,民间思想家们也对这类问题提出了自己的观点。启蒙思想家津田真道提出:"代民总会开闭之权可由政府操持之,是其故,乃防范代民总会欲呈威福遂成永任议政官。又为了防范政府恃开闭代民总会之权、废代民总会而独擅威福。确定代民总会必应开会之例年月日时限,明示于根本律法中乃紧要也。"③即一方面承认议会(即"代民总会")的召开和闭会的权力由政府掌握,以防范议会专权和议员利用权力世袭职位;但另一方面又指出,应该在宪法中载明议会的召开时间,以防止政府借掌握议会召开权实行专制独裁。体现出议会政治的近代化理念和"行政权主导"的传统观念的错综交织。

启蒙思想家加藤弘之认为,君民上下同治体制(即君主立宪体制)的议会开闭会甚至解散的权力应由君主掌握:"各国两院每年皆必然预定数日会议相聚。但若临时有事,君主可召集议员开会。决定两院开会闭会皆为君主之权力。且有时君主还有下令散会之权。但如若此时,则必须又下命令另选立法府,重新召开会议。"④即从君主立宪制各国了解到的议会的召开、闭会乃至解散的决定权

---

① [日]伊藤博文:「大日本帝國憲法義解」,[日]小松綠編:『伊藤公全集』第一卷,伊藤公全集刊行會,1927 年,57 頁。
② [日]伊藤博文:「大日本帝國憲法義解」,[日]小松綠編:『伊藤公全集』第一卷,58—59 頁。
③ [日]津田真道:「泰西國法論」,[日]大久保利謙他編:『津田真道全集』上,167 頁。
④ [日]加藤弘之:「立憲政體略」,[日]明治文化研究会編:『明治文化全集』第 8 卷『政治篇』,21 頁。

均在君主,君主甚至可以下命令另外选举新的议会。

应该注意的是,这两位启蒙思想家的论著均发表于 1868 年,即明治维新的当年。这时社会上有关议会职权的认识尚十分朦胧,对欧美议会制度的认识还不太深入,对西方议会政治思想的吸收还很不充分。因此,呈现出与传统的行政权至上观念的千丝万缕的联系。

随着立宪主义思想和议会政治思想在日本社会的宣传和流行,各类宪法草案在日本社会上纷纷出现。19 世纪后期民间的几部有代表性的宪法草案都涉及议会的召开、闭会乃至解散的权限问题。

1879 年在社会上出现的《嘤鸣社宪法草案》,规定了"国会每年开集"。虽然没有明确规定负责开闭国会的政治主体,但作了一些特殊规定。例如"若皇帝崩殂,至国会召集期仍无召集者,国会可自行集合开会。国会若遇皇帝崩殂而在嗣皇有解散命令之前,可不解散继续定期之会议。当国会闭会而下期国会未开期间,若皇帝崩殂,议员可自行集合召开国会。若非嗣皇有解散之命,可继续定期会议。议员选举已毕而未开国会期间,遇皇帝崩殂,若无召开国会者,其议员可自行集合召开国会。若无嗣皇解散之事,可继续定期会议。国会之议员其年期已尽,下期议员未选举期间,若皇帝崩殂,前期议员可集合召开一期国会"。① 由此规定分析,正常情况下,应当是由皇帝召开或关闭议会,只是在遇到皇帝崩殂这类特殊情况时,议会才有权自行开闭。这一方面体现出对以天皇为代表的行政权力的极大尊重,另一方面也看出这部相对温和的宪法草案对近代化议会政治的充分期待。

1881 年制定的《五日市宪法草案》规定:"国会两议院皆必须以敕命,每年同时召开之。""国帝催促征唤国会及集开终闭之,并将之延期。国帝为了国益时,可在会期之暇时临时召集国会。"②即规定了天皇拥有议会的召开、闭会、会议延期或者临时召开会议的决定权。故议会的召开,必须按照天皇敕命,即议会自己没有主动召开的权力。宪法草案还进一步规定:"国帝为了国家安全,在须要之时机,有权不承认两议院之议决,中止其会议;当出现争议时,有权命令解散其议院。"可以理解为通常情况下议会开闭权、休会和解散权仍在天皇。但与此同

---

① ［日］「嘤鸣社憲法草案」,［日］家永三郎他编:『明治前期の憲法構想』,357—359 頁。
② ［日］千葉卓三郎他:「五日市憲法草案」,［日］色川大吉编:『三多摩自由民権史料集』上,224、217 頁。

时,该宪法草案又赋予了议会以较大的开闭会自主权,规定"国帝崩殂,至国会召集期仍无召集之者时,国会可自行召集开会。国会即使遇到国帝崩殂,在嗣帝有解散之令之前,也可不解散,继续定期会议。当国会闭会而下期国会未开期间,若国帝崩殂,议员可自行集合召开国会。若嗣皇没有解散之命,可继续定期会议"①。也就是说,在皇帝崩殂,而继任皇帝没有下令解散议会的特殊场合,国会自身仍然具有召开议会会议或继续定期会议的权力。

植木枝盛在1881年提出的宪法草案中,也规定"联邦会议之开闭由皇帝负责","若有非常之事件需要开会,皇帝可临时召开会议"。仍然将这类程序的决定权归属于天皇。但加上了一些额外的限定条款,如"每年之常会虽无皇帝之命,联邦议员仍可自行开会议事","立法会议因皇帝而被解散,皇帝若未按照国法复立时,被解散之议会可自行复立","在现任议员任期已尽,而又未被交待选举议员期间,若皇帝崩殂,前期议员可集合产生新议员开会"。"当皇帝与立法议会意见相异不和时,可一次解散其议会。若解散之,必须在三日内向各选举区下达其旨,更要使人民选举议员。必须于60日内再召开议会。一次解散以后重开之议会,不得就同一事件再次解散"等。② 在这一问题上,植木枝盛宪法草案赋予议会自身的权力相对最大,表现出这位当时日本最激进的资产阶级民主主义者的政治倾向性。

综上所述,几乎所有的政治家、民间思想家对议会的召开、休会、闭会和解散程序的履行权,都归属于天皇。但是,一些民间思想家仍然赋予了议会一些变通的权力。③

八、有关议会立法权和财政权
问题的不同思想交锋

众所周知,近代以来,实行议会政治的发达国家,立法权皆由议会履行。因

---

① [日]千葉卓三郎他:「五日市憲法草案」,[日]色川大吉編:『三多摩自由民権史料集』上,224頁。

② [日]植木枝盛:「日本国国憲案」,[日]家永三郎他編:『植木枝盛集』第6卷,114、108頁。

③ 有关日本明治时期思想界对议会设立问题的不同主张,笔者曾有所探讨。见拙稿《日本近代早期围绕议会设立的思想论争》(《日本学刊》2014年1期)。

为议会至少在名义上代表着全体国民的意志,制定国家的根本大法和一切部门法。这与传统的封建国家实行的以帝王个人意志制定法律的制度是完全对立的,因此在人类政治制度史上是一种性质截然迥异的巨大飞跃。而议会的财政权问题,可以说是西方议会制度产生的最重要原因。无论是法国的三级会议,还是英国的模范国会,其起因都源于对君主征税权的认可和批准。因此,对于国家财政运行的干预,是议会的又一重大职能。对于议会这两方面的重要职能,政治家和思想家以及"下层民权运动"的推动者之间,在认知上存在很大差异。

1868 年 9 月 19 日天皇下诏,让议政、参议暂时与行政官一起商议政务。其中提到:"今后与天下众庶共为众庶之政,且在会计之事务上,若不由议事之制产生之,则也愈益难以实行。皇国基本,也实关系此事之成否所致。"①实际上在日本最早指出了议会应当具有的重要职能,即负责商讨和批准国家财政预算和决算的职能。

岩仓具视有关立宪的意见中主张:"凡议案由政府提出。对于岁计之预算,政府与议院应当协同,若不能在征税期限前完成议决,或当议院解散之场合,或议院自行退散,或议院之集合定员数不满而无法议决,政府可依据前一年之预算施行。"②他实际上将本来应当由议员拥有的议案提出权完全交给政府,议员只有讨论和赞同否决权。同时,他又将议会批准预算的重要权力设计为政府与议会商议。而且设置了若干特殊情况,削弱了议会的财政干预权。显然,按照岩仓具视的主张,议会的权力是极度受限的。

大久保利通则主张将议会的权力局限于议政上:"议政由议院掌之,止于议论所公布一切议事之纲领,不得直接施行之。基于国宪,根据议则,议论重大事件。将议决之事,奏闻与太政大臣,请求亲裁。"③"议政院乃为集合华族及特命选举之议员并行政各省之卿,基于国宪,议论重大事务之场所也。长官由议员中投票选举一位议员,办理院内事务。基于国宪,整齐议事,使议员确守议则,不干

---

① 　[日]明治天皇:「議参両職をして假に行政官に入り機務を商議せしむ」,[日]明治文化研究会编:『明治文化全集』第 2 卷『正史篇』上,51 頁。

② 　[日]岩倉具視:「具視憲法制定ニ關シ意見ヲ上ツル事」,[日]多田好問编:『岩倉公実記』下,720—721 頁。

③ 　[日]大久保利通:「立憲政體に關する意見書」,[日]日本史籍協會编:『大久保利通文書』5,197—198 頁。

涉行政事务。"①大久保利通实际上将议会职能局限于明治初期左院的功能，即只议政而不立法。对议论之政务也没有决定权，只能上奏太政大臣裁定。议政内容包括财政预决算、税收数额及其变更、议定法律和一般条例，铸造货币、发行债券、募集内外国债、增减军队及临时非常事务等。② 这些事务恰恰是以后议会开会应当讨论和决定的内容。

木户孝允对此态度有所不同。他指出，议会不仅有议政权，而且也具有立法权："仿效各国制度之体裁，召开下院，以至可作为国民议员而企图参与政府之议。若当此时，虽政府也无枉制之之理。而其政体无立法官，若按照行政官员之临机处分而施行政治，议政立法之大权可至忽然归于下院，而无可挽回。"③尽管主观上显得有些不情愿，但他已经看到议会执掌立法权在客观上是世界历史发展大势所趋，不可阻挡。

伊藤博文的主张似乎很暧昧。在阐释宪法第 37 条时认为，"法律作为由国家主权产生之规范，而必须要经过议会之协赞，将之作为立宪之大原则。故不经议会协赞者，不得作为法律。若一院认可，另一院否定，也不得将之作为法律"。这里所说"协赞"可以理解为赞同。即不是议会主动提出法案，并通过法定程序获得通过。而是针对政府提出的法案进行讨论，以及表示是否赞同，显然属于被动地表态。但在阐释宪法第 38 条时伊藤又指出："由政府起草法律，由天皇之命使之成为议案，交付两院。两院可以赞同之、否定之或修正之。若两议院认为有必要发布某部法律时，可各自提出其法案。而甲议院提出之，乙议院同意之；或修正而承认之后，天皇裁可时，亦作为法律，与政府发起之法案无异。"④这又从另一角度提出了政府和议会两方实际上皆有立法权的模式，即法律议案提出可采用的两种渠道，避免了单独由政府提出法案的片面性。这样，伊藤从法律实践上承认议会拥有部分立法权。

关于议会的财政权，伊藤博文的观念也显得十分矛盾。一方面伊藤曾谈到

---

① ［日］大久保利通：「立憲政體に關する意見書」，［日］日本史籍協會編：『大久保利通文書』5，200—201 頁。

② ［日］大久保利通：「立憲政體に關する意見書」，［日］日本史籍協會編：『大久保利通文書』5，202—203 頁。

③ ［日］木户孝允：「立法行政に關する建言書」，［日］日本史籍協會編：『木户孝允文書』8，61 頁。

④ ［日］伊藤博文：「大日本帝國憲法義解」，［日］小松綠編：『伊藤公全集』第一卷，53、54 頁。

德国宪法学大学者格奈斯特主张限制议会财政权:"可将预算书在国会集会之前宣读,国会可以止于云讨论之也。决不能非得国会承诺,政府便不能征收岁入、不能供给国费。如举会计全权委托于国会,陷于失策之时,政府则不得不束手听从彼等之指挥。是开国政萎靡不振之基。彼等贪求无厌,终废国君,至云欲创立共和政治。各国相同也。"①呈现出对议会财政权强化的担忧。但另一方面,他还是对议会的这项权力作了较为充分的阐释。针对宪法第 62 条他解释道:"当新课租税,必须经议会之协赞,不由政府专行之,此作为立宪政治之一大美果,乃直接保护臣民之幸福者也。盖当在既定租税之外,起新征额及变更税率,要决定适当之程度,不得不专门依赖议会之公论。若没有此宪法上有效之防范,臣民之财富则不能保证其安固。"②伊藤在此明确揭示出议会政治的历史起源,那就是防止君主随意对社会人民征税。用议会对财政税收的批准权,来有效地保护人民的财产安全。

同时,伊藤也指出议会对政府超出预算的开支有监督权:"以预算为会计年度预定岁出岁入,作为行政机关受其限制之依据。设国家之经费预算,作为整理财政之初步发轫,而将预算交付议会,经其协赞。及依预算支费之后,仍超过支出,及亦预算外之支出,交付议会之监督,至寻求事后同意,足以将之作为立宪制之成果。"③即政府开支若超出预算,必须主动接受议会监督。即便因特殊行政开支需要追加拨款,政府也必须在规定年限接受议会监督:"岁费以每年议定为常规。盖国家事务活动变迁,不以一定尺度为概律。故国家之费用,亦不可以前年推行于后年。但本条对有特别需要之场合,设定例外,陆海军费之一部,或工程制造之类,定期数年应见其成功者,以议会之协赞,可规定经历数年之年限。"④也就是说,政府的特殊建设经费需要,也必须在议会严密监督下按规定年限进行,决不允许拖延预算执行。对于政府全年的预算决算执行情况,伊藤认为议会有权全程监督:"预算作为会计之初,决算作为会计之终,议会要监督会计,其方法有二:即第一为期前之监督,第二为期后之监督。所谓期前之监督,谓同

---

① 〔日〕春畝公追颂会编:『伊藤博文傳』中卷,原書房,1970 年,314—315 頁。
② 〔日〕伊藤博文:「大日本帝國憲法義解」,〔日〕小松緑编:『伊藤公全集』第一卷,86 頁。
③ 〔日〕伊藤博文:「大日本帝國憲法義解」,〔日〕小松緑编:『伊藤公全集』第一卷,91—92 頁。
④ 〔日〕伊藤博文:「大日本帝國憲法義解」,〔日〕小松緑编:『伊藤公全集』第一卷,101 頁。

意次年度之预算。所谓期后之监督,谓审查经过之年度决算。为了取得此期后之监督,政府有义务将经过会计检查院检查之决算,合并该院之报告,向议会提交。"①显然,与让议会拥有部分立法权相比,伊藤博文更加重视议会的财政权。他的这些阐释实际上是他起草宪法之前的思考,后来皆被写进了宪法条文中。

参与起草宪法的金子坚太郎后来也谈到了伊藤博文的矛盾心态。伊藤曾表示:"在实行主权分立论的时代,以立法权专属代议体,是乃太谬误之见也。立法之权属于君主,唯要议会协赞而已。反之,议会不独从事议法之事,可参与国家重大事项。若略说之,有具备三种性质之职务:第一制定新法;第二参与整理会计、监管行政、专门预算岁计之出入、新税赋课、国债征募、国有财产之存废;第三接受告诉请愿国家行政上之缺典,及可上奏君主。"②即一方面主张立法权应当由君主掌握,另一方面也承认议会拥有立法、财政等权力。

而民间思想家们对于这一重大问题则持有不同的认识。如津田真道主张议会应当拥有立法权:"当制作律法或变革废停之时,国民悉会同商议而行之。"③"代民议事非如法士惟遵守律法之官,其职乃同君主议法而定法也。提议之权乃代民总会奏呈所认为有益于国之议论之权。"④即议会不仅有议政的权力,更有与皇帝商议立法、提出法案、制定法律和废止法律之权力。显然就是从以前独揽大权的皇帝手中分得部分立法权。

同样的思想,在加藤弘之论述议会的制宪和立法权时也有所体现。加藤分析了上下同治和万民共治两种政治体制下议会的立法权问题。上下同治即君主立宪制国家之所以设立议会掌管立法,是因为"宪法即治国之基础。因而制立此之权柄,自为三大权柄之尤为重要者也。因此君主丝毫不能专有此权柄。必与臣民分之,相共掌握此权柄。尽管如此,召集天下亿兆聚集而听其议论实甚不容易。且纵令如此操作,天下民人智贤少而愚不肖多。若让愚不肖议论天下之事,不仅无利,害却不少。于是,置立法府,使掌握立法权柄,以代天下亿兆,与君

---

① ［日］伊藤博文:「大日本帝國憲法義解」,［日］小松緑編:『伊藤公全集』第一卷,106—107頁。

② ［日］伊藤博文:「憲法起草當時意見書」(金子堅太郎談),［日］平篤塚編『伊藤博文秘録』,98頁。

③ ［日］津田真道:「泰西國法論」,［日］大久保利謙他編:『津田真道全集』上,152頁。

④ ［日］津田真道:「泰西國法論」,［日］大久保利謙他編:『津田真道全集』上,166—167頁。

主共制立宪法,议定大事"。在立法府中,讨论法案时"按常规皆采用多数决定之方式,丝毫不允许仅仅采用少数人之议论。但有时即使多数已决定,若君主认为不可,也有否定之权"。① 即议会立法权有时还会受到君主为代表的行政权的掣肘。而在万民共治即民主共和制度下,议会的立法权力要大于君主立宪制国家:"会议中之决策不可由总统为之,其否定权同于上下同治之君主。但若立法府完全不同意,总统仍坚持其主张,则再议其事。若仍有总人数之三分之二认可其事,总统不得不采纳施行之。"② 即总统制国家的立法权完全由议会掌握,根据议会大多数人赞同而形成国家法律。总统个人不得违反议会意志。

著名的民权理论家中江兆民从民主主义理念出发,主张国会作为一个国家的首脑机关,应当具有极大的立法权:"在一国政治机关中,与人民关系最密切者乃国会。为何? 国会者,国民意愿所阐发者也。因而若欲重新设定法律,或欲就旧来法律有所厘革时,必须经国会之意见。"行政机关只能听从国会指挥,按照国会制定的法律而从事对国家的管理。同时,中江兆民主张国会也具有重要的财政权力:"又国会为国民钱包之所存,故欲征收租税时,必须经国会之承认。"既然国会掌握了立法和财政大权,理所当然应该成为国家的首脑机关。所以中江兆民强调:"要之,国会作为所谓按全体国民之意愿而成立之政事性之一大首脑,其他行政官即如内阁诸省并地方厅衙,作为政事性之手足,只可一一听命于首脑方得开始行动之事。"③ 主张议会的政治权力高于行政权力的思想十分明确。

自由主义思想家田口卯吉认为国会应当进一步强化财政权力:"维新以后新税的征集,全在政府权限之内。故在今日,我邦的租税之应该征收者,已达无所不征。故国会之职责,不在于弥补预算之不足,而在于交还岁入之剩余。而国会不减少其新征的商业税,应该比照英国王室领地的收入,力图在地租方面减轻之。是国会权力之所以少也。"④ 指出国会财政权力偏少,强调征收租税不应当

---

① [日]加藤弘之:「立憲政體略」,[日]明治文化研究会编:『明治文化全集』第8卷『政治篇』,20、21页。

② [日]加藤弘之:「立憲政體略」,[日]明治文化研究会编:『明治文化全集』第8卷『政治篇』,23页。

③ [日]中江兆民:「国会論」,[日]松本三之介编:『中江兆民全集』,10,46页。

④ [日]田口卯吉:「帝國議會權力擴張策」,[日]同全集刊行会编:『田口卯吉全集』第5卷,320頁。

全交给政府去运作,国会在这方面应该发挥更大的作用,以切实履行议会的财政职能。

当然也有思想家对议会的立法职能持有不同的观点。如西周虽强调了设立议会对于国家发展的重要性,但他并不主张由议会分掌立法权。西周认为,不能凭借议院分皇帝专制之权。因为议院"乃为弓矢而非鸿鹄",即只是手段而非目的。议会解散废除不仅"全在特裁",而且议院肯定若政府否定,则政府有不采用该法律的权力。议会的直接好处在于,使政府有所顾虑,政府可以广泛了解舆论,以作决策参考。这种直接作用并不少,而且"可谓民权稍有所伸张"。西周认为政府是人民赖以受保护者,"并非人民之敌人",即"官员议员皆为同船中人"。只要议论中肯,政府岂有不采纳的道理? 而议会的间接作用一是刺激人们的责任心,使其向政府反映民情的情绪受到鼓舞;二是以舆论左右政府决策;三是"议事之方法渐定,议论之体裁自备",总有一天会达到真正的民选议院;四是天下有学识的人可以会聚一堂,相互沟通。① 西周的观点实际上完全否定了议会拥有立法和财政权力,将议会变成了一个类似左院的咨询性机构。

再考察有代表性的几部宪法草案中的相关规定,可见社会对议会职能的认知存在差异。嘤鸣社草案规定:"国会为议定一切法律之场所……两院所议之法案,于其讨论之际,天皇不得中止或禁止之……下院拥有起草有关日本帝国财政方案之特权。""国会有为了施行国宪所允许之权利而定立诸法规之权利。"② 这部最早产生于自由民权运动中而相对温和的宪法草案,显然赋予了议会议政权、立法权和财政权。比统治集团的议会思想更显近代化。

《五日市宪法草案》赋予了议会很大的立法权。该部草案规定"国会以国帝及拥有立法权之元老院、民选议院组成",即这三部分共同组成执掌国家立法权和财政权的国会。该宪法草案与其他草案不同的是,它专门在立法权首篇设置了"民选议院"一章,赋予民选议院以特殊权力。对于国会的立法权,草案规定"国会为日本国民之总代理者,除须国帝之批准外,总体上拥有起草、制定法律之立法权"。其中最重大的任务便是制宪和修订宪法:"确定国家永久之秩序、议定国家之宪法并添删更改之,专司兴废此千载不拔之三大制度之事";"国会

① [日]西周:「網羅議院ノ說」,[日]大久保利謙編:『西周全集』第2卷,244—245頁。
② [日]「嚶鳴社憲法草案」,[日]家永三郎他編:『明治前期の憲法構想』,357、358頁。

依其决议,有权补充宪法之缺典,对违背宪法之业有权纠正,有权提出新法律及变更宪法"。① 当然修改宪法必须召开特别会议进行。

在财政权上,《五日市宪法草案》规定:"民选议院有起草关于帝国财政(租税国债)方案之特权。""批准诸租税之课赋,首先在民选议院处理之,元老院只能每逢其事复议民选议院之决议案,除决定或抛弃之外,决不可改变之。"②除此之外,对于具体的各部门的实体法,议会也有制定和修改的权力:"国会可整定公法及私法,即国家重要的建国制度及根原法,议定一般的私法及民事诉讼法、海上法、矿山法、山林法、刑法、治罪法、庶租税之征收及料理国家财产之原则,规定有关兵役义务之原则、国家财产岁出入预算表。"同时,国会还拥有审定国家预算、管理国家公债和国有土地买卖等诸种权力:"每岁决议政府岁计预算表之规则及租税赋课,检查政府决算表及会计管理成绩,发出新公债证券,变更政府旧债,决定官地出售、借贷、专卖及特权之法律,和通行全国总的诸般会计事务。"③因此可以看出,该宪法草案赋予议会巨大的财政权力。

植木枝盛在《日本国国宪案》中对这一问题的论证较为详尽。草案设计今后的日本国家以联邦形式存在,规定:"有关日本联邦立法权属于日本联邦全体人民。日本联邦人民皆可被授予立法议政之权,日本皇帝可授予日本联邦立法权。日本联邦之法律制度于立法院定立";"联邦立法院为了实行宪法所准许之权利,可以定立诸法规"④。立法院即议会。植木枝盛根据自己一贯主张的一院制思想,提出"全国设置唯一联邦立法院。联邦立法权限用数人代议之制行之"。"皇帝不得于法律之外拒绝立法院讨论。"⑤至于在议会上提出议案的权力,植木认为议会和国王同时拥有:"联邦立法议案,立法院和国王俱可提出之。"这里的立法权包括了制宪,修改宪法权也属于立法院:"若添删修改日本宪

---

① 〔日〕千葉卓三郎他:「五日市憲法草案」,〔日〕色川大吉編:『三多摩自由民権史料集』上,223—224頁。

② 〔日〕千葉卓三郎他:「五日市憲法草案」,〔日〕色川大吉編:『三多摩自由民権史料集』上,221、222頁。

③ 〔日〕千葉卓三郎他:「五日市憲法草案」,〔日〕色川大吉編:『三多摩自由民権史料集』上,223、224頁。

④ 〔日〕植木枝盛:「日本国国憲案」,〔日〕家永三郎他編:『植木枝盛集』第6卷,110—111、112頁。

⑤ 〔日〕植木枝盛:「日本国国憲案」,〔日〕家永三郎他編:『植木枝盛集』第6卷,111、108頁。

法,必须于立法会议定之。宪法修改之议事,无论当天出席议员数量如何,若非议员总数过半数同意,不得决定。"①同时,立法权也包括了对各种部门实体法乃至司法上的程序法的制定。即除宪法之外,立法院还可制定刑法(包括诉讼法)、军律、兵制、货币法、邮政法以及与外国人有关的法律。在经济上规定"联邦立法院可以处置联邦之共有物。联邦立法院可以设立联邦政府为保证的银行公司之规则"。在国家财政权上,植木枝盛的宪法草案规定了"联邦立法院有权规定联邦相关租税……联邦立法院可以联邦之名定立发起国债、借金钱及偿还之法"。②

当然,植木枝盛对议会的立法权也有一定限制,如规定了"联邦立法院不得定立追溯既往之法律",③以避免议会滥用立法权力。虽然植木的宪法草案规定了"联邦立法院决定的成规,必须上呈皇帝获得批准";但同时又规定"皇帝若收到立法院之成议,3日以内必须答复。若其需要深思熟虑,通过说明其趣意,20日以内表示可否"。而且为了防范行政权对议会立法权的过度限制,草案还规定"联邦立法院之所决定,若皇帝不批准,立法院可再议之。若立法院再议时,有议员总数过半以上同意,更奏而必定行之"。④ 可以看出,植木枝盛主要是力图强化代表全国人民利益的议会的立法权力。

在明治7年的民选议院设立论争中,社会舆论也对议会职权有所涉及。如4月8日《日新真事志》276号刊登了署名为南无逸的文章,谈到了议会的财政权问题。文章认为:"今断然完成改革之,构成计出为入之制。在民选议院中,首先使其议论理财,将天下经费分任于海内人民,勉励官员消除其官挟私之嫌疑,使人民没有向大藏省推卸责任之弊端。"也就是让议会在很大程度上承担起制定国家税收财政制度的职责,他认为只有这样,"乃可除去期待前述国家之损害日也……于是,虽匹夫小人,努力勤劳而兴其业,其产业昌盛,至喜于租税数额反而其多也"。⑤ 比起单纯由行政权决定税收的财政制度,更有利于国家的发展和社会的安定。

---

① ［日］植木枝盛:「日本国国憲案」,［日］家永三郎他編:『植木枝盛集』第6卷,114、122頁。
② ［日］植木枝盛:「日本国国憲案」,［日］家永三郎他編:『植木枝盛集』第6卷,111頁。
③ ［日］植木枝盛:「日本国国憲案」,［日］家永三郎他編:『植木枝盛集』第6卷,112頁。
④ ［日］植木枝盛:「日本国国憲案」,［日］家永三郎他編:『植木枝盛集』第6卷,115頁。
⑤ ［日］南無逸:「南無逸ノ論」,明治文化研究会編:『明治文化全集』第4卷『憲政篇』,408頁。

九、议会对行政权的监督和
制约权问题的不同认知

历史上议会的兴起原本就是为了限制王权对民间的随意征税。所以对行政权力的监督和制约,是议会政治实践的一个根本性的重大问题。对于这一重大问题,统治集团中的政治家和民间思想家的观念有着很大差异,甚至存在着截然不同的认知。

统治集团成员一般是反对议会对行政权进行监督和制约的。如其代表人物岩仓具视站在行政权力的立场主张:"内阁组织不受议院所左右",①表现出行政权力至上的传统观念。大久保利通也认为:"议政院乃为集合华族及特命选举之议员并行政各省之卿,基于国宪,议论重大事务之场所也。长官由议员投票选举一位议员,办理院内事务。基于国宪,整齐议事,使议员确守议则,不干涉行政事务。"②实际上仅仅强调了议会的议政功能,反对议会对行政权力进行监督和约束。

伊藤博文在这一重大问题上仍然表现出矛盾的心态。既承认议会有较大权力,又不愿看到议会对天皇权力的约束。也就是说,不愿像英国的君主立宪制那样使天皇成为"虚君"。据金子坚太郎回忆,伊藤曾经坚持要防止议会对天皇权力的制约,让议会在统治机构中被置于非常次要的地位。正如上一章所揭示,伊藤主张"有重要国务应当实行之,要仰赖天皇裁可。天皇裁可之前,要咨询与由勋功练达之士组成之枢密院。如此,在枢密院奉答上奏之后,才开始由议会提出,称为敕令而被颁布"。③即议会只能在其他机构协商完毕之后,才能在程序上提出法案,由天皇批准。基本上不能发挥对行政权力的监督和约束的职能,其地位被置于内阁和枢密院之下:"内阁与枢密院,犹如两翼,作为翼赞遵奉大猷之机关而被设立,然后按顺序才谈到议会。于是,在我国宪法中,没有写明'要

---

① [日]岩仓具视:「具视宪法制定ニ关シ意见ヲ上ッル事」,[日]多田好问编:『岩仓公实记』下,720页。

② [日]大久保利通:「立宪政体に关する意见书」,[日]日本史籍协会编『大久保利通文书』5,200—201页。

③ [日]金子坚太郎:「帝国宪法と英国主义」,[日]平塚笃编:『伊藤博文秘录』,228页。

征求议会承认'。在英国宪法中则明确使用了要承认之文字。实在当初我国宪法草案中,也使用了此字。但所云承认,乃其处自有拒绝之权。在日本议会中,没有给予此权,它属于天皇之大权。"①这样,议会被置于十分次要的地位,没有被赋予监督内阁等行政机关的权力。

金子坚太郎还谈到,虽然欧美先进国家的宪法,大多规定了政府的行政行为要得到议会承认,但伊藤博文认为"与我国在国体上非常不同"。反复斟酌之后,伊藤就以所谓"协赞"之文字取代承认。也就是协力赞同,对政府的行政举措不能拒绝,只能服从,当然更没有监督和约束的权力了。金子坚太郎对伊藤博文制定宪法时考虑的对议会权力进行限制的用意总结道:"简言之,最高顶为天皇,其右有内阁,左有枢密院。议会在其下,所以与英国完全不同。是即我国政治所以为皇室中心主义,议会未在政治中心,乃为协赞中心。此所云协赞之文字,乃当时担当起草任务之人们非常用心之文字,实为宪法之精髓。伊藤公担当宪法起草之大任时,根本意见即在于此。"②既然只有"协赞"之功能,那么议会自然也就不具备监督和约束的职能了。所以伊藤博文强调:"复古七百年来掌握在武家之统治大权,成就明治维新之鸿业,若如所云其大权中心在议会之状态,天皇唯拥虚位,则与武家霸府时无任何区别。日本宪法明确表示此点,天皇总揽统治权,议会作为协赞之机构,绝无协赞以上之权力。"③实际上否定了议会最重要的政治职能——对行政权力的监督和约束。

宪法学家穗积八束从另一视角解释了议会不具备监督约束职能。穗积混淆了议会与行政机关的区别,他指出:"国会虽毕竟不外乎一种机构,但其组成方式与其他官府相异。其权利义务也不同于其他官府,故各种议论涌现。但至少依此,法理上之性质不变,乃为执行政务之方便而组建之会议体。其与行政官相异之点,即仅在于对第三者,不得在法律上进行有效力之处分这一区别上。故帝国议会非行政官,又无颁布法律之权,故也非立法官也。其作用单止于商议法律议案。故非立法官,也非行政官,乃全为主权者之方便,作为会议体之官府而设立之也。"④实

---

① [日]金子坚太郎:「帝國憲法と英國主義」,[日]平塚篤編:『伊藤博文秘録』,228 頁。
② [日]金子坚太郎:「帝國憲法と英國主義」,[日]平塚篤編:『伊藤博文秘録』,228—229 頁。
③ [日]金子坚太郎:「帝國憲法と英國主義」,[日]平塚篤編:『伊藤博文秘録』,229 頁。
④ [日]穗積八束:「帝國憲法ノ法理」,[日]穗積重威編:『穗積八束博士論文集』,有斐閣,1943 年,73 頁。

际上将议会理解为咨议机构。在这一点上议会与行政机关在法律地位上没有区别。既然二者属同类地位的机构，也就不存在自己监督和制约自己的问题了。这一观点从根本上否定了权力分立和相互制衡的近代资产阶级政治的基本原则。

其他思想家则对此问题有不同认知。津田真道主张设立议会是人民履行公权的表现："以下二则皆可以为方今之通论：甲、代民议事，若为代表阖国全民论议之职，其议论宜永以阖国全民之众利公益为本旨，绝不可防护某品位、某产业，或某人之私利私益，设代民议事，能可体会此意。"①既然议会是代表人民议事，那么就有权对代表人民执政的行政官员的任免和行政事务进行商议和评判："国家大事如议和战、定和约章程、设战备、任文武官僚等事件，国民会同商议而决定之。推问罪科、听断词讼，国民共同或拈阄轮流司之，或会同决之。国家官员即国民之臣也。故国用之会计，任责之辩解，皆按照民会之进退。"②依据津田真道的解释，实际上议会的监督约束权力不仅涉及行政财政范畴，甚至还延伸到司法领域。

为了实现议会的这种权力，津田认为在宪法中应当将国家权力一分为三："在定律国法中，区别制法、政令、司法三权。置政令于制法之下，可将司法托于自立自治之法士。在定律国法中，为达以上要旨，尤为紧要者，乃与国家首领政府平列，建立代民总会，使其分制法之权、监视政令。代民总会不仅为政府之辅弼参谋，可自从其所见，独断独行。"而且他认为议会的议员不用像宰相等行政官员那样服从国君命令，因为"任之者乃国民也，故所受其责专在国民"。③ 当然这样一来，就会在国家权力结构中形成"二个自立之权威匹敌对抗"的局面。为了防范出现"互生相激间隙之患"，津田提出权力相互制衡的方案，即宰相负责行政，议会有提议、监督和"纠问之权"，将议会分为两院。当政府与议会之间的矛盾有可能威胁到国家安全时，政府有权解散议会。

在这种权力相互制衡的结构中，津田强调了议会对政府的行政行为从事监督和纠正的权力："代民总会监视纠问之权，与宰相之任责紧密相连也。盖任其责者为宰相，监视纠问者代民总会也。所谓监视纠问之权，指时常监视政府之行

---

① ［日］津田真道：「泰西國法論」，［日］大久保利謙他編：『津田真道全集』上，147頁。
② ［日］津田真道：「泰西國法論」，［日］大久保利謙他編：『津田真道全集』上，152頁。
③ ［日］津田真道：「泰西國法論」，［日］大久保利謙他編：『津田真道全集』上，166頁。

事,公然驳论其是非得失。遇国家大事,特请宰相解明,纠问律法之行否、政令之得失、通国之情状等……呈议之权与厘正之权紧密相连接,此乃代民总会披阅改正由政府起草之律法文案之权。"①而议会对政府的监督范围十分广泛,"在定律国法中,作为代民总会,始终监视政府政令之制度如下:第一,政府应报告其行事并全国形势及有关国家大利害之事,是政府之义务也。第二,宰相之任责。第三、财政按照前年所定之积书而理之,翌年应为其会计辩解"。除了以上三项之外,"按照根本律法及其他律法所定条例,可独由政府之所专为。然而始终应由代民总会或其他独立国会监视"。② 议会对行政权力的监督职能被强调至无以复加的程度。

加藤弘之也主张议会应当对君主和大臣进行监督,以防止行政权力的过度扩张:"于理君主当任治国之责。故其政令若有悖戾宪法者时,立法府两院问其罪,于理故当然也。尽管如此,亦有事实上不行之理也。因此,以大臣代替君主,皆立各局大臣任其职务之责之制度。故若其政令有违背宪法者时,立法府问君主之罪,必可事先问连署大臣之罪也。"③也就是主张,管理具体事务的大臣不仅要对君主负责,也与君主一样,要受议会的监督和约束。

民权思想家儿岛彰二同样主张民选议院应当发挥限制君主行政权力的作用。他在 1877 年发表的《民权问答》中指出:"开化之国设置民选议院,限制君主之权。随着人民智能开启而认识到真理所在,以天赋自由之身受抑制之羁缚而不快,相率结为社会。政府之所为若有损害人民之事,便成为抗论辩驳以停止之为目的者。有暴君污吏欲为奸险残逆之事,也在此议院作为天下之事,丝毫也不能徇私。因此,政府也不能逞其意,人民也无苦情不平之患。"④由此,儿岛非常鲜明地提出了议会应该对以君主为代表的行政权力实行监督和约束的思想:"而立法府之重点,专在于议论法制之可否得失,不让行政权恣意专横。而作为立法权,不得擅制,不要主张行政权。故立法行政之二大权,恰如两轮相对偶,各

---

① 〔日〕津田真道:「泰西國法論」,〔日〕大久保利謙他編:『津田真道全集』上,167 頁。
② 〔日〕津田真道:「泰西國法論」,〔日〕大久保利謙他編:『津田真道全集』上,168—169 頁。
③ 〔日〕加藤弘之:「立憲政體略」,〔日〕明治文化研究会編:『明治文化全集』第 8 卷『政治篇』,22 頁。
④ 〔日〕兒島彰二:「民權問答」,〔日〕明治文化研究会編:『明治文化全集』第 5 卷『自由民權篇』上,156 頁。

得其当。若立法府丧失其权，行政权独恣意专横，权利成天壤之势，立法府便会沦为仰窥行政府之鼻息之地步。势既至此，立宪政体亦不见其有益。"①强调议会对行政行为的监督权必不可少，否则宪政体制将无法正常运转。

民权理论家大井宪太郎亦表达出同样的主张。他认为："苟欲防止有司专制之弊，特在议院耳……要防止行政权横恣，在于伸张立法权；要防止立法权擅制，在于不使行政权坠落。"②表面看是谈论议会的立法权与行政权的相互制衡，但他特别强调的是对行政权力的制约："民选议院防止行政权横恣，要阻挠有司专制之弊。应开启民情之壅塞憝屈，使上旨下达而有益也。"③提出要开启民情，最好的途径当然是让民众的代理人在议会中充分发挥自己的作用。

再来考察几部有代表性的宪法草案，有关议会对行政权力的监督和制约的规定存在较大差异。嘤鸣社草案规定："国会以天皇及上下两院构成……下院有权在上院弹劾被认为有非法违法之官吏。"④在几个草案中是对行政权力制约最弱者。

《五日市宪法草案》列举的对政府的行政权力制约的条文规定有："国会对于政府若有如违背宪法或宗教或道德或信教自由，或各人之自由或在法律上遵奉诸民平等，或财产所有权之原则，或如伤害国防，应尽力主张反对之说，从根本上扭转之，并有权拒绝其公布。""国会有权监督行政全局（是否违背法律规定、处置是否得宜）。"⑤另外皇帝的大赦、特赦必须经议会通过，皇帝若打算提出新法律必须交议会讨论。与外国签约和修订条约须得国会批准才产生效力。皇帝允许外国军队进驻本国和皇帝退位，也须国会同意。⑥ 国会中的民选议院对官吏有特别制约权力："民选议院有权从事以往施政之检查，及纠正施政上之弊

①　[日]兒島彰二:「民権問答」,[日]明治文化研究会編:『明治文化全集』第5卷『自由民権篇』上,169頁。

②　[日]大井憲太郎:「馬城臺二郎ノ論」,[日]明治文化研究会編:『明治文化全集』第4卷『憲政篇』,389頁。

③　[日]大井憲太郎:「馬城臺二郎ノ論」,[日]明治文化研究会編:『明治文化全集』第4卷『憲政篇』,390頁。

④　[日]「嚶鳴社憲法草案」,[日]家永三郎他編:『明治前期の憲法構想』,357頁。

⑤　[日]千葉卓三郎他:「五日市憲法草案」,[日]色川大吉編:『三多摩自由民権史料集』上,223頁。

⑥　[日]千葉卓三郎他:「五日市憲法草案」,[日]色川大吉編:『三多摩自由民権史料集』上,218、224頁。

害。民选议院有权就有关紧要之调查,传唤官吏及人民。民选议院拥有特权向元老院提请弹劾被确认政事上有违法行为之官吏(执政官参议官)。"在财政上,议会对行政官员也可以发挥监督制约的作用,草案作了"行政官应草拟有关每岁国费之议案,将之交付议院商议。行政官应制订每岁国费决算书向议院报告"等规定。①

这一宪法草案在议会对行政权力的监督制约职能上,显得有些自相矛盾。一方面皇权至上的思想明显,如皇帝的权力的条文,规定了皇帝权力极大,涉及了立法、行政、司法、外交等各方面。议会的权力也受到皇权掣肘,皇帝为国会之一部分,下院议长须由皇帝裁可,上院由皇帝任命。行政条文中规定"皇帝总督行政官","行政官奉皇帝钦命执行政务",召集修改宪法的特别会议和对宪法的修改都必须要皇帝允许等。司法条文中规定"司法权皇帝总括之","凡审判奉皇帝之命"。这些都表现出皇权主义因素较为显著,而不是采取主权在民主义。另一方面,宪法草案又给予议会的权限极为广泛,有关皇室大事的权限,有关军制兵备的权限,在大臣的弹劾权、国会自动集会权之外,还给予了议会阻止违宪国政之权限,体现出一定程度的限制皇权思想。如国会条文中规定,天皇不得中止两院所议之法案,规定了若皇帝崩殂,国会可自行召开会议。即便嗣皇帝下令解散国会,国会也可不解散而继续开会等。一方面体现出专制集权思想,如皇帝总揽大权,太政大臣权力很大等。另一方面又体现出民主共和思想。如国会拥有各种权力,如要修改宪法,须三分之二以上议员通过,法律须过半数议员通过等。② 在行政官条文中,各条规定都体现出行政权受制于立法权的思想。因此该宪法草案的特点是既有资产阶级立法的性质,又带有不少传统封建制因素。

植木枝盛宪法草案对这一重大问题有详细规定。他主张由议会已经制定的法律,应当由包括皇帝在内的行政权执行。如果不能完全执行,则应当向议会陈述其理由:"立法院议决之事,国帝若认为难以实施,可让议会再议之。若如此,皇帝必须详记陈辩其理由。"议会对行政部门的官员乃至行政机构本身有权进

---

① 〔日〕千叶卓三郎他:「五日市宪法草案」,〔日〕色川大吉编:『三多摩自由民权史料集』上,224、226 页。
② 〔日〕千叶卓三郎他:「五日市宪法草案」,〔日〕色川大吉编:『三多摩自由民权史料集』上,225 页。

行监督和制约。草案规定了"联邦立法院对行政部有权推问";"联邦立法院有权就重要调查传唤官吏到会场,又有传唤联邦人民之权,也可传唤联邦人民质询事情"。① 实际上让掌握行政权力的政府官员随时接受代表人民意志的议会监督。议会对于直接由行政权运作的国家财政也有相当大的监督权。草案规定"联邦行政府每年草拟有关国费之议案并向立法议会提出。联邦行政府每年制作国费决算书上报立法议院"。向人民征收租税也必须经议会讨论通过才能进行:"联邦租税未经联邦立法讨论,丝毫也不得征收。联邦租税每年由立法院议定一次。"②此外对皇帝拥有的军事权力,议会也有一定的限制权:"皇帝掌握兵马大权,统辖宣战媾和之权,决定承认或不承认他国之独立。但若决定和战必须立即报告立法院。皇帝平时经立法院讨论,可征募兵士。"在外交上议会对皇帝也有制约力,草案规定了"皇帝总裁外国事务,可任命诸外交官,可制定与外国交际之礼仪。但有关国宪之条约联盟,非经立法院讨论不得决行"。在司法上议会还可任命法官。③

植木枝盛的宪法草案规定立法院拥有广泛的权限,几乎全部囊括了其他草案中所规定的议会的所有职能。尤其是规定由人民代表构成的议会制定和修改宪法,而不允许君主介入,充分体现出他历来主张的"主权在民"的近代化政治思想。另外,除了议会解散后不能召集的场合外,每年的常会也被给予了自动集会权。在过半数再议决未得君主准许的决议案时,规定了原案仍然有效。这就使议会具有不受行政权控制的强大的权限。在此案中,采用了欧美资本主义国家的三权分立形式。因此,不仅议会地位优越,可以看出,在一定范围内也给予了行政府十分强大的权限。然而,从议会拥有绝大权限来看,皇帝的地位近似行政府的长官,皇权在多方面受议会约束。因此议会作为对君主有极大的优越权的机构,被写入此草案,成为植木枝盛"主权在民"理论的具体实践构想。④

---

①　[日]植木枝盛:「日本国国宪案」,[日]家永三郎他编:『植木枝盛集』第6卷,108、112、117页。

②　[日]植木枝盛:「日本国国宪案」,[日]家永三郎他编:『植木枝盛集』第6卷,118、119—120页。

③　[日]植木枝盛:「日本国国宪案」,[日]家永三郎他编:『植木枝盛集』第6卷,106、118页。

④　有关日本明治时期思想界对议会职能的不同认知,笔者也有所探讨。见拙稿《19世纪后期日本关于议会职能的论争》(《日本学刊》2015年1期)。

十、小 结

议会政治思潮对近代日本社会产生了巨大的影响。自由主义思想家大井宪太郎认为："在我邦，自由论始发萌芽，实在明治六七年之交。板垣氏以下数氏以民选议院论之建议为其萌芽。而向其论试反对意见，则以加藤氏为嚆矢。寻甲论乙驳，报刊巷说中，每日无不为民选议院论。吾人为之精神颇感爽快。"①他指出当时日本社会很多人并不了解"民权自由为何物"，正是由于这场论争，使人民"宛如听到深夜警钟、鸡群逢狐，耸动天下耳目也亦宜哉。尽管民选议院论之主张者初仅为少数，不用论能排众议，其锐不可当，其自由论固为千古独步之公论正义也。故海内靡然从之，数日之后，反对论者之对垒相抗之矢折弹竭、齑粉崩坏，至无复公开相抗也"②。虽然仍然有人反对议会政治，但那些人"虽其能有拔山之勇，其口能有悬河之辩，以其勇力巧辩，不能拔根源于天理人性之自由大理也。因此，此论之主义，以后受到几多障碍，遭遇几多诽谤，也愈逢艰难愈盛，其势如热带地方草木育生繁茂，渐传播天下。至支配天下人之脑髓。或成国会开设之敕语，或为自由政党组织之义举"③。即有关议会政治的思想论争已远远超出了该命题范围，涉及人们对自由主义的认识和组建国会的政治实践。当时的《中外新闻》形容论争的局势为"海内翕然，如云如响从应之，万口一谈，痛论民选议院之必兴"。有学者认为这场论争"使自由民权的民主潮流日益涌动。箭已离弦。民选议院建议书所造成的历史影响之重大是划时代的"④。可见这场思想论争的影响之深远。这些思想对明治宪法的相关内容产生了重要影响。《大日本帝国宪法》明确规定："天皇召集帝国议会，命其开会、闭会、停会，及众议院之解散。"(7 条)⑤同时，还对议会召开的常例和变例做了规定："帝国议会

---

① ［日］大井宪太郎：『自由略論』，［日］平野義太郎：『馬城大井憲太郎傳·主要著作原文』，406 页。
② ［日］大井宪太郎：『自由略論』，［日］平野義太郎：『馬城大井憲太郎傳·主要著作原文』，406 页。
③ ［日］大井宪太郎：『自由略論』，［日］平野義太郎：『馬城大井憲太郎傳·主要著作原文』，407 页。
④ ［日］小野壽人：『明治維新前後における政治思想の展開』，498 页。
⑤ ［日］《日本帝国宪法》，何佳馨点校：《新譯日本法規大全》第一卷，第 53 页。

每年召集之。帝国议会，以三个月为会期。有必要之时，可以敕令延长之。在临时紧急有必要之场合，可在常会之外召集临时会。定临时会会期，依据敕命。"（41—43条）①宪法条文显然采纳了各家之说，将包括开会闭会权在内的议会制度运作的程序履行权，最终归属于最高行政元首天皇。

各类关于议会立法权和财政权的思想争鸣，对明治宪法的内容同样产生了影响。关于议会的立法权，明治宪法条文这样规定："一切法律，须经帝国议会之协赞。"（37条）这里的协赞，仍然可以理解为赞同或批准。同时，宪法条文还规定："两院议决政府提出之法律案，也可各自提出法律案。"（38条）②实际上法案的提出，两条渠道皆可实行。反之，议会对法案的否决权也明确记载于条文中："由两议院之一否决之法律案，在同会期中，不得再提出。"（39条）③这样，法案能否最终形成公开法律，议会发挥着关键作用，履行着重要职能。当然，宪法也对议会立法权做了某些限制。如条文规定："两院对于法律或其它事件，得将其意见，建议于政府。但政府不采纳者，在同会期中，不得再建议。"（40条）④实际上用政府的同意与否制约议会的立法权。有关议会的财政权，宪法条文也做了规定："国家之岁出岁入，每年当以预算经帝国议会之协赞。如有超过预算款项，或生于预算之外支出，日后当请帝国议会承诺。预算，当先提出于众议院。"（64—65条）⑤即按照常规，政府每年的正常开支和超出预算的开支，都必须由议会通过预算或追认预算来把关。当然，财政决算也应当由议会监督。宪法条文规定："国家岁出岁入之决算，会计检查院检查确定之。政府当将决算与检查报告，一同提处于帝国议会。"（72条）⑥对于一些特殊情况，宪法也做了规定。例如"因特别之需要，政府得预定年限，作为继续费，求帝国议会之协赞"（68条）⑦。不过，为了防止由于议会内部出现争议，而不能按期批准预算，导致政府运营困难，宪法还特别规定了一些变通措施："帝国议会，不议定预算，或预算不

---

① ［日］《日本帝国宪法》，何佳馨点校：《新譯日本法規大全》第一卷，第56页。
② ［日］《日本帝国宪法》，何佳馨点校：《新譯日本法規大全》第一卷，第55页。
③ ［日］《日本帝国宪法》，何佳馨点校：《新譯日本法規大全》第一卷，第56页。
④ ［日］《日本帝国宪法》，何佳馨点校：《新譯日本法規大全》第一卷，第56页。
⑤ ［日］《日本帝国宪法》，何佳馨点校：《新譯日本法規大全》第一卷，第58页。
⑥ ［日］《日本帝国宪法》，何佳馨点校：《新譯日本法規大全》第一卷，第59页。
⑦ ［日］《日本帝国宪法》，何佳馨点校：《新譯日本法規大全》第一卷，第58页。

能成立,政府可照前年度之预算施行。"(71 条)①而且规定了某些情况下议会不能削减政府开支:"本于宪法上大权之已定岁出,及由法律之结果,或法律上属于政府义务之岁出,非有同意政府之同意,帝国议会不得废除或削减之。"(67条)②这样,既保证了议会对国家财政的监督权,又避免了因为议会权力过大而造成政府财政运作陷于困境。上述这些宪法条款的成立,皆可见到社会上有关议会立法权和财政权争鸣的深刻影响。

有关议会对行政权力的监督和约束的不同认知和思想争鸣,最终在明治宪法中有所体现。例如宪法条文中按照伊藤的意思,规定了"天皇以帝国议会之协赞行使立法权"(5 条),削弱了议会对行政权力的约束。但同时又规定,如果遇到紧急情况但又逢议会闭会期间,天皇虽然可发布敕令代替法律,但至下次议会开会时,必须向议会提出。若议会不同意该敕令,则"政府应公布,自此以后,此敕令失其效力"。③ 另外在《议院法》中还规定:"各议院为审查向政府请必需之报告或文书,政府除涉于秘密者外,当应其所请。"④这在很大程度上改变了历来封建帝王随意制定和实施法律的传统,体现出议会在一定程度上约束以君主为代表的行政权力的职能。尽管这种约束十分弱小,但它毕竟开了议会对行政权力发挥制约功能的先河,并为战后日本实行议会民主制奠定了一定的基础。例如战后制定的《日本国宪法》,明文规定"国会是国权的最高机关,是国家唯一的立法机关"(41 条);"内阁行使行政权,对国会负连带责任"(66 条)⑤等,虽然是在美军强制之下制定的,但也反映出明治时期有关议会职权论争的深远影响。

---

① 〔日〕《日本帝国宪法》,何佳馨点校:《新譯日本法规大全》第一卷,第58—59页。
② 〔日〕《日本帝国宪法》,何佳馨点校:《新譯日本法规大全》第一卷,第58页。
③ 〔日〕《日本帝国宪法》,何佳馨点校:《新譯日本法规大全》第一卷,第59页。
④ 〔日〕《帝国议会·第一款 议院法》,何佳馨点校:《新譯日本法规大全》第一卷,第79页。
⑤ 〔日〕「日本國憲法」,〔日〕家永三郎他编:『明治前期の憲法構想』,445、447頁。

第六章 政党政治思潮的流布

对于明治时期的日本社会，"政党"是一个十分陌生而新奇的概念。在对欧美政治体制各要素认知的过程中，这一概念相对较晚才逐渐被思想界认知。社会各利益集团、不同阶层基于自身的利益诉求或思想认识水平的差异，对政党概念作出了正面、负面或中性的不同认识。接着，对是否应当在日本的立宪政治中，让政党充分发挥作用，以及对政党在政治体制构建中怎样作用，也提出了不同的政治主张。通过不同思想认识的相互论争，对政党及其政治功能的认知逐渐近代化，为以后日本开始萌生的政党政治提供了思想基础。

一、对政党在立宪政治和议会政治中的
地位和作用的近代性理解

在立宪主义思潮和议会政治思潮中，与之紧密联系的另一方面更高层面的问题被逐渐涉及，那就是凭借什么力量，在议会中占据多数议席，实际掌控政权，而实现立宪主张的现代性问题。即在主张立宪和实行议会政治的同时，主张政党在议会政治中的作用的思潮也开始涌现，并逐渐在日本社会流布。明治时期的政治家和思想家们在对政党的认识逐渐清晰的基础上①，在宣扬议会政治必要性的同时，又对政党在立宪和议会政治生活中的地位和作用进行了阐释，尤其是一些直接从事政治活动的政治家阐述更为细致。这些阐释已经与传统的"徒党"之类观念完全不同，具有明显的近代性特征。

在立宪政治及与之伴随的议会政治中，政党应当发挥怎样的作用？政治家

---

① 关于明治时期日本社会对政党概念的认识过程，笔者曾有所研究。见拙稿《明治前期日本"政党"观念的产生》（《日本学刊》2010 年 6 期）。

大隈重信认为,政党在立宪政治和议会政治中地位和作用十分重要。他在1881年3月提出的《奏议书》中指出:"立宪之政乃政党之政也。政党之争乃主义之争也。故所保持其主义者若过半数,其政党可得政权,反之则可失去政权。此即立宪之真政又真利之所在也。"①也就是说,在议会中由同样政治主张者掌控过半数议席,就可以迫使政府按照自己的政治方针实施行政权。他认为如果没有政党而贸然召开国会,只能造成社会混乱:"立宪政治之真髓乃政党之政……毕竟立宪之政在于不使社会秩序紊乱,使国民可平稳表达思想也。然而于全国无政党之时,若猝然开设国议院,假令一朝应生出几多政党,也不能坚固其根本。普通人民亦不知道何种政党有如何之主义,政党之势威多频频浮沉。若果然,其混乱纷扰之惨淡将会出现于政治上,夫依保持社会秩序之治具却有恐紊乱之也。"②即如果有明确政治主张的政党没有在议会召开前建立,并在议会政治中发挥作用,则召开议会的条件就未成熟。因此他主张在开设国会之前,应当允许日本国内政党的充分发展:"若公示决定立宪政体,应加速发生政党之萌芽。如此,若允许经过一年或一年半之岁月,各政党主张广泛出现于世间,国人也亦判定甲乙彼此之得失,各自达于立其流派。"这样可为实行正常的立宪政治创造必要条件:"于此时,欲选举议员,开设议院,可保持社会之秩序,得收立宪政体之真利。"③强调真正的立宪政治,无论提出政治主张还是选举议员各方面,皆离不开政党。

大隈的追随者小野梓也主张立宪政治和议会政治离不开政党的政治活动。1882年他在《立宪改进党趣意书》中号召社会各界有识之士起来组建政党:"大诏一降定立宪之事,我辈帝国臣民逢万世一遇之盛时。唯此际如何为计划,如何尽职责,以无愧于帝国臣民乎? 无他,只有结一团之政党,我相集相同表达声望耳。来吧我兄弟,来结我政党,尽我臣民职责哟!"④他将是否组成政党,作为能

① [日]大隈重信:「大隈重信奏議書」,[日]日本史籍協會編:『大隈重信關係文書』四,東京大學出版會,1984年,244—245頁。

② [日]大隈重信:「大隈重信奏議書」,[日]日本史籍協會編:『大隈重信關係文書』四,242—243頁。

③ [日]大隈重信:「大隈重信奏議書」,[日]日本史籍協會編:『大隈重信關係文書』四,243頁。

④ [日]小野梓:「立憲改進黨趣意書」,[日]早稻田大学大学史編集所:『小野梓全集』第5卷,早稻田大学出版部,1982年,105頁。

否真正实现立宪政治和议会政治的前提条件,因此公开向社会发出了组织政党的号召。

板垣退助后来对政党政治的重要性和必要性作了总结强调:"盖政党为天下必至之势,且由政治上必然之理构成者也。凡区分邦国之强弱,以致所隆替者,其原因实莫不在于是否统一、舒达国民之势力这一点上。而构成政党者作为经国之公团结,代表国民之聪智与睿德,以成为制定、策励国家方向者。故若开启国民自觉于此,以至与国家俱喜戚忧乐,欲不兴政党亦不可得。"即假若不组织和发展政党,上述一切皆不可能实现。所以板垣强烈主张:"经国构成公团结,政党建立完善体制,可巩固国家之基础,期待国运之发展。"①认为只有发展政党才有可能使国家繁荣昌盛。

思想家们与政治家同样,也论述了政党在政治生活中的重要性。如1881年林常直在《爱国新志》发表文章指出:"毕竟得事物之势力而显伟功于天下者,多惟有结合是也。"这里显然指人们在社会中为了某种政治目的而进行的有组织的结合。具体到日本社会,"人民最可贵重如彼之自由,如权利,其之所以能享受之而不丧失者,兴结合之力而生效者也"。他认为这种相互结合的组织机构就是政党,只有政党政治才能通过议会防止政府的专制:"且不论何国何时,凡无政党之结合,我们丝毫未闻其政府不专制、其治者不暴压也。若然,则政党对于获取或保存吾等人民自由权利不可欠缺也,实可谓急且要也。"②即政党可在政治运作中,发挥限制行政权力趋向专制。这种限制政府专制的途径,政党自然只能通过议会这种机构去实现。

针对社会上有人认为日本政党实力太小,对人民争取自由权利所发挥的作用微乎其微的论点,林常直提出了合并小党为大党的观点:"有论者言,今日结社即多,虽为政党,但仅为小数之政党,人民之自由权利未可谓能依此得以伸张者也。仅为获得自由权利之端绪……我们以为,眼下所散在于各地之政谈结社者,在于据其主义,以广相结合成一大组织,俨然树立政党。"③即把各地比较分

① 〔日〕板垣退助監修:『自由黨史』,23頁。
② 〔日〕林常直:「日本政黨論」,〔日〕明治文化研究会編:『明治文化全集』第6卷『自由民権篇』下,211頁。
③ 〔日〕林常直:「日本政黨論」,〔日〕明治文化研究会編:『明治文化全集』第6卷『自由民権篇』下,211—212頁。

散、力量相对弱小的政社和小党派联合起来,组成较大的政党,便可在议会中有更大的势力,也可在争取人民的自由权利方面充分发挥政党的作用。

林常直的观点明显受到托克维尔政党观的影响。在《论美国的民主》中,托克维尔将政党区分为大小,并分别评论了大小政党的不同作用。他认为"被我称为大党的政党,是那些注意原则胜于注意后果,重视一般甚于重视个别,相信思想高于相信人的政党。一般说来,它们的行为比较高尚,激情比较庄肃,信念比较现实……小党与此相反,它们一般没有政治信念。由于它们自己觉得并不高尚,没有崇高的目标,所以它们的性格打上了赤裸裸地暴露于它们的每一行动上的自私自利的烙印"。所以他得出的结论是:"大党在激荡社会,小党在骚扰社会;前者使社会分裂,后者使社会败坏;前者有时因打乱社会秩序而拯救了社会,后者总是使社会紊乱而对社会毫无补益。"①日本受到限制的政社之类,或许就相当于托氏在此所云小党。林常直要求相互联合的,不仅包括政党,也包括了尚未完全形成政党的政社。

1883 年政治文学家末广重恭(1849—1896 年)在《朝野新闻》上发表演说《论独立政党之必要》,主张"政党要将党议公示于天下。夫政党乃以主义结合者也。然而如其采取暧昧模棱手段秘密集会,公党则变为私党也。以何可望将势力展现于天下耶? 故政党必自备机关,以报纸发表一党之主义,使天下人知道于政治上定如何之目的,取如何之手段实地尝试如何之运动。更不可不用演说讨论将意见陈述于公众之前,求得公议舆论赞成一致"。② 他强调政党的政治作用一方面在于向社会宣传自己的政治主张,而且更重要的是随时准备将这些主张付诸政治实践。理论宣传固然是政党的重要任务,但任何鲜明的、有号召力的政治理论如果不在政治活动中付诸实践,也只能是纸上谈兵的无用之物。末广已深刻认识到这一点:"苟不能于此方法尽其道时,其政党自身必不能进而贯彻其目的也。若已因主义结合,又备有向天下公示党议之机关,此可谓尽政党之本分乎? 否! 政党所要,在于自身进而运转政治,成就社会之改良也。虽结合多数同志从事言论,但若无起而担当国家大事之决心,实际只能颠倒狼狈,受天下有

---

① [法]托克维尔:《论美国的民主》,董果良译,商务印书馆,2006 年,第 196—197 页。
② [日]末広重恭:「独立政党ノ必要ナルヲ論ズ」,[日]西田長壽他编:『馬塲辰猪全集』第4 卷,岩波書店,1988 年,147 頁。

识之士讥笑也。"①那么应当如何具体去"运转政治"呢？末广指出"在立宪政体之邦国，必须有政党。若无政党之竞争，虽设有国会，但如何能使政治机关运转耶？若然，使政党成为必要者，不仅止于确定立宪政体基础之邦国。人民逐渐使政治思想发达，将及欲期待岁月开设国会之际，亦至感到政党之必要"。② 即在国会召开之前，通过政党的竞争，促使人民充分认识到政党在政治生活中的必要。这样将来国会召开后，人民可以通过参与政党之间的竞选来参与政治，实现自己的参政权利，即政党政治通过国会来实际发挥其政治功用。

1882 年 7 月，中村义三在编纂的小册子《内外政党事情》中，介绍了当时各资本主义国家的政党状况后，指出日本兴起政党乃大势所趋。他认为日本受幕府的封建专制统治二百多年，人民长期受到政治压迫，丝毫不能了解国家政治，更不用说有半点参与政治的机会了："虽在专制国家未见真正之政党，但苟于民主政治及欲施行君民共治政体之邦国，必不能没有此政党也，否，乃不得不使之兴起也。作为我邦今日，此政党之兴起，亦甚有因由也。抑我邦二百有余年，被压束于武门专治之下，国民也未曾能窥知国政之一分。"③如果要实行资产阶级民主政治，或像当时日本许多人宣传的那样实施君民共治的政治体制，就必然要促使政党兴起："天运之循环，遂脱离武门之压束，得生息于明治宽大之治下。接近国民之自由权利大为挽回之道，几乎进入授予国政之地位，吾人不得不云最幸福也。而今日政党之兴起，全在于明治更新之初也。"④他认为日本在明治政府提倡社会革新的大环境下，各种政党的兴起正符合了历史发展趋势，有利于人民争取自由权利甚至参与政治。

民权理论家中江兆民则批判了传统的"无偏无党"观念，主张在议会中实行政党政治的正当性。他在 1888 年 6 月的《东云新闻》上发表文章《政党论》指出："近时有一种议论者曰：我庙堂诸公，公平无私，所谓无偏无党、王道荡荡等。

---

① ［日］末広重恭：「独立政党ノ必要ナルヲ論ズ」，［日］西田長壽他編：『馬場場辰猪全集』第 4 卷，147—148 頁。

② ［日］末広重恭：「独立政党ノ必要ナルヲ論ズ」，［日］西田長壽他編：『馬場場辰猪全集』第 4 卷，146 頁。

③ ［日］中村義三編纂：「内外政黨事情」，［日］明治文化研究会編：『明治文化全集』第 3 卷『正史篇』下，日本評論社，1992 年，442 頁。

④ ［日］中村義三編纂：「内外政黨事情」，［日］明治文化研究会編：『明治文化全集』第 3 卷『正史篇』下，442 頁。

有主张关乎政事不持一定旨义者。此乃误解所谓王道荡荡之古语者也。此乃直接诬我庙堂诸公者也。"①他明确指出在当时的社会,要从事政治活动,必然应该加入某一党派:"苟作为趋走于庙廊之上、操纵政治机关之人物,除其脑中有许多思想、其胸中有几分良心之外,对政治方面之事,务必有一定之旨义。除有一定之旨义外,尚须与其他同旨义之人同意见,乃政党自然于其间见形态之道理也。"②他认为只要是掌握国家政权、考虑国家大事的政治家,不可能真正做到所谓"无偏无党"。因为这些政治家要治理国家、从事政治活动,必然会有自己的政治主张,会联合与自己主张相同的人一起完成政治抱负:"若作为挂念一国之命运、一年至少真正考虑一次如何可能促使国家昌盛、如何可能加速国家危亡之人物,理应务必列于国内一政党之中也。"③即掌握国家政权,谋划国家大事的政治家,不可能是真正的无党派人士。这样,自然就会产生相应的政治党派,政治家不可能超然于各党派之外。这实际上强调了"近代化的议会政治离不开政党"这一原理,表明了政党在近代议会政治中的重要地位。

中江还具体举例说明政党在近代政治中的诸种表现:"听闻在枢密院内,有关宪法,顾问官颇有议论。其中有应当允许多少自由主义倾向之议论;有扩大民选区和缩小官选区之议论;或相反,有缩小前者、扩大后者之议论。而在此二议论中,各自皆有不少盟友,岂非毫无与政党类似耶?"④即各种政治活动均与政党主张有关。他甚至认为政党的作用和影响不仅表现在议会中,就连内阁的宰相、大臣也必然要受某一政党的制约:"在我庙堂诸公间也萌芽政党心,乃当然之事……国会近在眼前,我等尚未曾听闻政治之主义与舆论之效力,仅议员需要而宰相大臣不需要;我等尚未曾听闻议员于政治上相斗,而宰相大臣绝不会成为对手;我等尚未曾听闻几十年来同职相互交往,而有关国之大计与其他大臣从未产生意见不同者;我等尚未曾听闻身为大臣,故一生皆与民间人物意见不相同者。过分明白之道理,厌言之、厌闻之,宁可言民间之政党。"⑤既然掌握国家大权的

---

① [日]中江兆民:「政黨論」,[日]松永昌三编:『中江兆民全集』11,岩波書店,1984 年,169 頁。

② [日]中江兆民:「政黨論」,[日]松永昌三编:『中江兆民全集』11,169 頁。

③ [日]中江兆民:「政黨論」,[日]松永昌三编:『中江兆民全集』11,170 頁。

④ [日]中江兆民:「政黨論」,[日]松永昌三编:『中江兆民全集』11,174—175 頁。

⑤ [日]中江兆民:「政黨論」,[日]松永昌三编:『中江兆民全集』11,175—176 頁。

宰相大臣总会有一定的政治主张,所以当作为议员的政党在议会中相互斗争时,宰相大臣绝不会仅作壁上观,总会受议会中各政党的意见影响,决策常受政党主张的左右。这种理论无疑为政党内阁构想埋下了伏笔。

但也有对政党政治持不同看法者。如井上毅已认识到政党在国家权力运行中的重要性,但从内心主张仿效德意志的君主立宪制而反对实行英美的政党政治制度。在1882年发表的《政党论》中,井上一方面承认政党政治在近代国家政治体制中存在的合理性:"文明之邦没有无政党者,召开议会,以党分配席位,各党相制,保持均势。各党争辩,发现真理。而各党之内没有组织、制置、盟约节制,一人出入于两党亦不为怪。政党之交,其淡如水。故国法不承认政党,但不忌讳政党也。"①但另一方面他又持控制政党发展的观点。他强调"我国立宪有圣誓,而未公布宪法。当此时,内阁诸公纯属皇上所任使,不被政党干涉左右,乃当然之理,毋庸置疑者也"。②认为政府应当服从天皇调遣,不应受政党主张的左右。甚至政党本身也应服从天皇约束:"今我国方在国会准备时期,而政党如蝟毛而兴,幸我哉?圣天子凤发明诏,约立宪之政,以示标准,使臣民统一其所向。今政党其类虽不统一,盖皆遵奉明诏,感激圣意,乃立于同一范围中者。"即所有政党的政治活动都必须限定在能够由天皇掌控的框架内。

之所以如此,井上认为是因当前日本政党很不成熟:"我国政党概取源于政学,而不取于政史。欧洲之政学论宗科相异,源流不同,尚未归一。理论既有尝试者,亦有未尝试者……而我政论之徒,读英书者偏英,学法书者偏法……其状宛如观女儿剧,艳慕俳优,赞甲喝乙,无异于恍然自失者。"③说明众多政党盲目跟从西方理论,并未形成自己的固定主张。所以井上强调日本政党应服从天皇,而不能拘泥西方政党政治理论:"圣天子发大号、下大令,赐予国民之政权,以宪法定其限域规程,以成永远不渝之经典……当此时,凡我日本国民者,应在其分义,当于宪法范围之中,根据各自所见,直言公论而无隐讳,以决胜于讲堂。政党之用,将于是而显。若乃青年讲学之余,诵英法美普书而僻于书,论理而泥于理,胸有成竹,先入为主,遂超出国宪之外,而不知取舍。更脱离核心,必实施私拟之

---

① 〔日〕井上毅:「政黨論」,〔日〕井上毅傳記編纂委員會編:『井上毅傳 史料篇第一』,289頁。

② 〔日〕井上毅:「政黨論」,〔日〕井上毅傳記編纂委員會編:『井上毅傳 史料篇第一』,292頁。

③ 〔日〕井上毅:「政黨論」,〔日〕井上毅傳記編纂委員會編:『井上毅傳 史料篇第一』,293—294頁。

条章,以图其快。因此至误用政党之名,重蹈法国覆辙,自陷危亡之道者也。"①
同时,井上也主张政党应服从宪法:"政党争于同一宪法之下者,其国和平也;各
自执不同宪法者,其国溃乱而无有统一之期。"②实际上是否定明治前期社会出
现的各种私人拟定宪法,要求政党回到"钦定宪法"的轨道上来。由此可见,井
上毅在承认政党作用的前提下,主要是担心政党政治会带来不利于天皇和藩阀
统治的"恶果",会引发全体国民卷入党派斗争。另一方面,也企图防范议会中
各政党议员独立自由地参与政治活动可能会造成的"弊端"。

二、政党政治构想:对政党议会活动和政党内阁制的不同主张

政党政治思想如何付诸实践,即如何在日本的近代议会和政府的政治活动
中充分发挥政党的作用,政治家和思想家也有不同的主张。历来主张模仿英国
政治制度的福泽谕吉、大隈重信、小野梓等人在宣传英国政党政治优越性的同
时,主张日本应尽可能发挥政党在议会和内阁中的作用。而井上毅虽然也认识
到了英国政党政治的优越性,但他认为根据日本的国情不应模仿之,只能仿效普
鲁士的立宪君主制。所以他反对在日本实行政党议会制和政党内阁制。这样,
在政治思想界围绕这一问题出现了不同主张的争鸣。

1879 年,福泽谕吉根据自己阅读的西方政治学著作,结合到欧美的观察和
理解,评论了英国政党在国会中的政治活动。他首先指出:"英国政治之党派有
二流,一云守旧,一称改进,常相对峙如不相容……人民亲自所见之不同而分为
双方。由此人民中选举人物议论国事,称之为国会……故国会作为两派政党代
表会集之场所,一事一议,大抵所见皆相异,以多数决之。"③接着他描述了国会
中多数党派组建内阁的惯例:"无论内阁诸位大臣属于此两派中之谁,特别掌权
之太政大臣,必由一派首领担任。故此党派若因舆论获得政权,其首领乃掌握政

---

① 〔日〕井上毅:「政黨論」,〔日〕井上毅傳記編纂委員會編:『井上毅傳 史料篇第一』,294 頁。

② 〔日〕井上毅:「政黨論」,〔日〕井上毅傳記編纂委員會編:『井上毅傳 史料篇第一』,294—295 頁。

③ 〔日〕福泽諭吉:「民情一新」,〔日〕富田正文他編:『福沢諭吉選集』第 4 卷,岩波書店,1981年,302—303 頁。

府全权。党派之人物皆随之占据重要职位,与国会多数之人共同议决国事,不妨碍施行之。且虽担任政府职位,却并未脱离议员席位,故为政府在职官员,亦为议会在位议员。恰如行政议政兼而有之,自然势力昌盛,为事容易。"①他指出了在议会中竞争获得胜利的政党,可在政府(内阁)中担任首脑这一近代资产阶级政党政治的特征。

但如果这种状况发生变化,政党政治又如何运作呢? 福泽又论述了政党政治此消彼长的交替规则:"随着岁月推移,若人气方向改变,袒护政府党论点者减少,另一方党派权力增加,其议事常成多数,即承认其为全国人心所向,以改革政府之投票,执权以下皆离开政府职位,让与其他党派,如同以往议员寻常退出。但离开政府职位,并非塞其言路。前任执权即为今国会中一党派之首领,关心国事而讨论之,与在职之时无异。仅不得以全权施行。可称政权授受平稳,其转移顺畅也。"②他明确指出,即便政党力量对比发生变化,但由于实行了这种政党政治制度,因而既可确保政权平稳顺畅地交接,也不会妨碍下台后不再掌权的政党成员对国事发表不同的政见。

"英学派"首领大隈重信历来主张仿效英国实行政党政治,包括设立由政党参与竞争的议会,和由议会多数派政党组成内阁。对于前者大隈分析道:"在立宪政治中,表示有声望之处何在? 国议院是也。声望为何? 议员过半数之属望是也。谓何人为声望所归之人? 形成过半数之政党首领是也。抑国议员作为国人推选者,所代表其思想,故被其推选之议员之愿望,乃国民之愿望也。作为国民过半数保持崇敬之政党,其领袖与仰慕之人物,岂非声望所归?"③他认为在国会中保持议席过半数的政党,一定代表了大多数国民的政治愿望和利益。

接着大隈进一步指出应由该党领袖人物组阁掌握行政权力:"如此被选出之人物,在人民参政之处国议院中占有过半数,故外则掌握左右立法部之权,又得圣主之恩宠立于政府,配布本党人物于显要职位,故内可得操纵行政之实权。"④对议

<hr>

① ［日］福沢諭吉:「民情一新」,［日］富田正文他編:『福沢諭吉選集』第4卷,303 頁。
② ［日］福沢諭吉:「民情一新」,［日］富田正文他編:『福澤諭吉選集』第4卷,303 頁。
③ ［日］大隈重信:「大隈重信奏議書」,［日］日本史籍协会編:『大隈重信關係文書』四,233—234 頁。
④ ［日］大隈重信:「大隈重信奏議書」,［日］日本史籍協會編:『大隈重信關係文書』四,234 頁。

会竞争获胜政党组成内阁,并由该党领袖担任政府首脑的重要性,大隈作了强调:"立宪政体之妙用,在其实而不存于其形。使立法行政司法三权分离,将参政权利附与人民,是其形也。延用议院最盛政党之领袖人物,将之置于显要地位,使庶政归于一源者,是其实也。若取其形而舍其实,立宪之治体仅徒足以开启国家纷乱之端绪。若然……皆应鉴照列国治乱之实例,政府显官不可不任用议院中多数最盛政党之领袖人物。"①他旗帜鲜明地主张在日本实行天皇制下的政党内阁政治。

一贯主张仿效英国政治体制的小野梓也对英国的政党内阁制度给予了充分肯定。他在1881年发表的《今政十宜》中指出:"今考察泰西诸邦所置台阁,大抵首相者就其党人选择有器识者组成之。因而阁内诸员皆同政略方向……因此目前宜仿效。"②他具体分析了这种制度的特点:"在英国,按内阁组织之顺序,国王不问其改进或保守,察当时在国会有实权之政党。改进党若有实力,则敕其总理,使组织内阁成员。总理则受其诏命,退而推荐本党有为之人士,由国王启用之。国王听其奏言而嘉纳之以任行政大臣,总理自然位居首相。若内阁之议与国会之议已不合,而其议案关系一国之大事时,现任首相以下相举陈述国会之不信任,辞其职,交还宰相印绶。国王乃就保守党选其总理,使从事内阁组成。总理乃按其诏命,退而推荐本党有为之人士……但若失去国会之信用却任宰相,国王犹不欲革其职,姑且停止其革职,解散国会,以揣摩天下众望之归向如何。然而,作为新选之国会,若议员多数不出自现任宰相之党派,而对立党派占据其多数,国王丝毫不能私下庇护其宰相,立即解其职,而使他党人士代之。"③也就是说,在正常的政党政治体制下,即便国王也只能任用议会中的多数派政党组阁。但如果出现政党与国王施政方针不吻合时,这种政党内阁的优越性如何体现呢?小野进一步深入分析:"当有大事,若国会之议不合王之意,常如以国论之向背决定其取舍者。何谓国论向背?曰:若国王之意见与国会之议不合,而又无法调停之,一旦议会解散使其改选之,以察其结果如何,为之对国王之顾问即当时在

---

① 〔日〕大隈重信:「大隈重信奏議書」,〔日〕日本史籍協會編:『大隈重信關係文書』四,235—236頁。
② 〔日〕小野梓:「今政十宜」,〔日〕早稻田大学大学史編集所:『小野梓全集』第3卷,早稻田大学出版部,1980年,112頁。
③ 〔日〕小野梓:「国憲汎論」,〔日〕早稻田大学大学史編集所:『小野梓全集』第1卷,369頁。

职之内阁有利乎;国王阻拦其议而不批准,若对之不利乎;内阁辞其职而让对立政党代之,国王采纳其议而批准之。"他对这种制度赞扬道:"此毕竟以政党组织内阁产生之一便利,与民共治其国之宗旨,自然行于其间。盖又英国制度之成尽善者乎。"①即让议会中的多数派政党执掌政权,是一种较为完美的政治体制。

既然这种政党政治制度已达"尽善之美",小野梓认为日本应当仿效英国实行这种政党内阁制:"开设国会之期,圣天子已有所垂敕。如其组织也亦知道使及时建立公正之宪章。故对国会之组织,我党今不说明党议之所在,一切奉待圣天子之明示。然而立宪政体之实益,在于以政党组成内阁,根据国会信任如何而进退,符合舆论所希望。故我党当八年之后召开国会,必须制定我党为政之良制。"②为了达到这一目标,小野梓还列举了实行政党内阁的四点益处:1.易得贤才之士,因为可由人民选择官吏;2.可避免行政与议政的矛盾,因为若出现内阁与议会意见不合,失去众人期望,则内阁"必然辞职,举他党有时望者充任内阁成员,内阁主议随之一变";3.可保证选举有德之人担任首相,"以此若采负望之政党任之,首长之德自全";4.容易使民众服从政令,因为政务皆由代表各社会阶层的政党议员研究讨论后再委托行政官员实行,所以人民容易相信并执行政令。因此小野主张:"故若望一国治理之平正,欲内阁组织之适宜,必须施行采负望政党充任之制。"③即实行选举人民信任的政党组成内阁的制度。小野认为这种政党内阁应对国家元首负责:"夫内阁仅行政首长之内阁。故作为行政官职,帝王欲掌握之乎,其内阁均仅为帝王之内阁……又其职权总统欲掌握之乎,其内阁均仅为总统之内阁。与是否取其政党之人不应有区别也。因此内阁常为帝王或总统之内阁……其不论取此处彼,均属帝王或总统也。"④即无论是否由政党首脑组成政府,内阁的职责皆为对国家元首负责。这种观点一方面表现出小野为政党内阁制度辩护的巧妙,另一方面也反映了他对政党内阁制理解的偏差,尚未彻底认识到内阁应当对由政党组成的议会负责这一近代民主政治

---

① [日]小野梓:「国憲汎論」,[日]早稲田大学大学史編集所:『小野梓全集』第 1 卷,334 頁。
② [日]小野梓:「施政の要義」,[日]早稲田大学大学史編集所編:『小野梓全集』第 5 卷,97 頁。
③ [日]小野梓:「国憲汎論」,[日]早稲田大学大学史編集所:『小野梓全集』第 1 卷,367—368 頁。
④ [日]小野梓:「国憲汎論」,[日]早稲田大学大学史編集所:『小野梓全集』第 1 卷,366—367 頁。

的基本原理,这也与小野历来主张"维护皇室尊荣"的思想具有一致性。

三、关于政党在议会政治中
竞争问题的思想交锋

井上毅不赞同日本实行政党政治。他通过对西欧的考察,已较为充分地认识到了政党通过议会对政府的制约作用:"政党两两对峙于议院,得多数者进入内阁,第一首领升为首相。而各省卿以下从其所择,就列职位。故内阁为政党盘踞之窠窟,政党为内阁组织之苑林也。政党之势既笼盖议院,又占领行政官,议院名为立法官,其实连同行政权全在其手中。而国王仅不过虚荣之肖像。"①他特别以英国为例,描绘了"虚君制"下政党在议会和内阁中的这种作用:"议院之势力各国有异同。而有最大至强势力者,莫若英国议院。英国议院不仅有独立立法之权,而且也掌握行政实权……何故云英国议院也掌握行政实权耶?按照英国习惯法,英国王不亲自施行政治,专使内阁宰相负责。内阁宰相即议院多数之所进退也。内阁为多数政党之首领所组织。每当议院有政党多数之变更,内阁宰相随之变更。辗转相代,无异于一轮动而二轮应之。而国王概受议院多数制约,不过任由政党之胜败,依据程式颁布成命。一左一右,仅宛如风中之旗。故名行政权虽称专属国王,其实行政长官即由议院中政党首领担任,行政实权实在议院政党掌握之中。虽名为国王与议院分掌主权,其实主权专在议院。国王仅徒拥虚器。"②在这里,井上认识到英国的君主立宪政治体制实行的是一种"虚君"制,实际上掌握政权者是内阁首相。而内阁首相作为行政长官,是由在议会中占多数席位的政党的首领担任。这样,多数派政党既然控制了议会,也就实际控制了政府。

正因为如此,井上毅认为日本不能仿效英国体制将日本"万世一系"的天皇架空。他提出了三点理由。首先,日本存在许多与英国相异之处。首要原因在于"今我国未有政党,其有政党,亦落落才合,未足以牢盖多众结为一大团。此不独风习未熟,亦封建余势,易于割而难于合也。数小党瓜分散布,势如棋峙。

---

① [日]井上毅:「政黨論」,[日]井上毅傳記編纂委員會編:『井上毅傳 史料篇第一』,290 頁。
② [日]井上毅:「憲法意見(第一)」,[日]井上毅傳記編纂委員會編:『井上毅傳 史料篇第一』,226 頁。

当其攘臂而起,声气相倚,同力合围,务获多数,以图倾覆,形成一大团者。一朝至内阁引退,进代其后。一小党得意,而他数小党怨猜交起,三士争桃,群虎争肉。行政出令之地,变为猖猖斗力之场"。① 即日本政党带有许多封建时代"徒党"的残余,难以团结而易于分裂。即便出现了较大的政党,也不过是数个小党为了谋取自己利益的临时拼凑。若一旦掌握了行政权力,便会为了本小集团利益而相互争斗,使政令发布机构变成角斗场。其次,英国已造就了大批政党政治人才。但日本不同:"我国文明日浅,人心犹重武功,而贱文勋。新进之士,才气有余,名望未属,不足以厌服众心,亦自然之势也。"他认为即使将日本"现任内阁以至各省次官一网打尽",也很难找到足以胜任领袖、使众人景仰而信服的政治人才。在这种条件下贸然实行政党政治,其结果只能是"纲弛目败,百揆旷废,终于乱已"。② 最后,在地方与中央的关系上,两国也有很大区别:"英国地方自治之制,百里之长概由公选。故政党纷扰,内阁更替,而地方晏然,如不相关者。"但日本并未实行英国那样的地方自治制度,"我国府县长官,皆政府所派。政府一变,府县官亦不得不逐例引退。政党进退愈急,而府县官席不及暖,地方之治,无由提举,而民焉有所措手足"。③ 即实行政党政治势必导致中央政权的频繁更替,使地方官员经常变换,影响政局稳定,百姓无所适从。所以井上毅反对在日本各级议会中实行具有竞争特点的政党政治。

但福泽谕吉认为政党竞争并不像井上毅说的那么可怕,因为即便"两党相分,守旧与改进其名不同,若仅就名称考察,认为如水火相敌,随着其相互掌握政权,全国机关可能突然改变。但事实绝非如此"。④ 他认为政党执掌的政府权力重新改组十分正常:"若此政党获得政权占据政府地位,其间该党理论宣扬而不易撼动,即成定论也。虽然如此,若人心方向随时势变迁而改组政府,起初之一定论也亦不可用,非永世不变也。"⑤例如英国"适逢一千八百年代文明之进

---

① [日]井上毅:「憲法制定意見 呈伊藤参議書」,[日]井上毅傳記編纂委員會編:『井上毅傳史料篇第一』,239 頁。

② [日]井上毅:「憲法制定意見 呈伊藤参議書」,[日]井上毅傳記編纂委員會編:『井上毅傳史料篇第一』,239 頁。

③ [日]井上毅:「憲法制定意見 呈伊藤参議書」,[日]井上毅傳記編纂委員會編:『井上毅傳史料篇第一』,240 頁。

④ [日]福沢諭吉:『民情一新』,[日]富田正文他編:『福沢諭吉選集』第 4 卷,303—304 頁。

⑤ [日]福沢諭吉:『民情一新』,[日]富田正文他編:『福沢諭吉選集』第 4 卷,304 頁。

步",虽然常常受到政党交替组阁的压力,"但不觉政治结构之震动,政党两派,一进一退,不得不云其转移巧妙"。① 即在议会中实行政党政治可以保证政权的平稳交接。

同时,福泽还提出应正确认识所谓"非政府党"。他指出英国"也有保守党和改进党,常相对峙,一进一退,一起一伏。若一方得权占据政府地位,另一方即成非政府党。若不久此非政府党复掌政权,以前之政府党也只得成为今日之非政府党。故若欲厌恶非政府党完全摒斥之,或因对所谓'非'字误解,或因度量狭隘而不能容他。"②因此,他认为两党在国会展开合法的政治竞争十分正常:"国会议员中政府党为多数,故政权自然巩固而不动摇。因而政府掌权者常汲汲于结合此党派,或依赖报纸公布政府意见,或召开集会,或发表演说,如运用远近交流、收揽人心之密策甚不少。而其目的,唯在压倒其他非政府党,保持自家学说……今日社会作为竞争之一大剧场,开明即构成竞争结果之时,丝毫不足咎之。"③当然,福泽并未意识到近代资产阶级政党是代表了各个不同的社会集团的利益。除了用公开的手段展开竞争外,也有通过金钱收买等各种不为人知的秘密手段从事政党政治竞争者。

另外福泽还主张君主不应干预政党的正常竞争:"当此时节,我辈最所忧虑者,唯在帝室。"因为各个政党"虽各自主义相异,云自由改进,称保守守旧,互争论锋,但不过争政权授受,企图自己亲自掌权者也"。政党竞争无论多么激烈,也不同于战争中的兵戎相见。所以君主立宪制中的"虚君"如果明确支持某一派政党,"则其交替每一方政党若有对帝室之向背,帝室恰如陷于政治社会之尘埃中,有害其无上尊严"。④ 所以福泽主张即便是拥有最高地位的君主,也不应当妨碍政党政治的正常实施。

大隈重信也指出议会中政党势力的消长完全是一种正常的政治现象,关键是要做到井然有序:"因人智之薄弱,一度得国民信任之政党,也因其施政巧拙而失其政。议院中多数势力反转移至其它政党。在此等场合,圣主亦察众望,不

① [日]福沢諭吉:『民情一新』,[日]富田正文他編:『福沢諭吉選集』第4卷,305頁。
② [日]福沢諭吉:『国会論』,[日]富田正文他編:『福沢諭吉選集』第5卷,130頁。
③ [日]福沢諭吉:『国会論』,[日]富田正文他編:『福沢諭吉選集』第5卷,151—152頁。
④ [日]福沢諭吉:『帝室論』,[日]富田正文他編:『福沢諭吉選集』第6卷,岩波書店,1981年,34—35頁。

得不从获得新势力之政党之人物里,重新选拔显官。由议院政党之盛衰,而产生如此显官之更迭,尤以井然有序为紧要。"①他主张在议会中竞争失势的政党理应交出政权:"所组成内阁之政党,在议院中稍有失势之时,由政府下达之重大议案被反对党攻击,可能屡次在议院中成为废案。是即内阁政党失势之兆候也。如此之时,庶政不能出于一源,故失势政党以此时退职为常态。"②执政党如果在议会中不再占据多数议席,那么该党掌权的政府提出的议案将很可能无法在议会获得通过,从而延误时机、降低办事效率。这时该政党应当主动下野。如果不主动离开,议院应当向君主申请另组内阁:"此失势兆候既现,然于此时,其政党眷恋势威,犹不离开行政部之时,可将欲为决议之事构成动议,依此动议处决。而一旦失去信用之时,由议院对圣主申请,内阁既已失信用于议院,应速亲裁更选之旨,失势政党犹不退职时,圣主可应议院之求罢免之。"③这里大隈表现出一种相互矛盾的思想:一方面认为政党组成的内阁应当对议会负责,不能"失信用于议院"。另一方面又认为议院对内阁的去留没有决定权,此决定权仍由君主掌握。这反映出作为开明派士族的大隈所代表的日本资产阶级的软弱性,即必须依靠天皇的力量来推行资产阶级政党政治。这与大隈自己提出的"虚君制"构想和福泽谕吉主张君主不应干预政党竞争的观点是相互抵牾的。④

四、小　结

　　明治时期日本社会对西方传入的"政党"概念,从无知、认识模糊到逐渐有了较为清晰的近代性认知,经历了不太长的时间。这与西方社会思潮传入日本的速度密切相关。无论是正面认识政党的近代化政治功能,还是反对这种功能的观念,都反映出政党观念逐渐在日本社会的普及。这一点已遥遥领先于亚洲

---

　　①　[日]大隈重信:「大隈重信奏議書」,[日]日本史籍協會編:『大隈重信關係文書』四,236 頁。

　　②　[日]大隈重信:「大隈重信奏議書」,[日]日本史籍協會編:『大隈重信關係文書』四,237 頁。

　　③　[日]大隈重信:「大隈重信奏議書」,[日]日本史籍協會編:『大隈重信關係文書』四,237 頁。

　　④　有关日本明治时期的的政党政治构想,笔者曾有所探讨。见拙稿《日本明治前期的政党政治构想》(《日本学刊》2011 年 6 期)。

各国的知识界。至于对政党政治的思想论争,日本明治时期无论是主张实行政党政治者,还是反对实行这种近代性政治者,均在不同程度上认识到了政党在近代化宪政体制和议会政治中的作用。双方就此问题的讨论和争鸣,为在日本推行政党政治提供了舆论准备。虽然暂时没有看到当时有关政党参政的法律规范,但在政治实践中,却体现出明治时期政党观念和政党政治思想的影响。

日本政党最早出现于明治维新后的自由民权运动时期。1874年1月,板垣退助、后藤象二郎等发起组织了爱国公党,但不久解散。同年4月,板垣、片冈健吉等成立立志社。次年2月又以该社为基础成立爱国社(后来改称国会期成同盟)。这些可以视为受政党政治思想影响而出现的早期政党的萌芽。1881年10月,国会期成同盟等组织改组成为自由党,板垣退助任总理(主席)。1882年4月,以大隈重信为总理的立宪改进党宣告成立。这标志着日本正式出现了组织形态相对完备的政党。1884年原自由党解散。1890年1月,大井宪太郎等重组自由党,河野广中等组成大同俱乐部,板垣退助等组成爱国公党。同年9月,三党联合组成立宪自由党,1891年改称自由党。1896年,以大隈为首的立宪改进党吸纳了几个小党改组成进步党。1898年6月,自由党与进步党合并为宪政党,组成以大隈重信为首相、板垣退助为内务大臣的"隈板内阁",成为日本历史上第一个政党内阁。虽然其执政时间不太长,但它却为日本政党内阁开了先河。后虽在两次世界大战期间,日本政党政治极不稳固,摇摇欲坠。但二次大战日本战败后,在美军强制下,日本重建政党政治却十分顺利,确保了社会平稳发展,经济迅速增长。这与明治时期的政党政治思潮的传播有着不可忽视的密切关系。

第七章　民族主义思潮的演变

日本幕末在列强武力威胁下被迫开国后，国民中的忧国意识、攘夷思潮勃兴，传统的"藩"的意识迅速转变为"国民"意识。后来经过思想界的大力鼓吹，又逐渐演变为明治时期的民族主义思潮。这种民族主义思潮的表现多种多样，包括民族独立思想、民族平等思想、亚洲联合抗衡欧美的思想以及民族扩张主义的泛滥等。其内容复杂多元，且并非呈递进关系，而是相互交错，甚至亦此亦彼的状况时有呈现。因此对这种民族主义思潮作客观而深度的剖析，是学术界必不可少的重要课题。

一、列强压迫下日本民族意识的产生

在德川幕府统治时期，幕藩体制下的日本臣民通常只知道本藩利益，而不知道有国家利益。"藩"的意识普遍流行，民族意识十分缺乏。日本自从 1854 年在美国军舰威胁下被迫开国之后，与西方国家签订了一系列不平等条约，使日本的民族危机加深。在这种外部压力刺激下，日本国民意识到幕末明治初期逐渐形成。来自外部的压力促使实行"锁国"长达 200 年之久从而相对封闭的日本迅速向开放型社会转化，这样一来"正如小心保存在密闭棺木里的木乃伊，一接触新鲜空气，便必然要解体一样"①。外部压力激发日本民族精神日渐觉醒，长期以来强烈支配人们头脑的"藩的思想"逐渐淡薄并趋向消亡，"日本民族"的意识迅速兴起。关于这种超越藩界的民族主义产生，历史学家田口卯吉曾指出：

---

① ［德］马克思：《中国革命和欧洲革命》，《马恩选集》第 2 卷，人民出版社，1972 年，第 3 页。

"黑船一旦进入内海,海内之人民开始知道强国横行于海外,思虑皇国之命脉迫于危殆,忧国之念鼎沸于胸里,复不可制止。以为不退夷狄,皇国不得安,王室不得贵。德川氏威严不得保,士农工商求俸禄安息而不得,即至以满脑精神关注国事。是即依赖其藩主、依赖德川氏之念消失之所以也。"①另一位史学家竹越与三郎(1865—1950年)也有类似描绘:"美舰一朝进入浦贺……列藩之间猜疑、敌视的观念如烟消云散般泯灭,三百列藩乃成兄弟,几百千万的人民成为国民,日本国家的思想在此油然涌出。"②两位史学家的描述虽有些夸张,但说明在这一特殊历史时期,日本人的国民意识逐渐觉醒和统一国家的迫切要求已迸发出来,"藩民"意识逐渐向民族意识转化。

明治后期思想家德富苏峰(1863—1957年)也提到这种思想动态:"国民之观念乃相对之观念也,与外国接触以来,此观念始发挥也。"③这种由于受到外部压力而激发起来的国民精神,很快便成为国家统一和民族独立意识催生的动力:"国外的警报立即诱发对外之思想,对外之思想立刻发挥国民之精神,国民之精神马上鼓吹国民之统一。国民之统一与封建割据势不两立。那些外国思想刺激了日本国家之观念。日本国家之观念产生之日,此乃各藩观念消灭之日。"④所谓"藩"的观念消灭就是"国民"意识的产生,实际上也就是日本作为一个独立民族的意识开始出现。

民族意识在明治时期的日本有多种含义表述。有的称之为"国民主义",有的称之为"国粹主义"。如陆羯南(1857—1907年)就曾阐释有关"国民主义"之含义:"吾辈在此使用的'国民主义',是指英语主张之所谓'国民性'的思想。历来'国民性'之原语,尽管被翻译为国体、国情、国粹、国风等国语,但此等国语有历来固有之意义,不能尽原词之意味。原来之'国民性'以构成民族者为基础,构成包括对其他民族具有独立特殊之性格者,暂时将之翻译为国民主义。"⑤实

① [日]田口卯吉:「时势論」,[日]同全集刊行会编:『鼎轩田口卯吉全集』第五卷,15页。
② [日]竹越與三郎:『新日本史』上,[日]松岛荣一编:『明治史論集』一,筑摩书房,1965年,7页。
③ [日]德富蘇峰:「吉田松陰」,[日]隅谷三喜男编:『日本の名著』40,中央公論社,1974年,205页。
④ [日]德富蘇峰:「吉田松陰」,[日]隅谷三喜男编:『日本の名著』40,209—210页。
⑤ [日]陆羯南:「日本文明進步の歧路」,[日]植手通有编:『近代日本思想大系4陆羯南集』,筑摩书房,1987年,187页。

际上就是指民族主义,即将日本民族与其他民族截然区分的族类认同意识。

民族意识来源于对自己祖国的热爱。国粹主义者志贺重昂(1863—1927年)曾撰文,从日本山川秀美表达了这种爱国情怀:"我日本的海岛点缀于温带圈里之中央,其沿岸均构成如此温暖潮流冲洗处。因气候和煦、风土润泽,樱花烂漫于此处,旭日相映处,若看上去如一对丹顶鹤翱翔其间之状,使人自然养成优婉高尚之观念。而又环绕日本海岛之天文、地理、风土、气象、寒温、燥湿、地质、水陆之配置,山系、河系、动物、植物、景色等万般之客观事物之感化与化学反应。与千年万年之习惯、视听、经历,盖使生息于这里,往来于此际,见闻这般之大和民族,于冥冥隐约之间,形成和发展起一种特殊之国粹。盖这般所谓国粹者,适应顺从于生存在日本国土之万般之客观事物之感化与化学反应,以成为产生胚胎、成长发达之物,且在大和民族间由千古万古遗传而来,化醇而来,最终若有保存到当代者,是愈益促使奖励发育成长,以成为大和民族现在将来之间进化改良之标准和基本,正是适应生物学之大原则也。"①这段文字一方面表达出作者对祖国的特殊情感,反映明治时期日本民族意识的产生和流行;另一方面,也针对当时日本"全盘西化"的社会风潮,从生物学"适者生存"的观念中,得出日本民族优越的认识。

陆羯南强调这种民族与其他民族的区别,体现于血统、文化等因素之中:"构成各国民之国民主义者,将其根蒂深深地发端于国民特有之文化中。故若欲将此各个国民统一或联合,则必须将文化统一联合。然而,构成文化者,实作为综合国民特有性格所构成之语言、风俗、血统、习惯,以及其它适合于国民身体之制度法律等事物,将之统一联合之难,犹无异于将小孩儿立即变为老人。"②除了独特的血统之外,这种特殊文化包括了语言、风俗、习惯以及政治法律文化等多个层面,这多种因素将日本民族与其他民族明显区分开来。当然,在脱离封建社会不久的日本,要将这些因素统一整合,使其被全体国民认同,还需要一个转变过程。而日本这个过程比起世界其他民族来,显得尤为迅速和不成熟。

关于这种由"爱藩"情怀向"爱国"意识的转变,自由主义思想家大井宪太郎

① ［日］志贺重昂:「『日本人』が懷抱する処の旨義を告白す」,［日］松本三之介编:『近代日本思想大系 31 明治思想集Ⅱ』,筑摩书房,1977 年,7 頁。
② ［日］陆羯南:「日本文明進步の歧路」,［日］植手通有编:『近代日本思想大系 4 陆羯南集』,190 頁。

就曾有所分析："凡成为爱国心者,作为由自爱心与他爱心比较产生者,即如理和情的关系。而开化之人民,先考虑理。被情所控制的少数野蛮之人民,流于情而暗于理,被私情所支配。但凡人有自爱心者,从最初有之而成,乃欲可长期生存者也。而其自爱心逐渐变成他爱心,由其遂至产生爱国心。至产生爱国心,在其自爱心中,如所谓贪生之事,也会比较事情大小。若能够以一身救万生,不为情所支配,遂至为社会而乐于献身。是即由野蛮转向文明,由自爱心产生他爱心,他爱心扩展遂成爱国心之状况。与其自己将此等之事向下等之人宣讲,宁可欲向上流社会告之。我上流社会之人们,虽富于自爱之心,但至他爱之心极为缺乏。而要创造活泼之社会,不可不与大众共同团结,改变这种状况。"①大井在这里提出了几层思想:首先,爱国心是随着社会文明进步而产生的,野蛮时代不会出现"爱国"这种价值观念。其次,爱国心是由爱他心逐渐演变而成。只有具备热爱他人、奉献社会的精神,爱国的民族意识才会萌发。最后,他揭示出一个世界带有普遍性的现象,即一个国家内的民族意识,往往首先产生于下层民众中,而不是统治阶层中。西欧如此,日本也一样,往往产生于对自己生活的土地和人民的特殊情感,从而激发出"同民族"成员的认同意识。统治阶层中民族意识的产生相对较晚,所以大井在此强调要多向上层社会宣传这种民族意识。

针对明治时期的"欧化主义"风潮,就如何保持本民族特性的问题,曾在日本思想界出现论争。论争的焦点是,究竟应主要吸收西方文化、制度,还是保存日本传统的文化、制度和精神。坚持民族主义的思想家们往往倾向后者。如一贯主张学习西洋文明的福泽谕吉也提出要坚持日本传统:"已有传统之文明,为何故要抛弃之耶?以固有之智力行固有之事,兼采西洋之事物,以为我固有之物。欲极少抛弃,欲采纳极多,导致事物愈益繁多,呈现智力愈益活跃。小达到人生一身之本分,大欲兴张独立一国之权,乃余辈所常愿。"②即主张学习西方的同时,又不抛弃日本民族的固有传统,两者兼顾。

志贺重昂分析了日本流行的两种思潮:欧化与保存国粹,明确表示自己赞同保存国粹:"在当代之日本,大和民族可能需要至大至刚的注意和研究者,最重要最急迫有两个问题:一曰:日本将来之大经纶,实在于全部打破固有之旧分子,

① ［日］大井宪太郎:「大阪事件第一審裁判所における弁論」,［日］资料日本社会运动思想史编纂委员会编:『資料 日本社会运动思想史』明治期第2卷,71—72頁。

② ［日］福沢谕吉:「通俗国権論」,［日］富田正文他编:『福沢谕吉選集』第7卷,42頁。

以西洋之新分子交换之。二曰：要判断大和民族现在将来之向背，实在于保存日本之国粹，以之构成日本国民进退变应之标准。换句话说，前者为主张将日本首尾均以西洋为是者。后者乃提倡将日本作为日本，而后以西洋学问之长处弥补其短处者……若寻讨原因结果之原理，从而引导探究构成国粹和生物进化之大法之原因，转而达到明白'打破日本分子'说为妄诞，看出'保存国粹'为至理。"①志贺不仅认为保存国粹对于民族振兴十分重要，还分析了保存国粹的理论依据："若每个人之间，因有最好之特长，成为所谓分工者，那么可知，每个国家也亦可能因最特别之长处而分工。借问每个国家最特别之长处如何？曰：乃国粹是也。既然分工，果然乃经济世界之真理，成为交易之起源，'国粹保存'即非经济世界之真理又是何耶？非交易之起源又是何耶？非利益之本流又是何耶？既为经济利益之本源本流，即'国粹保存主义'实可云乃为万古不朽之大原理。"②强调了保存国粹对日本民族独立的重要性。

尽管如此，志贺重昂还是认为保存国粹并非墨守成规，反对西洋文化，而是应该有选择地吸收西洋文化。他指出，自己强调的国粹，"并非模仿彼之国学者流之口吻，凭空陈列神国、神州、天孙等文字，也非崇拜彼会泽氏之《新论》、大桥氏之《辟邪小言》者"。即不是要坚持以前将日本"神国化"的传统，而是要否定完全抛弃日本优良传统的"打破日本分子主义"。他指出："予辈确信'保存国粹'之至理至义。故即便欲选择日本之宗教、德教、教育、美术、政治、生产之制度，也欲以'保存国粹'之大义演绎之。然而，予辈并非欲彻头彻尾保存日本固有之旧分子，维持旧原素者。只是希望即便输入西洋开化，也要用日本国粹之胃肠咀嚼消化之，同化于日本身体内者也。"③即将西洋文明输入日本，通过日本人的消化、吸收，变成日本自身的文明因素。他认为日本传统文化和西洋文化的关系应该是"我日本也亦将我国粹作为精神、作为骨髓，以之作为大和民族现在将来之间进化改良之标准和基本，而后输入其他之长处妙处，发起此处所谓形成

① 　［日］志贺重昂：「『日本人』が懷抱する処の旨義を告白す」，［日］松本三之介編：『近代日本思想大系 31 明治思想集Ⅱ』，8 頁。
② 　［日］志贺重昂：「日本前途の国是は「国粹保存旨義」に撰定せざるべからず」，［日］松本三之介編：『近代日本思想大系 31 明治思想集Ⅱ』，12—13 頁。
③ 　［日］志贺重昂：「『日本人』が懷抱する処の旨義を告白す」，［日］松本三之介編：『近代日本思想大系 31 明治思想集Ⅱ』，10 頁。

'日本之开化'者"。① 而且他主张,即便吸收西方文化,也应当以日本文化为主:"独有'国粹保存'之大主义,即便将西洋开化输入日本,也不使之操控大权。以日本之开化为主,西洋之开化为客。换言之,输入西洋开化,也使之成为日本式同化者。这般不仅至理至义,且亦至利至益。"②即应当将西洋文明开化的因素吸收以后,成为日本式的文明开化。这样更有助于日本社会向文明迈进。它不仅符合人们共同认可的理义,而且会给日本带来实际利益。

类似的思想国粹主义者三宅雪岭(1860—1945年)也曾提出。他强调要保存国粹而不守旧:"所谓保存之字眼,动辄容易被理解为与守旧混同。误解余辈主旨之原因,正如有此二字。然而,余辈或云主张国粹,或云彰显国粹,乃表示丝毫没有维持旧物而固守之者也"。③ 三宅并不反对学习和引进西方先进事物,但强调日本民族的国粹——固有精神不可放弃:"盖所谓国粹主义,并非云不改变旧来设立之国家制度而维持之,而在于使此制度发达之同时,保存国家特有之精神,可彰显之、助长之。"所以三宅在此强调的"国粹"不是有形的物质、制度等,而是"无形之精神,一国之特有,在他国不能模拟者也。以此观之,乃可明白国粹者,不能以有形之粗迹表彰者也。"而三宅主张彰显国粹"不是要永久保持旧来之事物。拘泥于旧来之制度,本意不是企图维持旧来之风俗习惯"。他认为无论是日本国产的风俗、习惯还是制度,"若在今日国家之处世上有不适应者,皆可打破之。在文明境界里,若有不利于与西洋诸邦竞争者,应抛弃之……"。相反,即便是西洋产出之事物,只要对日本国有利,"无论欧洲风俗,还是美国习惯,为何不采用之、输入之呢?"但他坚持认为:"即便采用欧美之风俗,即便打破旧来之习惯,日本固有之精神也必须保存之,必须彰显之,必须助长之。"④所以日本学习他国长处之同时,也要注重日本特长,尽量取长补短:"若欲取彼之物从而为我所用,难道不应预先精细考察其得失吗? 邦人曾羡慕彼之开化,欲使国

① [日]志贺重昂:「『日本人』が懐抱する処の旨義を告白す」,[日]松本三之介编:『近代日本思想大系 31 明治思想集 II』,10 页。
② [日]志贺重昂:「日本前途の国是は「国粋保存旨義」に撰定せざるべからず」,[日]松本三之介编:『近代日本思想大系 31 明治思想集 II』,14 页。
③ [日]三宅雪嶺:「余輩国粋主義を唱道する豈偶然ならんや」,[日]本山幸彦编:『近代日本思想大系 5 三宅雪嶺集』,筑摩書房,1975 年,252 頁。
④ [日]三宅雪嶺:「余輩国粋主義を唱道する豈偶然ならんや」,[日]本山幸彦编:『近代日本思想大系 5 三宅雪嶺集』,252—253 頁。

家像彼那样,即宣传曰:取彼之长,补我之短。取彼之长,补我之短之事,虽然不能不说颇为美事,但历来作为取长补短,不取彼之长,宁可说是成了彼取短者……凡深思熟虑,研究其得失,将十分适应我者取来移入我国,若助长涵养它,今后必成为我国特色而出现于世界。"①即主张应该经过深思熟虑,反复比较斟酌后,有选择性地吸收西方外来文化。

陆羯南将民族主义称之为"国民主义"。他认为应当将欧美文化同化于国民主义中:"盖此国民主义,若构成有利于与原来一国固有之性格有密切关系之文化,今在采用欧美文化时,步步顾及国民之性格,努力将之同化于国民主义中,即不可不为正当之见识。"②即主张保持日本固有民族文化,将欧美文化同化于自己的民族文化中。这种坚持本民族文化和国粹的思想,将日本民族与其他民族截然区分开来,无疑可视为民族意识觉醒的一种表现。

二、民族独立思潮的崛起

在民族意识逐渐形成的基础上,与西方列强抗争的民族独立和民族平等思潮也迅速崛起。民族独立是要摆脱列强的控制而独立自主地开展本国政治、经济、外交等各方面事务。这是维新后日本民族主义的重要表现,以前常被学术界忽略。但它恰恰构成了近代日本复杂的民族主义的一个重要组成部分。

1882年,中江兆民曾回顾自己在亚洲其他国家目睹欧洲人对亚洲人的蛮横无理,百感交集:"恃己之强盛而轻贱人之微弱,夸己之文物而侮辱他国之鄙野,此恶弊因由来已久……欧洲诸国之民,动辄加速嫉恶亚洲人民之原因,未必不源于此一事。我辈曾航行于印度海,停泊于婆鲁托赛义德、西贡等港口。在上岸逛街时,看到英法诸国之流氓来此土者,意气傲然,无所顾虑,对土耳其人或印度人无礼,曾不如猪狗。若有一事不顺心,便挥杖打之,或用脚踢之。过往而见之者恬然不怪之。"他认为其原因在于土耳其、印度人民顽陋鄙屈,缺乏丈夫之气象,所以自取此侮辱。但他同时又认为,欧洲人自称为文明社会,却做出如此不文明

---

①　[日]三宅雪嶺:「真善美日本人」,[日]鹿野政直编:『日本の名著37』,中央公論社,1977年,322頁。

②　[日]陆羯南:「日本文明進步の歧路」,[日]植手通有编:『近代日本思想大系4 陆羯南集』,190頁。

之举动,与真正的文明国家不相符合:"彼其心以为,我文物丰备,制度整齐,天下有谁与匹敌者?今此辈皆仅为一蠢陋之顽民,有何可敬待之?殊不知,土耳其印度之人民也亦人也。我之文物制度果然为丰备整齐,足以为人世之美乎?若观察世之蒙昧之民,应循循然诱导之,徐徐品味其文物制度之美。此乃上天对先进之国民所命之职责也。是不思考,便如遽然矜伐于自己之开化中,而凌蔑于他邦,其可称为真正之开化民哉?"①因此欧洲民族的这类举动,并不能证明其真正达到了文明开化的程度。真正的文明国家,应当是深入了解后进国家的长处,逐渐帮助其进步文明。而反过来看,作为小国,决不能在列强压迫下屈服,必须坚持独立自主:"若夫作为蕞尔小国,敢仿效大国,以何得以保国焉?想来小国自恃,保其独立之原因,无他,坚守信义不动。道义之所在,虽大国不畏之,虽小国不侮之。彼若以不义之师,有加于我乎?即便举国为焦土,也可战不可降。"②中江兆民主张的民族独立思想由此得以体现。

联系到日本如何应对欧美列强的压迫,中江兆民强调:"今之论者,动辄就言,我日本国贫弱也,其与欧美诸强国往复交接,应以逊词厚礼,可博得其欢心。何其谬也!贫者固可使其富,弱者固可使其强,窃以为仅在于人才如何。而且我帝国周边二千四百八十余里,面积一万四千五百七十余平方里。人口则三千八百万也……比利时、瑞士之诸国,皆以蕞尔一小邦,跻身于大国之间。既不事齐,亦不事楚,俨然自守而不肯屈服。之所以然者,何耶?上下一致,官民协和,人爱其家,家爱其邑,邑爱其郡,郡爱其国。人人方寸之中,一片爱国之情,隐隐然覆盖全国。结成一团,凝成爱国心,而敌忾之气实发其间。是则可谓举全国披坚甲、操利兵,任何虎狼之国,岂敢狡焉而有觊其衅哉?"③中江在此明确提出一种民族独立思想:即便作为小国,只要国民大多具备爱国之心,团结一致,也可在大国胁迫下保持独立的国际地位。

当时日本社会流行联合欧美列强以维护本国独立的舆论。中江兆民于1888年发表的"外交论"中,提出日本不能依赖大国维护独立。他批判了社会上

① ［日］中江兆民:「論外交」,［日］松永昌三編:『中江兆民全集』14,岩波書店,1985 年,134—135 頁。

② ［日］中江兆民:「論外交」,［日］松永昌三編:『中江兆民全集』14,136 頁。

③ ［日］中江兆民:「東方ノ强国」,［日］松永昌三編:『中江兆民全集』11,岩波書店,1984 年,264—265 頁。

流行的几种主张,如日俄同盟谋取中国、日英联合、日德联合、日美联合等,认为"论者之言皆不可耶。以强大之国与其他强大之国联结,少有好事。同时以贫弱之国依赖其他强大之国,极为恶劣。依赖之事,在一身上也恶,在一国上也恶。依赖之源乃畏惧也,所谓畏惧,要云畏惧何事乎,可当做畏惧灭亡。这样,在决定即便灭亡也不屈服时,由此应没有可畏惧之事。若无所畏惧,便没有所依赖。畏惧灭亡,依赖他国,乃招致羞辱之道也。若不扫去依赖之一念头,国家之独立不可望"。① 中江兆民分析道,日本虽然贫穷,但并不是小国。人口并不比法国、意大利少多少,若与比利时、瑞士相比较,日本可算一大国。他针对依赖列强获取民族独立的社会舆论质疑道:"三千多万丈夫男儿相依为一大团结,日本也好,蜻蜓洲也好,构成一个邦国之同时,如惴惴不安地仰赖外国人之鼻息,仅仅图谋独立,难道不太可怜了吗?"因此,他站在民族独立的立场提出了自己的主张:"第19世纪无论如何未开化,万国公法无论如何软弱无力,我辈三千余万大男儿,相互团结为一体,仗仁执义,在彼列国或将无礼强加于我时,当我辈三千余万大男儿,皆决心悉以一死以自洁。即便全国化为焦土也在所不辞,即便弹如雨下也不回避,与义俱生,与义俱薨,胸中一点儿也不留存琐碎之利益、便宜之鄙情时,彼列强之凶暴何足畏惧哉? 在第19世纪之今日,在亚细亚之一孤岛上,若全国居民决心讨死,保持一步也不退之心而不丧失时,一阵道德之大风飒然西向,可将欧洲诸国政界面部堆积之利己污秽之雾霾一扫而有余也。"②中江兆民的论辩,表现了东方小国在列强压迫下应当无所畏惧进行自保的精神,反映出一种强烈的民族独立思潮在日本知识界的崛起。

福泽谕吉认为,日本要独立于世界民族之林,必须自身具备若干要素,尤其是经济富裕:"一国之轻重,由人文之明或不明,由元气之强弱。其中由作为国人之贫富,殖产商卖之盛衰而定。在今之文明世界立国,要在交往之各国被敬畏、被亲睦,无他,因其国之文物大为进步。学术技艺、政治法律、宗教道德、家道品行斐然为章,国民全体之气力毫不卑屈,知国权之所在,殖产商卖之道兴盛,对他国利益攸关。即是作为文明立国之元素,苟此元素及国力欠缺之时,无不蒙受

---

　① ［日］中江兆民:「外交論」,［日］松永昌三编:『中江兆民全集』11,223页。

　② ［日］中江兆民:「外交論」,［日］松永昌三编:『中江兆民全集』11,223—224页。蜻蜓洲为日本别称。

他国侮辱。"①他认为不具备这些条件,日本就无法获得真正的独立。而仔细考察可以发现,福泽提出的民族独立之必要条件,正好与当时明治政府大力推行的文明开化、殖产兴业、富国强兵之国策相吻合。即明治政府的国策,不仅是推进社会近代化的目标,也是力争日本民族独立的必要手段。

作为政治家的伊藤博文,则完全从实力外交的观念出发,强调要真正保持独立,必须加强日本军备。他认为西方人从是否信仰基督教出发,最终会灭掉不信基督教的民族:"故信奉外教者,人情相通、利害相关,即以不同于道德精神出处,大体上不能不区别与自己之异同亲疏。而援助敬爱其同亲者,欲渐次终灭其异疏者,西欧人与东洋交往有此心之事,比观火更明了。实可云我东方形势,危若累卵。岂不令人寒心耶?"那么日本要如何应对才能维护自己的民族独立呢?伊藤提出:"军备充实之事应尽我力所限,平素不可不提高意外之警惕。我比较东西大势,每思我独立之安危,常有寝食不能安者。"②他实际上说出了一个带普遍性的规律,即一个民族,如果仅仅宣传仁义道德之类,企图"感化"准备入侵的异族,而没有强大的军事实力作后盾,是不可能真正获得和保持民族独立的。

列强对日本的压迫,大多具体表现在通过各类不平等条约,对日本实行治外法权和所谓协定关税。实际上剥夺了日本对外国人履行司法权和强迫日本降低关税、减少财政收入。因此,当时日本的民族独立思潮,常常表现为反对欧美列强在日本的治外法权,要求关税自主这两方面。另外还有是否允许外国人到日本内地与日本人杂居这一相对次要的问题。

小野梓认为,日本与列强订立的不平等条约,日本人民不应当遵守。因为"与其外国缔结条约,恰如无知之幼儿,被老练之成人逼迫,不得已而缔结之契约。其法理上无效,乃不待识者而知也……夫条约乃所谓无知之幼儿,被智能练熟之成人逼迫,一条条依照成人所求,而缔结之契约。幼孤均因之成为受巨大损害者。作为当时之日本人民及政府者,当缔结这种条约时,并不知道其性质如何,也不知彼我所订之条约最终会破坏独立国之体面。若乃被外人逼迫,不得已而缔结之者"。实际上认为,作为闭关锁国的德川幕府统治机构,对资本主义时

---

① ［日］福沢諭吉:「條約改正始末」,［日］富田正文他編:『福沢諭吉選集』第 7 卷,225 頁。
② ［日］伊藤博文:「松方に軍備充實の要を力說す」,［日］春畝公追頌会編:『伊藤博文傳』,原書房,1970 年,339 頁。

代风云变幻的国际社会完全无知,根本不了解这些国际条约会给日本带来什么影响。于是几乎等于幼儿被成人胁迫一样,在毫不懂行的情况下,便贸然签订了这些对日本有害的不平等条约。因此,小野梓主张:"作为现行之条约,若妨碍我帝国之权利,损害我国民之利益,对于我们便非应永远遵守之规则。不!相信没有遵守它之道理。"而且他甚至认为"即使其中一二条对我日本没有损害,我日本国民也不会自动安于永远遵守之。何况这类条约灭杀我帝国当有之权利,成为损害我国民应有之权益者。对于不合理、不公平之条约,我日本国民不能甘于永远遵守此条约"。① 小野梓在此表现出对不平等条约本身和日本修改条约失败的强烈不满,因而主张即便不能修改不平等条约,日本也可不遵守它。

福泽谕吉强烈主张废除在日本的治外法权:"本来我辈并非厌恶外国人,仅厌恶治外法权。并非厌恶治外法权,而是仅厌恶在法权庇护下,妨碍与外国永久交往之内外人。不颠覆巢窟,难以尽猎狐狸。不否定治外法权,不可能使奸商绝迹……另外,在我日本国中之人,日益领会到治外法权之不利,日益以此废除习惯,尽力从事与外国平等交往,不能仅仅向彼方一遍遍鸣不平。"②也就是说,不能仅仅停留于抱怨治外法权不合理,而应当采取实际行动加以废除。他认为,如果日本全国官民皆同心合力,废除列强在日本实行的治外法权并非难事:"今天之治外法权,即便诚为我日本国之祸害,但我上下人民从心底里认识到其祸害,合力将其撤销停止,政府官吏不用论,日本国中,至全国家家户户之百姓,也将之承担于身而操心时,则绝非难事。可说是很轻易之事。"③实际上要求日本国民都发扬独立自主精神,与外国人平等交往,以力争司法独立。

植木枝盛仔细分析了西方国家在日本实行领事裁判权的危害性:"如历来外国之领事,在日本行使治外法权,虽然对日本是耻辱,但对日本人造成危害,仅限于外国人成为被告时。在外国人为原告时,若被告日本人为依据日本之法律、日本之法官、日本之语言接受审判者,尚未大见其害。然而,由于条约之修订,反之,有基于其害者。抑从事条约修订,打破治外法权,乃为了收回海关税权也。若既要如此,就不得不允许内地杂居,而不仅其利害不相偿,反而只有害不见利。

① ［日］小野梓:「條約改正論」,［日］早稻田大學大學史編集所編:『小野梓全集』第3卷,［日］早稻田大學出版部,1980年,220—221頁。

② ［日］福沢諭吉:「通俗外交論」,［日］富田正文他編:『福沢諭吉選集』第7卷,116—117頁。

③ ［日］福沢諭吉:「通俗外交論」,［日］富田正文他編:『福沢諭吉選集』第7卷,122頁。

国家荣辱所系,果应如何乎?"他将取消治外法权与收回关税税权以及是否允许外国人到日本内地杂居等联系起来考虑,但尤其强调了司法权对于日本是否能真正独立的重要性:"或以外国法官之多数构成,或让外国官吏担任检察官职务,或让外国法官一人从事刑事预审,或组建用英语或其它外语书写文书之法院,其实难道可称之为日本法院耶? 夫司法权乃国家三大权之一也。今以此权任之于外国人,使其立官行之,是将国民之特权委于外人也。"①植木认为丧失司法权实际上等于将国民权利让渡给外国人,日本民族将失去真正意义上的独立权利,其危害之严重决不可小视。

而小野梓则认为,日本要废除治外法权必须先治理国内政法体系:"余希望此际不为这种少量改革,宁可忍辱谋求内治改良,欲提其利器,加速大大改良之之途。要之,如要使其撤销治外法权,很遗憾,若不尽力改良我内治,便不得完成充分之希望。又纵令可以少量改正之,这种做法或许可能堵塞大量改正之之途。何况如少量改正之政略,听说也稍微难行。然而,当局者何故留恋难行之体面上之事,而不及易行而又有实际利益之事耶?"②也就是说,日本由于长期封建社会遗留的落后传统,妨碍了法制建设走向近代化。这种落后状况若不从内部根本改革,便难以获得国际承认,危害日本独立的治外法权也难以废除。

所以小野梓虽然谴责了列强对日本的治外法权,但认为治理关税,使日本获得实际利益更为重要。他在1882年的一次演说中分析了治外法权与协定关税的危害性孰轻孰重的问题。他认为,"外人之施行治外法权,不遵守我法律,有宁可轻视法律之状况。在我邦体面之上,吾人甚所不能忍受也。虽然,但若仔细观察之,为之邦人尚未听说有蒙受其弊害者"。即治外法权带来的危害并不明显,主要是损害了日本司法独立的面子。而关税问题则直接危害到了日本民族的实际经济利益,所以应当更受到重视而先予改革。为了这一点,即便暂时忍受治外法权造成的有损颜面也在所不辞:"故吾人可以忍受面子上实在不可忍之治外法权,宁可为了实际利益而纠正关税赋课之事。希望巩固我财富之基础,以改良内治,以欲培养伸张国权之实力。而即便如外人,

---

① 〔日〕植木枝盛:「三大事件建白書」,〔日〕家永三郎他編:『植木枝盛集』第6卷,岩波書店,1991年,208—209頁。

② 〔日〕小野梓:「論外交」,〔日〕早稻田大學大學史編集所編:『小野梓全集』第4卷,早稻田大學出版部,1981年,22頁。

只要我生产力发达,货物充满市场,稳定纸币涨跌价格,能够希望由通商之便利,虽各国政府又未必不肯之。若如所闻,各国政府拒绝撤销法权,但不甚拒绝修订关税之事。果然可信乎？吾人可谓得到谋求我实际利益之途径,当局者应用力于此。即便不能完全恢复关税赋课也必须努力从事对我有利之修订。"①强调了修订关税协定比废除治外法权更急迫,只要生产力发达了,经济上富裕了,治外法权这个上层建筑领域的问题自然会解决。

因此小野梓提出了他对解决这两方面问题的步骤:"我邦对西洋诸国之外交政略,今有三个要点。曰:各国缔结各自之条约,勿结其共同条约。曰:先止于恢复容易从事之收税权,半恢复从事困难之治外法权,不要阻塞以后大量改约之之途径。少量阻止外人杂居内地,谋求改良内治之便,使作为他日大量开展之预备。"②将修订关税协定放在首位,其次再逐渐废除治外法权。至于外国人到内地杂居,放在更为次要的地位。他认为,这样便可逐渐获得日本的民族独立。

大井宪太郎则不同意小野梓的看法。他认为取消西方在日本的治外法权和修改关税条例同等重要。在1891年的演说中,他从这两方面强调了日本的独立性。首先他指出治外法权对日本的害处:"日本固然是一个堂堂之独立国。我日本是拥有堂堂主权之国家。然而,向其独立国,假如说一方面来其国居住,另一方面又不服从其法律,导致蔑视日本之情形,错误在彼,而我决无过错。使彼等服从我法律,是我恢复正当权利,是回归正理,绝不是寻求无理之事。彼等须检讨其错误,只有承认我日本独立之大权,理所当然。又在正理中应当如此操作。"③大井宪太郎强烈希望通过取消列强在日的治外法权,使本国获得司法独立。

对于协定关税一事,大井也站在民族独立的角度表达了自己的观念:"关于言及认定此税率之事,负责审查利害得失之主人公,是外国人乎？或将是日本人乎？就日本同外国从事贸易,致其税率高低之事,要先说关乎我日本之利害,再做决定。决定税率之我日本,成为主人公,也要考虑与外国的权利冲突如何,再定税率。在定我日本国是上,谁容置喙？我日本有独立之大权,能够自己决定。

---

① ［日］小野梓:「論外交」,［日］早稻田大學大學史編集所編:『小野梓全集』第4卷,21頁。

② ［日］小野梓:「論外交」,［日］早稻田大學大學史編集所編:『小野梓全集』第4卷,23頁。

③ ［日］大井憲太郎:「新條約に対する批難」,［日］資料日本社会運動思想史編纂委員会編:『資料 日本社会運動思想史』明治期第2卷,79頁。

若外国也独立,定其税则之事在自由权内,在独立权内。所以在我国,也在此独立权内,随意调整海关税之上下浮动,决不让外国人干预。"①既然制定关税税率是一个民族国家的独立自主权,那就不应当让外国人插手干涉。因此,大井认为无论是法律的制定和执行,还是关税税率的高低,都应当由日本人完全行使自己的独立权利。

总而言之,明治时期日本思想界尽管阐释的视角不同,侧重点也有所差异,但摆脱欧美列强压迫,实现民族独立的愿望显然是异常强烈的。②

三、民族平等思潮的出现

明治日本民族主义的又一重要内容,就是民族平等思潮的出现。这一时期的民族平等思潮实际上包含两个不同的侧面,一是日本要求与西方列强平等交往,二是对待亚洲各国是否采取平等交往政策。思想家们的几种思想常常交织在一起,难以截然分开。在如何对待相对弱小的民族这个问题上,历来学术界较多地关注到了日本对这些民族的侵略、欺压思想,较少有人关注到民族平等的和平主义思想。③ 实际上这类民族平等的和平主义思想在明治前期是客观存在的。

如中江兆民认为外交之道就应当是既不畏惧强国,也不欺侮弱国:"邻国即便有内讧,也不可举兵伐之。何况如其小弱之国,宜宽容而爱之,可使其徐徐迈向进步之途。外交之道唯有此。"④一方面坚持民族独立,不畏强权;另一方面不欺凌弱国,与之保持和平共处。民族平等意识得以充分体现。

小野梓也曾提出日本的平等外交策略:"在广袤之亚细亚大陆间,能成全其独立之体面,树立本国之国旗者,难道不是只有我邦与中国吗? 而在东洋之间,

---

① ［日］大井宪太郎:「新條約に対する批難」,［日］资料日本社会运动思想史编纂委员会编:『資料 日本社会运动思想史』明治期第 2 卷,80 页。

② 有关明治时期日本的民族独立思潮,笔者曾有所探讨。见拙稿《明治维新前后日本民族独立意识的产生》(《吉林大学社会科学学报》2017 年 2 期)。

③ 例如近年来笔者所见到的论著有唐永亮著《中江兆民的国际政治思想——日本近代小国外交思想的源流》(社会科学文献出版社,2010 年)、李含《近代日本和平思想的演变轨迹》(《日本学刊》2010 年第 3 期)、陈毅立《近代日本的和平反战思想》(《日本问题研究》2014 年第 3 期)等。

④ ［日］中江兆民:「論外交」,［日］松永昌三编:『中江兆民全集』14,136 頁。

充当文明之先导,夫从事改进之治理者,实际不在我邦乎? 我邦之地位可谓甚重。然而,历来日清之间,动辄互相轻视,日韩之间又尚未解除怨愤。若今不图谋解之散之,以至岁月久远,疑虑愈益凝聚而为争,怨愤愈益积累而为战。唯此对东洋之大局有利乎? 盖不然也。今我东洋与西洋诸国开展交际,强国接壤而有垂涎,富国浮海城而有注目。其势之切迫,乃决非百年以前之东洋也。唯当此间,东洋人相处最不容易。而我邦实为东洋文明之先导者也。出于如此期间,又更觉困难。然而我邦自会奋起,树立此地位。此际焉能回避其害,以得误东洋之大局耶? 而我邦处于此际,只应解除中国疑惑,解散韩人之怨愤。"①言下之意,是要与中、朝等东亚各国消除相互之间的误解引起的矛盾,尽量和平相处。但也可看出,小野在此已有让日本充当亚洲"文明先导"即领导者的意图。

以后主张民族扩张主义的德富苏峰,早年也曾反对国际交往中使用武力。他在 1886 年提出:"吾人对那种战争主义,如同遭遇意外之大敌般可悲。对于和平主义,如同获得具有意外势力的本方般祝贺。那种令人恐惧之武力主义大敌,实在是仅仅在于这种利己主义。仅仅在于这种利己主义。直至今日,武力主义在社会横行之原因,仅仅是由于人之妄想而与利己主义一致之产物。即凭借利己主义之势力也。"②他在一定程度上谴责了那种为了一己私利而穷兵黩武的民族扩张主义,表明了民族平等的和平主义主张。

植木枝盛谴责对其他民族的侵略和掠夺是"世界大野蛮"。1880 年 9 月他在《爱国新志》上发表文章指出:"盖世界大野蛮之原因,乃世界中一部分人要吞噬其他部分人也。即宇内一洲,食与自己同类之其他洲之肉,吸与自己同类之其他洲之血。作为世界之一国,食其他同类之国之肉,吸其他同类之国之血。作为地球之一地,食其他地之肉,吸其他地之血。食同类、毙同类、灭同类,肥自我身,殖我种族,犹如彼之极其野蛮地方之人们相食相灭,不得不称之谓世界之大野蛮也。"③基于这种残酷的国际政治现实,植木枝盛认为要实行民族平等的世界和

---

① 　[日]小野梓:「論外交」,[日]早稲田大学大学史編集所編:『小野梓全集』第 4 巻,23—24 頁。

② 　[日]德富蘇峰:「将来の日本」,[日]隅谷三喜男編:『日本の名著』40,中央公論社,1974年,119 頁。

③ 　[日]植木枝盛:「世界大野蛮論」,[日]家永三郎他編:『植木枝盛集』第 3 巻,岩波書店,1990 年,163 頁。

平,应当尽快"设置万国共议政府,制定宇内无上宪法"。希望通过这两项措施,来消除民族之间的隔阂,达到各民族和谐相处的理想社会。他指出:"要救正如上述宇内之暴乱,应导致世界和平者,在于设立万国共议政府,制定宇内无上宪法。是实作为公明正大、最顺应之事,没有无理,没有无效,没有不备,没有危殆,没有狭小,能救正如上述宇内之暴乱,以可足以导致世界和平,更最有益于享受自由幸福,可得善美之结果。岂不紧要耶? 岂不可望哉? 宜应尽心身之力可图之。"①这种理想化的"万国共议政府"大概类似于二战后各国协议组建的联合国,而所谓"宇内无上宪法",可视为联合国宪章之类。

植木枝盛根据自己的理解,论证了设立共议政府之益处:"今若设置万国共议政府,以及定立无上宪法,天下之邦国可以减少外寇之忧。即便有时与外国相斗有困难,也亦可得到万国共议政府之保护。若最终达到没有大的外患忧虑,天下各国就皆可自由分小其国。是乃一大利益也。"②同时,植木还认为这种无上政法既可保护国权,也可保护民权:"夫民权作为与国权有关系之物,有国权然后民权安稳;若国权不巩固,则民权亦不能安稳也。如果有无上政法,然后国权安稳。若没有无上政法,则不能避免危险之事也。若然,则无上政法之宗旨毕竟出自保护国权。尽管如此,但若守卫国权则为守卫民权之原因,则无上政法,不可不谓与保护民权大有关系也。重视民权者,为何不为了民权而设立无上政法耶? 是也亦乃应该设立无上政法之一理由也。"③可以看出,他主张的共议政府和无上宪法,皆为了消除民族之间的不和与战乱,在保护人民权益的同时,也维护不同民族之间的和平共处。当然,这种理想化的构思,在当时的国际环境下,是没有实践基础的。

福泽谕吉则从另一种独特视角提出了与西方各国平等的主张。针对当时不少日本人反对将土地出售给西方人兴办企业的舆论,福泽认为:"唯至今日,早就不存在这方面的担心。如今之日本人,即便劝诱其攘夷,不听清有关道理,不

---

① ［日］板垣退助策划、植木枝盛执筆:「無上政法論」,［日］板垣守正编:『板垣退助全集』,原書房,1980 年,13 頁。

② ［日］板垣退助策划、植木枝盛执筆:「無上政法論」,［日］板垣守正编:『板垣退助全集』,20 頁。

③ ［日］板垣退助策划、植木枝盛执筆:「無上政法論」,［日］板垣守正编:『板垣退助全集』,18 頁。

可能有轻易出手者。又将土地出售给外国人,不可能携带之归国。在日益决心开国基础上,若国内外人杂居,土地在谁的手中并不可怕。若无如此心胸,便很难与外国深入平等交往。"①应该指出,福泽发表这篇文章是 1884 年,日本通过维新后的一系列社会改革,已经开始逐渐走向近代文明。所以福泽认为日本与外国人平等交往的时机已成熟,因此用不着担心土地的出售会给日本民族带来不利。

另一方面,在对待亚洲其他民族的态度上,也出现了希望民族平等的思潮。尤其不可否认,在具体如何对待中国和朝鲜的问题上,当时日本社会舆论也提出了一些民族平等的主张。当然,这些主张者的立场、目的都有所差异。

1875 年中村正直在《明六杂志》发表文章《中国不可侮》,列举了不能欺侮中国的 7 点理由:1. 中国人才众多,"圣贤君子、英雄豪杰辈出",不胜枚举。2."中国书籍浩多可冠东方。而其文辞有趣味,人们善于意想。"中国人创造了汉字,"我邦在文句中紧要者也不得不杂以汉字。在创造出这种文字上,可见其人民有一种思想之才能"。而且中国人在翻译外国书籍方面甚为规范、方便,"不出数年,中国留学之书生高等学识者,将陆续产生"。3. 虽然目前由满清统治,压抑了人们的才能发挥,但汉族中人才济济,藏龙卧虎,"在中国本土人中,产生所谓李、刘之类大名门望族之大豪杰,灭亡满清,发出大号召,学习西洋技术",包括火车、汽船、电信、炮台、军舰等,而且"开设民选议院而报会稽之耻"。4. 中国物产丰富,科技发明众多,无论天文、数学、医药、种树还是指南针等,皆对日本社会发展产生了推动作用。"只要政府改善,人民固为善种,必然上进。"5. 中国与日本如鲁卫两国之兄弟,不可轻视。6. 日本如果对中国开战,必然招致英国干涉,后果不堪设想。7. 今日本刚从欧美学到一点,便鄙视中国,"恰如借别人的衣服穿上,便鄙视褴褛者。不会被有识者讥笑吗?"中村还强调日本要管理好自己国内的事务,不要去干涉他国:"言语曰:各人自扫门前雪,休管他人瓦上霜。今后应着眼于本国之事,知道自己哪些不足,汲汲于自治,无暇顾外。岂敢侮辱他国焉?"②表明了对中国的敬重心态和与中国平等交往的意愿。

德富苏峰早年也曾反对侵略中国。1885 年他针对日本、中国、韩国之间的

---

① ［日］福沢諭吉:「通俗外交論」,［日］富田正文他編『福沢諭吉選集』第 7 卷,121 頁。

② ［日］中村正直:「支那不可侮」,［日］明治文化研究会編:『明治文化全集』第 19 卷『雑誌篇』,222—223 頁。

关系,列举了 4 个方面理由,认为不能对中国开战。并强调"若我邦向中国开战
并获胜,简直就是我政府向人民开战并获胜,专制向自由开战并获胜。斩杀彼之
敌人之刀剑,却成为刺向我人民腹中之刀剑"。所以他得出的结论是"以上述之
理由,吾人实在相信以和平为上策"。① 主张与中国和平相处。

当时日本传媒从不同角度,提出了不能轻侮中国的主张。如《东京日日新
闻》1875 年一篇文章指出:"我邦人与中国人皆为东洋同文人种,性格风俗也有
所类似。而若要问其情交如何? 工商之间不仅更无仇视,或有相互比欧洲人更
亲密之状况。"但由于历史上元代忽必烈企图袭击日本,日本人心中开始仇视中
国人。后由于明代日本倭人骚扰中国以及征伐朝鲜,忌惮日本人之观念也在中
国人头脑中挥之不去。尤其是日本在日益走向文明开化后,上层人士轻侮中国
人的情绪逐渐流行。这无疑会增加两国之间的仇恨。而且"下等社会之心情,
若常常成为跟随上等社会之方向者,不出数年,我邦人普遍轻侮中国人,产生仇
视之观念,可至不能除去之"。针对这种相互敌视的趋势,笔者提出了自己的担
忧:"吾曹决非仅仅希望容和一点,乃担忧从嫌弃容和所产生之轻侮,无论如何
辩解,也不可云独立人民之美。"②即真正独立的民族,是不允许轻侮其他民族
的。该文还分析道,日本人常常论说中国"人情政务逐日萎靡之衰态",但他们
所说"尚未通观中国全局"。中国这样的大国,如果奋发改革,正如"齐一变而至
鲁。其达我邦进度,丝毫不可云意外之事"。文章还告诫日本人:"我邦人以在
东洋开明之先进,而颇带自满状,轻侮东洋诸国。难道中国人不会对日本人领先
感到愤慨,从而逐渐呈现奋发之姿耶? 夫轻侮与奋发,孰作为是保全独立之良
策,不待智者便可明白也。吾曹殷切希望,我邦人早日抛弃轻侮邻邦之恶念,即
便到百年后,也不要期待容许对中国争夺开明之先进。"③文章充分表达了民族
平等的强烈主张。

如果说上文完全从民族平等的含义讨论问题,另一些舆论则从不要小看中

---

① 〔日〕德富苏峰:「日支韓事件に關するの意見」,〔日〕芝原拓自他校注:『日本近代思想大
系 12 対外観』,岩波書店,1988 年,413 頁。
② 〔日〕無名氏:「支那決して軽侮すべからざる」,〔日〕芝原拓自他校注:『日本近代思想大
系 12 対外観』,258—259 頁。
③ 〔日〕無名氏:「支那決して軽侮すべからざる」,〔日〕芝原拓自他校注:『日本近代思想大
系 12 対外観』,259 頁。

国这一角度提出日本不能轻侮中国。如 1878 年杉山繁发表的文章认为,表面上清朝行动迟缓,但这恰恰是保存实力的策略。清朝对英作战失败,反而令日本担心,因为"这个天津之败、城下之盟,大大使清人对国是怀有共同心,作为使各自奋发立国之志气者,大大不同于我国人民对国事不感痛痒之状态。清国之富强暗藏分散,唯不现于面前。否,乃将之集合配置,仅不表呈于外部。若夫集合配置之,表呈于外部,其势力如何,可以想象"。① 笔者强调这种深藏不露的策略,正是使他国不能小看中国的原因。所以日本也不能轻侮中国。

　　著名记者和作家福地源一郎则从整顿日本内政的角度,提出反对发动战争的民族平等思想。1875 年他在《东京日日新闻》发表文章《主战论仅为无策》。他列举了日本当时流行的两种东亚战略观点:第一种为"荣誉论",即先谈判,后使用武力,以保持日本荣誉;第二种为"权道论",即以外征为先,以外征防范内患。他分析了两种论点后指出:"此二派之议论,孰也非十全之策也,孰也非保国安之计也。作为荣誉论犹然,何况权道论之在于侥幸期待奇功耶? 关于此议,既质询于识见超绝之论者,又追溯于治安理财之根理,乃愈益相信其确切也。吾曹思考目前国内之动静,察看财政之疲敝,试欲忖度之:对朝鲜之事绝念,既不缔结条约,也不构成交往。荣誉也不论,谈判也不涉,孜孜于专门肃理内政,更不外顾,乃为最上策也。吾曹冀望日本之政府人民收怒忍耻,以图履行此最上策。"明确反对向朝鲜用兵,强调把精力集中于搞好日本国内的社会治理。至于如何与中国交往,他认为要保持日本独立地位,必须在外交上平等对待中国:"虽然朝野之所瞩目,但若由于切望保全独立国之荣誉,事势迫于已不能采用此最上策时,可以亲密态度与中国政府谈判,彻底将朝鲜看作彼之属国,可望由其间接获得满足。若不幸得不到满足,按照交往上之习惯,只能有一种手段,即请求无关此事之外国仲裁决断。吾曹以之名为中策。作为万不得已之方法,政府人民也不愿意立即进行也。至于决一死战,无论其基于荣誉,还是出于权道,吾曹一律视之为无策。"②显然是主张在承认中国朝鲜之间的宗藩关系的前提下,与中国平等交往,以求得睦邻友好关系。

————————————

① ［日］杉山繁:「清国軽視す可らざる論」,［日］芝原拓自他校注:『日本近代思想大系 12 対外観』,261 頁。

② ［日］福地源一郎:「主戦論は無策なるのみ」,［日］芝原拓自他校注:『日本近代思想大系 12 対外観』,326—327 頁。

1882 年朝鲜"壬午兵变"后，日本强迫朝鲜签订《济物浦条约》，规定朝鲜赔偿日本损失 50 万元。小野梓谴责了这种不平等行径，并提出，日本应当将朝鲜赔款用于建设朝鲜社会："想来我日本人，向贫弱之朝鲜课以 50 万赔款，自己快乐乎？余不能扬言势必快乐之。何况未开其战端而终结之，课 50 万赔款或不可谓无说法。然而，今已约定收取之。余今丝毫不想追论其得失。但至于使用赔款之方法，余不得不有些希望。余切望我政府公明正大使用此赔款，将之用于足以化解韩人之怨愤，去掉清人之疑虑者，以转祸为福。唯此无他，唯应耗费此 50 万金元，用于足以推进朝鲜开化之事业。如诸君了知，朝鲜尚未设立邮局，应该建筑灯塔，港湾应当疏浚等许多事务。因此，余希望收取此 50 万金不纳入我国库，直接将之给予朝鲜政府，以之使其从事那数项筑造，以力图帮助朝鲜之进步。想来若能使我政府实行之，其名声正派，韩人稍稍化解其旧怨，清人也亦因此达到解除其无益之疑虑。是所谓一举三得之事，有利于其东洋之大局，余深信不疑。"①小野的建议体现出一种对朝鲜民族平等相待的观念。

四、民族主义思潮的特殊表现
——亚洲联合对抗欧美

当时日本出现了亚洲联合，以对抗西方列强的思潮。这种思潮也可视为民族平等思潮的一种特殊表现。1879 年《朝野新闻》发表浅野干文章，提出了"亚洲互相援助"观："比邻相疾，交友相怨，乃非其立身之道也。孤立无援而没有共祸福安危者，乃非其安身之法也。作为一个人犹且然，何况于一国耶？……殷切希望日中两国人民愈益亲密其交往，常常应相互救援。"②既然要相互援助，亚洲各国就必须加强团结，平等交往。

但有的舆论则认为，亚洲人历来缺乏团结精神。如草间时福 1879 年在《邮政报知新闻》上发表文章，在赞扬了欧洲人团结后论及亚洲时指出："反过来视察亚细亚之国势，完全与之相反。在此国家者大致只知有自己，而不知有亚洲。

---

① ［日］小野梓:「論外交」，［日］早稻田大学大学史编集所编:『小野梓全集』第 4 卷，24—25 頁。
② ［日］浅野干:「清民の奋って強魯に抗するを聞きて感あり」，［日］芝原拓自他校注:『日本近代思想大系 12 对外観』，262 頁。

若详云,只知利害之一部而未知其全部;只知直接之利而未知间接之利。若遇事情关乎自家一个者,则知以相应之热心争夺之;但亚细亚之利害名誉或至其和平,则茫然如忘乎所以,漠然如无感觉。亚洲人之思想中可谓未有亚细亚。故其列国皆以锁钥为国是,疏远国际,阶前万里以互不感痛痒为常态。又偶尔有开启彼此交往之端,也互相单单以自家一方之利害相接洽,思想上并未涉及亚洲普遍之利害。其交往动辄不稳定,互相稍微疏隔,便有欲拒绝之倾向。"①他接着指出了亚洲人自私不团结之恶果:"若要使亚细亚列国将亚洲普遍之名誉利害,如自家一样深切感受,宜慷慨热心一致连横。西求领土于英国,北向俄国责其无礼。无论如何,也不能以思想贫乏,或对之如隔岸观火,漠然不顾。若果然如此,将来亚细亚将变成欧人夺有之牧场,彼将举吾人坟墓之地任其乱暴狼藉。昨日之印度将成明日之日本也未可知。今若不策划之,以不可不穷欧洲凌驾之道。即本论亚洲需要连横之理由。"亚洲各国不联合起来的后果十分严重,因此,要通过"连横"的方式,将亚洲各国团结起来,应对欧美列强的侵略。无论亚洲各国之间发生贸易、通信、战争或相互商议,都应该从各个方面加强团结,"苟使彼我交往之间成为多端者,虽些事也不能忽略之。遂以利害相感之情带,联络东洋诸国,创造亚洲特别之国力平均,以之维持欧亚之权衡,可以之防范弱肉强食之患。是不得不承认东洋连横之一大手段也"。② 草间时福将亚洲各国是否联合上升到是否能维持欧亚实力均衡,防范西方列强弱肉强食的高度来认识。

组建东洋社会党的樽井藤吉(1850—1922年)多年来一直主张东亚联合对抗西方列强。尤其主张日韩应当合并。他于1893年出版的《大东合邦论》提出了东亚连横的思想。他认为日本与朝鲜两国社会习俗比较接近:"日本贵和而作为经国之标;朝鲜重仁而作为施治之则。和乃谓与物相合,仁乃谓与物相同也。因此,两国亲密之情,固出于天然,乃不可遏制也。"以前由于两国皆未文明开化,所以关系不密切。但现在世界各国发展以后,情况大有不同:"方今世界日新月异,千里之行一日抵达,万国之信瞬间联通。古代视为绝域者,今成比邻。古代风俗殊异者,今日和亲。我日韩两国,其土唇齿,其势两轮。情同兄弟,义均

① 〔日〕草间时福:「東洋連衡論」,〔日〕芝原拓自他校注:『日本近代思想大系 12 对外観』,265—266 页。

② 〔日〕草间时福:「東洋連衡論」,〔日〕芝原拓自他校注:『日本近代思想大系 12 对外観』,266—267 页。

朋友。于是,两国之形势日渐奔赴开明。还有何可相疑耶? 东方文明之曙光已经映照两国。于是不可迷梦尚未醒来,依然拘泥于古时,不识时务。乃宜表达一家同族之情,以相互提携扶持,从事当世之务。毕竟单指不能持,只脚不能行。若欲使智识发达,以进入开明之域,不如两国结盟成一合邦。和乃天下达道。天地间,岂有和而不成者耶?"①

樽井藤吉从 7 个方面论证了日韩合邦对双方的益处,包括贫富互补、相互学习、共同防御外国侵略、引导朝鲜文明开化、互助赈灾、完善制度以防范人祸、联合与中俄通商等等。他认为"即便没有利此,两国领土辅车唇齿相依。岂可相离耶?"樽井还批判了明治初期木户孝允等提出的"征韩论":"国人曾经有主张'征韩论'者。用彼战而取此,必导致国力疲靡,因而招致其怨恨。论者知此而仍欲取此,恐怕让外人占领此地也。现在根据协议而将此合邦,乃其大幸也。果然如何呢? 总之,若保持大公,将此合并,我乃不用兵而取朝鲜也。朝鲜也乃不用兵而取日本也。不用一将之功成,也没有万人之骨枯。若用在战争上所耗费之资财,来诱导朝鲜之开明,此乃不招怨而树德也。合邦岂对日本不利耶?"②他还特别强调了合邦对朝鲜更有利:"日韩两国并非应当交战争之国,乃应为相互和平之国也……余代替朝鲜观察此点,唯见利而不见其不利。那种日本人所称之七点不利,对朝鲜皆为利。其它如自然之气候、土地之膏腴、风骨之优美、国土之地位之类,日本远远胜于朝鲜。这也为朝鲜之利也。至于国政之良否,其悬殊也不用说。因此,若合邦,其国民之幸福不胜枚举。于是朝鲜王若欲保永世之尊荣,也不如与日本合邦。日本之皇统固为万世一系,乃应为国民忠诚之实际想法。今若将之结成兄弟友谊而彼此并立,其王统乃会得到日本国民之拥护。由此传万世也犹如以麻织蓬。无论如何,合邦之制,乃其民相互尊重各邦之君也。对朝鲜王而言,岂不值得庆贺耶? 因而可以说,合邦之利对朝鲜很多。"③至于合邦之后由谁掌权,樽井藤吉主张:"让两邦人民平均参听其大政,彼此乃平等也。现今各国在其外行使之权,即合成国承担之。在其内所实行之权,多为各邦亲自

---

① ［日］樽井藤吉:「大東合邦論」,［日］竹内好编:『現代日本思想大系』9,筑摩書房,1963年,106—107 页。
② ［日］樽井藤吉:「大東合邦論」,［日］竹内好编:『現代日本思想大系』9,117—118 页。
③ ［日］樽井藤吉:「大東合邦論」,［日］竹内好编:『現代日本思想大系』9,118—119 页。

承担者。"①即内政各自掌管,外交权由合邦政府行使。

樽井藤吉还认为东亚合邦不仅限于日韩两国,日韩合邦只是为世界大一统做表率:"合邦之事,余更欲有一言。方今天下之大势,渐次至大团结。即便后世有宇内一统之国,也必须按照合邦之制而兴。因此今实施此制,此乃成为宇内一统国之模范者也。策划大东合邦者,应该制定良制以将伟绩传于后世也。"例如他主张日中两国应该联合起来,对抗欧美国家的侵略:"我们日韩应先合邦,而与清国合纵,以可抵御异种人之侮……我国之希望清国富强开明,若清国以此图谋东方而不亲睦,将共蒙受永远不测之祸。西人称东方有海陆二强国。即指日本、中国也。东亚幸亏有此二强国,保持我黄种人之威严。假若黄种人中没有此二国,那些白种人将会更加蹂躏我亚细亚全洲,将我兄弟黄种人当做奴隶,与非洲黑人有何区别耶? 二国可谓任重道远。"②客观上分析,樽井藤吉的东亚合邦主张,本身并非主张侵略东亚各国。从亚洲人联合对抗欧美列强侵略的视角看,具有一定合理性。但是,这种理想化的构思,虽然早在 1884 年提出,但正式出版在 1893 年,这时日本对朝鲜的侵略意图已日益显著,中日之间因为朝鲜问题已呈现战争气氛。他的东亚合邦论虽然有民族平等的意义,但为日本吞并朝鲜,以及进一步向中国大陆侵略扩张,提供了所谓"正当性"借口。

类似的亚洲联合与西方抗衡的思想在各个媒体上也有所宣扬。如 1884 年《朝野新闻》发表文章,认为欧洲人将侵害全亚洲,并为了应对而出谋划策:"仔细考察今日之实相,欧洲诸国将东洋人民一概看成尽为未开固陋,强行不区别我国与他国。现在加于中国之侮慢,将来也可能会加在我们身上。今日使朝鲜蒙受之凌辱,后年亦难保不及于我。纵令有如何之名士称赞我邦者,也安能希望欧洲诸国对东洋人民之举动会公正耶? 若然,将如何为之? 只能在于第一,养我邦之实力;第二,建东洋连横之计,除此二策,欲坐等扩张国权,亦不过架空之妄想也。"③文章还特别强调了与中国联合的重要性:"假如只有我邦独立卓越,作为广大亚细亚诸国尽为未开,极为固陋,从而蒙受欧洲诸国之侮慢凌辱,终究不可能伸张我邦之国权,制止欧洲人之跋扈。故需要依靠团结之势力,有相互一致行

---

① ［日］樽井藤吉:「大東合邦論」,［日］竹内好編:『現代日本思想大系』9,121 頁。
② ［日］樽井藤吉:「大東合邦論」,［日］竹内好編:『現代日本思想大系』9,124 頁。
③ ［日］『朝野新聞』:「東洋の気運」,［日］芝原拓自他校注:『日本近代思想大系 12 対外観』,277 頁。

动之计划。而彼之中华帝国,在亚洲诸国中,若作为我可以依靠为同盟之邦,我辈反对国人轻蔑之,乃希望或可与之亲密交往。"①当然文章是从扩张日本国权的视角出发,提倡中日联合以对抗欧美。虽然含有民族平等的因素,但终究是为了日本的切身利益尤其是对外侵略扩张的长远利益着想。所以其包含的平等因素是极为有限的。

也有媒体主张日中联合振兴亚洲。如1884年《邮政报知新闻》的文章认为:"提出振兴亚洲之策略,皆以日本和中国为目的,其他如浑然置之度外。若日本与中国团结亲睦,共尽力于兴亚之事,希望逐渐达其目的。"②既然欧美列强对东亚侵略的主要目标是中国和日本,作为东亚最主要的中日两国,就应当联合起来,对抗列强,振兴东亚。

明治时期日本出现的民族平等思想,多是站在维护日本自身利益的立场,以图联合东亚其他国家,对抗欧美联强的步步紧逼的扩张战略,为日本后来逐渐扩张国权奠定基础。当然也有完全从伦理道德角度主张民族平等的思想出现,但毕竟属于凤毛麟角。随着以后日本国力迅速增强,即便从整个民族平等思潮来考察,也逐渐成为非主流意识。民族扩张主义逐渐占据上风,成为整个日本社会对外交往的主流意识。"大东合邦"的思想,也成为日本后来对中、朝侵略扩张,建立所谓"大东亚共荣圈"的理论基础。③

五、民族扩张主义的思想来源:对社会达尔文主义的"弱肉强食"理论的受容与宣传

日本属于岛国,资源相对缺乏,生存危机感伴随着社会发展而与日俱增。因此,从中世纪以来,日本民族就形成了企图对外扩张以掠夺其他民族生存资源的传统。尤其对大陆的朝鲜、中国,力量不足时,就在边境地区骚扰和侵夺,形成历

---

① [日]『朝野新聞』:「東洋の気運」,[日]芝原拓自他校注:『日本近代思想大系12 対外観』,279页。

② [日]『郵便報知新聞』:「興亜の問題及び東洋の現勢」,[日]芝原拓自他校注:『日本近代思想大系12 対外観』,280页。

③ 有关明治时期的民族平等意识及其变异,笔者曾有探索。见拙稿《论日本明治时期的民族平等意识及其变异》(《吉林大学社会科学学报》2019年1期)。

史上所谓的"倭寇之患"。当自我感觉力量比较强大时,日本就会策划更加深入的侵略行动。早在明治以前,日本思想家就提出要对中国、朝鲜发动侵略的构想。如佐藤信渊(1769—1850年)就不顾当时日本的实力,提出侵略中国的思想。他认为:"当今世,在万国之中,若要选土地最辽阔,物产最丰饶,兵威最强盛者,有如中国者耶? 而中国虽与皇国紧密邻接,虽尽中国全国之力经略,却无能害皇国之策。若有暴戾之主,强使大众为寇,如胡元之忽必烈,虽起全国之众,对于皇国却丝毫不足畏惧。而对彼国却有莫大损失……又由皇国征伐中国,只要指挥得宜,不过五七年,彼国必可至土崩瓦解。无论如何,作为皇国出兵,虽然军费甚少,但在彼国,因散财极其广大,而不能承受。且其国人疲于奔命而无可奈何。故由皇国开辟他邦,必先从吞并中国开始。已如上述,以中国之强大,尚不能与皇国为敌,何况其他夷狄耶? 是乃皇国天然便有混同世界之态势也。故此书不用详述先取中国之方略。中国既纳入版图后,其他西域、暹罗……故由皇国混同世界万国非难事也。"①因此他还认为吞并中国易如反掌:"在当今世界万国之中,由皇国易于攻取之土地,没有比中国满洲更容易者。"因为"满洲人急躁乏谋,中国人怯懦易惧"②。即中国并不可怕,先取中国而后方可称霸世界。另一位思想家吉田松荫(1830—1859年)则主张"以和亲制二房,乘间富国强兵,垦虾夷,夺满洲,来朝鲜,并南地,然后拉美折欧,则事必成"③。将侵略亚洲作为对美、俄外交损失的补偿,亦作为日本称霸世界的必要前提。尽管当时日本实力还不足以实现他们的侵略扩张计划,但他们的侵略思想却对明治时期的民族扩张主义及其具体构想产生了深远影响。

明治元年1月15日,天皇就针对修改不平等条约,代表新成立的明治政府广告天下:"外国之仪,被先帝多年宸忧。因幕府历来之失错,因循至今日。事态大为一变,大势诚不可遏止。此度朝议之上,和亲条约被断然缔结,就上下一致,不生疑惑。大量充实兵备,使国威光辉于海外万国,可对答祖宗先帝之神灵

---

① ［日］佐藤信渊:「混同秘策」,［日］尾藤正英他校注:『日本思想大系』45,岩波书店,1977年,428页。

② ［日］佐藤信渊:「混同秘策」,［日］尾藤正英他校注:『日本思想大系』45,430、431页。

③ ［日］吉田松阴:「野山狱文稿」,［日］山口縣教育会编:『吉田松荫全集』第2卷,大和书房,1980年,320页。"二房"指美、俄两国。

于睿虑之间。至于天下列藩士民,可勉励奉戴此旨,尽心尽力。"①这里一方面表达了要摆脱不平等条约走向民族独立的意愿,另一方面也号召日本国民充实军备,向海外各国显示国威。实际上是继承了幕末思想家的民族扩张主义思想,发出向海外侵略扩张的信号。

明治元年3月与《五条誓文》同时发布的《安抚亿兆宸翰》,更明确了向海外实行民族侵略扩张的意图:"今日之事,朕自当劳身骨、苦心志,立于艰难之先,唯有遵循古来列祖之未尽,勤履踪治迹,始奉天职,可不背身为亿兆之君。往昔,列祖亲理万机,若有不臣者,自将征讨之。朝廷之政,总体简易,如此而受尊重。故君臣相亲,上下相爱,德泽治天下,而国威辉耀海外也……朕在此与百官诸侯共相誓:继承列祖之伟业,不问一身之艰难辛苦,亲自经营四方,安抚汝亿兆。遂欲开拓万里波涛,宣布国威于四方,使天下安如富岳。"②该宸翰不仅号召刚刚成立的明治新政府与全国百姓一起励精图治,艰苦奋斗,推进日本社会近代化的建设;而且不止一次强调,建设近代化国家的最终目的,是要将日本国国威炫耀于世界各地,为将来日本逐渐称雄于世界做好充分准备。它明确显露出日本这个后发、新兴的资本主义国家,渴望迅速进取、向外侵略扩张的急迫心态,以及明治政府实行民族侵略扩张的长远目标。

关于这种民族扩张主义传统及其社会动因的研究,学术界已出现大量成果。③ 但从思想动因方面进行更加深入的研究,仍然很有必要。厘清这一切,对于今天彻底清算日本明治以来日本民族侵略扩张的理论依据,是颇有意义的。

众所周知,英国学者达尔文近代出版的《物种起源》提出了生物进化论,另一位学者赫胥黎对这种理论作了进一步阐释。中国清代学者严复将其翻译为"物竞天择,适者生存,不适者淘汰"的规律。这一理论打破了历来流行的"上帝创造万物"的理论,揭示出生物界从低级向高级演进的客观规律。这无疑是人类对客观世界认识的实质性飞跃。但如果将其理论完全套用于人类社会的演

---

① [日]明治天皇:「條約改正の議已に茲に芽す」,[日]明治文化研究会編:『明治文化全集』第2卷『正史篇』上,24頁。

② [日]明治天皇:「亿兆安抚の宸翰」,[日]明治文化研究会編:『明治文化全集』第2卷『正史篇』上,33—34頁。

③ 见序论的文献综述。据笔者了解,这些研究成果皆从不同层面对这一问题有所涉及,尤其是向卿的著作论述较为深入。

变,则会出现谬误。而稍早一些,英国另一名学者斯宾塞提出了"社会进化论",认为人类社会也同生物界一样,存在"弱肉强食"的规律。这一理论无疑对东亚社会造成了影响。

近代中国的严复翻译了斯宾塞的《社会学研究》,里面就涉及斯宾塞的这种以强制弱的思想观点。斯宾塞认为,人们为了生存而组成社会群体,"群既大,其中有主治受治之分体,有制节率作之异用。"即群体人数众多后,必然有人担任统治者,另外的人也必然成为被统治者。二者的区别在于掌控的势力是否强大,"区其别异,溯其本原。乃有物力,其于群为用独大。以行之久,而民德以变。于是有土广民众之效,制度日繁,指其力之方体,著其效之各殊者,尤群学之所务也"。① 即强有力者凭借独自掌控的暴力对人民的统治天长日久,逐渐便成为人民自然接受的习惯。而统治者因为"有土广民众之效",所以制定了各种日益繁杂的制度,指示人民如何行为,达到各种不同的效果。斯宾塞认为,世界上几乎所有民族,无论是弱小野蛮者还是强大文明者,皆必须遵循这种"弱肉强食"的规律:"大抵人群之兴,自微小极陋,洎夫盛大文明,其中常有大同者,本乎民性之相近。有次同者,生于种族国土之不齐。"即所有民族遵循这种规律的性格都大体相同。即便出生于不同的种族和国度,遵循这种规律也有部分相同。而这种规律,如果要追寻其发生的原因,"有出于天理之同然,有本于地势之特别,有生于人事之所矫揉"。② 即无论是天然形成、地势造就还是人为制作,弱肉强食这一社会演变规律是不可违逆的。

西方的进化论传入日本后,引起了很大的反响。1877 年,美国动物学家莫斯应邀到东京讲课,他介绍的生物进化论风靡了日本学术界。正如三宅雪岭描绘的那样:"'进化'一词如生翼而飞,留心新知识的人们,动辄将进化挂在口边,认为只要一说进化,仿佛所有问题便迎刃而解。"③说明进化论被当时渴望追赶西方先进文明的日本社会接受和容纳。而在此时的日本社会,人们很难将科学的生物进化论与存在谬误的社会进化论相区分。所以在生物进化论流行的同时,对社会进化论的宣传也就自然流行起来。其宣传最有力的代表人物,便是启

---

① 赫伯特·斯宾塞:《社会学研究》,严复译,世界图书出版公司,2012 年,第 92 页。
② 赫伯特·斯宾塞:《社会学研究》,严复译,第 92 页。
③ 〔日〕三宅雪嶺:『明治思想小史』,〔日〕鹿野政直編:『日本の名著』37,中央公論社,1977年,432 頁。

蒙思想家加藤弘之。这位在明治维新前后大力宣扬"天赋人权"的著名启蒙思想家,在阅读了大量西方学者的进化论相关论著后,彻底抛弃了早年的天赋人权主张,转向了社会进化论。关于加藤的转向及由此引起的思想论争,笔者已有所探讨,①这里需要探讨的是,他的社会进化思想对日本社会的民族扩张主义理论的产生所发挥的作用。

首先,加藤弘之认为世界上的资源是十分有限的,因为凡有机体生存,需要大量资源,包括光热、水、土地等,也有可以充当食物之种种动物。"然而,上述生存之需要物品,对于要完成时时刻刻不断诞生之有机体之生存,是非常不足的。无论如何也不能满足确保诞生总数之千万分之一者之生存。于是作为无可奈何之结果,产生之有机体之绝大多数乃死灭,仅仅有少数得以生长。"②既然生存必需的资源如此匮乏,那么世界上的人类为了获取比别人更多的生存资源,自然会产生自私自利之心理。在这种心理的驱使下,人们必然产生为了争夺生存空间和资源而相互竞争的行为。

加藤认为这种"唯一利己"恰恰就是包括人类在内的有机体的原始本能:"凡有机体必首先固有唯一利己性根本动向。是即为了完成自己生存之自然力。因此实际上可以称为有机体之原始性本能。"③他进一步指出,这种受原始本能驱动,为了利己而竞争的行为正是促使社会进步的动因:"若无利己之心,必然不会有开明进步。利己之心产生竞争,竞争产生进步。没有利己之心,便无竞争;没有竞争,便无进步……方今世界,皆由利己之心互相竞争而进步也。"④他认为这种竞争不仅表现在战争中,在学问、工业、通商各方面都会出现竞争。各国之间的竞争产生于各自的利己心即爱国心。而各国利己之心则源于各人利己心之会合也。当然,这种竞争绝不会是势均力敌的,总会出现强弱区分。

接着,加藤弘之顺理成章地得出自己的主张,即弱肉强食乃天则,历史上从不存在天赋人权:"古来性法学派所主张而来之所谓天赋之自由平等者,可知全属妄谈。妄谈者流尽管说吾人类天赋便有自由平等之权利,但吾人类与其它动

---

① 见拙稿《日本明治前期的一场引人注目的思想交锋》(《四川师范大学学报》2014 年 2 期)。
② 〔日〕加藤弘之:「自然と倫理」,〔日〕上田勝美编:『加藤弘之文書』第三卷,508 頁。
③ 〔日〕加藤弘之:「自然と倫理」,〔日〕上田勝美编:『加藤弘之文書』第三卷,507 頁。
④ 〔日〕加藤弘之「天赋人権ナキノ说并善恶ノ别天然ニアラザルノ说」,〔日〕吉田曠二编:『加藤弘之文書』,第一卷,388—389 頁。

物相同,绝不会有天赋之自由平等。在吾人类社会,如在动物世界,特只有强者权利履行。强者常可控制弱者,盖乃无可怀疑之天则也……欲获得自由权,首先必须成为强者。"①也就是说,人类与动物没有区别,只能遵循倚强凌弱的规律来获取自由权利。

对于加藤弘之《强者权利的竞争及其发达》中宣扬的弱肉强食思想,当时的德国报刊进行了各种评论。《佩鲁里尼鲁-格不拉茨脱报》批评道:"根据其说,人类作为一种搏噬的动物,乃最猛恶最可畏者也。强者压弱者。若上溯古代,不存在真正意义上的权利,唯有威力。弱者不得反对强者之权利,最终只能承认之,至此真正意义上的权利才开始产生。"②这样一来,社会就只剩下强者的权利,而弱者完全丧失了权利。

《德·邮报》批评道,加藤把人看成"最猛恶可怖,最狡猾、最智慧,多不过搏噬性动物"。这样将人看成了普通动物。而且加藤还认为,"如动物并无天赋动物权,在人类中也不会存在个人的、社会的、政治的应该自由平等之天赋人权。人类社会之进步,如人的通常所考,不是基于正义和仪礼之发达,乃唯由强者之权利之平等发达者也。人皆日日夜夜无知无识地尽力,为了威力、自由、名誉、权利、职业、财产而持续竞争"。正因为这种竞争,在人类历史中,皆存在强者之权利,所以无论古今,"强者之权利决不违反天则,宁可认为是基于天则而产生者也。而若此强者智权利,被弱者所承认,从而作为社会及国家之制度,而具有合法性,乃成为具有真正意义上之权利"。而且加藤还主张"此强者权利之竞争,特别发生在治者与被治者、高等人民与下等人民、男和女、其他种种之人种、人民及国家相互之间"。③ 这样,就把强者的权利看成了普遍的,而且永远的规律,显然是十分荒谬的。

加藤弘之认为这种行使权力的强者自然也就构成社会的主体:"构成一国之社会,可说是使众多的人群团结集合者。同时在社会之中,作为有彼之强者、

---

① ［日］加藤弘之:「強者の権利と自由権との関係」,上田勝美编:『加藤弘之文書』第三卷,12頁。

② ［ドイツ］「ペルリーネル・タゲブラット新聞の批評」,［日］上田勝美编:『加藤弘之文書』第三卷,444頁。

③ ［ドイツ］「デイー・ポスト新聞の批評」,上田勝美编:『加藤弘之文書』第三卷,445—446頁。

弱者之区别,强者常常控制弱者,故毕竟强者作为社会之主体,弱者不过只能作为服从其者,乃可云在任何社会皆为不可掩盖之事实也。"那么根据这种"不可掩盖"的事实,加藤得出的结论是这个社会"只能是强者之社会。无论如何,弱者不过或只能被压制之,或只能听从被保护之。若果然,社会只是强者之集合,弱者只不过作为其从者,要说彼之社会生存上之必要便宜,则专为强制之必要便宜,乃为不给与弱者之必要便宜之理也"。① 也就是说,整个社会的制度设计,包括法律规则的制定,经济利益的分配等,都只能围绕强者考虑,而大多数弱者的权利只能被弃之不顾。这充分体现出日本资本主义向帝国主义过渡时期资产阶级的利益观念。

加藤的这种社会进化论思想,也得到了另一位年轻的思想家北一辉(1883—1937年)的赞同。北一辉早年崇尚社会主义思想,也提出过一些激进的社会改革主张。后来又转向了追求法西斯主义的立场。他认为,社会进化与生物进化类似,二者没有区别:"人类乃一生物种属也。社会主义致力于作为一生物种属之人类进化,当然不能脱离生物进化论的所有法则之外,社会进化论乃成为生物进化论卷末之一节。"②即完全将生物进化论与人类社会进化论混为一谈,抹杀了人类社会发展与生物进化的本质区别。

而且北一辉认为,即便是社会主义社会,也不能完全避免这种残酷的生存竞争:"社会主义若与生存竞争说相背驰,诚不过应为非科学的空想。即便自称为科学社会主义,其也仅可为经济学、伦理学、历史学等之上所空说者。从其等构成诸科学之根底的社会哲学上,无论如何也只能是乌托邦。所谓社会主义,是以将人类这一种属之生物社会之进化作为理想而树立之主义者也。若然,当然不能逃逸出包含称为人类的生物种属之生物进化论之原理的生存竞争之外。"③这就将生物进化论应用到了人们所能认识到的几乎所有阶段的人类社会形态的发展演变中。

那么为什么不同民族的社会发展会呈现出发达与落后的差别?加藤弘之认为是因为人种之间有优劣区分:"人类中既有优等人种,也有劣等人种。由于竞

---

① [日]加藤弘之:「強者の権利と道德法律との関係」,[日]上田勝美編:『加藤弘之文書』第三卷,17—18頁。
② [日]北一輝:『國體論及び純正社會主義』,みすず書房,1978年,130頁。
③ [日]北一輝:『國體論及び純正社會主義』,97頁。

争,优等者乃越发优等,随着优等,脑的发达更加充分。然而,劣等人种脑愈益不发达。随着脑不发达,愈益变得劣等……劣等人种由于所谓之手段,被优等所压倒。又因所谓身体之工具被压倒。渐渐人也就被灭掉了。而其中也有全部死绝的人种。"①众所周知,根据科学实验得出的结论,任何民族都有不同的优缺点,绝不会全是优点或全是短处。这种因为人种优劣而导致社会发展出现差异的观点,实际上是近代以来欧美列强为了对落后国家实行扩张寻找的借口。但加藤弘之在此将这种违反科学的观点作为真理加以肯定,实际上也就隐伏着为日本对外扩张寻求理论依据的可能性。

如果沿着这种逻辑推而广之,将一个社会内部弱肉强食的规律应用到国与国之间的关系上,则很容易导致强国对弱国的扩张和控制"天然有理"的结论。如北一辉就认为,这种生存竞争的目标不是对内,而主要是对外:"所谓生存竞争之优胜者,在与其他种属的生存竞争中,同属之中最有优点者,可云通过维持其优点而生存。而生存竞争之敌对方,则有另外的意义和结果。若再三论及,同属之中之优者、适者、强者,并非将同属中之劣者、不适者和弱者当做敌手,云其优劣,云其适与不适,云强弱。作为针对生存竞争之敌对方的其它种属而言,作为生存竞争之优者、适者、强者,在同属者中生存下来,乃生存竞争之结果也。"②这里的"不同种属"并非指人类与其他动物,可以理解为不同的人种或民族。实际上强调的是各不同种属的人类对异族人开展的生存竞争。

当时西方列强对亚洲的民族侵略扩张趋势愈演愈烈,客观上也深刻刺激了日本社会各阶层,思想界普遍认为这种弱肉强食趋势在所难免。例如1878年2月6日《邮政报知新闻》上有评论文章指出:"盖以蚕食吞并直接致富之术,犹如一个社会之一个人掠夺他人之财产,将其占有以致富。难道不是实在可厌之至耶? 然而,此野蛮习俗在今日可云尚未洗涤。虽然列国通好有盟约,万国交际有公法,但绝不会构成维持普遍和平之功用。为了吞并他邦、合并其领土而发动战乱之势,遂不能遏绝。在今日交往中,不免有至极之困难,就在于此点。吞并他人之疆土以图导致富强之野心,在于结盟列国之间,乃常常搅起战争氛围之本

---

① 〔日〕加藤弘之:「天地万物皆帰吾有」,〔日〕上田勝美编:『加藤弘之文書』第三卷,98—99頁。

② 〔日〕北一輝:『國體論及び純正社會主義』,みすず書房,1978年,156頁。

源……呜呼！介立于虎狼群中，欲免其伤害，其亦难矣！"①文章指出无论是友好盟约还是国际公法，都不能阻止列强的肆意掠夺。这种客观事实和列强掠夺难以避免的论点，无疑也为社会达尔文主义在日本的流行创造了条件。

顺理成章，加藤弘之也就将有机体的优胜劣汰竞争规律应用到国与国之间的关系中。他分析道："各个国家尚未在其上组成一个大的有机体。即各个国家如复细胞体的我们组成复复细胞体的国家，没有组成其他的一大有机体。相互只能以自己利益为主，合作只是作为其手段。若果然，成为未完成大社会之各个国家，图谋未完成大社会之健全、幸福，决非其固有性。只有依靠未完成大社会构成之合作，图谋本国之健全、幸福毕竟是目的，乃为不争之道理，这一点与我们人类在我们国家中之关系完全不同。苟于相互合作之后，虽然各国必然在某种程度上谋求他国之健全、幸福，但那完全不过是图谋本国健全、幸福之手段而已。因而假若看到对本国不利，不仅丝毫不会为他国图谋，或至不得已，为了本国的利益遂不得不障害他国之利益。那决非不允许，否，乃理所当然也。"②即认为国际关系中，只有维护本国利益才是最高宗旨，与他国合作仅仅是为了谋求本国利益的权宜之计。为了维护国家利益，不得不损害他国利益的行为，犹如自然界中的弱肉强食规律一样，是天然合理的。

具体考察了当时日本所处之国际地位后，加藤指出："吾更从日本在地球上所处位置考察，不得不更增加了将来不安之忧虑。盖在同外国交际上，不仅德义难行甚为明了，而且如与外国关系之事，若优胜劣败之天则最有势力，则文明富强之邦国制约未开贫弱之邦国，实不可避免。虽有如何之宗教，如何之道德，也不能奈至如何。"③即强调了国际交往不是靠讲求信誉的仁义道德准则或宗教信仰来约束，而是优胜劣败、弱肉强食的规律在其间发挥作用。所以世界上优等的文明富强国家往往会控制所谓劣等的贫弱国家，例如欧美更发达的列强将亚非广大地区的落后国家作为自己的殖民地或半殖民地，就充分证明了这种规律的不可抗拒性。这似乎自然就得出了强国对弱国侵略扩张"天然合理"的逻辑结论。

---

① ［日］杉山繁：「各国交際の形勢を論ず」，［日］芝原拓自他校注：『日本近代思想大系12 対外観』，岩波書店，1988年，117—118頁。

② ［日］加藤弘之：「自然と倫理」，［日］上田勝美編：『加藤弘之文書』第三卷，602頁。

③ ［日］加藤弘之：「日本の国是」，［日］上田勝美編：『加藤弘之文書』第三卷，52頁。

　　福泽谕吉则更直截了当地认为,国际交往准则就是弱肉强食。他在明治 16 年 10 月 1 日《时事新报》评论中明确指出:"世界各国之相对峙,呈现禽兽相食之态势。若食者成为文明之国人,被食者有不文明国,我日本国是要加入其食者行列,与文明国人共同寻求良饵欤? 还是要与数千年来萎靡不振之亚细亚古国为伍,共同坚守古风,被文明国人所食欤? 是成为猎者狩猎兔鹿欤? 还是成为兔鹿被猎者所猎欤? 二者不可不抉择其一。即我们日本国人,至开国以来 30 年之今日,人人身上承担之一大问题。"①他将国与国的交往关系,看成纯粹是禽兽之间你死我活的生存竞争关系,而且明确文明国家就是强者,非文明的传统古国则成为弱者。强者自然就成为"食他者"即猎人,弱者也就必然充当"被食者"即猎物。真是一幅血淋淋的生存搏噬图!

　　因此,福泽谕吉认为当前各不同民族之间只能是弱肉强食、优胜劣汰的关系,即便有合作友好条约也不能阻止这种关系的发展:"若然,则万国交际之道,也亦可与此无异。云和亲条约,云万国公法,虽如甚美,但仅为外国之仪式名目。交际之实,不过争权威、贪利益。观察世界古今之事实吧。贫弱无智之小国,没有能充分依赖条约和公法而保全独立体面之先例,皆人所尽知也。不仅小国,连大国与大国之关系,也正是相对立,互窥其嫌隙。一有可乘之隙,绝不会放弃。窥之探之,其之所以未发作,唯在兵力强弱这一点上。没有其他可依赖之便利。百卷万国公法不如数门大炮,几册和亲条约不如一筐弹药。若不主张大炮弹药拥有之道理,乃成为制造无道理之器械也。"②福泽的"马基雅维利式"③的国际关系理论,一方面揭示出近代资本主义向帝国主义过渡时期的国际关系现实,另一方面也为日本今后应当遵循的国际交往途径指出了一个方向,即

---

　　① 　[日]福沢諭吉:「外交論」,[日]富田正文他編:『福沢諭吉選集』第 7 卷,岩波書店,1981 年,184—185 頁。

　　② 　[日]福沢諭吉:「通俗国権論」,[日]富田正文他編:『福沢諭吉選集』第 7 卷,岩波書店,1981 年,57 頁。

　　③ 　意大利著名政治思想家马基雅维利(1459—1527 年)曾在名著《君王论》中指出:"一位君王,特别是一位新君,为了要保持他的国家,时常被逼采取一些背信的、不仁慈的、不人道的以及反宗教的行动。所以他不能奉行人之所以为人的种种事情。因此,他一定要有这样的心理准备,可以随时看准风向,按照不同的命运的指示,去求得适应;同时又要像我在前面所说,如果可能,君王应不违善行。但为时势所逼时,他又是能够做坏事的。"([意]马基雅维利:《君王论》,惠泉译,湖南人民出版社,1987 年,75—76 页。)即在外交中只要为了国家利益,是不讲什么仁义道德的。为了达到目的,背信弃义、违背道德是君王们经常的行为。这种思想成为所谓"近代外交的原则"。

只能凭借实力进行弱肉强食的竞争,不受任何国际公法和外交道德的约束。这种强权观念以后逐渐成为日本外交思想的主流意识。

德富苏峰虽然早年主张民族平等,但随着国际局势的变化,越来越倾向于弱肉强食的国际政治观念。他通过观察甲午战争的进程,谈了自己对这个问题的看法:"我于是领悟到,无力的道理使有力的无道理获胜,若欲实行道理,必须要有实施它之实力。即领悟到道理其物,几乎不会有自动实行者。只能有待于他力,才开始发挥其妙光。我于是归依了力的福音。假若有实力,连无理也可以贯彻,何况道理焉?假若没有实力,连充分的道理也无法贯彻。"①也就是说,在国际关系中,完全没有任何公理可言。只要有强大的国家实力做后盾,即便是蛮不讲理,任何行为皆可畅行无阻。

这种弱肉强食的民族关系思想,一方面受到西方社会达尔文主义思想的影响;另一方面,也是资本主义制度在世界兴起之后,尤其是资本主义向帝国主义过渡阶段,欧美列强海外侵略扩张的客观反映。如果仅将其作为一种防范外来侵略的国防思想,尚无可厚非。如《朝野新闻》就刊登文章,强烈主张加强军备应对弱肉强食:"如今之时代非黄金时代也。今之和平乃非收回干戈、藏匿弓矢之和平也。吞噬蚕食之心,蛰伏于炫仁售义之后。压抑凌轹之举动,由说正言理之中产生。作为一彼之文明开化而夸耀于五大洲之欧洲诸大国尚且如此,何况其他蛮邦耶?故作为位于地球表面之邦国,假若欲保有纯粹之独立,在抵御其外侮方面,陆海军制实一日片刻也不可欠缺也。"②但若将这种思想运用来否定民族之间本来应当平等相处的正常关系,便成为十分荒谬的强权政治思想。它实质上是为日本对外侵略扩张寻求所谓"合乎天理"的理论依据。

六、民族扩张主义的理论之一:
实力外交与国权至上

根据弱肉强食、优胜劣汰的理论,日本明治时期逐渐流行"马基雅维利式"

---

① [日]德富蘇峰:「時務一家言」,[日]植手通有编:『明治文学全集34 德富蘇峰集』,筑摩書房,1974年,277頁。

② [日]『朝野新闻』:「『メール』記者の誤謬を正す」,[日]芝原拓自他校注:『日本近代思想大系12 对外観』,127—130頁。

的"实力外交"的狭隘民族主义思想。这种思想认为,无论如何美好完善的外交条约,皆不能防范强大的异民族入侵,因此,外交只能凭借实力说话。这种实力主要表现在军事力量的强大上,也包括经济实力是否壮大。

福泽谕吉就是宣扬这种"实力外交"思想的代表。他不止一次地指出了国际公法在各民族相互交往中的软弱无力,强调只能凭借本国实力展开与各民族的交际:"国家交往以条约书整理,双方之权利虽说由约书之条款伸缩消长,但若进一步窥视事物内涵,两国相对之势,根据彼之元素国力如何而为轻重。面临重要事务,条约规定未必特别有效力。盖约束在一政府之下之人民,在于促使其履行之法院,但国际交往之约束,却没有最终可诉之法院,只能以世界之舆论判断曲直。有时国力也并非不能使非成理,变曲为直。这样,条约书只能作为国际交往之名,国力乃其实也。条约书作为事物之客,国力可云乃为其主也。"①看似庄重的国际条约被福泽置于非常次要的地位,他认为国际交往只有小事可以依靠条约发挥协调作用:"国家交往并非仅仅靠条约可以约束。其条约书里面可以看到保存有国力之事实。故条约书虽然平时可以在一定程度上有力于支配交际,但终究在与国家有大利害关系时,可知其为意外无力之物。"②即外交条约仅限于一些小事上发挥作用,但凡是遇到重大事项,国际条约就无能为力了。由此福泽主张,日本国只有在社会各方面都发展到十分强大的程度,才能与欧美列强平等对话:"相信我日本必可成为富强之商卖国。又在相信作为我国国民之义务,誓可推进此领域的同时,与外国交往决非难事。如缔结彼此对等之条约,固理所当然。虽然并非由我特地请求,但在世界之大势中,反而却由文明之列国来促成之。但其时机之到来,今后何年何月难以期待。虽然如此,只要每位国民刻意留心,政治也好,学问也罢,又殖产商卖也好,都避免浮躁轻薄,而期待着实远大,以养立国之实力元素。上述时机到来也亦可加速。"③

那么要使国家强大,福泽认为应当将"富国强兵"的方针颠倒过来,改为强兵富国:"或有人说,富国强兵之法,诚如此语之顺序,可用先富国,然后强兵之

---

① ［日］福泽谕吉:「條约改正始末」,［日］富田正文他编:『福沢谕吉选集』第 7 卷,226 页。

② ［日］福沢谕吉:「條约改正始末」,［日］富田正文他编:『福沢谕吉选集』第 7 卷,226—227 页。

③ ［日］福沢谕吉:「约條改正始末」,［日］富田正文他编:『福沢谕吉选集』第 7 卷,233—234 页。

政策。言下之意，假若富国，则不会不强兵，富为强之本。此言虽然听起来很有道理，但在社会实际中，往往不然也。"①所以福泽主张日本应首先扩大军备，变成军事强国："我欲严整军备，大张国权，其军备若以不仅守卫日本一国，兼又保护东洋诸国，治乱皆充当其首脑为目的，按照其目的，规模也必须远大也。"②可以看出，福泽谕吉在此强调的先强兵再富国，扩大军备的主张，不仅仅是为了应对欧美列强的侵略，更重要的是随时准备对亚洲地区进行民族扩张。所谓"保护"实为扩张，充当东阳首脑是目标。即严整军备"强兵"不仅仅是为了国防，而更重要的是为了侵略别国。

在这种指导思想下，福泽谕吉提出不同民族之间的交往手段应当是先武后文："假如要自立于如今世界之大舞台中，与西洋诸国人民争锋，除了以兵马之力为后盾，还可依赖何物耶？不可不得以武为先、以文为后。即便没有先后轻重区别，不用论，也必须要将其置于同样重要的地步。"③这种主张显然与国际交往中"先礼后兵"的惯例大相径庭。为了要切实做到这一点，福泽明确提出外交必须以武力为后盾："虽然人或见外交不振，无不归咎于政府，但可云其咎所误也。在今日形势中，无论选择何人担任外交官，也不能大大影响外交事务。何况着眼于一名外务卿，评价其才能如何，毫无意义。即便有百名外务卿，又能把这形势如何耶？我辈不仅不评价之，乃为常怜悯其心事者也。可怜啊我外务卿！假若以我们人民之团结，培养数十万常备军，制作数百艘军舰，耀武扬威于海外，则外交百般之关系，将会立即改变面貌。"④这一方面可以看出当时日本思想界迫于列强紧逼下的强烈的防范意识，另一方面也可窥见正在向帝国主义过渡时期日本向亚洲扩张的迫切愿望。

明治日本军队领导人山县有朋（1838—1922 年）也赞同这种不讲道德的实力外交思想。1880 年他在分析国际形势时，就特别强调在这种弱肉强食的国际环境中，加强军备尤其重要："方今欧洲各国，战法战略率其如出一辙，铳炮战舰竞其巧。我之所有，彼亦有之;我之所发明，彼亦发明之。特依众寡之势，狼贪虎

---

① ［日］福沢諭吉:「時事小言」,［日］富田正文他編:『福沢諭吉選集』第 5 卷,岩波書店,1981年,247 頁。

② ［日］福沢諭吉:「時事小言」,［日］富田正文他編:『福沢諭吉選集』第 5 卷,261 頁。

③ ［日］福沢諭吉:「時事小言」,［日］富田正文他編:『福沢諭吉選集』第 5 卷,240 頁。

④ ［日］福沢諭吉:「時事小言」,［日］富田正文他編:『福沢諭吉選集』第 5 卷,243 頁。

食,互乘衅隙,以有所逞。故在方今欧洲,論兵之多寡比論国之贫富更急。"①即他与福泽一样,主张"富国强兵"的国策应当改为"强兵富国",扩张军备比让人民积累财富更为迫切。

为了掩饰侵略扩张军备的最终目的是为了对外侵略,山县有朋还从社会全面发展的需求,进一步具体阐释了侵略扩张军备的重要性:"故在今日,兵备之急,犹如渴饮饥食。使其臣民乐于生活,安于富贵。开畅其气胆,兴起爱国之志,从事进取之计,非兵力而不能。兵若强,则国民之志气始可旺盛,国民之自由始可谈到,国民之权利始可论及,交际之平等始可保障,互市之利益始可产生,国民之劳力始可积累,而国民之富实始可守持。故所谓富国强兵,古今互相成本末。是作为形势之自然,欧洲各国汲汲于兵备亦不足怪也。今若特言富厚为本,强兵为末,则民心日趋私利,而不知公利之所在。长于伦薄之风月,成于萎靡之弊风,以利口为俗,以虚饰为习。苟一旦如此,夫重视质直俭朴忠厚勇敢廉耻、崇尚节义之风气一扫而光。一旦遭遇衅隙之开,背君卖国之贼蜂起而无法阻止。故所谓强兵者,固然非谓从事掠夺、乐于祸乱,乃以维持风尚而不陷于伦薄、以充实仓库而不至于空虚之政略也。即便祸乱之未萌,也不得不从事斯。何况其已有炳然可观者耶?是强兵之略,不仅特为欧洲列国使然,各国今日皆不少从事之所以也。"②即扩张军备不仅是民族独立、社会经济发展的需要,而且对保持国民的优良品德也十分必要。只有军备强大,国家才会在外交中占据主动地位,才能迫使其他民族服从日本。

这种民族扩张主义思潮还被披上了"维护国权"外衣。"国权"古代的含义原本是指君主掌握的国家权力,亦称"国柄"。近代资本主义兴起后,尤其是海外殖民扩张成为普遍现象后,"国权"专指一个整体的国家在世界上所拥有的正当权利,如保持领土、领海、领空的权利等。维护国权原本对于一个民族来说,是维护国家独立行使上述权利的同义语,即在外来侵略势力压迫下,力争摆脱外来控制,争取本民族独立自主权利。正如中国"五四运动"中提出的口号"外争国权,内惩国贼"一样。但是,在日本,这种维护民族独立权利的愿望与对外扩张

---

① ［日］山縣有朋:「進鄰邦兵備略表」,［日］大山梓编:『山縣有朋意見書』,原書房,1966 年,91 頁。

② ［日］山縣有朋:「進鄰邦兵備略表」,［日］大山梓编:『山縣有朋意見書』,92—93 頁。

的企图之间，往往没有不可逾越的鸿沟。两者常常被社会各界混用，如前面提及的天皇宸翰就将两者同时广而告之。这种情况在思想界也同样出现，尤其是福泽谕吉的思想特别具有代表性。

福泽谕吉曾多次强调日本的国权至上："在今日，已详细了解内外情况，知己知彼，以在于树立国权之论。日本国内，难道有谁常常评论其是非？国权论之所向，天下无敌，其事作为士民最上最后之目的，宣扬我日本之声价，可使其达到数百倍。今若将国权置之度外，乃可云对国家不忠者。"①他在此已将国权提到至高无上的地位，远远超出了他早年极力主张的民权。为此，他专门阐释了民权与国权之间的关系。福泽首先声明，自己"固然非民权之敌，所欲其壮大"。但他认为，伸张民权，只要召开国会即可满足。"而方今时势，召开国会亦非难事。假令难也有不可不召开之理由。"然而要是民权充分伸张，需要怎样的国情才能满足呢？他指出："能够伸畅民权，虽然甚为愉快安心，然而从外部有压制国权者，甚不愉快。"②福泽举例道："青螺收缩于壳中便认为愉快安心。据说其最安心的是，忽然听闻壳外喧嚣异常。若偷偷伸头窥探四方，岂料身体已经与其壳一起在鱼市之砧板上。国家乃人民之壳也。岂可忘却其维持保护耶？"③所以不认真维护国权，实际上民权也不能确保。尽管现在舆论纷纷偏向争取民权，但自己期待 10 年之后，大家便会与自己一样，认为国权比民权更重要。

福泽谕吉所反复强调的国权，实际上已超出了维护本国独立的范畴，将其转向了海外扩张。如他在另一篇文章中主张国权至上时提出："人为之国权论是谓权道也，我辈乃从权道者也。"这里的权道就是指争夺海外霸权的途径，正如福泽自己解释的那样："若至于国内政治已巩固基础，安宁可赖之场合，不可不将眼光转向海外，形成振兴国权之方略。我辈必胜之目的，唯在这一点。"④振兴国权就是扩张国权，也就是将主要精力放在经营海外。至高无上的日本国权的目标指向，福泽已经阐释得十分明白。

---

① ［日］福沢諭吉：「通俗国権論二編緒言」，［日］富田正文他編：『福沢諭吉選集』第 7 卷，68 頁。

② ［日］福沢諭吉：「時事小言緒言」，［日］富田正文他編：『福沢諭吉選集』第 5 卷，156—157 頁。

③ ［日］福沢諭吉：「時事小言緒言」，［日］富田正文他編：『福沢諭吉選集』第 5 卷，157—158 頁。

④ ［日］福沢諭吉：「時事小言」，［日］富田正文他編：『福沢諭吉選集』第 5 卷，166、237 頁。

所以福泽谕吉认为,国内所有的方针策略,例如官民调和等,都是为了扩张国权:"方今我日本,乃与海外列强对峙,将在世界上与其争文武之锋之时也。当此重要时刻,何事最为紧要耶? 恰恰仅有将全国调和为一家,将其全力集于一政府之下。首先使政权强大,从而推进国权扩张之路之一事也。"①为此,他还专门分析了以前自己极力主张的民权与现在强调的国权之间的关系。福泽指出,以前自己翻译西方著作,又根据这些著作中体现的主义重新写书,宣扬民权时,很多人不理解。后来由于"国家进步意外迅速,日新教育之影响,至近年民权逐渐昌盛,几乎如普通常谈"。民权思想已成为大家习以为常并普遍接受的观念。但随着这种状况日渐普及,民权派"乘舆论而频繁主张民权,却大有所忘记者,对于记者再有不平。即其所忘记者何耶? 国权之议论是也"。② 既然如此,福泽认为现在就是要大力强调国权。

福泽认为要维护国权,与外国进行交往的手段可以多种多样,"今日与西洋诸国接触,其关系也并非只有战争。贸易、通信、法律、宗教等,就千头万绪之关系,若要不忘国权这一主义,保护国家体面,日本国民也可云责任繁多。国权作为日本国中最高之权,凡日本国民之忠与不忠、义与不义,贤愚、强弱,善与不善,若一切皆以这一点为标准而作出判断,其测试乃可云严格也"。③ 连日本国民的道德品质的判断,也以其是否维护国权为唯一标准。他甚至主张,只要能向外扩张国权,即便专制制度也可以接受:"无论如何,我辈毕生之目的,唯在扩张国权这一点。我感到,内部政权落于谁手,将之与国权比起来,其轻重固然不可同年而论。其政治之体制和名义,即便或与专制类似,但若以此政府扩张国权更为得力,便可满足也。"④这就与他自己以前反复高调主张的反对封建专制、维护人民权利的思想大相抵牾。即已经沦落到为了对外侵略扩张,连最基本的政治道德主张都可以放弃的地步了。

福泽还极端地表示,为了扩张国权而不惜牺牲生命财产:"只有一心一意向

---

① ［日］福泽谕吉:「時勢大勢論」,［日］富田正文他編:『福沢諭吉選集』第 6 卷,岩波書店,1981 年,26 頁。

② ［日］福泽谕吉:「時事小言緒言」,［日］富田正文他編:『福沢諭吉選集』第 5 卷,156—157 頁。

③ ［日］福泽谕吉:「時事小言」,［日］富田正文他編:『福沢諭吉選集』第 5 卷,287 頁。

④ ［日］福泽谕吉:「藩閥寡人政府論」,［日］富田正文他編:『福沢諭吉選集』第 6 卷,87 頁。

外,操心我国权之轻重,才是日本国民之本分。假若能扩张国权,使我们国民满足,我们财产生命皆可舍弃,难道没有明言吗? 生命财产已非我物。这样,若无论政府何人在位,掌握何等大权,运作如何谋略,也都不耽误成为我们日本国民目的之国权扩张,那就足够了。"①扩张国权的迫切性和狂热性跃然纸面。从这一点考察,以后甲午战争时期福泽号召日本国民向侵略中国的军队捐助金钱,就一点儿不奇怪了。

连民权理论家植木枝盛也表现出国权高于民权的思想。他在向政府的建议书中,深刻指出了日本当前的各种危机形势后强调:"某等虽然丝毫不是自然企图乱民者,也不得甘为亡国之民也。今我邦不伸张民权,从而与不发扬国权无异也。若政府内压制民权,而外不失国权,虽然姑且不可不忍受之,但若至于内又压制之,外又丧失之,岂能默视而忍受之哉? 是某等不堪慷慨悲愤之情,将淋漓血泪洒于纸墨之间而草书此稿,敢于痛论政弊、切中要害之所以也。"②一方面强调了民权的重要性,另一方面也承认国权高于民权,表达了一种无奈的选择:为了国权,可以暂时牺牲民权。

七、民族扩张主义的理论之二:
日本已具备双重国际地位

在这种优胜劣败、弱肉强食的国际社会,日本究竟处于什么样的国际地位?这是日本近代思想界讨论较多的问题。自从明治维新以来,日本思想界不少人依据社会进化论理念认为,日本在世界上具有双重国际地位:一方面对于更为先进的欧美列强,日本虽然尚存一定差距,但通过维新后的一系列改革,正在进入世界"文明国家"行列,摆脱了"被食者"的地位;另一方面,对于亚洲其他相对落后的国家来说,日本由于自身的文明进步,加上大和民族的"优等种属"特性,已具备了"食他者"的资格,肩负着不可推卸的"保护"亚洲其他民族并向其输出"文明"的国际义务。这种观念经过日本各位思想家、政治家的精心论证,似乎

---

① 〔日〕福泽谕吉:「求る所は唯国権擴張の一點のみ」,〔日〕慶應義塾編:『福沢諭吉全集』第10卷,岩波書店,1970年,211頁。
② 〔日〕植木枝盛:「三大事件建白書」,家永三郎他編:『植木枝盛集』第6卷,岩波書店,1991年,198—199頁。

找到了其逻辑上的合理性和必然性。

首先，日本不少政治家、思想家认为，日本经过明治维新后的一系列社会改革，正在由传统封建社会转变成文明国家。所以在国际地位上，应当与欧美列强并驾齐驱，但欧美列强往往却不承认日本这种正在变化的社会状况。因此，有必要通过努力，改变欧美列强的看法。

日本明治时期著名的政治家伊藤博文在 1883 年访问欧洲后，明显发现欧洲人仍然瞧不起日本人，因而抱怨欧美各国不承认日本已进入文明社会："我抵欧以来，注意测知欧人对我东洋之友爱情谊深浅如何。或量情推理，又照古视今，终究很少存在害我欺我、与利我益我之事。尽管偶然作为一朋友，彼此无利害关系者，稍有恳切之情，但此毕竟不过眼下之戏谈。苟从事东西二洋之交涉，欧图谋相连横，企图凌驾于孤立之我之上。其心术毕竟无他，唯在于人种与宗教之异同。"即伊藤认为欧美列强始终不能将日本视为对等国家进行正常交往，并非因为日本文明不进步，纯粹是因为日本人的宗教信仰与基督教社会不同。为此，他又列举了东南欧巴尔干地区的国家加以说明：如果说日本文明程度不及欧美先进各国，但"如彼之保加利亚、塞尔维亚、门第内哥罗、罗马尼亚，公认为与山中野狼无异之徒，为何又当作文明独立之一国？我文明之进度，事物之旺盛，与彼之偏小四国有霄壤之差，乃天下所不能否认也。盖敬爱彼之不开化之山中之野蛮，却不承认我东洋之进步之原因者，乃与彼等无同宗兄弟之情谊也。抑欧洲之所谓文明道德者，悉皆作为耶稣教内之事，并无将之推广于异教人之意"。[①] 也就是说，日本当时的文明发展程度早已超过巴尔干诸国而可与欧美列强并驾齐驱，这种现实之所以仍然不被欧美列强承认，主要是因为日本不属于基督教国家。

与伊藤的观点不同，福泽谕吉认为是因日本所处地理位置受中、朝连累，从而受到不公正评价："如今中国、朝鲜不仅对我日本一点也没有援助，以西洋文明人眼中看来，由于三国之地理相接，有时或将之视为同一……若中国、朝鲜之政府坚持古代之专制，没有可凭借之法律，西洋人便怀疑日本也是无法律之国家；若中国、朝鲜之士人沉溺甚深，不知科学之类，西洋之学者便认为日本也是阴

---

① ［日］伊藤博文：「松方に軍備充實の要を力說す」，春畝公追頌会編：『伊藤博文傳』中卷，337—338 頁。

阳五行之国家;若中国人卑屈而恬不知耻,日本人之爽快也为之被掩盖;若朝鲜国对人处刑很残酷,则日本人也亦被推测同样无情……其影响之事实显现,间接造成我外交上之障碍实在不少。可云为我日本之一大不幸。"①福泽认为日本维新后,社会文明的发展虽然时间不长,但在许多方面完全能与西方对峙:"兵制、航海、工业、器械制造等,西洋人能生产,难道我不能生产?唯有不及彼者,并非终究不可企及,仅尚未习惯之。"之所以尚未习惯,是因为日本向西方学习的时间很短暂,就像一个努力学习新事物的未成年人,"实行西洋流之事,在制作西洋流之物之练磨中,我日本人之年龄仅如 10 岁以上、尚不足 20 岁之少年"。正因为如此,即便文明程度不高,但"行动不老练,固不足咎"。② 即认为日本尽管与欧美列强尚存一定差距,但正在进入世界文明国家行列。

那么,要改变西方列强的看法,福泽认为只有脱离与中朝的传统关系,日本才能振兴亚洲:"为今日之谋,我国不可犹豫,等待邻国之开明而共同振兴亚细亚。宁可脱离其伍而与西洋之文明国共进退。其接触中国、朝鲜之法,用不着因为邻国而特别客气。只能正可按照西洋人与之接触之做法来处理。亲近恶友者,不可免除共有之恶名。我们乃从内心谢绝亚细亚东方之恶友者也。"③表面上是主张日本和亚洲的振兴,但这里说得比较隐晦的"按照西洋人与之接触之做法来处理",实质上就是要日本模仿西方列强的侵略和掠夺方式对待亚洲相对落后的各国。

不仅如此,福泽甚至还进一步主张日本应凭借实力压制曾压制过自己的国家:"在我帝国日本,从事亿万元之贸易,备有千百艘军舰,要将日之丸旌旗飘扬于中国、印度之海面上,出入遥远之西洋诸港,获得大为炫耀国威之势。不仅像彼之英国人那样抵御中国人,现在还要将其英国人当做奴隶压制,束缚其手足,血气之兽心不能自禁也……由自己进行压制乃可云人类最高级之愉快也……今日我辈对外国人不平,乃因尚未摆脱彼之压制。我辈之志愿,乃仅在于压制此压制,欲在世界上独自专行压制。"④即强调日本已经强大,不仅要摆脱欧美列强控制,还要反过来控制他国,甚至独霸世界。

---

① 〔日〕福沢諭吉:「脱亜論」,〔日〕庆應義塾编:『福沢諭吉全集』第 10 卷,240 頁。
② 〔日〕福沢諭吉:「通俗国権論」,〔日〕富田正文他编:『福沢諭吉選集』第 7 卷,40 頁。
③ 〔日〕福沢諭吉:「脱亜論」,〔日〕慶應義塾编:『福沢諭吉全集』第 10 卷,240 頁。
④ 〔日〕福沢諭吉:「壓制も亦愉快なる哉」,富田正文他编:『福沢諭吉選集』第 7 卷,132 頁。

　　为了要达到上述目标,福泽认为日本应进一步学习和赶超西洋文明诸国,并与之共同充当"食他者"。首先,他指出所谓"文明"是与传统的"道义"相悖的:"因各种事情,逼迫各国签订条约,又割地,并对其国民无道又怜悯,于理不可举行之类之讲道理,完全不听,理也非也,西洋文明之人,控制其他不文明国家,作为天成之自然,以不文明国之利,利于文明国之人,作为天与之利,不容怀疑。"①即认为文明的强国,控制所谓不文明的弱国,掠夺其利益,本身就是天经地义,不存在其他传统"道义"可言。既然如此,福泽主张日本为了摆脱"被食者"地位,而在国际关系上成为"食他者",必须摈弃历来的传统观念,深入改革自身现状:"我日本国也开国与西洋诸国交往,仿效其文明,使我国也变成文明。在世界大剧场中竞争,尝试进步之先后。在一决国势基础上,与文明国交往,亲睦文明之人。读其书,讲其文,行其事,用其器械,从政事、法律、学问、教育之根本,至商工、殖产之业,一切万事,皆不违背西洋文明之宗旨,不可不在亚洲东方,努力始创一新西洋国。"②福泽认为只有这样,日本才能拉近与欧美的差距,真正做到在国际事务上与欧美列强并驾齐驱。

　　加藤弘之则从人种优劣的视角,主张大和民族为优等人种,因此日本在国际上应当具有优越地位:"日本人种决非劣等人种,实为优等人种。不仅绝不会被西洋人所灭,而且充分具备与西洋人对峙之力量。已经与西洋人有 30 年左右之交往,人口绝无被灭之模样,反而愈益增殖。还产生出了智慧非常不亚于欧洲人之人,决不会让欧洲人独自横行世界。与欧洲人同为上等人种,共同横行世界,相信会将天地万物皆作为我据有之一伙而拥有。"③如果是仅仅主张与欧美列强相抗衡,鼓吹这种非合理的人种优越论还情有可原;但加藤进一步强调要与列强"共同横行世界",反映出这种理论与日本民族扩张实践之间的必然联系。因为横行世界的空间不可能在欧美,首要目标就是要在亚洲充当霸主。

　　民权理论家中江兆民于 1882 年撰文谴责西方列强的侵略行径时指出:"恃己之强盛而轻贱人之微弱,夸己之文物而侮辱他国之鄙野,此恶弊因由来已久,欲一朝除去实为不易者。此尤其成为在外交中产生灾害之原因。欧洲诸国之

---

　　①　[日]福沢諭吉:「外交論」,[日]富田正文他編:『福沢諭吉選集』第 7 卷,183 頁。
　　②　[日]福沢諭吉:「外交論」,[日]富田正文他編:『福沢諭吉選集』第 7 卷,194 頁。
　　③　[日]加藤弘之:「天地万物皆帰吾有」,[日]上田勝美編:『加藤弘之文書』第三卷,100—101 頁。

民,动辄加速对亚洲人民之嫉恶之原因,未必不源于此一事。"他接着描述了他到欧洲留学途经印度时,目睹英法等国流氓在当地将印度人、土耳其人视为猪狗,动辄拳打脚踢的趾高气扬行径,认为欧洲诸国自诩为文明,实际上"不外乎妄景慕英雄武震之光誉,愿炫耀一时之功名。诚翻阅欧洲诸国之史而读之,古今大战之中,其可称为义战者有几何?"所以,针对这种不正当的国际关系,日本"苟树独立之旗在国家,则不知背负与经济之理相反之道德之义,乃不得已。平时预备大军以自守,恰恰如准备交战,无他,乃因外交之道尚未得其当,诸国皆妄景慕英雄黩武之事,自以为得计之故也"。① 即日本只能以强化武装力量,随时准备战争的态势,来提高自己的国际地位。即便违背经济发展规律和通常理解的所谓道德伦理也在所不惜。这原本是对抗列强之手段,当然,在武装力量真正强大后,如果要进一步"景慕英雄黩武",利用它发动不受道德约束的对外武力扩张,也并未存在不可逾越的鸿沟。中江兆民在此并未刻意对其作以限定。

一向思想开化进步的《自由新闻》于1884年也刊登评论文章,强调日本的文明发展足以与欧美先进国家匹敌。文章指出,日本在近20年间,文明开化取得了非同小可的进步,可以说史无前例。所以那些"徐徐进步,耗费数百年,才获得开化之欧美人,几乎不相信我邦进步开化之确实,以至往往评价为表面开化或模拟开化。如其大众人民看待今日之我国,犹如看待昔日所构成顽陋微弱之我国"。即便日本已经建立起强大的陆军,或者海军已拥有铁甲舰,完全足以保护日本民族的独立,但欧美人一概不相信:"因此,无论我邦说国权损毁,还是论条约修订,彼恬然不顾之,皆曰尚早尚早。要之,不知我邦有如何之开化进步之实,有如何之武力,故如此也。"日本面对这种状况,应当如何应对? 文章强调:"现在我邦对外之急务,在于尽可能使彼迅速知道此事。而使彼知道证明其开化进步之和平事业,我邦人已不得不勉力之。"②即应当尽力向欧美国家展示日本已经进入近代文明国家行列。

其次,在主张日本已可与欧美列强并驾齐驱的同时,思想界又根据"弱肉强食"原则强调,日本在亚洲已具备霸主地位和"食他者"资格。正如福泽谕吉所

---

① ［日］中江兆民:「論外交」,［日］松永昌三编:『中江兆民全集』14,岩波书店,1985年,134—135頁。

② ［日］『自由新聞』1884年12月27日文章:「日本兵の武力を宇内に示すべし」,芝原拓自他校注:『日本近代思想大系12 対外観』,387頁。

强调的那样,日本作为文明国家的目标,是要与欧美列强一样,成为国际事务中的"食他者":"今作为我日本人,若要利用近代利器与西洋人并立,相互争文明之先,不仅不被彼等所食,而且要与彼等一起,形成寻找时机食他狩他之势,除非首先改变我古俗旧惯。从政事法律教育之大体制,至社会日常之小事,限于不出现大障碍而改革之。努力仿效西洋之风,用伟大英明决断,导致亚细亚东方出现一纯粹之新西洋国,不足以完全达此目的。"①也就是说,改革社会中传统"古旧"因素,仿效西洋先进诸国,建立近代化的社会制度,最根本的目的是要使日本成为欧美列强那样的强国,以形成随时可以侵略和掠夺他国的态势。

那么日本有没有形成这种态势的可能性呢?福泽对此专门分析了日本在亚洲区别于他国的特殊性:"日本在东洋诸邦中,乃为一种特殊之国情。其人心活泼而不固陋,见善移之而不固守……从政事法律教育之大体制,工商产业之方法细致,至日常衣食住行之事,逐渐仿效西洋文明之风,遂企划我国开辟以来,连做梦都不会想到之政治大变革。开人民会议参与政事之端绪,已设立府县会,今后还将扩大其趋向,至圣诏降临,批准将国家大政改为立宪政体,实为非常之国势变动……改革千年之古俗旧惯,乃将日本社会组织成为西洋文明之风气也。"②既然日本已经从事了如此多的社会改革,文明取得了巨大进步,独步亚洲而无他国能望其项背,那么称霸亚洲已是指日可待。

既然如此,福泽谕吉便顺理成章地提出,日本应当抓紧当前时机称霸东亚:"若乘此势更进一步,将彼之文明利器实际运用,开辟亚细亚东方之面目,即便处于今日禽兽相食之世界,限于我日本,无事则退守,一旦逢事变之时,食他也不被他食。不仅与西洋诸国比肩并立,假若为了成为东方文明之魁首,诱导近邻各国,有朝一日可共享天赐之幸福,并非仅仅我日本人有自信,即便作为西洋诸国之有识之士,也往往并非没有属望于我者。"③福泽在这里十分紧迫地强调的"成为东方文明之魁首",即公然主张日本要成为亚洲之霸主。至于所谓与亚洲各国"共享幸福",不过是为了掩盖控制他国之实质而描绘的美妙蓝图,同时还有希望列强承认日本已经提高的国际地位的目的。

福泽还对比邻近的中国,强调了日本充当亚洲盟主保护东亚的责任不容推

---

① ［日］福沢諭吉:「外交論」,［日］富田正文他編:『福沢諭吉選集』第7卷,185頁。
② ［日］福沢諭吉:「外交論」,［日］富田正文他編:『福沢諭吉選集』第7卷,187—188頁。
③ ［日］福沢諭吉:「外交論」,［日］富田正文他編:『福沢諭吉選集』第7卷,188頁。

辞："近年来，中国人虽然稍有企图开化文明之状态，但实际上仅为千万人中之一部分，不容易将其力波及全国。要使中国向近代文明转化，首先必须从根本上改造其人心。不可期待大量引用日本先例而速成。若然，则方今东洋列国，作为文明之中心，充当其魁首而同西洋诸国相抗衡者，非日本国民还能有谁呢？应该认识到，保护亚细亚东方，乃我责任也。"①这里实施"保护"，实际上是"控制"的同义语，是打着保护旗号行扩张之实的巧妙借口。

就连一些被认为具有进步思想的学者，也极力主张日本称霸东亚。如大井宪太郎在1891年的演说中强调，没有必要与中国、朝鲜这类落后国家商谈东亚的发展策略，"亚细亚的政略，终究必须以日本为主来谈论。我们掌握东洋之霸权，以'能够掌握'那样的思维来掌握。若不先行，就不能处置东洋问题"。② 强调关键是要保证日本能掌控亚洲霸权。

当时即便是主张亚洲各国联合以抗衡欧美列强的思想家，也提出了日本应当或已经成为亚洲霸主的观念。如1879年草间时福发表文章，提出东洋合作，与欧美列强相抗衡的主张时指出："今我国作为亚细亚诸国开化先进之国，自任又以他人所许，在诸邦中率先担当东洋连横之业。放弃我国又有谁呢？"③强调如果东亚各国联合，日本理所当然应当成为这个联合体之首脑。又如一贯主张黄种人团结一致联合对抗西欧的樽井藤吉，1893年具体提出东亚"合邦"的构想时也强调："我们黄种人，生活在天然肥沃之大洲，有数倍于白人之人口。如果那样，处于竞争世界，还没有足以畏惧之事。今天我们日本人，欲使南洋诸岛脱离白人之束缚。然而，与朝鲜合邦以防备俄国，若不与清国相约以分其劳，非独力所能及。我们日本人固然以亲和作为人生当务之要，岂无扩充其道以惠及各种人之念耶？那些白人，欲殄灭黄种人之劣迹历历在目，征兆可寻。我们黄种人若不欲战胜之，则为白人之饵食也。于是，战胜它之道，仅在于培养同种人团结一致之势力。"④这种联合亚洲人对抗欧美列强的构想本无可厚非，但樽井藤吉

---

① ［日］福沢諭吉：「時事小言」，［日］富田正文他编：『福沢諭吉選集』第5卷，259页。
② ［日］大井憲太郎：「新條約に对する批難」，［日］資料日本社会运动思想史编纂委员会编：『資料 日本社会运动思想史』明治期第2卷，82—83页。
③ ［日］草间时福：「東洋連衡論」，［日］芝原拓自他校注：『日本近代思想大系12 对外观』，267页。
④ ［日］樽井藤吉：「大東合邦論」，竹内好编：『現代日本思想大系』9，129页。

认为,日本在亚洲社会发展领先,应当作为"盟主",引导大东合邦:"我日本位于亚洲之东极。作为先觉者,应该打破友国之迷梦,应将其导入富强开明之域。在这东极,冠以东号者乃义务也。何况亲睦联合在东方人之天赋性格中耶?"①他在此虽然只是强调亚洲国家亲睦合作,并无直接主张侵略扩张之意,但在某种程度上为以后日本的主流意识——主张以日本为首,建立所谓"大东亚共荣圈"的理念奠定了基调。

前述《自由新闻》的评论文章也表明了日本应当充当亚洲霸主的意愿。一方面,文章认为"唯至于显示武力这一点,只是尚未有其时机"。似乎日本对亚洲各国的武装侵略时机尚不成熟,但另一方面文章又强调"今有关韩城事变,在日清间产生了不容易之交涉,由彼我谈判之状况,将直屈诉诸干戈,为了尝试日本刀之锐利,应需要大力出兵。如果有达到此不得已之场合,将我邦之武力显示于世界,不可不言乃为使傲慢之白种人大吃一惊之好时机"。② 主张为了向欧美列强显示日本的武力强大,日本应该向更为弱小的国家进行军事扩张。

总之,这一时期的日本政治思想界关于日本的这种双重国际地位的理论非常流行,它一方面表现出日本社会普遍存在的摆脱欧美列强的不平等条约的压迫,争取民族独立和赶超欧美列强的民族自尊心;另一方面,显现出通过维新后取得的一系列社会进步,导致日本思想界唯我独尊、力图争当亚洲霸主的心理日益普遍流行。这不可避免地会引导日本社会对外寻求"饵食"、充当"食他者"的民族扩张欲望的迅速膨胀。这样,经过思想界的反复诠释,日本的双重国际地位被明确下来:一方面,日本经过文明开化,已经具备了与欧美列强并驾齐驱的实力;另一方面,在亚洲,日本已具备了充当霸主和"食他者"的资格,随时可以凭借实力寻求自己的饵食。

八、民族扩张主义的理论之三:亚洲落后,日本应充当"救世主"

众所周知,世界各地、各不同民族的社会历史发展极不平衡。当一些地区迈

---

① ［日］樽井藤吉:「大東合邦論」,竹内好编:『現代日本思想大系』9,115 頁。

② ［日］『自由新聞』文章:「日本兵の武力を宇内に示すべし」,［日］芝原拓自他校注:『日本近代思想大系 12 対外観』,387 頁。

向近代文明社会时,许多地区还处于所谓野蛮社会,还有些地区介于二者之间,属于所谓半开化社会。这原本是世界历史演进的客观规律,但日本近代思想界却将其作为民族扩张"合理化"的借口,提出了一套亚洲各国野蛮落后,日本有义务充当救世主去"保护"东亚各国并向其输出"文明"的理论。

从宏观理论上考察,加藤弘之认为,文明征服野蛮是历史上多次出现的客观事实,不仅理所当然,而且只会带来更大的文明:"假若欧洲人种遵守所谓人道,将野蛮人民视为与自己同等,敬重其人格、自由,承认其土地所有权利,将会有如何结果?若果然如此,我想,世界之大部分如今仍然是荒芜之地,随之世界之开明也几乎不能充分显现。"于是,加藤似乎找到了世界文明发展演变的规律。他总结道:"如此看来,所谓今日世界之大开明者,其大部分起因于文明人民征服野蛮人民之大事业,余确信此乃不争之事实。换言之,应当承认只有欧洲人对野蛮人不使用人道,为了遵从敬爱全人类之宗旨,世界今日之大开明方能产生。"①即"文明"的欧洲人对落后的"野蛮"民族从事的不人道的征服,是促进这些野蛮地区文明进步的根本动因。进一步推理,则会得出一种似乎带有普遍合理性结论:民族征服是促进世界文明进步的原动力。

既然如此,这种征服与战争就不存在什么正义与非正义的本质区别。加藤弘之认为,即使国家发动非正义的侵略战争,本国人民也要协助自己的国家:"如甲国向乙国妄起不义之战,固然为不善之举。因此作为臣民,若能谏止之,那是再好不过。但若终究不能,则断然下决心帮助国家之不义战争,以打倒正义之敌,这当然是作为臣民者应当之义务。当遇到这种可悲之场合,帮助国家之不义,那等于臣民之正义。在组成国家之细胞的我们中间,没有任何东西比国家之生存更重要。"②这种为了狭隘的本国利益而颠倒正义与非正义的逻辑,实际上公开为日本对外发动民族扩张侵略提供了合理化理论依据。

加藤还根据德意志历史学家库勒姆《开化史》中的理论,将世界上的人民区分为能够控制其他民族的"能制人民"和只能被其他民族控制的"被制人民"两类。他指出:"能制人民可望不羁自由,喜好艰难劳苦,兴办远大的事业,图谋百

---

① 〔日〕加藤弘之:「自然と倫理」,〔日〕上田勝美编:『加藤弘之文書』第三卷,606页。
② 〔日〕加藤弘之:「自然と倫理」,〔日〕上田勝美编:『加藤弘之文書』第三卷,603页。

般之改良进步,将真理的研究练磨作为乐趣。而被制人民则完全相反。"①将这种理论具体到东亚,加藤认为中国社会发展相对落后,应当被日本制服。他在甲午战争时期的一次演讲对中日两国人民进行了比较,并提出不同看法:"中国与西洋诸国交往远比日本早得多,但只经营商业,不进一步采纳文物,仅止于学习武器,如培养人才丝毫不用心。然而,日本大为不同。在制造武器军舰的同时,也大力培养人才,从学问技艺、制度法律到百般事物,大量由西洋输入。然而,反过来看中国人,第一没有不羁自由之精神,绝无欲参与政治之心。第二艰难劳苦也难以指望他们。"加藤的指责虽然并非毫无根据,但并不能成为中国应当被日本控制的理由。然而加藤通过自己的推理而得出的结论却是:"要之,由余以上考察可以断言,中国人乃为被制人民,日本人乃为能制人民也……他日与西洋人抗衡,雄飞于世界,应当焕发库勒姆所谓能制人民之气象者,只有我大和民族。"②日本充当"救世主"控制他国的地位似乎被确定,而东亚其他民族自然也只能处于被控制的地位。

如何使日本能够顺利控制这些落后民族? 加藤弘之主张采取武商兼备的手段:"吾观察日本国今日之境遇、今日之关系,而面向将来欲为无悔之计,余辈思考以振兴吾日本人之勇武气象,强化吾日本国之武备,必须断然作为今日至急至要之务。即若简说之,乃相信我邦必须专以武国主义为国是也。与武国主义相对应者有一,云之为商国主义。即乃专以扩张商卖、增进邦国之富盛为主旨者也。古代文明中,此二主义自然有所分离。但在今日之文明中,因此二主义不允许分离,在今日所称文明过者,必兼备之也。"③即主张既要用武装征服落后民族,也要用经济手段控制这些民族。当然,这两种手段的重要性并非完全等同,加藤认为它们也有轻重之区分:"吾辈日本人乃不得不以武国主义为重点,以商国主义姑且为第二地位";"彻头彻尾定武国主义为重点,以之为经;以商国主义直至为第二位,为纬,构成今日吾日本之长策。"④即作为长远的外交策略,日本

---

①　[日]加藤弘之:「日清人民の気象の異同」,[日]上田勝美编:『加藤弘之文書』第三卷,258 頁。

②　[日]加藤弘之:「日清人民の気象の異同」,[日]上田勝美编:『加藤弘之文書』第三卷,259—260 頁。

③　[日]加藤弘之:「日本の国是」,[日]上田勝美编:『加藤弘之文書』第三卷,53—54 頁。

④　[日]加藤弘之:「日本の国是」,[日]上田勝美编:『加藤弘之文書』第三卷,55、56 頁。

仍然要以武力征服和控制为主。因为日本自古以来,就有"尚武"之传统。这一点,加藤弘之毫不讳言:"吾日本原来作为武国主义之国,颇富于勇武豪迈之气概。至德川中期以后,由于太平无事,武国主义几乎达到唯存形体而丧失其精神。及维新之事兴起,尽管士气颇为发进,更如恢复了此主义之精神,但因事情意外地轻易解决,仅止于尚未充分恢复其精神。加之以后又有废藩置县之举,完全解除士职,由此更长成文弱游惰之风。盖决不能认为,以德川中期以后至今日之日本社会,武国主义旺盛者也。作为武国主义犹微弱之吾日本之现状,若欲直接学习美国之商国主义,决不能成其新美国,难道不是甚为显而易见之道理耶?武国主义欠缺,徒以商国主义粉饰,即便造出新美国,又有何益? 不仅无益,而且可云为自大有害者也。"①他认为日本不能完全模仿美国,以发展市场经济来振兴国家。日本只能继承历史形成的所谓"武士道"传统,以运用武力为主,去与其他民族交往,这样更容易顺利征服和控制其他相对落后的民族。反映出一种后发现代化民族力图通过武力扩张的"捷径",去赶超先进资本主义强国的迫切浮躁心态。

如果说加藤弘之的理论使民族扩张意图显得更加赤裸裸地不加遮掩,那么另外的思想家则相对掩饰地提出了因为亚洲各国落后,日本国家是去"保护"落后地区的人民,促使其走向文明和共同繁荣的理论。

亚洲谁需要日本去"保护"呢? 首先当然是邻近的朝鲜和中国。它们需要保护的理由就是因为迟迟不走向文明开化。福泽谕吉将日韩两国形容为兄弟,他认为日本控制朝鲜仿佛兄长教训小弟:"在我日本国内,有为之事虽甚多,但通览东洋之全部,朝鲜之事,决不可轻易忽略。虽云日韩为兄弟又唇齿相依,但若家兄更加努力而活泼,弟弟却顽固无赖,唇薄而欠缺时,即便不亡,齿也已寒。结果今日之事态,朝鲜国若不足为我日本发挥兄弟、唇齿之作用,只能招聘彼之政府,幸而成为彼之开进率先者,将其士人之杰出者作为朋友,说服其顽陋者,不使激之怒之、论之辱之。"②即福泽认为朝鲜民族属于顽固不化者,作为日本近邻,完全起不到相辅相存的作用。只能尽量选择其政府、知识界中的精英人士,看其能否对日本的民族扩张计划有利用价值。

---

① [日]加藤弘之:「日本の国是」,[日]上田胜美编:『加藤弘之文书』第三卷,57頁。
② [日]福沢谕吉:「牛场作造君朝鲜に行く」,[日]富田正文他编:『福沢谕吉选集』第7卷,158頁。

福泽还认为,朝鲜由于长期不实行文明开化的改革,积弱不堪,简直就是砧板上可以食用的肉:"弱肉强食非桌上之谈,乃流行于今日世界而不需要隐瞒之事实也。尤其是近年欧洲各国,利用先进交通工具,急于向东洋求其肉。如朝鲜之弱国,终究不能保全其独立之体,乃甚为易见之事也。"①既然欧洲人要在东亚寻求肉食,日本作为亚洲文明国家就应当捷足先登,而朝鲜当然是日本"食他"时应当首选的"肉"。所以福泽多次主张干涉朝鲜内政:"与朝鲜国之交际,在我国不仅不能等闲视之,就其国内之治乱兴废,文明之改进退步,并非可以袖手旁观。彼之国势若果然未开,可诱之导之;彼之人民若果然顽陋,可说之谕之。就其诱导说谕,我日本人虽然劳心费神,又耗费钱财,但若无暇顾之,事已至此,亦不可退也。"②即便耗费钱财,也要干涉朝鲜内政。因为福泽认为,干涉朝鲜是为了日本人的安全:"仅在朝鲜,我日本人民之安宁,不可云之稳如泰山。若知其不安,为何不尽快准备之耶?或虽有人认为朝鲜人怯懦,不足忧虑之,但万中之一不可测也。即便或不需要自卫之备,但当彼国人心不稳之时,我显示武威压倒其人心,以我日本之国力,帮助推进邻国之文明,两国交往进展到今天,恰恰可云乃我日本之责任也。"③

当然,"帮助"朝鲜推进文明并非最终目标。那么终极目标是什么呢?福泽提出:"我辈如此忧虑朝鲜之事,希望其国文明,以至再三说最终要用武力帮助其进步者,并非唯根据以前交往之状况,而出于势不得已……方今西洋诸国之文明日益进步,与其文明进步之同时,军备也日渐增进。与其军备增进之同时,吞并之欲心也亦日以增进,已成自然之势。逞其欲望之地,已明确在东方亚细亚。当此时,全亚洲协心同力,以防范西洋人之侵凌,哪个国家可以更适合充当魁首、成为盟主耶?我辈丝毫不自夸自国,虚心平气观察,在亚洲东方,担任此魁首盟主者,非我日本莫属。"④即福泽认为这个终极目标就是,日本通过干涉东亚各

---

① ［日］福沢諭吉:「朝鮮の滅亡は其国の大勢に於けて免る可らず」,［日］慶應義塾編:『福沢諭吉全集』第10卷,385頁。

② ［日］福沢諭吉:「朝鮮の交際を論ず」,［日］富田正文他編:『福沢諭吉選集』第7卷,127頁。

③ ［日］福沢諭吉:「朝鮮の交際を論ず」,［日］富田正文他編:『福沢諭吉選集』第7卷,128頁。

④ ［日］福沢諭吉:「朝鮮の交際を論ず」,［日］富田正文他編:『福沢諭吉選集』第7卷,128—129頁。

国,进而充当亚洲盟主,与欧美列强争夺亚洲地盘。

然而,如果日本要将朝鲜作为饵食,必然会遇到当时中国与朝鲜存在的传统宗藩关系的障碍。如何看待和消除这种障碍,是日本的东亚外交必须面临的问题。为了扫清日本最终吞并朝鲜的障碍,日本首先必须否定这种传统宗藩关系。日本外相陆奥宗光在甲午战争时期曾提出,中国虽然勉强可以作为朝鲜宗主国,但朝鲜自身就并不心甘情愿:"实际上清韩之关系,尽管在普通公法上,欠缺使人确定宗主国与属国关系之要素,但至少在名义上,勉强可将朝鲜认可为其属邦。特别是明治17年后,清国在朝鲜势力可以说显著推进。但大凡一个人也罢,邦国也罢,若已经获得权力,就不会满足于所得之处,企图愈益使其强大乃人之常情也。而清国在朝鲜尽管可以称为宗藩关系,但不仅就连朝鲜本国都尚未甘心于成为完全无缺之属邦,而且常常说存在能够妨碍它的东邻一强国,无论如何也欲将其除去。"①因此,陆奥宗光强调,日本政府不承认清朝中国有保护朝鲜之权利:"清国政府根据《天津条约》第三条向朝鲜派出军队,将行文趣旨直接照会于帝国政府,只是在文书中有'保护属邦'之言辞,但帝国政府抗议,未曾承认朝鲜为清国之属邦。"②这样,陆奥宗光就为日本排除中国干扰而独占朝鲜,奠定了"合法"的基调。

除了朝鲜,日本眼中更大的"饵食"仍然是从中世纪晚期以来就觊觎的中国这片辽阔的领土。因此,宣扬中国的落后和日本对其有"拯救"的义务,是日本近代思想界极力要论证的理论。正如前述,当时日本媒体有不少联合中国以对抗西欧的舆论。但是,也有舆论认为,中国由于长期存在的封建传统,不可能与日本同样文明进步。

例如1884年6月6日的《邮政报知新闻》刊登文章,认为中日两国不可能共同振兴亚洲。文章首先表示:"余辈乃固然为叹息亚洲之不振兴者也。又执有使清国与我国向共同方向进步之主义。余辈不仅不拒绝之,反而欲喜共商兴亚之策也。"接着分析了日中两国接受西方先进事物时,方向截然不同,"考察清国之形势,莫如看做与我国方向相异。恰有清国向东,日本向西之状态"。日本采用欧洲文物,致力于成为真正文明国。维新以后政府不断改革,"在政治上、社

---

① 〔日〕陆奥宗光:「蹇蹇録」,〔日〕陆奥廣吉編:『伯爵陸奥宗光遺稿』,岩波書店,1929年,296頁。
② 〔日〕陆奥宗光:「蹇蹇録」,〔日〕陆奥廣吉編:『伯爵陸奥宗光遺稿』,303、305頁。

会上实行文明国之最良制度",所以文明进步十分显著。但是反观清朝中国,并非与日本共同向西。虽然中国也有少数人去过西方,回国后力图推动社会进步。但全国普遍的大势"则专被守旧之精神推动,乃安于顽然陋习者也"。再加上中国国土辽阔,很难按照统一号令行动,"其势如此,故受强国困窘,每每愈益穷缩,专定退守之计。不可将之同我国骎骎进步而进入开明境界之形势相比,乃明了也。虽我国,固然不乏守旧之徒。然而,犹如清国主张开明者,仅仅作为社会之一微小分子,不能成为推动全国之大势者,彼我之形势乃完全相背离者也。假令让何等英杰为二国出计,也不可看到使此大势朝同一方向前进之策"。① 这样中国实际上完全不能与文明事业日新月异的日本同日而语。

那么怎样才能使中国与日本同样走向近代文明?该文认为:"欲有使清国之形势与我朝同一方向前进之策乎? 清国在与我取同一方之前,先不得不经过一大革命之类。无论如何,一国之大势,非一二有力者可以左右。若欲使清国果然依照西洋文明之新说达到进动之形势,首先不可不使其国民思想一变。即有操纵社会之势力者,皆不可不采取新主义。凡被文明国珍重之事物,悉皆在国内采用之,其行动不可不自由。若果然达到以改进之主义左右国势,爱新觉罗氏犹不损其威德,可永久得天保佑乎? 若欲永远保有其统治权,不可不根据人心所向,选择其政体,更换其制度。"②要使清朝统治者实行革命,同时又要维护封建统治权益这几乎是不可能做到的。也就是说,该文认为清朝中国是不可能与时俱进,与日本共同走向近代文明社会的。

因此,文章作者认为要振兴亚洲,不能寄希望于中国。日本也要注意不能与中国保持亲睦关系:"今夫守旧之人若与改进之人不相合,为何耶? 其所见相异,其方向有别,其所经营完全相反也。若要守旧之人与改进之人联合亲睦,谁都必须改变其所见,更换其方向而归于另一方。不然终究不可谈亲睦之事。假若清国不能取改进之方向乎? 欲由我改变其方向而与清国同乎? 我国则以改进为要点。即便要改变此形势也不能也。若要强行变之,难保酿成不测之祸害。两国之地位若即如此,终究不能采取一致方向也。则主张兴亚者,第一目的不可

---

　　① ［日］『郵便報知新聞』:「興亜の問題及び東洋の現勢」,［日］芝原拓自他校注:『日本近代思想大系 12 対外観』,281 頁。

　　② ［日］『郵便報知新聞』:「興亜の問題及び東洋の現勢」,。［日］芝原拓自他校注:『日本近代思想大系 12 対外観』,281—282 頁。

望也。"既然如此，所谓日中联合振兴亚洲的奢望是不可能实现的。"今亚细亚之大洲，除了日中之外，乃无法进入兴亚之问题。而若无法使日中之方向归一，各由其方向推进，欲向何处主张兴亚之方向乎？我国之大势，有改进之方；清国之大势，被保守所推动，两者共进遂不可约。因此，余辈虽也赞赏振兴亚洲，但知其不可实行。"①文章的最终结论是，目前欧洲人在亚洲争夺利益，而日本在亚洲没有共同合作者。因此"左顾右盼，采取改进之方向，进入文明之域者，在亚洲唯有我日本。而伸张我国之势力，唯在于我日本国依赖于我日本国而不顾其他这一点上"。② 只能靠日本自身通过扩张本国势力，振兴亚洲。而其他国家的利益可以不考虑。

1880 年 10 月，有人撰文列举了不少主张日本中国联合的主张后认为，日本根本不需要与落后的中国保持亲睦关系。文章提出："日本国虽小，也有几千万元岁入；日本人虽寡，亦有几千余万人口。以此足以保护国家。何必需要借清国之力保护及维持此国家耶？虽然如此，予并非言丝毫不可与中国交往，不可与中国亲睦。唯恐因日中联合而发起安着依赖之志念，减少独立自主之气象。予在此当今搁笔之时，不得不向论者进一言。曰：若感到唇亡齿寒，齿之依赖唇，有唇而安心，常由于没有习惯忍耐其寒。从今起作为齿不依赖于唇，不因有唇而安心，使其孑然独立，忍耐严寒酷雪，乃予所人且希望也。"③文章虽然显示出独立自主的精神，但嫌弃中国落后，反对日中合作的意愿袒露无遗。这也代表了日本社会当时一部分人蔑视清朝中国的思想。

1882 年 12 月 7 日，福泽谕吉在《时事新报》社论中提出中国的顽陋妨碍了日本和平进步的理论："我辈策划百年之大计，并非为了取一时之快。终究重视和平主义，其所要达到之目的，唯在于东洋三国之文明开进。只有中国政府对此文明开进不悦欤？或知争文明开进之锋，非自国之所长，便一意孤行，坚持顽冥固陋之非欤？今忘却东洋全面之利害，经营本国一国之私利，其余毒波及于日本

---

① ［日］『郵便報知新聞』:「興亜の問題及び東洋の現勢」,［日］芝原拓自他校注:『日本近代思想大系 12 対外観』,282 頁。

② ［日］『郵便報知新聞』:「興亜の問題及び東洋の現勢」,［日］芝原拓自他校注:『日本近代思想大系 12 対外観』,284 頁。

③ ［日］野手一郎:「日支聯合果して恃むべき耶」,［日］芝原拓自他校注:『日本近代思想大系 12 対外観』,268、270—271 頁。

和朝鲜之交往中,渐渐双方之间欲抱有不快之念,我辈所最不堪遗憾也。我东洋之政略,不得不云为中国人所害。"①在福泽笔下,中国不仅自私自利,顽冥固陋,而且妨碍到了日本与朝鲜的正常交往,危及东亚的安全。

不久以后,随着甲午战争的开战,福泽谕吉又撰文提出,中国顽固保守,比朝鲜还落后:"中国人千百年来做周公孔子之梦,安眠而未醒。自尊自大,轻蔑他人,以堂堂中华圣人国家而自夸,只会暴露本国之无知蒙昧,即便如于事无妨,也不会自己觉悟其无知蒙昧。呜呼!仿佛自家之臭味也波及他国,反对邻国之改革,以至妨碍文明开化之事,决不可饶恕!"②对于这种顽冥不化的保守国家,日本应该向其输出文明:"文明之风潮逐渐强大,其动向必借人力之约束。若日本人不承当此事,则必由他国人力推动。"即如果日本不动手,中国迟早会被其他列强染指:"如彼之中国,今日终究不可避免一如既往。彼国开始与西洋诸国交往,比日本更早。按照事情之顺序来说,自然应疾速改进,成为东洋文明之领先者。然而至今日,不能自动改革,日本不用说,甚至看不到比朝鲜还领先一步,彼国人等被千百年来儒教主义腐蚀,完全成为化石,无论接触多少世界之风潮,也不得不认为不会有自新之精神。若为了彼等自身谋,长期守卫腐败之境界,尽管也可以守旧自安,但文明风潮急激,任何时候也不允许他们安眠。彼等在果然不能自动振奋精神中,决不怀疑,早晚会借他国人之手而大变动。"③这里"借他国人之手",实际上就是主张凭借日本人之手,促使中国"走向文明"。

德富苏峰在甲午战争时期,也提出日本征讨中国的正当性:"唯有彼之清国者,顽冥不灵,阻碍大日本顺应历史潮流,理所当然可以占领之前进道路,反而却以暴慢无道凌驾之。清国如今之非运,如今之屈辱,固然不外乎彼自取之祸。我们并非从来就与清国为敌。假若有盘踞在我们之前途上,妨害我们国家可能享受之权利与利益者,不问它是何国,皆不能放弃与之为敌。而与清国作战,清国

---

① ［日］福沢諭吉:「東洋の政略果して如何せん」,［日］富田正文他編:『福沢諭吉選集』第7卷,134—135頁。

② ［日］福沢諭吉:「直に北京を衝く可し」,［日］慶應義塾編:『福沢諭吉全集』第14卷,500頁。

③ ［日］福沢諭吉:「満清政府の滅亡遠きに非す」,［日］慶應義塾編:『福沢諭吉全集』第14卷,496—497頁。

自然也就是喜好敌视我们保全正当的国权,和振作国运、国民之膨胀也。"①这里的"膨胀"就是扩张的同义语。德富在此公开宣扬日本利益至上,谁妨碍日本获取利益,谁就成为日本不共戴天之仇敌,就应当被消灭。

甚至就连公认的激进民主主义者植木枝盛也主张侵略中国的合法性。他在1887年的一篇文章中,根据被日本舆论歪曲的事实提出:"吾辈对清国处理朝鲜之事,不仅感到最奇怪,我国大日本之国权,亦且有不可懈怠其注意者。"文章认为中国军队在朝鲜首都对日本国民大肆烧杀奸淫,企图灭亡日本,"其所为不仅对朝鲜不当,而且正是对我日本不可不谓敢于破坏盟约之大罪。若夫一朝事端至此,日本政府无论如何操和平主义,无论如何欲容忍彼国之傲慢,也亦不得默默附和,无需多言。而清国乃不可测度之国家也"。② 日本成了和平主义国家,而中国被描绘成不仅愚昧落后,而且随时可能发动侵略的难以预测的国家。这种颠倒黑白的论点,似乎为日本的民族扩张"师出有名"增添了砝码。

社会舆论也同样提出了民族扩张"合理"的主张。如《朝野新闻》的文章主张加强军事力量,靠武力解决国际争端,以便侵略中、朝两国:"而举兵挑战四百余州之大国,使节往返,冠盖相望。我常坚持正理,负担武力,以压服中国政府,遂获得50万两赔款。若当时我兵制没有显著进步,中国政府不仅不会承认我义举而为之支付赔款,而且会利己出兵征讨我在台湾之兵,或至在九州沿海再度见到蒙古舰队亦未可知。我以兵制之设立,使傲慢之爱新觉罗氏轻易屈其膝,已经如此。朝鲜之顽愚固陋,不畏惧美法战舰之炮击,依然持续锁国之战略。及见我军威赫赫,知道即便举全国之兵抵抗之,终究也不能取胜。遂至按照我公使之意,互订开港条约。"③用武力迫使中、朝两国屈服似乎成为"正义"的举动。

为了从逻辑上论证充当东亚"救世主"而对中国、朝鲜扩张的正当性,福泽谕吉提出了若干理论。第一是"资源共享论":福泽认为这两国顽固坚持闭关锁国,不与外国通商,实质是将地球上的物产据为己有,因而他在甲午战争爆发前

---

① [日]德富苏峰:「大日本膨脹論」,[日]植手通有编:『明治文学全集34 德富蘇峰集』,筑摩书房,1974年,271页。

② [日]植木枝盛:「雞林の異報」,[日]家用三郎他编:『植木枝盛集』第5卷,岩波书店,1990年,153—155页。"鸡林"为当时朝鲜的别称。

③ [日]『朝野新闻』:「『メール』記者の誤謬を正す」,[日]芝原拓自他校注:『日本近代思想大系12 对外観』,131—132页。

夕撰文提到:"在如今文明之世界,如果允许如此锁国存在,使私有地球上面之共有物,就会成为所谓暴殄天物者。若要不使人类之幸福和文明进步受到妨碍,就必须用力地举开国之实。故此次出兵,决非为了压制弱国,吞并其领土。唯以这种出兵,促使彼改革国内百般制度,除去弊政之根源,直至欲真正实行开国之实。此事乃为了人类之幸福、文明之进步,而履行至当之天职也。"①在这一理论中,中国和朝鲜的资源、财物皆属于"全球共有",日本也理所当然拥有。如果这两国采取闭关锁国的方式不让日本占有这些财富,日本就可以用武力强迫其打开国门,献出财富。这种强盗逻辑式的理论,居然还披上了"为了人类之幸福和文明之进步"的华丽外衣。所以福泽理直气壮地断言:"彼之老大国也与朝鲜同样,只要有锁国自守,私有世界之共有物,妨碍人类之幸福、文明之进步之事,为了世界之正理公道,自然不得不对之作出处分。"②这种侵略别国、掠夺财富的行为,在福泽的理论中变成了"世界之正理公道"。

第二是"社会共进论":即亚洲各国必须实行类似日本的社会制度。否则日本有权干涉其内政:"我既为盟主。其邻国中国、朝鲜等,应该如何,才可与之共事耶? 必然只能仿效我国,接受其近代文明。若不然,仍保留其国之旧套,任其人民之顽陋,不仅不可与事,又随之可造成祸害我国之媒介。虽云辅车相依、唇齿相助,但今日中国和朝鲜,能够为了我日本而很好呈现其辅唇之实功耶? 我辈所见,万不能保证此点。加之若云不祥之极端,其国土不可保证最终有一天会不被西人所蹂躏。"为什么如此担心中国、朝鲜会落入西方人之手呢? 福泽一语道破天机:"今日正是中国人统治中国,朝鲜人统治朝鲜,我辈虽并不深度忧虑,但如万一举此国土授予西洋人之手,发生巨变该如何办? 恰恰无异于邻家着火而招致延烧自家。西人东迫之势,如火之蔓延。岂不可怕耶? 故我日本国担忧中国之形势,又干涉朝鲜之国事,丝毫非好事,可知日本乃预防延烧自国者也。"③表面上担忧中、朝两国被西方列强吞并,实质上是为了日本自身的利益。对于此点,福泽早就有类似的表述:"如今西洋诸国以威势压迫东洋之状况,无异于大

①　［日］福沢諭吉「世界の共有物を私せしむ可らず」,［日］慶應義塾編:『福沢諭吉全集』第14卷,444頁。

②　［日］福沢諭吉「世界の共有物を私せしむ可らず」,［日］慶應義塾編:『福沢諭吉全集』第14卷,444頁。

③　［日］福沢諭吉「朝鮮の交際を論ず」,［日］富田正文他編:『福沢諭吉選集』第7卷,129頁。

火蔓延者。然而,东洋诸国,尤其是与我近邻之中国朝鲜等,迟钝而不能抵挡其势,等于木造板屋不堪火灾。故我日本以武力应援之,应知不单为他,而且也为自己。必须以武保护之,以文诱导之,使其迅速仿效我例,进入近代文明。或在不得已之场合,也可以武力胁迫其进步。所谓辅车相依、唇齿相助,虽可通用于平等的国与国之间,但如今对中国朝鲜,要希望互相依赖,可云迂阔之甚。有何足以为辅之,又为唇之耶?"①所谓"武力应援"实际上就是武装入侵的同义语,即日本可以借口援助中、朝两国不受欧美列强入侵,而堂而皇之地派兵入侵两国。

第三就是所谓"文野之战"论:福泽提出:"此次日清两国战争,也事实上作为文野明暗之战,其胜败如何,若关系到文明日新之气运状况,假若以东洋文明之先进为己任之我国人民,觉悟到不仅是国与国之战,即为了世界文明之战,给予当头一棒,不!是天灵盖之大打击,若决心开启蒙昧国人之蒙昧,以至使彼等真实悔悟,降伏于文明之门前而不止,终究可成为进步之最重要者。"②按照这种理论,以"文明"之师去征讨"野蛮"国家,于是乎侵略他国的民族扩张行径便获得了"合法"的依据。

福泽的弟子、曾任文部大臣的尾崎行雄(1858—1954年)尽管后来主张世界和平、反对法西斯主义,但他在1884年发表文章中提出,中国和朝鲜不但社会发展落后,而且十分骄傲,日本应该打掉其骄傲心:"往年之妄举偶然呈现清人大为增长其倨傲心,颇为轻视日本之状态。今日再度施行干涉政略,若更为偶然之事,则其倨傲心愈益增长,欲妄施乱行无所不至。抑亚洲之盛衰,悬在日中两国手中。中国之权势若行于四方,亚洲决不能振兴。日本之权势若行于四方,亚洲必可振兴……若然,则不让中国朝鲜增长其倨傲心一事,不仅在我保持独立久安上成为必要,而且在亚洲全体振兴上亦成为必要也。其关系岂少小耶?而不让清韩二国增长其倨傲心之方法,仅在于以勇敢决断,扎实控制彼。"③尾崎表面上是以打破清朝中国和朝鲜的"倨傲心"为目的,实际上是为了使日本的权势横行

---

① [日]福沢諭吉:「時事小言」,[日]富田正文他編:『福沢諭吉選集』第5卷,260頁。

② [日]福沢諭吉:「直に北京を衝く可し」,[日]慶應義塾編:『福沢諭吉全集』第14卷,500頁。

③ [日]尾崎行雄:「支那朝鮮をして倨傲心を増長せしむる勿れ」,[日]芝原拓自他校注:『日本近代思想大系12 対外観』,346—347頁。

东亚,实行"扎实控制"中朝两国的目标。①

九、小　结

明治时期的日本民族主义内容错综复杂,民族意识的觉醒、民族独立思潮和民族平等思潮的崛起、民族扩张主义的盛行,仿佛一把双刃剑,不断左右着日本近代历史发展的方向。总体说来,受到西方列强压迫而唤醒的民族意识朝着两个方向演进:一方面强调日本应当从列强压迫下挣脱出来,走向独立自主的社会发展道路,同时又要加强国防,防范异族对日本的侵略和压迫。具体表现在向西方列强要求修改不平等条约,希望废除欧美各国强加给日本的治外法权和协定关税,主张亚洲联合对抗西方等。另一方面,继承了中世纪晚期以来,日本对外民族扩张的传统,强烈主张日本文明发展壮大后,应当与西方列强并驾齐驱,对相对弱小的亚洲各国实施侵略和掠夺政策。这两方面的民族主义思潮在历史上都产生了不同影响。

从民族独立思潮流行的影响考察,尽管明治初期岩仓具视率领的大型代表团前往欧美各国企图修改不平等条约的目的没有达到,但明治政府却从民族独立的利益出发,念念不忘修改条约这件大事。日本通过自身文明开化和殖产兴业,资本主义经济迅猛发展,国际地位不断提高。在这种前提下,又通过外交上的努力,日本最终与欧美列强部分修改了条约。例如,1879 年与美国签订了《修订日本国、合众国现行条约某些条款并为增进两国通商的协定书》,使日本部分收回了税权。② 1894 年,英国也与日本签订了经过修订的《日英通商航海条约》③。1907 年签订了《日法协定》和《日俄协约》。④ 1888 年,大隈重信担任外相时,日本与墨西哥缔结了《日本国墨西哥合众国修好通商条约》,这是日本明治时期第一个完全平等的外交条约。⑤ 说明日本民族在国际上的独立自主地位

---

① 有关明治时期日本的的民族扩张主义思想理论,笔者曾有所研究。见拙稿《民族扩张理论与明治时期日本思想界》(《历史研究》2019 年 3 期)。

② ［日］信夫清三郎:《日本外交史》上册,天津社会科学院日本问题研究所译,商务印书馆,1980 年,第 174 页。

③ 《日本外交文书》第 27 卷第 1 册,转引自信夫清三郎:《日本外交史》上册,第 267 页。

④ ［日］信夫清三郎:《日本外交史》上册,第 350、352 页。

⑤ ［日］信夫清三郎:《日本外交史》上册,第 224 页。

已开始得到各国认可,民族独立和平等思潮在实践中得到了体现。当然,亚洲联合的平等思潮虽然有一定的进步意义,但毕竟流于幻想,不可能实现。反过来却为以后日本侵略亚洲各国时提出的所谓"大东亚共荣圈"提供了借口。

总之,明治时期日本的民族平等思潮逐渐成为"非主流"意识,民族独立思潮迅速崛起的同时,也朝着另外一个方向转变,即将民族独立与民族扩张联系起来认识。如长期在日本军界担任负责人的山县有朋就曾经强调:"方今立于列国之际,若欲维持国家之独立,不能仅以守御主权线为满足。必须进而防护利益线,不可不常立于形胜之地位。防御利益线之道如何?各国之所为假若有对我不利者,我有责任不得已排除之时,在于用强力达到我意志。盖不能防护利益线之国,欲退守其主权线也亦依赖他国援助,作为仅能免于侵害者,仍不可望完全成为独立之邦国也。今夫我邦之现况,足以屹然自守,任何邦国也不敢有觊觎我疆土之念头,虽任何人皆不容怀疑,但若至于进而防护利益线,巩固自卫之计,不幸也不得不作为与以前完全不同者来观察。"所谓"进而防护"就是对外扩张的同义语。那么日本的"利益线"究竟在何处?山县有朋认为:"我邦利益线之焦点,实在于朝鲜。西伯利亚铁路已延伸到中亚,不出数年便及竣工。从俄国首都出发,十数日便可饮马黑龙江。吾人不可忘记,西伯利亚铁路完成之日,便是朝鲜变成多事之时。又不可忘记,朝鲜变成多事之时,即东洋产生一大变动之机。而朝鲜之独立,要维持之,有何等之保障耶?此岂非感到向我利益线急剧之威胁者耶?"①这里实际上不仅针对朝鲜,也已将扩张矛头指向当时仍然与朝鲜有宗藩关系的清朝中国。山县有朋虽然极力企图掩盖侵略中国的真实目的,但也强调应当针对清朝中国加强军备:"诚如清国近日之状,改革兵制骎骎不止,遂可横行万国也。岂止欲称雄于东洋耶?夫邻邦兵备之强,一以可喜,一以可惧。若以之作为亚洲东方之强援,固足以喜;若至与之开衅隙,亦以惧而不可不慎。若作为邻邦,疲敝衰颓,成为欧洲各国之饵,唇齿之势,我亦从而会受压迫。互相对峙于东方,不若胜过保持永久和好也。今万国各自保守其疆域,各自维持其独立。若邻邦之兵备愈坚,我邦之兵备也亦不可忽视。夫堤防不周密之罅隙一旦产生,溃裂四出,复至不可救。不得言与北方之强俄为界,作为西邻,果得其强?

① 〔日〕山縣有朋:「外交政略論」,〔日〕大山梓編:『山縣有朋意見書』,原書房,1966年,196—197頁。

介于我与朝鲜之间,犹如春秋郑卫之于晋楚,当列国权谋相倾之时,难保如假道虞而伐虢之变。毕竟若非恃我之强,绝无有可恃他者,道理明晰者也。"①加强军备,当然就是为了吞噬当时相对落后的中朝两国,这是不言而喻的。

从更长远考察,民族扩张主义思潮在日本近代后期产生了深远影响,它为后来日本军国主义推行所谓的"大陆政策"提供了思想动因。从日本侵略扩张的推进轨迹观察,完全是按照这种扩张主义思潮指引的方向发展。随着侵略规模的逐年扩大,日本军国主义甚嚣尘上,不仅通过"日韩合并"侵吞了朝鲜半岛,而且企图吞并中国大陆;不仅要称霸东亚,甚至利令智昏地渴望称霸整个亚洲乃至全世界。但这种极端狭隘的民族主义思潮的泛滥,最终却使日本走上了一条自取灭亡的不归路。

---

① ［日］山縣有朋:「進鄰邦兵備略表」,［日］大山梓编:『山縣有朋意見書』,原書房,1966 年,97—98 頁。

结语： 明治时期日本社会思潮的反思

　　明治时期是日本历史上的一个承先启后、社会发生巨大转型的关键时期。这一时期的许多社会因素在很大程度上左右了以后日本历史进程的走向。在这一非常时期，一方面传统的封建因素由于维新变革的特殊方式而大量残存，另一方面渴望社会变革的人们从欧美国家吸纳的先进因素大量涌入。有着各种不同社会经历的各个不同社会阶层，提出了不同的利益诉求，代表这些不同诉求的"话语"，凝汇成各种不同的社会思潮，在日本全社会上广泛传播。这些社会思潮结构复杂，学说多端，理论纷纭，杂陈并列，难分伯仲。林林总总，不一而足。各种社会思潮不仅呈现自己的主流意识趋向，而且相互关涉，时而彼此近似，时而相互争锋。就连宣扬这些社会思潮的政治家和思想家们，自身的观点也在根据客观时势变迁而发生着演变或转化，这样给后人评价这些思想家和他们提出的思想增加了重重困难。

　　正因为上述各种要因的制约，日本明治时期的社会思潮的表现形式是丰富多彩的，力图将社会舆论引向不同方向的各种思潮都相继或同时呈现在日本全社会居民面前，使人眼花缭乱，目不暇接。大多数思潮指向明确，旗帜鲜明地代表着某一社会群体的政治主张。但必须注意的是，由于常常受到日趋专制的明治政府的舆论压制以及传统保守思想的严峻挑战，某些思想家往往只能使用隐晦、曲折、暧昧的话语方式乃至带有嘲讽意味的反语表述自己的政治主张。因此，要准确无误地把握这些社会思潮的深刻内涵，和因其游移变迁而构成的错综复杂的思想体系，是有相当大的难度的。以笔者目前的学力，只能凭借大量原始史料，依据文本自身的含义去理解和诠释它们。

　　通过明治时期大量的原始文本，我们可以发现，这些社会思潮大多呈现近代化倾向。即它们总体主张将日本社会从传统的封建制度中脱离出来，向更加先进发达的欧美各国学习，促使日本社会转化为欧美国家那样的资本主义社会，使国家更为强大，国民在政治上更为自由，经济上更为富有，人与人之间的社会关系更为平等。为了确保达到这些目标，必须在政治体制设计上也模仿欧美各国。当然也有因循守旧、抱残守缺的社会势力，极力阻挠这些政治主张变为现实。因此，围绕这一系列错综复杂的问题，明治时期的思想家、政治家们各抒己见，表明了各自不同的政治立场和思维视角，从而往往在这些问题上会产生思想论争和观念交锋。在这些思想论争的过程中，进步的、激进的、温和的、保守的甚至倒退反动的各类政治主张，都在极力企图左右政治家和国民的政治取向，希望国家和社会发展的历史进程按照自己的主张路线图演进。

因此，我们可以看到，在各种社会思潮的推动下，近代日本社会的发展同样呈现出错综复杂的多元化局面。自由民权运动风起云涌，促进了日本国民意识的大大提高，争取自由平等的社会地位已逐渐成为民众努力实践的目标。实行立宪政治已成为全日本社会的共识，社会上各类宪法构想层出不穷，在各种利益诉求博弈和各类社会政治势力的斗争达到相对平衡的前提下，最终导致亚洲当时最近代化的明治宪法的诞生和君主立宪政治体制的确立。在人民参政权思想推动下，议会政治和政党政治主张不仅经久不衰，而且已在逐渐付诸实践。与此同时，为了凝聚民心、对抗列强而产生的民族主义政治主张在各个领域被深入落实，延伸到包括政治、经济、军事、教育乃至社会生活等各个层面，成为近代日本不可撼动的政治宗旨。深度考察这种错综复杂的民族主义思潮，我们可以发现其构成是多层面的。民族独立思潮的崛起，导致日本逐渐摆脱了列强条约体系的束缚，通过修改条约等手段，而逐渐获得了民族独立。但另一方面，在倡导民族平等，联合中朝对抗欧美的主张提出的同时，日本摆脱"被食者"而成为"食他者"的社会思潮逐渐占据上风，成为近代日本民族侵略扩张的理论依据。这一切，构成了近代日本社会多元化发展的万花图。

由此可以看出，社会思潮对社会演变的推动作用是随时都在进行着的。由于社会思潮本身的多变性和错综性，以及各种不同利益诉求的社会集团对这些思潮向不同方向的引导和利用，而导致社会思潮历史作用同样呈现出复杂性和多样性。这已经在本书各章的小结中探讨，在此不再赘述。但一个国家或社会的领导层，如何将各种社会思潮向符合历史发展规律的正确方向引导，如何利用这些社会思潮推动社会文明向前发展，同时又尽力防范不利于社会进步的思潮的弊端产生负面作用,的确是发人深省的困难命题。从相对的视角思考,作为一国的有良知的国民,如何正确、客观地认识和分辨各类社会思潮,对有利于社会进步的思潮便接受并传播,对阻碍社会进步甚至将社会拉向倒退的思潮便自觉抵制和批判,也是一种虽然困难但又义不容辞的责任。

参 考 文 献

一、古代、近代史料类

（一）中文部分

1. ［德］马克思：《资本论》第 1 卷，《马克思恩格斯选集》第 2 卷，北京：人民出版社，2012 年。

2. ［德］马克思：《中国革命和欧洲革命》，《马克思恩格斯选集》第 2 卷。

3. ［意］马基雅维利：《君王论》，惠泉译，长沙：湖南人民出版社，1987 年。

4. 《圣经·新约·加拉太书》，汉语圣经协会编：《圣经》和合本，香港：汉语圣经协会公司，2005 年。

5. ［法］卢梭：《论人类不平等的起源和基础》，李常山译，北京：商务印书馆，1982 年。

6. ［法］卢梭：《社会契约论》，何兆武译，北京：商务印书馆，2003 年。

7. ［法］皮埃尔·勒鲁：《论平等》，王允道译，北京：商务印书馆，2007 年。

8. 吕不韦：《二十二子·吕氏春秋·贵公篇》，上海：上海古籍出版社，1986 年。

9. ［日］《日本帝国宪法》，何佳馨点校：《新譯日本法规大全》第一卷，北京：商务印书馆，2007 年。

10. ［日］《帝国议会·第一款 议院法》，何佳馨点校：《新譯日本法规大全》第一卷，北京：商务印书馆，2007 年。

11. ［日］《民法》，何佳馨点校：《新譯日本法规大全》第一卷，北京：商务印书馆，2007 年。

12. ［法］托克维尔：《论美国的民主》，董果良译，北京：商务印书馆，2006 年。

13. ［日］伊藤博文：《帝國憲法制定之由來》，［日］大隈重信：《日本開國五十年史》，上海：上海社会科学院出版社，2007 年。

14. ［英］约翰·密尔著，许宝骙译：《论自由》，北京：商务印书馆，2005 年。

15. ［法］孟德斯鸠：《论法的精神》上，张雁深译，北京：商务印书馆，2005 年。

16.《尚书·夏书·胤征》，阮元编：《十三经注疏》，北京，中华书局，1979 年。

17.《诗经·小雅·北山》，阮元校刻：《十三经注疏》，北京：中华书局，1979 年。

18. ［英］洛克：《政府论》下篇，叶启芳、瞿菊农译，北京：商务印书馆，2003 年。

19. ［日］《明治七年布告：民有地》，高珣点校：《新譯日本法规大全》第六卷，北京：商务印书馆，2008 年。

20. ［日］《明治三十五年宫内省告示：拂下预定御料地公卖规则》，高珣点校：《新譯日本法规大全》第六卷，北京：商务印书馆，2008 年。

21. ［日］《明治二十三年敕令：官有地特别处分规则》，高珣点校：《新譯日本法规大全》第六卷，北京：商务印书馆，2008 年。

22. ［日］《明治三十二年法律：著作权法》，高珣点校：《新譯日本法规大全》第六卷，北京：商务印书馆，2008 年。

23. ［法］《人权宣言》，蒋相泽主编：《世界通史资料选辑》近代部分上，北京：商务印书馆，1972 年。

24. ［美］《独立宣言》，蒋相泽主编：《世界通史资料选辑》近代部分上，北京：商务印书馆，1972 年。

25. ［英］斯宾诺莎：《神学政治论》，温锡增译，北京：商务印书馆，1997 年。

26. ［日］新渡户稻造：《泰西思想之影響》，［日］大隈重信：《日本開國五十年史》，上海：上海社会科学院出版社，2007 年。

27. ［英］赫伯特·斯宾塞：《社会学研究》，严复译，上海：世界图书出版公司，2012 年。

28. ［英］潘恩：《人权论》，潘恩著、马清槐译：《潘恩选集》，北京：商务印书馆，1981 年。

29. ［英］霍布斯著、黎思复、黎廷弼译：《利维坦》，北京：商务印书馆，1997 年。

（二）外文部分

30. ［日］三宅雪嶺：「余輩国粋主義を唱道する豈偶然ならんや」，［日］本山幸彦编：『近代日本思想大系 5 三宅雪嶺集』，東京：筑摩書房，1975 年。

31. ［日］三宅雪嶺：「真善美日本人」，［日］鹿野政直编：『日本の名著 37』，東京：中央公論社，1977 年。

32. ［日］三宅雪嶺：『明治思想小史』，［日］鹿野政直编：『日本の名著』37。

33.［日］大久保利通：「殖産興業に関する建議書」,［日］日本史籍協會編：『大久保利通文書』5,東京：東京大學出版會,1983 年。

34.［日］大久保利通：「立憲政體に關する意見書」,［日］日本史籍協會編：『大久保利通文書』5。

35.［日］大久保利通：「政府の體裁に関する建言書」,［日］日本史籍協會編：『大久保利通文書』3,東京：東京大學出版會,1983 年。

36.［日］大井憲太郎：「馬城臺二郎ノ論」,［日］明治文化研究会編：『明治文化全集』第 4 卷『憲政篇』,東京：日本評論社,1992 年。

37.［日］大井憲太郎：「大阪事件第一審裁判所における弁論」,［日］資料日本社会運動想史編纂委員會編：『資料 日本社会運動思想史』明治期第 2 卷,東京：青木書店,1968 年。

38.［日］大井憲太郎：「馬城臺二郎批駁」,［日］明治文化研究会編：『明治文化全集』第 4 卷『憲政篇』。

39.［日］大井憲太郎：「時事要論小引」,［日］資料日本社会運動思想史編纂委員會編：『資料 日本社会運動思想史』明治期第 2 卷。

40.［日］大井憲太郎：『自由略論』,［日］平野義太郎：『馬城大井憲太郎傳・主要著作原文』,東京：大井馬城伝編纂部,1938 年。

41.［日］大井憲太郎：「新条約に対する批難」,［日］資料日本社会運動思想史編纂委員會編：『資料 日本社会運動思想史』明治期第 2 卷。

42.［日］大井憲太郎：「時事要論」,［日］資料日本社会運動思想史編纂委員會編：『資料 日本社会運動思想史』明治期第 2 卷。

43.［日］大隈重信：「大隈重信奏議書」,［日］日本史籍協會編：『大隈重信關係文書』四,東京：東京大學出版會,1984 年。

44.［日］大隈重信：「日本ノ政黨」,［日］国家学会編：『明治憲政経済史論』,東京：宗高書房,1974 年。

45.［日］大槻玄沢：「蘭訳梯航」,沼田次郎他校注：『日本思想大系』64『洋学』上,東京：岩波書店,1976 年。

46.［日］大槻文彦編：「箕作麟祥君伝」,［日］加藤周一他編：『日本近代思想大系 15 翻訳の思想』,東京：岩波書店,1991 年。

47.［日］小川爲治：「開化問答」,［日］明治文化研究会編『明治文化全集』第 21 卷『文明開化篇』,東京：日本評論社,1993 年。

48.［日］小野梓：「今政十宜」,［日］早稲田大学大学史編集所：『小野梓全集』第 3

卷,東京:早稻田大学出版部,1980年。

49.［日］小野梓:「国憲汎論」,［日］早稻田大学大学史编集所:『小野梓全集』第1卷,東京:早稻田大学出版部,1978年。

50.［日］小野梓:『留客齋日記』,［日］早稻田大学大学史编集所:『小野梓全集』第5卷,東京:早稻田大学出版部,1982年。

51.［日］小野梓:「勤王論」,［日］早稻田大学大学史编集所:『小野梓全集』第3卷。

52.［日］小野梓:「権理之賊」,［日］早稻田大学大学史编集所:『小野梓全集』第3卷。

53.［日］小野梓:「民法之骨」,［日］早稻田大学大学史编集所:『小野梓全集』第2卷,東京:早稻田大学出版部,1979年。

54.［日］小野梓:「告我党人」,［日］早稻田大学大学史编集所:『小野梓全集』第5卷。

55.［日］小野梓:「施政の要義」,［日］早稻田大学大学史编集所:『小野梓全集』第5卷。

56.［日］小野梓:「立憲改進黨趣意書」,［日］早稻田大学大学史编集所:『小野梓全集』第5卷。

57.［日］小野梓:「條約改正論」,［日］早稻田大学大学史编集所:『小野梓全集』第3卷。

58.［日］小野梓:「論外交」,［日］早稻田大学大学史编集所:『小野梓全集』第4卷,東京:早稻田大學出版部,1981年。

59.［日］小幡篤二郎:「上木自由之論」,［日］明治文化研究会編:『明治文化全集』第5卷『自由民権篇』上,東京:日本評論社,1992年。

60.［日］山片蟠桃:「夢之代」,［日］源了圓編訳:『日本の名著』23,東京:中央公論社,1977年。

61.［日］山縣有朋:「國會開設に關する建議」,［日］大山梓編:『山縣有朋意見書』,東京:原書房,1966年。

62.［日］山縣有朋:「進鄰邦兵備略表」,［日］大山梓編:『山縣有朋意見書』。

63.［日］山縣有朋:「國會開設に關する建議」,［日］大山梓編:『山縣有朋意見書』。

64.［日］山縣有朋:「外交政略論」,［日］大山梓編:『山縣有朋意見書』。

65.［日］山脅巍:「『評論新聞』62号評論」,［日］後藤靖他編:『資料日本社会運動思想史』明治期第1卷,東京:青木書店,1968年。

66.［日］山路爱山:『現代日本教会史論』,［日］隅谷三喜男編:『日本の名著』40,東京:中央公論社,1974 年。

67. ［日］千葉卓三郎他:「五日市憲法草案」,［日］色川大吉編:『三多摩自由民権史料集』,東京:大和書房,1979 年。

68. ［日］井上毅:「政黨論」,［日］井上毅傳記編纂委員會編:『井上毅傳 史料篇第一』,東京:國學院大學圖書館刊,1966 年。

69. ［日］井上毅:「憲法意見(第一)」,［日］井上毅傳記編纂委員會編:『井上毅傳 史料篇第一』。

70. ［日］井上毅:「憲法制定意見 呈伊藤參議書」,［日］井上毅傳記編纂委員會編:『井上毅傳 史料篇第一』。

71. ［日］井上毅:「憲法草案」,［日］家永三郎他編:『明治前期の憲法構想』,東京:福村出版,1987 年。

72. ［日］井上毅:「憲法意見控」,［日］井上毅傳記編纂委員會編:『井上毅傳・史料篇第一』。

73. ［日］元老院編:「規則沿革制」,［日］大久保利謙他編『近代史史料』,東京:吉川弘文館 1975 年。

74. ［日］元田永孚:「國憲大綱」,［日］家永三郎他編:『明治前期の憲法構想』。

75. ［日］木戶孝允:「立法行政に關する建言書」,［日］日本史籍協會編:『木戶孝允文書』8,東京:東京大學出版會,1971 年。

76. ［日］木戶孝允:「河瀨真孝書翰」,［日］日本史籍協會編:『木戶孝允文書』4,東京:東京大學出版會,1971 年。

77. ［日］太宰春臺:「《経済録拾遺》,［日］賴惟勤校注:『日本思想大系 37 徂徠学派』,東京:岩波書店,1972 年。

78. ［日］片岡健吉:「立志社建白書」,［日］家永三郎他編:『植木枝盛集』第 6 卷,東京:岩波書店,1991 年。

79. ［日］「日本國憲法」,［日］家永三郎他編:『明治前期の憲法構想』。

80. ［日］太政官第五拾八號達:「議院憲法並規則」,［日］明治文化研究会編『明治文化全集』第 2 卷『正史篇』上,東京:日本評論社,1992 年。

81. ［日］中村義三編纂:「內外政黨事情」,［日］明治文化研究会編:『明治文化全集』第 3 卷『正史篇』下,東京:日本評論社,1992 年。

82. ［日］中村敬宇:「振学政策」,［日］松本三之介:『明治思想における伝統と近代』,東京:東京大学出版会,1996 年。

83. ［日］中村正直:「留學奉願侯存寄書付」,［日］大久保利謙編:『明治啓蒙思想集』,東京:築摩書房,1967年。

　　84.［日］中村正直:「自助論第九編自序」,［日］大久保利謙編:『明治啓蒙思想集』。

　　85.［日］中村正直:「洋学論」,［日］松本三之介他校注:『日本近代思想大系10・学問と知識人』,東京:岩波書店,1988年。

　　86.［日］中村正直:「西學一斑」,［日］明治文化研究会編:『明治文化全集』,第19卷『雜誌篇』,東京:日本評論社,1992年。

　　87.［日］中村正直:「支那不可侮」,［日］明治文化研究会編:『明治文化全集』第19卷『雜誌篇』。

　　88.［日］中根雪江:『續再夢紀事』六,［日］江村栄一編:『日本近代思想大系9憲法構想』,東京:岩波書店,1989年。

　　89.［日］中江兆民:「民約訳解」,［日］井田進也編:『中江兆民全集』1,東京:岩波書店,1983年。

　　90.［日］中江兆民:「論公利私利」,［日］松永昌三編:『中江兆民全集』11,東京:岩波書店,1984年。

　　91.［日］中江兆民:「政黨論」,［日］松永昌三編:『中江兆民全集』11。

　　92.［日］中江兆民:「国会論」,［日］松本三之介編:『中江兆民全集』10,東京:岩波書店,1983年。

　　93.［日］中江兆民:「『東洋自由新聞』2号社說」,［日］松永昌三編:『中江兆民全集』14,東京:岩波書店,1985年。

　　94.［日］中江兆民:「我自由党诸君ニ告グ」,［日］松永昌三編:『中江兆民全集』14。

　　95.［日］中江兆民:「青年輩腦髓中の妄念」,［日］松本三之介他編:『中江兆民全集』11。

　　96.［日］中江兆民:「民權論」,［日］松永昌三編:『中江兆民全集』11。

　　97.［日］中江兆民:「一年有半」,［日］松本三之介編:『中江兆民全集』10。

　　98.［日］中江兆民:「三醉人経綸問答」,［日］松沢弘陽他編:「中江兆民全集」8,東京:岩波書店,1984年。

　　99.［日］中江兆民:「防禍于未萌」,［日］松永昌三編:『中江兆民全集』14。

　　100.［日］中江兆民:「東洋自由新聞ノ発行ヲ祝ス」,［日］松永昌三編:『中江兆民全集』14。

　　101.［日］中江兆民:「吾儕ノ此新聞紙ヲ発兌スルヤ」,［日］松永昌三編:『中江兆民全集』14。

　　102.［日］中江兆民:「祝詞」,［日］松永昌三編:『中江兆民全集』11。

103.［日］中江兆民:「君民共治之說」,［日］松永昌三編:『中江兆民全集』14。

104.［日］中江兆民:「策論」,［日］井田進也編:『中江兆民全集』1。

105.［日］中江兆民:「東方ノ强国」,［日］松永昌三编:『中江兆民全集』11。

106.［日］中江兆民:「外交論」,［日］松永昌三編:『中江兆民全集』11。

107.［日］中江兆民:「論外交」,［日］松永昌三編:『中江兆民全集』14。

108.［日］中島勝義:「俗夢驚談」,［日］明治文化研究会編:『明治文化全集』第 5 卷『自由民権篇』上。

109.［日］本多利明:『西域物語』,同全集刊行会編:『大日本思想全集』第 11 卷,東京:吉田书店,1932 年。

110.［日］末広重恭:「独立政党ノ必要ナルヲ論ズ」,［日］西田長壽他編:『馬場場辰猪全集』第 4 卷,東京:岩波書店,1988 年。

111.［日］平和資料館:『民主主義の源流・自由民権運動』,高知:草家の發行,1992 年。

112.［日］矢野文雄:「人権新説駁論」,［日］明治文化研究会編:『明治文化全集』第 5 卷『自由民権篇』上。

113.［日］田口卯吉:「时势論」,［日］同全集刊行会編:『鼎轩田口卯吉全集』第 5 卷,東京:吉川弘文館,1990 年。

114.［日］田口卯吉:「帝國議會權力擴張策」,［日］同全集刊行会編:『鼎轩田口卯吉全集』第 5 卷。

115.［日］加藤弘之:「鄰艸」,［日］明治文化研究会編:『明治文化全集』第 8 卷『政治篇』,東京:日本評論社,1992 年。

116.［日］加藤弘之:「立憲政体略」,［日］明治文化研究会編:『明治文化全集』第 8 卷『政治篇』。

117.［日］加藤弘之:「真政大意草稿」,［日］吉田曠二編:『加藤弘之文書』第 1 卷,京都:同朋舍,1990 年。

118.［日］加藤弘之:「真政大意」,［日］明治文化研究会編:『明治文化全集』第 5 卷『自由民権篇』上。

119.［日］加藤弘之:「国体新論」,［日］吉田曠二編:『加藤弘之文書』第 1 卷。

120.［日］加藤弘之:「西洋の思想」,［日］吉田曠二:『加藤弘之の研究』資料 1,東京:大原新生社,1976 年。

121.［日］加藤弘之:「加藤弘之ノ質問」,［日］明治文化研究会編:『明治文化全集』第 4 卷『憲政篇』,東京:日本評論社,1992 年。

122.［ドイツ］ビーデルマン著、［日］加藤弘之訳：「各國立憲政體起立史 緒論」，［日］吉田曠二：『加藤弘之の研究』資料 1，東京：大原新生社，1976 年。

123.［日］加藤弘之：「經歷談」，［日］植手通有他編：『日本の名著』34，中央公論社，1972 年。

124.［日］加藤弘之：『人権新説』，［日］明治文化研究会編：『明治文化全集』第 5 卷『自由民権篇』上。

125.［日］加藤弘之：「君臣尊卑」，［日］吉田曠二編：『加藤弘之文書』第 1 卷。

126.［日］加藤弘之口述：「文學博士加藤弘之君」，［日］吉野曠二：『加藤弘之の研究』資料 1。

127.［日］加藤弘之：「福沢先生の論に答ふ」，［日］明治文化研究会編：『明治文化全集』第 19 卷『雜誌篇』。

128.［ドイツ］ブルンチェリ著、［日］加藤弘之訳：「国法汎論」，［日］加藤周一、丸山真男編：『日本近代思想大系 15 翻訳の思想』，東京：岩波書店，1991 年。

129.［日］加藤弘之：「憲法の神聖」，［日］上田勝美編：『加藤弘之文書』第 3 卷，京都：同朋舍，1990 年。

130. 日］加藤弘之：「自然と倫理」，［日］上田勝美編：『加藤弘之文書』第 3 卷。

131.［日］加藤弘之：「天賦人権ナキノ説并善悪ノ別天然ニアラザルノ説」，［日］吉田曠二編：『加藤弘之文書』，第 1 卷。

132.［日］加藤弘之：「強者の権利と自由権との関係」，上田勝美編：『加藤弘之文書』第 3 卷。

133.［日］加藤弘之：「日本の国是」，［日］上田勝美編：『加藤弘之文書』第 3 卷。

134.［日］加藤弘之：「天地万物皆帰吾有」，［日］上田勝美編：『加藤弘之文書』第 3 卷。

135.［日］加藤弘之：「日清人民の気象の異同」，［日］上田勝美編：『加藤弘之文書』第 3 卷。

136.［日］北一輝：『國體論及び純正社會主義』，東京：みすず書房，1978 年。

137.［日］吉田松陰：「野山獄文稿」，［日］山口縣教育会編：『吉田松蔭全集』第 2 卷，東京：大和書房，1980 年。

138.［日］吉野作造校：「國會開設論者密議探聞書」，［日］明治文化研究会編：『明治文化全集』第 24 卷『雜史篇』，東京：日本評論社，1993 年。

139.［日］吉岡德明：「開化本論」，［日］明治文化研究会編：『明治文化全集』第 21 卷『文明開化篇』。

140.［日］西村茂樹:「自主自由解」,［日］明治文化研究会編:『明治文化全集』第 19 卷『雜誌篇』。

141.［日］西村茂樹:「権理解」,［日］明治文化研究会編:『明治文化全集』第 19 卷『雜誌篇』。

142.［日］西村茂樹:「茶話会席上談話」,［日］植手通有:『日本近代思想の形成』,東京:岩波書店,1974 年。

143.［日］西村茂樹:「政府與人民異利害論」,［日］明治文化研究会編:『明治文化全集』第 19 卷『雜誌篇』。

144.［日］西村茂樹:「轉換說」,［日］明治文化研究会編:『明治文化全集』第 19 卷『雜誌篇』。

145.［日］西村茂樹:「政體三種說」,［日］明治文化研究会編:『明治文化全集』第 19 卷『雜誌篇』。

146.［日］西周:「網羅議院ノ說」,［日］大久保利謙編:『西周全集』,第 2 卷,東京:宗高書房,1971 年。

147.［日］西周:「駁舊相公議一題」,［日］大久保利謙編:『西周全集』第 2 卷。

148.［日］西周:「西洋哲学に対する關心を述べた松岡鱗次郎宛の書翰」,［日］大久保利謙編:『西周全集』,第 1 卷,東京:宗高書房,1970 年。

149.［日］西周:「五科學習關係文書」,［日］大久保利謙編:『西周全集』第 2 卷。

150.［日］西周:「議題草案」,［日］大久保利謙編:『西周全集』第 2 卷。

151.［日］西周:「人世三寶說」,［日］大久保利謙編:『西周全集』第 1 卷。

152.［日］西周:「教門論」,［日］大久保利謙編:『西周全集』第 1 卷。

153.［日］西周:「百一新論」,［日］大久保利謙編:『西周全集』第 1 卷。

154.［日］竹越與三郎:「新日本史」上,［日］松島栄一編:『明治史論集』一,東京:筑摩書房,1965 年。

155.［日］『自由新聞』文章:「日本兵の武力を宇内に示すべし」,［日］芝原拓自他校注:『日本近代思想大系 12 対外観』,東京:岩波書店,1988 年。

156.［日］伊藤博文:「憲法起草當時意見書」(金子堅太郎談),［日］平篤塚編『伊藤博文秘錄』,東京:原書房,1982 年。

157.［日］伊藤博文:「大日本帝國憲法義解」,［日］小松綠編:『伊藤公全集』第一卷,東京:伊藤公全集刊行會,1927 年。

158.［日］伊藤博文:「直言 大久保利通」,［日］小松綠編:『伊藤公全集』第三卷,東京:伊藤公全集刊行会,1927 年。

159.［日］伊藤博文：「岩倉公に寄せた憲法調査意見」,［日］平塚篤編：『伊藤博文秘録』。

160.［日］伊藤博文：「帝國の進運と憲法政治」,［日］小松緑編：『伊藤公全集』第二卷,東京：伊藤公全集刊行會,1927 年。

161.［日］伊藤博文：「松方に軍備充實の要を力說す」,［日］春畝公追頌会編：『伊藤博文傳』,東京：原書房,1970 年。

162.［日］伊藤孝二：「圧制政府轉覆スベキノ論」,［日］後藤靖他編：『資料日本社会運動思想史』明治期第 1 卷,東京：青木書店,1968 年。

163.［日］『自由新聞』文章：「日本兵の武力を宇内に示すべし」,芝原拓自他校注：『日本近代思想大系 12 対外観』。東京：岩波書店,1988 年。

164.［日］安部矶雄起草：「社會民主黨宣言」,［日］資料日本社会運動思想史編纂委員会編：『資料 日本社会運動思想史』明治期第 3 卷,東京：青木書店,1968 年。

165.［日］長野縣東築摩郡松本町外町村：「普通選舉請願書」,［日］明治文化研究会編：『明治文化全集』第 22 卷『社会篇』上,東京：日本評論社,1993 年。

166.［日］志賀重昂：「『日本人』が懷抱する処の旨義を告白す」,［日］松本三之介編：『近代日本思想大系 31 明治思想集 II』,東京：筑摩書房,1977 年。

167.［日］志賀重昂：「日本前途の国是は「国粋保存旨義」に撰定せざるべからず」,［日］松本三之介編：『近代日本思想大系 31 明治思想集 II』。

168.［日］杉田玄白：「蘭学事始」,［日］松本三之介編：『現代日本思想大系 1 近代思想の萌芽』,東京：筑摩書房,1966 年。

169.［日］杉田玄白：「狂医之言」,『日本思想大系』64『洋学』上。

170.［日］杉山繁：「清国軽視す可らざる論」,［日］芝原拓自他校注：『日本近代思想大系 12 対外観』。

171.［日］杉山繁：「各国交際の形勢を論ず」,［日］芝原拓自他校注：『日本近代思想大系 12 対外観』。

172.［日］板垣退助策划、植木枝盛执筆：「無上政法論」,［日］板垣守正編：『板垣退助全集』,東京：原書房,1980 年。

173.［日］佐久間象山：「贈小林炳文」,［日］佐藤昌介他校注：『日本思想大系』55,東京：岩波書店,1975 年。

174.［日］佐久間象山：「梁川星嚴宛」,［日］佐藤昌介他校注：『日本思想大系』55。

175.［日］佐久間象山：「省謇錄」,［日］佐藤昌介他校注：『日本思想大系』55。

176.［日］佐久間象山：「題孔夫子画像」,［日］佐藤昌介他校注：『日本思想大系』55。

177.［日］佐久間象山：「小林又兵衛宛」,［日］佐藤昌介他校注：『日本思想大系』55。

178.［日］佐久間象山：「時政に關する幕府宛上書稿」,［日］佐藤昌介他校注：『日本思想大系』55。

179.［日］佐藤信淵：「混同秘策」,［日］尾藤正英他校注,『日本思想大系』45,東京：岩波書店,1977 年。

180.［日］尾崎行雄：「支那朝鮮をして倨傲心を増長せしむる勿れ」,［日］芝原拓自他校注：『日本近代思想大系 12 対外観』。

181.［日］坂本南海男：「政論・第三・政権」,［日］稲田正次編：『明治国家成立過程の研究』,東京：御茶の水書房,1977 年。

182.［日］阪谷素：「送洋行諸君序」,［日］松本三之介：『明治思想における伝統と近代』。

183.［日］阪谷素：「家塾生ニ示ス心得書」,［日］松本三之介他校注：『日本近代思想大系 10・学問と知識人』。

184.［日］阪谷素：「民選議院ヲ立ルニハ先政体ヲ定ムベキノ疑問」,［日］明治文化研究会編：『明治文化全集』第 19 卷,『雜誌篇』。

185.［日］青木周蔵著、坂根義久校注：『青木周蔵自伝』,東京：平凡社,1970 年。

186.［日］青木周蔵：「大日本政規」,［日］家永三郎他編：『明治前期憲法構想』。

187.［日］青木周蔵：「帝号大日本国政典」,［日］家永三郎他編：『明治前期の憲法構想』。

188.［日］林常直：「日本政黨論」,［日］明治文化研究会編：『明治文化全集』第 6 卷『自由民権篇』下,東京：日本評論社,1992 年。

189.［日］板垣退助監修：『自由黨史』,東京：青木書店,1955 年。

190.［日］板垣退助：「我國憲政ノ由來」,［日］國家學會編：『明治憲政經濟史論』。

191.［日］松沢弘陽校注：「福田作太郎筆記 5 英国探索」,［日］沼田次郎他校注：『日本思想大系 66・西洋見聞集』,東京：岩波書店,1974 年。

192.［日］幸徳秋水：『兆民先生』,［日］幸徳秋水全集編委会編：『幸徳秋水全集』第 8 卷,東京：明治文献,1972 年。

193.『東京日日新聞』社説「政黨論」,［日］稲田正次：『明治憲法成立史』上卷,東京：有斐閣,1960 年。

194.［日］明治天皇：「御誓文之御寫」,［日］明治文化研究会編：『明治文化全集』第 1 卷『皇室篇』,東京：日本評論社,1992 年。

195.［日］明治天皇：「公議振興の詔」,指原安三編『明治政史』上,［日］明治文化研究会編『明治文化全集』第 2 卷『正史篇』上,東京：日本評論社,1992 年。

196.［日］明治天皇：「集議院規則」,明治文化研究会編『明治文化全集』第 2 卷『正史篇』上。

197.［日］明治天皇:「八年四月十四日の詔」,［日］明治文化研究会編:『明治文化全集』第2卷『正史篇』上。

198.［日］明治天皇:「十四年十月十二日の詔」,［日］明治文化研究会編:『明治文化全集』第2卷『正史篇』上。

199.［日］明治天皇:「議参両職をして假に行政官に入り機務を商議せしむ」,［日］明治文化研究会編:『明治文化全集』第2卷『正史篇』上。

200.［日］明治天皇:「條約改正の議已に茲に芽す」,［日］明治文化研究会編:『明治文化全集』第2卷『正史篇』上。

201.［日］明治天皇:「亿兆安抚の宸翰」,［日］明治文化研究会編:『明治文化全集』第2卷『正史篇』上。

202.［日］明治文化研究会編:『明治文化全集』第18卷『新聞篇』,東京:日本評論社,1992年。

203.［日］明治文化研究会編:『明治文化全集』第17卷『外国文化篇』,東京:日本評論社,1992年。

204.［日］明治文化全集編輯部編:「民選議院集說」,［日］明治文化研究会編:『明治文化全集』第4卷『宪政篇』。

205.［日］岡本健三郎、小室信夫、古澤滋:「民選議院辯」,［日］明治文化研究会編『明治 文化全集』第4卷『憲政篇』。

206.［日］岩倉具視:「具視政體建定君德培養議事院創置遷都不可ノ四件ヲ朝議ニ附スル事」,［日］多田好問編:『岩倉公實記』中,東京:原書房,1979年。

207.［日］岩倉具視:「具視憲法制定ニ關シ意見ヲ上ッル事」,［日］多田好問編:『岩倉公實記』下,東京:原書房,1979年。

208.［日］岩倉具視:「具視府縣會中止ノ意見書ヲ三條實美ニ示ス事」,［日］多田好問編:『岩倉公實記』下。

209.［日］岩倉具視:「具視地所名稱ノ更定等ニ關スル意見書ヲ三條實美ニ示ス事」,多田好問編:『岩倉公實記』下。

210.［日］岩倉具視:「政體ノ事」,［日］多田好問編:『岩倉公實記』中。

211.［日］金子堅太郎:「帝國憲法と英國主義」,［日］平塚篤編:『伊藤博文秘錄』。

212.［日］金子堅太郎:「帝國憲法制定ノ由來」,［日］日本国家学会編:『明治憲政經濟史論』。

213.［日］金子堅太郎:「憲法起草當時の伊藤公」,［日］平塚篤編:『伊藤博文秘錄』。

214.［日］浅野干：「清民の奮って強魯に抗するを聞きて感あり」,［日］芝原拓自他校注：『日本近代思想大系 12 対外観』。

215.［日］兒島彰二：「民権問答」,［日］明治文化研究会編：『明治文化全集』第 5 巻『自民権篇』上。

216.［日］馬場辰猪：「天賦人権論」,［日］西田長壽他編：『馬場辰猪全集』第 2 巻,東京：岩波書店,1988 年。

217.［日］南無逸：「南無逸ノ論」,明治文化研究会編：『明治文化全集』第 4 巻『憲政篇』。

218.［日］春畝公追頌会編：『伊藤博文傳』中巻,東京：原書房,1970 年。

219.［日］草間時福：「東洋連衡論」,［日］芝原拓自他校注：『日本近代思想大系 12 対外観』。

220.［日］柳父章：「翻訳語成立の事情」,［日］松本三之介：『明治思想における伝統と近代』。

221.［日］海保青陵：「稽古談」,［日］源了圓編訳：『日本の名著』23,東京：中央公論社,1977 年。

222.［日］津田真道：「泰西國法論」,［日］大久保利謙謙他編：『津田真道全集』上,東京：みすず書房,2001 年。

223.［日］津田真道：「政論」,［日］大久保利謙他編：『津田真道全集』上。

224.［日］津田真道：「民選議院論」,［日］大久保利謙他編：『津田真道全集』上。

225.［日］津田真道：「情欲論」,［日］大久保利謙他編：『津田真道全集』上。

226.［日］津田真道：「出版自由ナランコトヲ望ム論」,［日］大久保利謙他編：『津田真道全集』上。

227.［日］津田真道：「新聞紙論」,［日］大久保利謙他編：『津田真道全集』上。

228.［日］宮島誠一郎：「國憲編纂起原」,［日］明治文化研究会編：『明治文化全集』第 4 巻『憲政篇』。

229.［日］「大日本帝国憲法」,家永三郎他編：『明治前期の憲法構想』。

230.［日］後藤象二郎、伊地知正治：「下議院を設くるの議」,［日］江村栄一編：『日本近代思想大系 9・憲法構想』,東京：岩波書店,1989 年。

231.［日］柴田剛中：「仏英行」,沼田次郎、松沢弘陽校注：『日本思想大系 66 西洋見聞集』。

232.［日］本国憲法」,［日］家永三郎他編：『明治前期の憲法構想』。

233.［日］副島種臣他：「民選議院設立ノ建言」,［日］明治文化研究会編：『明治文化全集』第 4 巻『憲政篇』。

234.［日］副島種臣他:「加藤弘之ニ答フル書」,［日］明治文化研究会編:『明治文化全集』第 4 巻『憲政篇』。

235.［日］野手一郎:「日支聯合果して恃むべき耶」,［日］芝原拓自他校注:『日本近代思想大系 12 対外観』。

236.［日］陸奥宗光:「日本人」,［日］陸奥廣吉編:『伯爵陸奥宗光遺稿』,東京:岩波書店,1929 年。

237.［日］陸奥宗光:「憲法論」,［日］江村栄一編:『日本近代思想大系 9 憲法構想』。

238.［日］陸奥宗光:「蹇蹇録」,［日］陸奥廣吉編:『伯爵陸奥宗光遺稿』。

239.［日］陸羯南:「近時政論考」,［日］植手通有編:『近代日本思想大系 4 陸羯南集』,東京:筑摩書房,1987 年。

240.［日］陸羯南:「日本文明進歩の歧路」,［日］植手通有編:『近代日本思想大系 4 陸羯南集』。

241.［日］『評論新聞』34 號社説「民権論」,［日］後藤靖他編:『資料日本社会運動思想史』明治期第 1 巻,東京:青木書店,1968 年。

242.［日］評論新聞:「前編輯長關新吾箕作麟祥君カ国政転変論ノ評ニ付,大阪裁判所ニ於テ推問答辯ノ話并評」,［日］後藤靖他編:『資料日本社会運動思想史』明治期第 1 巻。

243.［日］植木枝盛:「一局議院論」,［日］家永三郎他編:『植木枝盛集』第 1 巻,東京:岩波書店,1990 年。

244.［日］植木枝盛:「天賦人権弁」,［日］家永三郎他編:『植木枝盛集』第 1 巻。

245.［日］植木枝盛:「憲法政治ハ世界ノ公論」,［日］明治文化研究会編:『明治文化全集』第 6 巻『自由民権篇』下。

246.［日］植木枝盛:「国会論」,［日］明治文化研究会編:『明治文化全集』第 5 巻『自由民権篇』上。

247.［日］植木枝盛:「無天雑録」,［日］家永三郎他編:『植木枝盛集』第 9 巻,東京:岩波書店,1991 年。

248.［日］植木枝盛:「日本国国憲案」,［日］家永三郎他編:『植木枝盛集』第 6 巻,東京:岩波書店,1991 年。

249.［日］植木枝盛:「民権自由論」,［日］家永三郎他編:『植木枝盛集』第 1 巻,東京:岩波書店,1990 年。

250.［日］植木枝盛:『民権自由論二編甲号』,［日］家永三郎他編:『植木枝盛集』第 1 巻。

251.［日］植木枝盛:「立志社始末記要」,［日］家永三郎他編:『植木枝盛集』第 10

卷,東京:岩波書店,1991 年。

252.［日］植木枝盛:「尊人說」,（日）家永三郎他編:『植木枝盛集』第 3 卷,東京:岩波書店,1990 年。

253.［日］植木枝盛:「人民ノ国家ニ對スル精神ヲ論ス」,［日］明治文化研究会編:『明治文化全集』第 6 卷『自由民權篇』下。

254.［日］植木枝盛:「国権の二字」,［日］家永三郎他編:『植木枝盛集』第 5 卷,東京:岩波書店,1990 年。

255.［日］植木枝盛:「民権ハ憲法ノ奴隷ニ非ズ」,［日］家永三郎他編:『植木枝盛集』第 3 卷。

256.［日］植木枝盛:「財産の権利」,［日］家永三郎他編:『植木枝盛集』第 4 卷,東京:岩波書店,1990 年。

257.［日］植木枝盛:「貧民論」,［日］家永三郎他編:『植木枝盛集』第 4 卷,東京:岩波書店,1990 年。

258.［日］植木枝盛:「革命ノ原由」,［日］明治文化研究会編:『明治文化全集』第 6 卷『自由民権篇』下。

259.［日］植木枝盛:「自由ハ鮮血ヲ以テ買ハザル可カラザル論」,［日］家永三郎他編:『植木枝盛集』第 3 卷。

260.［日］植木枝盛:「言論自由論」,［日］家永三郎他編:『植木枝盛集』第 1 卷。

261.［日］植木枝盛:「猿人君主」,［日］家永三郎他編:『植木枝盛集』第 3 卷。

262.［日］植木枝盛:「民権田舎歌」,［日］家永三郎他編:『植木枝盛集』第 1 卷。

263.［日］植木枝盛:「明治第二ノ改革ヲ希望スルノ論」,［日］家永三郎他編:『植木枝盛集』第 3 卷。

264.［日］植木枝盛:「今日の日本に於ける憲法の制定」,［日］家永三郎他編:『植木枝盛集』第 5 卷。

265.［日］植木枝盛:「三大事件建白書」,［日］家永三郎他編:『植木枝盛集』第 6 卷。

266.［日］植木枝盛:「世界大野蛮論」,［日］家永三郎他編:『植木枝盛集』第 3 卷。

267.［日］植木枝盛:「雞林の異報」,［日］家用三郎他編:『植木枝盛集』第 5 卷。

268.［日］森有禮:「民撰議院設立建言書之評」,［日］大久保利謙編:『森有禮全集』第 1 卷,東京:宣文堂書店,1972 年。

269.［日］森有禮:「民撰議院設立建言書之評」,［日］大久保利謙編:『森有禮全集』第 1 卷。

270.［日］森有禮:「日本政府代議政體論」,［日］大久保利謙編:『森有禮全集』第 3

卷,東京:宣文堂書店,1972 年。

271.［英］斯邊瑣著、［日］松島剛訳:『社会平権論』,［日］明治文化研究会編:『明治文化全集』第 5 卷『自由民権篇』。

272.［日］『朝野新聞』:「東洋の気運」,［日］芝原拓自他校注:『日本近代思想大系 12 対外観』。

273.［日］『朝野新聞』社說「国会开設ノ手続」,［日］稲田正次:『明治憲法成立史の研究』,東京:有斐閣,1979 年。

274.［日］『朝野新聞』:「『メール』記者の誤謬を正す」,［日］芝原拓自他校注:『日本近代思想大系 12 対外観』。

275.［日］『郵便報知新聞』:「興亜の問題及び東洋の現勢」,［日］芝原拓自他校注:『日本近代思想大系 12 対外観』。

276.［日］無名氏:「昇平夜話」附錄,『續日本經濟叢書』第 2 卷,東京:大鐙閣,1923 年。

277.［日］無名氏:「支那決して軽侮すべからざる」,［日］芝原拓自他校注:『日本近代思想大系 12 対外観』。

278.［日］『郵便報知新聞』:「興亜の問題及び東洋の現勢」,［日］芝原拓自他校注:『日本近代思想大系 12 対外観』。

279.［日］福沢諭吉:「西洋事情」初編卷之一,［日］富田正文他編:『福沢諭吉選集』第 1 卷,東京:岩波書店,1980 年。

280.［日］福沢諭吉:『西洋事情』初編卷之二,［日］富田正文他編:『福沢諭吉選集』第 1 卷。

281.［日］福沢諭吉:『西洋事情』外編卷之一,［日］富田正文他編:『福沢諭吉選集』第 1 卷。

282.［日］福沢諭吉:『学問のすすめ』,［日］富田正文他編:『福沢諭吉選集』第 3 卷,東京:岩波書店,1981 年。

283.［日］福沢諭吉:「文明論之概略」,［日］富田正文他編:『福沢諭吉選集』第 4 卷,東京:岩波書店,1981 年。

284.［日］福沢諭吉:「民情一新」,［日］富田正文他編:『福沢諭吉選集』第 4 卷。

285.［日］福沢諭吉:『国会論』,［日］富田正文他編:『福沢諭吉選集』第 5 卷。

286.［日］福沢諭吉:『帝室論』,［日］富田正文他編:『福沢諭吉選集』第 6 卷,東京:岩波書店,1981 年。

287.［日］福沢諭吉:「丁丑公論」,［日］富田正文他編:『福沢諭吉選集』第 12 卷,東京:岩波書店,1981 年。

288.［日］福沢諭吉:「通俗民権論」,［日］富田正文他編:『福沢諭吉選集』第 5 卷。

289.［日］福沢諭吉:「牛場作造君朝鮮に行く」,［日］富田正文他編:『福沢諭吉選集』第 7 卷,東京:岩波書店,1981 年。

290.［日］福沢諭吉:「芝新銭坐慶応義塾之記」,［日］松本三之介他校注:『日本近代思想大系 10・学問と知識人』。

291.［日］福沢諭吉:『福翁自伝』,［日］富田正文他編:『福沢諭吉選集』第 10 卷,東京:岩波書店,1981 年。

292.［日］福沢諭吉:「島津祐太郎宛書簡」,［日］慶応義塾編:『福沢諭吉全集』第 17 卷,東京:岩波書店,1971 年。

293.［日］福沢諭吉:「通俗國権論」,［日］富田正文他編『福沢諭吉選集』第 7 卷。

294.［日］福沢諭吉:『藩閥寡人政府論』,［日］富田正文他編:『福沢諭吉選集』第 6 卷,東京:岩波書店,1981 年。

295.［日］福沢諭吉:「福沢全集緒言」,［日］富田正文他編:『福沢諭吉選集』第 12 卷,東京:岩波书店,1981 年。

296.［日］福沢諭吉:「一大英断を要す」,［日］富田正文他編:『福沢諭吉選集』第 7 卷。

297.［日］福沢諭吉:「私権論」,［日］慶応義塾編:『福沢諭吉全集』第 11 卷,東京:岩波書店,1970 年。

298.［日］福沢諭吉:「時事大勢論」,［日］富田正文他編:『福沢諭吉選集』第 6 卷。

299.［日］福沢諭吉:「時事小言」,［日］富田正文他編:『福沢諭吉選集』第 5 卷。

300.［日］福沢諭吉:「私の利を営む可き事」,［日］慶応義塾編:『福沢諭吉全集』第 19 卷,東京:岩波書店,1971 年。

301.［日］福沢諭吉:「瘠我慢の説」,［日］富田正文他編:『福沢諭吉選集』第 12 卷。

302.［日］福沢諭吉:「西洋の文明開化は銭に在り」,［日］慶応義塾:『福沢諭吉全集』第 10 卷,東京:岩波書店,1970 年。

303.［日］福沢諭吉:「旧藩情」,［日］富田正文他編:『福沢諭吉選集』第 12 卷。

304.［日］福沢諭吉:「国会の前途」,［日］富田正文他編:『福沢諭吉選集』第 6 卷。

305.［日］福沢諭吉:「政府の友」,［日］慶応義塾編:『福沢諭吉全集』第 12 卷,東京:岩波書店,1971 年。

306.［日］福沢諭吉:「國會開設既に晩し」,［日］慶応義塾編:『福沢諭吉全集』第 12 卷。

307.［日］福沢諭吉:「條約改正始末」,［日］富田正文他編:『福沢諭吉選集』第 7 卷。

308.［日］福沢諭吉:「通俗外交論」,［日］富田正文他編『福沢諭吉選集』第 7 卷。

309.［日］福沢諭吉:「條約改正始末」,［日］富田正文他編:『福沢谕吉选集』第 7 卷。

310.［日］福沢諭吉:「通俗国権論二編緒言」,［日］富田正文他編:『福沢谕吉選集』第 7 卷。

311.［日］福沢諭吉:「時事小言緒言」,［日］富田正文他編:『福沢諭吉選集』第 5 卷。

312.［日］福沢諭吉:「求る所は唯国權擴張の一點のみ」,［日］慶応義塾編:『福沢谕吉全集』第 10 卷。

313.［日］福沢諭吉:「脱亜論」,［日］慶応義塾编:『福沢諭吉全集』第 10 卷。

314.［日］福沢諭吉:「壓制も亦愉快なる哉」,富田正文他編:『福沢諭吉選集』第 7 卷。

315.［日］福沢諭吉:「外交論」,［日］富田正文他編:『福沢諭吉選集』第 7 卷。

316.［日］福沢諭吉:「朝鮮の滅亡は其国の大勢に於けて免る可らず」,［日］慶応義塾編:『福沢諭吉全集』第 10 卷。

317.［日］福沢諭吉:「朝鮮の交際を論ず」,［日］富田正文他編:『福沢諭吉選集』第 7 卷。

318.［日］福沢諭吉:「直に北京を衝く可し」,［日］慶応義塾編:『福沢諭吉全集』第 14 卷。

319.［日］福沢諭吉:「滿清政府の滅亡遠きに非す」,［日］慶応義塾编:『福沢諭吉全集』第 14 卷。

320.［日］福沢諭吉:「世界の共有物を私せしむ可らず」,［日］慶応義塾编:『福沢諭吉全集』第 14 卷。

321.［日］福沢諭吉:「東洋の政略果して如何せん」,［日］富田正文他編:『福沢諭吉選集』第 7 卷。

322.［日］福本巴:「普通民権論」,［日］明治文化研究会編:『明治文化全集』第 5 卷『自由民権篇』上。

323.［日］福地源一郎:「新聞紙實歷」,［日］明治文化研究会編:『明治文化全集』第 18 卷『新聞篇』,東京:日本評論社,1992 年。

324.［日］福地源一郎:「主戰論は無策なるのみ」,［日］芝原拓自他校注:『日本近代思想大系 12 対外観』。

325.［日］福島縣警署審訊報告書:『暴民反跡』,［日］明治文化研究会編:『明治文化全集』第 6 卷『自由民権篇』下。

326. ［日］箕作麟祥：「リボルチーノ説」，明治文化研究会編：『明治文化全集』第 19 卷『雑誌篇』。

327. ［日］箕作麟祥：「國政轉變論」，［日］明治文化研究会編：『明治文化全集』第 19 卷『雑誌篇』。

328. ［日］無名氏：「磊磊館主人ノ論」，［日］明治文化研究会編『明治文化全集』第 4 卷『憲政篇』。

329. ［日］横井小楠：「沼山対話」，［日］佐藤昌介他校注：『日本思想大系』55。

330. ［日］横井小楠：「沼山閑話」，［日］佐藤昌介他校注：『日本思想大系』55。

331. ［日］横井小楠：「国是三論」，［日］佐藤昌介他校注：『日本思想大系』55。

332. ［日］橋本左内：「村田氏壽宛」，山口宗之：『橋本左内』，東京：吉川弘文館，1962 年。

333. ［日］德川幕府：「德川成憲百箇條」，［日］法制史学会編：『德川禁令考』前集第一，東京：創文社，1981 年。

334. ［日］德富蘇峰：「日支韓事件に關するの意見」，［日］芝原拓自他校注：『日本近代思想大系 12 対外観』。

335. ［日］德富蘇峰：『将来の日本』，［日］隅谷三喜男編：『日本の名著』40，東京：中央公論社，1974 年。

336. ［日］德富蘇峰：「吉田松陰」，［日］隅穀三喜男編：『日本の名著』40。

337. ［日］德富蘇峰：「時務一家言」，［日］植手通有編：『明治文学全集 34 德富蘇峰集』，東京：筑摩書房，1974 年。

338. ［日］德富蘇峰：「大日本膨脹論」，［日］植手通有編：『明治文学全集 34 德富蘇峰集』。

339. ［日］樽井藤吉：「大東合邦論」，［日］竹内好編：『現代日本思想大系』9，東京：筑摩書房，1963 年。

340. ［日］澤井尚次：「壓制政府ハ可顛覆ノ論」，［日］明治文化研究会編：『明治文化全集』第 19 卷『雑誌篇』。

341. ［日］穂積八束：「国会議院ハ兩局ノ設立ヲ要ス」，［日］長尾龍一編：『穂積八束集』，東京：信山社，2001 年。

342. ［日］穂積八束：「帝國憲法ノ法理」，［日］穂積重威編：『穂積八束博士論文集』，東京：有斐閣，1943 年。

343. ［日］穂積八束：「法治主義ヲ難ス」，［日］穂積重威編：『穂積八束博士論文集』。

344. ［日］「嚶鳴社憲法草案」，［日］家永三郎他編：『明治前期の憲法構想』。

345. ［日］藤田幽谷：「丁巳封事」，［日］今井宇三郎他編：『日本思想大系 53・水戸學』，東京：岩波書店，1973 年。

346. ［日］藤田幽谷：「正名論」，［日］今井宇三郎他校注：『日本思想大系 53 水戸學』。

347. ［日］藤田東湖：『弘道館記述義』，［日］今井宇三郎他校注：『日本思想大系 53 水戸学』。

348. ［ドイツ］「ペルリーネル・タゲブラット新聞の批評」，［日］上田勝美編：『加藤弘之文書』第 3 卷。

349. ［ドイツ］「デイー・ポスト新聞の批評」，上田勝美編：『加藤弘之文書』第 3 卷。

二、研究著述类（包括参考但未直接引用者）

（一）中文部分

A 中文著作

350. 王家骅：《儒家思想与日本的现代化》，杭州：浙江人民出版社，1995 年。

351. 王承仁主编：《中日近代化比较研究》，郑州：河南人民出版社，1994 年。

352. 王振锁等著：《日本政治民主化进程研究》，上海：上海三联书店，2011 年。

353. 王屏：《近代日本的亚细亚主义》，北京：商务印书馆，2004 年。

354. 叶渭渠主编：《日本文明》，北京：中国社会科学出版社，1999 年。

355. 纪廷许：《现代日本社会与社会思潮》，北京：中国社会科学出版社，2007 年。

356. 刘天纯：《日本现代化研究》，北京：东方出版社，1995 年。

357. 刘岳兵：《日本近代儒学研究》，北京：商务印书馆，2003 年。

358. 刘岳兵：《日本近现代思想史》，北京：世界知识出版社，2010 年。

359. 向卿：《日本近代民族主义》，北京：社会科学文献出版社，2007 年。

360. 吕理州：《明治维新（附福泽谕吉传）》，海口：海南出版社，2007 年。

361. 伊文成、马家骏主编：《明治维新史》，沈阳：辽宁教育出版社，1987 年。

362. 华夏等：《日本的法律继受与法律文化变迁》，北京：中国政法大学出版社，2005 年。

363. 许晓光：《思想转型与社会近代化——日本近代早期非传统政治思想研究》，北京：高等教育出版社，2011 年。

364. 张健、王金林主编：《日本两次跨世纪的变革》，天津：天津社会科学院出版社，

2000 年。

365. 肖传国:《近代西方文化与明治宪法》,北京:社会科学文献出版社,2007 年。

366. 陈秀武:《近代日本国家意识的形成》,北京:商务印书馆,2008 年。

367. 陈秀武:《日本的"万国公法受容"与"霸权体系"构想》,长春,东北师范大学出版社,2014 年。

368. 武寅:《近代日本政治体制研究》,北京:中国社会科学出版社,1997 年。

369. 林庆元、杨齐福:《"大东亚共荣圈"源流》,北京:社会科学文献出版社,2006 年。

370. 郑彭年:《日本西方文化摄取史》,杭州:杭州大学出版社,1996 年。

371. 郑彭年:《日本崛起的历史考察》,北京:人民出版社,2008 年。

372. 郑匡民:《西学的中介:清末民初的中日文化交流》,成都:四川人民出版社,2008 年。

373. 唐永亮:《中江兆民的国际政治思想——日本近代小国外交思想的源流》,北京:社会科学文献出版社,2010 年。

374. 唐士其:《西方政治思想史》,北京:北京大学出版社,2002 年。

375. 淳于森泠:《宪政制衡与日本的官僚制民主化》,北京:商务印书馆,2007 年。

376. 崔世广:《近代启蒙思想与近代化》,北京:航空航天大学出版社,1989 年。

377. 崔新京:《日本明治启蒙思想》,沈阳:辽宁大学出版社,1995 年。

378. 崔新京等:《日本法西斯思想探源》,北京:社会科学文献出版社,2006 年。

379. 蒋立峰、汤重南:《日本军国主义论》,石家庄:河北人民出版社,2005 年。

380. 戴宇:《志贺重昂国粹主义思想研究》,长春:吉林教育出版社,2009 年。

381. 魏晓阳:《制度突破与文化变迁:透视日本宪政的百年历程》,北京:北京大学出版社,2007 年。

B 中文译著

382. [日]丸山真男:《日本近代思想家福泽谕吉》,区建英译,北京:世界知识出版社,1997 年。

383. [英]以赛亚·柏林:《自由论》,北京:译林出版社,2003 年。

384. [美]C. E. 布莱克:《现代化的动力》,景跃进、张静译,杭州:浙江人民出版社,1989 年。

385. [爱尔兰]乔恩·哈利戴著,吴忆萱等译:《日本资本主义政治史》,北京:商务印书馆,1980 年。

386. [日]近代日本思想史研究会:《近代日本思想史》第 1 卷,马采译,北京:商务印书馆,1983 年。

387. [日]远山茂树:《日本近现代史》第 1 卷,邹有恒译,北京:商务印书馆,1992 年。

388. [英]柯林伍德:《历史的观念》,尹锐等译,北京:商务印书馆,1997 年。

389. [日]信夫清三郎:《日本外交史》上册,天津社会科学院日本问题研究所译,北京:商务印书馆,1980 年。

390. [加拿大]诺曼:《日本维新史》,姚曾廙译,北京:商务印书馆,1992 年。

391. [日]森岛通夫著,胡国成译:《日本为什么"成功"》,成都:四川人民出版社,1986 年。

C 中文论文

392. 王金林:《近代天皇制的理论结构》,《日本学刊》1995 年 6 期。

393. 王俊英:《近代中日两国启蒙之比较》,《常熟理工学院学报》2010 年 9 期。

394. 卞崇道:《加藤弘之早期启蒙哲学思想述评》,《外国问题研究》1986 年 1 期。

395. 区建英:《福泽谕吉政治思想剖析》,《世界历史》1986 年 7 期。

396. 史桂芳:《近代日本的亚洲观及其对中国的侵略》,《长白学刊》2002 年 5 期。

397. 冯玮:《外来压力:促使日本向近代社会转变的催化剂》,《日本学刊》1993 年 4 期。

398. 冯玮:《从"尊王攘夷"到"尊王扩张"——对日本近代国家战略思想演变轨迹的探析》,《日本学刊》2002 年 2 期。

399. 冯玮:《"洋学家"的"尊王"论在日本近代政治体制行程中的作用》,《复旦学报》2002 年 4 期。

400. 刘季富:《明治时代前期宪政思想论略》,《河南师范大学学报》2002 年 4 期。

401. 许晓光:《论日本近代"私权"思想的形成》,《日本学刊》2006 年 5 期。

402. 许晓光:《维新政府成立前日本近代化国家观的发端》,《西南大学学报》2007 年 1 期。

403. 许晓光:《明治初期日本近代化民权思想的形成——围绕加藤弘之早期几部政治学著作的思考》,《四川师范大学学报》2007 年 1 期。

404. 许晓光:《论明治前期日本的近代权利观》,《四川大学学报》2007 年 2 期。

405. 许晓光:《浅析日本近代政治学说中的"人民参政权"思想》,《日本学刊》2007 年 6 期。

406. 许晓光:《明治前夕日本近代化政治思想的萌芽》,《世界历史》2007 年 6 期。

407. 许晓光:《论明治维新前后日本"洋学"兴盛的社会条件》,《四川师范大学学报》

2008 年 2 期。

408. 许晓光:《近代早期日本对等级制度和特权观念的否定》,《学海》2009 年 1 期。

409. 许晓光:《论明治维新前后日本对西方文化的大力吸收——尤其对社会制度改革思想的关注》,《四川师范大学学报》2009 年 2 期。

410. 许晓光:《明治维新前后政治制度和权力起源学说的变迁》,《日本学刊》2009 年 5 期,《中国社会科学文摘》2010 年 2 期转载。

411. 许晓光:《论明治日本对西方自由平等学说的吸收和宣扬》,《西南民族大学学报》2010 年 1 期。

412. 许晓光:《日本近世城市发展与社会关系的变化》,《四川大学学报》2010 年 1 期。

413. 许晓光:《论日本近代早期政治学说中的"抵抗权"思想》,《四川师范大学学报》2010 年 3 期。

414. 许晓光:《明治前期日本"政党"观念的产生》,《日本学刊》2010 年 6 期。

415. 许晓光:《日本近代早期的社会平等观》,《世界历史》2010 年 6 期。

416. 许晓光:《明治前期日本对国与民关系的近代性阐释》,《四川师范大学学报》2011 年 1 期。

417. 许晓光:《日本明治前期的政党政治构想》,《日本学刊》2011 年 6 期。

418. 许晓光:《明治前期日本思想界的政治改革论争》,《史学集刊》2012 年 1 期。

419. 许晓光:《日本近代早期的"自由权利"观》,《学海》2012 年 2 期。

420. 许晓光:《明治前期日本对国体和政体的近代性认识》,《西南民族大学学报》2012 年 2 期。

421. 许晓光:《明治前期日本对国家体制的认知与论争》,《史学理论研究》2012 年 3 期。

422. 许晓光:《日本明治前期议会主义思潮的勃兴》,《四川师范大学学报》2012 年 5 期。

423. 许晓光:《日本近代社会转型时期立宪主义思潮的初兴》,《世界历史》2012 年 5 期。

424. 许晓光:《浅论福泽谕吉的近代化民权观》,《史学月刊》2012 年 7 期。

425. 许晓光:《日本近代早期围绕议会设立的思想论争》,《日本学刊》2014 年 1 期。

426. 许晓光:《日本明治前期一场引人注目的思想交锋》,《四川师范大学学报》2014 年 2 期。

427. 许晓光:《19 世纪后期日本关于议会职能的论争》,《日本学刊》2015 年 1 期。

428. 许晓光:《日本明治前期的立宪主义思想争鸣》,《世界历史》2015 年 1 期。

429. 许晓光:《明治维新前后日本民族独立意识的产生》,《吉林大学社会科学学报》2017 年 2 期。

430. 许晓光:《论日本明治时期的民族平等意识及其变异》,《吉林大学社会科学学报》2019 年 1 期。

431. 许晓光:《民族扩张理论与明治时期日本思想界》,《历史研究》2019 年 3 期。

432. 许晓光:《日本明治时期的私有财产权观念》,《世界历史》2020 年第 3 期。

433. 李卓:《近代日本家族国家观浅析》,《日本学刊》1992 年 4 期。

434. 李卓:《家族国家观——近代日本政治的误区》,《天津社会科学》1996 年 6 期。

435. 李含:《近代日本和平思想的演变轨迹》,《日本学刊》2010 年第 3 期。

436. 吴限、谢明:《日本早期右翼溯源:发展路径与系谱建构》,《日本学刊》2014 年 5 期。

437. 肖传国:《日本立宪思想对中国立宪制的影响》,《中国社会科学院研究生院学报》2004 年 6 期。

438. 肖传国:《近代日本启蒙思想的转向及其动因》,《日本问题研究》2005 年 3 期。

439. 肖传国:《日本对近代西方民权思想的吸收——近代日本制宪思想的嬗变》,《日语学习与研究》2008 年 S1 期。

440. 肖传国:《日本近代初期渐进政治论的成因》,《外国问题研究》2009 年 3 期。

441. 沈才彬:《论日本自由民权运动的性质及其历史地位》,《世界历史》1982 年 3 期。

442. 沈海涛:《日本明治前期关于政治体制构想的论争》,《学术研究丛刊》1987 年 5 期。

443. 汤重南:《日本军国主义思想是庞杂的精神糟粕》,《日本学刊》2005 年 4 期。

444. 张卫娣:《浅析近代日本"尚力"对外战略理念的成因》,《日本研究》2013 年 1 期。

445. 杨孝臣:《试论福泽谕吉的启蒙思想》,《世界历史》编辑部编《明治维新的再探讨》,中国社会科学出版社,1981 年。

446. 杨孝臣:《论植木枝盛的改革思想》,《外国问题研究》1987 年 2 期。

447. 杨光:《甲午战争前日本近代东亚国际体系观的演变》,《济南大学学报》2001 年 1 期。

448. 邱生:《福泽谕吉反封建主义政治思想初探》,《日本研究》1986 年 1 期。

449. 邱生:《福泽谕吉反封建主义政治思想初探》,《日本研究》1986 年 1 期。

450. 陈秀武:《"欧化"与日本明治时代的知识分子》,《东北师范大学学报》2001 年

2 期。

451. 陈秀武：《论近代日本国家意识的形成》，《东北师范大学学报》2005 年 4 期。

452. 陈秀武：《论日本明治时代的私拟宪法》，《日本学刊》2008 年 6 期。

453. 陈秀武：《〈万国公法〉在明治初期的日本》，《东北师范大学学报》2009 年 2 期。

454. 陈秀武：《论日本明治时代的私拟宪法》，《日本学刊》2008 年 6 期。

455. 陈树涵：《"民族优越论"：日本对外侵略的重要思想源流》，《史学月刊》2002 年 12 期。

456. 陈毅立：《近代日本的和平反战思想》，《日本问题研究》2014 年第 3 期。

457. 赵乃章：《论加藤弘之的政治思想和哲学思想》，《日本研究》1988 年 3 期。

458. 赵阶琦：《日本军国主义对外扩张野心的形成与膨胀》，《日本学刊》2005 年 4 期。

459. 贺新城：《论福泽谕吉对亚洲的两种扩张战略》，《世界历史》1989 年 3 期。

460. 高增杰：《福泽谕吉的国际政治思想浅析》，《日本研究》1997 年 3 期。

461. 徐文泉：《日本近代启蒙思想与对外扩张》，《国际关系学院学报》2000 年 9 期。

462. 唐永亮：《试析中江兆民前期国际政治思想》，《日本学刊》2007 年 2 期。

463. 唐永亮：《试析中江兆民中期国际政治思想》，《日本学刊》2008 年 6 期。

464. 黄真、曹绿：《近代日本侵略性文化的历史渊源及解析》，《日本问题研究》2009 年 3 期。

465. 崔世广：《明治维新的思想历程刍论》，《日本学刊》1997 年 1 期。

466. 崔世广：《中日两国近代启蒙思想的比较》，《日本问题》1989 年 2 期。

467. 崔世广：《论明治初期的启蒙思想家和教育家森有礼》，《日本研究》1989 年 3 期。

468. 崔世广：《日本法西斯思想探讨》，《日本问题》1989 年 5 期。

469. 崔世广：《论日本近代启蒙思想的特点》，《日本研究》1990 年 1 期。

470. 崔世广：《日本近代天皇制立宪主义成立的历史轨迹》，《日本问题研究》1995 年 4 期。

471. 崔世广：《日本社会思潮变化的影响》，《现代国际关系》2003 年 10 期。

472. 崔新京：《论福泽谕吉的启蒙哲学思想》，《日本研究》1989 年 2 期。

473. 崔新京：《穆勒和西周伦理思想的比较》，《日本问题》1989 年 5 期。

474. 崔新京：《福泽谕吉"文明史观"的双重透析》，《日本研究》1990 年 3 期。

475. 崔新京：《论津田真道的启蒙思想》，《日本研究》1994 年 3 期。

476. 崔新京：《浅谈日本现代化的思想前奏》，《日本研究》1991 年 1 期。

477. 崔新京：《论日本明治维新时期的启蒙道德思想》，《日本研究》1990 年 4 期。

478. 崔新京:《论明治启蒙思想及其对日本现代化的深远历史影响》,《日本研究》1992 年 1 期。

479. 崔新京:《明治启蒙思想的历史意义探论》,《日本研究》1995 年 2 期。

480. 崔新京:《论日本明治启蒙思想与法国 18 世纪启蒙思想》,《日本学刊》1996 年 2 期。

481. 崔新京:《近代日本启蒙思想的转向及其动因》,《日本问题研究》2005 年 3 期。

482. 崔新京:《略论日本法西斯思想的形成》,《日本研究》2001 年 4 期。

483. 崔新京:《北一辉的法西斯思想》,《日本研究》2002 年 2 期。

484. 崔新京:《日本法西斯思想的基本内容及其主要特点》,《日本研究》2003 年 3 期。

485. 韩东育:《日本对外战争的隐秘逻辑》,《中国社会科学》2013 年 4 期等。

486. 潘昌龙:《试论〈明治宪法〉中的国体论思想》,《外国问题研究》1989 年 1 期。

487. 戴宇:《试析志贺重昂地理学中的殖民扩张论》,《东北亚论坛》2006 年 6 期。

488. 戴宇:《明治时期的条约改正问题与陆羯南的国民主义》,《史学集刊》2009 年 3 期。

D 中文工具书

489.《辞海》,上海:上海辞书出版社,1989 年。

(二) 外文部分

A 外文著作

490. [日]大久保利谦:『幕末維新の洋学』,東京:吉川弘文館,1986 年。

491. [日]上村希美雄:『民権と国権のはざま:明治草莽思想史覺書』,福岡:葦書房,1976 年。

492. [日]小野壽人:『明治維新前後における政治思想の展開』,東京:至文堂,1944 年。

493. [日]小川亜弥子:『幕末期长州藩洋学史の研究』,京都:思文閣出版,1998 年。

494. [日]小西四郎、遠山茂樹編:『明治国家の権力と思想』,東京:吉川弘文館,1979 年。

495. [日]山田央子:『明治政党論史』,東京:創文社,1999 年。

496. [日]井田輝敏:『近代日本の思想構造』,東京:木鐸社,1976 年。

497. [日]井田輝敏:『近代日本の思想像』,京都:法律文化社,1991 年。

498. ［日］古屋哲夫：『近代日本のアジア認識』,東京：緑蔭书房,1996 年。

499. ［日］石田雄：『明治政治思想史研究』,東京：未來社,1992 年。

500. ［日］田村安興：『ナショナリズムと自由民権』,大阪：清文堂,2004 年。

501. ［日］出原政雄：『自由民権期の政治思想』,京都：法律文化社,1995 年。

502. ［日］外崎光広：『土佐自由民権運動史』,高知市文化振興事業団刊,1992 年。

503. ［日］安丸良夫：『日本ナショナリズムの前夜』,東京：朝日新聞社,1977 年。

504. ［日］西田毅編：『近代日本政治思想史』,東京：ナカニシヤ出版,1998 年。

505. ［日］安丸良夫：『日本的近代化と民衆思想』,東京：青木書店,1974 年。

506. ［日］安川寿之輔：『福沢諭吉のアジア認識』,東京：高文研,2002 年。

507. ［日］江村栄一：『自由民権革命の研究』,東京：法政大学出版局,1984 年。

508. ［日］江村栄一、中村政則編：『国権と民権の相剋』,東京：三省堂,1974 年。

509. ［日］長尾正憲：『福沢屋諭吉の研究』,京都：思文閣,1988 年。

510. ［日］坂根義久編：『自由民権』,東京：有精堂,1973 年。

511. ［日］坂野潤治：『近代日本の国家構想』,東京：岩波書店,1996 年。

512. ［日］尾佐竹猛：『日本憲政史大綱』上巻,東京：宗高書房,1978 年。

513. ［日］尾佐竹猛：『日本憲政史大綱』下巻,東京：宗高書房,1978 年。

514. ［日］松本三之介：『明治思想における伝統と近代』,東京：東京大學出版会,1996 年。

515. ［日］松本三之介：『近代日本の政治と人間』,東京：創文社,1966 年。

516. ［日］松本三之介：『明治思想史』,東京：新曜社,1996 年。

517. ［日］松尾章一：『増補・改訂 自由民権思想の研究』,東京：日本経済評論社,1990 年。

518. ［日］松岡八郎：『近代日本の政治と法の理論』,東京：駿河台出版社,1990 年。

519. ［日］松沢弘陽：『近代日本の形成と西洋経験』,東京：岩波書店,1993 年。

520. ［日］岩崎允胤：『日本近代思想史序説』（明治期前篇）上,東京：新日本出版社,2002 年。

521. ［日］岩崎允胤：『日本近代思想史序説』（明治期前篇）下,東京：新日本出版社,2002 年。

522. ［日］岩井忠雄：『明治国家主義思想研究』,東京：青木書店,1972 年。

523. ［日］宮川透：『近代日本思想論争』,東京：青木書店,1963 年。

524. ［日］宮沢俊義：『日本憲政史の研究』,東京：岩波書店,1968 年。

525. ［日］栄沢幸二：『近代日本のナショナリズム』,相模原：青山社,2001 年。

526. ［日］家永三郎：『日本近会议代憲法思想史研究』，東京：岩波書店，1967 年。

527. ［日］原平三：『幕末洋学史の研究』，東京：新人物往來社，1992 年。

528. ［日］高橋昌郎：『中村敬宇』，東京：吉川弘文館，1988 年。

529. ［日］家永三郎：『植木枝盛研究』，東京：岩波書店，1960 年。

530. ［日］麻生義輝：『近世日本哲學史』，東京：宗高書房，1974 年。

531. ［日］野田良之、碧海純一：『日本近代法思想史』，東京：有斐閣，1979 年。

532. ［日］清水伸：『明治憲法制定史』上中下，東京：原書房，1981 年。

533. ［日］清水伸：『帝國憲法制定會議』，東京：岩波書店，1940 年。

534. ［日］渡辺幾治郎：『明治天皇関係文献集 7 日本憲法制定史講』，東京：ワレス出版，2003 年。

535. ［日］植手通有：『日本近代思想の形成』，東京：岩波書店，1974 年。

536. ［日］飛鳥井雅道：『中江兆民』，東京：吉川弘文館，1999 年，83 頁。

537. ［日］鈴木安藏：『明治初年の立憲思想』，東京：育生社，1938 年。

538. ［日］稲田正次：『明治憲法成立史』上下巻，東京：有斐閣，1960 年。

539. ［日］稲田正次：『明治憲法成立史の研究』，東京：有斐閣，1979 年。

B 外文论文

540. ［日］山室信一：「西洋学の受容解題」，［日］松本三之介、山室信一校注『日本近代思想、大系 10・学問と知識人』。

541. ［日］山中永之佑：「箕作麟祥」，潮見俊隆他編：『日本の法学者』，東京：日本評論社，1975 年。

542. ［日］江村栄一：「各論—各憲法草案の個別的解説」，家永三郎他編：『明治前期の憲法構想』。

543. ［日］江村栄一：「各憲法草案の個別的解説」，［日］家永三郎他編：『明治前期の憲法構想』。

544. ［日］江村栄一：「幕末明治前期の憲法構想」，［日］江村栄一校注：『日本近代思想大系 9 憲法構想』。

C 外文工具书

545. ［日］竹内理三編：『日本史小辞典』，東京：角川書店，1978 年。

546. ［日］竹内理三他編：『日本近現代史小辞典』，東京：角川書店，1978 年。

后　记

　　此书为我独立承担的国家社科基金项目。由于其内容涉及面较广,牵涉到许多方面的思想领域,资料搜集尤其是原始文献的寻求十分棘手,真正做起来也颇费功夫,远远超出预先设想。因此,原计划3年能完成的项目,耗费了整整5年方才呈交上去评审。评审时间长达8个月,承蒙各位评审专家厚爱和赏识,最终评上了"优秀"等级,不枉这几年埋头苦干的辛劳,由此衷心感谢各位同行评审专家!

　　从20世纪60年代开始兴起的对各国现代化进程的研究热潮,已持续了半个多世纪。尤其是对后发现代化国家日本能够率先在亚洲迈入现代化国家行列的原因,已有许多前辈的研究成果涌现。除了政治、经济、外交、军事、社会等方面的研究之外,对日本近代的哲学思想、伦理思想等,也有不少深入的研究成果。但笔者发现有关明治时期的政治思潮的研究相对薄弱,因而选择了本课题开展较为深入的探讨,于是就构成了呈现在读者面前的这本著作。当然,通过深入钻研日本明治时期的社会思潮尤其是政治思潮,发现可深入研究的领域尚十分广泛,需要继续拓展的研究空间还相当辽阔。如果条件允许,笔者还想在该领域继续耕耘,以期得到进一步的收获。同时,也深切期待后来者能涉足这一颇有学术价值和现实意义的研究领域。

　　感谢人民出版社的编审杨美艳女士为此书面世付出的辛勤劳动。就在我与出版社签署出版协议后不久,笔者又获得新的国家社科基金项目的立项通知。希望今后还会有继续合作的机会。

著者　识

2020年10月于成都武侯祠大街2号教师公寓浅耕斋